2018

金水年鉴

JINSHUINIANJIAN

郑州市金水区地方史志办公室 编

方志出版社
Publishing House of Local Records

图书在版编目(CIP)数据

金水年鉴. 2018/郑州市金水区地方史志办公室编
. — 北京 ：方志出版社， 2018. 11
ISBN 978-7-5144-3442-2

Ⅰ. ①金… Ⅱ. ①郑… Ⅲ. ①区（城市）－郑州－2018－年鉴 Ⅳ. ①Z526. 14

中国版本图书馆CIP数据核字(2018)第267034号

金水年鉴(2018)

编　者：	郑州市金水区地方史志办公室
责任编辑：	陈　菁
出 版 人：	冀祥德
出 版 者：	方志出版社
	地址　北京市朝阳区潘家园东里 9 号（国家方志馆4层）
	邮编　100021
	网址　http://www.fzph.org
发　行：	方志出版社图书经销中心
	电话（010）67110500
经　销：	各地新华书店
印　刷：	河南瑞之光印刷股份有限公司
开　本：	889×1194　1/16
印　张：	20.75
字　数：	669千字
版　次：	2018年11月第1版　2018年11月第1次印刷
印　数：	001～500册
ISBN	978－7－5144－3442－2　定价：300.00 元

金水区政区图

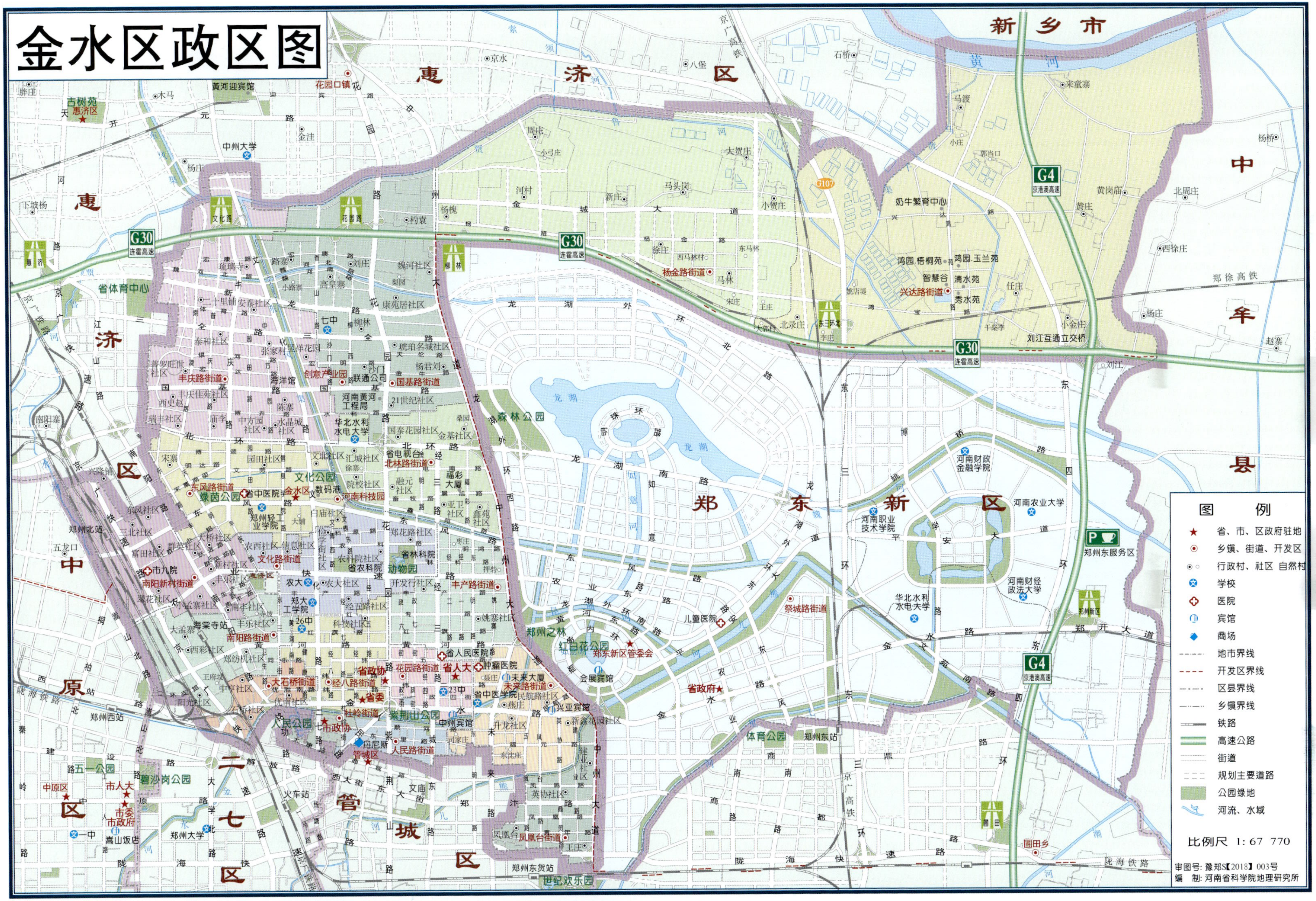
新乡市
惠济区
中牟县
郑东新区
管城区
二七区
中原区
龙湖
省政府
省委
省人大
省政协
金水区
郑州东站
郑州站
郑州北站
森林公园
紫荆山公园
人民公园
文化公园
体育公园
河南农业大学
郑州大学
中州大学
G4 京港澳高速
G30 连霍高速
图例
省、市、区政府驻地
乡镇、街道、开发区
行政村、社区 自然村
学校
医院
宾馆
商场
地市界线
开发区界线
区县界线
乡镇界线
铁路
高速公路
街道
规划主要道路
公园绿地
河流、水域
比例尺 1:67 770
审图号：豫郑S【2018】003号
编 制：河南省科学院地理研究所

生态长廊东风渠 （张春雨 摄）

凤凰台街道党群服务中心——翰墨堂

凤凰台街道党群服务中心——儿童活动中心

未来街道党群服务中心——健身房

便民菜市场

花卉市场

教师节表彰

金水区大学生创业园郑州大学园区揭牌仪式

十大最美劳动者表彰大会

为庆祝新中国成立68周年华诞，迎接中共十九大胜利召开金水法院干警举行升国旗仪式

路砦村安置房

市民中心鸟瞰

河南外包产业园俯瞰图

徐寨小学鸟瞰图

艺术小学宏康校区

科教园区内企业

《城市动脉》 （金水摄协 提供）

《灯火辉煌》 （金水摄协 提供）

《丽影》 （杜海营 摄）

生态长廊东风渠 （张春雨 摄）

《闻花起舞》 （杜海营 摄）

《银装东风渠》 （杜海营 摄）

中州皇冠假日酒店

紫荆山公园

"大爱中原·益路同行"金水区专场演出

"金水区社会组织才艺大赛暨第二届社会组织展览交流会"在文博广场举行

大石桥街道办事处组织开展迎"七一"暨党建众筹晚会

国际国标舞大赛

国际街舞大赛

金水区人民法院开展以“大力弘扬红旗渠精神、强化忠诚廉洁与担当”为主题的培训活动

金水区妇联组织开展儿童科普兴趣小组活动

金水区廉政文化进家庭主题活动

老英雄上党课

庆祝建党96周年机关工委朗诵活动

全国科普日活动暨青少年科技体验活动在河南外包产业园举行

唐人街文化广场百姓宣讲活动一

文源小学少先队入队仪式

唐人街文化广场百姓宣讲活动二

戏曲进校园

新春书画展

元宵节群众文化活动

爱卫办在龙门实验学校开展无烟日宣传活动

安监局在绿荫广场开展万人签名活动

北林路街道普法文化长廊

△ 工会组织“夏送清凉”活动

△ 工商质监局在社区开展电梯安全宣传日活动

△ 检察院开展普法进校园活动

▲ 农资宣传

▲ “五一”劳动节依法维权宣传

▲ 辖区群众了解残疾预防知识

编辑说明

一、《金水年鉴》是在中共金水区区委、金水区人民政府领导下，金水区地方史志办公室编辑的年度地情书。本书为各级党政机关、研究部门和社会各界人士及中外投资者了解金水、研究金水、建设金水提供丰富的地情资料。

二、《金水年鉴（2018）》全面、系统地记述2017年度内金水区政治、经济、文化等方面的基本情况。

三、《金水年鉴（2018）》采用分类编辑方法，主要内容划分为篇目、类目、条目三个层次。篇目、类目标题使用不同的字体、字号。条目是记述的基本单位，其标题用黑体字外加【】表示。

四、《金水年鉴（2018）》共设23篇，即特载、大事记、区情概要、组织机构、中共金水区委员会、金水区人民代表大会常务委员会、金水区人民政府、政协金水区委员会、群众团体、法治、军事、农业和农村经济、工业和信息化、商贸、财政·税务、经济管理与监督、交通管理、城乡建设与管理、科教文卫、社会事业、园区建设、街道办事处、附录。除文字内容外，为增强实用性、资料性，书中还载录领导活动、城乡面貌及辖区特色彩色图照，力求图文并茂，形象生动。

五、《金水年鉴（2018）》由金水区直各部、委、办、局、各垂直单位及各街道办事处组织供稿，并经各单位领导审核签字后编辑入鉴，少数内容为编者收集资料自撰，力求编辑内容准确可靠。

六、《金水年鉴（2018）》中有些数据由于来源和使用角度不同，统计方法和项目内涵不同，因而不完全一致。在引用书中数据时，应以金水统计公报资料为准。

《金水年鉴》编辑部

目 录

特 载

大事记

金水区概况

组织机构

中共金水区委

区委工作机构

中共金水区纪律检查委员会

区委直属事业单位

区十二届人大常委会

区人大常委会工作机构

金水区人民政府

区政府工作机构

区政府直属事业单位

其　他

政协金水区第八届委员会

区政协工作机构

区人民武装部

区人民法院

区人民检察院

群众团体组织

派出机构

妇女联合会

工商业联合会

科学技术协会

残疾人联合会

区红十字会

法　治

政法委及综治

司法行政

检　察

法　院

公　安

金水路分局

东风路分局

丰产路分局

柳林分局

未来路分局

南阳路分局

文化路分局

军　事

武装工作

人民防空

消防工作

农业与农村经济

农　业

林　业

水　利

畜　牧

农村集体经济

水　产

工业和信息化

工业和信息化

非公有制经济

安全生产和信访稳定

商　贸

商务工作

粮食管理

楼宇经济

财政 税务

财 政

国家税务

地方税务

金水投资公司

经济管理与监督

发展改革

物价管理

工商管理和质量技术监督

安全生产监督管理

食品药品监督管理

杨金路街道办事处

兴达路街道办事处

附录

特　载

在区委十一届五次全会上关于区委常委会2017年工作的报告

区委书记　陈宏伟

（2018年1月6日）

这次会议的主要任务是，深入学习贯彻党的十九大精神和省委十届四次全会、市委十一届五次全会精神，对我区深入学习贯彻党的十九大精神作出全面部署，动员全区上下更加紧密团结在以习近平同志为核心的党中央周围，不忘初心、牢记使命，锐意进取、攻坚克难，为领跑中部城区发展，开启新时代全面建设社会主义现代化强区新征程，谱写金水社会主义现代化建设新篇章不懈奋斗。

党的十九大是在全面建成小康社会决胜阶段、中国特色社会主义进入新时代的关键时期召开的一次十分重要的、具有里程碑意义的大会。学习好贯彻好落实好党的十九大精神，是我们当前和今后一个时期首要的政治任务。党的十九大胜利闭幕的第二天，区委就立即召开区委常委会议进行了传达学习；10月31日，区委组织召开常委扩大会议，研究下发了《关于认真学习宣传贯彻党的十九大精神的通知》和《学习宣传贯彻党的十九大精神工作方案》，对十九大精神的学习贯彻工作作出了一系列安排和部署；11月4日，区委专门举行理论中心组集中学习，常委会组成人员带头就十九大精神的学习体会进行了交流发言。近一个时期以来，全区各级党组织和广大党员群众按照区委的安排和部署，认真传达学习、广泛宣传发动，在全区上下形成了学习宣传贯彻十九大精神的浓厚氛围。为进一步把学习贯彻工作引向深入，落实省委十届四次全会和市委十一届五次全会精神，区委常委会决定召开区委十一届四次全会，研究出台《关于深入学习贯彻党的十九大精神　领跑中部城区发展　开启新时代金水建设社会主义现代化强区新征程的意见》（以下简称《意见》）。《意见》讨论稿起草工作是在区委常委会领导下进行的。起草组深入学习党的十九大报告、十八届中央纪委工作报告、党章修正案，学习习近平总书记在十九届一中全会和中央政治局会议上的重要讲话精神，学习省委十届四次全会、市委十一届五次全会精神，紧密结合区十一次党代会、区“十三五”规划、区委十一届三次全会的部署，起草了《意见》初稿。经区委常委会研究，广泛征求各方面意见后，提交这次全会讨论审议。

下面，根据区委常委会研究的意见，我就深入学习贯彻党的十九大精神，讲四个方面的意见。

一、提高政治站位，深刻学习领会党的十九大精神，坚决维护习近平总书记核心地位和党中央权威，用习近平新时代中国特色社会主义思想武装头脑、指导实践

党的十八大以来，以习近平同志为核心的党中央，以巨大的政治勇气和强烈的责任担当，统筹推进“五位一体”总体布局，协调推进“四个全面”战略布局，提出一系列新理念新思想新战略，出台一系列重大方针政策，推出一系列重大举措，推进一系列重大工作，解决了许多长期想解决而没有解决的难题，办成了许多过去想办而没有办成的大事，推动党和国家事业发生深层次、根本性的历史性变革，取得全方位、开创性的历史性成就，推动中国特色社会主义进入了新时代，探索形成了习近平新时代中国特色社会主义思想，开辟了马克思主义新境界、中国特色社会主义新境界、党治国理政新境界、管党治党新境界。

我们要深刻认识到，党的十八大以来，党和国家事业之所以能取得举世瞩目的历史性成就和影响深远的历史性变革，最重要、最根本的是靠“三个关键”：一是关键在于有习近平总书记这个领袖、这个核心的英明掌舵，二是关键在于有以习近平同志为核心的党中央坚强领导，三是关键在于有习近平新时代中国特色社会主义思想的科学指引。在统揽伟大斗争、伟大工程、伟大事业、伟大梦想中，习近平总书记展现了马克思主义政治家、思想家、理论家、战略家的雄才大略、远见卓识、坚定信念、崇高品质，形成了把全党、全军、全国各族人民凝聚和团结在周围的强大力量，保证了党的团结和集中统一，推动党和国家事业全面开创新局面、实现历史性跨越，赢得了全党、全军、全国各族人民高度评价和衷心爱戴，是当之无愧的党的领袖。进入新时代，更好肩负“四个伟大”的历史使命，决胜全面建成小康社会、夺取新时代中国特色社会主义伟大胜利，必须坚决维护习近平总书记的领袖和核心地位，必须坚决维护党中央权威和集中统一领导，必须坚决用习近平新时代中国特色社会主义思想这一马克思主义中国化最新成果武装全党、引领全党。

学习贯彻党的十九大精神，最根本的是要坚决维护习近平总书记核心地位和党中央权威，最重要的是要抓好习近平新时代中国特色社会主义思想的理论武装。全区各级党组织和广大党员干部，要保持高度的政治自觉，把坚定维护习近平总书记党的领袖和核心地位作为最大的政治，牢固树立政治意识、大局意识、核心意识、看齐意识，在任何时候、任何情况下都要坚定不移地忠诚于党，坚定不移地忠诚核心、拥戴核心、维护核心、紧跟核心，在政治立场、政治方向、政治原则、政治道路上同以习近平同志为核心的党中央保持高度一致。要保持高度的思想自觉，深刻认识习近平新时代中国特色社会主义思想的政治意义、理论意义、实践意义，将其作为党的旗帜来高举、作为科学真理来信仰、作为行动纲领来贯彻，在学思践悟上持续深化，深刻理解这一思想的时代背景、历史地位、科学体系、精神实质和实践要求，深刻理解贯穿其中的坚定信仰信念、鲜明人民立场、强烈历史担当、求真务实作风、勇于创新精神和科学方法论，不断增强政治认同、思想认同、理论认同、情感认同，真正把这一强大思想武器转化为树牢“四个意识”、坚定“四个自信”的高度自觉，转化为解决好世界观、人生观、价值观这个“总开关”问题的指南遵循，转化为指导实践、推动工作的强大动力。要保持高度的行动自觉，把“四个意识”落实到行动上、体现到工作中，内化于心、外化于行、知行合一、言行一致。要坚持“四个服从”，把全党服从中央摆在首要位置，做到党中央提倡的坚决响应、党中央决定的坚决执行、党中央禁止的坚决不做，确保政令畅通、令行禁止。要自觉把习近平新时代中国特色社会主义思想与工作、思想实际相结合、相衔接，不断校正思想之标、调整行为之舵、绷紧纪律之弦。要结合金水实际，开展重大课题研究，找准工作结合点，研究新情况、提出新办法、解决新问题；要站位中部、放眼全国，谋划新思路、明确新任务、采取新举措，着力补短板、强弱项，使各项工作更加符合新时代要求、符合党的十九大精神、符合党中央和省委市委部署、符合人民群众期待，推动习近平新时代中国特色社会主义思想在金水落地生根、开花结果。

二、认真落实精神，用党的十九大重大论断和省委、市委战略部署审视金水的发展，增强以习近平新时代中国特色社会主义思想引领新时代金水各项事业发展的使命感、责任感、紧迫感

党的十九大作出了中国特色社会主义进入新时代和社会主要矛盾发生变化的重大政治论断，对新时代中国特色社会主义发展和党的建设进行了全面部署。省委综合分析我省发展方位和发展条件，提出到2020年与全国一道全面建成小康社会，进一步提升河南在全国发展大局中的地位和作用，建设经济强省、打造“三个高地”、实现“三大提升”取得重大阶段性成效，为全面建设社会主义现代化河南打下坚实基础；到2035年与全国同步基本实现现代化，全省人民共同富裕迈出坚实步伐，建成更高质量的经济强省，建成更具影响的“三个高地”，实现更高层次的“三大提升”；到2050年建成富强民主文明和谐美丽的社会主义现代化强省，在实现中华民族伟大复兴中国梦中更加出彩。市委贯彻落实十九大精神和省委十届四次全会部署，提出从现在到2020年，开启全面建设国家中心城市新征程，全面建成高质量、高水平小康社会；到2035年国家中心城市地位更加突出，对中原出彩的辐射带动作用和全国大局的支撑服务作用充分彰显，争取提前五年到2030年率先基本实现社会主义现代化；到本世纪中叶，建成社会主义现代化强市，成为具有全球影响力的城市。

区委认真贯彻、深刻领会党的十九大和省市全会精神，提出了今后一个时期工作的总体要求：高举习近平新时代中国特色社会主义思想伟大旗帜，全面贯彻落实党的十九大精神，紧扣社会主要矛盾变化，统筹推进“五位一体”总体布局、协调推进“四个全面”战略布局，坚持以人民为中心，坚持发展第一要务，牢固树立新发展理念，紧紧围绕郑州国家中心城市建设，突出改革开放、突出创新驱动、突出补齐短板、突出民生提标、突出党建保证，不断满足人民群众日益增长的美好生活需要，以领跑的姿态、领跑的气势、领跑的担当，加快建设社会主义现代化强区。

同时，持续区第十一次党代会、“十三五”规划和区委十一届三次全会工作部署，把领跑中部城区发展与全面建设社会主义现代化强区有机衔接起来，综合考量我区发展方位、发展基础和发展规律，研究确立了我区到本世纪中叶经济社会发展的主要目标。即到2020年，在全面建成更高质量、更高水平的小康社会基础上，经济社会发展的质量和效益显著提升，人民群众获得感和幸福感显著增强，率先基本实现社会主义现代化，全面领跑中部城区发展。到2035年，领跑中部城区发展的地位更加突出，对郑州国家中心城市的支撑带动作用更加彰显，建成综合实力雄厚、创新活力迸发、文化魅力彰显、生态环境优美、人民幸福安康的社会主义现代化强区，跻身全国大中城市城区第一方阵。到2050年，全面提升物质文明、政治文明、精神文明、社会文明、生态文明水平，实现治理体系和治理能力现代化，人民群众享有更高收入、更美环境、更加幸福安康的美好生活，在郑州建成社会主义现代化强市，成为具有全球影响力的城市中走在前列。这一目标围绕领跑中部城区发展，开启新时代全面建设社会主义现代化强区新征程，明确了新时代金水工作的奋斗目标和主要任务。在具体安排上，体现近详远略，突出未来三年确保实现领跑中部城区发展、基本实现现代化这个重点，对后两个阶段的目标只做轮廓性展望。

提出这样的奋斗目标，我们主要是基于四个方面的考虑：

第一，这是基于金水必须肩负的责任和担当。学习贯彻十九大精神，开启郑州全面建设国家中心城市新征程，建成社会主义现代化强市，成为具有全球影响力的城市，是市委贯彻落实十九大精神和省委安排部署的重大决策，也是郑州辐射带动中原发展、支撑服务全国大局的重大责任。金水作为郑州中心城区，拥有特殊区位、特别优势，历来得到省委、省政府和市委、市政府的高度重视和大力支持，这也决定了金水必须担当特别使命、特殊责任。我们金水区一直以来都走在郑州发展的最前端，金水人历来都不甘落后、永争一流，所以无论是从历史责任的角度、现实条件的角度，还是使命担当的角度，都理应在国家中心城市建设新征程中挑大梁、走前头、做贡献。为此，我们提出提前15年到2020年率先基本实现社会主义现代化、领跑中部城区发展，到2035年建成社会主义现代化强区、跻身全国大中城市城区第一方阵，到2050年在郑州建成社会主义现代化强市、成为具有全球影响力的城市中走在前列。这样的目标设置，体现了区委对中央和省市战略安排的理解领会和深入落实，体现了我们勇争一流、加压奋进的工作姿态，更体现了金水应有的强烈的责任意识和果敢的担当精神。

第二，这是基于金水发展的必然趋势和方向。在区十一次党代会上，我们深刻把握金水发展的战略机遇、阶段特征、现实基础和责任担当，坚持跳出郑州看金水，跳出河南看金水，站位中部、放眼全国找坐标，以高远的站位、非凡的气度、开阔的视野和创新的思维，高标定位、深度谋划金水发展，提出了“实现两个率先、领跑中部城区发展”的奋斗目标。按照市委“四重点一稳定一保证”工作总格局，确立了“一二三四五”的发展路径，建立了“党委加强领导、政府充分履职、人大政协共同参与的责任明晰、工作有序、运转高效”的工作推进机制，形成了新时期推进金水发展的实践体系；在今年7月份召开的区委十一届三次全会上，我们又集中各方面智慧，聚焦项目建设、突出项目带动，明确了提升落实力，加快形成领跑中部城区发展决定性态势、在郑州建设国家中心城市中“挑大梁、走前头、做贡献”的工作定位。从目前的实践和态势来看，效果日益显现，特别是今年前三季度呈现出增速提高、排名前移的良好态势，主要经济指标增速均高于全市平均水平，达到了多年以来或者说相当长一段时期内的最好水平，标志着金水经济发展已经步入历史最好时期，正在进入新一轮的快速发展周期和良性循环轨道，金水快速发展的大幕已经拉开。实践证明，我们确定的指导思想、目标定位、发展路径、体制机制，契合十九大的新精神，符合十九大的新要求，与中央、省、市的目标方向一致、战略路径一致、工作要求一致，这也充分说明我们对未来发展方向的定位是正确的，对未来发展思路的谋划是超前的，对未来发展趋势的把握是精准的。只要我们不换频道，保持战略定力，一以贯之走下去，一定会持续这种发展态势，一定会率先在全市、全省基本实现现代化，全面领跑中部城区发展。

第三，这是基于科学客观的分析和判断。针对今后一个时期金水区的发展目标，区有关部门做了认真的预测、分析和判断，从全面建成小康社会角度看，以我区2016年各项指标完成情况，与国家统计局下发的《全面建设小康社会统计监测方案》五大类39项指标对照，我区已达标38项，实现程度为98%，按国家标准95%即为全面建成，我们已经提前实现目标。从领跑中部城区角度看，从最能反映一个地区总体经济综合实力、政府财力、商贸业活跃程度、服务业发达程度的国内生产总值、财政收入、社会消费品零售总额、现代服务业增加值等主要指标分析，到2017年可全部进入前三，根据目前我们的发展基础，按照正常的发展速度和目前的发展态势，到2020年这些指标总量均可位居中部城区第一，我们完全可以全面领跑中部城区发展。从实现现代化角度看，目前国家层面尚未发布定性定量的指标体系，官方发布现代化指标体系的只有江苏省。江苏省是全国排名前三的发达省份，制定的指标体系与全国平均水平相比起点更高、增速更快。用我区现有指标情况对照江苏指标体系，31项指标2016年已实现16项，到2020年还能再实现13项，一共是29项，按权重计算实现程度为98.95%，率先基本实现现代化毫无疑问。从跻身全国35个大中城市城区第一方阵来看，目前全国35个大中城市共有285个城区，2016年我区综合实力在第51位，按照目前发展态势预测，到2035年综合实力完全能够排在第33位左右，成功跻身第一方阵。综合分析以上目标实现情况，无论是从金水整体综合实力来判断，还是从完成目标所处的时间维度来判断，到2050年，金水必将会在郑州建成社会主义现代化强市和具有全球影响力的城市中走在前列。

第四，这是基于金水拥有千载难逢的机遇和不可比拟的优势。从宏观环境来看，目前，郑州国家中心城市建设已经上升为国家和全省战略，随着郑州航空港实验区、国家自创区、自贸区、跨境电子商务综合试验区、全国综合交通枢纽、国家智慧城市试点等国家战略深入实施，郑州的国家战略叠加优势不断凸显；随着郑州“米”字形高速铁路网加快形成、郑州机场二期建成投用和“畅通郑州”重大市政工程的快速推进，飞机、高铁、地铁、高架“多位一体”交通体系日益完善，郑州的枢纽地位不断提升，正在呈现出资源加快集聚、各界普遍看好、发展势头强劲的良好态势和局面，这些都为金水发展提供了广阔的外部空间、创造了难得的发展机遇。从政策层面来看，近年来，经过主动作为、积极争取，金水同时纳入郑洛新国家自主创新示范区、中国（河南）自由贸易试验区建设范围，国家唯一的知识产权创意试点园区落户金水，金水作为郑州中心城区，处于诸多国家战略的联结点，获得了高出以往数倍的国家政策支持。这意味金水正在步入“政策蜜月期”和战略机遇期，必将迎来更高层次、更加特殊、更加优惠、前所未有、不可复制的政策红利。从基础优势来看，“十二五”以来，我们全力以赴推进新型城镇化，已改造腾出土地5万多亩，其中开发建设用地1.6万亩，为我们今后发展腾挪出了宝贵的土地空间。我们坚定不移实施开放创新双驱动战略，引进了北大创孵中心等一大批高技术产业项目，设立了美国硅谷等国际招商办事处，促成了清华启迪等一大批创新创业综合体，形成了以信大捷安为龙头的信息安全产业、以中关村在线为龙头的共享生态科技产业两个千亿级集群，以金融商贸和高技术服务业为主导的现代产业体系初具规模，发展的活力后劲持续增强，支撑点和增长极正在形成，效益逐步显现，必将发挥巨大的拉动和支撑作用，带动金水进入全面爆发、快速发展、跨越赶超的新阶段。

基于以上分析，只要我们扑下身子、撸起袖子加油干，我们的目标完全可以实现。同时，对照十九大精神要求，深刻认识社会主要矛盾变化，我们也要清醒地认识到金水发展也存在不平衡不充分问题，还存在不少差距和短板。

一是发展不平衡不充分，突出表现在科技创新驱动引领作用发挥不够。习近平总书记指出，创新是引领发展的第一动力，是建设现代化经济体系的战略支撑。历史经验表明，创新从来都是决定一个区域竞争成败和发展成效的关键，能否真正实现以创新引领产业转型升级，将决定着我区“十三五”乃至今后中长期战略目标能否顺利实现。目前，金水科技创新工作与先进地区相比仍有很大差距，与经济发展还有许多不相适应的地方，主要表现为眼界不宽，紧盯国际、国内前沿技术、高端技术的能力有待加强，突破性原创性科技成果比较少，缺少拳头产品，缺少自主品牌，经常是跟着他人跑而不是领跑，软件、科技研发所占比重还比较小，具有高附加值、行业领先的产品较少，产业的创新力、竞争力优势还没有打造出来。我们必须发挥政府扶持资金的杠杆作用，发挥企业投入主体作用，提高全社会研发经费支出，促进科研与项目结合、科研成果向现实生产力转化。

二是发展不平衡不充分，突出体现在经济发展与生态环境建设不同步。小康全面不全面，现代化全面不全面，生态环境质量是关键。党的十九大在十八大的基础上再一次吹响了加快生态文明体制改革、建设美丽中国的号角，进一步昭示了以习近平同志为核心的党中央加强生态文明建设的意志和决心。在领跑中部城区发展、开启金水建设社会主义现代化强区的新征程中，我们小康社会和现代化建设拉后腿的都是生态环境。虽然“十二五”以来我们以大气、水、土壤污染治理为重点坚决向污染宣战，生态环境保护取得了一定成效，但是主要污染物排放、污染源治理、绿化覆盖率方面还存在短板，总体上我区生态环境恶化趋势尚未得到根本扭转，生态保护与经济建设活动的矛盾依然突出，生态安全形势依然严峻。我们必须要打好生态建设这场攻坚战，尽快补上生态环境这块最大短板，提供更优质生态环境，使金水区天更蓝、水更清、城更绿，真正实现人与自然的和谐共生，满足人民群众日益增长的美好生态环境需求。

三是发展不平衡不充分，突出体现在辖区群众的获得感、幸福感不够强烈。党的十九大强调带领人民创造美好生活，是我们党始终不渝的奋斗目标。对我们来说，必须始终把不断满足群众对美好生活的需要摆在至高无上的地位，让发展成果更多更公平惠及全体人民。近年来我区坚持投入不断向民生领域倾斜，通过三级三类便民服务体系建设，一大批惠民举措落地实施，但与群众日益增长的美好生活需要相比，我们还不能充分满足，有的方面还存在不少差距。突出表现在城乡居民收入不高、民生保障水平还不够高；就学难、就医难等问题还没有得到彻底解决，公共服务供给、社会治理、城市管理等与群众期望还有较大差距；还有一些老旧小区，无主管楼院安全隐患突出，基础设施落后，历史欠账和公共服务短板还很多。对于这些情况，必须坚持问题导向，切实完善机制、突出重点、强化措施，下大力气加以克服、迎头赶上，推进各项事业充分发展，更好地满足人民对美好生活的新期待，使辖区群众的幸福感、获得感更加强烈。

全区上下要坚持高举习近平新时代中国特色社会主义思想伟大旗帜，充分认识区委关于今后一个时期发展的战略考量和前景展望，切实把思想统一到区委贯彻落实中央、省委、市委精神的各项工作部署上来，准确把握金水的阶段任务，切实增强责任感、紧迫感、使命感，坚定必胜信心，发挥用好优势，补齐短板弱项，全面贯彻落实党的十九大精神，不断开创金水发展新局面。

三、迅速见诸行动，深入贯彻落实党的十九大和省市委全会精神，扎实推进新时代金水经济社会发展各项工作

习近平总书记在十九大报告中指出：“中华民族伟大复兴，绝不是轻轻松松、敲锣打鼓就能实现的，全党必须准备付出更为艰巨、更为艰苦的努力”。省委谢伏瞻书记在省委十届四次全会上指出：“提法也好，定位也好，都需要干出来，河南在全国的地位靠干，市县在全省的地位也必须靠干”。市委马懿书记在

市委十一届五次全会上强调："贯彻落实十九大精神，变蓝图为现实，关键在行动"。着眼当前、立足长远，对金水来讲，就是要把学习贯彻党的十九大精神转化为推动发展的强大动力，坚持目标导向，坚持问题导向，以钉钉子精神全面抓好落实，以实际行动让十九大精神在金水形成生动实践、结出丰硕成果。

（一）我们要把现代产业体系培育牢牢攥在手中。产业是经济的根基，是城市竞争力的根本体现，是培育现代化经济体系的重中之重，任何时候都要摆在工作全局的突出位置，持之以恒、紧抓不放。我们要领跑中部城区发展，并在这个基础上基本实现现代化，必须紧紧扭住发展第一要务不放松，坚持以新发展理念引领发展，加快建设现代化经济体系，不断增强经济创新力、竞争力和支撑力。要突出主导产业发展，坚持以科技创新为引领，以高端服务业为主攻方向，加快提升服务业发展质量、效益和层级，着力构建现代金融、高端商贸、科技创新协同发展的现代产业体系。要突出重点板块建设，根据"三大板块"功能定位，突出产业培育，强化载体建设，形成"园区引领、板块联动、多点支撑"的现代产业发展新格局。要突出新兴产业培育，充分发挥政府统筹协调、政策引导、要素保障作用，深入宣传推介"金典六策"，推动各类资源要素汇聚，努力在共享经济、信息安全等领域培育一批百亿级、千亿级的产业集群，抢占新兴产业发展制高点，为金水未来发展奠定产业基础、增创产业优势。

（二）我们要下大气力构建全域城市化发展新格局。要牢牢把握"以建为主、提升品质、扩大成效"的阶段性任务，高起点规划、高标准建设、高效能管理，推动资源共享、生态共建、产业互动，构建全域城市化发展新格局；要深入推进大棚户区改造工作，努力实现基础设施一体化、公共服务均等化和以人为核心的新型城镇化，全力以赴抓好安置房建设和群众回迁安置，统筹开发地块规划建设，建设一批高端商务和创新创业综合体，形成支撑经济发展新的增长点；要持续优化城区空间结构和功能布局，统筹推进便民服务设施、优质教育资源、优质医疗资源，社会保障救助和公共文化服务全覆盖，完善以综合管廊、海绵城市、智慧城管为主导的基础设施支撑保障体系，形成布局合理、功能完善的基础设施体系，提高综合承载能力。

（三）我们要把全面深化改革贯穿工作各领域、各方面。明年将迎来改革开放40周年，我们要坚定改革信心，增强改革定力，保持改革韧劲，坚定不移将改革进行到底。要全面落实中央和省委、市委各项改革部署，以国家和省市赋予金水的改革试点为带动，以影响全局发展的关键问题、制约金水发展的短板问题为导向，努力在重点领域和关键环节改革创新上不断取得新突破。要着力抓好自贸区为引领的商事制度改革、"五单一网"为载体的"放管服"改革、司法体制改革、城市管理执法体制改革，进一步优化经济发展环境。要深化推进农村集体产权制度改革，抓住机会、抓住关键，落实农民权益。要持续完善"党委领导、政府主导、社会协同、公众参与、法治保障"的社会治理体系，打造共建共治共享的社会治理格局，不断推进治理体系和治理能力现代化。

（四）要着力构建全方位对外开放新格局。要准确把握全球经济一体化的发展趋势，抓住国家扩大自贸区改革自主权的政策机遇，加快自贸区金水区块建设，着力打造总部经济集聚区和"一带一路"经贸交流中心、知识产权运营保护中心、国际协同创新中心。要不断加快对外开放载体建设，把金水科教园区、河南科技园区、国家知识产权创意产业试点园区三大园区和自贸区金水区块作为扩大对外开放的重要载体与重要支撑，引进和培育一批有自主创新能力、国际竞争力的跨国公司和国内外知名企业。要持续加快对外合作步伐，鼓励企业开展技术创新、开展跨境投资、推进对外合作项目建设，形成政府主导、企业主体、社会参与、双向开放、深度融合的开放新格局。

（五）我们要以超常规措施推进创新型城区建设。要充分认识科技创新引领发展转型的灵魂作用，下大力气补强科技创新、人才支撑短板，以超常规的举措集聚创新资源、创新人才，以科技创新带动思想观念、体制机制、发展模式等全面创新，建成极具活力的创新型城区。要学好用足国家自主创新示范区先行先试政策，充分发挥国家知识产权创意产业试点园独特优势，大力实施创新型企业、高新技术企业和科技型中小企业培育计划，努力建设中部地区乃至全国重要的科技成果交易中心和转化高地。要突出强化企业创新主体地位，优化创新创业生态，完善创新创业服务体系，鼓励和扶持大学生创新创业，在全社会培育创业精神和创业文化。要全面对接“智汇郑州”人才工程，强力实施人才强区战略，完善人才政策体系，多方式、广领域引进国内外高层次人才，切实为金水领跑发展提供智力支撑。

（六）我们要以更大的力度治理环境改善生态。改善生态环境是最普惠的民生，是金水转型发展最紧迫的任务。要树牢“绿水青山就是金山银山”的理念，像对待生命一样对待生态环境，像保护生命一样向污染宣战。要着力解决突出环境问题，坚持“大生态、大环保、大格局、大统筹”的工作部署，坚决打赢大气污染防治“翻身仗”，统筹抓好水污染、土壤污染防治工作，下大力气补齐生态环境建设短板；要大力实施全域增绿、增水、增公共空间行动，以绿色走廊、绿地公园建设和“四河一渠”综合治理为重点，打造人与自然和谐相处的城市生态体系。要坚持推进绿色发展，将环境质量改善作为发展的底线和硬约束，大力推进节能减排，倒逼产业结构调整，发展方式转变，让绿色发展方式、生活方式成为全社会的自觉行为，形成人与自然和谐发展的现代化建设新格局。

（七）我们要下决心做好文化这篇大文章。我们要像抓经济工作一样抓文化建设，在传承城市文脉、彰显文化特色、提高文明素质上下大功夫、求大进步。要坚定文化自信，牢牢把握意识形态工作领导权，积极培育和践行社会主义核心价值观，持续巩固深化文明城市创建成果，促进文明素质不断提升。要大力发展文化事业，实施文化惠民工程，以金水区市民公共文化服务活动中心为龙头，建成全域覆盖、区域均衡、人群均等的现代公共文化服务体系，建设中部文化高地。要充分发挥文化大使的影响力和资源优势，加强文化传播能力建设，持续提升中国（郑州）国际街舞大赛等金水特色文化品牌知名度，有效提升金水在国内外的文化影响力。

（八）我们要把不断满足人民日益增长的美好生活需要作为不懈追求。人民群众对美好生活的向往就是我们的奋斗目标。结合金水实际，要牢牢抓住三个以点带面的牵引性工作。要坚持推进双创富民、保障安民和政策惠民，通过发展经济、优化产业结构，以双创带动更加充分、更高质量的就业，大幅提高城乡居民收入；要深入实施民生实事“五大覆盖”工程，努力打造资源均衡、内涵丰富、特色鲜明的现代幸福城区。要加强创新基层社会治理，加强信访规范化建设，深化推进平安金水建设，构建政府现代化的基层治理模式；要健全公共安全体系和社会治安防控体系，严守安全生产、食品药品安全监管底线，使人们获得感、幸福感、安全感更加充实、更有保障、更可持续。

（九）我们要统筹抓好民主法治建设。坚持党的领导、人民当家做主、依法治国有机统一，不断巩固和发展生动活泼、安定团结的政治局面。党的十九大报告指出，“党政军民学，东西南北中，党是领导一切的”。要坚持“党委加强领导、政府充分履职、人大政协共同参与的责任明晰、工作有序、运转高效”的工作推进机制，各级党组织要发挥好“总揽全局、协调各方”的领导核心作用，不断提高把方向、谋大局、定政策、促改革的能力和定力。党委加强领导不是包揽包办，要健全落实党委领导人大工作制度，落实好社会主义协商民主制度，巩固和发展爱国统一战线，完善党委领导群团组织制度，全面推进依法治区，加强国防教育、国防动员和国防后备力量建设，充分发挥好方方面面的主观能动性，形成推进工作的整体合力。

四、切实加强党的建设，推进全面从严治党向纵深发展

实现我们的奋斗目标，关键在党、关键在全区各级党组织和党员干部。全区上下要认真贯彻党的十九大和省委、市委全会提出的新时代党的建设总要求和重点任务，扛稳抓牢主体责任，推动全面从严治党向纵深发展，不断提高党的建设质量，为经济社会发展提供坚强保证。

一是把党的政治建设摆在首位。要旗帜鲜明讲政治，牢固树立“四个意识”，坚决在政治立场、政治方向、政治原则、政治道路上同以习近平同志为核心的党中央保持高度一致，坚决维护党中央权威和集中统一领导。要严格遵守和维护《中国共产党党章》，严格执行新形势下党内政治生活若干准则，着力增强党内政治生活的政治性、时代性、原则性、战斗性。要严格落实民主集中制各项制度，健全议事规则和决策程序，不断提高决策科学化水平和决策执行力。要大力弘扬忠诚老实、公道正派、实事求是、清正廉洁等价值观，严守党的政治纪律和政治规矩，坚决防止和反对个人主义、分散主义、自由主义、本位主义、好人主义，坚决防止和反对宗派主义、圈子文化、码头文化，坚决反对搞“两面派”、做“两面人”。

二是筑牢思想建设的根基。要坚持不懈强化理论武装，以“不忘初心、牢记使命”主题教育为载体，扎实推进“两学一做”学习教育常态化制度化。要持续深入学习习近平新时代中国特色社会主义思想，坚定中国特色社会主义道路自信、理论自信、制度自信、文化自信，不断提高马克思主义思想觉悟和理论水平。全区各级领导干部要有本领不足能力不足的紧张感，自觉学习掌握新理论、新知识，努力在学习中充电、在实践中提升，不断提高思想水平、理论水平、工作水平，提高专业能力、专业精神，更好适应新时代金水发展的需要。

三是建设高素质专业化干部队伍。要坚持党管干部原则，把好干部标准落到实处，突出政治标准，充分发挥党组织领导和把关作用，坚持德才兼备、以德为先，坚持五湖四海、任人唯贤，突出敬业负责，尊重干部成长规律，选好人、用好人，树立正确用人导向，选优配强各级领导班子。要注重发现储备使用年轻干部，注重培养选拔女干部、少数民族干部和党外干部，注重培养干部的专业能力、专业精神，形成结构合理、素质优良、梯次配备的干部队伍。完善干部考评体系，坚持聚焦经济社会发展重要部署、重大任务、重点工作，科学设置指标，强化结果运用。要坚持严管和厚爱结合，激励和约束并重，落实和完善激励机制、容错纠错机制、能上能下机制，旗帜鲜明地为敢于担当、踏实做事、不谋私利的干部撑腰鼓劲，重点解决不作为、慢作为、乱作为的问题，让广大党员干部愿干事、敢干事、能干成事。

四是推动基层党建全面过硬。要以提升组织力为重点，突出政治功能，深入推进基层党组织规范化建设，努力把各领域基层党组织建设成为宣传党的主张、贯彻党的决定、领导基层治理、团结动员群众、推动改革发展的坚强战斗堡垒。要严肃基层党组织生活，严格干部监督管理，健全党员干部联系服务群众制度，更好地发挥好党支部直接教育党员、管理党员、监督党员和组织群众、宣传群众、凝聚群众、服务群众的职责作用。要创新基层组织设置和活动方式，持

续推进党的组织、工作双覆盖和政治功能、服务功能双提升，切实加强基层党组织带头人队伍建设，建立软弱涣散党组织整顿常态化机制，着力解决好个别基层党组织弱化、虚化、边缘化的问题。

五是持之以恒正风肃纪反腐败。全面从严治党永远在路上，党风廉政建设和反腐败斗争永远在路上。我们要以永远在路上的韧劲和定力，推动全面从严治党向纵深发展，全面净化政治生态。要坚持正风肃纪不松劲、不停步、再出发，让党的作风全面好起来，保持党同人民群众的血肉联系。要持续巩固落实中央八项规定精神成果，驰而不息整治“四风”。严格执行和维护党的纪律，坚持用好监督执纪“四种形态”，让党员干部知敬畏、存戒惧、守底线，习惯在受监督和约束的环境中工作生活。要深入全面落实党内监督条例，压实党委（党组）、纪律检查机关、党的工作部门、党的基层组织党内监督责任，突出领导机关和“关键少数”，探索加强党员干部日常管理监督的方式方法，增强监督实效。要按照中央、省委和市委部署，抓好国家监察体制改革，加强和改进巡察工作，深化政治巡察，加强和完善纪委派驻机构建设，切实发挥“派”的权威和“驻”的优势。要坚持标本兼治以案促改，不断强化不敢腐的震慑、扎牢不能腐的笼子、增强不想腐的自觉，坚持无禁区、全覆盖、零容忍、强高压、长震慑，不断巩固压倒性态势、夺取压倒性胜利，保证干部清正、政府清廉、政治清明。

同志们，审议《意见》讨论稿，是这次全会的主要任务。希望大家提高政治站位，切实增强使命感、责任感，全面把握和深刻领会党的十九大和省市全会精神，认真审议，充分讨论，提出建设性的意见和建议，使《意见》更加完善，更好地指导推动全区上下凝心聚力，以新的伟大思想引领新征程，奋力书写领跑中部城区发展，全面建设社会主义现代化强区的新篇章！

政府工作报告
——在郑州市金水区第十三届人民代表大会第二次会议上

区长 魏 东

（2018年1月21日）

一、2017年工作回顾

2017年是本届政府的开局之年，也是金水推进领跑发展的突破之年。一年来，面对艰巨繁重的发展任务和日趋激烈的区域竞争，全区上下在市委、市政府和区委的坚强领导下，在区人大和区政协的监督支持下，深入学习宣传贯彻党的十九大精神，坚持以习近平新时代中国特色社会主义思想为指导，认真落实新发展理念，按照“四重点一稳定一保证”工作总格局，攻坚克难、砥砺奋进，持续保持了经济社会健康快速发展的良好态势，顺利完成了区十三届人大一次会议确定的目标任务。

（一）综合实力在提质增效中显著增强

发展态势更加积极。预计地区生产总值实现9.6%的高速增长，总量突破1200亿元；财政总收入增长21.1%、达到224亿元，在全省157个县（市）区中稳居第一；地方一般公共预算收入在全面落实各项税费减免政策的基础上实现了两位数增长、达到55.5亿元；社会消费品零售总额增长7.3%、达到773亿元；全社会固定资产投资增长10%、达到528亿元。经济运行态势呈现近年来最好水平。

发展质量持续提升。服务业增加值成功突破1000亿元，其中现代服务业实现增加值784亿元，对地区生产总值增长的贡献率达到70%。现代金融、高端商贸和高技术服务等主导产业分别实现增加值334亿元、155亿元和156亿元，总量占服务业的比重增至60%，支撑作用更加凸显。商务服务业加速向价值链高端攀升，增加值突破100亿元。在商务部备案的服务外包企业达到105家，稳居全省第一，并成功打造2个省级服务外包示范园区。经省级认定的电子商务企业增至192家，其中跨境电商28家，实现电子商务交易额136亿元。

发展后劲日益增强。深入开展“项目建设年”活动，先后组织四次集中开工仪式，新开工杲村财富中心等重点项目46个，省市重点项目开工率双双实现100%，创三年来新高。积极推进产业链招商，成功引进信大捷安等优质产业项目23个、总投资171亿元，并与意大利新时代商协会等产业联盟达成战略合作。研究出台“金典六策”，设立共享生态科技等多支产业发展基金，有效推动了产业升级和科技创新。积极发挥“金融港”作用，帮助1695家企业融资25.8亿元。新增“新三板”挂牌企业4家、中原股权交易中心挂牌企业18家，全区挂牌上市企业达到51家。

（二）发展活力在开放创新中加速释放

改革开放步伐全面加快。深入推进“放管服”改革，扎实开展“减证便民”，取消繁文缛节和不必要证明80项。全面推行

“一口受理”，99个审批事项实现“一口受理、一站审批、一窗取件”。积极推进商事制度改革，新登记企业2万家，总量突破10万家。自贸区管理架构和推进机制全面建立，创新“一址多照、集群注册”工商注册方式，吸引入驻企业72家，形成重点领域改革创新案例14个。外贸进出口实绩企业达到869家，占全市三分之一以上，推动进出口总额实现17.4亿美元，超过市内六区总量的60%。

创新发展能力明显提高。突出自创区带动引领，新设立院士工作站2个、国家级实验室4个，引进国家“千人计划”专家等高层次人才及团队29个，居市内六区第一；新增科技型企业137家、高新技术企业63家，分别增长26%和78.8%，增量和增幅均创历年新高。创新要素加快集聚，新增省级以上工程技术中心16家、孵化器（众创空间）19家，荣获省市级科技进步奖32项，专利申请量突破7500件，科学技术支出占公共预算支出的比重达到3.6%。成功举办首届“产业生态共享”高峰论坛、第十七届中国虚拟现实大会等重大活动，创新创业影响力持续扩大。

载体平台支撑更加有力。金水科教园区开工建设朗驰智能机器人科研中心等项目6个，新投用创新创业发展空间60万平方米，引进美国硅谷PNP等一批国际化创新服务机构，获批建设省市两级信息安全产业示范基地。河南科技园区积极培育发展新业态，中关村在线等知名电商平台全面运营，稳居省级特色园区前十强。国家知识产权创意产业试点园区集聚知识产权服务及文化创意类企业203家，国家知识产权局专利复审委员会第九巡回审理庭和全省首家知识产权巡回法庭挂牌成立，成为全国专利文献服务网点，荣获“全国专利系统先进集体”等荣誉称号。

（三）城区品质在更新改造中优化提升

大棚户区改造取得新进展。顺利完成刘庄等7个村、1429万平方米建筑物拆迁，清运建筑垃圾803万立方米，全面进入开发建设的新阶段。构袁等14个项目、263万平方米安置房顺利开工建设，小孟砦等19个项目、505万平方米实现主体封顶，全年回迁群众12986人，安置房主体封顶面积和回迁群众人数再创历史新高。率先在全市启动安置房网签工作，姚砦等4个项目基本完成，累计实现网签9419套。

城区功能提升获得新成效。率先在全市完成轨道交通2号线延长线、3号线一期、4号线和5号线征迁任务，商都历史文化区宫殿区工程征迁基本完成，市政控制性节点地下交通工程征迁顺利推进。建成道路15条，提升背街支路151条，新增公厕15座、公共停车泊位12300个。深入开展“双迎攻坚”活动，常态化推进集贸市场、“六小”门店和市容环境等八大重点领域整治，累计清理各类垃圾84万立方米，为郑州市顺利通过国家卫生城市复审、蝉联全国文明城市“三连冠”做出了积极贡献。

生态环境治理实现新突破。实行最严格的生态环境保护制度，强化工地扬尘、能源替代和污染源治理，227个在建工地全部纳入“7个100%”动态监管，排查取缔“散乱污”企业647家，重点领域污染得到有效治理；建成微型空气监测站43个，完成电代煤气代煤改造2133户，高污染燃料禁燃区实现全覆盖，辖区空气质量明显好转，成功实现“两降一增”，PM2.5、PM10年均浓度分别下降3.9%和12.9%，优良天数增至192天，同比增加51天。新建公园游园3个，完成生态林业2850亩，新增绿地80万平方米。贾鲁河绿线内附属物基本拆除完毕，黄河湿地自然保护区内渔家乐、违章建筑全部取缔拆除。三级河长体系全面构建，治理排污问题23起，建成区基本消除黑臭水体。

（四）民生福祉在共建共享中持续增进

社会保障坚实有力。坚持把财力向民生领域倾斜，民生支出达到44.5亿元，有效解决了一批关系群众切身利益的热点难点问题。完成就业创业培训8606人，新增就业再就业33868人，城镇居民和农村居民人均可支配收入分别达到42408元与24019元，稳居全省第一。新开工保障房16444套、基本建成9072套，回购公共租赁住房房源866套。免费为133户残疾人家庭进行无障碍改造，有效改善了残疾人家庭生活环境。全面实施环卫工人早餐工程，免费为辖区5000多名环卫工人提供营养健康早餐，努力让“城市美容师”感受到更多温暖。新扶持社工机构2个，新建社区托老站10家，投资1776万元购买慈善公益等社工服务项目76个，群众享受到了更多更丰富的专业服务。

公共服务更趋均衡。金水区总医院二期顺利投用，并与省人民医院等20家二级以上医院建立转诊绿色通道；公立医院综合改革加快推进，药品加成全面取消；家庭医生签约服务和分级诊疗试点有序开展，有效缓解了看病难看病贵问题。建成文源小学等5所学校、新增优质学位6120个，新接收进城务工人员随迁子女入学8100人，成功举办第六届中小学教育国际会议等教育交流活动，顺利通过国家义务教育发展基本均衡县评估认定。市民公共文化服务活动中心全面开工，建成党群服务中心3个，系统提供政务等三大类服务，便民服务体系日益健全。新建基层综合性文化服务中心105个，连续五年举办中国（郑州）国际街舞大赛；广泛开展群众性文体活动，获评“全国群众体育先进单位”。

治理体系更加完善。强化食品药品全过程监管，健全质量安全追溯和企业诚信管理制度，开展各类专项整治36项，有效保障了群众的饮食用药安全。严格落实安全生产责任制，排查整治各类隐患2487处，安全生产形势持续稳定好转。坚持领导接访等工作制度，妥善化解信访突出问题，高效解决群众合理合法诉求。完善立体化信息化社会治安防控体系，妥善处置各类群体性事件，严厉打击违法犯罪活动，群众安全感和满意度持续上升。

（五）自身建设在务实创新中不断强化

严格依法履职尽责。认真执行区人大及其常委会的决议决定，依法接受人大法律监督和工作监督，自觉接受政协民主监督，办理人大代表议案、建议和政协委员提案249件，办结率100%。健全行政权责运行机制和动态调整机制，梳理行政权力事项8881项，调整行政权力项目175项。强化规范性文件事前审查，备案审查规范性文件105件。扎实推进“七五”普法，积极推行法律顾问制度，基本实现政府部门和街道办事处全覆盖。深入开展财政预决算等重点领域信息公开，政府行政行为更加规范。

创新完善政务服务。建成全市面积最大的区级不动产登记中心，25项业务实现“一站式”办理，累计提供登记、过户等各类服务7.8万人次，发放证书证明2.9万件。积极推进“互联网+政务服务”，顺利搭建线上线下一体化政务服务平台，60个审批事项实现在线申请、网上办理，企业和群众办事更省心、更便捷；全年受理各类行政审批服务事项14.2万件，按时办结率100%。深入推进城市执法体制改革，区城市综合执法局正式挂牌，执法新体制逐步完善，一线执法效能进一步提升。

强化党风廉政建设。严格落实全面从严治党主体责任，扎实推进“两学一做”学习教育常态化制度化，政府系统党的建设持续向组成部门、直属单位和基层一线压紧压实。强化党风廉政建设“一岗双责”，深入落实中央八项规定及实施细则精神，持之以恒整治“四风”，“三公”经费持续下降。始终保持惩治腐败高压态势，不断强化行政监察和审计监督，切实扎紧扎牢制度的“笼子”；积极开展“小金库”专项清理整治等活动，处置问题线索242件，党纪政纪处分62人，形成了风清气正的良好政治生态。

与此同时，民族宗教、外事侨务、地方史志、粮食管理、人民防空、物价调控、双拥共建、国防动员和民兵预备役等工作都取得了新的成绩。

各位代表，过去一年，我们的工作异常艰辛却精彩纷呈，任务极为繁重却硕果累累，全区经济发展走在了全省全市前列，各项事业迈上了新台阶、实现了新突破。这些成绩的取得，是市委、市政府和区委正确领导的结果，是区人大、区政协监督支持的结果，是全区干部群众和社会各界共同努力的结果。在此，我谨代表区人民政府，向奋斗在各条战线的全区干部群众，向全体人大代表、政协委员和各民主党派、工商联、无党派人士、人民团体以及辖区机关、部队、企事业单位，向所有为金水繁荣发展做出贡献的同志们、朋友们，表示衷心的感谢，并致以崇高的敬意！

在看到成绩的同时，我们更清醒地认识到，经济社会发展中不平衡不充分问题依然存在：新兴产业支撑作用还未形成，产业升级步伐仍需加快；创新引领作用不够突出，发展动能转换还需提速；生态短板尚未补齐，环境污染防治形势依然严峻；居民收入有待提高，公共服务供给与群众期望还有差距；政府行政效能、社会治理能力仍有提升空间等等。对此，我们将直面问题，采取有效措施认真加以解决，努力让群众看到实实在在的变化和成效。

二、2018年工作总体要求和主要预期目标

2018年是贯彻落实党的十九大精神的开局之年，是改革开放40周年，是实施“十三五”规划承上启下的关键一年，也是开启新时代金水全面建设社会主义现代化强区新征程的重要一年。当前，中国特色社会主义进入新时代，全国经济由高速增长阶段转向高质量发展阶段，中央继续坚持稳中求进工作总基调，“三区一群”国家战略深入实施，郑州国家中心城市建设步伐全面加快，我们迎来了多重改革红利加速释放的重要机遇期。特别是经过多年的积淀、蓄力，金水成功构筑了具有比较优势的城区空间、产业格局、开放平台和创新载体，新动能快速转化为经济增长的强劲动力，转型发展、赶超发展的良好态势全面形成。只要我们坚定发展信心、抓牢发展机遇，紧盯目标不动摇、奋力前行不懈怠，必将推动金水实现更好、更快、更高质量发展。

今年政府工作的总体要求是：全面贯彻党的十九大精神，认真落实中央和省市工作部署，以习近平新时代中国特色社会主义思想为指导，坚持稳中求进总基调、奋发有为总要求，坚持新发展理念，坚持高质量发展的根本方向，坚持“项目化推进、台账式管理”工作方法，紧紧围绕郑州建设国家中心城市和“四重点一稳定一保证”工作总格局，牢牢盯住“实现两个率先、领跑中部城区发展”奋斗目标，突出改革开放，突出创新驱动，突出补齐短板，突出民生提标，全面形成领跑中部城区发展决定性态势，在郑州建设国家中心城市中“挑大梁、走前头、做贡献”。

全区经济社会发展的主要预期目标是：地区生产总值增长7.5%；地方一般公共预算收入增长6%；社会消费品零售总额增长7%；全社会固定资产投资增长10%；城镇（农村）居民人均可支配收入增速与经济增长保持同步；新增就业再就业28000人以上，城镇登记失业率控制在4%以内；节能减排、环保等约束性指标完成市下达任务；各项社会事业取得新进展。

三、2018年政府工作主要任务

为顺利实现预期目标，我们将坚持发展第一要务，锐意进取、埋头苦干，努力推动经济社会发展实现新突破、取得新成绩。

（一）坚定不移地推进新型城镇化建设，全面增强领跑发展的关键支撑力

牢牢把握“以建为主、提升品质、扩大成效”阶段性任务，深入推进百城建设提质工程，持续做强城市功能、做优城市形态，全力打造与国家中心城市相

匹配的现代化国际化生态化城区。

高品质推进城区开发建设。本着安置优先的原则，突出整体功能布局和配套设施建设，抓好拆迁“清零”、手续办理和施工管理，集中精力推进安置房建设，确保杨君刘等21个项目主体完工，推动路砦等19个项目投入使用，年内回迁群众4.3万人。强化部门沟通协调，积极推动安置房网签工作常态化，让回迁群众更安心、更舒心。坚持“房子是用来住的、不是用来炒的”定位，科学安排土地出让时序，推动安置项目土地顺利实现挂牌出让，促进房地产市场平稳健康发展。突出“空间立体性、平面协调性、风貌整体性”，抓好重点区域城市设计，谋划打造融合金水文化特色、现代时尚元素的城市会客厅，彰显国际化城市风貌。

高标准完善各项基础设施。全力保障轨道交通4号线等工程建设，抓好四环线及大河路快速化等工程征迁，加快建设双铺路等56条道路，高品质改造渠东路等23条道路，持续改善群众出行环境。以“城市双修”为切入点，新建、改造垃圾中转站7座，新增公共停车泊位8000个，更新果皮箱等“城市家具”16000个；积极推进“厕所革命”，开展无水化生态公厕试点，新建公厕85座，着力补齐影响群众生活品质的短板。加快完善金水科教园区和北部区域基础设施，推进晴翠变电站等配套设施建设，力争中央大道下穿连霍高速工程实现通车，创科路等25条道路和综合管廊一期6.8公里投入使用，实现与中心城区的联动融合。

高水平推进精细化管理服务。深化城市综合执法体制改革，健全第三方考评机制，大力发展“智慧城管”，不断提高问题发现处置和群众诉求回应的能力，积极推进城市管理向城市治理转变。持续巩固“双迎攻坚”成果，以治乱、治脏、治污、治差为突破口，全面实施“硬化、绿化、亮化、美化、净化”工程，新购置环卫作业车辆70台、垃圾压缩转运车300辆，确保机扫覆盖率达到95%，全力营造文明、整洁、有序、平安的城区环境。

（二）坚定不移地加快产业转型升级，全面铸就领跑发展的核心竞争力

坚持高端、高质、高新方向，深度对接国家和省市产业发展规划，引导各类要素向高端产业集中集聚，加快构建现代产业体系，推进经济发展的质量变革、效率变革和动力变革。

全力推进重大项目建设。坚持以重大项目建设统领经济社会发展，继续开展“项目建设年”活动，全年谋划安排具有引领支撑作用的重大项目181个，总投资2874亿元，年度计划投资600亿元。按照“前期项目超前一步、新建项目提早一步、续建项目加快一步”的推进原则，坚持分包联系、督导考核、联席会议等推进机制，开设项目审批“绿色通道”，做好用地报批、银企对接等要素保障，全力加快中以科技城等24个项目手续办理，推动清华启迪科技城等54个项目按期开工、西亚斯亚美迪国际软件园等103个项目快速推进，确保建业凯旋广场等30个项目建成投用。

持续做大做强优势产业。创新金融服务新模式，积极引进供应链金融等新型业态，推动金融信息等中介服务发展，助推实体经济发展壮大。探索商业发展新形式，率先在全国布局科技产品新零售渠道，鼓励优势企业发展新业态、新消费和新服务。拓展电子商务、服务外包等产业发展新平台，强化与天府盛等电商平台和跨境物流企业合作，打造跨境全品类贸易中心和电子产品跨境电商交易中心，年内新增服务外包企业20家以上，电子商务交易额突破160亿元。提升楼宇总部经济发展新内涵，发挥政策导向作用，加快中低端楼宇的升级改造和业态优化，加强新建楼宇的产业引导和招商运营，着力培育、提升和打造一批特色楼宇。树立企业发展新标杆，实施“品

牌+、质量+、标准+”工程，年内培育3~5家优质品牌企业和知识产权贯标企业，推动金水品牌金水质量走出家门、享誉全国。

集中打造新兴产业集群。优先打造信息安全和共享生态科技两大产业集群。发挥信大捷安等行业龙头企业的带动作用，争取军民融合商用密码产用创新基地落户，新引进信息安全骨干企业10家以上，年内产值突破100亿元。加快建设共享生态科技产业城，投用O2O孵化器和智能仓，汇聚智能制造、共享应用等领域企业200家，基本形成完整的产业生态链。抢先发展虚拟现实和增强现实产业。引进美国弈恩AVR互动数据中心，搭建公共云服务平台，建设国际产业孵化器，汇聚专业团队12个，抢占前沿技术的产业化先机。集聚发展知识产权创意产业。加快建设HPC好莱坞泛娱乐国际文化创意产业园，争取知识产权快速维权中心迈进全国第一方阵，努力打造知识产权运营中心，构建知识产权评估、转让许可、股权交易等全链条服务体系。谋划发展大健康产业。联合赛伯乐集团打造河南省医疗区块链应用中心和医疗物联网应用中心，建设河南省口腔3D打印中心、眼科医疗人工智能应用中心，引进以河南新益华科技为龙头的“大健康产业联盟”，汇聚骨干企业15家，初步构建大健康产业发展框架。

（三）坚定不移地深化改革开放创新，全面激发领跑发展的多元驱动力

坚持从“供给侧”发力，深化“双自联动”发展，加快新旧动能的接续转换，努力推动发展动力实现突破性转变。

以供给侧结构性改革为主线推进体制机制创新。认真落实中央和省市部署要求，抓好监察体制、财政金融和农村集体产权等领域改革，强化社会信用体系建设，建立健全联动响应、联合惩戒机制，激发市场活力和社会创造力。持续深化“放管服”改革。动态调整权责清单，继续“减证便民”，完善“一口受理”，推行“多证合一、一照一码”登记，推动全流程电子化登记和电子营业执照应用。积极拓展“互联网+政务服务”，开通微信办事等智慧服务，实现线上线下服务的无缝衔接。完善政府涉企资金投入机制。探索建立以投资基金为主的财政资金支持体系，高效运作郑州金科发展股权投资基金、重点产业知识产权运营基金等产业基金，推动设立虚拟现实增强现实产业基金和赛伯乐双创投资基金，撬动更多社会资本助推新兴产业发展。探索科技金融深度融合新模式。依托“金融港”，引导银行、保险等金融资本建立联动合作机制，探索科技担保、科技保险、信用评价等融资模式和协同发展机制，努力为科技创新和实体经济发展提供更有力的支撑。同时，严格防范金融风险，依法规范政府债务，着力化解各类风险源头。

以自贸区建设为引领拓展开放合作平台。按照“边规划建设、边招商运营”的推进思路，全面加快金水自贸区块开发，努力形成内外联动的开放发展新格局。以国际化标准推进规划建设。统筹推进各项前期工作，委托国际知名机构开展整体策划和规划设计，力争上半年完成附属物拆迁清理、土地报批等工作，进入实质性开发建设阶段。以国际化视野谋划产业发展。设立“一带一路”经贸产业园，引进谷歌海外推广体验中心等综合服务平台，积极与“一带一路”沿线国家进行产品标准等事项的互联互认，让更多金水企业走向世界。加强与林德国际物流的战略合作，依托河南—德国帕希姆自由贸易合作区，努力建设中欧自由贸易平台和保税交易平台。以国际化规则打造最优环境。筹划设立出口退税资金池，探索海关出口监管新模式，创新跨境电商海外仓分拨业务申报统计方式，全面落实公安部支持自贸区发展的出入境便利政策，努力打造审批最少、效率最高、服务最优的营商环境。以国际化格局构建全球招商合作体系。积极引入中国贸促会河南自贸区服务中心，利用其境外机构优势，助推辖区企

业开展国际经贸合作。发挥招商大使和驻外商务代表处作用，构建全球招商网络，力争IBM区块链研发中心等“四力”型项目签约落地。

以自创区建设为重点推进创新创业。突出“四个引领”，加快形成“四园多点”全域创新格局，努力建设创新型城区。培育一批创新引领型企业。健全科技企业梯次培育模式，分层分类进行帮扶支持，新增科技型企业100家、高新技术企业50家。设立一批创新引领型平台。对接“国字号”科研院所和龙头企业集团，争取引进德国工业4.0技术转移培训中心，新增省级以上工程技术研究中心5家。建设一批创新引领型机构。以申报“中以合作重点城市”为契机，谋划成立国际创新合作产业联盟，引入国际科技企业10家以上，力争“中以种子基因检测技术联合实验室”顺利落地。引进一批创新引领型人才。积极对接“智汇郑州”人才工程，探索“人才+项目”引才模式，年内新引进拥有自主知识产权及核心技术的高技术类项目20个以上，力争沈昌祥等2个院士工作站签约落户。完善“众创空间—孵化器—加速器”全程服务，新增市级以上孵化器8家，在孵企业突破1500家。用足用好“金典六策”，强化人才住房保障，举办中国郑州信息安全峰会等国际交流活动，吸引更多高端创新创业要素向金水集聚。

（四）坚定不移地强化生态环境治理，全面夯实领跑发展的基础承载力

深入践行“绿水青山就是金山银山”的理念，坚持“大生态、大环保、大格局、大统筹”，打好以大气污染防治为重点的污染防治攻坚战，努力使金水的天更蓝、地更绿、水更清、空气更清新。

坚决打赢蓝天保卫战。坚持全民共治、源头防治，深化与国家“千人计划”PM2.5特别防治小组合作，试点开展天然气锅炉脱氮改造，持续强化工地扬尘、餐饮油烟、渣土车、“散乱污”企业等重点领域治理，统筹抓好重污染天气应对，不断健全24小时巡查、随机暗访、督导追责等工作机制，着力构建源头严防、过程严管、后果严惩的防治体系，确保PM2.5和PM10平均浓度下降幅度达到市定目标，空气质量不断提升。

大力实施全域增水行动。以“扩充水源、提升水量、改善水质、扩大水面”为目标，尽快启动杲村湖建设，开挖疏通石沟河，加快推进贾鲁河综合治理，提升修复任庄明渠等河道生态景观，完成贾鲁湖蓄水和杨金明渠建设，着力打造“四河”净水萦绕、“三渠”清水长流、两岸景色旖旎的水系景观。全面落实河长制，推进“一河一策”治理，深入开展河流清洁行动，清除河道垃圾杂物和水面漂浮物，坚决整治河道排污口，建成区彻底消除黑臭水体。

全面推进绿化提升行动。突出“中心城区见缝插绿、北部区域留白增绿、科教园区规划建绿”，开工市民文化公园等2个公园，新建10个街头游园，探索推进沿街透空围栏立体绿化、建筑屋顶绿化和家庭阳台绿化，新增绿地50万平方米、绿化覆盖率达到44.8%。启动黄河湿地自然保护区修复建设工程，加快推进107辅道生态廊道、龙源路绿化等项目，打造覆盖全区的“绿道”“绿网”“绿心”。积极推进土壤污染防治，完成污染地块名录确认，强化危险废物规范化管理，逐步实现全过程监管。

（五）坚定不移地保障和改善民生，全面提升领跑发展的内生凝聚力

坚持以“人民为中心”发展思想，扩大优质服务供给，补齐民生服务短板，不断提升群众的获得感、幸福感和安全感。

健全社会保障体系。抓好高校毕业生和失地群众等重点群体就业，帮助残疾人和低保对象等困难群众就业，完成就业创业培训8410人，新增就业再就业28000人以上。全面开展红十字会应急救护员培训计划，年内完成培训3000人。完善困难群众救

助机制，鼓励发展社会互助和慈善事业，打造慈善亮点超市，实现精准救助、温暖救助。深化公立医院综合改革，完成10个社区卫生服务中心标准化改造，完善分级诊疗机制，畅通双向转诊渠道，持续解决看病难看病贵问题。加快市民公共文化服务活动中心建设，积极推进全民健身活动，继续办好中国郑州（国际）街舞大赛，不断丰富群众文体生活。

精心办好为民实事。坚持问题导向，始终想群众之所想、急群众之所急、解群众之所困，全力办好一批民生实事。新建沙门学校等5所学校，投用区第二实验小学等5所学校，新增教学班156个、优质学位6960个。促进“互联网+医疗卫生”发展，建设家庭医生签约服务信息化数据中心，为全区229个服务团队配备数字化随访服务包，提升家庭医生服务能力。新建党群服务中心4个，投入运营6个，持续完善便民服务体系。为金水户籍的残疾人办理“绿城通关爱IC卡”，免费乘坐市区公共交通工具。基本建成保障房7581套，配租公共租赁住房2329套。实施新一轮老旧小区提升改造，完善物业管理服务，对560个无主管楼院实施财政补贴，改善群众居住环境。积极开展生活垃圾分类管理，确保覆盖率达到30%以上。新建医养结合机构1家、社区托老站11家，努力提供更加丰富的养老服务。新建基层综合性文化服务中心88个，基本实现辖区全覆盖。

全力维护社会稳定。牢固树立安全发展理念，突出重点区域和关键领域的安全监管，坚决防范和遏制各类安全事故发生。持续开展国家食品安全示范城市和农产品质量安全区创建活动，健全监管体系和检测网络，确保群众饮食用药安全。完善信访工作机制，强化矛盾纠纷排查化解，引导群众理性合法表达利益诉求。健全社会治安防控体系，推行社区综治警务服务一体化，搭建实战实用实效的综治信息工作平台，严厉打击和依法惩治各类违法犯罪活动，确保社会安定有序、群众安居乐业。深化中国特色社会主义和中国梦宣传教育，培育和践行社会主义核心价值观，支持工会、妇联、共青团等群团组织发挥桥梁纽带作用，认真做好民族宗教、外事侨务、地方史志、物价调控、粮食管理、人民防空、国防动员和民兵预备役等工作，汇聚推动发展的强大能量。

四、建设人民满意的服务型政府

各位代表，面对新时代加快发展的新要求，我们将深入学习贯彻习近平新时代中国特色社会主义思想，增强“四个意识”，坚定“四个自信”，不断提升政府的公信力和执行力。

（一）坚持忠诚尽职。始终把党的政治建设摆在首位，坚决维护党中央权威和集中统一领导，自觉在思想上政治上行动上同以习近平同志为核心的党中央保持高度一致。深入开展“不忘初心、牢记使命”主题教育，认真落实“三会一课”等制度，真正把党的十九大精神转化为指导实践和推动工作的强大动力。牢记全心全意为人民服务根本宗旨，全力解决好群众最关心最直接最现实的利益问题，以务实举措服务于民、以发展成果造福于民。

（二）严格依法行政。把法治理念贯穿工作全过程，始终按照法定权限和程序用权履职。自觉接受人大法律监督、工作监督和政协民主监督，认真办理人大代表议案、建议和政协委员提案。严格落实“三重一大”制度，健全“公众参与、专家论证、风险评估、合法性审查、集体讨论决定”决策机制，做到依法、民主、科学决策。深入推进政务公开，广泛接受公众监督和社会舆论监督。

（三）强化责任担当。把“人民对美好生活的向往”扛在肩上、抓在手上，拉高工作标杆，强化贯彻执行，对定下的目标、下达的任务，以抓铁有痕、踏石留印的韧劲和恒心抓好落实。强化督查问效，严厉整治庸政懒政怠政行为，确保政令畅通、令行禁止。坚持严管和厚爱结合、激励和约束并重，建立健全激励机制和容错纠错机制，营造愿干事、敢干事、能干成事的良好氛围。

（四）坚守清正廉洁。严格落实党风廉政建设责任制，抓好政府系统党风廉政建设。锲而不舍落实中央八项规定及实施细则精神，驰而不息纠正“四风”，坚决反对特权现象，以零容忍态度惩治腐败，严肃查处吃拿卡要等侵害群众利益的不正之风和腐败问题，严肃整治形式主义、官僚主义等群众反映强烈的突出问题，树立勤政廉政良好形象。强化国家监察和审计监督，实现对所有行使公权力的公职人员监察全覆盖。

各位代表！新时代绘就伟大梦想新蓝图，新思想开启伟大事业新征程。让我们更加紧密地团结在以习近平同志为核心的党中央周围，在市委、市政府和区委的坚强领导下，在区人大、区政协的监督支持下，团结和依靠全区干部群众，不忘初心、牢记使命，埋头苦干、接续奋斗，全面形成领跑中部城区发展的决定性态势，为郑州建设国家中心城市做出新的更大贡献！

大事记

1月

4日　区委书记陈宏伟到杨金路街道办事处督导大气污染防治及产业项目建设工作。在实地查看了杨金路周边整治情况、辖区产业项目建设工地现场，详细听取该办大气污染防治及产业项目等相关工作的汇报后，陈宏伟强调，要充分认识当前大气污染防治工作的严峻性，提高警惕，切实增强大气污染防治的责任感和紧迫感，强化责任担当，杜绝侥幸心理。施工工地要全面落实“七个百分百”施工标准，加大排查监管力度，严格把控红色预警期间对监测点数据变化的影响，全面落实好各项应急管控措施。要及时协调妥善解决产业项目建设中存在的问题，加快项目建设进度。

同日　区委书记陈宏伟主持召开郑州商都历史文化区宫殿区工程项目征迁工作会，听取黄河水利委员会征收补偿方案汇报，研究解决征迁过程中遇到的问题和困难。区委副书记、区长魏东，区委副书记李晓雷，区政府党组成员许忠出席会议。

同日　从市科技局获悉，金水区河南兵锋电子有限公司等3家企业被市科技局认定为2016年度郑州市现代农业科技创新型龙头企业。截至1月，金水区科技创新型龙头企业已达11家。

6日　市政协副主席、民建郑州市委主委张冬平，副主委崔豫琳、李政军一行3人到金水区就基层民主党派组织建设情况进行调研座谈。区委常委、统战部部长王爱辉，区政协副主席宋红霞参加调研座谈。

10日　区委常委、政法委书记李小虎主持召开全区“一格一警”工作推进会，通报“一格一警”工作进展情况，研究制约工作推进的突出问题。区政府副区长赵德武，区委群工部部长、区政府党组成员曹可艳出席会议。

11日　市人大常委会选工委主任阎铁成、副主任蔡军龙到经八路街道调研指导人大换届选举工作。阎铁成一行先后到省委社区联合选区和军区社区联合选区，实地察看人大换届选举工作开展情况，听取相关情况汇报。区人大常委会主任、党组书记薛燕和街道主要负责人陪同调研。

同日　市委群众工作部部长、市信访局局长韩俊远到国基路街道办事处调研。区委群工部部长、区政府党组成员曹可艳，区信访主要负责人陪同调研。

13日　金水区区委十一届二次全体（扩大）会议召开。全会深入学习贯彻中央十八届六中全会和省委十届二次全会、市委十一届二次会议精神，省委、市委经济工作会议精神，全面总结2016年整体工作、安排部署2017年任务目标。全会要求，2017年要全面贯彻中央十八大和十八届三中、四中、五中、六中全会精神，认真落实中央和省委、市委决策部署，深入推进郑洛新国家自主创新示范区和自由贸易试验区建设，以“实现两个率先、领跑中部城区发展”为总目标，按照“项目化推进、台账式管理”方法，持续深化“四重点一稳定一保证”工作总格局，持续坚持“目标导向、问题导向”和“创优势、增实力、补短板、能抓住”工作方针，把握“稳中求进”总基调、“奋发有为”总要求，突出开放创新，突出区域协调，突出转型升级，突出民生改善，突出党建保障，努力实现发展总量新突破、发展质量新提升，力争在郑州建设国家中心城市中“挑大梁、走前头、当示范”，以优异成绩迎接中央十九大胜利召开。

18日 从市科技局获悉，金水区河南众诚企业孵化器有限公司、郑州新凯利文化传播有限公司被认定命名为郑州市科普示范基地，示范期3年（2017—2019年）。

19日 省文明办专职副主任张曼如，市文明办主任裴保顺、副主任薛土岭一行到东风路街道办事处郑州轻工业学院家属院走访慰问全国第四届道德模范提名奖获得者魏青刚。

同日 由市地震局、市教育局、市民政局联合组成的验收组，对金水区2016年度申报创建市级防震减灾科普示范学校及2016年度申报创建市级地震安全示范社区进行检查验收。经验收，金水区市第七十六中学、金沙小学、第三幼儿园被认定为“市级防震减灾科普示范学校”，北林路街道办事处金基社区被认定为“市级地震安全示范社区”。

20日 郑州市2017年度春节专家慰问座谈会在金水区召开。市、区领导王跃华、翟政、刘华安、魏东、李晓雷、时博、赵高翔出席会议。金水区入围“智汇郑州·1125聚才计划”的高层次专家、学者及辖区优秀企业家代表参加会议。会议由区长魏东主持。

23日 金水区召开郑州商都历史文化区宫殿区项目征迁工作推进会。区委书记陈宏伟指出，要同步推进公共单位与住宅区的征迁动员工作，做好入户宣传，认真了解其所思、所想、所盼、所愿，正视其合理诉求，让群众充分认识到空前的战略机遇和不可逆转的征迁态势，多渠道、全方位做好重点人员的思想工作，消除其戒备心理和抵触情绪，确保征迁工作的顺利开展。区委副书记、区长魏东，区委副书记李晓雷，区政府党组成员许忠出席会议。

同日 区委书记陈宏伟一行调研全区消防安全、安全生产、春节市场供应工作并看望慰问坚守岗位的一线干部职工。区委副书记、区长魏东，区委常委、区委办公室主任杨洁，区政府党组成员闵武杰一同调研。区城管局、区执法局、区信访局、区安监局、区商务局、区农委、区药监局、区市场管理处、金水消防大队主要负责人陪同调研。

24日 省住建厅厅长裴志扬一行到金水区走访慰问一线环卫工人。

2月

2日 区委书记陈宏伟主持召开街道党工委书记座谈会。会议要求，各街道能撸起袖子加油干、俯下身子抓落实，早动员、早谋划、早安排、早启动。抢占季节先机，主动抓好大气污染防治工作。积极调控楼市，确保宏观经济形势稳中向好。

4日 金水区2016年度街道党工委书记抓基层党建工作述职评议会议召开。市委组织部干部监督室主任曹勇，市委组织部人事处处长杨彬，区委常委、区委党建工作领导小组成员，区直各单位党组织负责人，各街道党工委书记，部分“两代表一委员”和基层党员群众代表参加了会议。区委书记陈宏伟主持会议。

5日 金水区召开河南自贸区郑州片区金水区块进展情况汇报会。区委书记陈宏伟，区委副书记、区长魏东，区委副书记李晓雷，区委常委、区委办公室主任杨洁，区委常委、政法委书记李小虎出席会议。陈宏伟指出，金水区作为河南自贸区郑州区块核心区域，要主动参与国家“一带一路”倡议建设，进一步做好顶层设计，在全面复制推广上海自贸区经验的基础上，坚定信心、勇往直前，理清自贸区建设过程中的方法、路径。要坚持把制度创新作为自贸区建设的核心任务，明确内涵要求，抓住重点难点，突出政府主导的高效化规范化，突出投资贸易的自由化便利化，不断丰富完善制度体系建设。要坚持把项目带动作为自贸区建设的重要支撑，加快重点项目建设，加大招商引资力度，加强环境载体建设，把自贸区打造成为全区经济社会发展“风向标”。

同日 金水区在区机关召开

贾鲁河综合治理工程推进会。区委书记陈宏伟指出，各相关部门要充分发挥主观能动性，千方百计克难攻坚，把集中在杨金路街道、兴达路街道及黄河渔场的拆迁遗留问题解决到位，全力确保工程正常施工。要进一步优化施工环境，在施工过程中做好扬尘防治，确保在建工地做到（“6个100%”），为项目创造良好的施工环境和氛围。要主动争取上级部门支持，加大沟通协调力度，统筹推进、形成合力、提高效率，把贾鲁河综合治理工程各项工作干得越细越好、标准越高越好。区委副书记、区长魏东，区委副书记李晓雷，区委常委、区委办公室主任杨洁，区委常委、政法委书记李小虎出席会议。

6日 从市工信委获悉，金水区河南中州电气设备有限公司的低压抽出式开关柜、河南澳玛特电气有限公司的家用电器智能插座入选河南省节能环保推广应用目录（第一批），有效期2年。

7日 市委常委、宣传部部长、副市长张俊峰一行到金水区调研郑州商都历史文化区宫殿区工程项目。

同日 焦作市修武县县长部方正一行到金水区考察金水·修武电子工业小镇项目建设工作。区政府领导魏东、毛国安出席会议。区政府办、区飞地办、区商务局、区楼宇办主要负责人参加会议。

8日 金水区在区机关召开党政联席会，听取2016年度目标表彰大会筹备情况汇报，分析研讨2017年目标任务，并对2017年目标考核办法提出进一步修改意见。区领导陈宏伟、魏东、李晓雷、赵惠玲、杨林、王爱辉、杨洁、李继东、时博、李小虎、赵高翔、张华、赵德武、郭国平、闵武杰、竞新宇、何守华、段庆洲、王珂、许忠、江涛出席会议。

10日 省人大常委会选任联工委主任杨盛道、省人大常委会选任联工委副主任姚福安一行，到花园路街道考察金水区第十三届人大换届选举工作。

13日 区长魏东到河南科技园区调研。魏东一行先后实地察看了轨道交通东风路站点规划情况，参观了河南科技园区未来生活体验馆、硅谷广场便民服务大厅、中关村在线共享生态科技产业孵化器、北京村村乐科技有限公司全国运营中心，并与“互联网+”企业负责人就产业发展、市场应用等方面进行了交流。随后，魏东一行在河南科技园区会议室召开了座谈会。河南科技园区管委会主任张双喜和区政府办、区财政局、区发改统计局、区科技局、区审计局、区征收办、区金融办、开发公司、河南科技园区、金水规划分局、东风路街道办事处主要负责人陪同调研。

14日 省委非公有制经济和社会组织工作委员会办公室主任耿旻率调研组一行，深入金水区经八路街道、花园路街道省供销社社区、河南科技园区和国家知识产权创意产业试点园区，就加强城市基层党建工作进行调研。省委组织部、省委党校、省直工委、省直党校等相关部门领导，市委组织部部务委员刘华安等一同调研。

15日 十一届区纪委二次全体（扩大）会议在区机关召开。会议回顾总结了2016年全区党风廉政建设和反腐败工作，安排部署了2017年工作任务。区委书记陈宏伟出席会议并讲话，区委常委、纪委书记赵惠玲作工作报告。

同日 区长魏东到人民路街道办事处调研郑州商都历史文化区宫殿区工程项目征迁安置工作。

同日 市大气办常务副主任、市环保局局长潘冰一行到金水区调研生物质锅炉提标治理工作。

同日 金水区环境污染防治攻坚战动员大会区召开。区委书记陈宏伟主持会议。陈宏伟指出，2017年环境污染防治攻坚任务艰巨，形势严峻，要处理好攻坚战与持久战之间的关系。解决当前突出问题、主要矛盾，要有突击打攻坚战的决心。作为城区政府，以大气污染防治为重点的城市精细化管理工作是常态化的工作，要有坚定打持久战的准备；要协调处理好环境保护和城市发展间的矛盾关系。解决好环境污染问题，是贯彻中央绿色发展理念的必然要求，是人民群众最为关切的民生问题。发展阶段各项工程亟需加快建设进度，也是经济社会发展必须解决的现实问题。环境治理要严格按照标准进行，加强源头末端治理，各项工作措施扎实落实到位。在严格治理标准的前提下，把握时间节点，创造条件，统筹兼顾，推进辖区项目的建设进程。区委副书记、区长魏东，区人大常委会副主任许贵舟，区政协党组副书记徐建军，区政府党组成员闵武杰、许忠出席会议。

同日 山东省莱芜市钢城区委副书记、政法委书记刘彬华带领考察团一行到金水区参观学习网格化管理工作。

19日 平顶山市党政考察团一行50余人在区委书记乔彦强，区委副书记、区长陈晓的带领下到金水区参观考察大棚户区改造、市政重点工程及重大项目建设等工作。

21日 环保部专项督察一组组长李向群带队到金水区督察第一季度空气质量，并在区机关301会议室召开座谈会。区领导魏东、李晓雷、闵武杰、许忠出席会议。区大气污染防治工作领导小组成员单位主要负责人参加会议。

同日 2017年9个重点项目集中开工。此次集中开工的财富中心建设项目、天境广场建设项目、轻科大厦、省农业干校综合实验楼等9个项目总投资153亿元，年度计划投资37亿元，涉及省、市、区三级重点项目，覆盖商贸流通服务业项目、科研产业项目、民生改善项目及棚户区改造类项目。区领导陈宏伟、魏东、李晓雷、薛燕、武建民、王克勤、段庆州、毛国安出席在天境广场建设项目现场举行的开工仪式。仪式由区委副书记李晓雷主持。

22日 从市工信委获悉，金水区河南金鹏信息技术股份有限公司“互联网+”创新社会治理平台研发与应用项目获得2016年（第二批）省先进制造业发展专项资金214万元。

24日 金水区“扫黄打非”进基层工作会议召开。区委常委、宣传部部长、区“扫黄打非”领导小组组长杨林出席会议。区“扫黄打非”进基层工作领导小组成员单位分管人员，各街道办事处分管副书记、宣传委员、区文化旅游局执法大队全体人员共70余人参加会议。

27日 市委常委、政法委书记黄保卫到金水区群众信访服务中心接访。市委群工部部长、市信访局局长韩俊远一同接访。

3月

1日 区委书记陈宏伟一行到金水科教园区调研，并主持召开座谈会。会上，陈宏伟宣读了市委组织部关于金水科教园区主要负责人的任免通知。区委常委、区政府党组副书记杨洁和金水科教园区管委会主任李小虎分别作表态发言。区委副书记、区长魏东一同调研，园区班子及杨金路、兴达路街道办事处主要负责同志参加调研。

3日 金水区2016年度目标总结表彰暨2017年工作推进大会召开。区委书记陈宏伟提出，2017年全区上下要撸起袖子加油干，紧盯目标加油干，项目统领加油干，完善机制加油干，突出重点加油干，优化环境加油干，督察考核加油干，扑下身子抓落实，真抓实干，务实重干，确保全年目标顺利实现，为领跑中部城区发展奠定坚实基础。区委副书记、区长魏东全面总结了2016年工作，并对2017年工作进行安排部署。全区副县级以上领导干部出席会议。会议由区委副书记李晓雷主持。

11日 中国人民政治协商会议郑州市金水区第九届委员会第一次会议在区机关三楼多功能会议厅开幕。武建民代表金水区八届政协常委会向大会报告工作。大会由王克勤主持。

12日 郑州市金水区第十三届人民代表大会第一次会议开幕。区长魏东代表区人民政府向大会作《政府工作报告》。大会书面听取了《关于郑州市金水区2016年国民经济和社会发展计划执行情况与2017年国民经济和社会发展计划（草案）的报告》和《关于郑州市金水区2016年财政预算执行情况和2017年财政预算（草案）的报告》。大会开幕式由大会主席团常务主席薛燕主持。

13日 政协郑州市金水区第九届委员会第一次会议选举产生九届区政协主席武建民，副主席王居良、宋红霞、王静、刘凌云，秘书长张书林。

14日 金水区第十三届人民代表大会第一次会议选举产生了新一届金水区人大常委会组成人员，薛燕当选为金水区第十三届人民代表大会常务委员会主任，李贻忠、许贵舟、燕建华、杜艳洁当选为金水区第十三届人民代表大会常务委员会副主任。会议选举魏东为金水区人民政府区长，杨洁、赵高翔、赵德武、竟新宇、张川为金水区人民政府副区长。会议选举蔡理亮为金水区人民法院院长，王青为金水区人民检察院检察长，选举张宏强为金水区出席郑州市第十四届人民代表大会代表。

17日 区长魏东在金水科教园区会见软通动力信息技术（集团）有限公司副总裁郭炜一行。金水科教园区管委会主任李小虎、副主任王浩参加会见。

18日 金水区在河南地理导航产业园建设项目现场举行2017年第二批次重点项目集中开工仪式。区委书记陈宏伟宣布10个重点项目集中开工。河南省测绘地理信息局党委委员、副局长毛忠民，区领导魏东、李小虎、杜保民、王浩、唐成山、毛国安出席仪式。仪式由金水科教园区管委会主任李小虎主持。2017年是金水区的“项目建设年”,区委、区政府围绕新型城镇化、产业发展、开放创新、生态建设“四大重点”工作，安排了175个重点项目，年度投资计划533亿元。

同日 区长魏东主持召开白庙城中村改造工作推进会。区领导杨洁、竟新宇、张双喜、何守华出席会议。区政府办、国土局、城改办、财政局、科技园区、金达公司、开发公司、金水规划分局及国基路、东风路街道办事处主要负责人参加会议。

19日–25日 2017年河南省暨金水区第四届社工宣传周启动仪式在紫荆山广场顺利举行。本届宣传活动主题为“社工让社区更美好”，历时7天，是金水区连续第四年承办全省社工宣传周活动。省、市、区领导马文昭、林世选、刘鲁豫、张明锁、张川出席仪式。来自全省29家社会工作服务机构的工作者及社会爱心组织、爱心企业代表共1000余人参加启动仪式。

20日 从省发改委获悉，金水区河南睿软科技有限公司和河南兵锋电子科技有限公司被认定为省级企业技术中心。

21日 区长魏东先后到花园路、人民路街道办事处调研金水区重点工程进展情况。在实地察看了经三路下穿和商都历史文化区宫殿区工程，并听取了各相关街道办事处主要负责人关于工程推进过程中出现问题的汇报后。魏东指出，要加大沟通协调力度，主动跟踪对接，尽快解决经三路下穿工程征迁遗留问题；要加大征迁工作力度，切实做好群众工作，严格按照市定时间节点，全面加快工作进程，确保商都历史文化区宫殿区工程顺利推进。区领导李晓雷、许忠一同调研。

同日 中国科普研究所副所长王玉平、中国科协科普部科普信息化处副处长张斌、中国科协科普部科普信息化处调研员林昀、中国科协农技中心基层服务处处长徐亚丽、科普出版社产品经理乔雷一行到金水区调研科普信息化、科普中国落地应用等建设。省科协主席霍金花，省科协党组成员、副主席冯琦，市委常委、组织部部长焦豫汝，省科协科普部部长郝立新，市科协党组书记、副主席张福清一同调研。

22日 中国郑州（创意产业）知识产权快速维权中心（以下简称“快维中心”）启动仪式系列活动在国家知识产权创意产业试点园区举行。国家知识产权局专利管理司副司长赵梅生，国家知识产权局专利局审查业务管理部副部长马昊，国家知识产权局专利局外观设计审查部副部长贾海岩，省知识产权局局长刘怀章，市政协副主席崔凡，市知识产权局党委书记石允昂，区委书记陈宏伟，区委常委、统战部部长王爱辉出席活动。各区（市、县）知识产权局局长，省内知名高校，知识产权服务机构，知识产权优势企业，科技型中小企业及高新技术企业负责人，中央及驻豫主流媒体代表近200人参加活动。

24日 全区大棚户区改造工作会议召开。区委书记陈宏伟指出，大棚户区改造事关群众切身利益，事关全区经济发展大局，是一项重要的安居工程、重大的民生工程，对促进经济发展、提升城市功能品位、推进新型城镇化等具有重要的现实意义。全区上下要以时不我待的紧迫感、舍我其谁的使命感、真抓实干的责任感，切实把金水区的大棚户区改造项目打造成为精品工程、亮点工程和示范工程。区领导魏东、李晓雷、王爱辉、杨洁、李继东、李小虎、竟新宇出席会议。

25日 区委书记陈宏伟，区

委副书记、区长魏东到金水科教园区调研园区主导产业项目、省市重大项目建设及园区基础设施等工作，并召开现场办公会，园区管委会班子成员、区直相关部门、杨金路街道办事处、兴达路街道办事处主要负责人以及园区各部门负责人参加会议。

同日 金水科教园区管委会主任李小虎会见IBM大中华区政府业务总经理、政府创新研究院院长李涛一行。金水科教园区管委会副主任王浩参加会见。

27日 区委书记陈宏伟听取城中村改造过程中建筑垃圾清运工作情况汇报。区委副书记、区长魏东，区委副书记李晓雷，区政府副区长竟新宇，区政府党组成员闵武杰、何守华出席会议。区城管执法局、区住建局、区城改办、丰庆路街道办事处、国基路街道办事处主要负责人参加会议。

28日 金水区召开铁路公路河渠沿线综合整治工作推进会。区委常委、统战部部长、区铁路公路河渠沿线综合整治指挥部指挥长王爱辉出席会议。区铁路公路河渠沿线综合整治指挥部成员及成员单位负责人参加会议。

同日 金水区区委政法工作会议暨全区全面依法治区工作会议召开，区领导陈宏伟、魏东、李晓雷、薛燕、武建民、王克勤、赵德武、蔡理亮、王青、曹可艳出席会议。

同日 区长魏东带队督导金水区市容市貌整治工作。区政府办、区执法局、区城管局、区项目办和杨金路街道办事处主要负责人陪同督导。

同日 全区优化经济发展环境专项整治工作会议召开。区领导陈宏伟、魏东、薛燕、武建民、王克勤、赵惠玲、赵德武、蔡理亮、王青、曹可艳出席会议。

29日 2017年金水区情说明会在河南服务外包产业园会议中心举行。2016年，金水区生产总值率先在全省157个县、市、区中迈进“千亿元俱乐部”，彻底告别城中村时代，进入全域城市化新征程，成为河南自贸区和郑洛新自主创新示范区重要组成部分，凸显了金水的战略竞争优势。区领导魏东、杨洁、李小虎、冯景义、赵高翔出席会议。

同日 区长魏东分别会见了参加金水区2017年区情说明会的美国亚商机构董事长赖信雄、美国国际商会顾问执行委员会会长尼尔·苏哈卡等区招商大使，以及苏宁置业集团、新加坡凯德商用产业有限公司、上海红星美凯龙等企业家代表。

同日 区十三届人大常委会第一次会议在区机关一楼西厅会议室举行。会议接受了吴卫平、樊少楠、郑福有3人辞去郑州市第十四届人民代表大会代表职务的请求，同时补选李元中、李幸福为金水区出席郑州市第十四届人民代表大会代表。

31日 由市委常委、纪委书记周富强带队的郑州市产业项目观摩第二组人员到金水区观摩产业发展项目。观摩团一行实地察看了郑州金水万达中心、正弘国际广场、建业凯旋广场、聚方科技园4个产业项目，现场听取金水区2016年及2017年的产业项目进展情况的汇报。市委常委、组织部部长焦豫汝，市委常委、郑东新区党工委书记、管委会主任王鹏一同观摩。

同日 区委书记陈宏伟，区委副书记、区长魏东，金水园区管委会主任李小虎一行到兴达路办事处调研基础设施建设和重点项目。

4月

5日 省委常委、市委书记马懿，市委副书记、市委秘书长靳磊，市委常委、郑东新区党工委书记、管委会主任王鹏，市委常委、统战部部长杨福平一行考察金水区贾鲁河综合治理工程。

6日 郑洛新国家自主创新示范区开放合作推介会在北京举行。推介会上，金水区成功与中国即联即用公司（PNP）等企业签订7个项目的投资合作协议，投资总额近100亿元。区委书记陈宏伟，区政府副区长赵高翔及金水科教园区、区科技局、部分企业负责人参加了推介会。

同日 金水科教园区绿色金融高层战略研讨会在河南外包产业园举行。来自省内外的专家、学者和企业代表们纷纷为金水经济社会发展建言献策。省市区领导谷建全、魏东、李小虎、段庆州、唐成山出席会议。区政府办、区金融办、区财政局、区工信委、区科技局等部门主要负责人和科教园区部分企业代表参加会议。会议由科教园区管委会主任李小虎主持。

7日 区长魏东一行调研金水区城市管理工作。魏东指出，要认清形势、提高站位，以“双迎攻坚”工作为契机，充分结合实际，创新方式方法，提高工作标准，建立长效机制，不断提高城市精细化管理水平，为辖区居民营造畅通、整洁、有序、宜居的生活环境。

13日 区长魏东会见美国EON Reality中国区总经理刘班一行。复星集团星泓资本投资总经理翟国辰、EON Reality中国区总经理宁东、河南省高技术创业服务中心外联部副部长温海涛和区政府办、区科技局主要负责人参加会见。

15日 区委书记陈宏伟主持召开部分城市改造项目遗留问题协调会。陈宏伟指出，对于城市改造项目遗留问题，各项目指挥部、有关职能部门和相关办事处要进一步强化责任意识和担当意识，深入研判现存问题，开拓思路，主动作为，通力合作，攻坚克难，不断修订完善推进方案，坚定解决问题的信心和决心，全力以赴确保项目顺利推进。区领导魏东、王克勤、杨洁、李小虎、赵德武、竟新宇、张双喜、何守华、王珂出席会议。

同日 全省“全民国家安全教育日”集中宣传活动在花园路街道办事处紫荆山广场举行，省委常委、政法委书记、省国家安全领导小组副组长许甘露，省军区副政委兼政治部主任、省国家安全领导小组副组长冷志义，市委常委、政法委书记黄保卫，区委书记陈宏伟，区委副书记、区长魏东，区政府副区长、区委政法委第一副书记赵德武参加活动。

17日 区委书记陈宏伟带队到北林路街道办事处督导建筑工地扬尘污染整治工作。

同日 金水区“新三板”上市企业再添新军，河南东陆高科实业股份有限公司在“新三板”正式挂牌上市。东陆高科是中国首家在股转系统挂牌上市的智慧管网企业，主要从事物联网射频识别及雷达技术产品的研发、生产、销售和服务。东陆高科已取得三十多项专利和软件著作权，部分发明专利弥补了国内射频识别技术空白。

20日 全省知识产权宣传周开幕式暨首届中小学知识产权创意大赛颁奖仪式在金水区国家知识产权创意产业试点园区举行。河南省知识产权局局长刘怀章，审协（河南）中心副主任韩爱朋，河南省教育厅有关部门负责人出席开幕式。区委副书记李晓雷，区委常委、统战部部长王爱辉，正县级干部、区政府党组成员郭国平参加开幕式。本次大赛共评选出获奖作品74件，其中金水区河南省第二实验中学周海童设计的“一种能浮在水面上的玻璃水杯”获得一等奖。

同日 区政协领导武建民、王居良、宋红霞、王静、赵海叶、张建民到金水科教园区考察园区项目建设情况。

22日 金水区召开“双迎攻坚”工作观摩讲评会。区长魏东和区“双迎攻坚”各指挥部指挥长、副指挥长参加观摩并出席会议。魏东强调，“双迎攻坚”工作是2017年全市中心工作之一，全区上下要高度重视，严格按照市委、市政府和区委、区政府的总体部署，对照问题查漏补缺，及时整改，确保各项任务落到实处、取得实效。

24日 区长魏东在区机关301会议室会见香江控股集团总裁修山城一行。区领导赵高翔、王珂和区政府办、区商务局、区科技局、金水科教园区、金水规划分局、国基路街道办事处主要负责人参加会见。

27日 区政协主席武建民带领区政协常委会组成人员对全区“双迎攻坚”工作进行考察。区政协领导王居良、宋红霞、王静、刘凌云、徐建军，秘书长张书林，部分区政协常委及机关各委室负责同志共34人参加考察。

同日 第二届金水区十大最美劳动者表彰大会暨庆五一职工文艺汇演活动在区机关三楼多功能厅举行，10名“最美劳动者”获得者接受了表彰。区领导陈宏伟、杨林、时博、燕建华、赵德武、王居良、李劲松出席此次活动并为最美劳动者颁奖。

28日 区长魏东主持召开金水区市政重点工程征迁工作推进会。魏东通报了全市重点项目观摩会议情况及金水区市政重点工程全市排名情况后指出，要高度重视，准确把握当前全市形势，详细掌握任务底数，加强与相关部门的对接协调，全力推进各项工作；要狠抓落实，按照既定时间节点要求，工期倒排，时间倒推，责任到人，确保各项工作推进顺利、进展良好。区领导李晓雷、李小虎、杜保民、许忠出席会议。

5月

4日 市委副书记、市长程志明带领市科技局、发改委和工信委等有关部门负责人到金水区调研国家自主创新示范区建设推进情况。程志明一行先后到河南新科技市场、河南外包产业园实地调研，听取园区规划建设、企业入驻、产业发展及国家自主创新示范区建设推进情况介绍。市委副书记靳磊，副市长史占勇，市政府秘书长王万鹏一同调研。

5日 教育部基础教育司司长吕玉刚、教育部基础教育司德育处处长朱东斌到金水区文化路第一小学调研德育工作。

8日 区长魏东到人民路街道办事处调研郑州商都历史文化区宫殿区工程项目。

同日 区长魏东主持召开“双迎攻坚”工作推进会。区领导李晓雷、周学军、竟新宇、张川、闵武杰、许忠出席会议。

9日 市环保局局长潘冰到北林路街道办事处调研环境污染治理工作。

同日 金水区十三届人大常委会第二次会议举行。会议做出了关于批准金水区人民政府2017年政府投资项目年度计划的决议；听取和审议了区政府关于大棚户区改造居民安置房建设工作情况的报告；听取和审议了区政府关于科技产业发展工作情况的报告；依法任命了24名新一届区政府工作部门主要负责人；依法通过了区人民法院、区人民检察院提请的任命。会议由区人大常委会主任薛燕主持。

同日 从省、市科技局获悉，金水区“yes!众创空间”、“河南慧谷智库孵化器”、“HUI乡创客星创天地”等14家孵化载体获得省市级认定，并获得市级奖补资金1050万元。截至5月，全区共有经认定的孵化载体国家级3家、省级10家、市级14家，创业服务面积超过24万平方米，入驻企业及项目1200余家（项）。

11日 区委常委、宣传部部长杨林率队参加第十三届中国（深圳）国际文化产业博览交易会。杨林一行认真考察学习了上海馆、云南馆、贵州馆、湖南非遗馆等文博会展馆，深入了解文化创意产品、旅游项目产品、工艺美术等。

同日 区长魏东调研区小学教育体育工作。区政府领导王珂和区政府办、教体局主要负责人陪同调研。

13日 金水区召开重点工作推进会。区委副书记、区长魏东强调，全区上下要高度重视，认清形势，站在讲政治、保稳定、顾大局的高度，狠抓落实，克难攻坚，全力以赴抓好各项工作，确保目标任务顺利完成。区领导李晓雷、赵惠玲、杨林、卢书选、王爱辉、杨洁、时博、周学军、杨旗、竟新宇、张川、曹可艳、闵武杰、王珂出席会议。

15日 河南省军区政委胡永生，郑州警备区司令员尚守道、政委王德山一行到金水区调研。

同日 全区科级干部学习贯彻中共十八届六中全会精神轮训班开学典礼在区机关三楼多功能厅举行。区委副书记、党校校长李晓雷出席开学典礼并作重要讲话。此次轮训分3期举行，每期2天，共有731名科级干部参加。轮训围绕全面从严治党、《准则》、《条例》、家风等内容，采用专家授课和分组讨论的形式进行。

16日 国土资源部信息中心纪委书记马成俊、不动产登记局处长杨祝晖一行到金水区考察不动产登记工作。

同日 省政协副主席史济春一行到金水科教园区调研。省市区领导贾跃、孟令峰、李国成、赵国新、张震宇、郭成全、刘东晓、史占勇、郭锝昌、魏东、李小虎、王浩、唐成山陪同调研。

同日 金水万达建设具有3200个停车泊位的地下大型立体停车场建成投入运营。其中，500个停车泊位正式投入运营使用，另2700个停车泊位已进入试运营阶段，预计年底前全部正式投入使用。建成后将有效缓解农科路（花园路科新路段）周边区域配建车位和社区车位严重不足，改善周边停车混乱、停车难的局面，切实为辖区群众出行提供便利。

17日 区长魏东督导全区

“双迎攻坚”工作。区政府领导闵武杰一同督导。魏东一行先后深入天伦路、金水河、岗杜一街家属院、在建工地、部分辖区街道，实地查看了市容环境卫生整治、河渠治理、“六小”门店整治、占道经营、建筑工地扬尘治理、道路绿化等工作开展情况。魏东指出，要充分认识“双迎攻坚”工作的重要性和紧迫性，以此为载体抓手，努力营造整洁、有序、文明、和谐的城市环境。

18日 金水区在郑州海洋生物博物馆建设项目现场举行2017年第三批重点项目集中开工仪式。区领导魏东、杨洁、常新河、竟新宇、唐成山出席仪式，此次集中开工的8个重点项目，涵盖商贸流通服务业、科研产业、民生改善项目及棚户区改造类项目等多个领域，总投资60亿元，年度计划投资27亿元。加上一季度相继集中开工的2批重点项目，全区共开工29个项目。

同日 从市科技局获悉，金水区61家企业共获得郑州市2017年第一批科技计划项目经费1880万元。此次获得市科技局第一批经费支持的项目涵盖科技企业孵化器奖补、众创空间奖补、星创天地奖补、高新技术企业奖补、国际科技合作项目、院士工作站经费六大类。

19日 市委常委、纪委书记、市“双迎攻坚”集贸市场治理指挥部指挥长周富强带领市市场发展局等相关部门负责人到国基路街道实地督导检查集贸市场治理工作。市政府副市长万正峰、市政协副主席张建国一同督导。

同日 河南省人大常委会选举任免代表联络工作委员会代表联络处处长邢铁柱一行5人，在郑州市人大常委会选举任免代表联络工作委员会副主任蔡军龙等人陪同下，到金水区调研代表工作开展情况。

20日 全省2017年科技活动周暨郑洛新国家自主创新示范区军民科技融合成果推介会启动仪式在金水区国家知识产权创意产业试点园区举行。解放军信息工程大学校长郭云飞，省政府副秘书长黄布毅，省科技厅厅长张震宇，市政府副市长、党组成员史占勇出席启动仪式。区委书记陈宏伟，区委副书记、区长魏东，区政府副区长赵高翔，省委宣传部、省国防科工局、省科协有关负责人及军事科研院校、军工院所、投资机构、企业、高校、科研机构等各界代表等300余人参加了启动仪式。

同日 区委书记陈宏伟到人民路街道办事处调研“双迎攻坚”和重点项目推进情况。

同日 区委书记陈宏伟，区委副书记、区长魏东带队督导金水区“双迎攻坚”工作。

23日 金水区2017年度臭氧污染防治专家研讨会召开。区委副书记李晓雷、区政府副区长张川、区政府党组成员闵武杰以及区直相关局委和各街道办事处有关负责同志参加会议。

同日 金水区2017年防汛抗旱暨秸秆禁烧工作会议召开。区人武部部长周学军、区政府副区长张川出席会议。

24日 市委副书记、市长程志明带队到大石桥街道办事处金水路西延工程调研重点项目建设及扬尘治理情况。市政府副市长吴福民、市政府秘书长王万鹏一同调研。

25日 金水区召开推进“两学一做”学习教育常态化制度化工作座谈会，贯彻中央和省市委有关会议精神，对全区推进“两学一做”学习教育常态化制度化进行安排部署。区委书记陈宏伟，区委副书记李晓雷，区委常委、宣传部部长杨林，区委常委、组织部部长时博，区直各单位主要负责人及各街道党工委书记、组织委员参加会议。

同日 区委常委、政法委书记卢书选，区委群工部部长、区政府党组成员曹可艳到杨金路街道办事处调研信访稳定工作。

26日 全区中小学“戏曲进校园”活动启动仪式在金水区艺术小学举行。市委宣传部副部长王丽艳，区委常委、宣传部部长杨林，区人大常委会副主任燕建华，区政府副区长张川，区政协副主席刘凌云，区政府党组成员王珂出席仪式。市财政局、市文广新局、市教育局、区文化旅游局、区教体局、国基路办事处相关负责人及部分区属中小学校长参加仪式。

27日 由区教体局、区科协、区妇联、区创意产业园区、团区委共同举办的2017年金水区庆“六一”暨中小学首届创客博览会在紫荆山公园开幕。本届创客博览会以金水少年儿童庆祝“六一”国际儿童节“喜迎十九大，共筑创想梦”为主题，全面展示金水区50余所中小学校各具特色的创客教育成果。省、市、区领导张怀君、刘新超、周金虎、侯家选、兰随群、曲海涛、张艳燕、张金庚、张川、王珂出席开幕仪式。区教体局、区科协、区妇联、区创意产业园区、团区委相关负责人，全区50多所中小学教师、学生家长及社会嘉宾千余人参加活动。

同日 市政府副市长吴福民到人民路街道办事处调研郑州商都历史文化区宫殿区工程项目。

28日 区委书记陈宏伟主持召开黑朱庄分房工作、白庙二期项目进展情况汇报会。陈宏伟强调，回迁关系到村民的切身利益，涉及和谐社会的构建，各有关部门要进一步明确目标，落实责任，高度统一思想认识，推进回迁工作。区领导魏东、王克勤、卢书选、杨洁、赵德武、竟新宇、徐建军、张双喜、何守华出席会议。区纪委、区组织部、区城改办、区国土局、区开发公司、未来路街道办事处、东风路街道办事处、金水规划分局、未来路分局、金水路分局、恒大集团主要负责人参加会议。

29日 金水区在郑州龙门实验学校举行2017年“庆六一”文艺会演暨教育艺术节颁奖典礼。省市区领导毛杰、王鹏、刘东、郭蔚蔚、柴丹、李庆山、王克杰、魏东、杨林、燕建华、张川、刘凌云、王珂出席活动。区委宣传部、区政府办、区教体局主要负责人和各校校长、书记，教师、学生、家长代表近2000人参加颁奖典礼。

31日 区委书记陈宏伟到金水区总医院调研地下停车场建设情况，区政府副区长张川一同调研。区卫计委、金达建筑有限公司、金水总医院主要负责人参加调研。

同日 区委书记陈宏伟到丰庆路街道办事处调研庙李村拆迁及安置房建设工作，区政府副区长竟新宇、区政府党组成员闵武杰一同调研。

同日 金水区2017年足球嘉年华暨阳光体育节篮球比赛在郑州龙门实验学校举办。省体育局副局长王鹏、省教育厅体卫艺处处长郭蔚蔚、区政府领导王珂出席活动。

6月

1日 省委常委、市委书记马懿到丰庆路街道办事处调研庙李村拆迁改造工作，市委副书记、市委秘书长靳磊，市委常委、组织部部长焦豫汝，市政府副市长吴福民一同调研。

1日—3日 第十三届全国学校体育联盟（教学改革）全国校园足球发展实践成果展示暨研讨会在金水区举行。此次活动由北京师范大学中国基础教育质量监测协同创新中心、中国教育科学研究院体育艺术卫生教育研究所、河南省教育厅主办，金水区教体局承办。教育部体卫艺司巡视员廖文科，全国学校体育联盟（教学改革）主席毛振明，全国校园足球国培项目总负责人、中国教科院体卫艺研究所所长吴键及全国足球实验区领导、各省体育教研员、国家级校园足球特色学校校长及体育骨干、河南省有关校园足球特色学校的领导及骨干等600余人参加活动。

2日 金水区国家综合档案馆人民法院分馆、人民检察院分馆、工商管理和质量技术监督局分馆正式揭牌，是河南省首家国家综合档案分馆。省档案局副局长王敏、市档案局局长徐宏杰、金水区政府副区长张川出席揭牌仪式。

3日 区委书记陈宏伟主持召开城中村改造工作情况汇报会。区领导魏东、卢书选、王爱辉、许贵舟、吴景禹、闵武杰、何守华、许忠出席会议。区城改办、区大气办、区住建局、丰庆路街道办事处、国基路街道办事处及指挥部主要负责人参加会议。

7日 省人大常委会副主任王保存、省教育厅厅长朱清孟、省招办副主任杜习民考察金水区高考考点。

同日 郑州市建筑垃圾集中清运工作现场会在金水区召开。市政府副市长黄卿、市政府副秘书长王春晓、市城管局局长赵新民、区长魏东及市内五区、郑东新区、经开区、高新区分管领导，市政府督察室、市城管局、城建委、环保局、交运委、新型城镇办、财政局、交警支队分管领导，市内五区、郑东新区、经开区、高新区的新型城镇办、住建局、城管局、执法局主要领导参加会议。

同日 省公安厅副厅长范玉龙一行到省实验中学考察金水区高考考点安保工作。

9日 国家发改委高技术产业司副司长孙伟一行到金水科教园区调研。省发改委副主任部义、高技术产业处处长唐兴丽、高技术产业处副处长周颖杰和区领导魏东、李小虎、王浩陪同调研。

同日 区人大常委会主任薛燕带领40名驻区市、区两级人大代表，对金水区黄河、内河、城市防汛工作开展情况进行集中视察。区人大常委会领导李贻忠、许贵舟、燕建华、杜艳洁、冯景义、杨旗参加考察。

同日 国家文物局局长刘玉珠一行到人民路街道办事处调研郑州商都历史文化区宫殿区工程项目。

同日 市委副书记、市委秘书长靳磊一行到金水区大石桥街道办事处督察"双迎攻坚"工作。

同日 金水区新建的嵩阳路、长安路（龙门路—少林路）、长安路（翰林路—龙门路）、新村路、纬四路、魏河南路6条区管道路完成建设任务，总里程2.6公里。

10日 区委书记陈宏伟，区委副书记、区长魏东，区政府副区长赵高翔带领区市场管理处、区工商质监局、区卫生局、区食药局、区农委等相关区直局委负责人，督导检查陈砦蔬菜批发市场整治工作。

11日 市委常委、市纪委书记、市集贸市场治理指挥部指挥长周富强到金水区陈砦蔬菜批发市场和万邦新绿地产品配送中心，对市场治理情况进行实地督导。市政府副市长万正峰、市政协副主席张建国、市爱卫办主任司同义及相关部门负责人一同督导。

12日 从市信息化发展专项、两化融合专项、电子信息产业基地专项资金项目和市电商平台资金下达情况通报会上获悉，金水区2016年度23家企业获得1510.25万元专项资金支持。其中，金水区企业获得2016年度市级信息化发展专项资金项目共计1101万元；获得2016年度市级电子信息产业基地专项资金项目共计201.05万元；获得市级电子信息产业基要专项项目资金共计208.2万元。

13日 中国科协党组成员、书记处书记吴海鹰，中国科协办公厅副主任于小晗，中国科协科普部副部长钱岩，中国科协学会部学术交流处处长杨书宣等一行7人到金水区经八路街道办事处教育社区调研科普中国e站建设。省科协党组书记曹奎、主席霍金花，市政府副市长李喜安、市科协主席吴予红一同调研，区委常委、组织部部长时博，区科协、经八路街道办事处相关负责人参加调研。

同日 金水区在郑州大学北校区举行大学生创业园郑州大学园区开园揭牌仪式。郑州大学校长、中国工程院院士刘炯天，市政府副市长史占勇，市科技局局长文广轩，区委书记陈宏伟,区委副书记、区长魏东，区委常委、区政府常务副区长杨洁出席揭牌仪式。区人社局、区科技局、区大学生创业工作领导小组、郑州金融港及金水区认定的其他5个大学生创业园负责人与郑州大学相关部门负责人、创业园首批入驻团队成员、学生代表共同参加了揭牌仪式。

同日 湖北省人大常委会人事任免工作委员会主任郭玉吉一行到金水区考察代表和人事任免工作。

同日 由俄罗斯统一俄罗斯党国家杜马议员团成员尤马舍娃率领的青年干部考察团到金水区考察学习县级常委会议工作。中联部六局处长李俊福、干部（翻译）苗田田，省委组织部县区干部处处长路红卫、副处长孔庆峰，省外侨办国际交流处副处长陈国良，市委组织部县区干部处副处长肖瑞平一同考察。

14日 区长魏东到人民路街道办事处调研郑州商都历史文化区宫殿区工程项目。

同日 区委书记陈宏伟带队督导金水区建筑垃圾集中清运工作，区政府副区长竟新宇、区政府党组成员闵武杰一同督导。

同日 由区委宣传部、区文明办、区文化旅游局主办，区委党校、未来路街道办事处承办的"百姓宣讲直通车""道德模范故事汇"进基层活动，在未来路街道唐人街文化广场举办。市委宣传部副部长王丽艳、理论处处长杨春元，区委常委、宣传部部长杨林，区人大常委会副主任冯景义，区政协副主席刘凌云参加活动。

14日—16日 省政府教育评估验收组对金水区创建义务教育发展基本均衡县情况进行评估验收。省教育厅副巡视员张涛，市政府副市长刘东，市教育局局长李陶然，市教育局党组副书记、常务副局长刘鹏利出席汇报会。区委书记陈宏伟，区委副书记、区长魏东，区委常委、区政府常务副区长杨洁，区人大常委会副主任燕建华，区政府副区长张川，区政协副主席刘凌云等参加汇报会。

15日 省委常委、市委书记马懿到金水区观摩已实施改造村庄拆迁清零、建筑垃圾清运工作。市委常委、常务副市长王跃华一同调研。

同日 省委常委、宣传部部长赵素萍一行到东风路街道办事处宋砦社区调研农村精神文明建设工作。

同日 区委书记陈宏伟主持召开全区建筑垃圾集中清运工作会议。陈宏伟指出，建筑垃圾集中清运工作是区委、区政府为营造良好经济发展环境和生态环境作出的重要部署，也是一项市民关心、媒体关注的民生工程。因此，全区各级相关单位要看到问题的严重性，党政"一把手"要亲自抓、具体抓，重点解决建筑垃圾清运不及时的问题。一方面要解决建筑物"拆"的问题；另一方面要解决建筑垃圾"运"的问题。区委副书记、区长魏东，区委副书记李晓雷，区政府副区长竟新宇，区政府党组成员闵武杰出席会议。

16日 区长魏东主持召开建筑工地扬尘治理工作推进会。区政府副区长竟新宇出席会议。区政府办、攻坚办、爱卫办、城改办、城管局、环保局、执法局、住建局、金达公司、开发公司、科教园区和各街道办事处主要负责人参加会议。

17日 区委书记陈宏伟主持召开金水科教园区现场办公会，专题解决园区现阶段发展过程中遇到的困难和问题。区委副书记、区长魏东，区委常委、常务副区长杨洁，金水科教园区管委会主任李小虎，区政府党组成员许忠和科教园区全体班子成员、区直有关部门负责人参加会议。

19日 区委书记陈宏伟到未来路街道调研司家庄城中村改造工作，区委办、未来路街道主要负责人陪同调研。

同日 从市政府获悉，金水区30项科技成果获得市级荣誉。其中郑州轻工业学院3项科技成果获得市科技进步奖一等奖，河南金鹏信息技术股份有限公司23项科技成果获得市科技进步奖二等奖；中国建筑第七工程局有限公司的专利成果获得市专利奖一等奖、郑州妇幼保健院等单位3项科技成果获得市专利奖二等奖。

20日 区委书记陈宏伟主持召开建筑垃圾清运百日攻坚战动员会。陈宏伟强调，垃圾清运工作目前已成为全区安置房建设、项目推进和经济运行的重大制约因素。要摆脱传统粗放型处理方式，转变观念，在严格遵守扬尘污染治理"7个100%"要求的基础上，规范源头管理，多方面拓宽消纳渠道，文明作业，开足马力，加快破解垃圾运不出去的难题。

同日 副市长史占勇带领市科技局、知识产权局等相关部门负责人到金水区调研。

24日

▲区委书记陈宏伟带队考察建筑垃圾消纳点选址工作。陈宏伟一行先后到张家村、陈砦村、庙李村三个拆迁工地查看了建筑垃圾积存等情况，到杲村建筑垃圾消纳点实地查看，听取街道负责人相关工作情况汇报，了解建筑垃圾消纳点选址、规划占地面积及垃圾容纳量等情况。区委副书记、区长魏东，区委副书记李晓雷一同考察。

同日 区委书记陈宏伟主持召开人才工作座谈会。陈宏伟指出，要突出人才在科技创新、产业发展、知识产权、楼宇经济等方面的带动作用，不断完善聚集人才的体制机制，优化人才存量、扩大人才增量、提高人才质量，为加快全区经济社会发展提供强有力的人才支撑。区委副书记、区长魏东，区委常委、常务副区长杨洁，区委常委、组织部部长时博，区政府副区长赵高翔出席会议。

26日 从市发改委获悉，金水区河南清鸿科技有限公司农田水利智能化灌溉工程研究中心、郑州仁峰软件开发有限公司互联网普法郑州工程实验室等4家工程研究中心（工程实验室）被认定为市级工程研究中心（工程研究室）。市级工程研究中心（工程实验室）的认定进一步提升了金水区企业自主创新能力和核心竞争力，对金水区实施创新驱动发展战略、推动高新技术产业发展，促进经济结构调整和产业优化升级具有重要意义，为相关企业下步申报省级工程研究中心（工程实验室）创造了有利条件。

27日 区长魏东主持召开金水区“小散乱污”企业整治工作推进会。区领导李晓雷、竟新宇、闵武杰出席会议。

28日 区委书记陈宏伟到人民路街道办事处调研郑州商都历史文化区宫殿区工程项目。

29日 区长魏东主持召开金水区土地利用管理突出问题集中整治工作会。魏东指出，土地管理工作是事关全区经济社会可持续发展的重要问题，做好土地管理工作，责任重大，任务艰巨。全区上下要严格遵守《土地管理法》，充分结合金水区实际，按照相关要求，不折不扣地进行整治，切实解决突出问题。区领导竟新宇、杜保民、何守华出席会议。

30日 区长魏东督导全区“双迎攻坚”集贸市场治理工作。魏东一行实地查看了燕庄新区农贸市场、万邦新绿地集贸市场内摊位管理、环境卫生、消防安全、市场秩序等整改情况，认真听取了相关部门近期集贸市场治理情况汇报。魏东指出，要充分认识开展农贸市场整治提升的重要意义，全面加快集贸市场改造提升进度，努力为辖区居民提供安全、卫生、便利的生活环境。

7月

1日 全区“双迎攻坚”工作推进大会召开。全区副县级以上领导干部出席会议。会议由区委书记陈宏伟主持。

3日 区委书记陈宏伟在国家知识产权创意产业试点园区与深圳精英知识产权集团有限公司董事长黄卫家就“精英集团”在中部地区布局分支机构进行了交流座谈。区委常委、统战部部长王爱辉参加座谈。

4日 市政府市长程志明到人民路街道办事处调研郑州商都历史文化区宫殿区工程项目。

5日 区长魏东主持召开环境治理攻坚工作会。区领导李晓雷、杨旗、闵武杰出席会议。区政府办、区委督查室、区政府督查室、区攻坚办、环保局、城管局、执法局、工商质监局、农委、卫计委、文化旅游局、工信委、发改统计局、住建局、交通局、科教园区、银行学校工作组、郑纺机工作组和各街道办事处主要负责人参加会议。

6日 省委常委、市委书记马懿，市委副书记、市长程志明带领市直有关部门，深入金水科教园区调研国家自主创新示范区建设工作。市委副书记靳磊，市委常委、市政府常务副市长王跃华，市委常委、组织部部长焦豫汝，市政府副市长史占勇，市委办公厅主任姜现钊，市政府秘书长王万鹏等领导一同调研。

7日 金水区自贸区建设工作推进会召开。区委书记陈宏伟强调，全区各单位都要高度重视自贸区建设工作，从体制机制、战略定位、优惠政策、宣传推介等方面做好谋划，加快推进自贸区金水区块建设。区委副书记、区长魏东，区委常委、统战部部长王爱辉，区委常委、常务副区长杨洁，金水科教园区管委会主任李小虎，区政府副区长赵高翔、竟新宇出席会议。

9日 区委书记陈宏伟到兴达路、国基路、丰庆路街道办事处调研建筑垃圾清运管理工作。区委副书记李晓雷、区政府党组成员闵武杰一同调研。

12日 市长程志明带领市直有关部门负责人，到金水区调研区域医疗中心建设工作。

同日 区委书记陈宏伟带队到丰产路街道办事处调研城中村改造工作。

同日 区政府第一次廉政工作会议召开。区长魏东指出，深入推进政府系统党风廉政建设和反腐败工作，任重而道远，全区要在省委省政府、市委市政府和区委的坚强领导下，进一步认清形势，锐意进取，以更加坚决的态度、更加有力的举措，不断推进政府廉政建设取得新成效，为“实现两个率先、领跑中部城区发展”做出新的更大贡献，以优异成绩迎接中共十九大胜利召开。区领导杨洁、周学军、赵高翔、赵德武、竟新宇、张川、曹可艳、闵武杰、何守华、段庆州、江涛、毛国安出席会议。会议由区委常委、区政府常务副区长杨洁主持。

同日 区长魏东到兴达路街道办事处督导金水区防汛暨黄河湿地综合整治工作。

14日 郑州信息安全产业基地启动暨战略合作签约仪式在金水科教园区举行。仪式上，河南省信息安全产业协会、郑州信息安全产业联盟分别与金水科教园区签署共建郑州信息安全产业基地战略合作协议，山谷网安等6家骨干企业作为首批入驻企业与金水科教园区签订了入园协议。河南省工信委巡视员孟西林，河南省工信委信息安全处处长李建华，郑州市工信委党组成员、市信息办主任潘喜春，区领导魏东、李小虎、赵高翔、王浩出席签约仪式。

15日 全区产业发展政策汇报会召开。区委书记陈宏伟对金水区产业发展政策的调整完善提出指导性意见。陈宏伟强调，要充分发挥产业政策在产业发展中的引导带动作用，为实现“两个率先”、领跑中部城区发展提供强大的支撑和动力。区委副书记、区长魏东，区委常委、统战部部长王爱辉，区委常委、常务副区长杨洁，区委常委、组织部部长时博，金水科教园区管委会主任李小虎，区政府副区长赵高翔出席会议。科技局、工信委、人社局、发改局、商务局、财政局、国家知识产权创意产业试点园区、河南科技园区、金水科教园区、审计局、法制办、金融办、教体局、采购中心、评审中心、卫计委、工商质监局、房屋管理中心、楼宇办、人才办、国税局、地税局负责人参加会议。

18日 副市长吴福民到金水区调研不动产登记工作。

19日 国务院督导组一行到金水科教园区现场督导周庄棚户区改造工作。

20日 区长魏东督导金水区“双迎攻坚”集贸市场治理工作。魏东指出，要进一步加大人力、物力、财力投入，狠抓问题薄弱环节，查漏补缺，杜绝反弹；要持续加强日常督导巡查频次，切实巩固治理效果，以最佳状态迎接国家卫生城市复审检查。区委常委、纪委书记赵惠玲一同督导。

21日—22日 金水区召开上半年重点工作总结点评会。全区副县级以上领导同志出席会议。区委常委所在部门常务副职，区人大、区政府、区政协办公室主任，各街道党政正职，巡察办主任、巡察组组长，区直各单位主要负责人，各垂直单位、辖区各公安分局及交巡警一、四、五大队主要负责人参加会议。会议由区委书记陈宏伟主持。

27日 区委书记陈宏伟一行先后到省军区、郑州警备区及空军某旅走访慰问。区委副书记、区长魏东，区委副书记李晓雷，区人大常委会主任薛燕，区政协主席武建民，区委常委、人武部政委李继东，金水科教园区管委会主任李小虎，区政府副区长张川一同慰问。

28日 市委常委、组织部部长焦豫汝带领各县区组织部长到金水区调研基层党建工作。

30日 市委常委、市纪委书记周富强带队到金水区农贸市场现场督导“双迎攻坚”工作。在玉凤路农贸市场、燕庄新区农贸市场、曼哈顿农贸市场、纬四路农贸市场、经五路四季鲜农贸市场、南阳路四季鲜农贸市场、南丰街农贸市场、寺坡农贸市场，周富强实地查看了市场环境卫生、商品摆放、经营秩序、亮证经营、防尘防蝇、水产区域、垃圾收集等方面整治情况，详细了解了市场的经营情况，并对市场治理和提升改造工作提出意见和建议。

31日 区委书记陈宏伟带队督导检查金水区建筑垃圾消纳场建设管理与集中清运工作，区委副书记李晓雷、金水科教园区管委会主任李小虎、区政府党组成员闵武杰一同督导，区行政执法局、兴达路街道办事处、丰庆路街道办事处主要负责人陪同督导。陈宏伟一行实地查看兴达路办事处孙岗建筑垃圾临时消纳场，认真听取消纳场建筑垃圾清运秩序、日消纳量、消纳场建设管理情况汇报，详细询问了消纳场租赁方黄庄村委会集体土地情况及部分村民不稳定因素情况。督导结束后，陈宏伟一行又对丰庆路街道办事处陈寨村、庙李村、张家村，国基路街道办事处柳林村、沙门村的垃圾清运现场逐一进行暗访，并在庙李村改造指挥部主持召开座谈会。

同日 省发展和改革委员会大项目办主任胡军到杨金路街道办事处调研郑万铁路郑州东动车所新建六线库工程项目建设情况。

8月

2日 区长魏东主持召开市政重点工程征迁工作推进会。魏东强调，市政重点工程建设关系到群众生活和经济社会长远发展，是服务发展、服务群众的重点民生工程。金水区市政重点工程征迁任务艰巨，责任重大，各部门要高度重视，严格按照市委、市政府的安排部署，倒排工期，加快推进，确保按照时间节点要求完成征迁任务；要加大与上级职能部门的主动对接，加强各部门之间的沟通协调，履职尽责，强化担当，切实将各项工作落到实处，确保金水区市政重点工程征迁工作顺利推进。区领导李晓雷、许忠出席会议。

同日 区长魏东专题听取全区上半年重点项目进展情况。魏东强调，要高度重视，深入分析投资形势，认真研究考核办法，对重点项目建设工作进行再安排再部署，聚焦关键环节，实施重点攻坚，确保完成全年目标任务。要抓开工、赶进度、促入库，按照“项目化推进、台账式管理”工作办法，实行月例会制度，针对项目类别分别制定具体推进措施，未开工的要想法设法抓开工，已开工的要跟踪督促抓进度。要协调联动，汇聚合力，加快项目手续办理，严格落实项目分包领导责任，采取目标倒逼机制，科学谋划，狠抓落实，全力以赴加快推进重点项目建设。区委常委、区政府常务副区长杨洁出席会议。

同日 区委书记陈宏伟一行观摩金水区“三级三类”便民服务中心建设，并主持召开座谈会，探讨如何加快金水区“三级三类”便民服务中心建设。陈宏伟强调，要统筹党建引领下的“三级三类”便民服务中心建设，以便民服务中心为载体，以党群服务为导向，牢固树立“党建引领、服务先行”的发展理念，强化党建融合功能，实现党群服务和便民服务有机结合。要以群众需求为主导，在便民服务中心除了配置必须由政府承担的事业以外，还要根据自身实际情况设置相对有特色的配套服务，不断丰富服务内容，延伸服务触角，提升服务能力，加快形成和完善定位明确、功能完善、便捷实用、群众满意的便民服务设施体系。区委常委、常务副区长杨洁，区委常委、组织部部长时博陪同观摩或参加座谈。

同日 区委书记陈宏伟主持召开全区建筑工地管理、建筑垃圾集中清运专项工作推进会。区政府副区长竟新宇、区副县级干部闵武杰出席会议，17个街道办事处党政正职，区城管局、区执法局、区住建局、区环保局主要负责人参加会议。

同日 区委书记陈宏伟主持召开全区“双迎攻坚”集贸市场治理工作推进会。陈宏伟指出，集贸市场治理是一项持久的民生工程，各单位要高度重视，抓好集贸市场治理。要加大力度，突出重点，集中精力打歼灭战，确保市场硬件基础尽快达标。要建立集贸市场管理长效机制，创新市场管理模式，落实市场管理责任。要充分发挥市场经营方的主体责任、相关委局监管职责、基层政府的兜底责任，顺利推进“双迎攻坚”集贸市场治理工作。区委常委、纪委书记赵惠玲出席会议，17个街道办事处、科技园区、区直各责任委局、辖区各公安分局主要负责人参加会议。

3日 区长魏东在金水科教园区会见清华高端装备院洛阳基地常务副主任马明星一行。金水科教园区管委会主任李小虎、副主任王浩及相关企业代表参加会见。

4日 区委书记陈宏伟一行到丰庆路街道办事处现场督导陈砦村拆迁爆破工作。此次爆破楼房36栋，分3个标段爆破，消耗炸药2.5吨、雷管7.5万发，总计爆破9.8万平方米。

5日 全区“双迎攻坚”工作推进大会召开。区委书记陈宏伟指出，此次会议是对全区“双迎攻坚”工作再安排再部署，各指挥部、各街道办事处及各相关区直单位要把“双迎攻坚”工作纳入到城市精细化管理的正常轨道上来，把基础性工作做好，把硬件设施补齐，实现管理的长效化。要真抓实干、密切配合，以攻坚的心态、决战的状态，为顺利通过国家复审验收争光添彩。区领导魏东、李晓雷、赵惠玲、卢书选、王爱辉、杨洁、周学军、赵高翔、竟新宇、张川，徐建军、徐雄、闵武杰、许忠出席会议。会议由区委副书记、区长魏东主持。

8日 省人大财经委员会主任委员、省人大常委会预算工委主任王国振带领省人大常委会预算法执法检查组一行9人，在市人大常委会副主任王贵欣、市人大常委会副秘书长李金鹏等人的陪同下，到金水区检查《中华人民共和国预算法》贯彻执行情况。区人大常委会主任、党组书记薛燕，区委常委、区人民政府常务副区长杨洁，区人大常委会常务副主任李贻忠和有关部门负责人参加检查。

同日 全区“双迎攻坚”专题工作会议召开，传达贯彻全市红黑旗通报会会议精神，并安排部署迎接国家卫生城市复审暗访考核具体事宜。区委副书记李晓雷、区副县级干部闵武杰出席会议，区“双迎攻坚”各指挥部牵头单位、各责任单位负责人，各街道办事处主管副职参加会议。

9日 “美丽郑州·炫舞世界”WDG第五届中国(郑州)国际街舞大赛在河南省体育馆圆满落幕。中国舞蹈家协会主席冯双白，中国舞蹈家协会街舞委员会常务副主任兼秘书长夏锐和省、市、区领导王耀、赵刚、杨彦玲、李山英、沈国忠、孔夏、法建强、吴晓君、王丽艳、沈良斌、李德专、魏东、李晓雷、杨林、王爱辉、燕建华、张川出席活动。此次大赛历时4天，从分赛区到总决赛吸引了来自世界各地的舞者共计2万余人次，观众达5万人次，总决赛更是吸引了来自美国、法国、日本、乌克兰、韩国、哈萨克斯坦、新加坡等国家的6000多名选手前来参赛。此外还成功举办了第四届中国舞蹈家协会街舞委员会年会、中国街舞产业高峰论坛等活动，为街舞艺术和产业的健康持续发展探索了新的发展路径。

同日 从市科技局获悉，金水区新增一家市级技术转移服务机构——河南云软智库科技发展有限公司，该公司将获得市级经费补贴30万元。技术转移服务机构是为实现和加速技术从供给方向技术需求方转移过程提供各类服务的机构。技术转移服务机构是以企业为主体、市场为导向、产学研相结合的技术创新体系的重要组成部分，是促进知识流动和技术转移的关键环节，是区域创新体系的重要内容。截至8月，金水区共有5家市级技术转移服务机构，在全市处于领先地位。

10日 金水区召开“双迎攻坚”暨大气污染防治工作现场督导推进会。区领导魏东、李晓雷、赵惠玲、杨林、王爱辉、杨洁、周学军、赵德武、竟新宇、张川、闵武杰出席会议。各街道办事处党政正职及部分相关区直单位主要负责人参加会议。会议由区委副书记李晓雷主持。

同日 从省财政厅、科技厅获悉，金水区中国建筑第七工程局有限公司承担的“城镇地下供水和排水管道安全防护技术集成与示范”项目及河南思维信息技术有限公司承担的“机车远程监测与诊断系统”项目获得省级科研经费400万元。从2014年起，金水区企业承担的市级以上重大科技专项项目已突破6项。

11日 区委书记陈宏伟到金水区总医院调研广场项目建设，区政府副区长张川陪同调研，区卫计委、区总医院及金达建筑有限公司相关负责人陪同调研。陈宏伟一行深入施工现场，详细了解工程进度及存在的问题和困难，并对工程施工精细化提出具体要求。

同日 省文化厅副厅长曲径带队到区文化旅游局调研金水区文化市场综合执法改革推进情况。

12日 区委书记陈宏伟一行督导检查金水区“双迎攻坚”工作。

15日 近日，省环保法律法规深入城乡居民户大宣传活动暨大气污染源普查专项行动检查组进驻金水区开展检查工作，并于15日下午召开督察反馈会议。省环保第一检查组第六分组组长周松庆、区长魏东、区政府领导闵武杰出席会议。区政府办、环保局、农委、城管局及各街道办事处主要负责人参加会议。

同日 欧美同学会（中国留学人员联谊会）一行到金水区国家知识产权创意产业试点园区考察。市委常委、统战部部长杨福平，市政府副市长史占勇，区领导魏东、王爱辉、郭国平陪同考察。考察团一行认真观看了园区宣传片，实地参观了“yes!众创空间”“创意产业产学研合作中心”“中国郑州（创意产业）知识产权快速维权中心”“工业设计展馆”“交互体验馆”等园区特色区域，详细了解了快速维权绿色通道的优势、知识产权局专利复审委员会第九巡回审理庭和郑州市中级人民法院知识产权巡回法庭工作开展情况。

17日 区委十一届三次全体（扩大）会议召开。全会传达贯彻市委十一届四次全体（扩大）会议精神，听取和讨论了区委书记陈宏伟代表区委常委会所作的讲话，讨论通过了由《金水区扶持重点产业发展的实施意见》《金水区鼓励楼宇经济发展专项扶持办法（试行）》《金水区促进知识产权发展专项扶持办法（试行）》《金水区鼓励共享生态科技产业发展专项扶持办法（试行）》《金水区加快推进大众创业万众创新专项扶持办法（试行）》《金水区鼓励创新创业人才培育引进专项扶持办法（试行）》组成的“1+5”扶持产业发展政策体系，即“金典六策”。

21日 金水区圆满完成“电代煤、气代煤”“厨炊电气化”工作目标任务，标志着多年来居民燃煤厨炊、冬季燃煤取暖成为历史。此次“双替代”改造工作历时近10个月，经过宣传、居民户登记、设备改造、检查验收等环节，顺利完成了8570户“双替代”改造工作，其中，“电代煤、气代煤”7161户，“厨炊电气化”1409户。

22日 金水区召开中国（河南）自贸试验区郑州片区金水区块建设工作领导小组第一次全体会议。会议通报了区自贸办关于《中国（河南）自由贸易试验区郑州片区金水区块实施方案（征求意见稿）》《中国（河南）自由贸易试验区郑州片区金水区块2017年重点任务分解（征求意见稿）》《中国（河南）自由贸易试验区郑州片区金水区块建设工作领导小组关于建立完善工作推进和运行机制的通知（征求意见稿）》后，与会人员进行了深入探讨和交流，并提出了相关意见和建议。区政府领导杨洁、赵高翔出席会议。区政府副区长赵高翔主持会议。

23日 省政府副省长张维宁、省政协副主席钱国玉带领省电子信息制造业转型升级调研组一行到金水科教园区调研电子信息产业发展情况。市政府副市长史占勇，市政府副秘书长张红军，市工信委主任、党组书记范建勋，市工信委党组成员、市信息办主任潘喜春一同调研。

同日 区长魏东赴上海开展招商引资考察活动，并会见了上海温商企业发展股份有限公司董事长陈志祥和上上金融总裁陈同侯，推介金水投资环境，共创合作发展共赢。

同日 区委书记陈宏伟到丰庆路街道办事处调研督导城中村拆迁改造工作，区领导卢书选、王爱辉、许贵舟、竟新宇、闵武杰、何守华一同调研。

同日 市政府副市长吴福民到南阳新村街道办事处调研农业路快速通道工程铁路代建项目建设情况。

24日 区委书记陈宏伟主持召开全区安置房建设与建筑垃圾集中清运工作推进会。区政府副区长竟新宇、区副县级干部何守华出席会议，区开发公司、区城改办、区国土局、区规划局、区执法局、文化路街道、东风路街道、未来路街道、人民路街道、国基路街道、大石桥街道、南阳路街道、北林路街道办事处主要负责人参加会议。

25日 国家知识产权局副局长贺化一行到金水区国家知识产权创意产业试点园区调研。

同日 省科技厅党组副书记、副厅长马刚带领省科技厅、省发改委、省国土厅、省住房城乡建设厅等相关部门组成的省自主创新示范区遴选工作考察组，到金水科教园区实地考察国家自主创新示范区辐射区建设情况。

29日 金水区举行“领跑中部城区发展、为郑州建设国家中心城市‘挑大梁、走前头、做贡献’”系列活动。活动包括三项内容，一是举行金水区扶持产业发展政策体系新闻发布会，二是举行金水区第二届经济社会发展顾问团成立暨聘任仪式，三是举行金水区人民政府与河南投资集团战略框架协议签约仪式。

31日 市委常委、政法委书记黄保卫到金水区督导信访稳定工作，市委政法委副书记、市综治办主任李华云,市委群工部部长、市信访局局长韩俊远，市委政法委副书记马晓霞一同督导。

同日 市政协党组副书记、副主席郭锝昌带领市政协委员到金水区考察招商引资项目建设情况。

9月

1日 区委书记陈宏伟到丰产路街道办事处调研城中村改造工作。陈宏伟强调指出，针对各项目普遍存在的土方和渣土清运进度慢的问题，办事处要进一步加大外部协调力度；要结合项目实际，把各项工作做细、做实。要增强责任心，明确专人盯守，以分秒必争的紧迫感扎实深入推进；要针对辖区每个城中村改造项目实际情况，统筹处理好项目推进与日常工作的关系，做到交叉进行，整体推进；各项目指挥长要定期召开项目推进会，听取汇报情况，研究解决项目上的各类问题，以坚定的信心和决心强力推进项目的顺利实施。

5日 市长程志明一行到金水区督导“双迎攻坚”工作。程志明一行实地查看了金水区南阳路街道办事处岗杜街一号院，重点对集贸市场、老旧社区、背街小巷、环境卫生、占道经营等方面的治理工作进行了认真细致的督导。副市长刘东、市政府秘书长王万鹏、区长魏东和各区、各开发区及市直有关单位负责人陪同督导。

6日 区长魏东带队深入金水区东风路、南阳路、南阳新村等街道办事处督导金水区全国文明城市创建工作。魏东指出，当前，创建全国文明城市工作已进入关键阶段，各单位要高度重视，严格按照标准和规范，进一步完善硬件设施、管理措施，尽快补齐各项工作短板；要突出抓好薄弱环节，严查死角、问题点，通过拉网排查、重点突破，尽快将各类问题整改落实到位；要建立常态化管理机制，巩固整治成果，防止问题反弹，确保各项整治工作取得实效。区委常委、宣传部部长杨林，区政府副区长竟新宇一同督导。

同日 全区稳定安全信访工作会议召开。区委书记陈宏伟作重要讲话。会议由区委副书记、区长魏东主持。

7日 省委副秘书长、省档案局局长张荣斌到金水区检查指导档案工作，省档案局办公室主任吴天顺，省档案局业务处处长翟賁远，市档案局局长徐宏杰一同检查指导。

12日 区长魏东主持召开金水区固定资产投资项目入库工作推进会。区委常委、区政府常务副区长杨洁，科教园区管委会副主任王浩出席会议。区政府督查室、区发改统计局、财政局、项目办、国土局、环保局、城改办、金水规划分局和丰产路、南阳路、丰庆路、凤凰台、杨金路、兴达路街道办事处主要负责人参加会议。

13日 区委书记陈宏伟，区委副书记、区长魏东，区委副书记李伟革，区副县级干部许忠一行到市政控制性节点（地下交通）工程各站点征收现场调研指导工作。陈宏伟提出，城市轨道交通建设是2017年市政工程的重中之重，是惠及广大市民的基础性设施工程，对中心城市建设意义重大，相关单位务要高度重视，明确思路，统筹安排，把工作做实、做细；要紧扣时间节点，加大工作力度，采取有效措施，对征迁中发现的问题要及时发现、即刻解决，维护好辖区和谐稳定；要做好宣传工作，认真做好群众和单位的思想工作，详细、耐心讲解国家政策，尽快解决群众合理诉求，争取赢得群众的理解、配合与支持。

14日 区委书记陈宏伟主持召开全区解决问题楼盘工作推进会，听取五个问题楼盘项目的情况汇报，深入分析问题的成因和工作的重点，并逐一明确解决思路和工作责任。区领导卢书选、时博、赵高翔、竟新宇、何守华、许忠出席会议。国基路、丰庆路、经八路、未来路街道办事处及区住建局、区信访局等单位主要负责人参加会议。

同日 区委书记陈宏伟主持召开防范处置非法集资工作会。区领导卢书选、王爱辉、杨洁、时博、赵德武、张川、王青、段庆洲出席会议。区法院、区信访局、区金融办、各公安分局、相关街道办事处负责人参加会议。

同日 市委办公厅副调研员吴彦明一行4人，组成市委专题调研组到金水区专题调研推进县乡人大工作和建设情况。

15日 省委宣传部副部长张曼茹一行到北林路街道办事处调研精神文明创建工作。

同日 金水区以案促改工作动员暨廉洁“双节”谈话会召开。区委书记陈宏伟传达了市委关于坚持标本兼治开展以案促改的工作要求和市委书记马懿的讲话精神，并强调指出，全区各单位要充分认识以案促改工作的重要意义，切实把以案促改工作作为推进全面从严治党向纵深发展的有力抓手，抓紧抓好抓出成效。全区副县级以上领导出席会议。

16日 财政部经济建设司副处长夏红卫带领国家知识产权运营服务工作专家组到金水区国家知识产权创意产业试点园区参观调研。国家知识产权局专利管理司处长胡军建、干部吕律一同调研。

同日 由区政府主办，中关村在线承办的2017首届"产业生态共享"高峰论坛闭门会议在区机关301会议室举行。此次会议是2017首届"产业生态共享"高峰论坛系列活动之一，旨在尽快发挥金水区“金典六策”产业政策的集聚、引导、带动效应，聚集人才、项目、资金等发展要素，推进金水区共享生态科技产业发展。区领导陈宏伟、魏东、杨洁、李小虎、赵高翔及来自生态共享科技产业领域的专家、学者、企业代表与金水科教园区、河南科技园区、区科技局、区商务局、区发改统计局、区自贸办相关负责人等30余人出席会议。

21日 省委书记、省人大常委会主任谢伏瞻到金水区杜岭街道办事处调研信访维稳和社会治安综合治理工作。

同日 省委副书记、省长陈润儿一行到金水区国基路街道办事处调研城中村改造及工地扬尘治理工作。

26日 市委常委、常务副市长王跃华，市政府副市长史占勇，市政协副主席崔凡带队对金水区产业项目进行观摩。

27日 金水区召开大气污染防治工作推进会。区长魏东指出，要以高度的政治责任感，切实认清大气污染防治面临的严峻形势，坚定做好秋冬季大气污染防治攻坚工作的信心和决心。要全面贯彻落实马懿书记在全市秋冬季大气污染综合治理攻坚行动动员大会上的讲话精神，充分认清大气污染防治形势、目标任务和工作要求，把做好秋冬季空气污染防治工作摆在突出位置，确保完成各项治理目标任务，坚决打好秋冬季大气污染综合治理攻坚战，为中共十九大创造良好环境。区领导李伟革、闵武杰出席会议。

同日 省委政法委副书记、省委维稳办主任蔡永礼带领全省“五查五促”集中督导活动稳定安全信访专项督察第一组一行6人到金水区督导并召开座谈会，省委维稳办、省民政厅、省信访局有关同志一同督导。

28日 全市2017年第四批次重点项目集中开工仪式在金水科教园区西亚斯-亚美迪国际软件园项目现场举行。省委常委、市委书记马懿，市委副书记、市长程志明，市委副书记、市委秘书长靳磊，市委常委、常务副市长王跃华，市政府副市长史占勇，市委常务副秘书长姜现钊，市政府秘书长王万鹏，市政府常务副秘书长张吉，市发改委主任杨东方，市工信委主任范建勋，市国土局局长吕安民，市重点项目办主任夏扬出席开工仪式。区委书记陈宏伟，区委副书记、区长魏东，金水科教园区管委会主任李小虎以及辖区相关部门、项目单位主要负责人、工程建设施工企业代表、工程监理等服务保障单位主要负责人参加开工仪式。市长程志明宣布2017年全市第四批次179个重点项目正式开工。金水区此次集中开工12个项目，涵盖大棚户区改造、创新创业载体、高技术服务业、文化产业等多个领域，总投资207亿元。

同日 从市财政局获悉，金水区2个项目获得2017年河南省先进制造业专项资金331.26万元。其中，河南中州电气设备有限公司“SF6智能信息控制柜项目”获得170.26万元，河南金明源信息技术有限公司“工厂运维云综合服务管理平台项目”获得161万元。据了解，2个项目建成投产后，每年将新增销售收入5000万元左右，将对全区先进制造业、信息产业发展起到积极助推作用。

29日 区长魏东一行到未来路街道办事处调研轨道交通控制性节点工程征迁工作。

同日 区委书记陈宏伟调研城市基层党建工作。陈宏伟强调指出，要充分发挥街道社区党组织的政治功能和服务功能，以基层党建为抓手，有效整合基层党建资源，激发基层党组织的创造力、凝聚力和战斗力；要让辖区党组织、机关事业单位、社会组织、辖区居民实现深度融合，努力使每个基层党组织都成为坚强的战斗堡垒，为群众办实事、解难事、做好事，团结带领群众把社区建设得更加美好；要进一步加强党群服务中心建设，合理利用现有场地资源，优化功能馆室，切实发挥党群服务中心服务群众的功能；要把党的建设与企业文化建设深度融合，注重发挥党支部和党员的先锋模范带动作用，把党建元素融入企业文化，不断增强企业发展的核心竞争力，共同促进企业的持续健康发展。同时，要全方位做好对“两新”组织的服务工作，为推动两新党组织快速健康发展提供有效保障。

10月

11日 省法院党组书记、院长张立勇到金水区法院考察诉前调解中心等工作。

同日 全省城市基层党建工作经验交流座谈会实地观摩阶段活动在郑州进行。省委组织部副部长修振环带领省、市、县（区）各级与会领导，对金水区经八路街道党群服务中心、花园路街道省供销社社区以及郑州市晨钟教育集团党委城市基层党建工作进行了实地观摩指导。

12日 金水区2017年“郑州慈善日”现场捐赠仪式举行。区委副书记李伟革作重要讲话，区政府副区长张川主持捐赠仪式。捐赠仪式上共募集善款365万元,各街道办事处还在陆续募捐中。

18日 区委副书记李伟革到金水科教园区调研产业项目。李伟革指出，产业是经济的命脉，有产业才有发展，要抓住产业发展的关键环节，盯紧抓牢产业项目建设，把项目建设作为第一抓手，按照签约项目抓落地、在建项目抓完工的思路，狠抓产业项目推进，为全区经济新一轮冲刺积蓄能量。

同日 金水区彩虹社会工作服务中心理事长张会营入选第二批“全国专业社会工作领军人才”，是全省唯一一位入选人员。

19日 区长魏东一行到南阳路街道办事处郑纺机国控点召开现场调度会。区委副书记李伟革、区政府副区长张川出席会议。区攻坚办、住建局、南阳路街道办事处等主要负责人参加会议。

21日 第十七届中国虚拟现实大会（ChinaVR 2017）暨第七届国际虚拟现实与可视化会议（ICVRV 2017）暨第三届中国（郑州）虚拟现实产学研大会（CVRVT 2017）在金水区举行开幕式。河南省政协副主席张广智、中国计算机学会虚拟现实与可视化技术专委会主任陈小武、中国图象图形学学会虚拟现实专委会主任王涌天、中国产学研合作促进会执行秘书长丁玉贤、中国计算机学会常务理事马华东，区政府领导魏东、赵高翔、张双喜等领导和专家出席会议。此次虚拟现实大会由中国计算机学会、中国图象图形学学会、中国仿真学会和IEEE Computer Society主办，金水区和河南省虚拟现实产业联盟、河南众诚信息科技股份有限公司承办，为期两天。

20日—21日 第四届中国（郑州）新型智慧城市产业创新发展高峰论坛在金水区成功举办。本届论坛由省产业发展研究会、区科技局等多家单位联合主办，以“智慧转型、互联互通、智能服务、可持续的智慧城市”为主题，旨在交流探讨在信息技术不断发展、城市化进程快速进行的新时期，树立崇尚创新、注重协调、倡导绿色、后植开放、推进共享的理念，探讨如何以建设智慧城市为抓手合理发挥好技术和商业模式的双轮创新驱动，引领城市科学发展，促进经济和产业转型升级发展。

23日 市委常委、常务副市长王跃华一行到丰庆路街道办事处调研郑州市青年人才公寓项目开工建设工作。

同日 区委书记陈宏伟一行到丰庆路、国基路街道办事处调研城中村改造及大气污染防治工作。区委副书记李伟革，区委常委、宣传部部长杨林，区委常委、组织部部长时博，区政府副区长竟新宇，区政协党组成员张建民，区副县级干部闵武杰、王珂、许忠一同调研。

24日 区政协主席武建民到金水区总医院视察调研工作。

25日 从市科技局获悉，金水区“郑州郑氏化工产品有限公司”与“河南清鸿科技有限公司”2家企业被认定为“郑州市现代农业科技创新型龙头企业”。截至2017年10月，金水区共有“郑州市现代农业科技创新型龙头企业”13家。

27日 全省流动人口基本公共卫生计生服务均等化工作现场观摩会在北林路街道办事处流动人口综合服务中心召开。省卫计委副主任谢李广、流管处处长余薇出席会议。全省18个省辖市、10个省直管县（市）卫计工作分管领导和流管处处长共80余人参加观摩。

同日 从科技部获悉，金水区企业中国建筑第七工程局有限公司承担的“预制混凝土构建工业化生产关键技术及装备”项目获得2017年度国家重点研发计划立项支持，总经费4613万元，其中，中央财政经费支持1263万元。2017年前三个季度，金水区企业获得省级及省级以上科研经费已突破3000万元。

30日 区委书记陈宏伟带队调研改善区周边治理情况。调研组一行先后对改善区周边汽修门店、西岳寨村餐饮油烟整治、地铁三号线南阳路站及儿童医院周边交通拥堵等情况进行现场调研，随后，在区机关301会议室召开大气污染防治工作调度会。

31日 金水区召开区委常委会（扩大）会议，学习传达中共十九大精神。区委书记陈宏伟作重要讲话，陈宏伟指出，学习宣传贯彻落实中共十九大精神是现阶段压倒一切的重大政治任务，全区上下要把中共十九大精神作为纲领性文件，多方式开展学习宣传贯彻活动，迅速掀起学习热潮，并将中共十九大精神与全区重点工作相结合，努力开创工作新局面。全区副县级以上领导出席会议。会议由区委副书记、区长魏东主持。

11月

1日 金水区人大常委会街道工委建设工作会议召开。会议学习贯彻中共十九大精神，以及全国、省、市加强县乡人大工作和建设经验交流会精神，总结金水区人大街道工委建设经验做法，安排部署下一阶段人大街道工委建设工作。区人大常委会常委副主任李贻忠主持会议，区人大常委会主任、党组书记薛燕作点评讲话。区人大常委会领导许贵舟、燕建华、杜艳洁、冯景义、张涛、杨旗出席会议。

同日 从市科技局获悉，金水区71家企事业单位获得郑州市第二批科技计划项目经费，共计1041.2万元。据悉，此次市级经费支持的项目涵盖了大学生创新创业补助计划、技术转移后补助计划、科技服务机构房租补助计划、科技服务业后补助计划、科技公共服务平台建设后补助计划、科技惠民计划、软科学研究计划、仪器共享使用后补助计划、院士工作站计划九大类。

4日 区委书记陈宏伟到金水科教园区调研市政基础设施和部分重点产业项目进展情况，并在园区召开座谈会。金水科教园区管委会主任李小虎、区副县级干部闵武杰和科教园区全体班子成员、园区有关部门负责人参加会议。

同日 区长魏东到带队督导金水区大气污染防治工作。

同日 自11月1日起，金水区民政局创新推出全省首个婚姻登记微信预约服务平台，方便辖区群众办理婚姻关系登记。截至4日，已受理预约办理登记500余人次。

6日 中国共产党第十九届中央委员会委员，国家卫计委主任、党组书记李斌带领中央学习贯彻中共十九大精神宣讲团一行到北林路街道办事处鑫苑社区宣讲。国家卫计委办公厅副主任谭相东、中宣部机关服务局会议处副处长朱明哲、国家卫计委办公厅委主任办副主任陈朝一同宣讲。省委常委、宣传部部长赵素萍，省委宣传部副部长尹书博，省委宣传部理论处处长李玉中，省卫计委主任李广胜，市委常委、宣传部部长张俊峰，市委宣传部副部长王丽艳，区委书记陈宏伟，区委常委、宣传部部长杨林，区政府副区长张川陪同宣讲。区委宣传部、区卫计委及北林路街道办事处主要负责人参加宣讲。

8日 全省社区治理与“三社联动”观摩会在金水区召开。省民政厅基层政权和社区建设处处长梁浩国、区政府副区长张川出席会议。各省辖市、省直管县（市）民政局分管局长等共计120余人参加会议。

9日 区委常委、宣传部部长杨林到南阳新村街道办事处调研全面从严治党工作。

同日 区委副书记李伟革到先后到杨金路街道、兴达路街道办事处调研贾鲁河综合治理工作。

同日 市科技局获悉，金水区“聚方孵化器”“尚合孵化器”“优享众创空间”等16家孵化载体获得市级认定，占全市认定的30%，并获得市级财政补助资金800万元。

10日 金水区意识形态工作联席会议召开。区委副书记李伟革出席会议并做了重要讲话。区意识形态联席会议成员单位和各街道主管宣传副书记等共50余人参加了会议。

同日 区政协主席武建民到金水区检察院考察调研工作。区政协领导王居良、宋红霞、王静、刘凌云、徐建军、赵海叶、张建民，秘书长张书林参加调研。

同日 区委书记陈宏伟，区委副书记、区长魏东考察西韩砦片区改造项目现场征迁工作。

11日 市委副书记、市长程志明带领市发改委、财政局、规划局、国土局、轨道办等相关单位负责人到金水科教园区调研郑州东动车所建设情况。市政府副市长吴福民、市政府秘书长王万鹏、市政府副秘书长孙建功参加调研。

13日 区长魏东到丰庆路街道办事处督导大气污染防治工作。魏东指出，各级各部门要认清形势，充分认识大气污染防治工作的重要性、紧迫性和艰巨性，进一步增强责任意识，周密部署，积极行动，坚决打赢大气污染防治攻坚战。

同日 从市科技局获悉，金水区郑州市优博知识产权孵化中心等7家科技服务机构获得市级科技服务业后补助，共计242万元。

同日 2017年，金水区大学生创业园郑大园区挂牌成立，成为金水区第6个大学生创业园。截至11月，园区入园孵化总项目达到301个。2017年新入孵项目178个，孵化出园项目133个，创业人数830人，就业人数1794人。累计营业收入近1亿元，营业额超过100万元的企业18家；累计纳税额近200万元，纳税额超10万的企业6家。

14日 第六届中小学教育国际会议在金水区文化路第一小学翰林校区顺利举行。省、市、区领导张怀君、郭国侠、赵阳、王海花、张川出席会议。来自美国中小学教育界代表及内蒙古、北京、深圳、山西、江苏等省、市、自治区学校代表、骨干教师共450余人参加了会议。金水区各学校代表分别围绕课程建设、创客教育、教师发展、学生评价与学生研究性学习4个方面展示了金水区中小学教育的主要成果，得到了与会领导、专家和代表们的高度赞誉和一致好评。

同日 从市科技局获悉，金水区2017年新增20家技术贸易服务机构，累计达到187家，占到全市总数量的28%。

16日 市政府副市长刘东到金水科教园区调研中小学校建设及产业项目发展情况。

同日 截至11月，全区技术交易额突破16.6亿元，创历史新高。2017年，金水区实现技术开发和技术转让93项，技术服务和技术咨询达200余项。其中，13项企业科技成果获得国内领先以上水平，30项科技成果获得郑州市科技进步奖，标志着金水区产业技术创新能力全面提升，为打造全区科技创新高地提供了重要支撑。

17日 由区政府主办、中关村在线承办的首届“产业生态共享”高峰论坛在郑州万达文华酒店举行。国家工信部电子科技委副主任张琪、省发改委副主任任部义、市政府副市长史占勇、郑洛新国家自主创新示范区领导小组办公室专职副主任何守法及区领导陈宏伟、魏东、李伟革、杨林、王爱辉、杨洁、李小虎、燕建华、赵高翔、王居良参会，市发改委、市科技局、市商务局、市工信局及区发改委、区科技局、区商务局、区工信委等部门主要负责人出席会议，中国电子商务协会、百度、顺丰、微软、摩拜等协会、企业高层和业界知名财经专家、学者参加会议。论坛期间，中关村在线与顺丰、金水区政府举行三方签约仪式，正式达成战略联盟，通过共享生态科技产业联盟战略合作协议签约，助力更多企业踏上共享经济快车，促进共享经济快速向前；同时联合孵化器和企业，成立产业生态共享学院，推出“共享生态科技产业城孵化器”入孵项目；中关村在线与交通银行河南省分行达成战略合作协议。

20日 金水区2017年秋季科级干部培训班开学典礼在区委党校举行。区委副书记、党校校长李伟革出席典礼并做重要讲话，区委常委、组织部部长时博主持开学典礼。

同日 柳州市城中区人大常委会主任曾明一行14人到金水区考察人大代表服务与管理信息化建设工作、法检两院司法改革工作和在司法体制改革形势下基层人大监督工作的经验做法。

同日 由全国中小学教育督导评估专家、湖南省教育督导与评价协会会长罗春晖带队的国家教育督导检查组对金水区创建义务教育发展基本均衡县进行评估认定。省教育厅副厅长毛杰、督导办主任王学进、督导办调研员张青川陪同。市、区领导刘东、李陶然、王海花、魏东、燕建华、张川、刘凌云、王珂出席会议。督导检查组分别召开了人大代表、政协委员座谈会，校长座谈会，教师座谈会和家长座谈会，深入了解金水区推进义务教育均衡发展情况，实地查看了文化路一小、文化绿城小学、郑州龙门实验学校等8所中小学教育情况，对金水区义务教育均衡发展进行全面评估。

22日 原阳县人大常委会主任万萌生带队到金水区就人大代表工作进行考察交流。

同日 从省商务厅获悉，金水区郑州西维科技有限公司、郑州真乖电子商务有限公司2家电商企业被评为“省级电子商务示范企业”。截至11月，金水区共拥有国家级电子商务企业1家，省级电子商务示范企业7家，省级电子商务示范基地1家，省级跨境电子商务孵化基地2家。辖区通过河南省电子商务企业认定的企业已达195家，占全市已认定电商企业数量的近四分之一。

同日 从省级科技部门获悉，中国建筑第七工程局有限公司被认定为省级创新龙头企业，并获得100万元省级科技经费支持，是金水区第一家省级创新龙头企业。

24日 全区稳定安全信访工作会议召开。会议由区委副书记、区长魏东主持。

同日 从市科技局获悉，金水区郑州中科新兴产业技术研究院承担的“高性能动力电池关键技术研究及产业化”项目获得立项支持。2017年，金水区企事业单位共获得国家、省、市重大科技专项（重点研发计划）4项。

25日 区委十一届四次全体（扩大）会议召开。全会学习贯彻中共十九大精神，讨论通过了《中共金水区委关于深入学习贯彻党的十九大精神领跑中部城区发展开启新时代全面建设社会主义现代化强区新征程的意见》，审议通过了《中共金水区委十一届四次全体（扩大）会议决议》。

同日 河南省科学技术厅党组副书记、副厅长马刚到科教园区调研。

28日 省航空港实验区建设领导小组办公室常务副主任、市政府党组副书记孙金献带领市重点项目办、市工信委一行到金水区调研重点项目建设情况。

29日 金水区安全生产委员会全体（扩大）工作会议召开。区政府副区长赵高翔在主持会议。各街道办事处、安委会各成员单位主要负责人参加会议。

同日 1月至11月，金水区完成外经营业额15230万美元，占市定目标101.5%，超进度9.8个百分点，占六区总量的三分之一以上，提前超额完成全年目标任务。

同日 截至11月，金水区共审批政府采购预算53215万元，实际采购规模50413万元，节约资金2802万元；工程项目采购金额30867万元，占同期政府采购总额的58%。

30日 从省科技厅获悉，金水区河南省亿稼欣生物科技有限公司、河南沃丰农业开发有限公司2家企业被认定为省级科技特派员（法人）。据悉，法人科技特派员主要以企业、科研院所和高等院校等法人单位为主，通过实施一批科技成果转化项目，集中示范一批新品种、新成果、新技术，不断提升地区产业创新能力和水平，努力打造一批依靠科技创新实现脱贫致富的示范样板。

12月

2日 区委书记陈宏伟主持召开陈砦、庙李城中村改造项目汇报会。区领导曹可艳、许贵舟、竟新宇、何守华、王珂、许忠出席会议。丰庆路街道办事处、区城改办、区国土局、区教体局、金水规划分局负责人参加会议。

4日 区长魏东现场督导银

行学校及郑纺机环境改善区周边环境污染防治工作。区委副书记李伟革、区政府副区长闵武杰一同督导。魏东一行在银行学校及郑纺机环境改善区工作组分别召开了“挂图作战”调度会，对当前大气污染防治工作进行了研究分析和安排部署。魏东强调，打赢环境治理攻坚战，是省委、省政府和市委、市政府贯彻落实党中央、国务院决策部署的重要战略举措，各级各部门要认清形势，坚定信心，保持攻坚韧劲，坚持依法治污，坚决打赢大气污染防治攻坚战。

同日 从市科技部门获悉，金水区43家科技型企业获得市级研究开发费用后补助3899万元，在全市位居第二位。据悉，后补助资金的发放将进一步降低企业科技创新成本，引导企业有计划、持续地加大研发投入，推动金水区研发投入强度和高新技术企业数量有较大提升，助力打好转型发展攻坚战。

5日 金水召开大气污染防治攻坚冲刺30天调度推进会。区委书记陈宏伟主持会议。区委副书记、区长魏东安排部署工作要求。

7日 从市科技局获悉，金水区中国建筑第七工程局有限公司、河南上交技术转移有限公司共获得郑州市2017年第三批科技计划项目经费300万元，涉及省重大科技专项项目配套、河南省技术转移示范机构两大类。2017年，金水区134个科技计划项目共获得市级资金3221.2万元。

11日 全区2017年后备干部学习贯彻中共十九大精神培训班开学典礼在市委党校举行。区委副书记、党校校长李伟革出席并作重要讲话，区委常委、组织部部长时博主持开学典礼。

13日 区委书记陈宏伟一行到南阳新村街道办事处调研党群服务中心建设工作。陈宏伟指出，党群服务中心的便民惠民效果要让群众看得见摸得着，努力为辖区居民提供全方位、多层次的优质服务，将党群服务中心真正打造成服务百姓的绿色通道。区委常委、纪委书记赵惠玲参加督导。

同日 区委书记陈宏伟主持召开市民公共文化服务活动中心项目汇报会，听取市民公共文化服务活动中心项目及市民公园项目进展情况。区长魏东，区委常委、区政府常务副区长杨洁，区委常委、区委办公室主任曹可艳，区政府副区长竟新宇，区政府副区长闵武杰出席会议。

同日 从市中小企业局获悉，金水区河南众诚企业孵化器有限公司被工信部评为“2017年度国家中小企业公共服务示范平台”。

14日 区长魏东到金水不动产登记分中心调研。魏东强调，要合理利用空间优势，优化窗口设置，压缩办结时限，积极探索便民利民服务新举措，全面提升不动产登记工作水平，以改革的新成效持续增强辖区群众的获得感。

同日 区委副书记李伟革到杜岭街道办事处调研郑州市二七商业区综合管廊及地下空间开发项目。

16日 区长魏东到兴达路、杨金路街道办事处督导检查黄河金水段湿地综合整治情况和贾鲁河综合治理工程。魏东强调，要坚持问题导向，全面掌握河道情况，认真查找发现每条河流河段存在的问题，建立一河一档案，实现“一河一策略”；要以“三清一净”为目标，积极开展河流清洁行动，逐步实现河畅、水清、岸绿、景美；要强化部门协作，加大河道综合整治工作力度，加快推进贾鲁河综合治理。

同日 区长魏东到兴达路街道办事处督导搅拌站取缔工作。魏东指出，要充分认识土地卫片执法清零工作的重要性，做到思想上高度重视，行动上相互配合，工作上死盯硬守，严格按照时间节点要求，组织好技术人员，制定科学的设备拆除作业流程，切实加快搅拌站取缔工作进度，确保按时完成任务、拆除复耕到位。

18日 省河长制工作组组长王俊忠带队到金水区考核验收河长制工作。

19日 区长魏东主持召开全区今冬明春火灾防控推进会暨《消防安全责任制实施办法》宣传贯彻会。魏东强调，各级各部门务必要始终保持清醒的头脑，坚决克服麻痹心理和侥幸心理，以严之又严、细之又细的工作，全面排查、发现、纠正各类隐患问题，坚决杜绝事故发生。区政府副区长赵德武出席会议。区直各相关部门、各街道办事处、各公安分局主要负责人参加会议。

同日 2017年，金水区共开设养老护理、保育员、汽车驾驶员、育婴员、维修电工、焊工、企业人力资源管理师、心理咨询师、美容、茶艺师、电脑初级班11个专业的职业技能培训班。全年共完成失业人员技能培训6020人，创业培训1011人，农村劳动力转移培训865人，高技能人才培养710人。

21日 区长魏东带队开展消防安全夜查行动。魏东一行实地查看了360商业广场、索菲特大酒店、威威娱乐广场等人员密集场所，重点检查了消防安全设施和自救逃生工具配备、微型消防站建设等情况，现场查阅了消防监控人员值班和日巡查记录，认真听取了各单位节日期间消防安全工作安排部署情况汇报。

22日 金水区创新创业生态体系构建项目签约暨2017“创赢未来”颁奖仪式在俭学街金水区大学生创业园大礼堂举行。省人力资源和社会保障厅创业处处长郑文暹、省教育厅学生处调研员杨占军、市中小企业服务局副局长李聚云、市科技局副局长缑云峰、市金融办副主任李新峰、市人社局党组成员康中超、全省部分高校负责人，及区领导陈宏伟、魏东、李伟革、杨洁、时博、李小虎、曹可艳、李贻忠、赵高翔、王居良、张双喜、段庆洲、刘运泽出席活动。整个大赛共有160个项目进入复赛，80个项目晋级决赛。安第斯高性能瓦楞纸板生产线自动化设备、嘟嘟科技斩获成长组的一等奖，摘取50万元的大奖。

25日 区长魏东主持召开四环线及大河路快速化工程金水区项目征迁工作推进会。魏东指出，四环线及大河路快速化工程是完善“井字+环线”快速路网体系的重要环节，各有关部门要高度重视，加强与上级部门沟通协调，与同一区域内的贾鲁河综合治理工程、科教园区综合管廊一期工程结合起来，合理整合资源，做到标准统一，切实提高工作落实力，确保按照时间节点要求完成征迁任务。区领导李伟革、许忠、毛国安出席会议。

26日 市政府副市长吴福民到人民路街道办事处调研郑州商都历史文化区宫殿区工程项目，市文物局局长任伟参加调研。

同日 金水区对全区繁文缛节和不必要证明事项进行清理。经审定保留40项，取消80项，简化群众办事环节和手续，方便了企业和群众办事。

27日 区长魏东主持召开重污染天气应对工作会。魏东指出，各单位要充分认识此次重污染天气应对工作的极端重要性，严格按照省市要求，时刻保持高压态势，切实落实管控措施，加大监管力度，加强督察巡查，抓好最后冲刺阶段，真正做到“横到边、纵到底，无缝隙、全覆盖”。要重点抓好工地管理、企业停限产措施、散煤治理、餐饮油烟污染、主城区区域内农用车及大型车辆禁行等工作，24小时开展监督执法检查工作，对发现违规违法、未按规定落实等行为严格追责。区委副书记李伟革、区政府副区长闵武杰出席会议。

同日 从市物价局获悉，金水区世纪联华天旺店和家乐福北环店被评为郑州市“2017年度明码标价示范店”。

28日 全区大棚户区改造工作推进会召开。区委书记陈宏伟指出，推进大棚户区改造是稳增长、惠民生的需要，全区上下要把思想和行动统一到区委、区政府的各项工作部署上来，坚定信心，认清责任，克服一切干扰，扫除一切障碍，确保如期完成大棚户区改造既定目标任务。区领导魏东、李伟革、杨林、王爱辉、曹可艳、竟新宇出席会议。

同日 从省科技部门获悉，金水区28家企业通过2017年第二批高新技术企业认定。2017年，金水区共有63家企业通过高新技术企业认定，同比增长78.8%，新增数量、增长幅度为历年最高。

同日 金水区丰产路小学教师在全国少工委主办的“学习党的十九大精神培训班暨2017年全国少先队辅导员风采大赛”中荣获大赛一等奖。

金水区概况

【概况】 辖区总面积136.66平方公里，总人口130.03万人。辖17个街道办事处（经八路街道办事处、花园路街道办事处、人民路街道办事处、杜岭街道办事处、大石桥街道办事处、南阳路街道办事处、南阳新村街道办事处、文化路街道办事处、丰产路街道办事处、东风路街道办事处、北林路街道办事处、未来路街道办事处、凤凰台街道办事处、兴达路街道办事处、国基路街道办事处、杨金路街道办事处、丰庆路街道办事处）。

2017年，全区实现生产总值1203.4亿元，比上年增长9.5%。其中，第一产业增加值0.8亿元，降低11.7%；第二产业增加值128.8亿元，增长15.9%;第三产业增加值1073.9亿元，增长8.8%。实现工业增加值128亿元，增长1%。粮食总产量4883吨，降低45%。财政一般预算收入55.5亿元，财政一般预算支出59.7亿元。全社会固定资产投资额完成528.3亿元。社会消费品零售总额770.8亿元。商品进出口总值17.47亿美元。实际利用外资3.10亿美元。城镇居民人均可支配收入42525元，人均消费性支出26388元。

【城镇化建设】 完成刘庄等7个村、1429万平方米建筑物拆迁，清运建筑垃圾803万立方米；杓袁等14个项目、263万平方米安置房开工建设；小孟砦等19个项目、505万平方米实现主体封顶，全年回迁群众12986人。率先在全市启动安置房网签工作，姚砦等4个项目基本完成，累计实现网签9419套。

率先在全市完成轨道交通2号线延长线、3号线1期、4号线和5号线征迁任务。建成道路15条，提升背街支路151条，新增公厕15座、公共停车泊位12300个。推进集贸市场、“六小”门店和市容环境等八大重点领域整治，累计清理各类垃圾84万立方米。

【产业结构优化】 引进信大捷安等优质产业项目23个、总投资171亿元，并与意大利新时代商协会等产业联盟达成战略合作。研究出台“金典六策”，设立共享生态科技等多支产业发展基金，推动了产业升级和科技创新。积极发挥“金融港”作用，帮助1695家企业融资25.8亿元。新增“新三板”挂牌企业4家、中原股权交易中心挂牌企业18家，全区挂牌上市企业达到51家。突出自创区带动引领，新设立院士工作站2个、国家级实验室4个，引进国家“千人计划”专家等高层次人才及团队29个，居市内六区第一；新增科技型企业137家、高新技术企业63家，分别增长26%和78.8%。新增省级以上工程技术中心16家、孵化器（众创空间）19家，获省市级科技进步奖32项，专利申请量突破7500件，科学技术支出占公共预算支出的比重达到3.6%。举办首届“产业生态共享”高峰论坛、第十七届中国虚拟现实大会等重大活动。

【载体平台建设】 河南科技园区积极培育发展新业态，中关村在线等知名电商平台全面运营，稳居省级特色园区前十强。国家知识产权创意产业试点园区集聚知识产权服务及文化创意类企业203家，国家知识产权局专利复审委员会第九巡回审理庭和全省首家知识产权巡回法庭挂牌成立，成为全国专利文献服务网点。

【城市环境治理】 227个在建工地全部纳入“7个100%”动态监管，排查取缔“散乱污”企业647家；建成微型空气监测站43个，完成电代煤气代煤改造2133户，高污染燃料禁燃区实现全覆盖，成功实现“两降一增”，PM2.5、PM10年均浓度分别下降3.9%和12.9%。新建公园游园3个，完成生态林业190万平方米，新增绿地80万平方米。贾鲁河绿线内附属物基本拆除完毕，黄河湿地自然保护区内渔家乐、违章建筑全部取缔拆除。三级河长体系全面构建，治理排污问题23起，建成区基本消除黑臭水体。

【民生事业】 2017年，金水区民生支出达到44.5亿元，有效解决了一批关系群众切身利益的热点难点问题。完成就业创业培训8606人，新增就业再就业33868人。新开工保障房16444套、基本建成9072套，回购公共租赁住房房源866套。免费为133户残疾人家庭进行无障碍改造，改善了残疾人家庭生活环境。全面实施环卫工人早餐工程，免费为辖区5000多名环卫工人提供营养健康早餐。新扶持社工机构2个，新建社区托老站10家，投资1776万元购买慈善公益等社工服务项目76个。

金水区总医院二期投用，与省人民医院等20家二级以上医院建立转诊绿色通道；公立医院综合改革推进，药品加成全面取消；家庭医生签约服务和分级诊疗试点有序开展，缓解了看病难看病贵问题。建成文源小学等5所学校、新增优质学位6120个，新接收进城务工人员随迁子女入学8100人，成功举办第六届中小学教育国际会议等教育交流活动，顺利通过国家义务教育发展基本均衡县评估认定。市民公共文化服务活动中心全面开工，建成党群服务中心3个，系统提供政务等三大类服务。新建基层综合性文化服务中心105个，连续5年举办中国（郑州）国际街舞大赛；广泛开展群众性文体活动，获评“全国群众体育先进单位”。

食品药品全过程监管,开展各类专项整治36项。严格落实安全生产责任制，排查整治各类隐患2487处。坚持领导接访等工作制度，妥善化解信访突出问题，高效解决群众合理合法诉求。完善立体化信息化社会治安防控体系，妥善处置各类群体性事件，严厉打击违法犯罪活动，群众安全感和满意度持续上升。

（撰稿：万　萌　审阅：刘宇晓）

组织机构

·中共金水区委·

书　记　陈宏伟
副书记　魏　东
　　李晓雷（9月免）
　　李伟革（9月任）
常　委　陈宏伟
　　魏　东
　　李晓雷（9月免）
　　李伟革（9月任）
　　赵惠玲（女）
　　杨　林
　　付建峰（10月任）
　　卢书选（4月任）
　　王爱辉（女，10月免）
　　杨　洁
　　李继东
　　时　博
　　李小虎（2月免）
　　曹可艳（11月任）
正县级干部　郑长林

·区委工作机构·

区委办

主　任　杨　洁（2月免）
　　曹可艳（11月任）
常务副主任　周纪斌（12月免）
副主任　鲁晓华（女）
　　刘英杰

机要局

局　长　王建锋
副局长　和　琛（女）
　　郭　磊（女）

督查室

主　任　谢战福
副主任　李　韬

党史研究室

主　任　杨艳芳（女）
副主任　李田中

目标考评办

主　任　刘　辉
副主任　曹晓燕（女）

区委组织部

部　长　时　博
常务副部长　刘运泽（12月免）
　　周纪斌（12月任）
副部长　刘　敏（女）
人才工作办公室主任
　　衾翔宇
干部监督室主任
　　王洁莹（女）
人才工作办公室副主任
　　马音音（女）
党员电化教育中心副主任
　　刘　茜（女）
大学生村官管理办公室副主任
　　魏虎山
干部信息管理中心副主任
　　王大勇

机关工委

书　记　段佳荣（女，满族）
纪工委书记　任海霞（女）

宣传部

部　长　杨　林
常务副部长　赵伟峰
副部长　尤　谊
外宣办主任　王珺洁（女）
网信办主任　董湘芸（女）
文产办副主任
　　张　爽
外宣办副主任
　　刘　冲

文明办

主　任　赵　蔚（女）
副主任　王志勇

统战部

部　长　王爱辉（女，10月免）
　　付建峰（10月任）

常务副部长　沈建忠
副部长　张祖卿（女）
台办主任　杨洁琛（女）

工商联

会　长　李江波
党组书记　张文亮
纪检组长　海　静（女）

民族宗教事务委员会

主　任　陶建莉（女，回族）
副主任　史　卫（女，回族）
李林虹（女，回族，7月免）
马　静（女，回族，7月任）

政法委

书　记　李小虎（2月免）
卢书选（4月任）
副书记　赵德武（2月兼任）
潘夕泉
张卫国
督促检查室主任
沈季慧（7月任）
综治办主任　张素彩（女）
综治办副主任
李朝辉
维稳办副主任
黄昌平
防范办主任　姬松洲
防范办副主任
宋小康（女）
付　嵩
巡防办主任　朱　华
巡防办副主任
刘琳琳
纪工委书记　贺洪智

群众工作部（信访局）

部　长　曹可艳
常务副部长、信访局局长
刘艳萍（女）
副部长、矛排中心副主任
李洪星
矛排中心副主任
王　博（7月任）
信访局副局长
杨增伟
吴小芳（女）

区机构编制委员会办公室

主　任　宋陆岩（女）
副主任　陈占胜
事业单位登记管理局局长
耿恩强（7月任）

区委老干部局

局　长　张　敏（女）
副局长　郑福海

·中共金水区纪律检查委员会·

书　记　赵惠玲（女）
副书记　刘建伟
张红梅（女）
常　委　孙志立（7月免）
魏建鹏
孙　辉（7月免）
库光耀
赵建英（女，7月任）
黄利华（女，7月任）

金水区监察局

局　长　刘建伟
副局长　魏建鹏（8月任）

区纪委监察局各室

执法监察室主任
李安明
廉洁自律办公室主任
赵建英（女）
政务公开室主任
王明军
优化效能监督监察室主任
郑军伟
信访室主任　姚战丽（女）
审理教育室主任
黄利华（女）
案件检查室主任
徐丽敏（女）
基层党风廉政室副主任
郝国胜
纠风室主任　韩　洁
干部管理室主任
吴英超（女）

·区委直属事业单位·

党　校

校　长　李晓雷（9月免）
李伟革（9月任）
常务副校长　秦历源（女）
副校长　邵松梅（女）

档案局

局　长　段建飞
副局长　崔予琴（女）
曾笑卫（女）
档案馆馆长　刘国林

科　协

党组书记、主席
冯晓翠（女）
副主席　李军霞（女）
刘　欣（女）
张晓明（女）

常　春（女）
党组成员　左献伟

残　联
党组书记、理事长
席秀卿（女）
副理事长　江　涛
纪检组长　青小丽（女，7月任）
党组专职副书记
崔　杰

绩效办
主　任　周　丹
副主任　谢战福（兼职）
田保松

·区十二届人大常委会·
主任、党组书记
薛　燕（女）
副主任　李贻忠
许贵舟
燕建华
杜艳洁（女，3月任）
党组成员　张　华（4月任）
冯景义
张　涛
杨　旗
常新河（6月退休）
李劲松（女，满族，4月免）

·区人大常委会工作机构·

办公室
主　任　李慧敏（女）
副主任　臧跃鹏
陈　冰（女）

财经工作委员会
主　任　薛文平（1月免）
单广州（1月任）
副主任　单广州（1月免）
梁新宇（9月任）

法制工作委员会
主　任　林宇峰
副主任　李志强（1月免）

城建工作委员会
主　任　陶宏智（1月免）
李军彦（1月任）

代表联络工作委员会
主　任　崔海东（1月免）
李志强（1月任）
副主任　庾蔓丽（女，1月免）
马　骅（女，1月任）

教科文卫工作委员会
主　任　单敬坤（1月免）
李　涛（1月任）
副主任　王青峰（1月免）

信访办公室
主　任　王　丽（女，1月免）
周淑娟（女，1月任）
副主任　单丽霞（女）

老干部管理办公室
主　任　邱　媛（女）
副主任　赵　炜
杨　洁（2017 年 3 月任常务副区长）
党组副书记　杨　洁（2月任）
党组成员　李建超（2月免）
张　川（女，3月任）
张　华（4月免）
徐　雄（4月免）
党组成员　郭国平（7月免）

·金水区人民政府·
区　长　魏　东
常务副区长　李建超（2月辞）
杨　洁（月任）
副区长　赵高翔
张　华（月免）
徐　雄（月免）
赵德武
竟新宇（月任）
张　川（女，3月任）
闵武杰（11月任）
正县级干部　吴景禹（5月退休）
郭国平（7月退休）
党组成员　周学军
曹可艳（7月免）
闵武杰（7月免，11月任）
何守华（7月免）
段庆洲（7月免）
王　双（女，7月免）
王　珂（7月免）
许　忠（7月免）
江　涛（7月免）
毛国安（7月免）
刘建伟（7月免）
杨宇峰

·区政府工作机构·

区政府办公室
主　任　杨宇峰
党组专职副书记
史慧丽（女，7月任）
副主任　胡　冰（女）

彭　英（女，1月免）
田　波
刘文奇（7月任）

外事侨务办公室

主　任　单丙星
副主任　武丽娜（女）
李书乐（1月免）

法制办公室

主　任　单红杰
副主任　吴深磊

地方史志办公室

主　任　窦　凯（女）
副主任　向天燕

督促检查室

主　任　（空缺）
副主任　史金奎
陈　华

电子政务中心

主　任　高媛媛（女）
副主任　李书乐

金融服务办公室（地方金融监管局）

主任（局长）黄国建
副主任（副局长）
代红梅（女）
吴周水

行政审批服务中心

主　任　（空缺）
副主任　刘洪超
王旋洋
周　莉（女）

社会公共管理办公室

主　任　李学谦
副主任　李彦坤

区发展改革和统计局

党组书记、局长
崔文修
纪检组长　毛国合（7月免）
刘亚蕾（女，7月任）
副局长　刘士棒（7月病故）
于海燕
李遂山
重点项目建设管理办公室主任
刘　兵
重点项目建设管理办公室副主
任李萍（女）
普查调查中心主任
贺淑霞（女）

区物价局

局　长　王松乾
副局长　刘爱萍（女）
刘　粤（女）
纪检组长　柴丽萍（女，7月任）
认证中心主任
何晓丽（女）
成本监测所所长
樊江涛
物价检查所所长
孙伯渊

区教育体育局

党委书记、局长、区政府教育督
导室主任　李　正
副局长　王德峰
许士柯
邱　云（女）
纪委书记　田彩霞（女）
副局长　白东彩（女）
区政府教育督导室副主任
李荣成
区高招办主任
陈　琳

区科学技术局

党组书记、局长
段亚丽（女）
副局长　宋建华
张　磊
纪检组长　王战军（7月免）
吕志坡（7月任）

区工业和信息化委员会

主　任　李　敏（女）
党委书记　吴红梅（女）
副主任　罗春阳（女）
宋有军
崔　英（女）
轩永明
张铁钢

区民政局

党组书记、局长
王金城
纪检组长　徐桂枝（女）
副局长　周法宪
刘　冰
王建德
曾　辉
社区服务中心主任
范　雷

区司法局

党组书记、局长
郭　冰
副局长　黄敬胜
陈　瑜（女）
薛永明
鲍红丽（女）
依法治区办公室副主任
张新建

司法所所长

丰庆路司法所所长
郭　伟（7月免）
国基路司法所所长
张龙娟（女，7月任）
杨金路司法所所长
李湧涛（7月免）
王艳杰（女，7月任）
丰产路司法所所长
汪亚琴（女，7月免）
南阳路司法所所长
刘慧敏（女）
南阳新村司法所所长
胡品晶（女）
花园路司法所所长
罗让花（女）
人民路司法所所长
杨伟松（7月免）
经八路司法所所长
李培岩
文化路司法所所长
王凤利（女，7月免）
梁俊丽（女，7月任）
杜岭司法所所长
李　敏（女，7月任）
大石桥司法所所长
梁俊丽（女，7月免）
蔡松伟（7月任）
东风路司法所所长
李湧涛（7月任）
北林路司法所所长
张　戈
兴达路司法所所长
杨永杰（7月免）
张伟奇（7月任）
凤凰台司法所所长
闫　寒（7月任）

区财政局

党委书记、局长
袁先锋
副局长　齐慧茹（女）
副局长、金水投资公司经理
余志钦
副局长　袁志刚
纪委书记　魏　欣（女）
区国库集中收付中心主任
汪文丽（女）
区税源办公室主任
张福敏
总会计师　轩兆伟
区国有资产监督管理办公室副主任　刘晓静（女）
区国库集中收付中心副主任
乔延杰
区国有资产监督管理办公室副主任　娄保霞（女）
区税源办公室副主任
王　臻（女）
张　杰
区收费服务中心副主任
李晓杰（7月任）
区财政监督检查办公室主任
谷　健（女）
区财务投资管理办公室主任
胡　昕（女）

区人力资源和社会保障局

党委书记、局长
鞠　卫
党组专职副书记
郑湘梅（7月任）
副局长　张志刚
高　岩（女）
张　颖（女，8月任）
外国专家局局长
彭新建
公务员登记管理办公室主任
关　磊
劳动监察大队队长
周定国
劳动人事争议仲裁院院长
毛志昂
人才人力资源管理服务中心副主任　常小飞（女）
自主择业办公室主任
王淑鸽（女）
劳动保障服务管理中心主任
李雪玲（女）

区国土资源局

党组书记、局长
梁新生
党组副书记　陈伯磊（9月任）
纪检组长　张丙旗（1月免）
陈晓霞（女，9月任）
副局长　张志峰
李　剑（9月任）
弓鸿勋（9月任）
陈伯磊（9月免）
陈晓霞（女，9月免）
工会主席　常根民（1月免）
总工程师　李拥军（1月免）
执法监察队队长
弓鸿勋（9月免）
齐瑞鹏（9月任）
市土地储备中心金水分中心主任　冯建敏（9月任）

区安全生产监督管理局

党组书记、局长
李怒潮
纪检组长　吴亚红（女）
副局长　李红霞（女）
孙朝阳
雷建国
监察大队大队长
王金祥

区住房和城乡建设局

党委书记、局长
张遂喜
党委副书记、副局长、保障性住房管理办公室主任
许银欣
纪委书记　来　涛
副局长　朱定强
高清军
王华杰
顾吉安
赵　峰
张爱民
荆云亮
曾力英（女）
保障性住房管理办公室副主任
周琰伟
贾　慧（女）
杨　瑞（女）

区交通运输局

党组书记、局长
郭　峰
纪检组长　申福利
副局长　王玉凯
王　峥（女）
刘晓南（女，8月任）
农管所所长　靳爱花（女）

区城市管理行政执法局

党委书记、局长
李国强
党委副书记、纪委书记
宋光予
副局长　王　刚
常浩锋
聂思民（8月任）
执法大队副大队长
李化付
高　珂

区城市管理局

党委书记、局长
王延军
党委副书记、纪委书记
马喜才（7月免）
党组专职副书记
马喜才（7月任）
副局长　王建锋
王　项（7月免）
录军胜（8月任）
纪检组长　邢爱玲（女，7月任）
市容环境卫生管理队队长
李卫红（女）
市政设施管理养护所所长
史　进
绿化管理所所长
魏建平（女）

区环境保护局

党组书记、局长
张家俭
纪检组长　伍浩业
副局长　闫乃敬（8月免）
张　青（女，8月免）
彭金亮
袁永忠
王留政（8月任）
监察大队大队长
张耀伟

区农业农村工作委员会

党委书记、主任
赵竞生（回族）
党委副书记、纪委书记
刘秀山
副主任　韩永生（8月免）
李会建
程俊红（女，8月任）
农业综合开发办公室主任
周　军
农业综合开发办公室副主任
屈泽华
绿化委员会办公室主任
张岱昕
绿化委员会办公室副主任
曹　红（女，7月免）
苏　攀（7月任）
水政水资源管理办公室主任
李俊锋

区商务局

党委书记、局长
刘　军
纪委书记　邵　燕（女）
副局长　刘慧文（女）
马　超（回族）
张金萍（女）

区文化旅游局

局　　长　许孔安
党组专职副书记
胡长卿（7月任）
副局长　周新忠
徐　明
纪检组长　王淑莲（女）
副局长　宋柯薇（女）
区广电中心主任
郭小红（女）
区文化馆馆长
胡广华（女）
区图书馆馆长
贺秋艳（女，7月任）

区卫生和计划生育委员会

党委书记、主任
李　东
副主任　高俊杰
张　龙
白志霞（女）
杨华丽（女）

刘常红（女）
纪检书记　张凤玲（女）
区总医院党委书记、院长
屈燕鸣（女）
流动人口计划生育管理办公室主任　孙晓莉（女）
妇幼保健所所长
石俊阁（女）
卫生监督所所长
石　华（女）
疾控中心主任
王慧敏
保健办主任　窦春燕（女）
计划生育协会会长
袁瑞辰（女）
健康教育所所长
杨殿庆

区食品药品监督管理局

党委书记、局长
申新生
副局长　芦燕宇（女）
赵　阳
纪委书记　牛曼丽（女）
副局长　耿德涛
白利民
党委委员　田永强（月去世）
黄　丽（女）

区食品安全委员会办公室

主　任　申新生
副主任　赵　阳（兼）

区审计局

党组书记、局长
司金涛
纪检组长　常世东
副局长　王宏鹰（女）
马晓辉
范新芳（女）
总审计师　巴成杰（回族）
区经济责任审计办公室主任
牛秋沣（女）

区工商管理和质量技术监督局

党委书记、局长
李　珉
党委副书记、副局长
潘亚力
副局长　董春喜
纪委书记　梁秋生
副局长　张军生
王忠伟
关晓辉
弓　俊
党委委员　郝绍宏
周惠康
胥亚鹏
文化路工商管理和质量技术监督所所长　陈文利
南阳新村工商管理和质量技术监督所所长　李丽静(女)
经八路工商管理和质量技术监督所所长　潘　雷
大石桥工商管理和质量技术监督所所长　崔鹏生
花园路工商管理和质量技术监督所所长　周旭武
南阳路工商管理和质量技术监督所所长　朱国增
丰产路工商管理和质量技术监督所所长　郝保滨
北林路工商管理和质量技术监督所所长　李道杰
未来路工商管理和质量技术监督所所长　赵　凯
东风路工商管理和质量技术监督所所长　卢建国
国基路工商管理和质量技术监督所所长　马拥军
杨金路工商管理和质量技术监督所所长　詹　静（女）
丰庆路工商管理和质量技术监督所所长　王燕平
河南科技园区工商管理和质量技术监督所所长
薄建伟

·区政府直属事业单位·

区城市改造办公室

主　任　李长虹（3月免）
副主任　王　项（7月任）
纪检组长　周艳红（女）
副主任　郭俊伟
沈百栋
于建勋（7月免）

区爱卫办（区创建办）

党组书记、主任
吕志献
副主任　季向东
马自芹（女）
庾蔓莉（女，1月任）
程华强（1月免）
党组成员　田宇飞

区房屋征收与补偿办公室

党组书记　王林伟
主　任　周玉梅（女，1月免）
王林伟（1月任）
副主任　杨　静（女）
杨兴军
李鸿涛
党组成员　尹　佩

金水投资公司

经　理　余志钦
副经理　党卫军
纪检组长　刘利辉（女，7月任）

区楼宇办

主　任　　李保超
副主任　　孟　云
　　　　　康云峰（8月免）
　　　　　于若雨（女，8月任）

区直属机关事务管理局

党组书记、局长
　　　　　张　岚（女）
副局长　　张孔明（8月免）
　　　　　刘小伟
　　　　　李宏建
党组成员　宋海军
　　　　　王美琪（女）
纪检组长　宋海军（7月任）

数字化

主　任　　吕　馨（女）
副主任　　吴保太
　　　　　缑花梅（女）
　　　　　李士秀

建设综合开发总公司

经　理　　于建勋（7月免）
　　　　　王　项（7月任）
党支部书记　杨金全
副经理　　杨爱民
　　　　　孔颜可（7月任）

河南科技园区管委会

党工委书记、主任
　　　　　张双喜
党工委副书记、常务副主任
　　　　　梁振国
副主任　　梁志红（女，回族）
　　　　　余志贞（女）
　　　　　何　剑（回族）

区红十字会

会　长　　赵德武
常务副会长　王　炜（蒙古族）
副会长　　张红丽（女）
纪检组长　聂晓玥（女，7月任）

区接待办公室

党组书记、主任
　　　　　谢　丹
副主任　　赵俊涛
　　　　　赵灵妮（女，8月任）
纪检组长　王　轶

区政府采购中心

党组书记　王　丽（女）
主　任　　刘　琴（女，1月免）
　　　　　王　丽（女，1月任）
副主任　　赵俊平（女）
　　　　　刘大捷（女）

区政府投资评审中心

党组书记、主任
　　　　　周保民
副主任　　孟保英（女）
　　　　　任宗军
党组成员　孙　奎
　　　　　李　成

区粮食管理中心

党组书记、主任
　　　　　李俊勇
副主任　　李亚磊
　　　　　陈　丽（女，8月任）
　　　　　李文阁（女，8月免）
　　　　　吴晓雪（女，8月免）
党组成员　常胜男（女）

区城区综合交通管理办公室

党组书记、主任
　　　　　冯新杰
副主任　　赵　亮
　　　　　张锡杰

区滨水产业带管委会

党工委书记、主任
　　　　　郑长林
办公室副主任
　　　　　李　静（女）
　　　　　史忠华
土地规划部部长
　　　　　陈新霞（女）
土地规划部副部长
　　　　　张　舰
项目部部长　马　涛

中国（河南）自贸区郑州片区管委会金水区办事处

筹备组组长　刘文奇（7月任）
副主任　　杨宁可（女，8月任）

·其　他·

人民防空办公室

主　　任　周志伟
党组书记　刘艳亮（女）
副主任　　袁　曼（女，8月免）
　　　　　刘国强
　　　　　赵　慧
纪检组长　袁冬梅（女，7月任）

·政协金水区第八届委员会·

主　席　　武建民
党组书记　王克勤
副主席　　王居良
　　　　　宋红霞（女）
　　　　　杜艳洁（女，3月辞）
　　　　　王　静（女，3月任）
　　　　　刘凌云（女）
党组副书记　王爱辉（女，4月免）
　　　　　徐建军（7月免）
　　　　　徐　雄

（4月任，7月免）
刘凌云（女，4月免）
党组成员　徐建军（7月任）
徐　雄
（7月任，10月退休）
赵海叶（女，7月免）
张建民（7月免）
刘凌云（女，4月任）
享受上一级非领导职务生活待遇
赵海叶（女）
张建民
秘书长　张书林

·区政协工作机构·

办公室

主　任　张学亮
副主任　高超新

城建环保委员会

主　任　彭　英（女）

民主法制委员会

主　任　赵竞生（回族）

经济科技委员会

主　任　徐　工

学习文史提案委员会

主　任　王彩虹（女）
副主任　王　瑜（女）

港澳台侨委员会

主　任　邢惠娟（女）

委员管理联络委员会

主　任　王建伟（女）

文教卫生委员会

副主任　臧学庆（7月任）

老干部管理办公室

主　任　袁永平（女）
副主任　邹会芳

·区人民武装部·

部　长　周学军
政　委　李继东
副部长　张万军

国防教育办公室主任
王选锋（7月任）

·区人民法院·

党组书记、院长
杨发群（2月免党组书记，3月免院长）
蔡理亮（2月任党组书记，3月任院长）
党组副书记、副院长
王　琴（女）
田保忠（2月免党组副书记，3月免副院长）
党组成员、副院长
魏甲斌
常　青（女）
薛　冰（女）
赵　阳
吕艳珍（女，5月免党组成员）
王　鸽（女）
党组成员、纪检组长
贺　耘（女，5月免）
党组成员、政治处主任
邓现民
党组成员、督查办主任
王昳方
党组成员、审管办主任
李春强（5月免审管办主任）
党组成员、执行局局长
张启明

·区人民检察院·

党组书记、检察长
梁　平（2月免党组书记，3月免检察长）
王　青（2月任党组书记，3月任检察长）
党组副书记、副检察长
沈宏伟（2月免党组副书记，3月免副检察长）
党组成员　徐　捷
（女，7月退休）
党组成员、副检察长
王毅隽（女）
党组成员　侯江华（女）
党组成员、副检察长
谷伟东
朱鲁豫（女）
王　水（女）
刘　英（女）
李　斌
党组成员、反贪局局长
曹　振（7月任）
党组成员、政治处主任
梁运芳
党组成员、纪检组长
赵　宇（女）
党组成员、反渎局局长
胡　睿
党组成员、办公室主任
曹　振（8月免）

·群众团体组织·

工　会

主　席　李劲松（女，满族）
常务副主席　原晓青（女）

团区委

书　记　（空缺）
副书记　王　倩（女）

区妇联

主　席　马晓宇（女）
党组书记　刘　泉（女）
副主席　王　晓（女）
区妇儿工委办主任
时　军（女）

·派出机构·

郑州金水科教园区管委会

党工委书记　魏　东（2月任）
主任、党工委副书记
李小虎（2月任）
党工委委员、副主任
杜保民
王　浩（女）
唐成山
时军亮　2017年10月25日（什么职务）
党工委委员、副主任
郝俊昌
党工委委员　冯虎林
刘中选
郭文博
梁新生
徐　工
规划建设局局长
杨建军（7月任）
招商科技局局长
录青霞（女，7月任）
企业服务中心主任
孙建力（7月任）
产业发展办公室主任
崔　琦（7月任）
企业服务中心副主任
韩　宁7月
产业发展办公室副主任
庞　浩（7月任）
企业服务中心副主任
张铁军（7月任）
市政环保局局长
崔　辉（7月任）
招商科技局副局长
索艳钊（7月任）
市政环保局副局长
张国辉（7月任）
国土规划局局长
陈伯磊
招商引资发展局副局长
杨宁可
王保华（什么职务）
招商引资发展局局长
雷晓红

郑州市金水区国家知识产权创意产业试点园区管委会

主　任　王爱辉（女，10月任）
副主任　刘运泽（12月任）
高学峰（12月任）
崔文修（12月任）

丰庆路街道办事处

党工委书记　高学锋（12月免）
郑迎波（12月任）
主　任　郑迎波
党工委副书记、政协工委主任
王松洋
人大工委主任
胡香荣（女，1月任）
纪工委书记　史金霞（女，7月任）
副主任　李永军
牛建民（8月任）
王天柱（8月任）
谢晓飞（8月任）
胡香荣（女，1月免）
康宏贵（8月免）
郝书文（8月免）
党工委委员、人武部部长
沈　辉
党工委委员
李一丁（7月免）
王天柱（7月免）
牛建民（7月免）
郭　伟（7月任）
王　震（7月任）
司法所所长　郭　伟（7月免）

杨金路街道办事处

党工委书记　（空缺）
党工委常务副书记
齐建立
主　任　秦　伟
党工委副书记
李彦松
人大工委主任
韦　伟（1月任）
纪工委书记　杨关勤（7月任）
党工委委员　杨　华
李　鹏（7月免）
姚伟强（7月任）
邢慧敏（女，7月任）
副主任　武明辉
孙建力（8月免）
孟秀芬（8月免）
杨伟松（8月任）
李坚明（8月任）
司法所所长　李湧涛（7月免）
王艳杰（女，7月任）

国基路街道办事处

党工委书记　孔之见
主　任　孙大志
人大工委主任
王德峰（1月任）
党工委副书记
徐存彬
纪工委书记　王建华（7月任）
副主任　杨　琳（女）
靳战峰
岳彦华
党工委委员　池晓东（7月免）
谷彦彬（7月免）
张　柯
吴焕军（7月免）
刘春光（7月任）
党工委委员、人武部部长
张　柯
司法所所长　张龙娟（女，7月任）

丰产路街道办事处

党工委书记　王　展
主　任　袁小培（女）
党工委副书记、政协工委主任
王　喆（回族）
人大工委主任
吉智勇（1月任）
纪工委书记　胡传雷（7月任）
副主任　白新国（8月任）
韩　冰（8月任）
沙广森（8月任）
朱永发（8月免）
胡长卿（8月免）
杨红梅（8月免）
党工委委员　崔红伟（7月免）
金美凤（女，7月免）
史卫萍（女，7月免）
汪亚琴（女，7月任）
徐新峰（7月任）
党工委委员、人武部部长
白新国（7月免）
翟　凯（7月任）
司法所所长　汪亚琴（女，7月免）

南阳路街道办事处

党工委书记　李国梁
主　任　吴　昊
党工委副书记、政协工委主任
李　杰
纪工委书记　邵金安（7月任）
人大工委主任
王　莉（女，1月任）
副主任　王伯渠（8月免）
方　亮（8月免）
李宇飞（女，8月免）
杨顺利（8月任）
池晓东（8月任）
李俊霞（女，8月任）
党工委委员　王建华（7月免）
杨　艳（女，7月免）
郑　宏（7月任）
王艳平（7月任）
祁　帅（7月任）
人武部部长　王建华（7月免）
祁　帅（7月任）
司法所所长　刘慧敏（女）

南阳新村街道办事处

党工委书记　连　卿
主　任　白平坤（回族）
党工委副书记、纪工委书记
王　东
（7月免纪工委书记）
人大工委副主任
李宗昌（1月任）
副主任　马　静
（女，回族，8月免）
纪工委书记　郑顺英（女，7月任）
党工委委员　邵小龙（7月免）
赵　宇（女，7月任）
孟马成（7月任）
副主任　徐清朴
邢宝丽（女，8月免）
贾建立（8月任）
李建强（8月任）
人武部部长　张进福
司法所所长　胡品晶（女）

花园路街道办事处

党工委书记　彭　涛
主　任　张俊英（女）
党工委副书记、政协工委主任
翟华风
人大工委主任
崔海东（1月任）
纪工委书记　师建义（7月任）
副主任　王　静
（女，满族，8月免）
李玉革（女，8月免）
曹建刚
宋延军（8月任）
冯　燕（女，8月任）
党工委委员　韦丽云（女，7月免）
宋延军（7月免）
张　浩
杨伟生
荆小娣（女，7月任）
司法所所长　罗让花（女）

人民路街道办事处

党工委书记　董青丽（女，回族）
主　任　徐峰杰
党工委副书记、政协工委主任
任拉拉（女）
人大工委主任
王青峰（1月任）
副主任　马春房（8月免）
邵金安（8月免）
张　申（1月免）
陈志立（8月任）

陈东洲（8月任）
丁　剑（8月任）
党工委委员　陈志立（7月免）
谈振丽（女，7月任）
李蓓蓓（女，7月免）
张晓戈（女，7月任）
刘国民（7月任）
人武部部长　陈志立（7月免）
张晓戈
（女，7月任）
司法所所长　杨伟松（7月免）

经八路街道办事处

党工委书记　李　华（女）
主　任　赵　聪
党工委副书记、政协工委主任
刘智勇
人大工委主任
赵建凌（1月任）
纪工委书记　钱东方（女，7月任）
副主任　赵建凌（1月免）
刘启峰
陈　晨（女，8月免）
袁书强（8月任）
王利伟（8月任）
党工委委员　宋春景（7月免）
袁书强（7月免）
姚　淼
王　燕（7月任）
司法所所长　李培岩

文化路街道办事处

党工委书记　王麟乐
主　任　杨正杰
党工委副书记、政协工委主任
郑湘梅（女，7月免）
谭　丽（女，7月任党工委副书记）
纪工委书记　王雪萍（女，7月任）
人大工委主任
郝庆丰（1月任）
副主任　吴　颖（女，8月任）
李一丁（8月任）
方雅蕾（女，8月任）
杨顺利（8月免）
谭　丽（女，8月免）
杨关勤（8月免）
党工委委员　张士朝（7月任）
贾江华（7月任）
聂思民（7月免）
吴　颖（女，7月免）
张文健
司法所所长　王凤利（女，7月免）
梁俊丽（女，7月任）

杜岭街道办事处

党工委书记　花　磊
主　任　解小杰
党工委副书记
朱其明
人大工委主任
王　莉（女，1月任）
纪工委书记　史卫萍（女，7月任）
党工委委员　祝玉霞（7月免）
沈　荣（女，7月免）
周宝芝（女，7月任）
党工委委员、人武部部长
韩　冰（7月免）
付庆彬（7月任）
副主任　陈　勇（8月免）
金　凤（女，8月任）
钱东方（女，8月免）
杨晏涛（8月任）
王爱东（女，8月任）
朱其明（1月免）
司法所所长　李　敏（女，7月任）

大石桥街道办事处

党工委书记　李　迪
主　任　李存保（女）
党工委副书记
高世明（7月免）
赵子名（7月任）
政协工委主任
高世明（7月免）
人大工委主任
宋　锋（1月任）
纪工委书记　张静燕（7月任）
副主任　黄书军
赵子名（8月免）
师建义（8月免）
方　亮（8月任）
宋永胜（8月任）
党工委委员　谈振丽（女，7月免）
沈　荣（女，7月任）
芦　勇
贺秋艳（女，7月免）
党工委委员、人武部部长
宋永胜（7月免）
邓森赫（7月任）
司法所所长　梁俊丽（女，7月免）
蔡松伟（7月任）

东风路街道办事处

党工委书记　张双喜（兼）
党工委常务副书记
梁振国
主　任　梁振国（1月免）
王　栋（1月任）
党工委副书记
史慧丽（7月免）
政协工委主任
史慧丽（女，7月免）
人大工委主任
王广敏（1月任）
副主任　王广敏（1月免）
纪工委书记　郝书文（7月任）
副主任　安志扬（8月免）
黄振营（8月任）
周桂荣（女，8月任）

史　锘（8月任）
党工委委员　周桂荣（女，7月免）
徐晶晔（女）
党工委委员、人武部部长
黄振营（7月免）
王　勇（7月任）
党工委委员　董丽霞（7月任）
司法所所长　李湧涛（7月任）

未来路街道办事处

党工委书记　聂思军
主　任　汪守景
党工委副书记
任景刚
人大工委主任
李　涛（1月免）
魏　航（1月任）
纪工委书记　韦丽云（女，7月任）
副主任　苑春营
牧建伟
（回族，8月免）
钱其旺（8月任）
葛　宁（女，8月任）
任景刚（1月免）
党工委委员、人武部部长
胡传雷（7月免）
李　占（7月任）
党工委委员　邢广华（7月免）
刘亚蕾（女，7月免）
胡阿红（女）
（7月保留副科级待遇）
岳振华（7月任）
刘　倩（女，7月任）

北林路街道办事处

党工委书记　牛　易
主　任　石中亮
党工委副书记、政协工委主任
乔战峰
人大工委主任
张　申（1月任）
纪工委书记　刘雅丽（女，7月任）
党工委委员　刘武琪（7月免）
司法所所长　张　戈
党工委委员、人武部部长
张云丽（女，7月免）
吴　巍
（7月任人武部长）
党工委委员　吴　巍
孙士先
副主任　杨中军
张云丽（女，8月任）
吴焕军（8月任）
党工委委员　李　科（女，7月任）
副主任　魏　虹（8月免）
王雪萍（8月免）

凤凰台街道办事处

党工委书记　翟俊杰
主　任　刘继峰
党工委副书记
李朝欣
人大工委主任
杨立伟（1月任）
纪工委书记　邢宝丽（女，7月任）
副主任　朱金梅（女，8月免）
周　凯（8月任）
张　波（8月任）
杨永杰（8月任）
李朝欣（1月免）
党工委委员　金　凤（女，7月免）
周　凯（7月免）
郑顺英（女，7月免）
敖　娜（女，7月任）
贾海涛（7月任）
党工委委员、人武部部长
张　波（7月免）
樊文广（7月任）
司法所所长　闫　寒（7月任）

兴达路街道办事处

党工委书记　刘　楠
主　任　黄　涛
党工委副书记
录军胜（7月免）
路　莹（7月任）
人大工委主任
常卫民（1月免）
夏伏军（1月任）
纪工委书记　李　鹏（7月任）
党工委委员、人武部部长
姚国庆
（7月免人武部长）
冯可攀
（7月任人武部长）
党工委委员　姚建永
刘雅丽（女，7月免）
王　莉（女）
副主任　路　莹（8月免）
夏伏军（1月免）
杨　振
姚国庆（8月任）
刘晓攀（8月任）
司法所所长　杨永杰（7月免）
张伟奇（7月任）

·垂直管理单位·

国税局

党组书记、局长
焦豫安
党组成员、副局长
李红卫
李伟锋
李　莉（女）
党组成员、纪检组长
陈建新（7月任党组成员、纪检组长）
党组成员、副局长
张春晖（8月任党

组成员、副局长）
王炳申（7月免去党组成员、副局长）
党组成员、纪检组长
杜　军（7月免去党组成员、纪检组长）

地税局

党组书记、局长
高建伟（3月免）
王丁虎（3月任）
党组成员、副局长
王　浩（4月免）
丁郑强
薛新辉
韩德峰（4月免）
王国胜（4月任）
党组成员、纪检组长
巴　郁
党组成员、纳税服务税务分局局长　黄海清（女，4月任）

规划分局

局　长　葛　咏（2015年12月任）
副局长　张　鹏（2016年4月任）

市场管理处

主　任　贾大志
党支部书记　郑　玲（女，10月退休）
副主任　赵　凯
杨　杰

金水路公安分局

局　长　冯献彬

东风路公安分局

局　长　丁配杰

丰产路公安分局

局　长　叶志斌
政　委　陈建平

柳林公安分局

局长　姬勇斌
政委　空缺

未来路公安分局

局　长　刘卫民
政　委　魏建青

南阳路公安分局

局　长　赵书文
局　长　吴天军

文化路公安分局

局　长　王　浩
政　委　张　进（女）

·消防大队·

教导员　刘增民
大队长　杜玉若
副大队长　朱　华

中共金水区委员会

综述

【概况】 2017年是中共十九大召开之年，金水区委坚持以习近平新时代中国特色社会主义思想为指导，深入贯彻中央和省委精神，认真落实市委决策部署，按照“四重点一稳定一保证”工作总格局，围绕“实现两个率先、领跑中部城区发展”奋斗目标，坚持“项目化推进、台账式管理”工作方法，团结带领全区干部群众，真抓实干、务实重干，经济发展超出预期，社会大局和谐稳定，群众生活持续改善，党风政风风清气正，各项事业都取得了新的进展，为“实现两个率先、领跑中部城区发展”奠定了坚实基础。

【新型城镇化建设】 全年实施重大项目175个，完成投资485亿元，带动全社会固定资产投资同比增长10%，杲村财富中心等46个项目如期开工，金科·智汇谷等80个项目加快推进，为结构调整、转型升级提供了坚实支撑，一大批基础设施项目建成投用，城区综合承载力显著提升。

【全面深化改革】 坚持把全面深化改革作为重大政治责任，建立区级改革任务“常委会组成人员领衔办理、四大班子成员共同参与”制度。监察体制改革扎实稳妥推进，涉改任务按照规定时间节点全部完成，得到省委常委、纪委书记任正晓同志的充分肯定。“放管服”改革持续深化，“一口受理、一站审批、一窗取件”举措得到群众高度认可。投融资体制改革成效显著，总规模134亿元的棚改基金作用充分释放，113亿元的重点产业基金落地运营。司法体制改革、城市综合执法体制改革、科技创新体制改革、社会信用体系建设深入推进。

【经济社会发展】 金水区辖区内城市功能日益完善、基础设施日益完备、产业支撑日益坚实、人才优势日益凸显。随着大棚户区改造项目支撑作用逐渐发力，高新技术产业高地逐步形成，多重战略机遇叠加效应逐步释放，发展内生动力不断强劲、发展态势深刻变化。从2017年上半年开始，彻底扭转了过去增幅低、增速慢的发展局面。2017年全区实现地区生产总值1190亿元、增长8.2%，全社会固定资产投资增长10%、地方财政一般公共预算收入增长10.6%，均高于全市平均水平，发展整体呈现出增速提高、排名前移的良好态势。

【创新驱动发展】 金水自贸区快速步入正轨，形成制度创新案例14个，带动签约重大产业项目23个。自创区引领作用逐步凸显，吸引院士工作站、国家级重点实验室、“千人计划”专家团队等一大批高层次创新平台入驻金水，中部创新型城区地位初现。科技型、高技术企业增长创历史新高，专利申请量位居全省第一。成功举办承办“金典六策”发布会、首届“产业生态共享”高峰论坛和第十七届中国虚拟现实大会，金水的知名度、影响力持续提升。

【全面从严治党】 2017年，区委常委会牢固树立抓好党建是最大政绩的理念，认真履行全面从严治党主体责任，切实加强对党建工作的领导和组织推进，着力提高基层党建科学化水平，为领跑发展提供了坚强保证。

坚持把政治建设摆在首位。区委常委会高度重视和切实加强政治建设，坚持在思想上深刻认同核心、政治上坚决维护核心、组织上自觉服从核心、行动上坚定紧跟核心，坚定在政治立场、政治方向、政治原则、政治道路上同以习近平同志为核心的党中央保持高度一致，坚决维护党中央权威和党的集中统一领导。

扛稳抓牢管党治党责任。建立区委履行全面从严治党主体责任清单和区委常委会委员职责清单，把主体责任具体化，支持区纪委履行监督职责。进一步完善党建工作考核体系，按照“党建工作与经济工作同等权重”的原则纳入综合绩效考核，督促各级党组织把管党治党责任落到实处。完善区委党建工作领导小组推进机制，把人大、政协、武装、群团等12个方面工作纳入“大党建”范畴，树立了大抓党建、抓好党建的鲜明导向。

切实加强思想建设。坚持把思想建党摆在突出位置，强化理论武装，夯实思想基础。区委中心组围绕中央和省委、市委指示精神，以及影响全区经济社会发展的重大问题组织集中学习12次。深入推进“两学一做”学习教育常态化制度化，制定“五必做”任务清单，推行“7+1”党员活动日模式，举办“金水名家讲坛”5期、“万名党员进党校充电计划”26期，轮训直管党员2.2万余名。

努力建设高素质干部队伍。落实好干部标准，突出政治标准，突出敬业负责担当，重用了一批政治过硬、业绩突出的基层同志，选派了一批优秀年轻干部到大棚户区改造、大气污染防治攻坚等中心工作一线历练，树立了重基层、重实干、重实绩的选人用人导向。

持续深入抓好各领域基层党建工作。坚持以党建引领为红线、群众需求为导向，建成未来路等3个党群服务中心，示范带动岗杜街等11个中心加快建设。坚持抓基层打基础、抓示范促引领，以落实“基层党建规范年”活动为主线，大力开展“逐社区（村）观摩、整街道推进、整区提升”工作，新建党建示范点31个，转化“三有一化”薄弱社区16个。

加强作风建设和党风廉政建设。坚持正风肃纪，严格落实中央八项规定精神，紧盯“四风”突出问题，加强监督检查，共查处作风纪律问题58起、问责72人。坚持纪挺法前，充分运用监督执纪“四种形态”，抓早抓小，防微杜渐，区纪检监察机关实践第一种形态140人次，同比增长11%、占比71%，实现了监督执纪由“惩治极少数”向“管住大多数”拓展。坚持从严监督，扎实稳妥推进监察体制改革和纪委派驻机构改革；充分发挥巡察利剑作用，突出政治巡察，共组织开展四轮巡察、覆盖24个党组织，发现和督促整改了一批党的领导弱化、党的建设缺失、从严治党不力问题。坚持高压惩腐，紧盯“关键少数”和侵害群众利益的小微腐败，强化监督执纪问责，加大案件查处力度，共立案审查43件，党纪政纪处分62人，形成了强大震慑。坚持标本兼治，深入开展以案促改工作，加强警示教育，查摆突出问题，进一步筑牢了思想防线、扎实了制度笼子。

【督察工作】 发挥督促检查作用，狠抓重点工作落实。坚持目标考核和督促检查工作共同发力，一是围绕上级决策部署进行督察，坚持把贯彻落实省、市、区委重要会议文件和重要工作部署、重要决定事项作为督察重点，特别是围绕大气污染防治攻坚、拆迁清零及建筑垃圾清运、贾鲁河综合治理、双迎攻坚等重点工作，推行“日询问、周报、月报、季报”的跟踪督办方式，全年共反馈《金水督查》83期、督察通知306期，整理月报16期、周报24期、日询问325期，做到了事事有回音、件件有落实，确保了区委各项决策部署的落实见效。二是围绕领导批件开展督察，始终坚持“交必办、办必果、果必报”的原则，全年共办理省、市、区领导批示41件，办结率100%。三是围绕网民留言及人大代表议案、政协委员提案进行督察，全年办理网民给省委书记省长留言30条、市委书记留言17条、区委书记留言404条，分解交办人大代表议案、政协委员提（议）案12件，已全部办理完毕，多方吸纳了网民提出的意见和建议，进一步调动了辖区群众参与金水发展的积极性，使金水改革发展的成果更多更好地惠及辖区群众。

【目标考评工作】 强化目标考核，发挥好指挥棒作用。完善重点工作推进机制，成立区督导考评工作领导小组，进一步加强对全区17个街道、68个区直单位进行考核。制定出台2017年度综合工作考核评价办法，加大党建工作考核权重，党建工作占党委部门工作目标比重提高至50%，占街道工作目标比重提高至30%，树立了大抓党建、抓好党建的鲜明导向；进一步完善了各项指标细则和考核程序，坚持月点评、季考核、年总结和联席会议、工作例会、督察督导等工作机制，为全区各项目标任务圆满完成提供了有力保障。

（撰稿：刘　静　审阅：杨艳芳）

区委重要会议

【区委十一届二次全体（扩大）会议】 1月13日，区委十一届二次全体（扩大）会议在区机关一楼东厅胜利召开。区委第十一届委员会委员、候补委员出席会议。区人大、区政府、区政协领导及其他副县级以上领导，区纪委委员，区委常委所在部门常务副职，区各管委会副主任，区人大、政协办公室主任，区四大班子办公室副主任、区人大、政协各工作（专门）委员会主要负责人，各街道党政正职，区直机关各单位主要负责人，各垂直单位、辖区各公安分局有关负责人，以及部分出席省十次党代会、市十一次党代会、区十一次党代会的基层党员代表列席会议。

会上，区委书记陈宏伟作工作报告；区委副书记李晓雷就《中共金水区委关于实施全面从严治党八项工程的决定（讨论稿）》向全会作说明；区委副书记、区长魏东对2016年经济工作进行总结，对2017年经济工作进行安排部署。

全会深入学习贯彻中共十八届六中全会和省委十届二次全会、市委十一届二次会议精神，省委、市委经济工作会议精神，全面总结2016年整体工作、安排部署2017年任务目标，认真分析党的建设面临的形势，对实施全面从严治党八项工程进行部署，进一步动员全区广大党员干部精密团结在以习近平总书记为核心的党中央周围，不断推进全面从严治党向纵深发展，不断提升基层党的建设科学化水平，为加快实现“两个率先”、领跑中部城区发展提供坚强保证。

全会认为，2016年是实施“十三五”规划的开局之年，也是金水乘势而上、再铸辉煌的起步之年。一年来，在市委的坚强领导下，区委常委会全面贯彻中共十八大和十八届三中、四中、五中、六中全会精神，深入贯彻习近平总书记系列重要讲话精神，坚持抓好党建是最大政绩、推动发展是第一要务，团结带领全区干部群众，克难攻坚、干事创业，突出四项重点工作强力推进，聚焦民生实事办理务求实效，着力全面从严治党固本强基，金水的经济社会发展和党的建设都取得了新进展。

全会要求，2017年要全面贯彻中共十八大和十八届三中、四中、五中、六中全会精神，认真落实中央和省委、市委决策部署，深入推进郑洛新国家自主创新示范区和自由贸易试验区建设，以“实现两个率先、领跑中部城区发展”为总目标，按照“项目化推进、台账式管理”方法，持续深化“四重点一稳定一保证”工作总格局，持续坚持“目标导向、问题导向”和“创优势、增实力、补短板、能抓住”工作方针，把握“稳中求进”总基调、“奋发有为”总要求，突出开放创新，突出区域协调，突出转型升级，突出民生改善，突出党建保障，努力实现发展总量新突破、发展质量新提升，力争在郑州建设国家中心城市中“挑大梁、走前头、当示范”，以优异成绩迎接中共十九大胜利召开。

全会分组讨论了《中共金水区委2017年工作要点（讨论稿）》、常委会工作报告（讨论稿）、《中共金水区委关于实施全面从严治党八项工程的决定（讨论稿）》和区委十一届二次全体（扩大）会议决议（草案），审议并原则通过了《中共金水区委2017年工作要点（草案）》和《中共金水区委关于实施全面从严治党八项工程的决定（草案）》。

会议最后，区委书记陈宏伟围绕全面从严治党和2017年经济工作作了重要讲话。

第一个方面，要不忘初心、继续前进，坚定不移地推进全面从严治党。首先，要守土有责，深刻认识全面从严治党的重大意义。推进全面从严治党向纵深发展，是各级党组织的政治责任，是实现领跑中部城区发展目标的必然要求，是解决金水党建突出问题的现实需要。其次，要全面履责，抓实抓细全面从严治党的重点任务。着力解决党性意识淡薄问题，坚定理想信念；着力解决干部选拔任用方面的突出问题，打造忠诚担当干部队伍；着力解决组织生活不健全不经常问题，切实增强组织生活的活力；着力解决基层基础薄弱的问题，强化党组织的政治功能和服务功能；着力解决党内监督缺失问题，驰而不息惩治“四风”和腐败问题。最后，要强化履责，从完善责任体系、坚持领导带头、严格考核问责三个方面，抓好全面从严治党的推进落实。

第二个方面，把握机遇、坚定信心，确保全年经济社会发展各项目标顺利实现。首先，要认清当前机遇与挑战并存的形势，综合研判，不仅要坚定顺利完成2017年各项目标任务的信心，更要坚定实现“两个率先”，领跑中部城区发展奋斗目标的信心。其次，要坚持围绕市委、区委的总体目标加快发展，坚持落实市委、区委工作总体格局，坚持运用市委、区委工作方针指导工作，坚持强化市委、区委工作推进机制开展工作，坚持运用项目推进这一方法，以项目为抓手统领全年经济工作，同时要完善目标考核奖惩体系。最后，要突出重点、龙头带动，抓好六项工作。一是加快实施以安置房建设为龙头的全域城市化工程，二是加快实施以两区建设为龙头的开放创新工程，三是加快实施以三大载体建设为龙头的产业发展工程，四是加快实施以贾鲁河综合治理为龙头的生态建设工程，五是加快实施以市民文化中心建设为龙头的三级三类民生工程，六是加快实施以市政重点工程为龙头的基础设施建设工程。

【2017年新春团拜会】 1月24日上午，在区机关三楼多功能厅举行2017年新春团拜会。全区副县级以上领导干部，区人大常委会、区政府、区政协机关办公室主任，区政协秘书长，区四大班子办公室副主任，区委常委所在部门常务副职，区总工会区总工会常务副职，区纪委常委，区委巡察办主任、区委巡察组组长，各街道党政正职，区直机关各单位主要负责人，各垂直单位、辖区各公安分局主要负责人，区人大常委会各工作委员会主任，区政协各专门委员会主任，部分区人大代表、政协委员及金水区各界人士欢聚一堂，共叙佳话，共贺新春。会议由区委副书记、区长魏东主持。

【党政联席会】 2月8日下午，在区机关一楼东厅召开党政联席会。区领导陈宏伟、魏东、李晓雷、赵惠玲、杨林、王爱辉、杨洁、李继东、时博、李小虎、赵高翔、张华、赵德武、郭国平、闵武杰、竞新宇、何守华、段庆洲、王珂、许忠、江涛出席会议。区委办、政府办、区目标办、区财政局、区人社局、区发改局主要负责人参加会议。

会议首先听取了2016年度目标表彰大会筹备情况汇报，随后，与会人员围绕2017年目标任务进行了分析研讨，对2017年目标考核办法提出了进一步的修改意见。

最后，区委书记陈宏伟强调，各职能部门要加强与上级部门对接，结合上级部门新一年的考核内容，修订完善本级考核方案，并及时上报区目标办；区目标办要认真汇总各街道和职能部门的考核材料，按照“四重点一稳定一保证”的工作总格局，深化细化全区目标任务，科学制定2017年度目标考核方案，自上而下分解落实责任，形成责任明晰、工作有序、运转高效的工作推进机制。

【十一届区纪委二次全体（扩大）会议】 2月15日，十一届区纪委二次全体（扩大）会议在区机关一楼东厅召开。全区副县级以上领导干部出席会议。十一届区纪委委员，区人大、区政府办公室主任，区政协秘书长、办公室主任，区委常委所在部门常务副职，各街道党政正职，区直各单位主要负责人，区委巡察机构和巡察组负责人，各垂直单位主要负责同志，各街道纪工委书记、纪工委副书记，区直各单位纪（工）委书记、纪检组长，未设纪检监察机构的单位主管反腐倡廉工作的副职，各垂直单位纪委书记、纪检组长，区监察局特邀监察员，部分“两新”组织纪委书记，区纪委监察局各室、部负责人参加会议。

全会回顾总结了2016年全区党风廉政建设和反腐败工作，安排部署了2017年工作任务。区委书记陈宏伟出席会议并讲话，区委常委、纪委书记赵惠玲作了工作报告。

会议指出，要提高政治站位，切实增强深入推进全面从严治党的责任感和使命感。全区上下要把认真学习贯彻习近平总书记重要讲话精神和中央纪委、省纪委、市纪委全会精神作为当前的重大政治任务，把思想和行动统一到中央、省委、市委关于全面从严治党的形势判断上来，统一到反腐倡廉建设“四个统一”的经验启示和中央、省委、市委重点部署上来，统一到中央、省委、市委深入推进全面从严治党的新要求上来，既要看到金水区推进全面从严治党、加强党风廉政建设和反腐败工作取得的成效，又要看到存在的问题和不足，保持头脑清醒，坚持“严”字当头，真管真严、敢管敢严、长管长严，保证党的组织充分履行职能、发挥核心作用，保证党员发挥先锋模范作用，保证党员干部队伍忠诚干净担当，为金水区实现“两个率先”、领跑中部城区发展奠定坚实支撑、提供有力保证。

会议强调，要保持战略定力，坚定不移把党风廉政建设和反腐败斗争引向深入。重点抓好六个方面的工作：一是深入学习贯彻中共十八届六中全会精神，自觉向以习近平总书记为核心的党中央看齐。二是驰而不息反“四风”，推动作风建设持续深化。三是保持惩治腐败高压态势，不断巩固反腐败斗争的压倒性态势。四是严肃换届纪律，确保换届风清气正。五是严格落实《问责条例》，压紧压实管党治党责任。六是抓好纪检队伍自身建设，树起严格自律的标杆。

要坚持标本兼治，深入推进全面从严治党。一是坚持问题导向，不断以治标促进治本。针对存在的问题，认真分析产生问题的深层次原因，对症下药、综合施策，扎紧制度的“笼子”，堵塞漏洞，防止问题纠而复发。二是加强思想政治建设，着力固本培元。把加强思想政治建设放在首位，通过强化理论武装来坚定理想信念，通过强化党性锻炼来坚定理想信念，依靠文化自信坚定理想信念。三是坚持领导带头，强化政治意识，严肃党内政治生活。广大党员干部特别是领导干部要始终把握正确的政治方向，坚持正确政治立场和政治原则，必须遵守政治纪律和政治规矩，必须增强政治警觉性和政治鉴别力，必须维护良好的政治生态，必须警惕“温水煮青蛙”现象，必须抵制特权思想，保持共产党人清正廉洁的政治本色和政治操守。四是坚持强化日常监督，切实做到重在日常、贵在有恒。党内监督是全党的共同任务，党委、纪委、党的工作部门、党的基层组织和党员等监督主体，都要明责、担责、尽责、追责，真正把党委的全面监督、纪委的专责监督、党的工作部门的职能监督、基层党组织的日常监督、党员的民主监督作用发挥充分,及时发现问题、纠正偏差。

会议提出，2017年要着重突出两个方面：一是突出深化全面从严治党，营造风清气正的政治生态。运用好“四种形态”，把问题发现在平时，解决在平时，防止小问题变成大问题。要发挥第一种形态作用，经常开展批评和自我批评，让红红脸、出出汗成为常态。发挥巡察利剑作用，本届党委坚决做到巡察全覆盖，力争在区级层面上，及时发现和解决廉洁自律问题。加大案件查办力度，通过查办案件，对其他干部起到警示提醒作用。通过加强监督、教育、办案、巡察力度，真正做到对干部负责。二是突出持续综合施策，营造规范有序的发展环境。开展对基层一线纪律作风专项整治，重点整治行政执法、证照办理、窗口服务方面等的不正之风，使辖区群众感受到党正风反腐的坚定决心和实际效果。开展施工环境专项整治，重点整治吃拿卡要、强装强卸、强买强卖等突出问题，优化项目建设环境。

区委常委、纪委书记赵惠玲主持会议并代表区纪委常委会作了题为《强化监督执纪问责　推

动全面从严治党　为全区经济社会发展提供坚强保证》的工作报告，对全区党风廉政建设和反腐败工作进行了系统总结和全面部署。会议在分组充分讨论后，审议通过了赵惠玲所作的工作报告。

就贯彻落实全会精神，赵惠玲要求：一要认真学习、深刻领会。要专题召开会议，认真组织学习各级纪委全会精神，深入思考领悟，掌握精神实质，把思想和行动统一到市委、区委的要求上来。提高政治站位和政治觉悟，冷静清醒看待当前形势，增强推动全面从严治党向纵深发展的责任感和使命感，切实做好今年的党风廉政建设和反腐败工作。二要紧盯目标、周密谋划。聚焦“推动全面从严治党向纵深发展”这一主题，紧扣“迎接和服务中共十九大”这一主线，对照全会部署的工作任务，把工作思路理清楚，把重点工作筹划好，把落实措施制定实，为全年工作打好基础。三要突出重点、狠抓落实。区纪委机关将制定下发2017年党风廉政建设和反腐败工作任务分工意见，全区纪检监察系统领导干部要带头抓好落实，凡属于自己分管范围内的重要工作，都要亲自部署、亲自指挥、亲自参与，切实把上级的要求和工作部署落到实处。四要严管队伍、树好形象。要敢管，结合学习贯彻监督执纪工作规则和即将开展的“守纪律、做标杆”专题活动，自觉养成遵规守纪、按程序和规则办事的良好习惯。要会管，正确处理抓业务和抓队伍的关系，做到两手抓、两不误、两促进。要严管，严格教育、严格管理、严格要求、严格监督，以铁的纪律维护纪检监察干部队伍的纯洁。

【2016年度目标总结表彰暨2017年工作推进大会】　3月3日上午，在区机关三楼多功能厅召开2016年度目标总结表彰暨2017年工作推进大会。全区副县以上领导干部，区人大、区政府、区政协办公室主任，区政协秘书长，区委常委所在部门常务副职，各街道党政正职、党工委副书记，区直机关各单位主要负责人，省地税直属分局、市地税国际税收管理分局、市地税稽查局、市国税稽查局、金水区国税局、金水区地税局、金水规划分局、金水区消防大队、金水市场管理处主要负责人，辖区各公安分局、郑州交巡警一大队、郑州交巡警四大队、郑州交巡警五大队主要负责人，所有受表彰企业代表，以及文明家庭、文明市民代表参加会议。会议由区委副书记李晓雷主持。

会上，区委常委、区政府党组副书记杨洁首先宣读了表彰决定，获奖代表纷纷上台领奖，各街道向区委、区政府递交2017年度目标责任书。

随后，区委副书记、区长魏东全面总结了2016年工作，并对2017年工作进行安排部署。一是肯定成绩，坚定信心，以无比强烈的自豪感，全身心投入到金水新一轮大发展中。2016年的成绩，集中体现在经济总量率先突破千亿元大关，突出表现在大棚户区改造取得决定性胜利，显著展现在战略竞争平台获得历史性突破，鲜明呈现在产业转型升级实现标志性转变，充分反映在城区综合功能得以整体性提升，真切实现于率先在全省全面建成小康社会。二是认清形势，明确目标，以前所未有的使命感，切实担负起实现领跑发展的历史重任。首先，从宏观形势判断，全区迎来了一个可以大有作为的战略机遇期；其次，从整体态势分析，金水区进入了一个持续上扬的快速发展期；再者，从发展动能比较，全区迈上了一个高速高效发展的新阶段。三是突出重点，抓住关键，以只争朝夕的紧迫感，全力以赴推动经济社会发展实现新突破。第一要突出抓好重大项目建设，第二要突出抓好安置房建设，第三要突出抓好“两区”建设，第四要突出抓好基础设施建设，第五要突出抓好生态环境建设，第六要突出抓好民生实事办理。

魏东还对当前急需推进的几项工作进行了再强调、再部署：一是抓好经济运行监测，认真梳理各项指标完成情况，对存在缺口的，明确到具体企业、具体项目，抓紧查缺补漏，确保顺利达到序时进度。二是抓好安全生产和信访稳定，当前全国“两会”正在召开，各单位要从讲政治的高度，认真做好矛盾排查化解和安全隐患治理，确保不出现影响金水形象的信访稳定和安全生产事件。三是抓好大气污染防治，各单位要牢固树立打持久战的思想，始终夯实工作责任，严格落实管控措施，并立即在全区开展专项治理行动。四是抓好城市精细化管理，2017年是全国文明城市和国家卫生城市考核复审之年，拜祖大典和第十一届河南投洽会将在郑州举行，这是全市乃至全省的大事要事，各单位要突出抓好清扫保洁、乱停乱放和占道经营整治，全力营造主城区形象，扮靓省会第一窗口，树立金水良好形象。

就如何做好2017年工作，区委书记陈宏伟提出要撸起袖子加油干，扑下身子抓落实，真抓实干，务实重干，确保全年目标顺利实现，为领跑中部城区发展奠定坚实基础。

一是紧盯目标加油干。首先，要紧盯领跑中部城区发展的奋斗目标，既要深刻认识年度目标的必要性和重要性，又要充分认识完成年度目标的现实性，咬定目标不放松，聚精会神快突破，全力以赴抓落实，为实现领跑奠定坚实基础。其次，要认真研究2017年的目标任务，仔细对照执行，全力搞好落实。再次，要加快分解落实，量化细化目标，做到责任到人，量化到天，列出时间表和线路图，形成完善的目标责任体系，确保任务完成。

二是项目统领加油干。要按照“项目化管理、台账式推进”的工作方法，围绕全力实现第一季度开门红，抓牢抓紧项目建设，对已经排出的175个重点项目，分层分级梳理，建立台账，挂图作战，明确时间节点、牵头领导、责任部门、负责人员和完成时限，确保事关全局的重大项目、重点工程按照时序进度落实到位，确保定一项、干一项、成一项，以项目推进带动全局发展。

三是完善机制加油干。首先，要坚持运用并持续完善“党委加强领导、政府充分履职、人大政协共同参与的责任明晰、工作有序、运转高效”的工作推进机制。其次，要进一步调整完善区级重点工作推进机制。再次，要坚持完善周推动，月点评、季观摩、半年总结奖惩、跟踪督察贯穿始终的一系列推进制度。

四是突出重点加油干。今后一个时期，全区的重点工作包括大棚户区改造、城市精细化管理、市政工程建设、产业发展、开放创新、生态建设六个方面。具体来说，就是要抓好以安置房建设为龙头的全域城市化工程，抓好以两区建设为基础的双自联创工程，抓好加快三大园区载体建设提升工程，抓好以贾鲁河综合治理为龙头的生态提升工程，抓好以市民文化中心建设为龙头的三级三类民生工程，抓好以市政工程为龙头的基础设施提升工程。

五是优化环境加油干。优化经济发展环境工作领导小组要制定专门方案，明确推进措施，加大推进力度，坚决做到动真碰硬，严厉查处造成政府投资项目、棚户区改造项目、重大产业项目落地慢、建设难等问题。各相关单位、职能部门也要进行专题研究，拿出单位优化发展环境切实可行的措施，着力解决一些长期存在的难题，全区上下共同努力，营造一个良好的经济社会发展环境。

六是督察考核加油干。一方面，要持续加大督察工作力度，做到动作快、目标准、标准严，使督察工作成为抓落实的一把利剑。另一方面，要更加注重考核结果的运用，激励先进、鞭策后进，在全区上下形成“创先争优”、比学赶超的浓厚氛围，有效调动各方面的积极性，把全年目标完成得更好。

最后，就此次会议的贯彻落实，李晓雷强调三点意见：一是要迅速传达学习；二是要细化目标任务，强化责任落实；三是要强化看齐意识，确保全年各项目标任务圆满完成。

【区委中心组（扩大）学习会议】 3月18日上午,在区机关三楼多功能厅召开区委中心组（扩大）学习。区委中心组成员（全区副县级以上领导干部），区委常委所在部门常务副职，区人大常委会、区政府办公室主任，区政协秘书长、办公室主任，各街道党政正职，区直各单位主要负责同志，部分现职科级干部共计350余人参加了学习，接受了一场党性洗礼、精神“充电”。

青岛市关心下一代工作委员会常委、宣讲团团长王继军教授以深入学习中共六中全会精神切实提高党员自身素质为专题进行辅导讲课，讲课中生动再现了党史、国史。

【全区优化经济发展环境专项整治工作会议】 3月28日上午，

在区机关三楼多功能厅召开全区优化经济发展环境专项整治工作会议。区领导陈宏伟、魏东、薛燕、武建民、王克勤、赵惠玲、赵德武、蔡理亮、王青、曹可艳出席会议。参加全区政法工作暨全面依法治区工作会议的全体与会人员，区纪委班子成员，各室（部）负责人，区卫计委、区行政执法局、区工商质监局、区食药监局、区物价局、区安监局、区国土局、区住建局、区环保局班子成员及中层干部（含各科长、所长、中队长等），全区重点项目所在地的村“两委”负责人和各村民组长参加会议。会议由区委副书记、区长魏东主持。

会上，区委常委、区纪委书记赵惠玲安排部署优化经济发展环境专项整治工作,随后，区监察局、区检察院、柳林公安分局、东风路公安分局分别作表态发言。

【2017年第一季度重点工作点评会】 4月7日，召开2017年第一季度重点工作点评会。会议分两个阶段进行。第一阶段，7日上午，相关区级领导，区人大、区政府办公室主任，区政协秘书长、办公室主任，各街道党政正职，区直有关单位、相关园区主要负责人，现场观摩部分重点工作推进情况。第二阶段，7日下午，在区机关三楼多功能厅召开总结点评会。区级领导，所有参加现场观摩的负责人，区委常委所在部门常务副职，巡察办主任、巡察组组长，未参加现场观摩的区直各单位、各园区主要负责人，国税局、地税局、消防大队、市场管理处主要负责人参加会议。

会上，首先由未现场观摩的街道党工委书记汇报第一季度工作情况；区委副书记李晓雷点评“双迎双创”、生态建设和城市精细化管理工作，区委常委、常务副区长杨洁点评经济运行、产业发展等有关工作，区政府副区长竟新宇点评大棚户区改造有关工作，区政府党组成员许忠点评市政工程建设有关工作，区政府副区长赵高翔点评开放创新有关工作；李晓雷宣读相关通报。

随后，区委副书记、区长魏东总结了第一季度重点工作，并安排部署第二季度任务。一是开局态势良好，务必坚定决心、增强信心。全区上下要按照区委、区政府的工作部署，有力地推动各项工作的顺利开展，不仅成功实现首季开门红，也为全年工作开了好局，更形成了“一快、两稳、三顺利”的良好发展态势。二是对比分析问题，务必保持清醒、强化责任。要对当前形势有清晰的判断，对承担的任务有明确的认识，牢固树立危机意识、强化责任意识，始终咬紧牙关，时刻绷紧加快发展这根弦，强化措施，狠抓落实，确保目标任务顺利完成。三是项目支撑发展，务必全力以赴、强力推进。要以项目开工建设为关键突破口，集中精力抓开工，倒排工期抓进度，强化调度抓管理，深入开展攻坚，集中解决问题，推动项目快开工、快建设、快投用。四是产业奠定基础，务必突出重点、积极求进。要立足三大园区，围绕“两区”建设，强基础、优环境、促招商、抓项目，推动产业提速发展，让好的项目在金水快落地、快发展。五是环境影响大局，务必综合施策、全力维护。要抓好大气污染防治，力争第二季度污染物浓度有明显下降；要抓好绿化工作，加快施工，确保107生态廊道、公园游园等工程按时完成；要抓好交通道路建设，6月底前力争博远路等7条道路开工建设，西湖路等59条道路要加快相关手续办理，力争第三季度开工建设；要抓好城市精细化管理，突出“脏乱差”和占道经营等问题，突出城市出入口、集贸市场、铁路沿线和背街小巷等重点区域，认认真真地进行排查、扎扎实实地进行治理。六是调度事关成效，务必高度重视、逐项落实。要高度重视经济运行监测工作，对地区生产总值、财政收入、固定资产投资、社会消费品零售总额等主要经济指标，按月分析、按季评价，主动与企业沟通，及时协调解决问题，确保各项指标得以客观、真实、全面地反映。

最后，区委书记陈宏伟作重要讲话。他指出，第一季度，全区开局良好，但态势不足。开局良好指方方面面实现了“开门红”，经济运行平稳，重点项目推进顺利，打基础、增后劲等一系列措施累计出来的效果正逐步凸显。态势不足体现在两个方面：一是在精神状态上态势不足，全区上下没有形成勤奋敬业、勇于奉献、敢于担当、分秒必争、拼尽全力、只争朝夕的工作氛围；二是从形象、进度上势头不足，还没有形成一种塔吊林立、热火朝天的开工建设的场景。

针对第二季度的工作，陈宏伟强调，要抓住项目建设这个“牛鼻子”，抓住第二季度这个黄金期，确保时间任务双过半。一是围绕一个“快”字，进一步统一思想，提振精神。要始终明确工作重点和工作路径，紧紧抓住项目建设这个载体，盯死盯牢175个重点项目，牢固树立抓早、抓先、抓快的鲜明意识，全力以赴加快项目建设。二是围绕一个“快”字，进一步完善机制，加快推进。要进一步完善细化周推进、月观摩、季度点评、半年评比、全年奖惩的考评机制，后期将金水科教园区、国家知识产权创意产业试点园区和科技园区工作纳入观摩点评范畴，严格督导考核，确保各项工作扎实有序推进。三是围绕一个“快”字，进一步突破瓶颈，扫除障碍。当前项目建设过程中，比较突出的瓶颈问题是拆迁遗留问题、受大气污染防治制约的垃圾清运问题、手续办理问题和环境保障问题四个方面。相关领导要负责牵头，尽快完善机构，重新建立依法保障下的充分协商、良性征迁机制的框架，通过强制性拆迁形成一种震慑，同时，各街道也要不等不靠，敢于担当，勇于负责，共同破解征迁难题；各个单位、各个项目要严格按照大气污染防治有关标准实施作业，并结合实际情况采取一些创造性的办法；相关职能部门要不断优化服务，破解手续办理难题，为项目推进保驾护航；各单位要站在长远发展的高度，进一步转变职能，优化发展政务环境和施工环境。

【金水区在郑洛新国家自主创新示范区开放合作北京推介会上签下百亿元大单】 4月6日，郑洛新国家自主创新示范区开放合作推介会在北京举行。金水区区委书记陈宏伟，区政府副区长赵高翔及金水科教园区、区科技局、部分企业负责人参加了推介会。

推介会上，金水区向在京的科研院校、高校、央企等中型企业全面展示推介了金水区区情和发展优势。此次推介会上，我区成功与中国即联即用公司（PNP）等企业签订7个项目的投资合作协议，投资总额近100亿元。

【区委中心组学习会议】 4月26日上午,在区机关一楼东厅召开区委中心组学习会议。全区副县级以上领导干部参加学习，会议由区委书记陈宏伟主持。

会议首先观看了“领导干部个人有关事项报告表”填报指南视频，随后，陈宏伟强调：一是各级领导干部要切实发挥务实表率作用，自觉接受组织监督，对漏报瞒报的行为将严肃追究责任，形成风清气正的政治生态，营造干事创业的浓厚氛围。二是当前第二季度的各项工作谋划已经部署到位，目前是抓落实抓推动的关键时刻，要抓住项目推进的黄金期，一级带着一级干。三是领导干部要从方方面面做好榜样，集中精力推进工作，要抱着对自己负责、对事业负责、对金水负责的态度，为全区建设起到模范带头的作用，以更加饱满的政治热情，更加务实的工作作风，精益求精，保质保量的完成工作，让金水在领跑中部城区发展的进程中靓丽出彩。

【金水区大气污染防治工作推进会】 5月6日下午，在区机关三楼多功能厅召开全区大气污染防治“双迎攻坚”工作推进会暨四月重点工作点评会。全区副县级以上领导，区人大常委会、区政府办公室主任，区政协秘书长、办公室主任，区委常委所在部门常务副职，各街道党政正职，区直各单位主要负责人，辖区各垂直单位、各公安分局主要负责人各1名，交巡警一、四、五大队主要负责人参加会议。会议由区委书记陈宏伟主持。

会议首先观看了近日金水区大气污染防治工作中出现的问题视频短片。随后，区政府党组成员闵武杰对大气污染防治和“双迎攻坚”工作进行总结和安排部署。区委副书记李晓雷宣读有关文件。七个重点工作推进领导小组组长汇报小组前四个月工作开展情况。七个排名最后的街道办事处负责人依次进行表态发言。

就如何进一步做好全区各项工作，区委副书记、区长魏东指出：一是要看成绩，找差距，切实树立只争朝夕的紧迫意识。2017年以来，全区上下按照“四重点一稳定一保证”工作总格局，突出项目化推进、台账式管理，综合施策、精准发力，尤其是4月份以来，全区经济社会发展延续了一季度的良好态势，主要经济指标稳步上扬。在肯定成绩的同时，也要清醒意识到现在工作中存在的不足和薄弱环节，比如距全年的总体目标任务还有一定差距，大气污染防治形势依然严峻，“双迎攻坚”工作中还存在不少短板，各单位要高度重视，认真查漏补缺，及时进行整改，以问题的圆满解决、重点工作的深入落实，推动各项工作取得更大成效。二是要抢时间，赶进度，不断强化攻坚克难的责任担当。在重点项目建设方面，要把抓项目、强投资作为经济工作的重中之重，紧盯全年完成投资530亿元目标，围绕“签约项目促开工、开工项目促续建、在建项目促竣工、竣工项目促投用”，加快推进省市区重点项目建设。在安置房建设方面，要打好“清零”歼灭战，相关指挥部和街道要多措并举、攻坚克难，尽快打开工作突破口；要加快办理完善相关手续，对已提前开工的项目，要加快完善法定施工手续；要全面加快安置房建设进度，对19个未开工安置房项目实施挂牌督办，对32个已开工项目按照工期节点要求全面加快进度。在大气污染防治方面。要抢抓二季度有利条件，采取强力措施，推动全区大气质量持续好转，为完成全年目标任务打好基础。在推进“双迎攻坚”工作方面，各单位要对照测评细则，认真开展自评自查，把问题理一理，把漏洞补一补，确保不出现被一票否决的事项；同时，要突出省市督察反馈的问题，建立问题台账，实行销号处理，坚决不允许出现反弹现象。在推进民生实事办理方面，相关单位务必要高度重视，对所承担的项目和任务逐项分析研究，制定推进方案和进度计划表，确保各项任务落实到位。三是要强责任，抓落实，全面构建齐抓共管的工作格局。强化组织领导。各领导小组组长、分包领导、指挥长要将工作重心下移、工作关口前移，带头在一线指挥、一线督查，推动工作在一线落实、问题在一线解决；尤其是要严格贯彻环境保护“党政同责”“一岗双责”的要求，确保环境污染防治各项工作落到实处。注重协作配合。各单位要牢固树立全区“一盘棋”思想，紧紧围绕国家卫生城市复审、全国文明城市考评以及大气污染防治年度目标任务，群策群力，合力攻坚。严格督查奖惩。要实行分级督导制度，各专项指挥部、两办督查室、“双迎攻坚”和大气治理专项督导组要开展各种形式的督促检查工作，形成推动工作的高压态势。凡是工作推进不力、问题整改不到位不及时的，一律在全区通报批评。

最后，会议强调随着第二季度晴好天气逐渐增多，推进项目建设迎来了有利时机，全区各级各部门要提振信心抓目标，加快节奏抓进度，振奋精神抓责任，扭住“牛鼻子”，抓住“黄金期”，确保175个重大项目建设目标顺利完成。一是认识再提升，心中更有数。各单位“一把手”要坚决担负起抓项目建设的“第一责任人”责任，要明白这175个重点项目对于全区今后一个时期内发展过程中的重要性，也要对各自所承担的任务做到了然于胸，并针对项目推进过程中遇到的瓶颈问题，认真研判分析，采取有效措施，确保项目签约后能迅速落地、加快推进，逐步形成“签订一批、开工一批、建成一批”的良性循环机制。二是精神再振奋，节奏再加快。2017年全区项目建设任务艰巨，但目前整体工作推进较慢，还没有达到项目建设的高潮期。下一步，全区上下务必要认真总结成绩、正视矛盾问题、坚定信心决心、全力攻坚克难，紧紧扭住项目建设不放松，看得到成绩、看得准问题、看得清形势，圆满完成175个重大项目建设任务。三是方法更科学，推进更统筹。当前工作千头万绪，涉及到方方面面，各单位“一把手”要善于统筹兼顾，不能顾此失彼。在大气污染防治和重点工程建设上，要找准两者的结合点，处理好两者之间的关系，在严格落实扬尘防治“7个100%”前提下，灵活制定预案，细化工程方案，加快工程建设进度，确保大气污染防治和重点工程建设的协调推进。四是机制更完善，责任更明晰。要以此次会议为契机，进一步健全完善工作机制，倒逼区级领导牵头带头干工作，把责任层层传递下去，把压力层层传导下去，把任务层层落实下去，让每一个单位都保持争分夺秒的冲刺态势，对照既定目标抓紧查漏补缺、制定过硬措施，全力抓好重大项目建设、大气污染防治、“双迎攻坚”等重点工作。五是纪律更严明，督导更严格。“五一”节前出台了“两个规则”以及《加强纪律作风建设若干规定》，要求各单位认真学习，并结合各自单位实际情况贯彻落实。区纪委、区两办督查室、区目标办要进行责任分工，切实履职尽责，采取各种形式的督察暗访，在全区范围内开展纪律作风建设监督检查工作，为各项工作的顺利开展提供保证和保障，并要以问责作为配套措施，对工作中出现的不作为、乱作为、失职、渎职等行为，坚决依照规定执纪问责。

【举办科级干部学习贯彻党的十八届六中全会精神轮训班】 5月15日，全区科级干部学习贯彻党的十八届六中全会精神轮训班开学典礼在区机关三楼多功能厅举行。区委副书记、党校校长李晓雷出席开学典礼并做重要讲话。

李晓雷指出，作为贯彻落实中央决策部署的实践者和具体组织者，广大党员干部更要坚定地贯彻落实中共十八届六中全会的从严治党要求。一要深化认识，高度重视。深刻认识严肃党内生活是全面从严治党的重要基础。二要把握要义，担当实践。深入学习条例、准则，要讲政治，做到“四个意识”；敢担当，在工作中坚持实事求是，认真履职敢作敢为；重操守，将自律与他律相结合，做到以上率下。三要珍惜机会，确保效果。端正学习态度，严明纪律，做到学以致用，有效承担领跑中部城区发展的历史重任。

此次轮训分3期举行，每期2天，共有731名科级干部参加。轮训围绕全面从严治党、准则、条例、家风等内容，采用专家授课和分组讨论的形式进行。

【推进“两学一做”学习座谈会】 5月25日上午，在区机关一楼东厅召开推进“两学一做”学习教育常态化制度化工作座谈会，贯彻中央和省委、市委有关会议精神，对全区推进“两学一做”学习教育常态化制度化进行安排部署。区委书记陈宏伟，区委副书记李晓雷，区委常委、宣传部部长杨林，区委常委、组织部部长时博，区直各单位主要负责人及各街道党工委书记、组织委员参加会议。

会议印发了《关于推进“两学一做”学习教育常态化制度化的实施方案》。区教体局直属机关党委、花园路街道农业院社区党总支、河南鑫山党委3个单位作交流发言。陈宏伟充分肯定全区“两学一做”学习教育开展以来取得的显著成效，他指出，区委和全区各级党组织高度重视“两学一做”学习教育，全区各级党组织严格按照中央和省、市、区委的安排部署，将开展“两学一做”学习教育作为党建工作的龙头任务，细化“学”的内容、明确“做”的标准、树立“改”的标尺，学习教育取得了实实在在的成效。就推进金水区“两学一做”学习教育常态化制度化工作，并强调三点意见：

一要提高站位，明确目标，深刻认识推进“两学一做”学习教育常态化制度化的重大意义。推进“两学一做”学习教育常态化制度化是坚定维护习近平总书记核心地位、把中央和省、市委部署要求化为金水实践的必然要求，是推进全面从严治党、巩固党的执政地位的重要举措，是“实现两个率先、领跑中部城区”目标的现实需要。全区各级党组织和广大党员要提高政治站位，深刻认识推进学习教育常态化制度化的重大意义，坚持低调务实、少说多干，敢于担当、积极作为，发挥好基层党组织战斗堡垒和党员先锋模范作用，团结引领全区人民共同创造金水更加美好的未来。

二要把握重点，抓住关键，扎实有效推进“两学一做”学习教育常态化制度化。全区各级、各部门要按照方案要求，紧密结合实际，要抓“实”学习开展，学而不厌、久久为功；要抓“紧”问题整改，动真碰硬、紧盯不放；要抓“好”作用发挥，见诸行动、做到合格；要抓“严”党内生活，严把标准、落实制度；要抓“牢”关键少数，以上率下，示范带动；要抓“强”基层支部，以点带面、整体提升，坚持学思践悟、知行合一，确保常抓不懈、常抓常新。

三要加强领导，压实责任，迅速掀起推进“两学一做”学习教育常态化制度化热潮。全区各级党组织要强化组织，压实责任；要严格督导，典型引领；要融合推进，互促提升。要把推进“两学一做”学习教育常态化制度化作为一项长期的政治任务，抓常抓细抓长，以“钉钉子”精神，一级抓一级、层层抓落实，确保各项工作深入有效开展，为金水区“实现两个率先、领跑中部城区发展”提供坚强保证。

【1–5月份经济运行分析暨环境污染防治攻坚工作推进会】 5月27日上午，在区机关一楼东厅召开1–5月份经济运行分析暨环境污染防治攻坚工作推进会。全区副县级以上领导干部；区人大常委会、区政府办公室主任，区政协秘书长、办公室主任，区委常委所在部门常务副职，各街道党政正职，区直各单位主要负责人，区国税局、区地税局、金水规划分局、金水市场管理处主要负责人参加会议。会议由区委书记陈宏伟主持。

会上，区委副书记李晓雷对环境污染防治攻坚工作情况进行通报总结，对下步工作进行安排部署；区委常委、区政府常务副区长杨洁总结分析1–5月经济运行和重点项目工作情况，安排部署下步工作。

为顺利实现时间任务“双过半”，区委副书记、区长魏东强调三个方面的意见：

一是要以反思自省的态度看成绩看问题，切实增强紧迫感和责任感。在2017年大事多、任务重、时间紧、标准高的形势下，全区上下保持了昂扬向上、积极进取的精神状态，紧盯目标、加压奋进，在主要经济指标、开放创新和产业发展等各方面都取得了较好的工作成效，为全年工作打开了局面、奠定了基础。但是，工作中仍然存在推进速度和效果不理想、对经济运行过于乐观等问题。

二是要以分秒必争的精神干工作抓落实，精准发力赶进度求突破。目前距离上半年结束还剩35天，下一步要坚持目标不变、任务不减、标准不降，突出“五抓五确保”，确保上半年任务顺利完成。第一是突出指标抓调度，确保顺利实现“双过半”；第二是突出项目抓建设，确保投资持续稳定增长；第三是突出难点抓整治，确保环境质量持续改善；第四是突出节点抓进度，确保群众顺利实现回迁；第五是突出管理抓排查，确保社会大局和谐稳定。

三是要以攻坚冲刺的姿态破难题抓推进，全力以赴确保实现“双过半”。第一要迅速进入攻坚状态，对照目标任务、重点项目、重点工作进行再梳理、再分解，列出清单、责任到人、时间到天，一步一个脚印抓到位。第二要迅速掀起大干热潮，对照目标查进度，对照进度找问题，对照问题定措施，推动各项工作真正落到实处。第三要着力形成冲刺态势，全力以赴推进各项工作落实。

就如何抓好工作落实，陈宏伟以习近平总书记提出的“钉钉子”精神入手，从五个方面要求工作精神、抓实抓紧、务实重干、狠抓落实：

一是统筹兼顾抓落实。当前，全区面临大气污染防治、“双迎攻坚”、项目建设、信访稳定等一系列重点工作，头绪多、任务重，领导干部要积极转变发展理念，不断提升管理能力和水平，合理布局，统筹处理好经济建设和环境保护之间的关系，在规范施工的前提下，开足马力，加快建设，推动经济社会健康长足发展。二是长短结合抓落实。要紧盯时间节点，抓紧完成集贸市场整治、建筑工地扬尘治理、“六小”门店治理等近期工作，尽快建立大气污染防治长效机制，巩固整治成果，不断提高城市精细化管理水平，为项目建设的长远目标营造良好的外部环境。三是细化责任抓落实。各办事处和职能部门要充分履职尽责，进一步细化目标，明晰责任，分解任务具体到人、到天；各级各部门要以高度的责任感、使命感，以勇于担当、真抓实干的作风，不折不扣将工作落实到位。四是强化督导抓落实。5个督导组和两办督查室要不断完善督导体系，制定专项督导计划，对督导过程中发现的各类问题，按照职责分工，交区直职能部门依法处理。同时，要大力推行环境污染有奖举报办法，鼓励公众积极参与大气污染防治和市容环境整治，形成全民监督的良好氛围。五是严格问责抓落实。要严格遵循动真、碰硬的原则，对上级部门暗访发现的问题以及本级对问题整改落实不到位、无法保质保量完成任务的，依法依规对责任领导和责任人进行责任追究，确保各项措施落到实处。

【人才工作座谈会】 6月24日下午，区委书记陈宏伟在区机关820会议室组织召开人才工作座谈会。区委副书记、区长魏东，区委常委、常务副区长杨洁，区委常委、组织部部长时博，区政府副区长赵高翔出席会议。组织部、人社局、发改统计局、科技局、财政局、编办主要负责人参加会议。

会议对全区现有人才政策中存在的不足进行了研究，对下步如何完善人才政策进行了交流讨论。就进一步做好人才工作，陈宏伟指出，要突出人才在科技创新、产业发展、知识产权、楼宇经济等方面的带动作用，不断完善聚集人才的体制机制，优化人才存量、扩大人才增量、提高人才质量，为加快全区经济社会发展提供强有力的人才支撑。

针对如何修订完善人才政策，陈宏伟强调，第一，要认真研究上级文件精神，在区级政策规划方面与省市保持高度一致，尽快形成一套完整的、标准的人才体系。第二，各相关部门要认真摸排本领域人才发展现状，在适应新形势、新变化的前提下，在原有政策中适度进行增减，同时探索建立政策倾斜与经济效益挂钩的体制机制，使人才政策可量化、易操作。第三，政策修订方面要坚持问题导向，注重高端型人才与实用型相协调，通过对其提供设备、资金、项目、机制扶持，引导人才集聚经济社会发展主战场。第四，出台政策前要与金水科教园区、河南科技园区、国家知识产权创意产业试点园区充分衔接、深度对接，紧扣三大园区对人才的需求，培养一批拥有自主创新能力，能够发展高新产业，带动社会发展的创新创业人才。

【举办党员表彰大会暨经典诵读活动】 6月28日上午，区直机关工委联合区委宣传部在区机关三楼多功能厅以“不忘初心，逐梦金水”为主题，举办“庆祝建党96周年 喜迎党的十九大”表彰大会暨经典诵读活动。市委市直机关工委副书记王永福，区委书记陈宏伟，区委副书记李晓雷，区委常委、纪委书记赵惠玲，区委常委、宣传部部长杨林，区委常委、组织部部长时博出席会议。区直机关党工委委员、区直各机关党组织副书记、组织委员及受表彰的先进基层党组织书记、优秀共产党员、优秀党务工作者共300余人参加会议。

陈宏伟强调：当前，金水正处在实现“两个率先”，领跑中部城区发展关键时期，希望区直机关党组织和广大党员，一是要以纪念建党96周年为契机，争当“两学一做”的表率，真正做到学用结合，学用相长，以实际行动推动“两学一做”学习教育常态化、制度化。二是争当服务发展的表率，紧紧围绕区委工作总体格局，在服务发展大局上精准发力，为金水发展建功立业。三是争当严肃党内政治生活的表率，从严坚持“三会一课”、民主集中制、组织生活会、“党员活动日”等具体制度，以自身的模范行动影响和带动党员干部讲政治、讲原则、讲规矩。

会议对30个区直机关先进基层党组织、60名优秀共产党员和20名优秀党务工作者进行表彰，出席会议的领导为获奖单位和个人颁奖。

在随后进行的经典诵读决赛上，经过前期的预赛选拔，来自区直机关14支代表队先后登台，他们充满激情的诗歌朗诵，歌颂党，歌颂祖国，歌颂改革发展伟大成就，声情并茂的演出，展现了基层党员的良好精神风貌。

【巡视“回头看”反馈意见整改推进会】 7月20日上午，在区机关301会议室召开中央巡视组巡视“回头看”反馈意见整改落实工作推进会。区委副书记李晓雷出席会议。区巡视整改工作领导小组办公室及5个专题小组成员参加会议。

会上，强化区委领导核心作用专题小组、贯彻五大发展理念和打好“四张牌”专题小组、党风廉政建设专题小组、选人用人和党的建设专题小组及信访稳定专题小组5个专题小组组长汇报巡视整改工作推进情况；李晓雷传达省委巡视整改领导小组办公室有关会议和省委办公厅《关于进一步加强巡视整改工作的通知》精神，安排部署下一阶段工作。

就贯彻中央和省委、市委要求，做好下一阶段巡视整改工作，李晓雷提出三点意见：一是认识上再要重视，坚决避免出现整改任务完成后思想松懈、整改碎片化和解释功能化、针对突出问题研究制定的应对措施不多、对长期问题持续抓的力度和韧劲不足四个方面的问题。二是要严格实施挂销号制度，进一步细化时间节点和任务，明确责任，逐项整改，对账销号，真正做到项目化推进，确保整改落实工作取得实实在在的成效。三是要上下对接，左右衔接，在前期方案制定、事中推进方式和事后整改验收方面，与省市加强沟通衔接，从而进一步明确方向、明晰思路，使各方面工作更加符合中央精神，符合省委、市委要求，符合金水实际。

【重点工作总结点评会】 7月21日—22日，召开上半年重点工作总结点评会。全区副县级以上领导出席会议。区委常委所在部门常务副职，区人大、区政府、区政协办公室主任，各街道党政正职，巡察办主任、巡察组组长，区直各单位主要负责人，各垂直单位、辖区各公安分局及交巡警一、四、五大队主要负责人参加会议。会议由区委书记陈宏伟主持。

会议共分两个阶段：第一阶段，7月21日实地观摩17个街道和金水科教园区；第二阶段，7月22日在区机关三楼多功能厅会议室召开会议。会上，10个重点工作推进小组组长对重点工作进行点评。区委副书记李晓雷宣读相关通报。

区委副书记、区长魏东回顾总结上半年工作，研究部署下半年各项任务，进一步传导压力、提升动力、激发活力，动员全区上下提振精神，坚定信心、聚焦项目、狠抓落实，高标准、高质量完成全年目标任务，加快形成实现领跑发展的决定性态势。上半年，全区各项工作特别是重点工作都呈现出快速推进的良好发展态势，主要经济指标基本好于年初预期、高于2016年同期、优于全市平均。下半年，总的要求是："三不变""两不减""一确保"，即思路不变、目标不变、决心不变，任务不减、力度不减，确保全面或超额完成全年各项目标任务。一是要紧盯一个目标。年初，区委、区政府围绕"实现两个率先、领跑中部城区发展"总体目标，确定了2017年的主要目标：地区生产总值增速9%、财政收入增速6%、固定资产投资增速16%、社消额增速8%。下半年各级各部门必须把"保目标、保增长"作为首要任务，加强经济运行监控，全力抓好核心指标；二是要突出两大抓手。突出项目建设、发展环境；三是要抓好五项重点工作。全力抓好安置房建设、两区建设基础设施建设、民生实事、安全稳定等五项工作。

区委书记陈宏伟强调，一是总结上半年工作，肯定成绩、坚定信心。上半年，全区各项主要经济指标都实现了较好增长，各项指标增速均高于2016年同期，规模以上工业增加值增速101.1%，位列全省157各县市区第一名；固定资产投资、一般公共预算收入两项指标增速更是高于全市水平，领跑态势更加显现，后劲更加充足。年初以来，围绕市委、市政府"四重点一稳定一保证"工作总格局，区委成立了十个重点工作推进领导小组，各个领导小组分别都建立了工作例会、分析研判、定期观摩、台账管理、督察考核等制度，实行职能部门与街道同考核、同奖惩，缓解了街道办事处的工作压力，初步形成了"领导小组统揽全局亲自抓、职能部门分工协作具体抓、街道办事处全力以赴深入抓、一级抓一级、层层抓落实"的工作格局。二是必须认清差距、迎难而上。对照领跑中部城区发展的目标，在中部城区之间来看，金水区很多指标的总量和位次领先度明显不够；对照"挑大梁、走前头、当示范、做贡献"的要求来看，在全市范围内，金水区诸多指标的首位度和说服力还远远不够；对照全年目标任务要求，结合上半年目标任务完成情况来看，金水区目前的差距和压力还很大。各级各部门一定要准确研判形势，既要看到发展中存在的问题和差距，更要看到面临的机遇和潜力，要把决心下得更大，干劲鼓得更足，任务盯得更死，工作抓得更实，全力以赴打好下半年工作攻坚战，推动金水的发展劈波斩浪、奋力前行。三是必须聚焦项目，狠抓落实。2017年的整体工作要求是项目引领、项目带动、项目化推进、台账式管理，以项目建设为"牛鼻子"、为关键点、为总开关，通过项目促建设、通过项目强投资、通过项目调结构，通过项目看干部的精气神、通过项目看干部的作风、通过项目看干部的综合本领、看各个单位的工作实效。项目问题是接下来工作的重中之重，一定要聚焦项目、狠抓落实。要把统筹兼顾作为项目建设的根本方法，把优化环境作为项目建设的根本保证。要把推动落实作为项目建设的第一要务。各单位务必要抓住近期仅有的黄金时间，共同努力、正抓实干、不讲条件、不折不扣抓好落实，确保全年目标任务顺利实现、圆满完成，在年底形成领跑中部发展的决定性态势。

【区委中心组集中（扩大）学习会议】 7月28日下午,在三楼多功能厅召开区委中心组（扩大）学习暨2017年第四期“名家讲坛”专题讲座。区委中心组成员（全区副县级以上领导干部），区委常委所在部门常务副职，区人大常委会、区政府办公室主任，区政协秘书长、办公室主任、各街道党政正职、区直各单位主要负责人、部分现职科级干部共计350余人参加了学习。

河南省委党校哲学教研部主任丁素教授围绕“党的十八大以来中央治国理政新理念新思想新战略”这一主题做了详细解读和深入阐述。听取报告后，陈宏伟强调全区各单位要以此次报告会为契机不断深化学习，提高认识。一要夯实思想基础。全区各级党组织和全体党员要树牢政治意识、大局意识、核心意识、看齐意识，把学习习近平总书记系列重要讲话精神作为重大的政治任务，深入系统地学习，更加自觉地在思想上政治上行动上同以习近平总书记为核心的党中央保持高度一致。二要营造浓厚氛围。紧紧围绕迎接、宣传、贯彻中共十九大主线，把握好政治方向、宣传导向，坚持以人民为中心，唱响主旋律，弘扬正能量，振奋精气神，为中共十九大胜利召开营造团结奋进、安定和谐的浓厚氛围。三要坚持学做结合。要坚持以学促做、以学验做，把学习成果转化为推进工作的强大动力，深入贯彻落实中央决策精神和省委、市委、区委工作部署，紧紧围绕“实现两个率先、领跑中部城区发展”总体目标，坚持“四重点一稳定一保证”工作总格局和“项目化推进、台账式管理”工作方法，突出项目带动、项目化推进，务实重干、真抓实干，努力实现经济总量新突破、发展质量新提升，在郑州建设国家中心城市中“挑大梁、走前头、当示范、做贡献”，以优异成绩迎接中共十九大胜利召开。

【区委十一届三次全体（扩大）会议】 8月17日上午，在区机关一楼东厅召开金水区第十一届委员会第三次全体（扩大）会议。中共郑州市金水区第十一届委员会委员、候补委员出席会议。区人大、区政府、区政协领导及其他副县级以上领导，区纪委委员，区委巡察办主任、巡察组组长，区委常委所在部门常务副职，区各管委会副主任，区人大常委会、区政府办公室主任，区政协秘书长、办公室主任，区四大班子办公室副主任，区人大、政协各工作（专门）委员会主要负责人，各街道党政正职，区直机关各单位主要负责人，各垂直单位、辖区各公安分局主要负责人，部分出席省十次党代会、市十一次党代会、区十一次党代会的基层党员代表列席会议。

会议分三个阶段进行。第一阶段：召开第一次全体会议。由区委副书记、区长魏东传达了市委十一届四次全会精神，区委常委、区政府常务副区长杨洁就金水区为国家中心城市建设提供产业、创新、人才等支撑出台的六项政策起草情况作了说明。会议由区委副书记李晓雷主持。

围绕“提升工作落实力”这个主题，紧扣“增强使命感，提高落实力，加快形成领跑中部城区发展的决定性态势，在郑州建设国家中心城市进程中挑大梁、走前头、做贡献”这个大框架，区委书记陈宏伟强调三个方面：首先，全面抓实抓好四大标志性工作，夯实领跑中部城区发展基础。一是抓好大棚户区改造，发挥“压舱石”作用。上半年，金水区经济运行进入近些年的历史最好时期，固定资产投资增幅居于市内五区之首，财政收入超序时进度12.4个百分点。二是抓好产业发展，发挥“硬支撑”作用。金水科教园区作为全区高新技术产业的主要高地，几个主导产业已经形成雏形，6个扶持政策的出台实施，吸引了一大片高端人才和研发机构入驻。三是抓好开放创新，发挥“加速器”作用。金水区作为全市、全省乃至全国仅有的一个同时进入自创区和自贸区的行政区、全国唯一知识产权创意产业试点园区，要用足用活政策红利，汇聚一大批区域性龙头企业、龙头产业。四是抓好三级三类便民服务，发挥“民生网”作用。加快谋划实施4个区级市民服务中心和22个居住区级便民服务中心的建设，保证每个街道至少有1个居住区级便民服务中心。其次，全面用足用活“金典六策”，强劲领跑中部城区发展动能。区委、区政府立足于贯彻落实市委全会精神、助推国家中心城市建设，贯穿于“引领中西部、看齐江浙沪”原则，着眼于彰显优势、补齐短板、助推提升、加速发展制定的以产业扶持、科技创新、人才引进为核心的“1+5”政策扶持体系，突出了国际化对产业发展的引领带动作用，突出了国家级战略的叠加优势和品牌效应，突出了目标导向和问题导向的相互融合，成为金水招商引资、招才引智的制胜法宝，吸引更多高端企业集聚金水，为领跑中部城区发展汇聚强大动能。最后，全面做深做细“落实力”，加快领跑中部城区发展速度。一是聚焦重点项目。重点项目是抓落实的“主战场”，年初，金水区确定了175个重点项目，成立了10个重点工作领导小组，各自明确了分包责任领导。金水区将围绕这175个重点项目狠抓落实力、形成落实力、强化落实力、展示落实力。二是增强两种意识，就是增强勇争一流意识、只争朝夕意识。在思想上，牢固树立勇争一流的意识；在行动上，以只争朝夕的紧迫感，来适应当前领跑发展的工作节奏。三是健全三种机制，就是健全台账式管理机制、跟踪督察机制、工作反馈机制。四是提高四种能力，提高领悟谋划及“具体抓、抓具体”的能力，提高克难攻坚与统筹推进的能力。

第二阶段：分组讨论。与会人员分组讨论了陈宏伟的讲话及6个产业扶持政策。随后，召开区委常委会，听取各组召集人关于讨论情况的汇报，审议《中共金水区委十一届三次全体（扩大）会议决议（草案）》。

第三阶段：召开第二次全体会议。由陈宏伟主持。会上，表决通过了《中共金水区委十一届三次全体（扩大）会议决议（草案）》。就市区两级全会精神的贯彻落实情况，陈宏伟强调：一是高度重视，迅速掀起学习贯彻市区两级全会精神的热潮。全区各级党组织要把学习贯彻党的市区两级全会精神作为重大政治任务，高度重视，认真谋划，精心组织，紧密结合实际把全会精神学习宣传好、贯彻落实好。由区委宣传部牵头在全区迅速开展“建设国家中心城市、领跑中部城区发展、如何提升落实力”主题大讨论，要在区机关信息网、《金水时讯》、《金水信息》等宣传刊物和平台上开辟学习专栏，及时刊发各单位谈论情况；区委党校要把两级全会精神列入主体班次的重点教学内容，开展专题学习；基层社区组织要采取多种形式组织群众学习，迅速在全区上下掀起学习贯彻市区两级全会精神的热潮。二是立即行动，迅速展开“1+5”产业扶持政策的宣传推介。区委宣传部要会同各园区、各相关单位，通过发放宣传册、召开推介会、开通咨询热线、送政策进企业、走访调研等形式，利用互联网、微博微信、APP客户端等新媒体平台，进行高密度、高频次深入宣传，力争吸引更多企业了解金水、更多项目落户金水、更多产业集聚金水。三是领导带头，迅速推动各项工作部署的有效落实。各级领导干部要做好会议精神的传达学习工作，精心组织、认真学习、深入讨论，尽快把全会精神传达到全体党员干部，切实把思想和行动统一到市区两级全会精神上来。四是倡树典型，迅速形成狠抓落实的浓厚氛围。抓典型是推动落实的一种重要手段和有效方法，要以正面典型带动一大片，用反面典型警示一大片，起到以点带面、点面结合、良性互动的效果。

【开展“挑大梁、走前头、做贡献”系列活动】 8月29日上午，在区机关三楼多动能厅举行“领跑中部城区发展、为郑州建设国家中心城市‘挑大梁、走前头、做贡献’”系列活动。河南投资集团党委书记、董事长朱连昌，河南投资集团党委副书记、总经理刘新勇，市委常委、常务副市长王跃华，河南投资集团副总经理成冬梅、闫万鹏，河南投资集团计划部副主任梁爽，河南颐城控股有限公司总经理李亚东，河南颐城控股有限公司副总经理梁丽、苏长久，国家千人计划专家、郑州正选软件公司总经理彭秀东，郑州信大捷安信息技术有限公司董事长马现通，郑州大学法学院副教授王红建，省建筑设计研究有限公司董事、总建筑师杨武，省人社厅人才资源开发研究中心主任杨东风，首都经贸大学财政税务学院教授杨全社，省租赁协会会长郑奇，解放军信息工程大学教授潘正运，省文化产业发展研究院高级编辑戴松成，市人才办副主任程心刚，区委书记陈宏伟，区委副书记、区长魏东，区政协主席武建民及区四大班子相关领导出席活动，《河南日报》、河南电视台、河南人民广播电台、《郑州日报》、郑州电视台、人民网、新华网等26家新闻媒体及17个街道办事处、区直各相关单位负责人参加活动。活动由区委副书记李晓雷主持。

活动分三项内容，一是举行金水区扶持产业发展政策体系新闻发布会，二是举行金水区第二届经济社会发展顾问团成立暨聘任仪式，三是举行金水区人民政府与河南投资集团战略框架协议签约仪式。

活动首先由区委书记陈宏伟致辞，他在致辞中表示，金水作为郑州市的中心城区，作为全省首个经济总量迈进“千亿俱乐部”和首个全面建成小康社会的县（市）区，以及全省唯一一个同时纳入郑洛新国家自主创新示范区和中国（河南）自由贸易试验区的县（市）区，综合经济实力一直位居全省首位、中部六省省会城区前三。为此，区委十一届三次全会确立了“领跑中部城区发展、在郑州建设国家中心城市进程中‘挑大梁、走前头、做贡献’”的发展目标和工作定位。

陈宏伟在致辞中指出，金水区已经形成了以金融商贸和高技术服务业为主导的现代产业体系，正处在产业转型升级的“加速期”。因此，“金典六策”的发布，为金水产业转型升级提供了创新、人才等政策支撑，条条真金白银、项项简便易行；聘任的经济社会发展顾问，是瞄准高端产业和高端人才，落实“金典六策”、打造中部地区人才示范高地的实际行动；与河南投资集团签订的战略合作协议，标志着双方合作迈出了实质性的关键一步，更是实施“金典六策”后取得的开门红。

陈宏伟在致辞中希望，各新闻媒体能够大力宣传金水、推介金水，多为金水的发展建言献策、传经送宝。同时，热切期盼更多的国内外企业特别是高新技术企业能够入驻金水、创新发展于金水，并在“金典六策”的扶持下发展得更好。区委、区政府愿意为此付出更多的努力和支持，提供更好的服务和保障，不懈努力、不遗余力的确保领跑中部城区发展的目标加快实现、早日实现，为郑州国家中心城市建设做出更多、更大的贡献。

随后，区委常委、宣传部部长杨林主持金水区扶持着产业发展“金典六策”政策新闻发布会，区委常委、常务副区长杨洁对产业扶持发展政策体系进行了详细讲解；区委常委、组织部部长时博宣读《关于聘任金水区经济社会发展顾问团的决定》；区委副书记、区长魏东代表区政府与河南投资集团签署战略合作协议。

【以案促改工作动员暨廉洁“双节”谈话会】 9月15日上午，在区机关三楼多功能厅召开以案促改工作动员暨廉洁“双节”谈话会。全区副县级以上领导出席会议。区人大常委会、区政府办公室主任，区政协秘书长、办公室主任，区委常委所在部门常务副职，各街道党政正职，区直各单位主要负责人，区纪委监察局领导班子成员，各街道纪工委书记，各管委会、区直机关各单位、各人民团体纪（工）委书记、纪检组长或主管纪检工作的副职参加会议。

会上，首先观看了警示教育片《张子建的“错味”人生》。随后，区委书记陈宏伟传达了市委关于坚持标本兼治开展以案促改的工作要求和市委书记马懿的讲话精神，并强调指出：一是全区各单位要充分认识以案促改工作的重要意义，切实把以案促改工作作为推进全面从严治党向纵深发展的有力抓手，抓紧抓好抓出成效。二是全体党员领导干部要从违纪违法典型案例中吸取教训、引以为戒，切实规范从政行为，旗帜鲜明讲政治，坚定理想信念，正确行使权力，严守纪律底线，谨慎择友交友。三是要把工作中出现的案件和问题，作为坚持标本兼治、推进以案促改工作的重点，抓好案件剖析、教育预防、惩治警示、建章立制等关键环节，确保以案促改工作取得实效。四是要坚持从严要求，切实抓好“双节”期间廉洁自律工作。全区广大党员干部尤其是领导干部要充分提高认识，适应从严治党新常态；要强化责任担当，全面落实主体责任；以上率下，模范做好廉洁自律；从严执纪，保持反腐倡廉高压态势。

最后，就会议精神的贯彻落实，区委常委、纪委书记赵惠玲提出：一是精心组织，各单位要按照要求把以案促改工作做深、做细、做实。二是扎实推进，全体党员包括村组干部要对照相关案例认真检查剖析。三是结合实际狠抓落实，形成一批制度成果，不断推进以案促改规范化、制度化。四是清廉过节，要把落实中央八项规定精神作为严肃的政治责任，经受住“双节”考验，以优良的党风政风迎接中共十九大胜利召开。

会上还印发了《郑州市以案促改典型案件严重违纪违法领导干部忏悔录选编》和《金水区以案促改典型案例》。

【前三季度重点工作观摩点评】 10月8日，区委召开前三季度重点工作观摩点评暨冲刺四季度工作动员会。会议分两个阶段：上午，对全区部分重点工作进行实地观摩，区委常委会组成人员，党的建设、生态建设、产业发展、开放创新、大棚户区改造、城市精细化管理和市政重点工程7个区级重点工作推进领导小组组长、副组长，各街道党政正职，区直有关单位主要负责人参加观摩；下午，在区机关三楼多功能厅召开会议，全区副县级以上领导，区委常委所在部门常务副职，区人大常委会、区政府办公室主任，区政协秘书长、办公室主任，巡察办主任、巡查组组长，各街道党政正职，区直各单位主要负责人，各垂直单位，辖区各公安分局，交巡警一、四、五大队主要负责人参加会议。会议由区委书记陈宏伟主持。

会上，首先，由现场观摩的街道党工委书记汇报前三季度工作进展情况和四季度工作打算，相关区级领导汇报省市交办信访案件进展情况，区委副书记李伟革宣读有关工作通报。

随后，区委副书记、区长魏东对前三季度工作进行总结点评，并对冲刺第四季度工作进行动员部署。魏东指出，前三季度，全区呈现出势头强、进展快的良好局面，经济发展势头强劲，重点工作推进迅速，赶超氛围浓厚；冲刺第四季度，要形成抓重点、克难点、树亮点的阵势，全力以赴抓住经济运行、安全生产、应急处置、环境整治、扬尘治理等重点工作，集中精力攻克项目建设、大棚户区改造、园区建设等难点工作，努力打造便民服务、优质教育资源供给、城市管理等亮点工作。

最后，围绕如何“大干80天”、冲刺四季度，陈宏伟强调三个方面的意见：一是紧盯目标，切实增强紧迫感和危机感。要逐一对照年初确定的目标任务，查漏补缺，做到心里有数，同时按照目标导向和需求导向，制定下步工作措施，进一步增强紧迫感、责任感和危机感，做到任务不变、目标不减、奖惩兑现。二是抓住重点，确保全年目标任务的完成。要做好中共十九大期间稳定安全信访工作，要抓好秋冬季扬尘污染、“小散乱污”企业整治、重型车辆污染治理，坚决打赢大气污染防治攻坚战；要紧紧扭住项目建设这个“牛鼻子”，全力以赴抓好四季度经济工作。三是狠抓具体，为冲刺四季度提供坚强保障。全面提升工作落实力，就是要通过“抓具体、具体抓”推动工作具体落实、全面落实。全区党员干部要认真对待，从严要求，身体力行，真正把“领跑发展”目标抓在手上、落实在行动上、体现在成效上。

【区委常委会（扩大）会议】 10月31日上午，在区机关三楼多功能会议室召开区委常委会（扩大）会议。全区副县级以上领导出席会议。区人大常委会、区政府、区政协办公室主任，区政协秘书长，区委常委所在部门常务副职，各街道党政正职，区直各单位主要负责人参加会议。会议由区委副书记、区长魏东主持。

区委副书记李伟革传达了中共十九大精神。

区委书记陈宏伟指出，学习

宣传贯彻落实中共十九大精神是现阶段压倒一切的重大政治任务，全区上下要把中共十九大精神作为纲领性文件，多方式开展学习宣传贯彻活动，迅速掀起学习热潮，并将中共十九大精神与全区重点工作相结合，努力开创工作新局面：一是深刻领会，准确把握。深刻领会中共十九大精神，就要准确把握中共十九大主题、准确把握党和国家事业发生的历史性变革、准确把握新时代中国共产党的历史使命、准确把握习近平总书记新时代中国特色社会主义思想、准确把握中国特色社会主义进入新时代的重大论断、准确把握我国社会主要矛盾的变化。二是加强领导，精心组织，迅速掀起学习宣传贯彻中共十九大精神热潮。要认真组织，原原本本的学习中共十九大系列文件精神，周密安排部署，研究制定方案，细化学习措施；要注重方式方法，做到集中学习与自学相结合，学习与研讨相结合，理论与实践相结合；要抓好重点，领导干部要做好示范，当好表率，认真研读，全面理解，同时各级党组织要全面动员，利用各种宣传形势和手段，让学习中共十九大精神的热潮进企业、进校园、进社区，形成学习中共十九大精神持续化和常态化。三是学以致用，付诸实践，突出抓好当前重点工作。要对照既定目标，查漏补缺，确保全年目标任务圆满超额完成；要高度重视，克服侥幸心理，坚决打赢大气污染防治翻身仗；要争分夺秒，加快重点项目推进；要按照市“四重点一稳定一保障”基本格局，谋划好明年的工作目标和工作计划；要在城市精细化管理、大气污染防治、党建等工作中出特色、树亮点；要持续抓好信访稳定工作，坚决采取“两手抓”，一手抓问题化解和解决，一手抓严厉打击。

最后，魏东就会议精神的贯彻落实提出三点要求：一是迅速掀起全面学习中共十九大精神热潮。二是精心计划组织推进。三是全面推动工作。

【城市基层党建工作推进会】 10月31日上午，在区机关一楼东厅会议室召开城市基层党建工作推进会。区委党建工作领导小组成员，各街道党工委书记、组织工作分管副职、“两新”党建指导员，科教园区、科技园区组织工作分管副职，部分区直单位主要负责同志，各街道推荐的2名“两新”党组织书记和2名社区专职党务工作者参加会议。

会上，区委副书记李伟革首先传达了全省城市基层党建工作经验交流座谈会和全市“两学一做”学习教育常态化制度化工作推进会精神。随后，经八路街道党工委、花园路街道省供销社社区党总支和郑州晨钟教育集团党委分别代表街道、社区、“两新”三个层面就城市基层党建工作进行经验交流发言。

最后，就如何做好当前和今后一个时期金水区城市基层党建工作，区委书记陈宏伟提出四点意见：一是要深化认识，增强基层党建工作的责任感和紧迫感。中共十八大以来，中央、省、市对城市基层党建工作不断提出新的指示和部署，要主动适应变化，准确把握城市基层党建出现的新情况、深刻认识城市基层党建任务的新变化、清醒认识城市基层党建面临的新挑战，不断增强责任感和紧迫感。二是要突出重点，积极构建城市基层党建新格局。要通过抓党建、抓治理、抓服务，切实发挥街道领导核心作用，夯实基础支撑；要健全完善上下组织联动体系、责任联动体系和制度联动体系，形成整体合力；要在组织架构、体制机制、资源共享等方面，搭建平台、建立纽带，统筹推进区域化党建，提高整体效应；要着眼扩大有效覆盖，精准做好商务楼宇、商圈市场等新兴领域党建工作。三是要强化责任，切实加强对城市基层党建的组织领导。要落实狠抓党建的责任，加大严督实导的力度，树立久久为功的恒心，推进城市基层党建工作系统推进、全面过硬。四是着眼当前，突出抓好中共十九大精神学习宣传贯彻、“两学一做”学习教育常态化制度化工作、党群服务中心建设三项重点工作，用中共十九大精神统领和指导金水区领跑中部城区发展，推进全区城市基层党建工作再上新台阶。

【区委十一届四次全体（扩大）会议】 11月25日上午，在区机关三楼多功能厅召开区委十一届四次全体（扩大）会议。区委第十一届委员会委员、候补委员出席会议。区人大、区政府、区政协领导及其他副县级以上领导，区委常委所在部门常务副职，区各管委会副主任，区人大常委会、区政府办公室主任，区政协秘书长、办公室主任，区四大班子办公室副主任，区人大、政协各工作（专门）委员会主要负责人，区纪委常委、纪委委员，区委巡察办主任、巡察组组长，各街道党政正职，区直机关各单位主要负责人，各垂直单位、辖区各公安分局主要负责人，部分出席省十次党代会、市十一次党代会、区十一次党代会的基层党员代表，各民主党派、工商联、无党派人士代表列席会议。

会议分三个阶段进行。第一阶段是召开第一次全体会议，由区委书记陈宏伟作讲话。就学习贯彻中共十九大精神，陈宏伟提出四点意见：一是提高政治站位，深刻学习领会中共十九大精神，坚决维护习近平总书记核心地位和党中央权威，用习近平新时代中国特色社会主义思想武装头脑、指导实践。全区各级党组织和广大党员干部要保持高度的政治自觉、思想自觉和行动自觉，推动习近平总书记新时代中国特色社会主义思想在金水落地生根、开花结果。二是认真落实精神，用中共十九大重大论断和省委市委战略部署审视金水的发展，增强以习近平总书记新时代中国特色社会主义思想引领新时代金水各项事业发展的使命感、责任感、紧迫感。当前和今后一个时期，全区工作的总体要求是：高举习近平总书记新时代中国特色社会主义思想伟大旗帜，全面贯彻落实中共十九大精神，紧扣社会主要矛盾变化，统筹推进“五位一体”总体布局、协调推进“四个全面”战略布局，坚持以人民为中心，坚持发展第一要务，牢固树立新发展理念，紧紧围绕郑州国家中心城市建设，突出改革开放、突出创新驱动、突出补齐短板、突出民生提标、突出党建保证，不断满足人民群众日益增长的美好生活需要，以领跑的姿态、领跑的气势、领跑的担当，加快建设社会主义现代化强区。三是迅速见诸行动，深入贯彻落实中共十九大和省市委全会精神，扎实推进新时代金水经济社会发展各项工作。第一是要把现代产业体系培育牢牢攥在手中，第二是要下大力气构建全域城市化发展新格局，第三是要把全面深化改革贯穿工作各领域，第四是要着力构建全方位对外开放新格局，第五是要以超常规措施推进创新型城区建设，第六是要以更大的力度治理环境改善生态，第七是要下决心做好文化工程，第八是要把不断满足人民日益增长的美好生活需要作为不懈追求，第九是要统筹抓好民主法治建设。四是切实加强党的建设，推进全面从严治党向纵深发展。第一是要把党的政治建设摆在首位，第二是要筑牢思想建设的根基，第三是要建设高素质专业化干部队伍，第四是要推动基层党建全面过硬，第五是要持之以恒正风肃纪反腐败。

第二阶段是分组讨论。与会人员分组讨论了《中共金水区委关于深入学习贯彻中共十九大精神　领跑中部城区发展开启新时代全面建设社会主义现代化强区新征程的意见》《中共金水区委第十一届四次全体（扩大）会议决议（草案）》。随后，在区机关301会议室召开区委常委会，听取各组召集人关于讨论情况的汇报，审议《中共金水区委十一届四次全体（扩大）会议决议（草案）》。

第三阶段是召开第二次全体会议。会上，首先表决通过了《中共金水区委十一届四次全体（扩大）会议决议（草案）》。随后，就此次全会精神的贯彻落实，陈宏伟强调三点意见：一是迅速传达学习，切实把思想和行动统一到全会精神上来。会后，各单位要立即召开领导班子会议、全体人员会议等多个层面会议，迅速把全会精神传达到每一位党员干部群众。要高度重视、认真谋划、精心组织，把全会精神学习宣传好、贯彻落实好。要切实把广大干部群众的思想认识统一起来，把全会精神转化为真抓实干的自觉行动，转化为推动领跑发展的强大动力。二是围绕领跑发展，切实做好各项工作的谋划和推进。《关于深入学习贯彻党的十九大精神　领跑中部城区发展　开启新时代全面建设社会主义现代化　强区新征程的意见》是中共十九大精神在金水的具体化。全区各单位要结合自身实际，认真围绕全会提出的三个阶段目标、九个方面任务，逐条逐项开展专题研究，进一步提升思路理念，制定切实可行的工作推进方案，建立工作台账，确保全会精神落到实处。三是强化责任担当，更好承担起新时代赋予金水的光荣使命。领导干部要率先垂范，先学一步、学深一层，以实际行动带动全区上下持续发力、推进落实。要强化责任感使命感，坚持守土有责、守土负责、守土尽责，勤于思考、善于创新、狠抓落实，对上级的决策部署抓紧、抓实、抓出成效。

【党政正职学习贯彻中共十九大精神专题培训班】 11月27日—12月1日，区委在南京大学举办党政正职学习贯彻中共十九大精神专题培训班。全区各街道党政正职、区直部分单位主要负责人及辖区6个公安分局副职参加此次培训。开班仪式于11月27日上午在南京大学科技楼二楼报告厅举行。南京大学社会学院院长成伯清，区委书记陈宏伟，区委常委、组织部部长时博，金水科教园区管委会主任李小虎，区委常委、区委办公室主任曹可艳出席开班仪式。

【区委中心组（扩大）学习会议】 12月5日下午,在一楼东厅召开区委中心组（扩大）学习会议。区委中心组成员（全区副县级以上领导干部），区委常委所在部门常务副职，区人大常委会、区政府办公室主任，区政协秘书长、办公室主任，各街道党政正职，区直各单位主要负责人，以及其他各单位部分现职科级干部共计300余人参加了学习。会议由区委书记陈宏伟主持。

市委党校副校长赵林运用翔实的数据、经典的案例、生动的语言，对中共十九大精神进行了解读，对全面准确把握十九大精神、推动金水加快实现“两个率先领跑中部城区发展”具有很强的指导意义。

学习结束后，陈宏伟强调三点意见：一要进一步掀起学习中共十九大的新高潮。中共十九大闭幕以后，金水区先后召开了区委常委会、区委常委扩大会、区委中心组学习、区委十一届四次全会等一系列会议，对学习贯彻中共十九大精神及相关工作进行了系统的安排和部署。下一步，要以此次报告会为契机，不断深化学习、提高认识、增强自觉，把学习贯彻中共十九大精神作为全区首要的政治任务，作为增强思想意识的具体体现，作为指导和推动各项工作的主题主线，进一步在学懂、弄通、做实上下功夫，做到组织领导、学习培训、宣传引导、督察指导和推动工作等“五个到位”，进一步掀起学习贯彻的新热潮。二要做好学习贯彻的表率。全区各级领导干部尤其是区级领导和各单位的一把手要争当学习宣传贯彻中共十九大的表率，主动加强与基层干部群众的互动交流，推动中共十九大精神走进基层、走进群众，确保取得实实在在的成效。三要用中共十九大精神指导推动各项工作。全区各级各部门要紧密联系各自的工作实际，联系广大干部群众的思想实际，坚持学以致用、学以致学，把中共十九大精神落实到加快金水领跑中部城区发展的实际行动中，落实到在郑州国家中心城市建设中“挑大梁、走前头、做贡献”的各个方面，体现到2017年各项工作的圆满收官和2018年的工作谋划之中，推动中共十九大精神在金水落地生根开花结果。

【创新创业生态体系构建项目签约】 12月22日上午，金水区创新创业生态体系构建项目签约暨2017“创赢未来”颁奖仪式在俭学街金水区大学生创业园大礼堂举行。省人力资源和社会保障厅创业处处长郑文暹、省教育厅学生处调研员杨占军、市中小企业服务局副局长李聚云、市科技局副局长缑云峰、市金融办副主任李新峰、市人社局党组成员康中超、全省部分高校负责人，及区领导陈宏伟、魏东、李伟革、杨洁、时博、李小虎、曹可艳、李贻忠、赵高翔、王居良、张双喜、段庆洲、刘运泽出席活动。

颁奖仪式首先对金水区大学生创业工作进行了视频回顾。随后，区委书记陈宏伟进行致辞。最后，区委常委、常务副区长杨洁宣读关于对2017“创赢未来”金水区大学生创业资助项目选拔赛获奖项目和上市挂牌企业的奖励决定。颁奖仪式结束后，省市各级领导到大学生创业园区实地参观考察。

【重点工作2017年工作总结会】 12月15日、16日、21日，在区机关820会议室召开了全区重点工作2017年工作总结及2018年工作谋划汇报会。区领导陈宏伟、魏东、李伟革、杨林、王爱辉、杨洁、李小虎、曹可艳、李贻忠、许贵舟、赵高翔、张川、郭国平、王居良、刘凌云、徐建军、杜保民、张双喜、王浩、唐成山、刘运泽、崔文修出席会议，各区级重点工作推进领导小组成员单位主要负责人参加会议。

会议先后听取了城市精细化管理工作推进领导小组、市政工程建设工作推进领导小组、产业发展工作领导小组、开放创新工作领导小组、党的建设工作领导小组、督导考评工作领导小组、生态建设工作领导小组及3个园区关于2017年工作总结及2018年工作谋划的汇报。

结合汇报情况，针对如何科学谋划明年工作，区委书记陈宏伟提出三点意见：一是要进一步理清工作思路。要认真总结2017年各项工作，分析当前形势，正视现存的困难和问题，做到心中有数，处理有招，为理清2018年的发展思路和工作重点奠定基础，及早谋划来年工作。二是谋划要再深入、再细化。各领导小组要根据全区工作总体要求，从自身实际出发，完善发展思路，细化工作举措，明确任务分工和时间节点，坚持目标导向和问题导向，以“钉钉子”精神全面抓好落实，共同开创金水各项工作新局面。三是要突出亮点。要始终把解放思想、转变观念放在推动发展的首要位置，通过思想上的大解放，着力探索促进科学发展的新思路、新举措，找准促进经济社会发展的结合点、着力点，重点打造一批具有金水特色的品牌工程、亮点工作，加快实现领跑中部城区发展目标。

纪检监察

【概况】 根据纪检监察机关“转职能、转方式、转作风”工作的需要，金水区纪委监察局内设机构进行了调整，设立了办公室、组织部、宣传部、干部监督室、信访室、审理室、调研法规室、党风政风监督室、案件监督管理室、第一至第七纪检监察室、网络管理室17个室、部。

2017年，全区各级党组织紧紧围绕迎接服务中共十九大胜利召开和全面贯彻中共十九大精神这条主线，坚持党要管党、全面从严治党，切实担负起管党治党的政治责任，党的建设全面加强。全区纪检监察机关坚守职责定位，强化监督、铁面执纪、严肃问责，党风廉政建设和反腐败斗争更加深入，有力维护了全区改革发展稳定的良好局面。

【从严管党治党】 树牢“四个意识”，坚定“四个自信”，自觉强化围绕中心、服务大局、强化责任、严明纪律的政治担当。强化落实主体责任。通过编印系列《问责条例背后的故事》、签订责任书、述责述廉、签字背书、约谈诫勉等措施，强化各级党组织管党治党责任意识，逐级压实主体责任。坚决执行问责条例，对1个党组织、9名党员领导干部管党治党不力问题实施问责。始终坚守职责定位。充分发挥党内监督专责机关作用，制定《区纪委履行全面从严治党监督责任清单》，把监督责任融入到具体事项。严把选人用人、评优评先、出国出境廉洁审查关，出具党风廉洁情况证明271份1973人次。坚持围绕中心、服务大局，全面加强对执行党的纪律、落实重大决策部署情况的监督检查，围绕大气污染防治等中心工作，问责履职不力问题24件58人。积极参与集贸市场综合整治督查，有效助推“双迎攻坚”工作顺利通过考评验收。坚决维护政令畅通。开展优化经济发展环境集中整治，成立了5个工作组，采取了自查自纠、监督评议、厘清权责、强化问责等24项具体措施，针对证照办理、窗口服务、项目建设中的懒政怠政、推诿扯皮、恶意刁难、吃拿卡要、阻工扰工等突出问题，组织力量开展拉网式排查，通过张贴公告、发放监督举报卡和调查问卷等形式，拓宽群众投诉举报渠道，共立案25件，问责228人次，协调解决问题35个。会同政法机关形成合力，依法处置重大项目恶意阻工事件3起。立足于建长效、管长远，建立了重点项目分包领导挂牌公示、廉政监督回访、第三方评议监督、问题督办反馈等优化工作长效机制，持续推动作风改进和效能提升。

【落实中央八项规定】 把监督落实中央八项规定精神作为重要政治任务，在坚持中深化，在深化中坚持，驰而不息整治“四风”。抓重要节点。打出监督检查的“组合拳”，强化节前教育提醒，节中监督检查，节后问责通报。全年查处作风纪律问题34个，问责48人。抓专项治理。开展隐蔽餐饮服务场所专项检查和违规公款购买消费高档白酒专项治理，共检查出35家隐蔽餐饮服务场所，核查上报信息84条，给予纪律处分1人；利用工作大会、集中培训等时机，开展工作日午间饮酒专项检查，对顶风违纪人员点名道姓在全区公开通报批评并给予纪律处分。扎实开展“小金库”专项清理整治，坚持“严”为常态、“宽”有时限，明确时间节点，突出检查重点，共查出“小金库”59个，上缴资金328.46万元；清理出预算单位未经财政部门批准保留的账户13个，撤并村级违规账户7个，共涉及资金1.02亿元。抓常态长效。严格落实领导干部公费外出学习考察和操办婚丧喜庆事宜备案提醒监督制度。加强中央八项规定精神制度建设监督检查，以制度促进长效化，以检查促进常态化。

【践行“四种形态”】 坚持把纪律和规矩挺在前面，贯彻惩前毖后、治病救人方针，前移监督关口。把践行第一种形态作为日常性工作，落实到各级党组织主体责任之中，对监督检查中发现的一般性问题实行“一文一会五表态”：“一文”即区纪委以正式文件形式通报问题责任单位；“一会”即责任单位在5个工作日内召开党员干部大会，对问题进行通报并组织公开讨论；“五表态”即相关问题直接责任人、所在部门负责人、分管领导、纪检组长、单位主要负责人要针对问题逐一表态发言，并如实记录，报区纪委备案，真正让“红红脸、出出汗”成为常态。2017年全区共开展“一文一会五表态”31次，运用谈话函询方式处置问题线索70件，诫勉谈话、提醒谈话54件64人次。保持惩治腐败高压态势，严格落实监督执纪工作规则，建立涵盖线索处置、审查、审理等11个节点的问题线索集中管理台账，案件查办程序更加规范。按照分级负责原则，通过线索转办、督办等形式，督促基层纪检组织履职尽责。2017年，全区纪检监察机关共处置问题线索242件，其中，初步核实172件，立案审查43件，给予党政纪处分61人，其中，处分科级干部12人。完善反腐败工作横向联动机制，处置执法、司法机关移交违法党员问题线索21件，立案审查9件，给予党政纪处分10人。严守执纪审查安全底线，开展“五查五促”执纪审查安全集中教育，强化办案谈话场所隐患排查和问题整改，实现审查人员零违纪、审查安全零事故的“双零”目标。

【惩治“微腐败”】 加大力度整治群众身边的不正之风和腐败问题。强化对优亲厚友、以权谋私、贪占挪用等违纪违法行为的线索排查和精准打击力度，查处顶风违纪、侵害群众利益的党员干部24人。聚焦群众反映强烈和纪检监察业务范围内重复举报、久拖不决的问题，采取领导包案下访、律师参与接访、挂牌督办、直查快办等形式，着力化解信访积案和疑难信访问题，为中共十九大胜利召开营造和谐稳定的社会环境。中共十九大期间，区纪委领导班子共包案14件、接访约谈60件次，化解信访积案3个。开展扶贫领域和群众反映突出问题专项治理，组织财政、审计、民政、农业、教育、食药等部门开展专项检查，查纠一批作风纪律、行政执法、农村“三资”管理等领域存在的突出问题。

【净化政治生态】 重治标更重治本，着力营造风清气正的政治生态。加强宣传引导，用好“清风金水”政务微博、微信公众号、《金水时讯》、党报党刊等宣传媒介，常态化、高密度刊发、推送廉政动态、廉政要求，强化对反腐倡廉方向原则、决策部署和实践成果的宣传，持续传导正风反腐、廉洁向上的正能量。组织全区党员干部观看《失守的“两缘观”》《张子健的“错位”人生》等警示教育片，用身边事教育身边人，警示党员干部时刻筑牢拒腐防变思想道德防线，时刻保持敬畏之心，自觉做到警钟长鸣。加强廉政文化建设，开展“倡新家风、树新家训、立新家规”廉洁文化进家庭主题活动，采取传唱廉政歌曲、发放廉政书刊等形式，造浓机关崇廉倡廉氛围，营造风清气正好氛围。扎实推进以案促改，编发《典型案例通报》3期，以问题典型或违纪频发单位为重点，以点带面强化警示教育，组织全区各党组织对照发生在身边的违纪、违法典型案件，分层、分级召开专题民主生活会、组织生活会，查找风险漏洞，完善配套制度，达到查处一案、教育一片、治理一方的效果。

【完善监督体系】 坚决贯彻市委、区委决策部署，加大纪检监察体制改革力度，推动实践创新和体制机制创新。监察体制改革扎实推进。区委对监察体制改革试点工作高度重视，区委书记亲自研究改革事项、协调改革难题、当好“施工队长”；区纪委充分发挥牵头抓总作用，严格按上级确定的“时间表”和“线路图”，周密组织、精心“施工”；人大、组织、政法、检察、编制等部门，各司其职、密切配合、形成合力，确保领导班子配备、内设机构设置、线索移交、人员转隶、办公场所准备“五个到位”，监察体制改革试点工作取得实质性进展，实现纪委监委合署办公、机构人员全面融合、执纪执法相互衔接。改革后，共划转编制46个，转隶26人。派驻改革取得实质进展。按照区委和市纪委统一部署，研究制定《关于加强区纪委派驻机构建设的意见》及相关工作方案，按照全面派驻、分类设置、职能明确、权责一致的原则，确立派驻机构领导体制和工作机制，撤销1家纪工委、47家区直单位纪检组及监察室。采取单独派驻和综合派驻2种形式，设立18家派驻纪检监察组，实现了对61家区一级党和国家机关派驻监督监察全覆盖。持续深化巡察监督。牢牢把握政治巡察定位，聚焦三大问题，紧扣六大纪律，查找政治偏差，着力发现党的领导弱化、党的建设缺失、全面从严治党不力等问题，形成持续震慑，有效发挥巡察监督的“显微镜”“探照灯”作用。制定巡察工作五年规划，充实巡察工作队伍，建立巡察工作人才库，全年分三轮对21个单位开展专项巡察，发现问题线索26条，处理违纪人员7人。督促被巡察单位立行立改问题256个，问题整改率达99.6%。

【执纪队伍建设】 牢记执纪者必先守纪、律人者必先律已，打造忠诚干净担当的纪检监察队伍。着力锤炼政治品质。牢牢把握忠诚卫士必须对党绝对忠诚的政治要求，持续推进“两学一做”学习教育常态化制度化。以“讲忠诚、守纪律、做标杆”活动为抓手，以集中观看《打铁还需自身硬》专题片为契机，组织全区纪检监察干部看专题、谈主题、找问题，成功举办主题演讲比赛。通过自己学、领导讲、相互谈等形式，在全区纪检监察系统兴起学习贯彻中共十九大精神热潮。着力提升履职能力。开展“一准则一条例一规则”集中学习教育，适应信息化新形势，开发“党规党纪随身学”手机应用程序，为学习插上了科技翅膀，极大地提升了学习效果。通过“周五大讲堂”、专题培训、闭卷考试、现场抽查等多种形式，开展熟记熟背纪律处分条例、监督执纪工作规则等活动，不断铸造纪检监察干部过硬的履职能力。严格落实自身建设主体责任。严肃认真、生动活泼地开展组织生活会和“党员活动日”，把纪律和规矩立在平时、严在平时。严格按照监督执纪工作规则规范业务流程和审批报告程序。坚持正人先正己，区纪委领导班子带领全体干部在全区率先承诺，严守工作日午间“禁酒令”，严守监督执纪“五个不准”“八个严禁”，教育引导纪检监察干部时刻注重自身形象、时刻严格要求自己。坚持刀刃向内、强化监督，对11名履职不力的纪委书记、纪检组长进行诫勉谈话，处理违反纪律的纪委书记2名。

（撰稿：李安明　审阅：赵建英）

组织工作

【概况】 中共金水区委组织部是区委主管组织工作、干部工作和人才工作的职能部门。内设办公室、政研室、组织科、干部科、干部监督室5个科室，辖人才工作办公室、党员电化教育中心、大学生村官管理办公室、干部信息管理中心、非公有制企业党工委办公室5个二级机构，代区委管理区委直属事业单位区绩效考核工作办公室。

2017年在市委组织部的支持和指导下，金水区组织系统深入学习领会习近平新时代中国特色社会主义思想，紧紧围绕中央和省、市、区委各项重大决策部署，着重针对当前党建和组织工作面临的新情况新问题，坚持与时俱进、改革创新，大力加强领导班子、干部队伍和人才队伍建设，全面加强基层组织和党员队伍建设，狠抓组织部门自身建设，各项工作取得了新的成效。

【学习贯彻中共十九大精神】 中共十九大召开后，结合自身建设持续深化从严治部，坚持读原文、悟原理，深刻理解中共十九大报告的重大意义、科学内涵、实践要求，努力做学习贯彻中共十九大精神的表率。并在部机关通过开展形式多样的学习活动，切实让中共十九大精神入耳入脑入心。利用各种宣传形式和手段，全面动员全区各级党组织原汁原味学习中共十九大精神，邀请省委宣讲团专家、郑州大学教授和区委党校讲师团细致解读中共十九大精神，共举办各类培训50余期，培训党员干部1万余人次。坚持以习近平新时代中国特色社会主义思想为指导，按照中共十九大对党的建设作出的新部署，聚焦主责主业，强化使命担当，把中共十九大精神贯彻落实到组织工作方方面面，突出打造过硬领导班子和干部队伍、抓好干部教育培训，以实际行动让中共十九大精神在金水落地生根、开花结果。

【人大政协换届服务保障】 认真落实中央、省市委换届纪律要求，扎实履行监督程序，做好市人大代表、政协委员推选期间和区人大、政府、政协换届期间风气监督各项工作。严格落实“四必看”“四必谈”要求。加强关键环节纪律要求，在民主推荐环节，发放致函、回执和严肃换届纪律提醒卡，要求自觉遵守、加强监督。会议期间，向各代表团派驻风气监督员，对各团风气情况进行全程监督；压实团长换届风气监督主体责任，有针对性的开展谈心谈话等。持续加大宣传力度，多种形式发布换届精神，营造良好氛围。同时，用好“12380”举报受理平台，全天候受理违反换届纪律举报，保证换届风清气正。

【领导班子和干部队伍建设】 扎实做好对全区县处级领导班子和市管干部的年度考核暨换届考察工作任务。严格按照机构编制部门核定职数配备干部，在完成超职数配备干部“清零”的基础上，调整了一批表现优秀、业绩突出的干部，树立了“重基层、重实干、重业绩”的选人用人导向。在充分征求意见的基础上，确定279名科级副职后备干部，并实行动态管理，结合后备干部考察、平时掌握和各单位推荐情况进行相互印证和识准干部，探索完善在“四个一线”考察识别干部的新途径，进一步加强后备干部队伍建设。圆满完成“三超两乱”专项整治自查、领导干部个人事项报告及核查等工作，进一步严格科级领导干部因私出国（境）管理，安排哈密市伊州区选派的8名优秀社区干部到花园路街道挂职锻炼。紧紧围绕全区发展需求，加大干部培训力度，组织领导干部素能提升培训班、科级干部主体班以及全区科级干部学习贯彻中共十八届六中全会精神专题轮训班共5期，开展“名家讲坛”活动5期，全力打造平台，提升干部素能。

【基层基础】 以“基层规范年”活动为载体，明确各领域党组织党建工作标准，不断完善工作机制，优化考核目标，统筹推进各领域基层党建工作。在“党员活动日”活动中探索“7+1”模式，将集中缴纳党费、开展集中教育、开展志愿服务和落实“三会一课”等纳入“党员活动日”之中。开展“纪念建党96周年主题实践活动”，面向全区3万余名党员发放“政治生日”电子贺信，基层党组织先后举行集体“政治生日”172场。扎实推进“万名党员进党校充电计划”，累计举办26期培训班，培训党员2.2万余人。结合金水位处老城区、阵地建设薄弱的现状，因地制宜统筹推进全区党群服务中心建设工作。初步构建全区党组织和党员信息数据库，慰问困难党员1029人次，为全区42名农村党组织书记和驻村第一书记进行体检。建立党建“智库”服务体系，整合辖区公共资源，构建共驻共建共享的区域化党建新格局。已与600多家驻区单位建立共建关系，签订8大类146项共建服务项目，累计开展服务活动11.2万人次。

【人才服务】 坚持党管人才，着力提升人才服务水平。持续开展“智汇郑州·1125聚才计划”申报工作。引进各类人才团队40个，邓子新、彭秀东等一大批高层次人才走进金水、扎根金水，为全区人才强区战略的实施提供了有力的人才支撑。在引进高端人才的基础上，更加注重对传统人才及实用人才的发掘、培养和使用，营造更接底气、实用至上的人才政策环境。遴选以千人计划专家彭秀东为代表的11名专家、学者，组建金水区第二届经济社会发展顾问团，加强宏观决策研究和咨询。充分发挥顾问团的行业影响力，广泛联系海内外专家、学者，先后牵线对接“两院”院士4人，吸引各类高层次人才260多人。2017年，全区共有省、市两级院士工作站30个；引进高新技术企业80家，科技贡献率达到60%以上，人才集聚效益不断显现。

【党员干部现代远程教育】 制作了4部电视宣传片《我身边的榜样》迎接中共十九大和建党96周年。强化日常管理，抓好远程教育设备的升级改造；大力推进学用示范基地建设，深入开展教学专家专题辅导活动；加大教学资源建设力度，做好组织工作一周快报、红色教育服务家园网站信息报送工作。

【自身建设】 围绕打造组工干部先锋形象，积极开展迎接中共十九大主题活动；以落实中央八项规定精神制度建设“回头看”工作为载体，以加强制度建设、开展组工培训、强化作风建设为抓手，扎实推进部机关规范化建设，确保各项工作有序进行。认真组织开展部机关支部“党员活动日”活动，要求组工干部围绕“弘扬党的优良传统，争做优秀组工干部”主题撰写文章、提出建议，共收集到意见建议11条。学习先进典型狠抓组工干部素能提升，组织部机关全体党员以廖俊波等正面典型为镜，通过个人反思排查、开展集中交流讨论等形式，进一步强化个人作风建设。开展“组工讲坛”33期，由组工干部轮流讲课；继续办发《学海拾粹》月刊，为干部学习、展示、提升搭建平台。2017年共在《河南组工信息》发表信息3篇，在《郑州组工信息》发表信息9篇。

（撰稿：赵鹏飞 审阅：张兴学）

宣传工作

【概况】 中共金水区委宣传部是区委主管意识形态工作的综合职能部门。下设办公室、理论信息科、宣传文化科、新闻科、政研室、金水时讯6个职能科室，并设有对外宣传办公室、互联网信息管理办公室、文化产业发展领导小组办公室3个职能单位，代区委管理精神文明建设指导委员会办公室。

2017年，全区宣传思想文化工作全面贯彻落实中共十八届六中全会、中共十九大精神和习近平总书记系列重要讲话精神，结合实际，扎实做好理论武装、意识形态、舆论引导、精神文明、文化惠民和文化产业六个方面重点工作，为实现“两个率先”，领跑中部城区发展营造良好的舆论氛围。

【理论学习教育】 一是充分发挥中心组学习的示范带动作用。全年共举办中心组学习9次，区委中心组成员累计撰写心得体会和调研文章70余篇。创新中心组学习形式，设立中心组学习讲坛。邀请省市有关专家组成的中共十九大宣讲团到金水区开展专题辅导报告，深入推进中共十九大精神在基层落地生根。二是深入开展理论宣讲进基层。开展“百姓宣讲直通车”“金水道德模范故事汇”“戏曲进校园”活动，2017年已基本实现全部社区开展一次理论宣讲活动，覆盖率达96%。共开展9场“迎接党的十九大”理论宣讲活动。组建金水区中共十九大精神宣讲团，分赴机关、农村、社区、企业、学校陆续开展宣讲活动。三是深化党员学习教育。举办以“讲党的故事 喜迎十九大 决胜全面小康”“学习十九大 畅谈学习体会”等为主题的党员教育系列活动，涵盖主题征文、座谈会、微党课、演讲比赛等内容，深化党员干部对中共十九大精神和习近平总书记系列重要讲话精神的学习领会。金水区在郑州市微型党课大赛中荣获二等奖和三等奖，并参加了全市微型党课大河网直播，获广泛点赞。四是全力维护

2017年11月7日，金水区宣传思想文化系统学习宣传贯彻中共十九大精神会议

2017为艺为商“街舞四方”开幕式

意识形态安全。及时提醒召开全区意识形态联席会议，做好意识形态领域情况分析研判和思想理论辨析引导，落实党委（党组）领导意识形态监管的主体责任,完善责任目标考核评价体系，严格落实主管主办和属地管理职责。

【舆论引导】 围绕迎接宣传贯彻中共十九大，以新型城镇化建设、大气污染治理、产业政策扶持、建设国家中心城市等区委、区政府中心工作，加强与主流媒体对接联系,推出“建设国家中心城市 领跑中部城区发展 如何提升落实力大讨论”《党的十九大特别报道》等一批专题专栏报道，营造学习宣传贯彻中共十九大精神的浓厚氛围。全年在《河南日报》《郑州日报》刊发稿件共计323篇，其他报刊发稿986篇，电台、电视台共报道278篇，在各级各类网络媒体共计发稿3200余篇，中央级网络媒体报道400余篇，发稿量居市内五区前列。在中央电视台《朝闻天下》和《新闻直播间》栏目播出第五届中国（郑州）国际街舞大赛新闻，受到中央、省、市媒体的宣传报道。一批正面外宣稿件在中央、省、市媒体首要位置刊发，《河南日报》重磅推出《金水区 领跑中部城区展英姿》,《郑州日报》专版刊登《领跑中部城区的“金水表达”》，集中报道金水区推出的“金典六策”产业扶持政策体系。

【网络舆情】 通过文字、图片、音频、视频等融媒体形式，对中共十九大精神，市委、区委全会精神，群众文化艺术节等内容进行深度宣传。通过中央人民广播电台、《人民日报》客户端、今日头条等传播平台，进一步扩大宣传报道的范围。加强网络阵地管理，加大对微博微信、移动客户端、跟帖评论的监督力度，严格清理政治谣言和有害信息，分类排查61779家网站，上报问题网站4334家，约谈3家互联网信息服务单位，净化网上舆论环境。举办2期新闻发言人培训班，开展全区网络宣传报道和舆情应对专题培训，全年培训干部近280人次，针对通讯员队伍建设、新闻发言人舆情应对和危机公关能力等职业素养，切实提升新形势下各单位新闻发言人和通讯员的履职水平。

【群众文化生活】 一是深入开展“砥砺奋进的五年”“幸福在我家”“经典诵读”“建军90周年军旅歌曲快闪”等迎接中共十九大系列文化活动，涵盖摄影大赛、演讲征文、文艺展演、主题展览等各类活动十余项，展现中共十八大以来金水文化发展成就。二是持续举办“2017年金水群众文化艺术节”系列活动，开展“戏曲进校园”、中国（郑州）国际街舞大赛、国际标准舞公开赛等大型群众文化活动20余场，参与群众30多万人次。在国际街舞大赛和国际标准舞大赛期间举办舞蹈大师训练营，最大限度满足群众文化需求。三是选送纪念雷锋微电影《红房子》，参加郑州市精神文明建设“五个一工程”评选。评书快板《勤俭节约传家宝》、小品相声《我们家的事儿》等一批原创文艺节目在全区范围内公演，社会反响良好。

【文化产业】 建立《金水区深化文化体制改革2017年任务台帐》，制定《金水区华夏历史文明传承创新区建设方案》，大力实施“文化+创意”“文化+科技”战略，通过资金扶持、政策引导等形式，培育影视制作、出版发行、娱乐演艺等文化产业，率领辖区4家优秀文化企业亮相中国（深圳）和中原（鹤壁）文博会，将紫砂壶等百余件创意展品和《轩辕谣》《三子争父》等十余部影视、话剧作品呈现在观众面前，着力推动文化产业规模化、集约化、专业化、高端化发展。

【宣传信息】 拍摄制作《2017金水区对外形象宣传片》。《金水时讯》紧紧围绕区委、区政府中心工作，全年共刊发54期，216个版面，开设“奋进与辉煌五年发展回眸”“十九大精神在金水”等专栏专版。

【精神文明创建】 一是“双迎攻坚”助推环境大幅改善。增福祉惠民生，今年以来，金水区文明城市创建水平稳步提升，人居环境大幅改善。以“双迎攻坚”为契机，金水区大力推进市容环境、集贸市场等8大类68项问题的整治，对万邦新绿地农贸市场等78个集贸市场进行集中整治提升，通过建立分工明确、责任到人、督导严格、奖惩分明的“双创”格局，全力以赴打赢金水区“双迎攻坚”战,城市精神文明风貌大幅改观。二是公民道德建设持续拓展。辖区道德模范典型层出不穷，200多名先进典型受到中央、省市表彰。持续整治网吧、书店和校园周边其他文化场所，促进引导未成年人健康成长。全年举办“道德讲堂”1000余场次，郑州市“道德模范故事汇”金水专场活动的成功举办更是将道德讲堂推向常态化、制度化、规范化。全面推动2017市民公共文明素养提升年活动，创建文明社区、文明楼院、文明单位，着力提升市民文明素养。三是志愿服务活动蔚然成风。实施“六有一落实”标准（有统一标识、有办公场所、有志愿服务队伍、有管理制度、有工作台帐、有服务项目，落实志愿服务活动），全区已经建成志愿服务站175个，志愿服务岗163个，联合区总工会、机关工委、团委等单位，共计开展大型公益活动6次，开展志愿服务活动986次，大大提高了志愿服务活动的群众参与率和知晓率。

（撰稿：朱柳莹　审核：赵伟峰）

统战工作

【概况】 中共金水区委统战部（挂台湾工作办公室、区政府台湾事务办公室牌子）是主管全区统战工作的区委组成部门。设有区归国华侨联合会、区海外联谊会2家事业单位，部机关下设办公室、宣传科、党派科、干部科、经联科、民宗科、新阶层人士工作科、海外联络科等职能科室。

【统战系统贯彻中共十九大精神】 创新开展“线上、线下”共同学习新模式。线上利用“金水统战”微信公众平台，每周推送中央最新统战精神、理论知识、全区统战工作动态等，全年累计推送400余条。线下学习将每月22日定为部机关党员集中学习日，组织机关全体党员干部学系列讲话与分条目深入学习解读《统一战线工作条例》。其中，“七一”前夕开展“争做新时期的统战好干部”的主题部长讲党课活动。11月3日，由统战部部长付建峰主持召开全区统一战线成员学习中共十九大精神座谈会。

【民主党派】 积极推进以“应急救护培训进社区”为主题的民

主党派服务社会系列活动，9月份完成了对全区156个社区的救护培训工作；认真开展区第五届特约人员换届工作，产生候选人71名；3月7日，中央统战部中央社会主义学院原副院长袁廷华一行3人到金水区花园路街道通讯花园社区进行基层民主建设调研。4月中旬，组织厦门大学民主党派骨干成员培训班，全区各民主党派55名骨干成员参加培训。引导辖区各民主党派基层组织开展围绕金水经济社会发展重点工作开展调查研究，全年有民革、九三学社两个党派金水基层组织开展专题调研共计3次。协助市委统战部做好党派换届工作，对各民主党派市委会换届人选做好综合评价和审查考核工作，共计评价6人、考核10人。

【非公经济】 深入开展理想信念教育实践活动，全年共举行培训20场，座谈会16场，开展各种活动近80场，累计参与企业1200家，非公经济人士13500余人次；全年依托新创客协会、慧谷咖啡等创新创业平台，举行创业培训20场，培训人员600余名；于10月中旬，在厦门大学举办全区非公经济人士培训，53名代表人士参加；积极开展“光彩事业”。全年共组织招聘会16余场次，参会企业450余家次，提供就业岗位1200个，全年各类公益捐款捐物累计28万元；认真落实中央统战部《关于加强和改进非公有制经济人士综合评价工作的意见》的要求，全年评价137人。3月初，完成新一届工商联与总商会换届，选出执委会执委85名，以及工商联领导班子27名，商会领导班子30名。

【新阶层人士】 全年累计更新新阶层代表人士人物库30名，持续推进新阶层人士志愿者工作，全年共开展21场、130余人次参加、服务群众300余人。4月7日，中央统战部八局副巡视员郭焕龙一行3人到中国舞蹈家协会街舞委员会河南联盟调研新阶层人士统战工作。6月30日，在文博广场举行金水区新阶层人士实践创新基地启动仪式，为辖区6名新阶层人士志愿者颁发聘书，号召大家积极投身志愿者服务行列。

【民族宗教】 3月下旬，召开民族政策培训会，全年，“民族政策法规宣传月”“平安建设宣传”“民族服饰搭配课堂”“关爱留守儿童慰问”等活动有序开展；“和谐寺观教堂”创建、“平安郑州宣传月”、“斋月”慰问等活动与宗教信息采集工作有序推进。对11处宗教活动场所财务管理、灭火设备等项目进行逐项检查，排查消防安全隐患6处，责令限期整改6处。特别是4月至5月下旬，面向辖区所有清真餐饮店开展，清真食品大检查活动，开展检查100余次，对495家清真餐饮店进行清查，收缴非法牌证11个、补办清真牌证16个，下达限期整改告知书10份，依法取缔8家。

【对外及对港澳台事务】 更新涉台信息库，新增台胞台属61人、台商12人、台企6家、涉台婚姻人2人。举办“我与宝岛台湾”主题征文活动，发放宣教光碟200份。10月中旬，金水区文化路街道博物院社区主要负责人赴台交流，并与台湾高雄市三民区安泰里社区签订合作交流协议书。6月5日，组织6名志愿者和金水区30名听障儿童及其家长参与市侨联“天籁列车”助听器慈善捐赠活动，全年建成南阳路街道西彩社区、文化路街道农科院社区、北林路街道文雅社区4家“侨之家”。启动第二期外语口语培训，增加了对园区有涉外业务的企业员工的培训。8月至9月，积极做好欧美同学会（北京总部）与国家知识产权局对金水区留学人员服务中心及创业基地的调研工作。

【区政协换届】 严把“入口关”，共计建议推荐党外政协委员候选人147名，其中，民主党派61名，占人选总数的41.5%，较上届提高了近5个百分点。

（撰稿：朱　岩　审阅：沈建忠）

群众信访工作

【概况】 中共郑州市金水区委群众工作部、金水区信访局内设综合办公室、接访服务科、排查协调科、办信征集科、督办调研科一室四科，下设二级机构即金水区矛盾纠纷排查调处中心。2017年，全区没有发生有重大影响的集体上访和群体性事件。

【重大会议期间的信访保障】 2017年，为做好重大敏感时期的信访稳定保障工作，区委、区政府认真贯彻上级工作要求，坚持稳定压倒一切的工作总思路，采取派驻工作组、强化矛盾排查化解、加强京地警地联动、依法处理违法信访、落实责任追究等一系列措施，全面完成了目标任务。在重大敏感时期，实现了金水零干扰，尤其是在中共十九大期间，金水区实现了“零非访、零赴京集访、省市信访责任事件零发生”的工作目标，省委常委、省委政法委书记许甘露在全省中共十九大总结大会上，对金水区工作给予表扬。

【信访基础业务规范化】 2017年，着力推进信访基础业务规范化工作。一是深入自查。自6月1日起，按照上级要求，对2017年以来的所有信访事项进行了自查，重点检查了规范录入、信访文书的规范使用、信访工作流程的严谨性等，通过检查，共发现存在问题事项247件。在此基础上，积极参加郑州市组织的互查。二是开展培训。采取请省市业务处室骨干现场授课、组织信访干部集中培训、基层信访干部来区轮训等方式，加强业务指导，提升全区各单位的认识。三是督察指导。区信访局班子成员在抓好自身业务提升的同时，派出多个业务指导组到各街道，实地查看各单位信访业务办理情况，现场抽查案卷，实现发现问题并指导整改。四是实施问责。对于在发现的问题视情况采取现场指出、督促整改，实施问责的办法，落实工作责任，对一个办事处实施了问责。五是抓好整改。对上级检查和自查中发现的问题，及时抓好整改，并确保不再出现类似问题。在整个活动中，发现的问题已经全部整改到位，并得到省市检查组的认可。自5月1日后，再未出现同样的问题，全区信访基础业务规范水平有了明显提升。

【妥善化解群众信访事项】 2017年，继续将问题的妥善处理作为工作的基础性环节。一是集中力量化解积案。自5月起，在全区开展了化解三年以上信访积案的专项活动，区信访局重点梳理出了275起三年以上信访积案，省市向金水区交办了18起信访积案，提交联席会议研究、成立专项工作组重点攻关、召开信访评议会评议、实施困难救助等多项措施。截至年底，省市交办18起信访积案已经化解或稳定；自行排查的275起信访案，已经化解或稳定255起；二是扎实做好初次信访处理。保持对群众初次信访事项的高度关注，大力提高一步处理到位率。截至2017年年底，群众来信事项已经办结246案，网上投诉事项已经办结回复919件，手机短信事件已经办结832案，上级转送交办案件已经办结250案，按期办结率达到100%，完成了年初工作目标。

【创新基层工作模式】 坚持信访服务理念，把信访服务不断向村社区最基层延伸，开展了“信访服务在身边”的主题活动，按照创建一个区级试点，一个街道创建一个试点的要求，采取召开现场会的形式加以持续推进。先后在凤凰台街道、文化路街道召开了两次现场会。经过努力，创出了以俭学街社区、鑫苑社区等为代表的基层信访服务先进社区，全区各个街道也依据各自特色创出了自己的代表性社区。

【畅通信访渠道】 按照阳光信访理念，大力畅通信访渠道。一是开通手机短信业务。2月，面向社会率先开通区委书记、区长、区政法委书记、群工部长、信访局长手机短信信访业务，并通过报纸、电视、网络等多种形式向社会公开，积极受理办理群众的短信投诉；二是切实做好领导接访。金水区继续深入做好领导接访，尤其是在重大敏感时期，增大书记、区长接访频率，加大接访事项处理效率。2017年，区级领导共209人次参与接访，共接待来访群众149批2128人次，其中，当场答复65批868人次，交办84批，办结65批。全区各街道办事处也按照要求加大领导接访力度，书记、主任接访频率明显增加，接访效果普遍增强；三是依法规范信访秩序。对于在信访活动中的违法行为，坚持依法处理，有力地规范了信访。

【信访信息宣传】 按照阳光信访要求，持续加强信息宣传力度，在上级和社会树立金水区信访工作的良好形象，引导信访舆论，从源头防止出现被网络及媒体炒作的负面消息。一是维护网络平台。认真做好信访局“今日头条号”、政务微博和微信公众号等平台的日常维护，及时更新内容，反馈群众通过平台反映的各类诉求。2017年，共在头条号上发布信息193条，政务微博上发布信息350条，公众微信号发布信息80条；二是做好信息上报。2017年，国家信访局采用金水区信息2篇，省信访局内网采用信息8篇、调研报告2篇，市信访局采取信息11篇，区政务网采取信息61篇；三是开展专项活动。积极参与“我在基层做信访”和“最美信访干部”的评选和推荐活动。通过网络平台推送“我在基层做信访”典型四人，收到了良好的社会效果。

（撰稿：张　雷　审阅：李洪星）

档案工作

【概况】　1996年根据《中共金水区委、金水区人民政府关于机构改革的实施意见》，金水区档案局转为事业单位，为区委办公室领导的正科级机构，经费实行全额预算管理。并实行局、馆合署办公，“一套机构，两个牌子”。区档案局的主要职责是贯彻执行党和政府关于档案工作实行规划和宏观管理，监督、指导区各类档案室工作，积极开发档案信息资源，向社会提供档案服务。

2008年7月，为进一步加强档案管理工作，加快全区档案事业发展，区编委会研究决定成立郑州市金水区档案馆，副科级规格，领导职数1名，事业全供，隶属区档案局。

【“两学一做”常态化】　根据《区委办公室印发〈关于推进“两学一做”学习教育常态化制度化的实施方案〉的通知》精神，以尊崇党章、遵守党规为基本要求，以“两学一做”为基本内容，以“三会一课”为基本制度，以党支部为基本单位，已解决问题、发挥作用为基本目标，长期坚持、形成常态，扎实推动“两学一做”学习教育常态化、制度化。持续深入学习了党章党纪党规和《关于形势下党内政治生活的若干准则》《中国共产党党内监督条例》，组织选拔人员参加“两学一做”知识竞赛；组织观看警示教育片，促使全体党员知敬畏、明底线、受警醒；结合档案工作实际，引导全局党员持续争做合格党员，进一步转变工作作风，提升档案工作围绕中心、服务大局的能力和水平。

【档案业务培训规范化】　3月下旬，举办了为期5天的全区档案业务培训班，全区各单位档案员共计130余人参加了培训。培训中邀请市档案局副局长贾欣营领导以及机关处处长黄琳和企业处处长阮享云，分别就档案管理技巧、档案收集与整理、建设项目档案的指导、监督等方面进行了详细的讲解和教学，业务科人员通过现场讲解、示范教学等方式，向学员讲解了档案的收集、分类、编目等基本业务技能。

【区档案馆分馆正式设立】　6月上旬，区国家综合档案馆分馆揭牌仪式先后在区工商局、法院、检察院举行。河南省档案局王敏副局长、处长杨宝章，郑州市档案局局长徐宏杰、副局长贾欣营，副区长张川出席了揭牌仪式。区国家综合档案馆工商局分馆、法院分馆、检察院分馆的正式揭牌，标志着金水区在档案资源整合方面先行先试初见成效，实现了“多个窗口、同一资源”的服务体系，实现了金水区档案的有机整合和资源共享，是贯彻“创新、协调、绿色、开发、共享”五大发展理念，创新工作机制，优化服务功能的一项重要举措。区档案馆分馆正式挂牌，是河南省首家国家综合档案馆分馆，在全省探索出了一条档案工作创新发展的新路子，具有示范作用。

【档案馆新馆建设稳步推进】　新馆位于金水区市民文化活动服务中心，坐落在郑州市北部区域，三全路、洛阳路、柳林路与长安路围合地块，周边交通便利、环境优美。新档案馆面积8600平方米，预计2018年年底建成，2019年全面投入使用。目前，地基已经开始挖掘，土建方案和智能化方案已通过审核，并最终确定。新档案馆与图书馆合用一栋楼，主要分布在地下一层、一层、六层、七层、八层，包括民生档案库房、专业档案库房、文书档案库房等，在保证档案资料安全的同时兼容了市民查阅、参观、学习等功能。新馆的建设秉承“三十年够用，十年不落后”的理念，将安装自动消防报警、防火防盗监控、恒温恒湿调控三大系统，开通局域网、政务网、互联网三大网络，建设档案目录数据库、重要档案数据库、多媒体数据库三大数据库，实现智能化、信息化、现代化，既保证了保密性又兼顾了开放性，有效提高了档案资料的安全性，对提升金水区外部形象、带动北部区域发展、增强政府公共服务水平都具有十分重要的意义。

【特色专题图片展览】 一是举办“美丽中国”风光摄影图片展。5月6日，“美丽中国”展正式开办，紧紧围绕习近平总书记提出的“中国梦”这一主题，全方位展示了祖国的大好河山、秀丽风光。展出了100多幅全国各地风光景色，拍摄于新疆维吾尔自治区、西藏自治区、内蒙古、甘肃、云南、四川、吉林、湖南、福建等地。并充分利用“党员活动日”等契机，组织广大群众和中小学生参观爱国主义教育基地及专题图片展，学习党的发展历程，为青少年上了一堂堂生动的党课。二是举办“梨园影像志”专题图片展。9月15日，市档案局和区档案局联合举办了“梨园影像志——河南地方戏曲艺术摄影展”。此次展览由中国戏剧家协会名誉主席、著名京剧表演艺术大家尚长荣题名，著名戏曲节目主持人白燕升作序。展出的258幅作品，包含28个剧种和230位艺术家。其中绝大多数剧种大都是国家和省、市级非物质文化遗产。开展仪式上，市档案局局长徐宏杰代表主办单位致辞，中国戏剧家协会副主席、河南省戏剧家协会主席、河南豫剧院院长李树建发表讲话，河南卫视《梨园春》栏目制片人齐柯宣布影展开幕，虎美玲、朱超伦、汤玉英、王敏、孟祥礼等戏剧界、摄影界、影视界、档案界、新闻界的名人、名家齐聚一堂，共同见证了影展的开幕。

【创建省级社区档案室示范点】 社区档案是社区管理的基础性工作、是社区精神文明建设、社区文化建设的重要内容，对强化社区服务质量有着积极作用。近年来，区档案工作重心下沉，努力构建社区档案规范化、制度化、法制化大框架。通过技术帮扶、业务指导等方式，确定目标，建立台账，实行销号制度，确保成熟一个发展一个。杜岭街道烟草院社区已经顺利通过省档案示范社区初步验收。

【档案法治宣传】 根据郑州市档案局《关于开展2017年郑州市“国际档案日”暨法治宣传活动的通知》要求，开展了以“金水记忆”为主题的档案法治宣传活动。在群众密集区域的区档案馆一楼大厅展出了两块展板，分别是“殷殷关怀、巨大鼓舞”和“奋发前行、不辱使命”主题，介绍了在金水区五十多年的发展变迁中，毛泽东、邓小平、江泽民、胡锦涛等众多党和国家领导人多次视察、调研、指导的历史。在办公密集区域悬挂宣传挂图，宣传内容以“从古至今档案的呈现形式”和“金水区近几年的发展历程”为主。除此之外，还在档案查阅中心显著位置进行悬挂、展示和派发，进一步营造了国际档案日的浓厚宣传氛围。依托爱国教育主义基地邀请学校小学生，零距离感受档案的历史文化气息，从视觉上感受金水近几年辉煌成绩、卓越成果，培养小学生爱国之情、砥砺强国之志，进一步增强中小学爱国主义教育的主动性和自觉性。

【档案执法检查】 为深入贯彻《中华人民共和国档案法》《河南省档案管理条例》，进一步推进依法治档，提升全区档案工作管理水平，4月中旬对部分单位进行了执法检查，检查重点是：一是完成年度归档工作的情况；二是制定实施和管理以及职责落实情况；三是人员、库房及设施配备情况如何；从检查情况看，有关单位对此次检查比较重视，档案工作规范化管理程度普遍提高，档案从业人员的素质有所增强，档案保管的软件和硬件设备普遍的得到了改善，有力地促进了档案工作的良好发展。未能达到要求的，要求相关单位落实整改措施、限期整改，以确保档案的完整与安全。

【档案查阅利用】 为了方便群众查阅利用档案，进一步强化了便民措施，首先对电话升级改造，添加了语音提示功能，语音中清晰的介绍了区档案馆具体位置、公交达到线路、需要携带的相关证件以证明，还在区档案馆一楼明显位置悬挂郑州市各县区档案馆地址、电话以及婚姻登记处地址、电话，避免群众“多跑趟”的现象。上半年，共接待查档者2978人次，利用档案4874卷次。在这些群众中，以查阅各类与民生相关的专题档案为主，包括婚姻、土地档案、公证档案等，市民利用这些档案主要是解决户口申报、领取计划生育一次性补贴、房屋贷款等民生问题。面对查档接待量的不断上升，接待窗口热情服务，从查询到出具证明材料整个流程仅需要两分钟，真正得将便民、为民的高效落实到实处。

【档案库房安全建设】 根据档案库房的管理要求，对库房进行安全检查、设备维护、温湿度记录，发现问题及时解决。5月上旬，开展了库房隐患排查工作，对老旧插座、应急照明灯、过期灭火器及时进行了更换，安装馆内24小时全程监控设备，并对设备的使用和操作内容进行了岗前培训，有效保证了馆藏档案的完整与安全。

（撰稿：陈　云　审阅：孙俊美）

区直机关党工委

【概况】 金水区直机关党委成立于1984年8月，1996年区直机关党委更名为中共金水区直机关工作委员会，编入组织部，为区委派出机构，下属3个机关党委、2个党总支、60个党支部，共有机关党员2338名。主要职责是负责区直机关直属基层党委、党总支、党支部的组织建设；审批直属党总支、党支部发展党员和预备党员的转正；对所属机关基层党组织请示的有关问题作出决定、批复或者答复；督促指导所属机关基层党组织按期进行换届；领导区直机关工会工作委员会、区直机关妇女工作委员会的工作。

【思想政治建设】 一是举办“万名党员进党校充电计划”培训班。根据市委《关于开展“万名党员进党校，锤炼党性铸忠诚”行动的实施方案》精神和区委“万名党员进党校充电计划”工作要求，机关工委会同区委党校开展了区直机关“万名党员进党校充电计划”，共举办8期，培训学员3300余人，全区区直机关科级以下在职党员实现了培训全覆盖。二是继续实行月提示制度。区直各机关党组织按照工委每月发布的学习提示制定学习计划，坚持每周二下午集中学习。以各单位中心组学习为带动，充分发挥区直机关党员领导干部带学促学作用，丰富学习内容，不断提高机关党员学习质量和实效。三是创建微信公众平台。区直机关各党组织踊跃投稿，报送学习教育、活动开展各类党建信息共800余条。自6月创建公众号以来，共推送28期、78条党建业务知识和机关动态，进一步打造机关党建业务学习和交流平台。四是开展“指尖党校”学习。组织机关64个机关党组织党员参与“指尖党校”学习，开展经常性学习教育，不断提高党员干部政治素质、业务水平和综合能力。五是举办党务干部培训班。2017年11月在河南大学举办了一期以中共十九大精神为主要内容的区直机关党务干部素质能力提升培训班，对65名机关党务干部进行了专题培训，通过培训进一步提高了机关党务干部的业务素质和履职能力，提升了机关党建工作水平。六是编印机关党建业务知识问答。为进一步提高区直机关党务工作者的业务能力和水平，区直机关工委针对机关党建热点、难点问题编印《机关党建业务知识问答》、“口袋书”共6000余册供党员干部学习。七是定期发放杂志。发放《党的生活》《党支部工作指导》《党课》等杂志给各单位，组织党务干部和广大党员干部认真学习。八是持续开展党章字帖临摹活动。按照区委关于进一步做好“两学一做”常态化制度化教育的要求，针对机关实际，组织机关下属单位党组织开展党章的学习，共发放党章字帖1000余册。

【机关基层组织建设】 一是完成区直机关及直属单位党组织隶属关系调整理顺工作。严格落实中央《条例》、省委《实施办法》和市委《实施意见》，按照市委、区委要求，完成了15个机关党组织隶属关系调整理顺工作，进一步优化规范了组织设置。指导成立14个机关党委和1个党支部。调整9家单位的支部书记、副书记。督促指导8个基层党组织按期换届选举。调整理顺后，基层党组织由64个增加到271个，基层党员人数从2338人增加到5918人。二是开展“基层党建规范年”活动。制定下发《金水区直机关“基层党建规范年”实施方案》，要求区直各机关党组织对照郑州市制定的各系统基层党组织建设标准，逐项进行自查，工委建立了全区机关党组织规范化建设台账，对未达标的实行销号管理。创新实行网络考核和实地考核相结合的方式，年底逐级检查验收。通过活动开展，进一步夯实了区直各机关党组织的党建基础，从而促进了机关党建工作规范提升。三是完成示范点创建、复检工作。3月新创建1个机关党建示范点，截至年底，共创建机关党建示范点11个。通过对示范点的创建、复检，进一步提升了示范点的影响力、带动力，促进机关党建制度化、规范化。四是认真组织开好专题组织生活会。按照区委组织部要求，在“两学一做”学习教育中召开了专题组织生活会并开展民主评议党员，区直各机关党组织专题组织生活会于2月底前全部召开完毕。五是为加大基层党建投入保障力度。专门建立区直机关党建工作经费保障机制，将党建经费纳入单位专项经费预算，从而切实保证了基层党组织活动的高效开展。六是开展机关党建调研活动。2月16日上午，区委常委、组织部部长时博对区机关党建工作进行了专题调研，在实地参观了区政务服务中心、安监局的党建工作后召开部分区直单位党组织负责人座谈会，对区机关党建现状进行了详细的了解，并就下一步如何开展机关党建工作提出了建议。

【党员教育管理】 一是认真开展党组织、党员信息集中采集和在职人员组织关系排查工作。按照区委组织部关于对党组织和党员信息集中采集的要求，机关工委召开专题会议，安排部署党组织和党员信息集中采集工作。通过党员自己登记、组织审阅、工委审查等方式，使党组织和党员信息更准确。共采集5918名党员的信息。二是按照《发展党员工作细则》规范发展党员。继续实行“一推二考四联审”制度，按计划培养发展党员，严格标准、严格程序、严格质量，进一步规范审批预备党员转正程序，确保党员质量。2017年，举办入党积极分子培训班1期，共审批预备党员转正40名，新发展党员73名。三是开展走访慰问贫困党员活动。在春节、“七一”前夕，组织区直机关党组织和广大党员到老党员、贫困党员家中开展走访慰问活动。通过发慰问金、送慰问品等形式，累计慰问困难党员130人次。四是调阅“三会一课”记录、党员学习笔记。连续四年对“三会一课”党员学习、活动记录簿和党员学习笔记本进行统一印制，定期对“三会一课”记录、活动开展情况及党员学习笔记进行督察检查，检查了13家单位的“三会一课”记录，共抽查党员学习笔记268本。五是进一步规范党费收缴工作。要求区直各机关党组织在每月党员活动日当天，以支部为单位按照组织党员缴纳党费，并在每名党员“中国共产党党员党费证”上如实登记。实行党费公示制度，要求各支部在每月月底前公示本月党员党费收缴情况。2017年，共收缴区直机关党员党费190余万元。六是圆满完成出席中共十九大代表候选人初步人选遴选、完成出席全国省十三届人大代表候选人初步人选的推荐和区九届政协委员的推荐考察工作。七是做好区委转交的政协提案协查工作。

【创新党建活动载体】 一是认真抓好“党员活动日”开展。制定下发了《区直机关落实“党员活动日”制度的实施方案》，将“党员活动日”固定为每月21日。区直各机关党组织结合本单位具体情况，制定出落实“党员活动日”制度的实施方案，并详细列出了2017年度党员活动日计划安排。活动内容包括交纳党费、学习教育、为民服务及“三会一课”等多种主题。为抓好制度的落实，机关工委建立了督察、通报、考评机制，适时对各单位党员活动日开展情况进行抽查督导，将督察情况纳入机关党建绩效考核。对于督察中发现的问题，及时给予指导，确保活动实效。2017年，区直各机关党组织共开展活动1100余次。二是举办区直机关“庆祝建党96周年、喜迎中共十九大”经典诵读活动。为庆祝中国共产党成立96周年，喜迎中共十九大，进一步活跃机关文化氛围，弘扬中华优秀传统文化，激发机关广大党员干部职工爱国爱党、爱岗敬业的热情，6月，在区直机关党员干部中开展了经典诵读活动。全区42个代表队参加了比赛，通过激烈角逐，共评出一等奖2名、二等奖4名、三等奖8名。三是扎实开展“两优一先”推荐评选表彰工作。“七一”前夕，对区直各机关党组织开展先进基层党组织、优秀共产党员和优秀党务工作者的推荐评选和表彰工作，通过基层党组织推荐、工委审核研究，最终产生30个先进基层党组织、60名优秀党员和20名优秀党务工作者，6月28日在表彰大会上对先进集体和个人进行了表彰，区委书记陈宏伟等领导到会为获奖代表进行颁奖。同时，推荐2个节目参加市直工委“党旗高扬、喜迎十九大”文艺会演暨表彰大会，并受到好评。四是组织开展学习廖俊波先进事迹活动。区直各单位共撰写心得体会69篇，上报组织部20篇，其中县处级领导干部10篇。五是持续开展“文明服务”主题系列活动。结合在职党员进社区活动，通过开展专题教育、文明服务创建、文明服务月等活动要求全区机关不断提高党员干部职工的道德素质，使文明服务成为机关服务型党组织建设的鲜明主题。全年各单位共组织党员志愿活动40余次，办实事60余件。

【落实机关党建责任】 一是压实党建主体责任。落实《条例》精神，统一实行了党组织书记由部门党员负责人担任，明确了区直各机关党组织党建工作责任。二是细化党建工作目标。年初，制定下发了《金水区直机关2017年党的工作要点》，每月月初对机关党建工作进行具体安排，月安排月督察月落实，层层传导压力。三是推进“五项机制”的落实。按照区委要求，强化措施，创新实行了机关党建积分制考核，每季度一考核，并建立考核台账；认真落实机关党建逐级述职评议制度，年底各单位已完成对下属党组织书记的述职评议，1月中旬机关工委将召开会议对区直64个机关党组织进行述职评议，以达到述职、评议、考核、经验交流“四合一”的目的。

【反腐倡廉建设】 一是办好廉政微博。利用廉政教育微博清风金水机关工委深入开展理想信念和党性党风党纪教育，充分发挥示范教育、警示教育和岗位廉政教育的作用，坚持把抓好经常性教育与开展集中教育结合起来，认真组织开展党风廉政建设宣教活动。全年共转发2056条微博内容。二是认真开展“讲忠诚、守纪律、做标杆”活动。按照活动要求成立活动领导小组，制定活动方案并开展相关业务学习，召开了专题民主生活会，确保活动顺利有序开展。三是扎实做好以案促改工作。根据区纪委要求，机关工委进一步加强以案促改工作学习教育，认真完善各项制度，建立落实“两个责任”的具体工作机制，强化权力监督制约，不断增强全面从严治党的系统性、创造性和实效性。四是开展“中梗阻”问题整改。根据区纪委要求，结合机关实际，要求各单位根据“两学一做”学习教育、“建设国家中心城市、领跑中部城区发展，如何提升落实力”大讨论活动以及以案促改专项工作活动中征求到的意见建议，进一步查摆单位存在的“中梗阻”问题，通过区直机关各单位对存在的“中梗阻”问题进行整改，积极主动解民难、排民忧、顺民意，进一步促进区直各单位改进工作作风，提高行政效能、执法水平和服务质量。五是扎实做好“一准则一条例一规则”集中学习教育活动。要求机关全体党员认真撰写学习笔记和心得体会，提高机关干部政治觉悟，做党章党规党纪的坚定维护者，达到了学有所获，学有提高，做到懂法纪、明规矩，知敬畏、存戒惧的良好效果。六是组织区直机关党员观看廉政文化教育片。为深入学习习近平总书记关于党风廉政建设和反腐败斗争的重要讲话精神，加强廉政文化建设，丰富“两学一做”学习教育内容，组织800余名机关党员分两场在12月份“党员活动日”观看了廉政电影《兴衰之鉴》。

【群团组织建设】 一是组织区直机关工会选举。通过精心筹备，区直机关30个工会小组的84名会员代表参加了区直机关工会第一届会员代表大会，成功选举产生了区直机关工会第一届委员会、经费审查委员会及女职工委员会。二是做好群团先进典型推荐工作。按照要求，为区妇联推荐17名“三八”红旗手、9个先进集体和15名文明家庭的候选人。为区总工会推荐6名最美劳动者候选人。

（撰稿：杜晨龙　审阅：段佳荣）

精神文明工作

【概况】　金水区精神文明建设指导委员会办公室是金水区精神文明建设指导委员会的办事机构，属行政编制，负责处理文明委的日常工作，内设综合科、创建科、未成年人思想道德教育科、志愿者服务科、宣传教育科5个科室。2017年，在区委、区政府的正确领导下，坚持以习近平总书记重要讲话精神为指导，深入学习宣传中共十九大会议精神，认真践行群众路线，扎实履行工作职责，充分发挥工作职能，以培育和践行社会主义核心价值观主线，深化公民思想道德建设，弘扬社会风尚，深入开展创建活动，不断巩固提升居民文明素质和社会文明程度，努力推进志愿服务制度化建设，使志愿服务工作常态化理念正在逐步深入人心。圆满完成了区委、区政府和省、市文明办下达的各项目标任务。配合郑州市圆满完成全国文明城市复查工作，2017年志愿服务工作被郑州市评为先进单位等荣誉称号。

【全国文明城市创建】　一是召开“迎接全国文明城市考评　国家卫生城市复审‘双迎攻坚’动员暨环境污染防治攻坚推进大会，下发《金水区迎接全国文明城市考评验收、迎接国家卫生城市复审“双迎攻坚”总体方案》《金水区迎接全国文明城市考评、迎接国家卫生城市复审“双迎攻坚”领导小组名单》《金水区深化全国文明城市创建工作方案》等文件，安排布置全区双创督导、排名、奖惩等工作，在全区迅速掀起双创工作新高潮，形成了分工明确、责任到人、督导严格、奖惩分明的双创局面。二是建立区领导督导、人大政协监督、日常督察、网格巡查、媒体监督、社会监督的检查监督制度，区人大、区政协分别组织人大代表、政协委员对全区创建工作进行专题视察，积极建言献策，促进了创建工作不断深化。区8个专项治理指挥部正副指挥长每周都能够带队对创建工作进行督导检查，发现问题，现场办公解决问题，有力地推动了创建工作的开展。各街道将创文工作融入到网格中，结合网格管理职能，形成目标任务体系，充分发挥网格化管理在创文中的作用。引入媒体监督，在金水时讯曝光不文明现象、不作为部门，促进工作整改，推动问题解决。对中央、省、市新闻媒体曝光的问题，区创文办作为督察重点进行专项督察，并将整改情况向全区通报。建立群众监督队伍。吸收热心市民组建市民巡查团，按照相关要求对全区创文工作进行巡查监督。三是制定创建文明城市宣传工作方案，有计划、有步骤地开展创文工作宣传。充分利用大型公益广告、沿街门店及电子显示屏、LED、街道墙体、建筑围挡等多种载体，设置创建口号，形成强大声势。目前，全区共投资600余万元，在163个社区、28个广场游园、288处建筑工地、25个集贸市场、36个规模以上商场超市设置安装了公益广告宣传栏和创建文明城市宣传展板，在主次干道、背街小巷的空白墙和建筑围挡等宣传载体上新增了“24字”和讲文明树新风、中国梦、文明河南的中国画、喷绘、手绘公益广告共13万平方米，实现各种公益广告和文明城市创建宣传内容全覆盖，做到抬眼可见，驻足可观。四是聘请第三方专业机构，对金水辖区文明城市创建情况进行模拟测评，并将对模拟测评结果进行通报，通过模拟测评，以便更全面地掌握创文工作中的短板和不足，及时进行整改，推动创文落实。9月26日，配合郑州市完成了全国文明城市考评验收。

【群众性精神文明创建】　一是对2016年度申报的区级文明社区、文明楼院、文明单位进行了考评、表彰；对2017年度申报的区级文明社区、文明楼院、文明单位进行考评；配合郑州市对辖区全国、省、市级文明单位进行复查、考评等工作。二是以培育和践行社会主义核心价值观为根本，以提高广大人民群众文明素质和城乡文明程度为目标，坚持破立并举，把移风易俗作为全区精神文明建设的重要内容，弘扬优秀传统文化，培育孝悌和睦家风，倡树婚丧嫁娶新风，营造文明和谐之风。印发《金水区推进移风易俗树立文明乡风工作意见》，选取一个社区作为移风易俗示范亮点。三是组织辖区文明单位开展第四轮结对帮扶农村精神文明创建工作，督促各文明单位签订帮扶协议，开展结对帮扶工作，并对各级文明单位开展结对帮扶活动进行指导。

【未成年人思想道德建设】 加强对社区未成年人活动场所的督导，规范建设社区图书室或志愿者书屋、绿色网吧等活动场所。在全区各中小学校、社区、公园、广场、绿地、游园、公交站点、车站、大型商场、建筑工地等公共场所，利用户外广告牌、LED显示屏、精神文明宣传栏等形式，刊播宣传未成年人公益广告，确保户外公益广告中涉及未成年人思想道德建设内容的不少于30%，营造全社会关爱未成年人成长的浓厚氛围。

以宣传弘扬中华民族传统文化为出发点，深入开展“我们的节日”主题活动。元旦、春节期间，精心组织送温暖献爱心活动和群众性文化活动；清明期间，组织广大干部群众以及中小学生开展文明祭扫和“清明祭英烈”主题教育活动；端午节期间，组织辖区居民群众举办端午粽香大联欢、手工艺品展示交流会、摄影采风、为空巢老人包粽子等形式多样的节庆文化活动。儿童节期间结合“童心飞扬·六一儿童节”庆典活动，表彰了6名绿城美德少年，2016年度金水区文明市民100名，金水美德少年标兵60名，金水美德少年200名，认星争优活动优秀学校3所。采用了征文大赛、书画大赛、主题演讲等多种形式，引导全区未成年人从小敢于有梦、勇于追梦、勤于圆梦。中秋节期间，进行走访慰问，为辖区困难群众和孤寡老人送去爱心月饼以及慰问金等。组织各街道以及各级文明单位“十一”期间广泛参与“向国旗敬礼”网上签名寄语活动，全区参与率高达134720人次。重阳节期间，在紫荆山公园开展“庆重阳·关爱空巢老人”志愿服务活动。

暑期联合文化、工商、公安等部门，集中对网吧、出版物市场和校园周边文化环境进行了治理，对排查中发现的25家“无证无照”网吧，逐一下达《停止营业通知书》。共出动执法人员378人次，执法车辆68台次，收缴非法图书140000余册，排查安全生产隐患35处（次）；立案查处违规案件4起：接纳未成人案件3起，未按规定核对登记有效证件案件1起，有效促进了全区文化市场健康有序发展，为顺利创建文明城市保驾护航。

积极推进“乡村学校少年宫”和“城市学校少年宫”的建设使用和管理，不定期到学校督察少年宫的活动开展和管护情况，利用辖区柳林镇第四小学、南阳路第三小学等5所乡村学校少年宫，持续开展“五进少年宫”活动，已将信息录入全国乡村学校少年宫项目管理平台。继续抓好金水区未成年人心理健康辅导站的管理与使用，经常性地开展知识讲座、健康心理教育巡展、校园心理剧等活动，大力普及心理健康知识，引导未成年人持有阳光心态。

组织工业贸易职业学院、司法警官职业学院、郑州幼师、铁道警察学校4所大中专院校参加“实体书店进校园”协调会。利用音乐课堂讲解戏曲知识，通过画脸谱、唱京剧等形式开展“戏曲进校园”活动。

扎实推进公民道德建设，持续开展道德模范、身边好人、感动中国人物、文明市民等各类先进典型的推荐、评选、学习、宣传，累计推荐上报郑州市“月评文明市民”候选人110人，罗敏、屈娇蕾等10人成功入选。推荐上报郑州市第四届道德模范候选人11人，“中国好人榜”身边好人候选人28人，身边好人线索6200余条。9月20日下午，郑州市“道德模范故事汇”金水专场在区机关3楼多功能厅隆重举行，辖区各级文明单位共400余人观看了演出。

【志愿服务】 一是坚持志愿服务制度化，完善志愿服务体系。金水区按照《郑州市志愿服务制度化三年行动计划（2015—2017年）》的要求，制定了详细的志愿服务工作流程，拥有完善的志愿者招募注册和管理培训制度、志愿服务记录制度、志愿服务激励嘉许和回馈制度。至年底，金水区志愿者注册人数已达到153891人，占辖区常住人口比例的15.1%。金水区共认定一星志愿者907人，二星志愿者281人，三星志愿者80人，四星志愿者10人，已有各类志愿者组织队伍278个，以志愿服务队伍带动金水区84个志愿服务项目的常态化制度化发展。二是依托志愿服务队，打造金水特色品牌。2017年以来，金水区在志愿服务活动方面更加注重质量要求，体现活动的实效性和示范性。区文明办联合区总工会、机关工委、团委、妇联、残联等群团组织，已连续开展了7次大型公益活动，辖区各街道共开展986次志愿服务活动，通过活动开展，夯实志愿服务的基础，提升社区服务能力，促进志愿服务更好地面向群众，服务基层。在各街道及文明单位持续性开展“311类家庭关爱空巢老人”活动外，区文明办以重阳节为契机，在紫荆山公园开展“庆重阳——关爱空巢老人”系列活动，邀请一批著名医院的专家为空巢老人进行义诊的同时，为全区114户空巢老人赠送了大米、食用油等慰问礼品，联合绿城社工站等单位，开展“陪空巢老人一起游园博园过重阳节”活动，使老人们感受节日的温暖。三是加强学雷锋“文明使者”志愿服务站建设管理，建立志愿服务联盟。截至年底，金水区共建志愿服务站180个，除特殊原因外，志愿服务站建设率达到100%，做到了全覆盖。严格按照市文明办有关工作要求，对辖区内180个志愿服务站的建设运行情况不定期进行抽查。鼓励各文明单位入驻志愿服务站，参与志愿服务活动。9月22日，中央文明委副主任郭金龙到鑫苑社区志愿服务站进行检查指导，并给予该站点高度赞扬。印发《关于进一步加强全区学雷锋“文明使者”志愿服务站建设管理工作的通知》，建立金水区志愿服务总站，并要求辖区内建设有志愿服务站的公园广场、医院等与附近社区志愿服务站结成志愿服务联盟，利用场地、行业优势、服务特色等资源，共同开展志愿服务活动，实现资源、项目、活动的共享。

【培育和践行社会主义核心价值观】 开展“讲文明树新风”公益广告征集评选活动，得到了辖区各级文明单位的广泛参与和支持，经各参评单位层层选拔推荐上报和组织专家评审，共评出一等奖作品10件，二等奖作品20件，三等奖作品50件，为进一步传递文明、引领风尚发挥了积极作用。在省文明委组织开展的社会主义核心价值观主题街道、公园评选活动中金水区城东路社会主义核心价值观主题街道被表彰为优秀主题街道、紫荆山公园被表彰为优秀主题公园。积极运用网站、微博、微信等各种平台，畅通群众投诉渠道，及时解决群众反映的问题，提高群众满意率，从而形成上下互动、左右联动、全民齐动的良好氛围。为推动各街道及辖区各级文明单位“道德讲堂”工作有序开展，3月印发了《关于进一步规范开展“道德讲堂”活动的通知》，将道德讲堂活动常态化、制度化，规范化。按照每年要精心组织开展不少于4次道德讲堂活动的要求，各街道及200余家文明单位共开展了900余场次“道德讲堂”，开展宣讲身边好人、善行义举、道德模范的先进事迹，引导人们践行道德规范、提升人生境界，树立见贤思齐、奋发向上的良好风尚。利用各种形式开展网络精神文明传播，2017年共发布信息600篇，郑州市文明网发布信息150篇。

【公共文明素养】 按照《公共文明素养提升三年行动方案》（2016—2018）和《郑州市公共文明素养提升2017年实施方案》文件要求，2017年是巩固提升年，目标是实现“文明到人”。金水区出台了《金水区公共文明素养提升2017年实施方案》，在巩固教育治理成果的基础上，全面深化和拓展文明礼仪素养、思想道德素养、科学文化素养、身心健康素养、民主法治素养宣传教育和实践、治理活动，盯重点、攻难点，扩大覆盖面，加强渗透力，三管齐下，取得突破，推动市民公共文明素养整体上水平、见实效。

文明服务、文明餐桌、文明经营、文明交通、文明旅游、文明执法“六个文明”活动精彩纷呈。区委政法委、区法制办以及公、检、法、司等部门各司其职，在开展文明执法方面都做出了突出贡献。区商务局、区文化旅游局、区工商质监局大力开展文明餐桌、文明旅游、文明经营等宣传活动，区畅通办、交警一大队、交警五大队在治理交通违法违规倡导文明交通等方面上做出了巨大努力。区城管局、区执法局、区环保局等部门在强化规范管理、市容市貌整治、环境保护等方面创新工作思路，探索新的工作模式，稳扎稳打、持之以恒，成效显著。

（撰稿：李　亮　审阅：赵　蔚）

老干部工作

【概况】 金水区委老干部局是区委负责全区老干部工作的职能部门。金水区委老干部局内设办公室，下设金水区关心下一代工作委员会办公室，金水区老干部活动中心和金水区老干部大学四个职能科室（中心）。

截至2017年年底，金水区由区委老干部局管理服务的离退休老干部98人，其中，离休干部58人，退休干部40人。区四大班子实职副处级以上离退休干部40人，其中，离休干部2人，退休干部38人。

【老干部政治待遇】 金水区各级党组织全面落实离退休干部政治待遇，使广大老干部老有所学。一是全面坚持学习制度。通过专题理论辅导讲座、情况通报会、形势政策报告会等多种形式，按照理论学习计划安排和党员“创先争优”活动方案，全区各单位认真组织离退休干部参与了各种形式学习教育活动，并结合自身实际开展了丰富多彩的教育活动，寓教于乐，使老干部们保持了思想上的高度稳定。二是建立健全工作情况通报制度，让老干部适时掌握国事、区情。各单位坚持每半年向老干部通报一次全区经济社会发展情况。遇有重大情况及时通报，征得老同志的理解和支持。扩大老同志的知情权、参与权，提高了广大老干部对本单位工作的支持和理解，达到了对组织工作、老干部工作满意的标准。三是按照基层党组织和党员“创先争优”方案，组织离退休干部党支部和离退休干部党员开展形式多样的活动。在党的生日、建军节、国庆节、“重阳节”等重大纪念节日，全区各单位广泛开展了老干部、老党员座谈会、上党课、慰问老党员等活动。各单位领导上门看望慰问老干部、老党员。以创建“五好”离退休干部党支部为载体，组织全区离退休干部和党员深入开展创先争优活动，并采取多种形式宣传先进离退休干部党支部和优秀离退休干部党员的先进事迹4次，有力地推进离退休干部党支部建设和思想政治建设。四是切实转变工作作风，为老干部办实事。按省市委老干部局要求，积极组织全区离退休干部开展“畅谈中共十八大以来变化、展望中共十九大胜利召开”活动，推出六项举措，通过召开座谈会、发放问卷调查、走访调研、网评热议、文艺创作、典型宣讲、书画摄影展演、征文等方式，以单位、社区、协会、老干部活动中心等为阵地，广泛组织老同志结合中共十八大以来自己的亲身经历进行畅谈，以展望中共十九大胜利召开为关注点进行建言。活动的开展增强了广大老同志坚定支持以习近平总书记为核心的党中央的鲜明态度和行动自觉，更好凝聚老同志这支重要力量，为中共十九大胜利召开营造良好氛围；组织了离退休党支部书记、老干部工作者及老干部学习了中共十九大和习近平总书记系列讲话精神，为老同志学习方便，印发了大字号的学习辅导资料600多份；为老同志征订《老人春秋》杂志2000多册；开展了走访慰问老党员、老干部、联户走访、帮扶困难老干部达1000余人次。五是组织40名离退休老领导参加了区“两会”，征求了意见和建议；召开了离退休干部情况通报会2次，向老领导及时通报了全区重大工作进展情况；利用重大节日积极组织老干部文体活动。“两费”落实率达到100%；局机关工作人员和各单位老干部工作者走访征求老干部意见建议50条。六是建立了老干部局党员干部联系分包离退休干部制度，利用春节、中秋节等重大节日或不定期的到老干部家中走访慰问200余次，及时了解掌握了老干部所需所想，帮助老干部解决了生活中的一些实际困难和问题100多件。

【老干部生活待遇】 全面落实好老干部的生活待遇是一项基础性工作，也是一项政策性、政治性很强的工作。按照文件要求，建立完善了离休干部离休费保障机制、医药费保障机制和财政支持机制。区委、区政府认真抓好离休干部“两费”保障机制和财政支持机制的落实工作。金水区离休干部“两费”落实一直保持在100%。二是全区各单位认真贯彻执行离休干部养老保障机制，确保离休费和各项补贴按时足额发放到位，使离休干部在生活上和医疗上得到了保障。三是全区各单位十分关心老干部的身心健康。区老干部活动中心和辖区办事处等还聘请医护专家，定期为老干部举办医疗保健养生知识讲座，增强老干部自我保健意识和自我保健能力，受到了老干部们的一致肯定。四是为提高老干部医疗保健服务工作，我们实行了“五优先”服务，坚持做到定期巡回医诊，送医送药到家，配备一辆面包车，实行看病接送，为老同志看病就医提供了便利条件。五是为做好全区老干部医疗保健工作，在金水区总医院建立了家庭式老干部温馨病房、优诊室，安排医疗水平高、经验丰富的主任医师、副主任医师为老干部经常检查身体做好医疗保健工作。并为每位老干部建立了健康档案，及时了解和掌握老干部病情。六是多次与组织、卫生、财政、医保、金水总医院等部门的联系协调，提高了副处以上退休干部医疗待遇，为全区离退休干部提供更加方便、快捷、优质的医疗服务。七是坚持住院看望、有困难帮扶到家和信访接待制度，全年看望住院老干部100多人次，电话信访接待老干部关于增加护理费等有关政策咨询100多人次。八是协助区房管局、杜岭办事处等单位先后处理6名离休老干部逝世后的善后事宜。

【老干部活动中心和老干部大学】 老干部活动中心是加强老干部思想政治建设、满足老干部精神文化生活需求的重要载体，是党和政府联系老干部、凝聚老干部的重要桥梁。一是充分发挥老干部活动中心和老干部大学阵地作用。开办了电脑培训班、书法班、摄影、乒乓球、八段锦、葫芦丝班等教学课程及摄影知识讲座、书法交流笔会、健康养生知识讲座、形势政策报告会、就近就地参观考察等各种活动形式。邀请专业老师和教授为老干部授课，老干部各项技能得到提高。葫芦丝演奏班经常参加省、市级大型文艺会报演出，多次获奖。二是在国庆节、重阳节等重大节日，组织老干部开展形式多样各具特色的文体活动30场次，丰富老干部的精神文化生活。2017年重阳节，举办扑克、麻将、门球、跳棋、书法、摄影等一系列文体比赛娱乐活动等，全区600多名老干部踊跃报名，积极参加活动，受到了老干部们的广泛好评。“八一”前夕举行了老军人庆八一座谈会，举办老干部书画作品展。多次组织老干部开展钓鱼比赛活动，参加郑州市市直机关第32届老年人门球锦标赛，并获得全市第一名的好成绩。在市委老干部局举办的“同心喜迎十九大　砥砺奋进银龄行”主题文化活动月上，金水区选报的节目分别获得金奖、铜奖和优秀组织奖。

在活动的组织形式上，始终保持阵地的吸引力和凝聚力，做到了“五个结合”。一是坚持政治性活动与文化娱乐体育健身活动相结合；二是坚持日常活动与大型活动的结合；三是坚持自娱自乐与竞技比赛的结合；四是室内活动与室外活动相结合；五是集中活动与分散活动相结合。

老干部大学是老干部工作的重要组成部分，一是按豫办〔2010〕4号、豫办〔2004〕29号文件关于老干部大学建设有关规定，在各级领导的高度重视下，成立了老年大学办公室，组织开展全区老干部教育工作。二是为做好金水区老年大学工作，要进一步完善了教师队伍建设，把具有一定专业知识的、有较强授课能力的、有热爱老年教育事业并有敬业奉献精神的聘为学校教师。要求每位教师要从老年人的实际出发，把每节课都上成“精品”，使老干部“听得懂、学得会、有兴趣”。三是老年大学已经依据现有条件开展教学工作。开有电脑培训班、书画交流班、老年合唱班、养生保健知识讲座、科普知识讲座等兴趣爱好教学，达到了寓教于乐，丰富老干部精神文化生活的目的。

【老干部发挥作用】 为充分发挥老干部的优势和作用，金水区关工委在区委、区政府的正确领导和市关工委的具体指导下，深入贯彻落实中共十九大精神，紧紧围绕区委中心工作，按照“重在落实、重在创新、重在实效”的要求，坚持贴近实际、贴近生活、贴近青少年，充分发挥“五老”人员的优势和作用，以建设社会主义核心价值体系为根本，立足基层，夯实基础，丰富活动形式，充实活动内容，始终不渝地对青少年进行思想道德教育，锲而不舍地为青少年办实事，做好事，解难事，不断提高青少年的思想道德素质和科学文化素质，为青少年的健康成长做了一些有益的工作，取得一定成效，呈现出良好的发展局面。

【老干部工作队伍建设】　一是强化政治观念和奉献精神，健全落实了教育培训、岗位练兵、实践锻炼和考核、评价、激励等机制。以开展群众路线教育实践活动为契机，教育引导广大老干部工作者把对党的感情化为对老干部的深厚感情，把对党的事业高度负责的态度化为做好老干部工作的强大动力，进一步开阔视野、拓宽思路，弘扬“安、专、迷”精神，努力把各级老干部工作部门建设成为讲政治、重感情、业务精、作风好的模范部门。二是局机关坚持每周二集中学习制度与干部自学相结合，通过专题讲座、座谈讨论、撰写读书笔记等多种形式学习党的路线方针政策，学习邓小平理论、中共十八大精神、时事政治、法律知识和老干部工作政策业务知识。对全区150多名老干部工作分管领导和专业干部进行了培训。

（撰稿：马　力　审阅：郑福海）

编制工作

【概况】　2010年2月，金水区机构编制委员会办公室被列为区委工作部门，为正科级规格。2017年，金水区编办在区委、区政府的坚强领导下，在市编办的大力指导下，以深入贯彻落实中共十九大和习近平系列讲话精神为指引，紧紧围绕区委、区政府中心工作，统筹兼顾，突出重点，圆满完成了各项工作任务，为金水区“实现两个率先、领跑中部城区发展”的总体目标提供强有力的机构编制保障。

【机构改革】　一是扎实完成监察体制改革。通过深入开展调研，全面掌握涉改部门有关情况，分类梳理统计各类机构编制情况，整合金水区人民检察院反贪、反渎、预防职务犯罪和区纪委监察局的机构设置，成立金水区监察委员会。按照“编随事走、人随编走”的原则，为区纪委监委划转行政编制46名，实现了机构人员全面融合、执纪执法相互衔接。二是有序推进纪检监察派驻机构改革。按照全面派驻、分类设置、职能明确、权责一致的原则，撤销1家纪工委、47家区直单位纪检组及监察室。采取综合派驻和单独派驻2种形式，共设立18家派驻纪检监察组，实现了派驻监督组织上、制度上、工作上的全覆盖。三是率先完成城市综合执法体制改革。整合城市管理执法相关职能，将与城市管理相关的行政处罚权划转到金水区城市管理局（金水区城市综合执法局）。整合归并金水区执法队伍，撤并相关机构，成立区城市管理执法大队。按照属地管理、权责一致的原则，将执法力量下沉，分别向17个街道办事处派驻执法中队，积极构建上下联动、全区一体的城市管理综合执法体系。

【权责清单】　根据法律法规的立改废释、机构和职能的调整以及上级简政放权的推进等情况，及时对责任清单进行动态调整完善。2017年，全年调整权责事项175项。

【机构编制云平台】　2017年，金水区编办积极做好机构编制云平台信息录入工作。一是统一收集整理各部门“三定”规定、历史沿革资料和变更文件信息，将全部机构编制文件资料扫描并按年份、部门、类别建档，建立机构编制电子档案库。二是从全区各部门抽调业务能手进行集中培训学习，将实际操作过程中发现的问题进行汇总并分析研判且予以解决，做到标准统一，快速准确。三是根据各部门性质、职能及难易程度、工作量大小，进一步针对工作人员理解有偏差的细节问题进行指导，严格录入信息的质量，实现录入工作精细化，提高录入工作精准度。四是坚持“谁录入、谁负责”的原则，要求工作人员对提交的每一事项层层把关、层层审核、反复校对，确认无误后方可通过。2017年底，全区“三定”规定和权责事项信息录入工作全部完成。

【机构编制总量控制】 妥善处理总量控制与促进事业发展的关系，根据经济社会发展和全面履行政府职能的需要，按照“撤一建一”或“撤多建一”的原则，充分利用现有的机构编制资源，挖掘人员编制潜力，优化事业单位人员编制结构，把有限的资源用活用好，发挥人员编制效能最大化，确机构编制“两不突破”。2017年，区纪委事业机构调整，将原有7家事业单位全部撤销，重新设立3家事业单位，共减少事业机构4家。

【机构编制管理】 严格执行机构编制政策法规及办事程序，坚持编委会集体决策制度，坚决执行机构编制管理“三个一”规定，凡机构编制事宜坚持编办一家部门承办、一家行文、一支笔审批，规范了机构编制审批程序。严格落实机构编制实名制管理制度，对机构编制信息系统各类台账进行实时监管，按时做好机构编制月报、年报统计工作，确保单位机构编制事项调整及实有人员信息准确、无误。

【机构编制监督检查】 2017年，区编办以机构编制离任审计为契机，扎实开展机构编制监督检查和机构编制离任审计工作，坚决杜绝和纠正自定编制、超编进人、越权审批机构等违纪违规行为，切实维护了机构编制管理的严肃性和权威性。2017年，区编办通过调阅会议纪要、机构编制文件、机构编制管理台账、干部任免文件、人员花名册、工资册等手段，对经八路、北林路等8家街道办事处进行了机构编制离任审计，全面了解被审计对象任职以来该单位机构编制政策规定的落实情况。

编办“党员活动日”活动

【电子政务】 2017年以来，区编办按照“重宣传、强指导、督进度”的总体思路积极做好中文域名管理工作。2017年年底，全区注册政务和公益域名单位383个，域名注册率达到100%，域名到期续费率达到100%。为进一步防范网络安全风险，规范网站运行，提高网站使用率，区编办按照《党政机关、事业单位网上名称管理暂行办法》有关规定，对全区纳入机构编制管理的党政群机关事业单位，定期进行网站开办核查。对核查出的不规范网站及时督促相关单位进行完善，对核查出的“僵尸网站”督促相关单位予以关闭。目前，全区网站开办和标识申请的单位共154个，挂标覆盖率达到100%。

【事业单位登记管理】 一是开展2016年度事业单位法人年度报告工作。通过制定实施方案，印发服务指南，依托“互联网+登记管理”，上传办理视频教程等形式，加强网上业务指导，全面推行网上提交、网上审核、现场领证，简化了办事程序，提高了工作效率。2017年4月底，全区293家已登记事业单位的年度报告检验工作全部完成，76家事业单位办理了变更手续，对全区已登记的293家事业单位年检报告进行一键公示。二是完成机关、群团社会信用代码赋码工作。为使金水区机关、群团社会信用代码赋码工作顺利开展，2017年年初，通过印发机关、群团社会信用代码赋码办理流程、注意事项、所需材料等，对全区64家机关、群团进行社会信用代码赋码工作，其中，机关37家，特殊情形23家，垂直机关1家，群团3家。三是做好事业单位法人信息抽查工作。通过“严”格联合检查、“严”控监管方法、“严”用抽查结果，按照抽查率3%以上的要求，随机对15家事业单位法人公示信息进行了抽查，并现场将抽查过程中普遍存在的变更法人不及时、法人证书管理不规范等问题及时反馈给相关单位，要求相关单位及时整改。

（撰稿：贾海波　审阅：陈占胜）

党校工作

【概况】　中共金水区委党校是在区委直接领导下培养党员干部的学校，是党委的一个重要部门，是培训轮训党员干部的主渠道。内设办公室、教研室、培训科3个科室。

区委党校主要承担副科级、科级后备干部、基层干部、入党积极分子培训，开展马克思主义中国化最新成果的理论宣传和党的路线、方针、政策的宣传。

2017年，区委党校在区委、区政府的正确领导下，深入学习贯彻落实中共十九大精神和习近平总书记系列重要讲话精神以及省、市、区党代会精神，创新培训方法，提高培训质量，扎实推进干部教育培训工作，充分发挥党校“阵地”与“熔炉”作用，教学、科研等工作取得新的成果。

【干部教育】　2017年，区委党校在区委的支持和区委组织部的指导下，充分发挥干部培训主阵地作用，圆满完成各项培训任务，共举办各类培训班17期，累计培训4790人。其中，举办春、秋两季科级干部主体班2期，每期15天，共培训学员126人；举办学习贯彻中共十八届六中全会精神培训班3期，每期3天，培训学员731人；举办后备干部学习贯彻中共十九大精神培训班1期，6天，培训学员50人；举办党员发展对象培训班1期，为期4天，培训学员362人；举办区直机关万名党员进党校充电计划培训班8期，每期3天，培训学员3300余人；举办区直机关入党积极分子培训班2期，每期3天，培训学员221人。

2017年9月，党员发展对象培训班

2017年4月，金水区“万名党员进党校充电计划”开班

班次设置更加科学。围绕全区中心工作，充分发挥干部培训主阵地作用，依据培训对象和培训内容，科学设置不同类别的培训班次。这些培训班的举办，极大地提高了金水区党员干部的理论水平、党性修养、宗旨意识、工作能力，为落实五大发展理念，实现“两个率先”目标，领跑中部城区发展提供人才支撑。

课程设置更加实用。紧密结合全区中心工作，坚持“干什么学什么、缺什么补什么”的原则，贴近干部工作实际设置学习专题，围绕如何履行岗位职责进行分组讨论，邀请组织部部长参加座谈，提升培训效果；增加党性锻炼专题，将党章及准则、条例列为必学篇目，同时围绕理想信念、群众路线、公仆意识、革命传统等主题，组织学员到南水北调精神教育基地、愚公移山干部学院、新乡先进群体教育基地进行现场教学，通过讲授、情景模拟、现场体验等方式引导学员把党性教育这门共产党人的“心学”修好。

培训方式力求多样。科级干部主体班采取了现场教学、互动教学与理论教学相结合，课前晨读与课后文体活动相结合，课堂讨论、领导座谈、班级研讨相结合的培训形式；通过现场教学、体验式教学、红歌教学、访谈教学、专题教学等方式接受革命传统教育和党性教育，强化党性锻炼；党员发展对象培训班采取了专题讲授、观看红色电影、唱红歌、发言交流、理论考试等方式。

教学管理更加规范。培训期间实行封闭管理，统一食宿，分组考勤学员。配备专职班主任规范管理，对所有参训人员统一编号，设置座签，严格考勤，确保到课率。编印《学员手册》，明确培训纪律和各项管理制度。实行专职班主任制度，每期培训班安排一名专职班主任，跟班听课，严格管理、随时抽查考勤，并于课后对无故缺勤的学员进行通报，确保出勤率。培训结束后进行结业考试，并将出勤情况和考试成绩报组织部备案，考勤、考试不合格者转下期继续培训。

【科研工作】 2017年，紧紧围绕区委、区政府中心工作，着眼于人民群众关注的社会热点、难点问题，深入基层，深入群众，开展调查研究。一是结项课题。省社科联调研课题1项；郑州市社科联调研课题2项其中《信息网络条件下加强党员教育工作的思考——以金水区为例》获三等奖；市委党校社科处调研课题3项、市情社情重点课题2项。二是申报和立项课题。申报河南省社科联调研课题2项，郑州市社科联调研课题3项，郑州市委党校调研课题3项，其中5项课题立项；申报区决策研究重点课题3项。目前各课题组正在进行调研报告撰写，努力形成一批有深度、有分量的科研成果，为区委区政府科学决策当好参谋。三是获奖论文。参与全市党校系统“学习贯彻市委十一届四次全会精神，助推郑州国家中心城市建设”理论探讨会，获组织奖。提交2篇学术论文，其中《以制造业产业升级助力郑州国家中心城市建设》一文获优秀论文二等奖。

创办《区情研究》季刊。以党建、党校工作会议、郑州国家中心城市建设和中共十九大精神为主题，内容及时跟进区委重大决策部署，该刊物已印发4期，填补区委党校多年来在资政方面的一项空白。

【队伍建设】 2017年，区委党校多措并举持续提升队伍素质和教学水平。一是立足学实学精开展业务学习。坚持校内常态学和外出培训相结合，引导教师真学实悟，准确把握党的理论精髓，讲好马克思主义。安排所有教师有计划、分批次到中央党校、省委党校、中国人民大学、李大钊干部学院、愚公移山干部学院等地进行业务培训，通过培训学习，让教师真正学明白、想明白，讲明白，强化能力素质，做好“布道人”。2017年，党校教师累计外出参加学习培训10人次。二是开展“岗位练兵”“新课试讲”活动。围绕教学布局，对照精品课标准，每位教师选出1~2个教学专题撰写讲稿和制作课件，根据时间要求专题试讲，其他教师对其主体内容、框架结构、例子选取等方面进行现场评讲，同时邀请外校有党课教学经验的教授对课程进行深入细致的点评。一方面对授课内容进行政治把关，杜绝一切错误思想言论进课堂。另一方面这些点评和指导，对于教师们查缺补漏、扬长避短、改进教学方式方法起到了很好的作用。三是组建师资库，优化教师结构。坚持不求所有，但求所用，坚持政治标准和业务标准，结合党校教学需求，选聘政治素质过硬、理论水平较高、善于讲党课的省、市委党校和辖区高校的知名教授担任党校兼职教师，区委党校已建立了68人的兼职教师师资库，教师结构基本合理。

【服务基层】 2017年，为进一步延伸党校课堂，服务基层，在校内教育培训基础上，围绕中共十九大精神和市委十一届全会精神、区委十一届全会精神，优选教师到机关、办事处、社区、企业开展送教上门活动，同时配合区委宣传部开展“百姓宣讲直通车”进基层巡演活动，今年共开展下基层专题讲座48场，受训干部万余人次，取得了良好的社会效益。

（撰稿：马国卿　审阅：秦历源）

绩效考核工作

【概况】 金水区绩效考核工作办公室成立于2011年3月，正科级规格，隶属区委，由区委组织部代管，在区绩效考核工作领导小组的领导下开展工作。根据工作内容调整，重点对各街道、区直各单位的组织工作进行绩效考核，参与部分区委重点工作。

【组织工作考核】 根据《金水区组织工作考核办法（2016年）》和《2016年组织工作目标完成情况评分细则》，按照区委要求，组织部机关相关科室和区机关工委对全区各单位党组织进行考核。做好组织系统2016年度绩效考核的组织协调、公信度测评、业绩过错申报初审把关和总成绩汇总核算等工作，确定绩效考核结果。考核成绩与单位的评优评先挂钩，与干部评优评先和干部管理挂钩，继续落实对考核成绩后两名的单位领导约谈制度，促进全区组织工作的健康开展。

【党建工作目标考核】 研究制定组织部2017年党的建设工作目标考核评分细则。根据细则规定，对全区各街道、区直单位党建工作进行综合打分。通过党建工作目标考核，落实党建工作责任，努力形成领导有力、责任明确、运转有序、保障到位的党建工作机制。

（撰稿：张　静　审阅：田保松）

金水区人民代表大会

【概况】 金水区人大常委会位于郑州市金水区东风路16号。下设五委三室，即办公室、财经工作委员会、法制工作委员会、城建工作委员会、代表联络工作委员会、教科文卫工作委员会、信访办公室和老干部管理办公室。工作职责是：依法行使重大事项决定权，监督权和人事任免权，联系服务代表，促进依法行政，确保法律法规在行政区域的贯彻实施。

2017年是区十三届人大常委会依法履职的开局之年。一年来，在区委的正确领导下，区人大常委会坚持以习近平新时代中国特色社会主义思想为指导，认真贯彻落实中共十八大和十九大精神，紧紧围绕“实现两个率先，领跑中部城区发展”奋斗目标，认真履行宪法和法律赋予的各项职权，较好地完成了区十三届人大一次会议确定的各项工作任务，为促进全区经济社会发展、推动基层民主法治建设做出了积极贡献。

全年共举行12次常委会；听取和审议17项“一府两院”专项工作报告；开展视察、执法检查26次；依法任免地方国家机关工作人员59人（次）；受理群众来信来访127件（次），督促解决了一批群众反映强烈的突出问题，维护了全区的和谐稳定。区十三届人大一次会议以来，代表提出的129件建议，已全部办理完毕，并答复代表。闭会期间，常委会坚持常委会组成人员联系代表、代表履职公示、代表述职评议等制度，持续深入开展“代表统一接待选民日”“代表双活动日”等活动。一年来，驻区各级人大代表累计参与履职活动756人次，收集、反映各类意见建议1143条，推动解决了一批群众关心的热点、难点问题，在党委政府和人民群众之间架起了一座“连心桥”。

【区十二届人大常委会第四十四次会议】 2017年1月18日上午，区十二届人大常委会第四十四次会议在区机关一楼西厅会议室举行。会议由区人大常委会主任薛燕主持，区人大常委会领导李贻忠、常新河、许贵舟、燕建华、冯景义、王静、张涛、杨旗，区人大常委会办公室主任李慧敏及其他常委会组成人员共28人出席会议。

会议依法通过了单广州等同志的任命。会议要求，新任命的同志：一是要提高思想认识。深刻理解做好人大工作的重要意义，尽快熟悉岗位职责，自觉加强学习研究，切实把握人民代表大会制度的丰富内涵，严格执行区人大常委会作出的决议、决定，努力做一名政治坚定、业务精通、锐意进取的优秀人大干部。二是要强化业务学习。重点学习各项法律法规、人大业务知识，切实掌握开展本职工作的方式方法，持续提升驾驭工作的水平和谋划全局的能力。三是要扎实履行职责。充分发挥职能作用，依法履行工作职责，充分运用法定职权，围绕全区转型发展中的重点领域、关键环节，组织引导代表开展视察、进行调研，提出高质量意见建议，为全区经济社会发展提供智力支持。

会议听取和审议了关于调整金水区人大换届选举有关工作机构组成人员的报告。会议要求，区选举委员会要进一步牢固树立责任意识，深刻领会换届要求，持续加强业务学习，深入研究法律法规，全面熟悉各项流程，切实提高依法开展工作的能力和水平，确保换届选举各项任务高标准、高质量完成。会议听取了区人民代表大会换届选举工作的说明，通过了相关决定草案，明确了换届选举的时间及领导机构，为换届选举工作的依法有序进行奠定了坚实基础。会议要求，新成立的选举委员会要在区委和区人大常委会的正确领导下，强化责任、精心组织、规范程序、依法办事，以严谨的作风、扎实的举措，确保换届选举工作圆满完成。

区人民政府副区长赵高翔，区政协副主席王居良，区人民法院院长杨发群，区人民检察院检察长梁平，人大各街道工委，区人大常委会各委室副主任列席会议。

【区十二届人大常委会第四十五次会议】 2017年2月24日上午，区十二届人大常委会第四十五次会议在区机关一楼西厅会议室举行。会议由区人大常委会主任薛燕主持，区人大常委会领导李贻忠、常新河、许贵舟、燕建华、冯景义、王静、张涛、杨旗，区人大常委会办公室主任李慧敏及其他常委会组成人员共26人出席会议。

会议听取和审议了金水区人民代表大会常务委员会主任会议关于接受薛燕等10人辞去区选举委员会职务的报告、金水区选举委员会关于金水区第十三届人民代表大会代表换届选举情况的报告，审议通过了金水区十二届人大常委会代表资格审查委员会关于金水区第十三届人民代表大会代表资格的审查报告、关于接受李建超辞去金水区人民政府副区长职务的决定（草案），审议了关于郑州市金水区2017年国民经济和社会发展计划执行情况与2017年国民经济和社会发展计划（草案）的报告、关于郑州市金水区2017年财政预算执行情况与2017年财政预算（草案）的报告。

区人民政府副区长赵高翔，区政协副主席王居良，区人民法院副院长魏甲斌，区人民检察院副检察长王毅隽，区人大常委会机关各委室，人大各街道工委列席会议。

【区十二届人大常委会第四十六次会议】 2017年3月9日上午，区十二届人大常委会第四十六次会议在区机关一楼西厅会议室举行。会议由区人大常委会主任薛燕主持，区人大常委会领导李贻忠、常新河、许贵舟、燕建华、冯景义、王静、张涛、杨旗，区人大常委会办公室主任李慧敏及其他常委会组成人员共27人出席会议。

会议决定于2017年3月11—14日召开区十三届人大一次会议，通过了关于金水区第十三届人民代表大会第一次会议议程、日程草案和有关建议名单、草案，研究、审议了区十三届人大一次会议的有关事项。

会议决定接受杨发群辞去金水区人民法院院长职务、梁平辞去金水区人民检察院检察长职务的请求，任命蔡理亮为金水区人民法院副院长、代理院长，王青为金水区人民检察院副检察长、代理检察长。

区委常委、区人民政府党组副书记杨洁，区政协副主席宋红霞，区人民法院副院长王琴，区人民检察院副检察长王水，区人大常委会机关各委室，人大各街道工委列席会议。

【区十三届人大常委会第一次会议】 2017年3月29日上午，区十三届人大常委会第一次会议在区机关一楼西厅会议室举行。会议由区人大常委会主任薛燕主持，区人大常委会领导李贻忠、许贵舟、燕建华、杜艳洁、冯景义、杨旗、常新河，区人大常委会办公室主任李慧敏及其他常委会组成人员共33人出席会议。

会议听取和审议了区政府关于“七五”普法教育和依法治区工作的议案。会议要求，区政府及其有关部门要紧紧围绕依法治区总要求，强化组织领导、创新宣传载体、建立责任清单，切实提高干部职工的法制观念和法律素养，引导带动全区人民自觉学法用法，加快形成普法工作全民参与、普法成果全民共享的生动局面。

会议接受了吴卫平、樊少楠、郑福有3人辞去郑州市第十四届人民代表大会代表职务的请求，同时补选李元中、李幸福同志为金水区出席郑州市第十四届人民代表大会代表。

会议同时审议通过了区人大

常委会2017年工作要点（草案），听取和审议了金水区人大常委会主任会议关于设立金水区十三届人大常委会代表资格审查委员会的议案、关于区十三届人大一次会议交付审议的代表议案审理意见的报告、金水区人大常委会主任会议关于确定2017年度向区人大常委会述职并接受评议的我区选举产生的郑州市十四届人大代表的议案。

区人民政府常务副区长杨洁、区人民政府副区长赵德武，区政协副主席王居良，区人民法院院长蔡理亮，区人民检察院检察长王青，人大各街道工委主任，区人大常委会各委室副主任，区司法局有关负责人列席会议。

【区十三届人大常委会第二次会议】 2017年5月9日上午，区十三届人大常委会第二次会议在区机关一楼西厅会议室举行。会议由区人大常委会主任薛燕主持，区人大常委会领导李贻忠、许贵舟、燕建华、杜艳洁、冯景义、张涛、杨旗、常新河，区人大常委会办公室主任李慧敏及其他常委会组成人员共33人出席会议。

会议作出了关于批准金水区人民政府2017年政府投资项目年度计划的决议。会议要求，区政府要紧紧围绕全年项目建设目标，严格按照《金水区政府投资项目管理办法》要求，创新工作方法，落实责任主体，完善监管体系，认真组织实施，确保政府投资项目按要求、按计划顺利推进，真正做到服务保障好、建设进度快、工程质量高，不断提升政府投资项目的经济效益和社会效益。

会议听取和审议了区政府关于大棚户区改造居民安置房建设工作情况的报告。会议要求，区政府及其有关部门一是要完善推进机制，积极拓展融资渠道，有效落实建设资金，健全考核评价体系，定期检查工程进度，推动安置房建设项目如期完工。二是要严格建设标准，规范项目管理，强化工程监督，确保项目质量，真正让征迁群众住上放心房。三是要维护群众利益，认真做好被征迁群众的过渡安置工作，及时帮助解决各类困难，努力让人民群众共享改革发展成果。

会议听取和审议了区政府关于科技产业发展工作情况的报告。会议要求，区政府及其有关部门一是要强化组织领导，转变工作职能，健全激励机制，加快构建科学完善的科技产业服务体系。二是要拓宽工作思路，坚持政府引导、市场运作，积极调动社会资源参与，为企业发展提供更多支持。三是要提升发展水平，大力引进高端科技人才，积极对接重大创新项目，持续增强科技创新创业能力，为全区经济社会转型发展提供有力支撑。

会议依法任命了24名新一届区政府工作部门主要负责人。会议要求，新任命的负责人一是要提高认识，扎实履职。发扬优良传统、倡导务实作风，把握机遇，扎实工作，共同开创金水区经济社会发展新局面。二是要提升素质，树立形象。坚持做勤奋学习的表率、真抓实干的表率，以优良的素质，展现新一届政府的良好形象；以务实的作风，创造为民履职的出色业绩。三是要依法行政，接受监督。牢固树立社会主义法治理念，尊重人大法律地位，做到重大事项主动报告，人大决议坚决执行，人大履职积极配合，不断为全区经济社会发展做出新的更大的贡献。

会议依法通过了区人民法院、区人民检察院提请的任命，进一步充实了金水区司法工作力量。会议要求，新任命的同志要牢固树立“司法为民”理念，切实增强进取意识，依法履行工作职责，努力为促进社会公平正义、和谐稳定贡献更大的力量。

区人民政府常务副区长杨洁、区人民政府副区长赵高翔、区人民政府副区长竟新宇，区政协副主席王居良，区人民法院院长蔡理亮，区人民检察院检察长王青，人大各街道工委主任，区人大常委会各委室副主任，区政府办、区发改统计局、区城改办、区科技局、区人民法院、区人民检察院有关负责人，以及1名市人大代表，2名区人大代表列席会议。3名公民旁听会议。

【区十三届人大常委会第三次会议】 2017年7月28日上午，区十三届人大常委会第三次会议在区机关一楼西厅会议室举行。会议由区人大常委会主任薛燕主持，区人大常委会领导李贻忠、许贵舟、燕建华、杜艳洁、冯景义、张涛、杨旗、常新河，区人大常委会办公室主任李慧敏及其他常委会组成人员共35人出席会议。

会议听取和审议了区政府关于2017年上半年国民经济和社会发展计划执行情况的报告。会议要求，区政府一是要进一步提升科学发展水平，紧紧围绕全区发展大局，不断加快产业结构调整步伐，促进金水区经济社会持续健康发展。二是要进一步加大项目建设力度，强化目标责任管理，完善考核监督机制，扎实推进重点项目建设，切实提升经济发展质量和效益。三是要进一步增强计划执行实效，认真研判经济运行走势，健全动态监测体系，增强防范风险和挑战的能力，确保按时完成全年各项目标任务。

会议听取和审议了区政府关于2017年财政决算和2017年上半年财政收支预算执行情况的报告。会议要求，区政府一是要深入贯彻落实预算法，进一步完善编制管理，细化部门预算，不断提高财政资金使用效益。二是要科学合理安排支出，调整和优化财政支出结构，将更多的资金和财力向民生领域倾斜，持续提升公共服务水平。三是要逐步完善税源体系建设，强化税源监控管理，积极应对宏观政策变化带来的影响，努力提高税收征管质量。

会议听取和审议了区政府关于2017年度本级预算执行和其他财政收支的审计工作报告。会议要求，区政府一是要强化审计意识，通过健全队伍建设、优化审计环境等措施，不断提升审计监督工作整体水平。二是要突出审计重点，围绕改革发展大局，聚焦改善民生福祉，持续加大对重点领域、重点项目和政府性债务资金的审计力度，确保审计工作效果。三是要提高审计质量，对审计发现的问题，要加强跟踪检查，督促被审计单位落实责任主体、逐项进行整改，切实提高财政资金管理水平。

会议听取和审议了区政府关于“深化供给侧改革，促进金水区产业结构转型升级”议案办理情况的报告。会议要求，区政府一是要进一步转变政府职能，严格落实中央和省、市委关于简政放权的各项要求，扎实推进“五单一网”改革，提高行政效率，改进服务水平，优化发展环境，不断积蓄全区经济发展后劲。二是要进一步完善政策措施，围绕全区主导产业发展，积极融入河南自贸区建设，不断推进制度创新，加快行政体制改革，切实激发经济发展活力。三是要进一步提升创新能力，围绕自主创新示范区建设，大力引进高端科技人才，积极对接重大创新项目，努力营造“大众创业、万众创新”良好氛围，为深入推进供给侧改革奠定良好基础。

会议听取和审议了区政府关于义务教育均衡发展工作情况的报告。会议要求，区政府一是要进一步提高思想认识，加强组织领导，健全工作机制，明确任务分工，狠抓责任落实，切实提升金水区教育工作整体水平。二是要进一步扩大办学规模，增加教育经费投入，大力推进中小学校新建、改扩建工程，使全区教育资源与经济社会发展需求相适应。三是要进一步壮大师资队伍，立足“办全国一流教育”发展目标，充实师资力量，强化教师培训，努力打造一批“师德高尚、专业娴熟、结构合理、朝气蓬勃”的骨干教师队伍。

会议同时传达学习了全国人大常委会推进县乡人大工作和建设经验交流会精神。

区人民政府常务副区长杨洁，区人民政府副区长张川，区政协副主席王居良，区人民法院院长蔡理亮，区人民检察院副检察长王水，人大各街道工委主任，区人大常委会各委室副主任，区发改统计局、区财政局、区审计局、区教育体育局有关负责人，以及1名市人大代表，2名区人大代表列席会议。3名公民旁听会议。

【区十三届人大常委会第四次会议】 2017年9月28日上午，区十三届人大常委会第四次会议在区机关一楼西厅会议室举行。会议由区人大常委会主任薛燕主持，区人大常委会领导李贻忠、许贵舟、杜艳洁、冯景义、张涛、杨旗、常新河，区人大常委会办公室主任李慧敏及其他常委会组成人员共32人出席会议。

会议听取和审议了区政府关于老年人权益保障法实施情况的报告。会议要求，区政府及其有关部门一是要进一步深化思想认识，加大政策扶持力度、健全财政配套措施，切实推动老年人权益保障工作科学发展。二是要进一步提升服务水平，坚持以居家为基础、社区为依托、机构为支撑，实现养老服务的有效衔接。三是要进一步强化队伍建设，着力引进专业人才，注重从业人员技能培训，持续增强工作实效。

会议听取和审议了区政府关于区十三届人大一次会议代表建议办理情况的报告。会议要求，区政府及其有关部门一是要高度重视，落实领办制度，完善推进措施，提高办理质量。二是要健全机制，明确责任主体，规范办理程序，真正把办理工作做细、做实、做好。三是要增强实效，主动对接、及时反馈，切实提高建议办结率和代表满意率。

会议听取和审议了区政府关于“搭建科技人才服务平台，提升企业自主创新能力”议案办理情况的报告。会议要求，区政府及其有关部门一是要加强组织领导，转变工作职能，完善激励措施，加快构建更加完善的科技人才服务体系。二是要拓宽工作思路，坚持政府引导、市场运作，为科技人才创新创业提供更多支持。三是要提升发展水平，大力引进高端科技人才，积极对接重大创新项目，不断积蓄全区经济发展后劲。

会议听取和审议了区政府关于食品安全法实施情况的报告。会议要求，区政府及其有关部门一是要进一步增强责任意识，健全食品安全监管体系，保障人民群众“舌尖上”的安全。二是要进一步加大执法力度，对制售假冒伪劣食品行为追根溯源，依法惩处，切实形成打击食品领域违法犯罪的高压态势。三是要进一步提升宣传效果，全方位、多层次宣传食品安全知识，不断营造社会各界共同参与食品安全监管工作的良好氛围。

会议依法通过了区人大常委会和区人民法院提请的任命。会议要求，新任命的负责人要不忘组织重托，牢记为民宗旨，认真学习法律法规和专业知识，为助推全区经济社会发展、促进基层民主法制建设做出新的更大的贡献。

会议同时传达学习了河南省人大常委会推进县乡人大工作和建设经验交流会精神、郑州市推进县乡人大工作和建设经验交流会暨全市人大工作座谈会第二十五次会议精神。

区人民政府常务副区长杨洁、区人民政府副区长赵高翔、区人民政府副区长赵德武、区人民政府副区长张川，区政协副主席宋红霞，区人民法院院长蔡理亮，区人民检察院检察长王青，人大各街道工委主任，区人大常委会各委室副主任，区政府办、区民政局、区科技局、区食药局有关负责同志，以及1名市人大代表，2名区人大代表列席会议。3名公民旁听会议。

【区十三届人大常委会第五次会议】 2017年10月23日上午，区十三届人大常委会第五次会议在区机关一楼西厅会议室举行。会议由区人大常委会主任薛燕主持，区人大常委会领导李贻忠、许贵舟、杜艳洁、冯景义、张涛、杨旗、常新河，区人大常委会办公室主任李慧敏及其他常委会组成人员共33人出席会议。

会议接受了赵顺舟辞去郑州市第十四届人民代表大会代表职务的请求。

人大各街道工委主任，区人大常委会各委室副主任列席会议。

【区十三届人大常委会第六次会议】 2017年11月24日上午，区十三届人大常委会第六次会议在区机关一楼西厅会议室举行。会议由区人大常委会主任薛燕主持，区人大常委会领导李贻忠、许贵舟、杜艳洁、冯景义、张涛、杨旗、常新河，区人大常委会办公室主任李慧敏及其他常委会组成人员共33人出席会议。

会议通过了区政府提请的人事任命事项，批准了区政府提请的关于预算调整、金水科教园区PPP项目2个议案，听取和审议了区政府审计查出问题整改、环境保护工作情况的报告，区人民法院、区人民检察院司法改革工作情况的报告，审议通过了2个表彰决定，听取了市人大代表履职情况的报告，并对12名市人大代表进行了评议。

区人民政府常务副区长杨洁，金水科教园区管委会主任李小虎，区人民政府副县级干部闵武杰，区政协副主席王居良，区人民法院院长蔡理亮，区人民检察院检察长王青，人大各街道工委主任，区人大常委会各委室副主任，市人大代表各活动小组组长，区财政局、金水科教园区、区审计局、区人民法院、区人民检察院、区环境保护局有关负责同志，以及1名市人大代表，2名区人大代表列席会议。3名公民旁听会议。

【代表议案及建议办理情况】 在区十三届人大一次会议上，大会主席团共收到区十三届人大代表提出的议案22件，经大会主席团审议通过，2件立案，20件议案转作建议办理。会议期间，区十三届人大代表还提出建议109件，共计129件。根据建议内容，转交区人民政府办理的119件；转交区人民法院办理的4件，其他有关机关、组织办理的6件。截至8月11日，129件代表建议已经办理完毕。为进一步了解代表对建议办理的落实情况，自8月12日起，区人大常委会代表联络工委分别向提出议案、建议的代表发出“金水区人大代表议案建议办理情况反馈意见表”131份，收回代表反馈意见表131份，对于承办单位的办理态度、办理结果，代表表示满意的130件，不满意的1件，满意率达到99.2%。对于代表不满意的建议，代表联络工委及时通知区政府及有关承办部门重新办理并答复代表，在随后再次征求意见中，代表对1件重新办理的建议表示满意。

【人大代表视察活动】 2月14日，时任金水区人大常委会副主任常新河带领驻金水区市、区两级人大代表视察金水区2017年国民经济和社会发展计划执行情况与2017年国民经济和社会发展计划（草案）的报告，区人大常委会副主任许贵舟参加视察。

4月11日，金水区人大常委会副主任燕建华带领驻金水区市、区两级人大代表视察金水区行政审批服务中心工作，区人大常委会领导李贻忠、许贵舟、杜艳洁、杨旗、常新河参加视察。

4月25日，金水区人大常委会副主任许贵舟带领驻金水区市、区两级人大代表视察金水区大棚户区改造安置房建设工作情况，区人大常委会领导燕建华、杜艳洁、冯景义、杨旗参加视察。

4月27日，时任金水区人大常委会党组成员常新河带领驻金水区市、区两级人大代表视察金水区2017年政府投资项目计划执行情况和2017政府投资项目计划（草案），区人大常委会领导许贵舟、燕建华、杜艳洁、冯景义、杨旗参加视察。

5月3日，金水区人大常委会副主任燕建华带领驻金水区市、区两级人大代表视察金水区科技产业发展情况，区人大常委会领导燕建华、杜艳洁、冯景义、杨旗、常新河参加视察。

5月18日，金水区人大常委会副主任许贵舟带领驻金水区市、区两级人大代表视察金水区城市交通基础设施建设与管理工作情况。区人大常委会领导李贻忠、杜艳洁、冯景义、张涛参加视察。

6月9日，金水区人大常委会主任、党组书记薛燕带领驻金水区省、市、区三级人大代表视察金水区黄河、内河、城市防汛工作情况。区人大常委会领导李贻忠、许贵舟、燕建华、杜艳洁、冯景义、张涛、杨旗、常新河参加视察。

6月13日，金水区人大常委会副主任燕建华带领驻金水区市、区两级人大代表视察金水区文化市场监督管理工作情况。区人大常委会领导许贵舟、燕建华、杜艳洁、冯景义、常新河参加视察。

6月28日，时任金水区人大常委会党组成员常新河带领驻金水区市、区两级人大代表视察金水区“深化供给侧改革，促进金水区产业结构转型升级”议案办理工作，区人大常委会领导杜艳洁、张涛参加视察。

7月5日，金水区人大常委会副主任李贻忠带领驻金水区市、区两级人大代表检查金水区水污染防治“一法一条例”实施情况。区人大常委会领导杜艳洁、张涛、杨旗参加执法检查。

7月7日，金水区人大常委会副主任燕建华带领驻金水区市、区两级人大代表视察金水区义务教育均衡发展工作情况。区人大常委会领导许贵舟、杜艳洁、张涛、杨旗参加视察。

7月13日，时任金水区人大常委会党组成员常新河带领驻金水区市、区两级人大代表视察金水区2017年上半年国民经济和社会发展计划执行情况。区人大常委会领导许贵舟、杜艳洁、冯景义、杨旗参加视察。

7月14日，时任金水区人大常委会党组成员常新河带领驻金水区市、区两级人大代表视察金水区2017年财政决算和2017年上半年财政收支预算执行情况。区人大常委会领导燕建华、杜艳洁、冯景义参加视察。

8月9日，金水区人大常委会党组成员杨旗带领驻金水区市、区两级人大代表检查金水区《中华人民共和国老年人权益保障法》实施情况。区人大常委会领导许贵舟、张涛、杨旗参加执法检查。

8月10日，金水区人大常委会副主任燕建华带领驻金水区市、区两级人大代表视察金水区“搭建科技人才服务平台，提升企业自主创新能力”议案办理情况。区人大常委会领导许贵舟、冯景义、张涛、杨旗参加视察。

9月7日，金水区人大常委会主任、党组书记薛燕带领驻金水区市、区两级人大代表检查金水区《中华人民共和国食品安全法》实施情况。区人大常委会领导许贵舟、燕建华、张涛、杨旗参加执法检查。

9月8日，金水区人大常委会党组成员冯景义带领驻金水区市、区两级人大代表视察金水区十三届人大一次会代表建议办理情况，区人大常委会副主任许贵舟、杜艳洁参加视察。

9月12日，金水区人大常委会副主任许贵舟带领驻金水区市、区两级人大代表视察金水区城市绿化提升工作情况。区人大常委会领导杜艳洁、冯景义、张涛参加视察。

10月12日，金水区人大常委会党组成员杨旗带领驻金水区市、区两级人大代表视察金水区人民法院司法改革工作情况，区人大常委会领导许贵舟、杜艳洁、张涛参加视察。

10月13日，金水区人大常委会副主任燕建华带领驻金水区市、区两级人大代表视察金水区公立医院综合改革工作，区人大常委会领导李贻忠、许贵舟、杜艳洁、张涛参加视察。

10月19日，金水区人大常委会党组成员杨旗带领驻金水区市、区两级人大代表视察金水区人民检察院司法改革工作情况，区人大常委会领导许贵舟、冯景义参加视察。

10月25日，金水区人大常委会主任、党组书记薛燕带领驻金水区市、区两级人大代表视察金水区环境保护工作情况，区人大常委会领导李贻忠、许贵舟、杜艳洁、杨旗参加视察。

12月6日，金水区人大常委会党组成员张涛带领驻金水区市、区两级人大代表视察金水区信访工作情况，区人大常委会领导李贻忠、许贵舟、燕建华、杨旗参加视察。

（撰稿：周志勇　审阅：臧跃鹏）

金水区人民政府

政府全面工作

【概况】 地区生产总值实现9.6%的高速增长，总量突破1200亿元；财政总收入增长21.1%、达到224亿元，在全省157个县（市）区中稳居第一；地方一般公共预算收入在全面落实各项税费减免政策的基础上实现了两位数增长，达到55.5亿元；社会消费品零售总额增长7.3%、达到773亿元；全社会固定资产投资增长10%，达到528亿元。经济运行态势呈现近年来最好水平。

【产业结构优化】 服务业增加值成功突破1000亿元，其中，现代服务业实现增加值784亿元，对地区生产总值增长的贡献率达到65%。现代金融、高端商贸和高技术服务等主导产业分别实现增加值334亿元、155亿元和156亿元，总量占服务业的比重增至60%，支撑作用更加凸显。商务服务业加速向价值链高端攀升，增加值突破100亿元。在商务部备案的服务外包企业达到105家，稳居全省第一，并成功打造2个省级服务外包示范园区。经省级认定的电子商务企业增至192家，其中，跨境电商28家，实现电子商务交易额136亿元。

深入开展“项目建设年”活动，先后组织四次集中开工仪式，新开工杲村财富中心等重点项目46个，省市重点项目开工率双双实现100%，创三年来新高。积极推进产业链招商，成功引进信大捷安等优质产业项目23个、总投资171亿元，并与意大利新时代商协会等产业联盟达成战略合作。研究出台“金典六策”，设立共享生态科技等多支产业发展基金，有效推动了产业升级和科技创新。积极发挥“金融港”作用，帮助1695家企业融资25.8亿元。新增“新三板”挂牌企业4家、中原股权交易中心挂牌企业18家，全区挂牌上市企业达到51家。

【创新创业环境】 改革开放步伐全面加快。深入推进“放管服”改革，扎实开展“减证便民”，取消繁文缛节和不必要证明80项。全面推行“一口受理”，99个审批事项实现“一口受理、一站审批、一窗取件”。积极推进商事制度改革，新登记企业2万家，总量突破10万家。自贸区管理架构和推进机制全面建立，创新“一址多照、集群注册”工商注册方式，吸引入驻企业72家，形成重点领域改革创新案例14个。外贸进出口实绩企业达到869家、占全市1/3以上，推动进出口总额实现17.4亿美元，超过市内六区总量的60%。

创新发展能力明显提高。突出自创区带动引领，新设立院士工作站2个、国家级实验室4个，引进国家“千人计划”专家等高层次人才及团队29个，居市内六区第一；新增科技型企业137家、高新技术企业63家，分别增长26%和78.8%，增量和增幅均创历年新高。创新要素加快集聚，新增省级以上工程技术中心16家、孵化器（众创空间）19家，荣获省市级科技进步奖32项，专利申请量突破7500件，科学技术支出占公共预算支出的比重达到3.6%。成功举办首届“产业生态共享”高峰论坛、第十七届中国虚拟现实大会等重大活动，创新创业影响力持续扩大。

载体平台支撑更加有力。金水科教园区开工建设朗驰智能机器人科研中心等项目6个，新投用创新创业发展空间60万平方米，引进美国硅谷PNP等一批国际化创新服务机构，获批建设省市两级信息安全产业示范基地。河南科技园区积极培育发展新业态，中关村在线等知名电商平台全面运营，稳居省级特色园区前十强。国家知识产权创意产业试点园区集聚知识产权服务及文化创意类企业203家，国家知识产权局专利复审委员会第九巡回审理庭和全省首家知识产权巡回法庭挂牌成立，成为全国专利文献服务网点，荣获“全国专利系统先进集体”等荣誉称号。

【城区品质提升】 大棚户区改造取得新进展。顺利完成刘庄等7个村、1429万平方米建筑物拆迁，清运建筑垃圾803万立方米，全面进入开发建设的新阶段。构袁等14个项目、263万平方米安置房顺利开工建设，小孟砦等19个项目、505万平方米实现主体封顶，全年回迁群众12986人，安置房主体封顶面积和回迁群众人数再创历史新高。率先在全市启动安置房网签工作，姚砦等4个项目基本完成，累计实现网签9419套。

城区功能提升获得新成效。率先在全市完成轨道交通2号线延长线、3号线一期、4号线和5号线征迁任务，商都历史文化区宫殿区工程征迁基本完成，市政控制性节点地下交通工程征迁顺利推进。建成道路15条，提升背街支路151条，新增公厕15座、公共停车泊位12300个。深入开展“双迎攻坚”活动，常态化推进集贸市场、“六小”门店和市容环境等八大重点领域整治，累计清理各类垃圾84万立方米，为郑州市顺利通过国家卫生城市复审、蝉联全国文明城市“三连冠”做出了积极贡献。

生态环境治理实现新突破。实行最严格的生态环境保护制度，强化工地扬尘、能源替代和污染源治理，227个在建工地全部纳入“7个100%”动态监管，排查取缔“散乱污”企业647家，重点领域污染得到有效治理；建成微型空气监测站43个，完成电代煤气代煤改造2133户，高污染燃料禁燃区实现全覆盖，辖区空气质量明显好转，成功实现“两降一增”，$PM_{2.5}$、PM_{10}年均浓度分别下降3.9%和12.9%，优良天数增至192天，同比增加51天。新建公园游园3个，完成生态林业2850亩，新增绿地80万平方米。贾鲁河绿线内附属物基本拆除完毕，黄河湿地自然保护区内渔家乐、违章建筑全部取缔拆除。三级河长体系全面构建，治理排污问题23起，建成区基本消除黑臭水体。

【辖区民生事业】 社会保障坚实有力。坚持把财力向民生领域倾斜，民生支出达到44.5亿元，有效解决了一批关系群众切身利益的热点难点问题。完成就业创业培训8606人，新增就业再就业33868人，城镇居民和农村居民人均可支配收入分别达到42408元和24019元，稳居全省第一。新开工保障房16444套、基本建成9072套，回购公共租赁住房房源866套。免费为133户残疾人家庭进行无障碍改造，有效改善了残疾人家庭生活环境。全面实施环卫工人早餐工程，免费为辖区5000多名环卫工人提供营养健康早餐，努力让“城市美容师”感受到更多温暖。新扶持社工机构2个，新建社区托老站10家，投资1776万元购买慈善公益等社工服务项目76个，群众享受到了更多、更丰富的专业服务。

公共服务更趋均衡。金水区总医院二期顺利投用，并与省人民医院等20家二级以上医院建立转诊绿色通道；公立医院综合改革加快推进，药品加成全面取消；家庭医生签约服务和分级诊疗试点有序开展，有效缓解了看病难看病贵问题。建成文源小学等5所学校、新增优质学位6120个，新接收进城务工人员随迁子女入学8100人，成功举办第六届中小学教育国际会议等教育交流活动，顺利通过国家义务教育发展基本均衡县评估认定。市民公共文化服务活动中心全面开工，建成党群服务中心3个，系统提供政务等三大类服务，便民服务体系日益健全。新建基层综合性文化服务中心105个，连续五年举办中国（郑州）国际街舞大赛；广泛开展群众性文体活动，获评“全国群众体育先进单位”。

治理体系更加完善。强化食品药品全过程监管，健全质量安全追溯和企业诚信管理制度，开展各类专项整治36项，有效保障了群众的饮食用药安全。严格落实安全生产责任制，排查整治各类隐患2487处，安全生产形势持续稳定好转。坚持领导接访等工作制度，妥善化解信访突出问题，高效解决群众合理合法诉求。完善立体化信息化社会治安防控体系，妥善处置各类群体性事件，严厉打击违法犯罪活动，群众安全感和满意度持续上升。

【信息调研工作】　紧紧抓住影响改革、发展、稳定的热点问题以及领导关注的重点领域，主动开展信息调研工作，编写有情况、有分析、深层次、高质量信息，为区委、区政府掌握实情、科学决策、推动工作提供了较好的信息服务。全年共编发区级信息1580条，《政府工作》18期、《专报信息》9期；上报省市信息791条，《市政府工作快报》采用信息67条。

【督察工作】　把落实作为督察工作的出发点和落脚点，将区委、区政府重点工作部署、重要决定作为督察重点，明确责任领导、承办部门和完成时限，累计开展综合类、专项类督察48次，下发《督查通知》等42期，有力促进了重点工作的落实。按照“交必办、办必果、果必报”的原则，围绕领导批示件和群众反映突出问题进行督察，共承办市委、市政府及区领导交办督察事项35项、市政府转办的人民网留言交办单93件，办理市长电话室转办件10664件、群众电话反映事项1200件，办结率均为100%，有效解决了一大批关系群众切身利益的实际问题。

【电子政务工作】　积极推进“互联网+政务服务”，稳步推进政务服务网应用，建立信息公开管理系统，开展网站集约化工作，做好全区政务网络和业务系统管理维护，全年累计服务8230人次。深入推进政府信息公开，主动公开政府信息2365条，依申请政府信息公开960条，办结率100%。

【议案提案办理工作】　狠抓交办、督办2个关键环节，不断细化办理程序，明确工作职责，积极协调督促各承办单位在规定时间内办结完毕，全年共办理市区人大代表议案建议、政协提案249件，办结249件，办结率达100%。

【外事侨务工作】　一是加强因公出国管理。落实计划报批制度，严格规范审批管理，严格按照有关规定将因公出国（境）经费纳入专项预算管理，严格控制因公出国（境）经费预算规模。二是提升外事服务水平。将转变作风、提高效率、优化服务当成重中之重来抓，积极搞好服务，协助辖区涉外企业做好外国人邀请工作，全年共协助辖区3家企业邀请外国人到郑州考察、工作5人，为辖区企业发展增添了新的活力；圆满完成俄罗斯青年政党考察团的接待任务。三是切实为侨做好服务。坚持依法护侨、以情感侨、合理用侨，汇集侨智，发挥侨力，维护侨益。利用海外华侨资源开展境外招商，专门聘请了一批具有国际招商能力、国际交往能力的人才为招商大使，开展招商及项目签约活动，并就引进高科技项目达成了合作意向。

【法治政府建设工作】　2017年，区政府法制办共办理行政复议案件328起，其中，“付强、李喜英不服金水区东风路街道办事处行政强制措施案”一案被推荐为郑州市第四届“行政复议精品案件”；办理行政诉讼案件179起，应诉办理市政府复议案件42件。强化行政执法人员培训，创新培训模式，有效提高了公务人员的法律素质和依法执法能力。严格实行行政执法人员持证上岗和资格管理制度，共办理行政执法证140个、行政监督证6个，注销行政执法证121个、行政执法监督证19个。加强规范性文件备案审查，共审查规范性文件378份，上报市政府备案规范性文件27份，其中《郑州市金水区人民政府关于印发郑州市金水区区长质量奖管理办法的通知的合法性审查意见书》获得“郑州市优秀规范性文件合法性审查意见书”称号。

（撰稿：万　萌　　审阅：刘宇晓）

政务服务

【概况】　金水区政务服务中心（以下简称中心）成立于2002年1月28日，现位于东风路与花园路交叉口科技一条街1号楼，办公面积3000平方米。中心作为政府派出机构，为正科级建制，内部机构设置分为两个层级。第一层级是内部管理层，设办公室、业务科、督察科、网络科、审改科，负责内部协调和管理。第二个层级是窗口办事层，由区财政局、区人社局、区食药局以及交管、消防等22个政府职能部门组成，进驻审批事项92项，（其中，行政许可54项，行政确认7项，其他权利6项，公共服务18项，其他类3项，消防3项，交管1项），窗口工作人员42人，按照“素质高、能力强、业务熟、服务优”的原则，由所在单位推荐，区组织、人事部门考核培训后上岗。窗口工作人员实行双重领导，业务工作接受原单位领导，日常工作接受中心的领导和管理。

2017年，共受理办结各类审批事项115874件，按时办结率100%，组织开展民办非企业并联审批联合踏勘6次，共计16家，接受群众来电来信表扬20余次，群众满意率99.9%。

【运作模式】 对审批项目实行“一站式”办公、“一条龙”服务、阳光下作业、规范化管理。建立了“九公开服务”“九项制办理”“九类件管理”的行政审批事项管理运作模式。

九公开服务：即工作制度、受理事项、审批内容、办事程序、政策依据、申报材料、承诺时限、收费标准、办理结果公开，方便人民群众办事，接受群众监督。

九项制办理：一是直接办理制，对程序简便、材料齐全，可于半个工作日内办结的事项，窗口工作人员直接办理；二是承诺办理超时默认制，对需要现场踏勘、审核、论证、公告或召开听证会的审批事项，由窗口工作人负责衔接原单位在承诺时限内办结；三是联合办理首问负责制，对于需要几个部门联合办理的审批事项，接到服务对象提出服务申请的第一个窗口责任单位，要负责向服务对象提供全程服务，直至办结；四是申报办理制，对需报上级部门审批的受理事项，由主办部门负责申报，在一定时限内积极与上级部门联系，帮助办理；五是明确答复制，对国家明令禁止，不符合国家、省、市有关法律、法规和政策，不符合金水区总体发展规划的审批事项，由窗口工作人员及时明确答复；六是要件特别办理制，对服务对象因特殊情况要求尽快办理的审批事项，窗口工作人员在政策允许的范围内，尽可能为其尽快办理；七是投诉复议限时办结制，对群众持有不同意见的办件，由中心督察科或业务科认定后，出具通知书，在规定时限内为服务对象重新办理；八是扎口收费制，对中心服务指南中明确规定免费的项目免费办理。中心所有收费由中心统一办理，任何服务窗口不得直接收取任何费用；九是办程保密制，办理过程中，中心所有知情人员必须对服务对象和中心形象负责，严守秘密。

九类件管理：一是即办件，由窗口人员即收即办；二是急办件，对情况特殊，手续齐全，可视紧急程度，或在政策允许的范围内尽快缩短时限办理；三是退办件，项目内容明显不符合国家、省、市有关产业政策及技术规范要求，或经现场踏勘、调查、核实不符合批准条件，由窗口工作人员写明原因，退件给申报人；四是补办件，对申报材料不全的，窗口工作人员先收件，同时在回执上一次性注明需补充材料，材料补全后正常办理；五是承诺件，由窗口工作人员先收件，承诺办结时限，在承诺时限内办结；六是联办件，由第一个受理窗口收件，承诺办结时限，牵头组织相关部门联合办理；七是上报件，对需要转报、上报的审批事项，窗口单位向服务对象承诺上报时限，尽快与上级部门联系；八是复议件，对服务对象要求复核的各种办件，由业务可会同有关部门和单位进行复核裁定，窗口办理正确的，向服务对象说明情况，按退办件处理；窗口处理失误的，责令窗口在一定时限内为服务对象重新办理；九是投诉件，对窗口工作人员业务不熟、服务不周或违规操作，引起服务对象不满意，要求处理的，由中心督察科负责在承诺时间内查证核实，出具通知书，下达原办理窗口，限定办结时限。

【行政审批制度改革】 一是做好国务院办公厅“放管服”改革专项督察工作。按照专项督察要求，协调全区各职能局委，对照2013年以来国务院、省市取消和下放审批事项清单，通过自查上报、集中审核，认真梳理金水区保留的行政审批事项。经过全面核查，国务院分3批取消涉及金水区的6个行政审批事项、2个中介服务事项，已取消到位；第十轮行政审批制度改革和“五单一网”制度改革，市级下放的53个行政审批事项、取消的41项行政审批事项均已承接取消到位。二是全面开展“减证便民”专项工作。在全区开展繁文缛节和不必要证明清理工作，围绕简化办事环节和手续，进一步消除各种“奇葩证明”“循环证明”“重复证明”，切实方便企业和群众办事。经审定共保留证明事项40项，取消繁文缛节和不必要证明事项80项。三是梳理调整权责清单。完善全区行政权责事项调整申请表，按照申请—转办—审核—审议的流程，做到动态化、台账式管理。截至目前，对外公示全区行政权力事项共计8881项，其中，行政审批事项105项；完成行政权力项目调整175项，其中，涉及行政审批事项31项，行政处罚88项，其他职权56项。四是完成依申请权责事项自检录入工作。按照市里统一要求，组织全区60家单位召开自检录入工作培训会，讲解系统操作流程，分批次对17个街道办事处、36个区直部门、7个公安分局的601项依申请权力事项进行审核，为下步正式录入省级系统打下了坚实基础。

【进厅项目运行】 按照“统一受理、分类审批、统一出证、统一送达”的政务服务模式，对进驻中心的99个事项实行“一个窗口”受理、“一站式”审批、“一个窗口”取件，不断提高审批效率，方便办事群众。一是以健全机制为保障，不断规范“一口受理”运行模式。依据民生服务类、社会事业类、企业登记类等分类原则，将进驻中心的26个窗口统一整合为8个综合受理窗口、6个综合咨询辅导窗口、2个统一发证窗口、2个自助服务窗口。出台综合受理窗口、综合咨询辅导窗口、综合发证窗口、综合接待咨询4个岗位职责，建立完善了“一口受理”月例会制度、工作人员轮岗制度、工作人员考核制度等10个配套机制，确保“一口受理”工作高效有序运行。二是以方便快捷为方向，不断提高政务服务效率。同步更新承办机构、申报材料审批流程、收费依据等各项要素，严格按照“1、3、7”工作机制要求，优化简化事项办理流程。印制便民服务办事指南、办事须知和报件示范文本，编制咨询辅导清单、审批业务操作手册，方便群众查询取阅。三是以咨询辅导为重点，不断改善窗口服务质量。增设咨询辅导台，建立健全咨询辅导台账，严格落实“一次性告知”，做到咨询辅导“肩并肩”、受理资料“一手清”，回答问题“一口清”。同时，提供预约服务、延时服务、上门服务等相应配套服务。四是以群众满意为目标，不断增强群众获得感。通过网上咨询、电话联系等方式及时提醒群众政策依据和办件流程的变化，每月随机进行电话服务回访。“一口受理”工作自2017年7月1日正式运行以来，共接收企业群众咨询1000余次，综合受理窗口受理4643件，发证3868个，通过电话回访及面对面回访100多次，群众满意率100%。

【互联网+政务服务】 一是打造网上办事新模式。依托郑州市政务服务网，推进实体大厅与网上政务大厅的无缝融合，申请人可按照网上申报、信息共享、线下人工审核相结合的审批模式，在线提交申请、上传电子材料。截至2017年年底，已有60项审批事项实现在线申请、网上办理。二是推行信息公开新模式。充分利用金水审批网和“金水区政务服务”公众号，开通办事指南、政务公开、办事查询、在线投诉等栏目，对政策法规、事项信息、政务信息进行实时公开，并且对群众的疑难咨询和网上投诉进行在线解答和受理。同时，群众还可在公众号中输入受理号来查询事项进展，实时掌握办理情况。三是构建微信办公新模式。建立微信内部办公体系，开通通知公告、学习园地、督察 专栏、党员微课堂等微专栏，实时发布中心各类活动方案、传达上级文件精神、下达各类工作要求。同时，可通过手机微信端掌握最新工作动态和工作要求，节省办公资源的同时极大地提高了工作效率。

【基层便民四级联动】 按照郑州市关于推进市、县（区）、街道、村组（社区）审批服务“四级联动”的工作要求，在全区“三级三类”便民服务中心（站）建设的基础上，制定了《金水区行政审批服务四级联动考核办法》和《金水区街道便民服务工作考核办法》，先后召开工作推进会2次，在线指导街道便民服务150余次，现场指导24次，培训工作人员200余人，不断加强基层便民服务窗口规范化。依托郑州市四级联动系统，共梳理出36个涉及民生的服务事项向基层延伸。目前，全区已完成17个街道办事处便民服务中心和162个社区便民服务站四级联动网点的规范建设工作，16个与辖区群众生产生活紧密相关的服务事项已下放到村组、社区办理，四级联动系统共受理6154件，办结6154件，按时办结率100%，初步实现了市、区、街道、社区审批服务四级联动，提升了街道便民服务水平。

（撰稿：葛寅鹏　审阅：赵佳滨）

机关事务管理

【概况】　金水区直属机关事务管理局组建于1986年，是区级机关后勤事务管理职能部门，正科级建制。内设办公室、文明科、节能科、物业科、安保科、综合科、会务科、保洁科，主要履行机关国有资产管理、机关文明创建、机关公共机构节能、机关会议服务、机关安全保卫、基础设施建设等后勤管理保障工作。

【公共机构节能】　深入研究谋划“十三五”规划工作的思路和举措，科学论证“十三五”规划的目标和任务，在广泛征求意见的基础上，结合全区公共机构节能工作实际，编印了《金水区公共机构节约能源资源“十三五”规划》，并对辖区89个公共机构制定了公共机构节能工作实施方案和考核办法，组织相关考核组对全区公共机构近两年能耗数据开展网上审核。先后邀请河南大学能源环境专业教研员就金水区公共机构节能问题举办专项培训会2次，受训人数达400人次。采取丰富多彩的形式，广泛开展节能宣传活动。6月，组织全区89个公共机构协同开展节能宣传月活动，活动月当天共展出展板102块，现场参观学习达1200余人；全国低碳能源紧缺体验日当天，组织相关科室关闭全区部分办公场所的电梯、空调等耗能设备，积极倡导广大干部职工采取步行或乘坐公共交通工具上下班，发出节约能源倡议书8000余份；11月30日，顺利通过国管局能耗消耗数据审核验收，圆满完成了年初制定的节能减排目标任务。2017年，全区各单位用电共消耗1001万千瓦/小时；水消耗36.4万立方米，天然气消耗31.1万立方米；综合耗能与2016年相比下降8%。

【全国文明单位重创】　2017年是区机关创建全国文明单位重创之年，按照中央、省、市、区文明办关于全国文明单位创建的具体要求和考核细则，本着高起点、高标准、高水平的原则，以围绕文明河南建设、巩固“全国文明单位”荣誉为契机，立足新起点，把握新要求，制定完善了全国文明单位创建工作实施方案和工作要点，扎实推进精神文明建设各项工作。组织成立了机关精神文明宣传组、机关卫生检查评比组、文字材料档案组、网络文明宣传组等多个专项工作组，形成了分工明确、各司其职、组织有序、上下联动的精神文明工作网络，为全国文明单位创建工作提供坚强的组织保障。通过组织开展区直机关道德讲堂、先进模范人物报告会、机关餐厅文明餐桌、文明交通志愿服务活动等多样的创建活动，积极评选干部职工身边好人和道德模范，在区直机关营造了浓厚的文明单位创建氛围。2017年，顺利通过全国文明单位考核组检查验收，连续七年荣获全国文明单位荣誉称号。

【机关后勤保障建设】　一是对安全保卫工作实行制度化管理，建立健全了领导带班制度、岗位值班制度、安全保卫24小时巡查制、出入区机关全员登记制及安全保卫定时巡查制度等一系列保卫制度。定期组织河南省消防宣教中心教员对金水区干部职工开展消防安全培训，每季度组织一次消防应急演练，严防安全事故发生。二是对卫生保洁、工程维护等工作实行流程化管理，通过对卫生保洁、工程维护、水电报修、高低压调控等服务项目制定服务标准和工作流程，将工作任务和责任区域定岗到人，每天组织检查组巡检落实，全年共开展设施设备巡查2190次、维修1600余次。三是对会务服务实施精细化管理，持之以恒提升服务能力。2017年，共承办各类会议1109场次（其中，国家级会议2场、省级会议15场、市级会议58场），参会人数28469人次。圆满完成了俄罗斯青年学者代表访问团、美国商务代表洽谈团等大型会务保障工作。四是对进入区机关办公大院的的车辆实施规范化管理，制定了《金水区机关办公区域停车场管理办法》，对机关车辆实行指定停车管理，分配318个车位，确保了区机关车辆停放规范、整齐，安全有序。五是对食堂餐饮服务实施科学化管理，围绕“卫生、可口、实惠、多样”目标，在“吃”上做文章，在“变”中求突破，保持优良的就餐环境，严把食品安全关口，以职工需求为导向，增加食品供应时间和供应品种，提高机关干部职工就餐满意率。

【办公用房、公务用车管理】 为确保国有资产不浪费、不流失，组织专职人员定期开展国有资产专项清查工作，确保国有资产管理的准确性、及时性和有效性。依照中央八项规定要求，制定印发了《金水区办公用房常态化管理实施意见》《金水区行政区域办公用房管理办法》等规章制度，组织相关科室对2016年的全区行政事业单位办公用房清理整改工作开展“回头看”检查，及时登记核对区机关办公用房分布情况、全区办公用房调整腾退情况和区级领导干部办公用房使用情况等详细情况。努力通过一系列举措规范机关办公用房管理，优化国有资产管理配置，提高机关房产使用效益，确保全区广大干部职工办公用房不超标、不浪费。积极开展公务用车改革工作。先后完成取消车辆处置、调剂车辆的过户和拍卖、报废车辆的资产核销、参改单位公务用车核编等工作，及时汇总上报了全区涉改车辆、黄标车淘汰车辆数据。针对公务用车改革工作时间紧、任务重，政策性强的特性，机关事务管理者作为金水区公务用车改革领导小组主要成员单位，边调研、边学习、边研究政策，重点做好了以下三项工作：一是核定和审核区机关保留的机要通信、应急车辆、接待调研、公务保障等公务用车、专业技术用车的编制。二是会同区财政局确定参改车辆数量和拟保留车辆数量，并根据《河南省公务员车改方案细则》的有关要求，制定党政机关公务用车制度及车改车辆处置办法，提出保留公务用车管理方式的建议。三是组织全区机关公务用车张贴郑州市公务用车标识，并与区纪委联合印发了《区直机关公务用车监督举报线索处理办法》，积极做好元旦、春节、国庆等节假日期间公务用车封存停驶及督察工作。

【干部队伍建设】 以党建工作为队伍建设基础，本着围绕发展抓党建，抓好党建促发展的工作思路扎实推进队伍建设。一是扎实抓好政治理论学习和思想教育不放松。以学习中共十八大、十九大会议精神和习近平总书记系列重要讲话精神为重点，确保干部职工的思想政治时刻与区委、区政府保持高度一致，从而稳步提升干部职工对做好机关后勤工作重要性的责任感与使命感。通过每周工作例会、每月全体会和重点工作项目推进会等方式集中组织全局干部职工认真学习《机关事务管理条例》《党政机关厉行节约反对浪费条例》《中央八项规定实施细则》等文件，及时细致的研究当前机关事务工作改革的政策法规，认真分析机关事务管理工作面临的形势与任务，主动借鉴发达地区机关事务工作好的经验和做法，融入到实际工作中去，促使作风建设转变为工作成效，队伍建设转变为队伍战斗力。二是切实推进“两学一做”教育常态化、制度化扎实开展。在推进“两学一做”教育常态化、制度化活动中，坚持为民务实的作风，在深刻开展自我批评和剖析的同时开展了做“四讲四有”合格党员活动，及时深入区机关一线干部职工，认真听取区直机关各单位对机关事务管理工作的意见和建议，组织召开机关事务管理征求意见座谈会、专题民主生活会及全体党员大会，充分征求了基层群众和全区干部职工对机关事务管理工作的意见和建议，找准自身工作中存在的问题和不足，全局各项服务工作均取得全面提升。三是培养履职尽责、爱岗敬业的核心价值观。组织开展了“加强党员教育，提高服务水平”主题教育实践活动，以建立健全管理制度、加强党员教育和提升业务能力为突破口，通过专题座谈、观看教育影片、举办区直机关道德讲堂、评选机关物业善德义举先进个人等一系列形式多样的活动，将全局干部的思想认识统一到切实做好机关物业服务上来。

（撰稿：张　旗　审阅：李宏建）

政府采购

【概况】 金水区政府采购中心成立于2004年9月，正科级单位。主要职能是负责对纳入采购目录的通用采购项目组织集中采购，制定采购方案，开展招标活动。对采购人员进行培训考核，依法独立承担集中采购活动的相关法律责任。

2017年，中心共接到采购批复项目110项，其中，预算金额300万元以上项目13个，政府投资预算总金额为9569.32万元，实际采购金额为8717.65万元，节约政府资金851.67万元，资金节约率为8.9%。共向各大相关媒体网站发布采购信息900余条。采购范围涉及游园绿地管理服务、公厕服务外包、虚拟平台、第三方检查考评、人事代理、装修工程、物业管理、空调、电脑、家具等各个方面。随着金水区经济社会发展，服务类项目采购比重加大，占项目总金额42.34%。

【政府采购重点工作】 中心坚持以服务项目建设为总目标，以重点工程和项目作为采购工作的重中之重，提前介入，定人定岗，成立了由主任、分管副职、业务科长组成的督导小组，随时掌握重点项目进展情况，制定推进措施，确保各重大项目成熟一个，招标一个，确保重大项目的招投标环节高标准、高质量、高效率完成。

在区文明办创建全国文明城市第三方检查考评项目中，中心科学谋划，详细了解项目诉求，圆满完成项目招标，通过此项目的顺利实施将创建全国文明城市集中整治成果转化为常态化、精细化、规范化的长效管理机制，营造“畅通、整洁、有序”的主城区形象，扮靓省会郑州第一窗口。在区国土局不动产登记中心办公设备采购项目中，时间紧任务重，中心明确专人负责，全程跟踪服务，尽量节省采购时间，顺利完成项目采购，保证了该中心按时正式启用，为群众创造了更为优质的办事环境。对全区中心工作、重点项目提前介入，跟踪服务，充分发挥中心参谋助手作用。

在政府采购项目实施过程中，对供应商在“信用中国”“中国政府采购网”进行查询，对存在严重违法失信行为禁止参加政府采购活动。在政府采购活动中查询及使用信用记录，对参与政府采购活动的供应商、采购代理机构及评审专家进行守信激励、失信约束，是政府相关部门开展协同监管和联合惩戒的重要举措，对降低市场运行成本、改善营商环境、高效开展市场经济活动具有重要作用，有利于在全社会形成“一处违规、处处受限”的信用机制。

【规范采购程序】 一是完善各项规章制度。中心通过完善《金水区政府采购中心内部管理制度》系列规章制度，牢固树立了干部职工的责任意识、服务意识、创新意识、大局意识。二是完善招投标相关程序和流程。各新法规实施后，为了进一步规范招投标行为，中心立即完善了招投标相关制度，《金水区政府采购操作规程》《金水区政府采购招标文件范本》，做到了及时有效的提高工作能力、效率和服务质量。三是积极探索项目评标办法，减少了评标过程中人为调控评分等对评标产生的不利影响的现象，不断提升政府采购规范化操作水平。

【落实政府采购新政策】 财政部于2017年7月18日印发了《政府采购货物和服务招标投标管理办法》（财政部令第87号），自2017年10月1日起施行。中心积极应对，抓好落实。一是及时召开班子会及全体工作人员会议，对法规施行后可能出现的问题进行预判，针对问题制定整改措施，对招标文件、公告信息、采购流程等进行重新修订；二是邀请省政府采购协会专家梁涛对中心全体工作人员就新法规进行讲解，帮助工作人员更好地理解法规内容，答疑解惑；三是组织业务骨干参加87号令解读与案例解析培训班，深入学习了解新制度，落实最新管理要求，进一步提升政府采购干部队伍专业水平，确保实际操作更加规范、公开、透明。

【提升服务水平】　以学习贯彻中共十九大精神为引领，扎实做好机关党建工作，通过学习中共十九大报告、《中国共产党章程（修正案）》、习近平新时代中国特色社会主义思想等系列内容，把党员干部群众的思想和行动统一到中共十九大确立的新思想、新论断、新目标、新要求上来，把中共十九大精神转化为推动新时代政府采购事业发展的实际成效。

严格按照政府采购管理部门批转的采购方式进行依法采购，按政府采购管理部门陆续批转的采购计划执行，在坚持“公开、公平、公正、诚信”原则基础上，科学、严谨、高效、保质保量完成采购批复。

健全政府采购信息发布工作机制，认真做好政府采购信息公开工作，切实做好采购项目公告、采购文件、采购项目预算金额、采购结果等采购项目信息公开工作，实现政府采购项目的全过程信息公开，确保政府采购信息发布的及时、完整、准确。

狠抓采购流程管理，规范操作程序，根据新颁布的《政府采购货物和服务招标投标管理办法》的相关规定，修订招标采购操作规程，对招标文件涉及的内容采用制作文件样本的形式进行规范。

继续实行信用查询、节能环保、促进中小企业发展政策，在政府采购过程中，通过“信用中国”网站和中国政府采购网对供应商进行信用记录查询，对存在严重违法失信行为的供应商禁止参加政府采购活动。为发挥政府机构节能环保的表率作用，推行政府采购节能环保制度，在技术、服务等指标同等条件下，优先采购节能环保清单所列产品。在招标文件的制作中对中小企业进行扶持。

强化监督机制，提升监督效果，继续推进由财政、审计等相关部门人员组成“监标委员会”的监督机制，深入建立健全内部监督管理，实行评标专家回避制度、供应商廉洁准入制度，加强对政府采购活动的全过程全方位监管。探索实施“双向监督”，即采购人与采购中心、采购中心与评标专家互相之间双向监督，保证项目公开、公平、公正。

加强学习培训和调查研究，提高采购队伍的业务素质，一是以定期召开座谈会、业务培训的形式，总结经验教训，不断提高中心人员应对、解决、处理问题的能力；二是以“请进来、走出去”等形式，拓宽视野，学习其他地区先进经验，提升业务素质。

【监督管理】　一是与区检察院职务犯罪预防科联合在政府采购活动中推行廉洁准入制度，即在政府招标过程中，潜在投标人须持有检察机关出具的《查询行贿犯罪档案结果告知函》，同时建立采购当事人（包括采购人、供应商、政府采购中心、评审专家）廉洁自律承诺制度，有效预防和遏制采购各阶段商业贿赂行为。二是做到透明招标。在开标现场架设了高清视频摄像头，对评标全过程进行360°全方位、无死角实时监控，进一步规范投标人和评委专家行为，最大限度降低人为因素干预招投标工作，做到让采购人放心，供应商安心。三是以政府采购信息化建设为工作重点。所有采购项目采购信息、评标结果公示均在规定媒体实行网上公布，重大项目实行专家论证，项目主要技术参数上网公示，让社会和媒体共同监督，实现采购信息的公开透明。

（撰稿：赵　飞　审阅：岳　娜）

公务接待

【概况】　2010年5月，金水区接待办公室为区政府直属事业单位，正科级规格，内设综合科、接待一科、接待二科。主要职责：负责接待到金水区的市级以上党委、人大、政府、政协四大班子副市级（含秘书长）以上领导带队的考察团；负责接待到金水区参观考察的各兄弟县（市）区的主要领导；负责金水区承办的全国性、区域性会议以及大型活动相关会务和后勤保障工作；负责区主要领导交办的其他接待任务。

【公务接待重点工作】 2017年，金水区接待办承接接待任务总计112批，1686人次。2016年，先后接待了国家信访局、省调研组、省委组织部、省人大、省事管局、省联合督导组、省档案局、省委机要局、省委省政府环境保护督察组、郑州市金水区现场办公会、郑州市考核组、郑州市换届风气巡回督察组、郑州市“抓落实、保稳定、促发展”专题督察调研组和郑州市审计局审计工作组；接待了郑州市政协、郑州市发改委、郑州市纪委、郑州市组织部、郑州市政法委、郑州市河务局、郑州市规划局、郑州市档案局、宜兴市人大、中共平顶山市新华区委、广东省惠州市惠阳区政协、邹平县人大、管城区政协、四川省广汉市人大、湖北省人大、鄂托克旗人民政府、广州市南沙区政协、上海市金山区人大、郏县人大、山东省东营市河口区人大、卫辉市人大、内蒙古自治区、中共兰考县委员会、惠济区人大、政协神木市委员会、哈尔滨市道里区人大、安徽省芜湖市镜湖区、滑县人大、柳州市城中区人大、原阳县人大、东营市河口区人大、政协长沙市岳麓区委员会、鹤壁市山城区人大等考察团；接待了中科院、上海交大、中国航空航天集团、香江集团、苏宁集团、国电集团、市供电公司企业代表；圆满完成了丁酉年黄帝故里拜祖大典、区第十三届人民代表大会第一次会议、政协郑州市金水区第九届委员会第一次会议和区人大代表履职管理与服务APP信息平台启动仪式暨履职培训活动、全区重点工作推进会议、“美丽郑州·炫舞世界”WDG第五届中国（郑州）国际街舞大赛、区委十一届三次全会、第十一届中国（郑州）国际园林博览会、2017年首届“产业生态共享”高峰论坛等大型会议、活动的服务保障工作。

【厉行节俭办接待】 一是严守中共八项规定和中央、省、市、区各项有关规定要求，坚持“有利公务、简化礼仪、务实节俭”的原则，大力推进接待工作规范化、制度化。进一步修订和完善各种管理制度，协助区委、区政府制定《郑州市金水区党政机关国内公务接待实施细则》，刊发了《公务接待工作文件选编》，对接待流程、住宿安排、接待礼仪、接待经费使用统一规定，提高工作效率。二是严格管理，规范接待程序。2017年，结合接待工作实际，金水区接待办公室重新规范了接待审批流程、公务接待流程，使接待工作的各项内容和环节规范管理，人、财、物之间的衔接更趋合理，工作运行高效顺畅，确保了各项接待任务万无一失。

【干部队伍建设】 一是加强规章制度建设。不断强化机关内部管理，完善各项规章制度，先后制定并完善了《接待任务审批制度》《区接待办公务用车使用管理规定》等规章制度。二是强化干部队伍建设。提高接待人员的政治素质，使之有坚定的政治信念和鲜明的政治立场，遵纪守法，爱岗敬业，为接待工作无私奉献。三是加强作风建设。严格按照中央八项规定和省、市、区各项规定的具体要求，认真对照自身工作，进一步强化作风建设，提高思想意识，强化纪律意识，尽职尽责的做好接待工作。

（撰稿：杨　翠　审阅：赵灵妮）

金融服务工作

【企业上市】 围绕企业上市工作，积极做好政策宣讲、服务后备企业等工作，加快推动后备企业进入“新三板”及中原股交中心交易板，截至年底全区共有上市挂牌企业51家，其中，主板上市2家，“新三板”基础层27家、“新三板”创新层4家、中原股交中心交易板18家，中原股交中心交易板挂牌企业数量位列全省第一；实现新增“新三板”基础层4家，新增创新层3家，新增中原股交中心交易板13家。

【担保小贷管理】 围绕融资性担保机构、小额贷款公司管理工作，严格落实上级相关规定和工作规范，做好17家融资担保机构和11家小贷公司的日常监管、年检及相关事项的变更工作。

【金融创新】 围绕金融创新工作，继续完善金水区金融港金融公共服务平台的功能，加强同金融、中介等机构的沟通合作，以为辖区中小企业提供银行贷款、上市辅导、项目路演、人员培训等服务为核心，深化自身业务强度，拓宽服务范围，达成战略合作金融机构21家，签约合作中介机构19家，举办项目路演、课程培训、论坛会议等活动99起，2017年以来累计为1695家企业提供融资25.8161亿元。

【互联网金融风险防范】 围绕防范互联网金融风险，根据省市整顿办的统一部署，对辖区28家互联网P2P公司进行集中整治，其中责令整改公司6家，将整改报告送至公司，纳入到日常监管范围，及时向上级反映情况，其余22家公司失联或退出。

（撰稿：王　鹏　审阅：杨涵媛）

社会公共管理

【概况】 郑州市金水区社会公共管理办公室成立于2015年3月，正科级规格，隶属区人民政府办公室，受区委、区政府双重领导，负责统筹协调全区社会公共管理和基层网格化管理工作，并代管金水区联动指挥中心。机关内设四个科室即秘书科、综合管理科、平台管理科、督查考评科。

【问题排查整治】 依托网格化管理持续做好城市管理、大气污染防治、“三非”等各领域问题的排查整治，并通过制定专项整治方案、定期研判分析、强化督察考核等举措做好问题的处置办结。2017年，共受理各级网格排查上报问题27105起，处置办结24026起，办结率88.6%；受理市长热线、市长信箱、区长信箱等问题9906起，处置办结9323起，办结率94.1%，切实解决了一大批涉及群众切身利益的问题，有效推动了辖区生产生活环境的提升和改善。

【平台运行机制】 一是建立指挥中心周例会工作制度，定期对平台运行情况进行通报分析。二是组织对指挥中心20名席位外包人员进行业务培训，提升人员解决实际问题能力。三是提升信息平台应急指挥功能。完成平安金水视频监控系统的接入和安全生产现场监控监测设备的安装和调试，有效提升了平台应急指挥方面的功能。四是增加大气污染防治相关功能模块。在网格信息平台上增加了大气污染防治专项督察模块，通过平台交办转办国家环保督察组、省市区以及环保专家组等类型的大气污染督察件，同时完成了建筑工地和扬尘监控监测系统的接入，提升了信息平台在大气污染攻坚战工作中的作用发挥。五是完善信息平台痕迹化电子履职档案功能。在2016年建立网格人员痕迹化电子履职档案的基础上，对该功能的方案进行了进一步完善，并且实现了上线运行，成为全市首个为网格人员建立了痕迹化电子履职档案的县区，确保金水区网格化管理工作得到进一步规范提升。

【大气污染防治监管网格建设】 一是建立大气污染防治网格监管台账。按照省市关于大气污染防治有关工作安排，联合区环境攻坚办下发了《关于做好大气污染防治监管网格建设有关工作的通知》，要求各街道建立大气污染防治网格监管台账和“一长三员”管理制度。二是科学配备“一长三员”。在全区各级网格配备“一长三员”4669人，并进行了公示；同时，制作工作袖标发放到各街道，规范“三员”工作方式，确保“一长三员”公示到位、人员责任明确、作用发挥到位。三是严格大气污染防治日常巡查和抽查。区级层面和各街道每月对平台大气污染案件进行抽查，抽查率不低于50%，同时将抽查情况纳入到月考核中，有效确保网格监管工作落实到位。截至目前，全区依托信息平台排查上报各类大气污染问题1529起，处置办结1432起，办结率93.7%。

【推进基层网格化管理】 一是做好“文明市民”评选表彰工作。根据区委、区政府有关要求，从全区基层网格自治队伍中推选200名楼栋长、街长及联户代表作为金水区“文明市民”进行表彰。二是指导各街道充分发挥辖区公共单位、楼栋长、志愿者及老同志的优势和作用，以二级网格为单位，融合网格化管理及基层群众自治工作，积极组织开展基层网格群众自治活动，提供公益服务、解决群众基本诉求，逐步形成多层次群众支持参与的基层自治体系。

【党群服务中心建设工作】 一是制定下发《金水区居住区级便民服务中心建设补贴资金管理办法》，明确资金补贴的申请流程和使用方法，为各街道党群服务中心建设提供资金保障。二是修订完善《金水区居住区级便民服务中心考核办法》，细化各街道工作任务，并做好月考核督察，对工作推进慢的项目做好工作指导。三是及时组织民政局、文化旅游局、教体局等委局在农业路党群服务中心召开现场办公会，针对项目建设中存在的问题及后期运营可能遇到的困难提出意见和建议，制定初步运行方案。

【督查考核问责】 一是修改完善《金水区网格化管理月考核方案》。结合当前实际，对原有网格化管理考核办法进行了调整修改，加大对基层基础、平台应用、督察等工作考核分值，并依据每月考核结果，发放社会管理考勤奖。二是做好日常督察。一方面，建立人员联席分包街道制度，每月对17个街道办事处工作开展情况进行督察；另一方面，加强对各街道网格人员及职能部门下沉人员履职情况的督察力度，每月将督察问题及责任单位人员的整改落实情况在全区范围内予以通报，对发现问题的相关单位下发督察通知单，要求其限期整改，有力地促进了问题的处置解决。三是制定出台《金水区基层大气污染防治监管网格考核暂行办法》，严格落实基层大气污染防治监管网格工作责任，持续对各街道大气污染防治工作落实情况进行跟踪督察。四是强化问责力度。针对所发现的问题对相关单位下发督察通知单，要求其限期责令整改，对逾期未整改的进行扣分问责，有力地促进了一大部分问题的处置解决。同时，围绕群众投诉、督察暗访、媒体曝光、领导批示等社会焦点事件，开展了重点督察。截至2017年年底，共办理落实市、区督察件43件，问责网格人员54人次。五是开展问题核查。针对市社管办、ZZIC、市长热线、心通桥等部门和媒体曝光的问题，通过平台比对、人工核查，加强对应发现未发现问题的责任追究，全年共核查各类问题343件，有效促进了各级网格长主动履职、认真排查发现问题。

（撰稿：张　硕　审阅：李　玲）

政协郑州市金水区委员会

【概况】 政协郑州市金水区委员会是金水区的政治协商、民主监督、参政议政机关，办公地点位于东风路16号。下设办公室、老干部管理办公室和经济科技、民主法制、委员管理联络、港澳台侨、文教卫生、城建环保、学习提案文史7个专门委员会。一年来，区政协常委会在中共金水区委的坚强领导下，认真学习贯彻中共十九大精神，牢牢把握团结和民主两大主题，以服务改革发展为第一要务，以助推“实现两个率先、领跑中部城区发展”为重要责任，发挥政协特色优势，认真履行政治协商、民主监督、参政议政职能，为全区经济社会发展和民主政治建设做出了积极贡献，实现了新一届政协的良好开局。区政协九届一次会议以来，共收到委员提案173件，经提案审查委员会审查立案134件，提案办复率、见面率、满意率均达到100%。

【学习贯彻中共十九大精神】 2017年，新一届政协坚持把加强思想政治建设放在政协各项工作的首位，开展形式多样的学习活动，努力把党的政策主张转化为全体委员的共同意志和自觉行动。

区政协认真落实习近平总书记“学懂弄通做实”的总要求，运用政协独特的政治影响、人才优势，从政协的视角、用政协的方式，组织开展政协班子、政协机关、街道政协工委、界别活动组等多层次学习活动35次，第一时间把党的声音传递给每位委员和机关全体同志，坚决做到在任何时候、任何情况下，都自觉向党中央看齐，向党中央的决策部署看齐，始终在政治立场、政治方向、政治原则、政治道路上，同以习近平总书记为核心的党中央保持一致。

高度重视委员培训工作。“懂政协、会协商、善议政”是新时代衡量政协委员能力素质的基本标准，也是广大委员履职尽责的根本遵循。为使新一届委员对政协工作有更加深入的了解，尽快适应新的角色，政协郑州市金水区委员会一方面组织委员“走出去”，赴深圳大学、北戴河全国政协培训中心举办培训班；另一方面，把全国政协、省政协知名专家“请进来”，着重围绕当前政治经济形势、人民政协基础知识和如何当好政协委员等内容进行专题讲座。同时，通过开展界别座谈等方式，加强对新一届委员的日常工作指导，帮助委员积累工作经验，提高履职能力。

积极开展形式多样的教育活动。九届政协常委会把思想教育作为首要任务。通过区政协班子成员带头学、带头做，把推进“两学一做”学习教育常态化、制度化，作为全面从严治党的战略性、基础性工程抓实、抓细，以上率下；通过开展党员活动日活动，把“两学一做”纳入“三会一课”等基本制度中，融入日常、抓在经常；通过组织机关党员干部“读原著、悟原理”学习活动，加强作风纪律教育，强化纪律执行。2017年，共组织政协班子专题学习8次、机关例会学习90余次，引导班子成员和机关全体干部不断加强自我改造，提高思想政治觉悟。

【政治协商】 人民政协的政治协商是党委政府实行科学民主决

策的重要环节。2017年，常委会坚持有事多商量、遇事多商量、做事多商量，以政协全体会议、常委会议和专委会议等协商形式，积极推进政治协商有序分层开展，为区委、区政府决策提供智力支持。

组织全会整体协商，谋发展大计。在九届一次全会上，委员们以高度的历史使命感和饱满的政治热情，认真讨论“一府两院”工作报告，审议通过区政协常委会工作报告和提案工作报告，选举产生新一届政协领导班子。各党派、各界别委员紧紧围绕区第十一次党代会的决策部署，共向大会提交提案173件，提出意见建议120余条，内容涵盖全区政治、经济、文化、社会、生态文明建设等各个方面，反映了广大人民群众的意愿和心声，充分展示了政协委员的责任担当。区委、区政府领导出席全体会议，参加委员分组讨论，面对面听取意见，心贴心交流沟通，广纳群言，集思广益，积极推动协商成果的转化落实。

抓好常委会专题协商，献务实良策。区政协九届二次常委会议邀请区委常委、区纪委书记赵惠玲通报全区优化经济发展环境工作开展情况，并与委员交流互动。与会常委围绕加强作风纪律建设等问题，提出进一步加强依法行政、提升工作效率的建议。区委十一届三次全会召开后，区政协围绕“郑州建设国家中心城市金水怎么办”这一主题，安排部署专题议政工作，在组织委员深入开展调查研究的基础上，召开专题议政会议，邀请区委常委、区政府常务副区长杨洁通报全区经济社会发展情况，并与委员就建设国家中心城市的意义、金水面临的机遇对话交流，委员们提出了加快构建科技金融体系、支撑引领金水未来发展、优化人才结构、提升创新水平等4大类17条意见。

开展专委会对口协商，建睿智之言。2017年，各专委会进一步加强与区委、区政府工作部门的对口联系，主动与科教园区、创意产业园区、区卫计委、区文化旅游局等单位对接，组织开展对口协商活动13次、政情通报会8次，拓宽委员知情明政的渠道，促进部门工作的改进。区政协联络委组织部分政协常委、委员与区工商质监局围绕全面推进“放管服”改革开展专题对口协商。与会人员从“如何提高工商登记效率、简化资质资格认定事项”等方面进行交流探讨，提出了持续推进商事登记制度改革，探索试行“多证合一”，推动“双随机、一公开”监管全覆盖，加强事中事后的市场监管，保护消费者合法权益等建议。

【民主监督】 2017年，区政协把加强和推进民主监督放在重要位置，通过视察、提案、特邀监督，进一步完善民主监督机制，畅通民主监督渠道，增强民主监督实效。

组织视察监督。推进政协专题视察，积极开展政协班子、常委会、专委会视察监督活动。为推进全区监察体制改革工作，区政协班子到区检察院进行专题督导调研；为推动全区“双迎攻坚”工作，区政协常委会联合省市政协委员，组成三级委员视察团，进行专题视察，督促相关职能部门加大工作力度、提升工作水平；为促进民生问题的落实，各专委会组织委员就健康金水、全区文化市场监管等工作开展视察，深入了解情况，充分发表建议。全年共组织开展监督性视察活动11次，委员们以问题为导向，讲真话、建净言，提出意见建议27条，较好地促进了政府部门的相关工作。

加强提案监督。2017年，区政协通过提高提案工作信息化水平、开展专题督办、表彰优秀提案等措施，努力提高提案工作的监督实效。一是重新制作提案办理系统，实现提案“征集、立案、交办、督办、反馈”全程信息化、规范化管理。二是通过主席督办、专项督办和提办双方现场商办等多种形式，确保提案在规定时间内办复。针对全区卫生服务方面的提案办理情况，区政协副主席宋红霞带领提出相关提案的委员和部分界别委员，对金水区总医院和两个社区医疗服务中心进行视察。三是开展优秀提案评选活动，通报表彰《关于将金水科教园区打造成中原经济区自主创新排头兵的建议》等13件优秀提案，进一步激励委员主动作为。九届一次会议立案的134件提案已全部办复，许多有情况、有分析、有对策的意见和建议，为政府决策提供了广泛的智力支持和民意支撑。

深化特邀监督。2017年，共有30余名政协委员担任区7个党政部门的特邀监督员，有效推进了全区党风、政风和行风转变，实现了特邀监督工作的经常化和规范化。刘占江、马贞等11名政协委员，作为第三方力量，配合区纪委对全区各职能部门的工作开展情况调研走访、明察暗访，对全区经济发展环境进行监督评议，发现和解决了一批突出问题。张新峰、段学哲等委员作为区法院、检察院特邀监督员，监督法检“两院”司法公正和党风廉政建设。陈坚、顾保国等12名委员，被金水区河长制办公室聘请担任金水区河道环境治理监督员。此外，特邀监督员还积极参加全面深化改革、年终考核评议工作，对改进党政部门特别是窗口单位工作作风、提高办事效率，起到了积极的促进作用。

【参政议政】　参政议政是人民政协主动服务大局的重要途径。一年来，区政协围绕区委、区政府的重点工作，以及人民群众关注的热点难点问题，发挥政协人才荟萃、智力雄厚的优势，深入调查研究，积极建言立论。

积极开展课题调研。区政协紧扣发展，关注民生，扎实开展课题调研，做到了选题求精、调研求深、建议求实，形成了《金水区产业提升路径研究》等4篇课题报告，以建议案形式提交区委、区政府，为区委、区政府民主决策、科学决策提供了强有力的智力支撑。由杨迅周主持的《金水区“五新”经济发展战略研究》课题，科学分析创新型国家提出的新要求、新时代面临的新挑战和金水区综合竞争优势带来的新机遇，创新提出了“以新技术（自主知识产权）为驱动，以新主体为支撑，以新产业为引擎，以新业态为亮点，以新模式为重点”的“五新”经济发展路径，为金水区建设中部领先的创新型城区提供了理论参考。由刘晓永主持的《金水区产业提升路径研究》课题，聚焦金水科教园区创新资源汇聚不够、土地资源短缺、开发模式相对单一等问题，围绕产业链、创新链、资金链以及政策链“四链融合”，提出园区未来发展的重点、任务和保障措施。区委书记陈宏伟、区长魏东对课题成果高度重视，作出重要批示，要求金水科教园区、发改、科技、金融办等相关部门认真汲取，加强沟通，逐步落实，以得实效。

围绕中心献计出力。区政协围绕环境治理、产业政策扶持和全面深化改革等中心任务，做了大量扎实有效的工作。一是助推大气污染防治工作。近年来，大气污染防治越来越成为社会关注的热点问题，区政协就该项工作开展专题视察两次，提出了加强企业监管力度、率先推行环境治理、节能减排技术等建议，得到区政府相关职能部门的采纳。二是助力“金典六策”的制定。产业政策是助推产业振兴的关键支撑，杨劲祥等委员充分发挥自身优势和专业特长，联合撰写《关于加大对我区创新创业载体运营机构支持》的提案，得到区政府高度重视，在“金典六策”制定中起到了积极的推动作用。三是助力城市管理执法体制改革。城管执法体制改革是2017年全区深化改革的重要一环。区政协城建委组织委员专题视察调研，听取改革进展情况和存在问题的通报，就智慧城管建设、服务型执法工作提出6条针对性建议。

推动民生工程落实。2017年，区政协把教育、医疗、住房、就业、食品安全、养老等与人民群众息息相关的问题，作为履职的着力点，各专委会、工委会先后组织委员视察32次，提出意见建议70余条，有力地促进了民生实事的落地、生效。11月22日，区政协联合郑州市热力总公司枣庄分公司，采取自愿报名形式，组织40多名委员视察冬季供暖工作，就辖区居民关注的老旧无主管小区“楼宇机组”建设、取暖计价方式、室温检测系统等问题，向热力公司提出引进先进技术、改进供热计量等意见建议11条，得到热力公司的充分肯定和重视。此外，政协还着重抓好民生类提案的办理。比如，为推动《城中村建设中如何全面推进“全域城市化”》提案的真正落实，区政协港澳委组织委员对小铺、马李庄、马林安置区改造项目建设专项视察，就安置房建设中的基础设施建设、村民回迁、城镇化改造过程中文化留存等问题提出了很好的意见和建议。截至目前，99件涉及民生的提案全部办复，一大批好的意见建议得到落实。

【团结协作】 深化界别活动。2017年，以专委会与界别“五联手”活动为载体，成立界别活动组14个，开展履职活动17次，实现了界别委员履职的常态化。区政协经科委组织经济界委员视察金水科教园区共享生态科技产业发展工作，实地调研中关村在线等入驻企业，委员们在参观视察后感触良多，相关行业委员纷纷表示有意将项目、企业向园区集聚，形成集群效应；区政协城建委组织文化艺术界、新闻出版界委员联手互动，为培养文化人才、加快推进金水区文化发展建言献策；区政协港澳委联手归侨侨眷、台胞台属委员座谈互动，交流履职心得，共享行业信息，加深了解，增进友谊；工商联界别委员走进兰考，学习焦裕禄精神。“五联手”活动的开展，激发了界别委员活力，提高了政协履职的专业性。此外，在界别委员互动交流的过程中，涌现出许多互帮互助的动人事例。吴红梅主动为杨劲祥申报省工信厅相关项目给予政策咨询、指导帮助，李国岭为董芳联系郑州市骨科医院救治病人等，件件彰显了“政协人”的和谐互助精神。

广泛联谊互动。一是积极走访委员。换届以来，由各位班子成员带队，积极开展走访委员和拜访委员单位领导活动，共走访委员170余人，听取对政协工作的意见和建议，为委员解决了一批实际问题。二是广泛联谊交友。全年共接待兄弟省市县政协考察交流7批130多人次，宣传推介金水良好的投资环境，促进地方经济文化的横向联系和区域性交流合作。三是贯彻落实中共民族宗教政策。充分发挥民族宗教界委员作用，共同维护全区民族团结、宗教和顺、社会和谐大局。区政协领导坚持重要节日走访慰问宗教界委员，加强与界别委员的联系沟通，倾听他们的呼声，帮助解决实际问题。四是加强文史资料工作。按照“亲历、亲见、亲闻”的原则，为郑州政协文史馆金水区板块征集文字史料、图片、实物，发挥了“存史、资政、团结、育人”的独特功能，被郑州市政协评为郑州政协文史馆建设工作先进单位。

积极奉献社会。2017年，新一届委员弘扬传统美德，积极开展、参与公益活动，倡导社会新风，既解燃眉之急，也谋长远之计，用实际行动践行了社会主义核心价值观。周宝荣争取“中国下一代教育基金”32万元，为淅川县一高、九隆实验学校捐赠数字化教学资源和应用平台，并对学校老师进行公益培训；潘元威在出差返回郑州的列车上，主动为一名突发不适的心脏病患者紧急施救，使其转危为安，彰显了医者的高尚品质，新华网、大河网等媒体给予报道；经八路工委将辖区21名委员中的医疗专家、教育专家、知名律师组成讲师团，开展政协委员“名家讲坛”活动，为委员联系服务社区群众搭建了平台；王留群、吴献、梁友、金琪昌、王文林等，分别以不同方式为弱势群体、农村学校、敬老院等提供爱心资助、就业帮助；陈小兵、王瑞、宋宇科、李柯霖等组织义诊、健康知识讲座、应急救援培训。2017年，全区政协委员和政协组织共开展公益活动160余场次，资助贫困家庭、扶助贫困学生，累计捐款捐物240多万元，传递了正能量，弘扬了社会正气，树立了政协形象，展现了委员风采。

【区政协八届二十一次常委会议】 3月8日上午，区政协八届二十一次常委会议在区机关一楼西会议厅召开。区政协主席武建民主持会议。区政协领导王爱辉、王居良、宋红霞、杜艳洁、刘凌云、徐建军、孙鲜龙、赵海叶、张建民，秘书长张书林以及区政协常委共43人出席会议。区政协各专门委员会、工作委员会负责人列席会议。

会议协商通过了有关人事任免；听取了张良、李军两位委员的述职报告；听取经济科技委员会等6个专门委员会和丰庆路等17个工作委员会的工作报告；协商决定了政协郑州市金水区第九届委员会委员；协商决定了召开区政协九届一次会议的日期及会期；协商决定了常委会工作报告报告人和提案工作报告报告人；协商了区政协九届一次会议有关材料。

【区政协九届一次常委会议】 5月5日上午，区政协九届一次常委会议在区机关一楼西厅会议室召开。区政协主席武建民主持会议。区政协党组书记王克勤，副主席王居良、宋红霞、王静、刘凌云，党组副书记徐建军、徐雄，秘书长张书林以及区政协常委共43人出席会议。区人大常委会常务副主任李贻忠，区政协各专门委员会、工作委员会负责同志列席会议。

会议审议通过了区九届政协关于专门委员会设置的决定；审议通过了区九届政协专门委员会主任、副主任及兼职副主任任职事项；审议通过了区政协2017年工作要点；审议通过了区九届政协调研课题咨询论证工作组成员名单；审议通过了区九届政协委员履职量化考核办法；审议通过了区九届政协规章制度；通报了区政协领导工作分工；传达了2017年郑州市“两会”精神。

武建民在讲话中指出，区政协九届一次常委会议的召开，标志着新一届政协常委会工作正式启动。希望全体政协常委要提高站位，强化担当意识、大局意识、一流意识，着力肩负履职新使命；要愉悦共事，着力形成“谦和”“睿智”“亲民”的履职风格；要加强自律，把标尺立起来、把底线划出来、把形象树起来，着力做好履职新表率。

【区政协九届二次常委会议】 6月30日上午，区政协九届二次常委会议在区机关一楼西厅会议室召开。区政协主席武建民主持会议。区政协党组书记王克勤，副主席王居良、宋红霞、王静、刘凌云，党组副书记徐建军，党组成员赵海叶、张建民，秘书长张书林以及区政协常委共44人出席会议。区委常委、纪委书记赵惠玲，区人大常委会常务副主任李贻忠，区政协各专门委员会、工作委员会负责人员以及拟增补为九届区政协委员的人员列席会议。

会议审议通过了区政协九届二次常委会议议程，听取了赵惠玲关于全面从严治党、全区反腐倡廉工作暨优化经济发展环境情况的通报，审议通过了辞免、增补政协委员名单，审议通过了区政协2017年调研课题，通报了区政协各专门委员会、工作委员会向常委会议报告工作的安排。

会议从科学制定全年工作计划、建立健全各项工作机制、全面加强委员学习培训、围绕中心开展视察活动、多措并举发挥委员主体作用、积极推进课题调研咨询论证工作机制、加强委员管理的科学化水平和政协机关自身建设不断提升八个方面，对区政协上半年工作进行了全面总结，并分析了存在的不足。就如何做好下一阶段工作，在全区经济社会发展中切实发挥政协作用，展现政协作为，武建民强调了三点意见：一是要在学习调研上取得新进展。要练好学习基本功，为履行职能提供坚实的理论基础；要练好调查研究基本功，切实提升履行职责的能力。二是要在建言献策上取得新成效。要深入开展专题调研，出精品课题成果，为区委、区政府决策提供有力参考；要积极反映社情民意，协助党委政府分析判断形势、进行有效决策。三是要在自身建设中求实创新。不断探索加强自身建设的有力举措，有效提升政协工作的科学化水平；要加强新闻宣传工作，进一步提升宣传层次，扩大宣传范围，增强社会影响。

【区政协九届三次常委会议】 9月29日上午，区政协九届三次常委会议在区机关一楼西厅会议室召开。区政协主席武建民主持会议。区政协领导王居良、宋红霞、王静、刘凌云、徐建军、徐雄、张建民，秘书长张书林以及区政协常委共41人出席会议。区委常委、区政府常务副区长杨洁，区人大常委会常务副主任李贻忠，区发改和统计局、财政局、人社局、城管局、执法局、卫计委、住建局、城改办、教体局，区政协各专门委员会、工作委员会负责人列席会议。

会议审议通过了区政协九届三次常委会议议程；听取了杨洁关于2017年以来全区经济社会发展情况的通报；围绕“建设国家中心城市金水怎么办”的主题，从“金水区五新经济发展重点选择与路径研究”“提升金水区居民健康水平”“构建金水区科技金融体系”“产业提升发展路径研究”四个方面，开展了专题议政；听取了区政协九届一次会议以来政协提案办理情况的报告；协商通过了有关人事任免；协商通过了向区政协九届四次常委会议述职委员名单；协商通过了向区政协九届二次全体会议述职常委名单；听取了丰庆路等11个工作委员会今年以来工作情况的报告（书面）。

会议指出，区政协首要的任务就是要把学习贯彻市委全会、区委全会精神，同做好政协各项工作结合起来，对照2017年工作要点的安排，逐项核查，进一步梳理，保证每一项任务都能落到实处。一是要高质量地完成课题调研任务。课题调研报告要尽快成稿，并举行课题论证会，力求形成一批高质量的课题报告。二是要扎实开展“五联手”工作。真正发挥界别委员作用，进一步丰富活动形式，推动界别委员履职的常态化开展，抓出金水“五联手”特色。三是要继续做好落实提案和反映社情民意的工作。要切实加大对提案落实情况的督办力度，提高提案解决问题的比率；反映社情民意工作要在抓好信息数量的同时，更要注重质量。四是要认真落实各项制度。要通过落实这些制度，更好地发挥委员的主体作用，充分调动机关干部的积极性和主动性。

（撰稿：高超新　审阅：张学亮）

群众团体

区总工会

【概况】　金水区总工会是主管全区工会工作的区委组成部门。位于郑州市东风路16号，成立于2002年。下设办公室、困难职工帮扶中心、财务部等职能科室。工作职责是组建工会组织、维护职工合法权益、开展帮扶（送温暖）活动，开展职工教育（技能）培训。

2017年，在区委和市总工会的正确领导下，区总工会紧紧围绕全区工作大局，持续加强基层组织建设，丰富服务职工内容，不断提高工会组织的战斗力和凝聚力，努力建设职工信赖的职工之家。并先后获得了全国基层职工互助保障考核优秀单位、郑州市构建和谐劳动关系工作先进集体、郑州市职工普惠服务工作先进单位、郑州市女职工工作示范单位等荣誉称号。

【工会组织】　2017年，区总工会坚持“哪里有职工，哪里就有工会组织”的原则，以非公有制经济组织、社会组织为重点，不断扩大对新领域、新阶层和小微企业的建会覆盖面，全年新建工会组织358家，发展会员1.5万人。区总工会于8月—9月份开展了机关事业单位、街道工会规范化建设工作。撤销所有的“工会工作委员会”，17个街道、33个区直部门在区总工会的指导下，分别完成了工会联合会、工会委员会的成立或换届工作，进一步规范了工会组织名称、规范了工作职责、规范了组织程序、规范了工作要求，为工会组织充分发挥作用奠定了坚实的组织基础。为继续做好河南职工服务网络体系建设的基础性工作，推进工会会员普惠制的贯彻落实，不断加大宣传力度，落实会员优惠，吸引更多职工加入工会组织。会员实名制信息采集录入达到75873人，办理会员卡35910张，签订会员优惠服务商达到79家。通过落实会员实名制，为广大会员提供了多种优惠服务。

【依法科学维权】　坚持主动依法科学维权，经过集体协商，各级工会组织与企业共签订并备案集体合同、工资专项集体合同5672份，涵盖企业5672家。2017年，区工会建立了法律顾问制度，与专业律师事务所签订了常年法律顾问合同，为区总工会依法行政、依法维权提供了坚强的保障。

【和谐劳动关系构建】　着力推动和谐劳动关系构建，普遍建立企事业单位民主管理制度，深化厂务公开，推进基层民主建设。深入开展“安康杯”竞赛活动，全年新增9家参赛企业，提高了企业的安全生产水平，切实维护了职工的职业安全健康权益。

【民生事业】　深化“春送健康、夏送清凉、秋送助学、冬送温暖”四季关爱活动，2017年共走访慰问一线职工、困难职工、外来务工人员、劳动模范、单亲困难女职工6600余人。在“三八”节期间，开展困难女职工关爱行动，共摸排、走访慰问43名单亲困难女职工。开展“金秋助学”活动，为12名考入高校的困难职工子女送去了慰问金。开展先模人物免费体检活动，共有78名先进模范人物参加了体检。区总工会为全区1.6万名职工办理了职工互助保险，2017年共为14名大病职工送去互助金21万元。

【提升队伍整体素质】 一是大力学习宣传贯彻中共十九大精神。召开了全区工会系统认真学习贯彻中共十九大精神的动员大会，区总工会下发了中共十九大精神传达提纲、工会系统的学习宣传方案和开展集中宣讲活动的工作安排，要求工会干部率先学、带头学，然后带领工广大职工深入学，引导全体工会干部和广大职工更加紧密地团结在以习近平总书记为核心的党中央周围，听党话、跟党走。2017年，分别在大别山干部学院和省总工会干部学校分别举办了工会干部党性教育专题培训班和工会干部学习中共十九大及履职能力提升培训班，全年共培训300人次。经过一系列的学习和培训，工会干部的业务水平和综合素质明显提升。二是为了充分激发全区广大职工的劳动热情和创造活力，开展了第二届“金水区十大最美劳动者”评选表彰以及“五一”劳动奖章、奖状和工人先锋号的评选推荐工作，不断提高劳模管理服务水平，开展了劳模疗养活动。向市总推荐的2个市“五一”劳动奖状、4名市“五一”劳动奖章人选，均受到表彰。三是在全区干部职工中开展了“学习党的十八届六中全会精神和法律法规”知识竞赛，5000余名干部职工踊跃参与，评选出500份优秀答卷。组织全区广大职工积极参加“食品安全知识网上竞赛”活动，组织代表队参加全市食品安全法律法规知识竞赛。四是以推进发展为目标，开展竞赛和比武活动。积极组织职工开展教育培训、职工大练兵、技能比武、劳动竞赛。2017年，区总工会和区巡防办联合举办了金水区巡防队职工安防技能大比武活动。参加了市总工会组织的庆“五一”文艺会演金水专场演出、喜迎党的十九大“郑银杯”职工舞蹈大赛等文体活动。

【推进各项工作协调发展】 第一，建立了重点工作督察制度，每月督察情况和年底工作考核、评先评优挂钩，各基层单位对照目标、严格责任、倒排工期，保证各项重点工作顺利完成。第二，组织女职工积极参加第五届“书香三八”——“注重家教家风·培育家国情怀”读书活动，共收集征文、家书84篇，通过不断营造注重家庭、注重家教、注重家风的社会氛围，推动家庭文明建设。第三，收好、管好、用好工会经费，区经审会认真做好区本级工会预决算监督和推荐上报各类先进集体和个人的工会经费拨缴情况审计工作。由经审会和财务部门共同承办，采取全面自查、重点督察、审查审计相结合的方式在全区工会系统开展了专项督察审计工作；积极和地税系统加强联系沟通，保证工会经费地税代征工作的顺利进行。第四，围绕基层工会组织建设、工会促进就业再就业完成3篇调研课题。上报工作信息42篇，被市、区采用17篇。按时完成了统计年报及各项临时性工作任务。第五，开展了基层工会组织工作专题、职工队伍稳定状况专题2个调研，对17个街道、1个产业集聚区、6家企业、2家机关事业单位进行了调查，了解了全区基

冬送温暖物资发放

省总工会干部学校中共十九大精神培训

层工会组织工作情况和全区职工队伍的稳定现状，为下一步推进基层工会改革创新、加强基层工会建设提供了依据和参考。同时，区总工会组织开展了“大调研、大排查、大接访、大化解、保稳定、促和谐”活动，部署专门力量，采取职工座谈、个别职工随访、重点区域走访等方式。并坚持边排查、边化解原则，对可能引发突发性事件的重大不稳定因素组织防范化解，尽早消除隐患，最大限度的把矛盾解决在基层，解决在萌芽状态，全区各级工会组织共排查化解矛盾25起。

（撰稿：王卓然　审阅：原晓青）

共青团

【概况】　金水区委是主管全区共青团工作的区委组成部门。位于东风路16号，成立于1960年5月。工作职责包括领导全区的青联和少先队工作；参与制定全区青少年事业发展规划和青少年工作方针、政策；参与有关青少年事务的法律、法规的实施，协助党和政府处理、协调与青少年利益相关的事务等。

【组织建设】　共组织开展团支部书记学习4次，各团支部组织政治学习8次，确保团员青年政治理论学习扎实有效。为适应形势发展与青年价值观多元化的需要，团区委围绕社会主义核心价值观的培育和践行这一主线，强化正面宣传教育力量。开办“团青学堂”深入学习团的发展历史、熟练掌握团的业务知识，并通过拓展训练磨砺青年，及时实现学习成果与实践锻炼相结合，促使“1+100”工作由“联系青年、活动交流、制度约束”向“活跃青年、有效服务、行动自觉”转变，建成了一支思想坚定、作风过硬、组织严明的共青团干部队伍。在“五四”青年节举办纪念“五四”运动98周年暨“青春正飞扬、金水更出彩”金水区基层青年风采展，彰显基层青年在激情奋斗中绽放青春光芒的精气神，通过表彰先进青年、树立学习榜样，激励全区青年不忘初心、砥砺前行。开展“学习总书记讲话做合格共青团员”主题教育实践活动和“喜迎十九大——我向习爷爷说句心里话”少先队主题队日活动，加强青少年思想政治教育。同时，在中共十九大召开之际，成功举办了“建设中心城市、领跑中部城区发展、如何提升落实力”主题演讲比赛及“青春喜迎十九大·砥砺奋进的五年”摄影巡回展，注重展现青年的风采，青年的活力和青年的精神，以活动为载体引导青少年牢记“勇于担当，励志勤学，刻苦磨炼，激情奋斗”的主席寄语，树立与时代主题同心同向的理想信念。

【践行中共十九大会议精神】　中共十九大胜利召开以来，密切关注、持续更新、及时学习关于中共十九大的会议精神及丰富内涵，深刻领会中共十九大报告“中国梦是历史的、现实的、也是未来的；是我们这一代的，更是青年一代的”的寄语，第一时间召开“学习贯彻十九大·青春践行正当行”“学习十九大精神·青年之家在行动”等7余次专题会议。以“团区委带头学习，串联各级团组织”为目标，集中传达、学习、分享中共十九大精神，将中共十九大的先进思想带进基层与青少年面对面分享；积极开展“践行十九大精神、助生态文明建设、守护金水蓝天”“践行十九大精神不忘初心·红色经典电影携手再重温”“青春唱响十九大·青情告白最强音”等15余场践行中共十九大精神活动。发动青少年700余人次，打造优质高效的学用结合模式，使中共十九大精神的学习与践行做到无缝衔接，带领广大青少年展现“勤于学习、善于吸纳、敏于落实”的新时代精神面貌。

【青少年思想引领及服务】 一是固“青年之声”之根本，创新新媒体平台建设。结合新媒体越发活跃，手机等移动终端平台作用突显的新形势，不断强化自身互联网思维、新媒体意识，不断完善自身平台建设，通过网络宣传，引导工作在队伍建设、阵地建设、机制建设等方面取得了扎实进展运“团金水区委”微信公众平台及“团区委委”公共微博等网络用互动社交平台深入有效的做到正面引导青少年思维导向和三观树立。2017年，总共预计发布微博500余条，微信公众平台共发布青团讯、团区委动态、团工委动态等400余条，回复留言100余条，搜集并解答青年提问40余条。二是树“服务青年”之风范，覆盖式建设青春家园。通过占领“线上+线下”“街道社区+产业园区”阵地，成立“青春家园”综合服务平台。依托“青春家园”推进区域化团建。通过主动协调、建章立制、积极运作在街道社区新建并运作“青春家园”6家，有效结合各街道社区自身优势，因地制宜开展活动。建立依托党群服务中心3家青春家园，实现党建带团建的同时，为辖区青少年提供更加丰富、便捷的多样化服务。此外，各青春家园结合“三社联动”机制，通过在全区同步开展系列学习培训、工作交流、娱乐活动、心理辅导等活动，帮助青年丰富理论素养，增强实践能力，为青年提供交流平台和活动阵地，将“青春家园”打造成青年的成才之家、文体之家、信息网络之家和爱心之家，有效带动区域化团建并更好地服务广大青少年。借力“青春家园”助推楼宇团建。团区委委根据辖区产业园区内企业多、青年多的特点，通过调查摸底，准确掌握园区入驻企业的情况，进行分类管理，分别建成河南科技园区青春家园和国家知识产权创意产业试点园区青春家园。新建“青春家园”运用时尚、新颖的联系方法、活动方式引导广大青年加强对共青团的关注，同时以服务青年为理念，找准团建的承接点，并以此为突破口，带动楼宇企业成立团组织，扩大楼宇企业非公团建覆盖面。截至目前，全区共新建团组织20余家，建立“青春家园”18家，实现街道全覆盖。三是立“甘于奉献”之气魄，激励青少年成长成才。团区委组织青少年积极参与社会志愿服务的各项活动，增强其主动承担社会责任的意识，对困难的青少年进行关爱帮扶，助其健康成长。组织辖区企事业单位青年志愿者集中开展以“传承雷锋精神，青春助力金水”为主题的志愿服务活动17场，鼓励青少年学雷锋，发扬雷锋精神。开展“预防未成年人溺亡”、“七彩课堂”青少年交通安全课及青少年自护教育等安全宣传活动30余场，提高青少年自我安全意识，丰富青少年自我保护知识。开展“清凉一夏·七彩假期”暑教活动14场，通过一系列丰富、有趣主题实践活动，让青少年在暑期娱乐中接受教育、增长才干。鼓励青少年学雷锋，发扬雷锋精神。开展青少年法治宣传活动，青少年法律知识志愿讲座，未成年人违法犯罪宣传活动，开展“春风化雨·争做美丽学生”和“开学第一课”预防校园欺凌宣传教育等活动共计40余场，教育青少年要涵养理智，在远离违法侵害的同时也要学会利用法律最大限度的保护自己的权益不受非法损害。开展温暖冬天关爱贫困儿童活动，捐款捐物5万余元，并开展精准扶贫助学活动，筹集资金1.2万元，资助6名中学生。

【完善青少年服务体系】 推“项目管理”之模式，完善青少年服务体系。团区委委坚持以团带队促进青少年的健康成长，根据我区流动人员多的情况，依托社会工作专业服务机构，采取多样化方式、丰富性载体，在辖区小学开展外来务工随迁未成年人项目。一是开展“小小志愿者”招募活动，鼓励学生报名成为小志愿者，激发他们加入志愿服用的热情。二是开展书生智慧大交流学习成长活动和“创意多米诺，助力少年行”活动，发挥学生互助的效能。三是开展“拒绝暴力，快乐成长”系列活动，通过讲解《中华人民共和国未成年人保护法》《中华人民共和国预防未成年人犯罪法》《行政处罚法》等与青少年相关的法律以及校园暴力真实案例，引导学生了解校园暴力和欺凌，教他们避免遭受暴力伤害。四是开展“缅怀革命先烈、争做四好青年”“防拐防骗、自我保护”“平安路、健康行”等活动，培养青少年积极向上的心态并做到为青少年的成长保驾护航。截至目前，该项目已开展主题活动50余场，服务3000余人次。

【扶持青年创业就业】 拓“平台建设”之渠道，服务青年创业就业。区团委结合辖区经济社会发展实际，以服务青年成长发展、创业创新为原点，以品牌项目为牵动，切实发挥共青团作为党和政府联系创业青年的桥梁和纽带作用，目前，金水区已建立6家大学生创业园，团委工作人员通过对园区企业走访，根据企业需求开展了一系列服务青年创新创业的工作。继续大力培养和挖掘青年创业典型，通过在国家知识产权创意产业试点园区定期开展Workface创业分享会，为创业者交流分享经验提供平台，带动青年创业激情。加大青年就业创业见习基地建设力度。推动青年与见习基地的有效对接，让基地发挥作用，帮助青年实现就业或者再就业。依托“团青学堂”开展系列创新创业讲座，如围绕创业融资、知识产权布局和挖掘等主题，提高创业青年的管理、经营素质，以提升综合能力促业。带领专家团队走进企业宣传政策，一对一进行创业辅导，有效指导青年创新创业。

【志愿者服务】 建“三社联动”之机制，精细化志愿者服务。“三社联动”是由团区委主导，由社区团组织牵头组织，并由社工组织派出专业社工指导策划，组织辖区志愿服务参与实施的“社区团组织+社工组织+社区志愿者”的三社联动机制。该机制遵循“同策划，同部署，同行动”的原则，将区委中心工作与本职工作相结合开展特色志愿服务，打造共青团的精细化志愿服务亮点。开展“三社联动——助力靓丽家园双迎攻坚”活动，组织青年志愿服务1000余人次到社区楼院中开展环境卫生集中整治活动，有效整治乱堆乱放、杂草丛生、垃圾乱铺等现象；组织团员青年志愿者200余人次开展城市管理志愿服务活动，沿路对乱停乱放电动车、自行车进行整理。整理电动车、自行车1500余辆。此外，联合社工服务组织，组织辖区团干在道路口，楼院中大力开展交通安全及文明交通宣传引导，发放道路安全宣传手册2000余份，为“双迎攻坚、文明出行”营造浓厚氛围。开展“生态环保，青春先行”主题活动。在全区下发文件，发动团干部积极开展活动。团区委在黄河大堤组织开展“我是爱绿、护绿小天使”为主题的“保护母亲河”植树活动，引导青年少年树立绿化意识、环保意识、生态意识。助力大气污染防治攻坚战。积极主动推进施工工地扬尘治理集中行动。组织青年志愿者分小组到工地进行督察、卫生打扫、配合工作人员进行防尘网覆盖等工作，有效遏制建筑扬尘污染，促使扬尘治理进入常态化、规范化、标准化轨道。

（撰稿：韦　兰　审阅：王　倩）

妇女联合会

【概况】 金水区妇女联合会位于东风路16号，成立于1960年，是区委领导下的全区各族各界妇女的社会群众团体，是党和政府联系妇女群众的桥梁和纽带。基本职能是代表和维护妇女利益，促进男女平等。主要职责是加强对广大妇女群众的政治引领和思想引导，服务妇女发展、提升妇女素质、关注儿童健康成长、推动家庭文明建设、促进社会和谐进步。

【妇联组织建设】 妇女之家与妇女组织建设。抓住开展党群共建创先争优活动的有利契机，依靠党建带妇建，激发基层妇联组织活力，充分发挥全区“妇女之家”的宣传引导、权益维护、传播知识和开展活动的作用，进一步加强换届之后妇女之家的规范化建设，培育示范点。

加强干部队伍建设。坚定理

想信念，把握正确方向，把群众路线教育实践活动、“三严三实”专题教育、“两学一做”学习教育中改进作风的有效措施制度化、规范化，推动干部担当作为，在思想上、政治上、行动上同以习近平总书记为核心的党中央保持高度一致。以各行各业优秀女性代表为榜样，引领全区女性干部职工巾帼建功、力创辉煌；从党性培养、理论素养、业务练兵等多个方面强化干部职工综合能力。

【女性素质提升】 加强机关文化建设，开设“金媛午自修”小课堂，利用午间休息时间，设计手工技艺、体育锻炼、心理咨询、文化知识、文艺时尚等内容丰富的短时课堂教育。开展以“探索未知中的自己”为主题的心理健康知识讲座，通过情景假设、案例分析、心理游戏等方式进行授课指导，帮助女性在工作、生活中保持身心健康，做到“学得努力、干得出色、活得精彩”，引导广大妇女坚定“四个自信”。

【巾帼创业就业】 联合区人社局等多家单位召开大型招聘会，邀请了100多家涵盖多种行业的单位，提供1500个岗位，2000多人前来咨询、应聘，为妇女们就业创造条件、提供平台。800多人达成了就业意向，促使10多名女性成功自主创业。举办金水区高级家政服务技能培训班，培训妇女50人次，为妇女就业创业提供学习机会。

【服务妇女儿童】 创新维权方式、深化维权服务。加大源头维权工作力度，加强妇女儿童法律援助工作，贯彻落实“七五”普法规划。将日常维权工作与反家暴项目紧密结合，举办“爱在我家，家圆行动”广场宣传活动与“让爱天天住我家”反家暴亲子小组活动、全年共接待妇女群众来信来访50起，来电咨询75人次，办结率达98%。

关爱帮扶工作。不断加大妇女两癌防治知识及救助政策宣传，目前共收到患者信息59份，来电咨询12人次，办结率达100%。举办免费义诊以及精神卫生法宣传，举办健康养生讲座10余场。

推进两纲两规实施。认真做好全区两规划监测评估工作，积极宣传男女平等基本国策，以多种形式宣传《中华人民共和国反家庭暴力法》，推动落实妇女儿童各项工作指标。

联合职能部门，做好专项工作。一是联合政法委、综治办，紧紧围绕构建和谐社会这一主线，以“和睦家庭”为主题，不断提升家庭文明建设水平，促进家庭与社会的平安和谐。全年共创建区级“和睦家庭”30户，市级“和睦家庭”10户。二是做好预防未成年人溺亡专项治理活动，借助妇联阵地宣传效应，通过举办教育课堂、发放宣传手册、开展模拟活动等各种形式，大力宣传青少年防溺亡治理工作，不断提高未成年人安全自护能力。三是做好“三八”妇女维权活动、“5·15”国际家庭日、“6·26”国际禁毒日、“11·25”国际反家暴日、“12·1”国际艾滋病日、“12·4”国家宪法日及扫黄打非等相关工作。

儿童教育工作。一是开展“我爱我家同悦书香”活动，培养儿童良好阅读习惯，表彰全区“阅读小达人”45人，“十佳儿童”10人，“优秀儿童”40人；二是提高儿童安全防范意识，开展《守护青苹果》宣传活动，组织社区集体观影、讲座3场。三是做好儿童暑期实践活动，组织全区120余少年儿童到省科技馆、博物馆、地质馆等，参加课外实践活动。

【重点做好政府十件实事】 一是做好6家新建“儿童之家”建设任务；加强已建“儿童之家”的管理规范化、活动常态化，逐步形成“一区一特色”的局面，定期对正在运营的“儿童之家”进行走访调研。二是全力推进“绿城妈妈”项目。8月下旬，郑州市人民政府办公厅正式下发《关于印发郑州市“绿城妈妈”社区环保服务项目实施方案的通知》，经过实地考察选址，将12个社区列为“绿城妈妈”项目定点社区，申请市区两级配套资金120万元。区妇联按照方案要求，结合社区实际情况，合理安排资金使用，完善社区软硬件设施，确保“绿城妈妈”社区环保服务项目顺利实施，该项目将为社区提供垃圾分类指导、清洁家园、一平方米菜园、变废为宝、环保酵素制作五大活动及服务。

郑州市第八届“百万妇女健身活动”展示大赛金水区代表队

【家庭文明建设】 筑牢家庭拒腐的防线。联合区纪委、东风路街道举办“倡新家风 树新家训 立新家规”廉政文化进家庭主题活动。省、市纪委领导，区纪委、区组织领导，各街道办事处、区直单位的负责人、辖区优秀家庭代表、巾帼志愿者等200余人参加了该次活动，提高“崇尚廉洁、风清气正”，家庭优先参与的意识。

开展最美活动。区妇联推荐[illegible]杜豫、张菊荣获郑州市三八红旗手荣誉称号，杜岭街道红烛志愿者服务队荣获郑州市三八红旗集体荣誉称号；推荐并获评郑州市十大“最美子女”“最美婆婆”“最美媳妇”各一名，郑州市“最美母亲”11名，评选金水区“最美母亲”100名，“文明家庭”200户。

6月1日，金水区妇联组织开展儿童科普兴趣小组活动

【助力中心工作】 服务城市精细化管理。根据金水区城市精细化建设管理重点工作文件规定，配合完成相关工作，确保“双迎攻坚”工作顺利开展，区妇联组织全体干部及巾帼志愿者深入分包国基路办事处进行“全城清洁”活动。

助力大气污染防治。以生态环保志愿服务活动及绿色家庭评选活动为抓手，评选“绿色家庭”100户，开展垃圾分类、绿色出行、低碳生活宣传教育活7场，推动全民参与低碳生活；抽调骨干力量脱岗担任工地“监督员”职务，负责监督沙门、高皇寨拆迁工地及和昌悦澜建筑工地，认真落实扬尘污染防治标准。

（撰稿：刘逢君　审阅：程钰娇）

工商业联合会

【概况】 金水区工商业联合会是中国共产党金水区委领导的金水区工商界组成的人民团体和民间商会，是党和政府联系非公有制经济人士的桥梁和纽带，是政府管理非公有制的有力助手，位于东风路16号。

【理想信念教育实践活动】 2017年，工商联继续开展中央统战部提出继续在全国开展以“守法诚信、坚定信心”为重点的非公经济人士理想信念教育实践活动。区工商联根据市委统战部要求，将此项工作作为2017年的重点工作来抓，工商联、各街道商会、直属商会全年共举办培训20次，座谈会16次，开展各种活动近80次，参与企业约1200家次，参与教育活动非公企业人士约13500人次。

金水区工商业联合会（总商会）第六次会员代表大会

参观学习商会组织建设和非公党建工作经验

【为非公企业服务】 一是加强有关政策信息的输送。区工商联充分利用自身作为党和政府联系非公经济的桥梁和纽带，承担起信息输送的重任，及时将非公企业需要的有关政策信息向广大非公经济人士宣传，使他们享受到党和政府政策的红利。二是加强协调企业和金融部门，解决企业资金瓶颈。融资难是阻碍非公经济企业发展的瓶颈，金水区工商联积极为非公经济企业解决实际困难，召开了2017年第一次银企协调沟通会。三是加强对非公经济青年企业家的引导培训工作。为深入贯彻落实习近平总书记在全国政协十二届四次会议民建、工商联界委员联组会上的重要讲话精神，贯彻落实市委统战工作会议精神，落实省工商联及市工商联执委会议以及郑联〔2016〕14号文提出的工作任务，团结引导青年企业家服务“实现两个率先，领跑中部城区发展”建设发展、服务金水区“十三五”规划发展。2017年10月17日上午，金水区民营企业家素能提升高级研修班在厦门大学经济学院隆重开班。金水区委统战部常务副部长沈建忠与金水区民营企业董事长、总裁、总经理、首席执行官等高层管理人员以及部分有关部门主管领导共计53人参加，研修班获得了广大非公企业及金水区有关单位的一致好评。四是积极推进“双创”。“大众创业、万众创新”是近年来党中央国务院大力倡导的，区工商联依托新创客商会、慧谷咖啡等创新创业平台为创客们提供服务。截至2017年年底，新创客商会创客大学开课20场，共培训近600名创业者有力的推动了“双创”事业的发展。

【精准扶贫】 采取多种形式，组织和引导辖区非公经济企业和人士广泛参与“精准扶贫”“光彩事业”“感恩行动”等公益活动，培育企业弘扬扶贫济困的传统美德，实现企业发展和社会受益的双赢。共组织招聘会16余场次，参会企业450余家次，提供就业岗位1200个，使1003人成功就业。为贫困人员捐款捐物折合人民币约28万余元。2017年6月18日上午，郑州市精准扶贫试点基地落户金水区工商联副会长企业河南鑫山公司所属的凤凰城生活超市。解决市级贫困村中牟县刁家乡豆腐刘村盛产的大蒜、洋葱和土豆愁销问题，城乡无缝隙对接，实现了“服务市民，富裕农民，城乡一体，共同扶贫”的多赢目标。

【交流联谊】 2017年4月23日上午，金水区工商联优秀企业家代表一行20余人参观考察香漫湖庄园。索克实业董事长姜芳，索克联合党支部书记郭芳、香漫湖庄园总经理孟琦陪同考察。2017年9月20日，秦皇岛市工商联副主席武玲带领考察组一行6人到金水区工商联考察交流。市工商联副主席王清祥，市工商联秘书长、组宣处处长李翔一同考察。座谈会后，金水区工商联与青龙满族自治县工商联签订了友好商会协议。

【非公党建工作】 在党建工作中区工商联注重以点带面，注意树立榜样，发现和培养典型，在条件成熟的非公企业组织成立党组或党支部。2017年4月26日，金水区工商联新创客协会党支部获批成立，这也是全省首家由创客类非公社会组织成立的党支部。

【商会建设】 面对宏观形势的不断变化和经济社会发展中出现的新情况、新要求，区工商联坚持从强化基层基础入手，全面加强组织建设、商会建设、制度建设和会员发展工作，筑牢发展根基。一是抓制度完善，强化规范管理。坚持将制度建设作为规范工作、加快发展的重中之重。二是抓商会组织建设。巩固街道商会“一个设立、五个确保”创建成果。三是积极发展会员。按照结构优化、质量并重的原则，注重发展生产型、科技型、开放型和创新型的非公企业会员，年内共发展会员60名。

【廉政建设】 根据区委、区政府有关精神以及统战部的有关安排，以及《中国共产党党员领导干部廉洁从政若干准则》的要求，工商联全体人员切实加强学习，把理想信念教育、宗旨教育、权力观教育、党风党纪教育、廉洁从政教育、“创先争优”以及学习贯彻全国《加强和改进工商联工作的意见》紧密结合起来，坚持用正反典型教育干部职工，做到警钟长鸣。

【宣传工作】 2017年撰写各类工作信息200余篇，刊登在金水区机关信息网站、《金水时讯》和郑州市工商联网站。进一步宣传了工商联及工商联工作。

【工作完成情况】 2017年，区工商联根据郑州市工商联的安排做了大量的统计调查以及其他工作：完成“光彩事业调查表”“非公经济企业基本情况调查表”“千企帮千村统计表”“行业商会基本情况调查表”“上规模企业调研表”以及调研报告等。有力的配合了市工商联的工作。

（撰稿：董泽胜　审阅：李江波）

科学技术协会

【概况】 金水区科协成立于1978年，是中共金水区委领导下的全区科技工作者的群众团体，是党和政府联系科学技术工作者的桥梁和纽带、发展科学技术事业的助手，团结和依靠广大科技工作者，积极开展科普宣传、科技咨询、科技示范，促进科学技术与生产力的结合。

【全民科学素质】 4月26日，召开了金水区全民科学素质工作推进会，强化金水区全民科学素质工作领导小组各成员单位责任意识，有效落实工作目标任务。落实好全区公共文明素养——科学素养提升工作牵头单位作用，上报周报、信息和宣传报道48期。2017年度，区科协荣获郑州市全民科学素质工作先进集体称号。

【社区科普大学】 为扎实推进社区科普大学建设，提高教学管理水平。2017年，新招聘17名科普志愿者教师。并认真制定实践课教学方案，以活动促教学。通过开展“金情粽意迎端午”“示范性观摩课暨骨干培训”“低碳行科普游活动”“唱响社区科普大学之歌　喜迎党的十九大”“金水区社区科普大学骨干培训”等系列活动，进一步加强了社区科普大学建设，四月天、教育分校2支队伍代表金水区参加郑州市社区科普大学校歌合唱比赛决赛，分别荣获二等奖、三等奖。至年底，已免费向新学员发放书籍150套，向学员发放笔记本1304本、科普挂图60套、科技文萃报等教学材料。全年完成培训600个课时，其中，实践课200个课时，培训社区居民24000余人次。区科协荣获2017年“唱响郑州市社区科普大学之歌，喜庆党的十九大胜利召开”合唱比赛优秀组织单位。

【青少年科普活动】 组织全区34所中小学、幼儿园的2000多名学生参加第二十一届金水区青少年科技创新大赛，共357件作品接受专家现场评审。评出获奖作品310件，有101件优秀作品和项目参加市级以上作品评比、展览活动。联合区教体局在文化绿城小学举办为期1天的2017年金水区青少年科技创新大赛骨干教师培训班，全区50多所中小学校的近200名骨干教师参加培训。区科协还为学校免费赠送100本由陈宏程编著的《科技创新活动指南》。开展了青少年科学调查体验活动河南启动仪式、金水区庆“六一”暨中小学首届创客博览会、“庆六一”儿童创客讲座以及组织青少年参观省博物院、省地质博物馆、市科技馆、机器人讲座、手工制作讲座共计5期的“清凉一夏、七彩假期”暑期系列活动，收到良好社会效果。组织全区2万余名青少年参加河南省青少年科学素质知识竞赛，8个学校获得河南省优秀组织单位称号，2017年，金水区共6个中小学荣获青少年科学调查体验活动全国示范学校称号，其中，2个荣获全国优秀示范学校称号，1个荣获河南省科技活动特色学校称号。

【全国科普日活动】 围绕“创新驱动发展，科学破除愚昧”活动主题，全区开展了启动仪式、“脑卒中防控”系列科普讲座、“健康食材品鉴会”活动、观看“科普V视快递”、青少年科技体验活动、反邪教知识系列讲座等26项全国科普日活动。其中择优向市上报17项重点活动，向省、全国上报10项重点活动。区科协荣获2017年河南省全国科普日活动优秀组织单位称号。区科协联合开展的“郑州市社区科普大学办学十年主题晚会”、“低碳行、科普游、探寻身边新科技”活动及“老花镜”科普微信知识竞赛活动荣获2017年全国科普日优秀活动称号。

【反邪教】 在全区41所中小学校成立反邪教协会并开展“小手牵大手、家庭无邪教”宣传活动，动员组织6万名多中小学生及家长加入到“郑道网”社会关注群。通过开发网络宣传版反邪教视频、开设社区科普大学反邪教课程、组织轮训信息员、制作展示反邪教展板等方式开展反邪教宣传。

【学会工作】 围绕“郑州市科技创新工作先进集体和先进个人”评选活动，全区共有10家单位和15名个人入选，其中，4家单位、3名个人获奖。学会百千万工程、科普云平台工作受到了市科协的肯定。

【区老科协举办丰富活动】 邀请科普讲师团专家在区机关举办了“膳食搭配”“服装搭配”科普

青少年参观机器人表演

社区科普大学十周年庆

讲座。在郑州幼儿示范高等专科学校举办“学习旅游法、文明旅游”科普知识讲座进校园活动。中亨社区代表金水区参加市老科协组织的“放声唱”文艺比赛，取得了较好的成绩。区老科协在金水区群众文化活动中心举行第四届书画作品评选，活动邀请河南省书画协会会员、金水区书画协会副主席对书画作品进行了评选。区老科协荣获2017年度市老科协工作先进单位称号。

【科普资源】　制作“科普漫画知识手册”3000册、制作带有电子画册的“创新大赛科幻画优秀作品”手册1000册、制作印有“科普中国二维码”宣传品2000份向辖区群众发放。

【科普信息化】　金水区整合资源，多种渠道广泛宣传科普中国。通过在《金水时讯》开设科普专栏、利用辖区科普大屏终端播放V视快递，推送科普中国网址、科普中国微信、微博、手机APP二维码等手段，积极推动社会公众对“科普中国”的关注和应用。至年底，近百人注册科普中国APP，分享科普文章近2000篇。按照科普中国e站的“五有”基本要求，认真做好科普信息化建设试点，受到中国科协党组成员、书记处书记吴海鹰、中国科协科普部部长钱岩等领导的调研和高度赞扬。湖北省科协、郑州市其他兄弟单位又先后5次到金水区学习交流了科普信息化建设工作。

（撰稿：严肃　审阅：左献伟）

残疾人联合会

【概况】　金水区残疾人联合会（以下简称残联）成立于1991年6月，内设办公室、康复科、组联科、教就科，下设二级机构金水区残疾人劳动就业服务所。

2017年，共核发二代残疾人证1026件，其中，视力残疾90件，听力残疾94件，言语残疾11件，肢体残疾590件，智力残疾97件，精神残疾104件，多重残疾40件。

【救助政策】　为确保《金水区贫困残疾人临时救助及康复托养救助办法》落到实处，以半年一审报的形式，使需要救助的残疾人及其家庭能够在教育、就业、康复、托养、基本生活保障及临时困难等方面得到及时有效的救助。通过六项救助，保障残疾人及其家庭的基本生活。2017年12月15日前全年发放补贴资金到位，其中多重一级救助51人发放补贴12.18万元；一户多残救助114户，发放补贴27.08万元；临时救助4人，发放补贴4000元；精神病服药补贴36人，发放补贴1.8万元；教育救助残疾学生183人，发放补贴11.9万元；发放辅助器具139件。

【残联换届】　根据《中国残疾人联合会章程》的规定和省、市残联要求，金水区11月完成了各街道残联换届工作，12月19日顺利召开了区残联第六次代表大会，完成了区残联换届工作，明确了今后五年残联工作的重点和目标。

【贫困残疾人家庭无障碍改造】　2017年年初，与各街道办事处签订了目标责任书，明确了残疾人家庭无障碍改造标准。在金水逐步实现有改造需求的残疾人家庭都能得到及时的免费无障碍改造服务。2017年，免费为126

户残疾人进行家庭无障碍改造。

【残疾人特殊生活补贴】 建立重度残疾人台账，落实残疾人生活救助政策,以澄清底数、建立台账、动态监管为保障，经个人申请登记，社区、街道、区残联自下而上层层把关，确保补贴落到实处。2017年，发放补贴资金605.84万元，救助909人次。

困难残疾人生活补贴和重度残疾人护理补贴工作，常态化推进，每月15号前各街道办上报下月符合条件补贴花名册及新增人员审批表，确保不漏一人。2017年，符合重度残疾人护理补贴累计23953人次，发放补贴金共239.53万元；困难残疾人生活补贴累计10734人次，发放补贴金共128.81万元。

【残疾人免费乘坐城市交通工具】 2017年根据市残联《关于印发〈郑州市残疾人免费乘坐城市市区公共交通工具实施方案〉的通知》精神,采取“个人申请、集中办卡”的方式，在各社区、居民楼院进行广泛宣传，对需要办卡的残疾人进行登记。2017年12月25日，金水区残联组织辖区17个街道基层残联30余名工作人员，集中制作“绿城通关爱IC卡”，确保辖区首批申办爱心卡的2424名残疾人顺利领取爱心卡。有需求的残疾人可在就近街道办事处办理“绿城通关爱IC卡”。

【康复工作】 开展0岁~14岁贫困残疾儿童抢救性康复救助工作，2017年，共救助244名残疾人儿童。其中，脑瘫儿童救助188名，智力儿童救助25名，聋儿救助19名，孤独症儿童救助7名，肢体矫治儿童救助5名。“全国助残日”前后为各街道办事处服务大厅配备和为残疾人发放轮椅106辆，拐杖27副，助行器23辆，四脚拐17副，盲杖4副，坐便椅6辆。为提高残疾人轮椅车驾驶员的交通安全意识和法律法规知识，2017年6月6日上午，区残联在信息宾馆为168名驾驶轮椅车残疾人进行了安全驾驶及交通法规培训，并对享受残疾人机动轮椅燃油补贴的残疾人进行复审。为141人申报了2018年残疾人机动车燃油补贴3.67万元。为辖区2346名残疾人集中申请购买团体交通人身伤害险。230人享受低保精神病补助，发放补助资金共27.25万元。为175名严重精神障碍患者监护人申请“以奖代补”资金52.5万元。

【就业培训】 开展实用技术和职业技能培训，帮助残疾人掌握一技之长，助力残疾人实现居家就业和自主创业。制定了年度培训计划，向各办事处进行目标分解，自下而上完成残疾人就业培训工作。同时采取多种措施积极开展各类残疾人职业培训和实用技术培训，对辖区834名残疾人进行免费职业技术培训，实现就业440人。为进一步提高金水区基层残疾人工作者的业务素质，切实增强为残疾人服务的能力和水平，2017年针对辖区街道、社区的222名残疾人工作者进行业务及手语培训。培训班分为4期，每期共4天时间。以拓宽残疾人就业领域，改善残疾人劳动技能，更好的促进残疾人就业，委托郑州市二七区芳草地文化交流培训中心，为辖区12名残疾人进行礼仪书法专业培训，培训时间为期1个月。2017年11月17日，区残联选拔出8名优秀残疾人选手，参加了郑州市第六届残疾人职业技能竞赛，最终取得了全市团体二等奖和个人2个一等奖、3个二等奖的优异成绩。为“三无”残疾人26名进行救助，救助金15.6万元。按比例安排残疾人就业工作。共审核1568家企业，征收残疾人就业保障金15276245.76元。

【教育工作】 开展适龄残疾儿童少年受教育情况调查，学前特殊教育机构、贫困残疾大学生和贫困残疾人家庭学生的摸底筛查工作。多渠道筹措资金，动员社会力量扶残助学，真正为特教学校、残疾人家庭、残疾学生解决实际困难和问题。2017年，共救助贫困残疾儿童34名。对辖区应届毕业生就业信息开展筛查统计，共有16名残疾人应届生，其中，已升学7名，创业2名，求职中5名，按比例就业1名，其他1名。

【文体工作】 围绕“全国助残日”“爱耳日”等节日开展活动。为引导残疾人走出家门，融入社会，在做好系列扶残助残工作的同时，组织了适合残疾人参与的各类文化体育娱乐活动。

第十八个全国“爱耳日”，开展了系列活动。2017年3月3日下午，对金水区区直机关干部职工及家属开展“防聋重在科普，治聋重在科学”的科普讲座及免费检测、咨询活动。通过此次活动，切实提高了大家安全用耳的健康意识。3月2日下午，在金水区建业小哈佛双语学校，围绕全国爱耳日的主题“防聋治聋，精准服务”从听力健康和新生儿筛查的重要性出发，以儿童听力障碍预防和治疗的科学知识为主线，给学生全面讲解了听力残疾现状、致病原因、儿童听力残疾预防与康复方法。5月19日上午，在文化公园举行第二十七个“全国助残日”扶残助残主题活动，区委常委、组织部部长时博，区政府党组成员王珂出席活动。活动现场，区残联向残疾人朋友捐赠了轮椅等爱心物资，志愿者服务团队在现场设置了多个咨询台，提供残疾人证办理流程、康复知识科普、救助政策和法律咨询等帮助，现场设立了义诊台，并设置展板介绍脑瘫康复等相关知识。对区红十字党员助残志愿者服务队等14个助残扶残先进集体、王绍军等10名自强模范，以及15名助残扶残优秀志愿者、18个关爱残疾人模范家庭进行了表彰；“六一”儿童节走访慰问残疾儿童。“六一”前夕慰问辖区贫困残疾儿童34名，送去慰问品和节日祝福。金水区承办省会第一次“残疾预防日”宣传教育活动。8月25日上午，省会第一次“残疾预防日”宣传活动在北林路街道办事处鑫苑名家社区举行。活动现场，省市区领导实地察看了“残疾预防日”宣传展板、助残工作咨询台及便民服务设施，详细听取了金水区助残工作开展情况汇报，并对金水区助残工作所取得的成绩表示肯定。举办了金水区2017残疾人文化周系列活动暨金水区残疾人文化进家庭“五个一”系列活动。从8月—10月举办了12场文艺助残进社区、“重返童年”残疾人观影、“书籍点亮人生”书香洋溢读书分享会、“我讲书中的故事”儿童故事大赛等一系列主题活动。丰富残疾人精神文化生活，引导残疾人认真读书学习，开阔文化视野。2017年春节期间，为让辖区困难残疾人过个安详欢乐的春节，区残联开展了送温暖活动，为辖区138户困难残

12月，金水区残联第六次代表大会在五洲大酒店召开

“残疾预防日”宣传展板

疾人家庭送去价值500元的慰问物品。为加强贫困重度残疾人居家式康复体育服务，促进广大残疾人身体素质和健康状况普遍提高。2017年，为辖区30户不易出户及家庭困难的重度残疾人实施康复体育家庭关爱服务。针对其自身实际提供适宜的康复体育器材，并进行康复体育器材使用指导。

（撰稿：杜　立　审阅：青小丽）

区红十字会

【概况】　金水区红十字会内设办公室、业务科2个职能科室。主要职责开展救灾的准备工作，在自然灾害和突发事件中，对伤病人员和其他受害者进行救助；普及卫生救护和防病知识，进行初级卫生救护培训，组织群众参加现场救护；组织无偿献血和非血缘关系骨髓移植工作；开展社会募捐，接受和转送国内外捐助，管理救助基金和救助设施；对特殊病人实行人道主义救助；开展人道主义领域内的社会服务和社会公益活动。

【志愿服务品牌与声誉建设】　区红十字会积极树立志愿者典型，弘扬志愿服务精神，全年组织志愿服务活动在50次以上。区红十字会孝慈志愿者服务队队长张菊于2017年被评为郑州市“三八红旗手”，先后被推荐参与了2017年“中原十大公益慈善人物”、2017年度“河南脱贫攻坚奉献奖”、“河南省志愿服务先进典型”、“2017感动中原人物”等评选活动。区红十字会党员助残志愿服务队队长连祥工被评为“郑州市道德楷模”提名奖。推选的《山村孩子们的好妈妈》和《最漫长的一公里》宣讲参赛作品，荣获了由河南省红十字会、河南省文明办主办，大象融媒映象网承办的“博爱中原　文明河南红十字好故事”郑州选拔赛决赛宣讲人奖二等奖、好故事奖二等奖和三等奖、综合奖二等奖以及优秀组织奖。并代表郑州市参加河南省评选，共同荣获了优秀作品一等奖和优秀宣讲员一等奖。5月中旬，参加全国第四届应急救护大赛河南洛阳分赛区选拔赛暨河南总决赛，分别荣获了应急救护演讲赛一等奖、应急救护技能二等奖的好成绩。连续五年荣获了中国红十字总会举办的“《中华人民共和国红十字会法》暨全国红十字应急救护知识竞赛”最佳组织奖一等奖。

【“三救三献”】　应急救援服务体系不断完善。建立健全应急援救志愿服务体系，研究制定了《金水区红十字会自然灾害和突发事件应急预案》，明确专人负责。并为金水区红十字会风马旗应急救援志愿者服务队配备国际先进专业装备，加强日常训练和应急救援演练，确保在自然灾害和事故灾难等诸多突发性事件发生时，能够以最短的时间，最高的效率参与到各项应急救援工作当中。

应急救护培训能力不断提升。为提升全区应急救护培训的能力，金水区红十字会依托风马旗应急救援队，成立了金水区红十字会应急救护培训中心，先后走进机关、社区、学校、企事业单位等部门单位，免费为机关干部、学生、社区居民、红十字志愿者等开展培训400余场次，普及应急救护知识和心肺复苏、气管异物、包扎止血、骨折固定、搬运等实际操作技能。为扩大应急救护知识宣传范围，还开通了映客直播，通过网络宣传应急救护知识，受益群众次达8000人以上。为助力2017年郑开国际马拉松赛，保障参赛队员的赛程安全，3月18日—19日，分别在河南省中医药大学和河南工业大学开展2017年郑开国际马拉松赛红十字救护员培训，来自各行各业的红十字救护员及红十字志愿者共计100余人参加培训。为提高巡防队员和一线行政执法人员的应急救护技能，确保在突发事件发生，第一时间实施救助，由区政府出资20万元，对辖区1000名巡防队员和行政执法工作人员进行培训，严格按照急救员培训“四统一”的标准进行系统化、规范化的培训，使大家都能持证上岗。

人道救助志愿服务不断深入。做好志愿服务队伍管理，完善志愿者管理办法，对新招募志愿者及时登记造册。截至目前，金水区共有红十字志愿者服务队8支，志愿者1000余人，已经建立了稳定的志愿者服务队伍，全年积极开展社会救助、灾害募捐等具有红十字会特色的志愿服务活动。深入开展志愿服务工作。

先后组织志愿者为贫困户、孤寡老人、农民工、残障儿童、造血干细胞捐献者等家庭送去军大衣、棉被、大米等春节慰问品，为郑州马沟福利院的孩子们送去爱心人士捐款、玩具、衣服、书本等学习和生活用品，为新郑贫困白血病患者张凯送去社会各界爱心捐款1万余元，为南阳新野县歪子镇第三敬老院36位老人送去粽子、鸡蛋、衣物、鞋、常用药等端午节慰问品，为淮阳刘振屯大雷双语学校和刘振屯安琪儿幼儿园的农村留守儿童捐赠玩具及学习用品，为郑州市红树林老年疗养院的五保老人送去尿不湿、衣物和常用药品等。先后开展大型义演义卖公益活动，为周口鹿邑县贫困白血病患者开展募集捐款23222元，为商丘患病菜农募集捐款41540元，为金水区白血病患者原国家女排队员贾玲募集捐款7923元。积极开展募捐筹资工作，组织志愿者服务队积极联系各大爱心单位捐款捐物，并在辖区宾馆、酒店、药店、医院、诊所、美容院、会所、酒吧等公共场所设置捐款箱。2017年，共募集捐款10万余元。

“三献”工作开展稳中求进。积极做好造血干细胞捐献的宣传推动工作，先后在金水区人民政府大院和省人民政府大院开展“无偿献血和造血干细胞采集活动”。2017年，共招募造血干细胞志愿者163人，超额完成全年目标任务。此外，还积极组织开展遗体和器官捐献宣传动员工作，建立健全了遗体捐献制度，并组织志愿者走上街头和社区开展遗体和器官捐献问卷调查，知晓率达到90%以上。

【开展红十字进校园活动】 积极开展红十字进校园活动，引领广大青少年投身红十字运动，5月22日，在二七区艺术小学开展以“爱心传递，温暖大凉山”为主题的博爱助困活动，活动当天共收到二七区艺术小学学生捐赠课外图书3000余本、衣物5000余件，以及爱心合作单位捐赠价值2000余元体育用品，所有捐赠物资由爱心运输企业免费运往四川大凉山贫困山区。此外，金水区纬一路小学红十字生命健康安全体检教室是国家红十字总会首批建设项目，也是河南省首家红十字生命健康安全体验教室，该教室将定期不定期地组织对全校师生进行培训，让学生不断掌握个人安全防护知识和应急救护知识，掌握不同安全器材的使用方法，提高应急避险和应急救护技能。并通过学生带动家长，小手拉大手，共同提高每个家庭乃至全社会的安全救护意识，逐步形成开展安全教育的最佳模式。

【红十字宣传】 2017年，共在各级各类新闻媒体刊发稿件60余篇。其中，国家级媒体8篇，省级媒体10篇，市级媒体12篇，其他媒体30余篇。充分利用“3·5”学雷锋纪念日、“5·8”世界红十字日、“5·12”防灾减灾日、“世界急救日”等重要节日，深入社区、走上街道向群众积极宣传红十字会法和防灾减灾、无偿献血、造血干细胞捐献、应急救护等知识，发放宣传资料5000余份。先后在河南省少儿图书馆广场开展以“5·12”防灾减灾日为主题的宣传活动，为居民群众讲解了火灾、地震等突发灾害的自救互救和逃生方法的应急知识。在郑州东站广场开展以“关注打拐　预防儿童走失”为主题的公益宣传活动，发布了1000多个寻子信息，呼吁全社会关注被拐儿童和失孤家庭；在辖区幼儿园、小学开展防溺水急救知识宣教活动，为辖区幼儿园及小学师生及家长共400余人讲解了防溺水安全知识、溺水自救互救方法、心肺复苏术等急救知识。在璞丽中心广场开展以“世界急救日”为主题的宣传活动，为市民进行家庭急症及心肺复苏知识的普及培训。此外，还以贯彻落实中共十九大精神为契机，组织志愿者深入贫困山区开展暖冬行动，积极为村民宣传中共十九大精神，坚定打赢脱贫攻坚战的决心，进一步树立携手奔小康的信心。

【“结伴同行脱贫路”】 为践行中共十九大精神，助力精准扶贫，区红十字会以助困、助医、助志为突破口，积极开展各项扶贫工作。一是联合金水李全国中医抗癌门诊部，筹集资金50万元成立“金水区红十字会李全国抗癌基金”，用于对河南省范围内城乡特困居民、孤寡老人、伤残军人以及当地红十字会审核批准的特困肿瘤患者救助。截至年底，共为来自全省的200余名贫困癌症患者减免费用50余万元。

对辖区小天使基金和天使阳光基金资助进行登记初审11名，并逐个核实报送省、市审批。对特殊病例，积极协调河南省胸科医院，给予来自贫困家庭的5名患者免费手术，减免手术费用20余万元。7月13日，联合河南省胸科医院、广东医科大学豫见三下乡志愿者服务队走进国家级贫困县鲁山县下汤镇王庄村、杨家庄村开展“健康扶贫　送医下乡”义诊活动，为村里的200多名老人进行了全面的身体检查。7月28日，联合郑州升达经贸学院青年志愿者协会，在平顶山汝州市寄料镇李店村爱心小学进行为期15天的暑期支教活动，为孩子们开展了一系列分门别类的课程。协调学校，建立合作机制，长期定期组织志愿者到贫困山区开展支教活动。8月31日，区红十字会主要负责人带领相关工作人员到登封市石道乡老庄沟村就精准扶贫工作进行现场调研，根据该村的实际情况，确定了果树种植和香菇培育，并联系爱心组织为村民免费提供石榴、核桃、猕猴桃等树苗，帮助村民脱贫。并对19户贫困家庭的信息资料以及致贫原因进行登记造册，招募社会爱心人士进行助学、助医、助农等一对一帮扶。12月25日，组织志愿者为中牟贫困果农义卖苹果，在全市设立10个爱心义卖点，联系《郑州日报》、《郑州晚报》、郑州电视台、河南电视台等新闻媒体跟踪报道，6天内帮老人义卖苹果3万多公斤。定期组织志愿者到鲁山县下汤镇杨家庄等金水区红十字会志愿者服务基地开展志愿服务活动，为他们送去棉被、棉服、图书等用品，并持续为贫困学生开展一对一的长期爱心资助。

（撰稿：黄一洁　审阅：张红丽）

法 治

政法委及综治

【概况】 中共金水区委政法委员会是党领导和管理政法工作的职能部门和重要组织形式，在区委的统一领导下，充分发挥职能作用。金水区委政法委下设政工科、办公室，与区社会治安综合治理委员会办公室合署办公，负责管理区维护稳定工作办公室、区社区巡防工作管理办公室等3个正科级事业单位。

【“平安金水”建设】 区委、区政府高度重视平安建设和信访稳定工作，召开了区委常委会、全区综治中心规范化建设工作会、区委政法工作会议暨全区全面依法治区工作会、全区稳定安全信访工作动员会、重点群体重点人稳控化解推进会等多个层面会议，强化全区各级、各部门社会治安综合治理领导责任，研究部署全区平安建设和信访稳定各项工作。书记陈宏伟多次召开专题会议研究部署涉军群体、非法集资、拆迁安置、信访老户等突出问题化解稳控工作，强力推动了多起重点案件的化解。区长魏东领导成立区问题楼盘整治工作领导小组，确保了15个重点问题楼盘的稳控化解。书记卢书选多次安排部署综治中心建设、治安防控、矛盾纠纷和信访积案化解等平安建设和信访稳定各项工作。区、街道两级每天一名党政班子成员接访。区级层面每周五由书记、区长轮流接访，街道办事处每周二和周五由党工委书记、办事处主任轮流接访，发现矛盾立刻化解，发现问题立即解决，及时消除大量不稳定因素。

【中共十九大期间稳定安全信访】 在各级两会、“一带一路”国际合作高峰论坛、金砖国家领导人峰会、中共十九大召开期间，全区各级各部门深入贯彻落实市委、市委政法委和区委决策部署，领导带头、主动担当，全员上阵、全力攻坚，中共十九大期间实现了赴京“零非访、零集访、零滞留、零回流”四个“零”的工作目标，坚决守住了“四个不发生”的工作底线。省委常委、省委政法委书记许甘露在全省“十九大”总结大会上，对金水区工作给予表扬。

【预防和矛盾化解】 严格落实24小时值班、日报告零报告和领导带班制度，坚持驻京日研判、在郑日调度。对邪教重点人开展专项治理，开展“敲门行动”，对辖区149名邪教重点人员，进行逐个见面教育。对涉军群体加强解困帮扶，书记陈宏伟、区长魏东先后召开4次专题会议，副区长杨洁、张川先后组织召开8次工作推进会，全面开展志愿兵生活费发放、“两参”重点人社保补缴等解困帮扶工作。对问题楼盘和拆迁安置问题，提升管理层级，实行分级负责。区委常委会多次研究部署瀚海华庭、弘润幸福里等问题楼盘稳控化解工作，书记陈宏伟、区长魏东多次实地调研拆迁安置问题，制定了以各拆迁指挥部为主、相关街道为辅的工作制度，强化县级领导的工作责任。对非法集资客户群体，加强应急处置，制定金水区非法集资维稳工作应急处置预案，成立非法集资维稳应急处置工作指挥部，指挥部处置预警信息2300余条，处置不稳定因素400余起，接访300余批次，涉及客户5000余人次。对上级交办的58名重点人和突出问题，采取“一人一策、一事一策”的方式，逐一明确责任人、诉求解决办法、教育转化办法、稳控措施手段和责任追究机制。书记陈宏伟分包了最活跃、最难化解的7名省交办重点人员和5个市交办重点问题，多名副县级领导分包了51名区级重点人员。金水区自行排查的134起突出问题和重点人员，交办属地街道办事处，由分包联系街道的副县级干部分包负责，牵头建立稳控化解指挥部或指挥专班，开展协调稳控化解工作。每名重点人安排10名人员24小时轮流监控，确保重点人不串联、不组织、不参与聚集上访。目前，58名重点人员已经化解或稳定48人，134起突出问题已化解或稳定80起，省交办的7个重点人已成功化解6个。

【违法非访行为处置】 为了及时有效做好劝返工作，设立了人员属地、交通关口、北京外围查控“三道防线”。驻京工作组、各街道、公安分局和相关职能部门，情报互通、相互配合，形成了京地、警地联动处置的良性工作模式。驻京工作组多次连夜前往现场劝返。驻京工作组严把关口，随时到岗。全区及时处理铁路预警500人次，依法严厉打击非访行为。

【社会治安防控体系】 始终保持高压态势，不断完善反暴恐应急处突机制，加强涉恐人员背景核查和重点地区管控。持续深化“打黑恶、反盗诈、破系列”攻坚战，开展易制爆危险化学品和寄递物流专项整治行动，加大治安卡点检查盘查力度。在重点区域安装高清探头和人脸识别系统，开展社会资源联网和监控平台升级改造，继续扩大视频监控覆盖面和应用效能。进一步落实“警地联勤大巡防”路面巡逻治安联防模式，如东风路公安分局特勤大队和东风路、丰庆路巡防中队，统一指挥、警巡联动，切实提升巡防的力度和密度，提高见警率、见巡率，有效遏制各类违法犯罪活动。开展预防未成年人溺亡专项治理工作，开展“迎接中共十九大、化解纠纷促稳定”专项活动，开展预防“民转刑”命案专项行动，加大矛盾纠纷排查力度和密度，全力防范化解和管控各类矛盾风险。

【基层平安建设】 加强基层综治中心建设，目前全区17个街道综治工作中心达到了组织建设网络化、工作机制系统化、硬件设施标准化、工作运作制度化的要求，实现了基层综治工作职能融合、力量整合、工作融合、信息汇合的目标。大力开展平安建设“细胞工程”创建，对文化路街道办事处农科院社区等148个“平安社区”进行了表彰，全区“平安社区”达到90%。大力开展平安校园创建活动，开展“五个一”进校园活动，全区每个学校均配备了一名法制副校长、一名消防指导员、一名食品监督员、一个公安联络员、一个巡防中队，全力推进平安校园和校园周边综合治理工作，防止安全事故和校园欺凌事件的发生。积极开展“平安金水”志愿者活动，共开展志愿服务活动51次，志愿者累计参加1730人次，总服务时长达5180余小时，其中，禁毒宣传进校园、童心飞扬欢庆“六一”、志愿服务高考、防溺水宣传进社区、平安金水阳光助学行等活动得到社会各界的广泛好评。

【政法队伍建设】 积极推进以司法责任制为核心的司法体制改革，129名法官、检察官参加入额考试，110名法官、检察官入额。紧紧围绕“五个过硬”要求，全面加强政法队伍建设管理。持续以“两学一做”学习教育为抓手，开展党的政治纪律、组织纪律和政治规矩教育，开展廉洁司法和廉政教育，增强廉洁自律意识，坚守廉洁司法底线。7月份，组织全区政法党员干部到郑州市廉政教育基地开展廉政教育。11月，组织全区政法综治信访稳定干部到井冈山干部学院、四川大学开展党性教育和中共十九大精神专题学习，提高政法干部的党性修养和综合素质。深入贯彻落实《领导干部干预司法活动、插手具体案件处理的记录、通报和责任追究规定》等“三个规定”，坚决杜绝领导干部干预司法活动、插手具体案件处理情况。

【平安建设宣传】 将平安建设宣传工作纳入平安创建的重要内容，鼓励街道、区直单位和辖区公共单位积极支持和参与全区平安建设宣传。经过动员，全区多家商场、企事业单位均主动参与到平安建设宣传中来。360国贸中心、紫荆山百货、紫荆山公园、欧凯龙商场等多家大型商业集团均免费在大型电子屏幕高频率滚动播出平安建设宣传内容，各个银行、医院和沿街中小门店也纷纷响应，利用LED屏幕打出平安建设宣传字幕，取得了良好的效果。同时，充分利用河南电视台、《郑州日报》、《郑州晚报》等电视、报刊渠道，宣传金水区平安建设成效共700余条，并开发了“平安金水”微信公众号和“今日头条”官方账号，在人民网、大河网等网络媒体发布各类宣传报道信息200余条。强化舆论引导，贯彻落实“三同步”工作机制，切实做好重大敏感案事件舆情应对工作。各街道组织人员深入基层走访辖区居民，通过发放调查问卷、日常治安防范资料等逐门逐户开展平安建设宣传，为群众发放《平安建设金水宣传手册》10余万份，积极营造全社会关心支持平安建设、共同维护社会稳定的良好局面。

（撰稿：邢旭东　审阅：付　嵩）

司法行政

【概况】 金水区司法局内设科室：政治处、办公室、宣传教育科、基层科、法务科、公证处、律师管理科；局属二级机构：法律援助中心；派出机构：17个司法所（金水辖区17个街道办事处各一个）；常设机构：金水区依法治区办公室。工作职责：（一）制定全区法治宣传教育和普及法律常识规划并组织实施，组织、协调、指导、监督、检查全区的依法治理工作。（二）管理和指导全区司法所的基层法律服务、人民调解和对刑满释放人员及解除劳动教养人员安置帮教工作，指导全区“148”法律服务工作。（三）管理和指导全区的律师工作及公证业务活动。（四）管理、指导、受理全区法律援助案件及事务。（五）参加有关法律、政策的理论调研工作。（六）指导全区司法行政系统队伍建设和思想政治工作，管理局机关和派出机构、二级机构司法行政工作，制定司法行政长期规划、年度计划并组织实施。

【司法队伍建设】 2017年，金水区司法局认真开展中共十九大报告学习活动，深入推进“两学一做”学习教育，扎实开展思想政治建设，严抓党风廉政建设，司法行政队伍的凝聚力和战斗力进一步增强。一是加强思想政治建设。强化党组理论中心组学习制度建设，落实全面从严治党要求，强化“两学一做”学习教育，努力使全体党员做到政治合格、执行纪律合格、品德合格、发挥作用合格。二是加强基层党建工作。坚持“三会一课”制度、“三重一大”事项集体决策制度，坚持民主生活会制度，严格执行“一把手”讲党课制度。认真执行每月21日“党员活动日”制度。开展“一准则一条例一规则”集中学习教育活动。12月21日，邀请区委党校校长，为金水区司法局全体人员上学习中共十九大精神专题党课。三是加强党风廉政建设。紧盯重要节点“四风”问题，杜绝公车私用、公款吃喝。先后4次召开班子会，研究谋划2017年度党风廉政建设各项工作。开展“讲忠诚、守纪律、做标杆”活动。开展以案促改典型案例教育活动。全面落实党风廉政建设党委主体责任和纪委监督责任，强化全体人员的纪律和规矩意识，坚持挺纪在前，确保不触碰党纪党规红线。四是加强督察工作。2017年，印发《金水区司法局2017年督查工作要点》《金水区司法局2017年督查工作考核细则》等文件，优化各项督察工作相关制度并张贴上墙。2017年度，开展督察活动30余次，其中，专项督察活动2次，下发督察整改通知书4张，收回整改报告4份。

【普法依法治理】 一是全面启动普法依法治区工作。3月28日上午，召开区委政法工作会议暨全区全面依法治区工作会议，印发《在公民中开展法治宣传教育和依法治区的第七个五年规划（2016—2020年）》，区依法治区工作领导小组制定了《2017年金水区法治宣传教育和依法治区工作意见》《关于开展2017年度“普法讲师团”巡回讲法活动的通知》。二是深入开展考察学习活动。三是积极开展“全国法治县（市、区）”创建活动。11月13日，省普法办公室主任陈东升、省民政厅基层政权和社区建设处副主任刘敏到金水区开展“全国法治县（市、区）创建活动先进单位”“全国民主法治示范社区”创建工作检查验收。四是开展全民精准普法工作。为全区科级以上领导干部免费发放学法、用法书籍共3600余册，《2017年度国家工作人员法律法规知识考试学习资料》共1800余册。向各街道、社区发放《七五普法伴您行》主题法规宣传册18万册。开展“法律服务进基层”系列活动，深入居民楼院、广场开展各类法律宣传活动160多场次。组织开展“普法讲师团巡回讲法活动”150场次。开展“携手七五·崇尚法治”主题法治征文和书法作品创作竞赛活动评选。9月1日—8日集中调阅各单位领导班子成员个人学法笔记、心得体会、学习成果等。完善金水区普法网，更新金水区学法用法互联网考试平台。2017年11月20日—30日，组织全区5500余名干部职工通过电脑、手机客户端参加“全区2017年全区领导干部、机关工作人员法律法规知识学习考试活动”。五是深入开展“法律六进”活动。印发《金水区“法律服务进基层”活动方案》，组织各街道司法所在辖区范围内开展“法律服务进基层”活动。邀请社区“三官一师”、民调员进社区开展了60多场法律知识讲座活动。在辖区学梓公园、绿荫公园、社区开展法律宣传79次。春节前，开展“迎新春送春联，法治宣传进万家”活动。12月4日，开展“国家宪法日”宣传活动，开展法律咨询17场，发放宣传挂图1300件。建设17个“法治长廊”。为迎接中共十九大召开法治宣传活动，营造良好法治环境。聚焦便民惠民，服务辖区群众公证需求。

【人民调解工作成果显著】 司法所建设方面，持续推进司法所规范化建设，局领导实地调研、亲自协调，各司法所排除万难、积极争取，司法所规范化建设取得了斐然的成绩，17个司法所办公用房由过去的700多平方米增加到现在的2200余平方米，平均每所129平方米，彻底改变了原先司法所“一人一桌一把锁”的局面。11月中旬，省司法厅考核组对金水区规范化司法所建设、省级规范化司法所文化路司法所进行了复验，对金水区申报省级“十星人民调解委员会”的东风路街道同乐花园社区调委会、申报“金牌人民调解室”的丰产路街道姚砦社区刘淑英调解室进行了检查验收。人民调解方面，深化人民调解职能，提升调解工作质量。发挥人民调解在社区网格中的作用，深入开展矛盾纠纷排查调处。坚持定期排查与专项排查相结合，有重点地组织开展了元旦、春节期间及两会期间矛盾纠纷排查调处。截至年底全区各调解组织共调解矛盾纠纷5044起，调处4970起，调成率98.5%。4月下旬，在区法院诉前调解中心设立调解室，选派17名业务能力较强的调解员进驻，配合法院做好民商事案件的诉前调解，该调解室成功调处和撤诉的案件达83起。严格专职调解员队伍管理，开展业务技能培训。进一步健全人民调解工作考评机制，组织对全区专职调解员2016年度工作进行考核，对专职调解员补贴发放情况进行了自查。4月中旬，举办2期人民调解业务技能培训班，全区17个办事处的专职调解员、行业调委会调解员、司法所工作人员300余人参加了培训，要求凡选聘的调解员要求必须通过区里每月组织的考试，考试合格者方可上岗。推进“联调”工作开展。加强人民调解与治安行政调解的衔接，规范派驻交警一大队调解室、警民联调室的日常管理。

【社区矫正】 2017年11月，社区矫正全区在册社区服刑人员416人，开展社区矫正调查评估339起。社区服刑人员未发生脱（漏）现象、未发生有影响的事件。全力做好2017年春节和全国两会期间社区矫正安全稳定工作，扎实开展对社区矫正人员的排查走访、教育管控、化解疏导工作，严格落实日报告制度和值班（督察）制度，加强值班执勤，实现了敏感时期社区矫正人员“零发案”的工作目标。面向社会招聘了18名社区矫正社会工作者，派遣至金水区司法局社区矫正中心和各司法所，从事社区矫正工作。探索开展社区矫正项目矫治工作，筹划制定《金水区针对酒驾社区服刑人员矫正项目书》，针对酒驾的社区服刑人员开展系列矫正教育活动，旨在从根本上让入矫的人员认识酒驾的危害，杜绝“二次酒驾”。

【安置帮教】 4月份，组织各司法所对辖区内2012年至2017年的刑满释放人员进行了全面的排查了解，针对现有档案的446人相应的具体情况安排了帮教人员进行帮教，并制订安置帮教情况登记表，了解帮教对象的近期动态。2017年，全区共衔接回归刑释解教人员146人，已衔接的回归刑释解教人员建档率达100%，帮教率100%，人员重新犯罪率控制在3%以内。刑满释放人员回归后，一方面鼓励刑释解教人员自主创业，另一方面协调相关部门为回归人员再就业提供机会和保障。

【法律服务】 区属律师担任法律顾问610家，6名优秀律师担任郑州市经贸学校、103中学等学校法律辅导员活动，19名律师参与金水区校园普法巡回讲座，做好预防青少年学生违法犯罪工作。开展“献爱心、暖童心”活动，“三八”节当天，金水区律工委及10余名律所向福利院儿童捐赠价值15000元的全新书籍。6月份，金水区律工委与市律协涉外委、行政委及二七区律工委联合举办“律师服务‘一带一路’建设”郑州论坛，对引领郑州市律师抓住“一带一路”建设发展机遇，主动服务“一带一路”建设，开展律师涉外服务业务起到了极大的促进作用。截至2017年年底，共有律师事务所117家，执业律师1335人，全年办理各类诉讼非诉案件10121件，代写法律文书解答法律咨询6157件。2017年，金水公证处在办理常规性公证工作的基础上，围绕区委、区政府中心工作，不断向国家中心城市建设等领域拓展业务，并为不方便出门的群众提供上门服务，保障了弱势群体切身权益。2017年，共办理各类公证1766件，总接待群众来访18739人次，提供预约上门服务共12件。

【法律援助】 全面开展刑事案件认罪认罚和法律援助全覆盖试点工作，在检察院、区法院设立律师值班办公室，中心派驻值班律师专门服务于认罪认罚审判阶段提供法律帮助；挑选16名擅长刑事案件的律师组建认罪认罚律师团队，为认罪认罚的犯罪嫌疑人、被告人提供法律帮助。2017年，共办理刑事法律援助案件1132件，其中，认罪认罚案件共869件，讯问未成年人律师到场20人次。9月28日，司法部发布了6个刑事案件认罪认罚法律援助值班律师工作典型案例，其中有金水区办理的“值班律师助嫌疑人免予刑事处罚”案件，充分肯定了金水区刑事案件认罪认罚试点工作。完善服务网络建设，在区法院、区劳动仲裁院设立援助律师值班办公室，17个街道办事处以及区人武部、残联、妇联、团委等11个区直部门设立法律援助工作站，辖区内200多个社区（行政村）都有法律援助联络员，实现法律援助网络全覆盖。金水区法律援助工作在全市属于领先水平，法律援助“金水品牌”知名度越来越高。4月28日，省中心带领湖北省法律援助中心到金水区学习考察法律援助工作。8月3日，济南市司法局到金水区学习考察法律援助工作，学习借鉴金水区的先进经验做法。11月，司法部最终确定的71件全国法律援助优秀案件中，金水区指派专职律师王令牛律师承办的“房屋登记三易其主案”榜上有名，该案是河南省唯一一件民事类全国法律援助优秀案例。全面开展军人军属法律援助工作。推行军人军属法律援助工作“十项标准配置”，开辟军人军属“绿色通道”，对军人军属免予经济困难条件审查，在区人武部、各街道办事处均建立有军人军属法律援助联络员，2017年共办理军人军属法律援助案件14件。重点加强微信公众号“法援掌中宝”的推广宣传，制作“法援掌中宝”宣传展架，分别摆放在人民法院立案庭、仲裁立案庭、省法律援助中心接待室、市法律援助服务大厅、法律援助服务大厅及辖区各街道办事处行政服务大厅进行宣传。“法援掌中宝”开通以来，最高粉丝量达到20000余人次，为1600多人解答了法律咨询，对提升法律援助社会知晓率、认知度起到了积极作用。省司法厅考核组到金水区复检验收“省级优秀法律援助中心”建设，考核组对金水区法律援助工作创新、应援尽援的做法给予了充分肯定。中心被郑州市司法局评为“2016年司法行政工作先进集体”。2017年，共解答群众法律咨询约6600人次（含“法院掌中宝”在线咨询），办理援助案件2047件，较2016年增长47.16%，完成市中心任务数206.68%，结案归档法律援助案件1624件，为困难群众挽回经济损失约1200万元。

【法治政府建设工作】 2017年，法制办共办理行政复议案件341起，其中，“付强、李喜英不服金水区东风路街道办事处行政强制措施案”一案被推荐为郑州市第四届“行政复议精品案件”；共办理诉讼案件188件，受理行政赔偿案件63件。组织开展全区1484名行政执法人员综合法律知识培训及考试工作。全年，共审核发文273件，上报市政府、区人大备案规范性文件29件，审查区政府各部门、各街道办事处备案的规范性文件142件。其中《郑州市金水区人民政府关于印发郑州市金水区区长质量奖管理办法的通知的合法性审查意见书》获得“郑州市优秀规范性文件合法性审查意见书”称号。

（撰稿：朱琳娜　审阅：翟　培）

3月28日，金水区召开政法工作会议暨全区全面依法治区工作会议

宋砦法治展览馆

检　察

【概况】 2017年，区检察院在区委和市检察院的正确领导下，在区人大、区政府和区政协的监督支持下，紧紧围绕“规范提升当标兵，创新驱动作引领，努力建设全国一流基层检察院”新的工作目标，忠实履行法律监督职责，各项检察工作取得了新进展。全年，受理提请逮捕1932人，受理移送审查起诉2033人；经审查，批准逮捕1147人，提起公诉1834人。立案查办贪污贿赂犯罪13件26人，立案查办渎职侵权犯罪5件11人。

【刑事检察】 突出打击严重刑事犯罪。全年受理提请逮捕1932人，受理移送审查起诉2033人；经审查，批准逮捕1147人，提起公诉1834人。与公安、法院互相配合，突出打击严重影响人民群众安全感的犯罪，严厉打击非法集资等涉众型经济犯罪，提起公诉62人，连续两届被市委、市政府评为“郑州市防范、打击和处置非法集资工作先进集体”。深入开展“破坏环境资源和危害食品药品安全犯罪专项立案监督”活动，监督侦查机关立案3件3

人，提起公诉67人，有效保护金水的碧水蓝天和人民群众餐桌安全。高度关注新类型犯罪，起诉电信网络诈骗被告人342人，办理了中国台湾黄某某等59名犯罪嫌疑人通过电视、电话诱骗老年人购买伪劣保健品，涉案1800万元的特大电信诈骗案，有力震慑了犯罪分子，维护了社会稳定。

依法处理轻微刑事犯罪。认真落实刑事和解、附条件不起诉、非羁押诉讼制度，认真贯彻宽严相济刑事政策，对涉嫌犯罪但无逮捕必要的754人作出不批捕决定，对犯罪情节轻微、社会危害较小的16人作出不起诉决定，有效减少社会对抗，增进社会和谐。

扎实做好未成年人犯罪预防和帮教工作，实行涉罪未成年人亲情会见、社会调查、犯罪记录封存等制度，对22所学校派出法制副校长，开展“防治校园欺凌·护航未成年人成长”检察开放日活动，探索司法社工介入未成年人审查起诉工作，被授予“河南省青年文明号”称号，未检科科长宋刚荣获全省“检察之星”提名奖。

【查办和预防职务犯罪】 始终保持惩治腐败高压态势。坚决拥护、积极配合深化国家监察体制改革，以对党的工作负责的政治担当，站好最后一班岗，力度不减、持续反腐，共立案查办贪污贿赂犯罪13件26人，渎职侵权犯罪5件11人。金水区人民检察院从1979年设立经济检察科、法纪检察科，2002年设立职务犯罪预防科，后相继更名反贪局、反渎局、预防局。金水区检察院侦防工作经历了39年的发展历程，为金水区的反腐倡廉工作起到了推动作用。

【控申检察】 积极化解矛盾纠纷。扎实做好涉检信访工作，接待来访群众400余人次，安排检察长接访14件，围绕争议焦点释法说理，既解“法结”又解“心结”；办理刑事申诉案件22件，全部息诉结案，控申接待大厅第二次被评为“全国检察机关文明接待示范窗口”；加强对弱势群体的法律援助和特殊群体的司法保护，对生活确实困难的刑事被害人或其近亲属，实施司法救助13人，支付救助金21万元；积极组织开展送法“五进”活动，发放宣传资料1万余份，开展法律咨询、法制讲座230次，倾听

10月19日区人大代代表参观我院“双远”系统

8月30日普法进校园

民声民意，倾力解决问题。

【民行检察】 检察机关开展公益诉讼，是一项中国特色的制度创新，对于推进建设法治国家、法治政府、法治社会具有重大意义。2017年，区检察院边实践边总结边完善，加强理论指导，聘请省行政法研究会秘书长、郑大法学院王红建教授担任检察长助理，举办“行政检察工作面临的机遇与挑战”研讨会，邀请国内知名专家、学者为行政公益诉讼工作把脉会诊；加强组织建设，成立郑州市首个基层院行政检察科；加强实践工作，办理公益保护类案件7件，发出督促履职检察建议5件，其中诉前检察建议3件，针对公立医院对就诊患者乱收停车费问题，向物价部门发出检察建议，市物价局因此开展专项整治工作，并对9家医院相关负责人诫勉谈话，收到良好社会效果。2017年2月25日，精神病人张某在驾驶机动车辆期间，躁狂症发作，致使1人死亡、9人受伤。事故发生后，区检察院第一时间介入，在准确认定事实、责任后，发出检察建议督促郑州市交通管理部门排查出54名精神病患者持有驾驶证，并作出锁定驾驶证处理，有效消除了重大交通安全隐患。

【刑事执行检察】 加强刑事执行监督。一方面敢于监督、善于监督，增强监督刚性、提升监督效果；另一方面，依法监督、规范监督，将检察监督与被监督对象更好履行自身职能的价值目标结合起来，真正使被监督对象主动接受监督、积极配合监督。加强刑事检察监督，监督立案13人、撤案12人；依法追加逮捕28人，追加起诉10人；对侦查活动中的违法情况提出书面纠正意见4件，非法证据排除1件；办理羁押必要性审查63件，审查减刑、假释提请134件，书面纠正减刑、假释不当行为10件；依法提出刑事抗诉9件，其中被中法直接改判7件，发回重审2件。被告人李刚销售不合格食盐，被判处缓刑一案，区检察院依法抗诉，认为应同时禁止李刚在缓刑期间从事食品生产、销售及相关活动，最终中法支持区检察院意见，对该案直接改判，有效保障了对危害食品药品安全类犯罪分子的刑罚执行效果。加强民事审判和行政诉讼监督，对认为错误的一审民事行政裁判提出抗诉2件、提出再审检察建议6件，二审生效民事行政裁判提出抗诉26件；对人民法院裁判并无不当的申诉案件，耐心做好释法析理、服判息诉工作。

（撰稿 董延伟 审阅 杨 颖）

法 院

【概况】 2017年，郑州市金水区人民法院在区委正确领导，区人大及其常委会依法监督，区政府、区政协和上级法院大力支持下，深入贯彻习近平新时代中国特色社会主义思想，始终坚持司法为民、公正司法工作主题，全面深化司法体制改革，大力加强法院队伍建设，各项工作取得新进展，为金水区在郑州建设国家中心城市中“挑大梁、走前头、当示范”做出了积极贡献。2017年，全体干警圆满完成全年审判执行工作任务，共受理各类案件66639件，在全国基层法院排名第12位，结案55047件，同比分别增长26.63%、22.48%，收结案数量始终位居河南省乃至全国中西部地区基层法院首位。

【刑事审判】 受理各类刑事案件1566件，审结1365件，判处被告人1683人。严格落实宽严相济刑事政策，对180名严重刑事犯罪分子依法判处五年以上有期徒刑，对236名轻微刑事犯罪分子依法判处非监禁刑。严惩职务犯罪，审结贪污贿赂、渎职等案件25件39人。严厉打击非法吸收公众存款、集资诈骗犯罪，审结33件111人，涉及集资参与人近1万人，金额74亿余元。加大对妇女儿童权益保障，审结性侵、猥亵妇女儿童、校园欺凌和校园暴力案件42件50人。坚决惩处新类型犯罪，审结网络电信诈骗案件27件139人。适用认罪认罚从宽制度审结案件465件512人，被告人服判息诉率99.78%，取得了较好的法律效果和社会效果。

【民商事审判】 受理各类民商事案件33699件，审结30845件，涉及标的金额370亿元。妥善处理事关民生的交通事故、劳动争议、医疗损害赔偿等案件

5185件，着力维护群众的切身权利。稳妥处理民间借贷案件6583件，依法规范、支持民间资本正常运行。快速审理金融借款合同、信用卡纠纷5831件，为构建良好金融环境提供司法保障和服务。依法审理房屋买卖、租赁合同等纠纷4314件，积极营造公平诚信的市场环境。着力化解婚姻、抚养、赡养、继承等家事案件1648件，履行司法审判对修复家庭关系、维护社会和谐的重要职能。

【行政审判】 受理行政案件1098件，审结1060件，其中，受理行政诉讼案件596件，审结558件，行政机关负责人出庭应诉32件。认真落实行政案件异地管辖，确保行政案件独立公正审判。强化行政与司法的良性互动，通过案例研讨会、执法培训等方式，共同研讨行政审判与行政执法中的疑难问题，不断提高行政执法和司法能力。坚持协调化解行政争议机制，将协调、和解贯穿行政审判全过程。原告通过协调自愿撤诉88件，占审结行政诉讼案件的15.8%，有效促进官民和谐。

【执行工作】 受理执行案件30308件，结案21852件，同比分别上升90.74%、66.64%，发放执行款10.37亿元。面对激增的案件压力，区法院以“一性两化”为统领，先后开展“春雷行动”“百日执行会战”“大干40天·决战攻坚年”等专项活动，对失信被执行人“动真碰硬”，司法拘留拒不执行、妨碍执行人员435人；将6795名失信被执行人纳入信用惩戒名单；在法院办公楼外侧临街显著位置设置的“失信曝光台”及执行信息发布系统，共曝光“失信被执行人”512人次；在被执行人住所地张贴悬赏公告1200余张；腾迁涉案房产1157套。加强打击拒执犯罪力度，协调市公安局金水路分局成立打击拒执犯罪警务室，审结拒不执行判决、裁定罪案件2108件，荣获全省打击拒执罪金牌法院称号。

【主题亮点】 一是整合内外力量，搭建诉调对接平台。4月成立诉前调解中心，建立以法院为主导的诉调对接平台。返聘退休法官，邀请人民调解员、公证处人员，对接社区、交警及律师协会、保险行业协会，广泛聚集各种社会力量，形成信息互通、优势互补、协作配合的多元化纠纷解决机制，引导当事人理性选择非诉方式解决纠纷。此外，诉前调解中心还负责诉前财产保全、法律文书送达，使法官脱离繁杂的事务性工作，基本实现案件进入业务庭即具备开庭条件，为提升审判质效奠定良好基础。8个月以来，该中心调解结案1777件，有效送达30366人次，外出保全6282次。二是推行繁简分流，破解“案多人少”难题。积极推进民商事案件繁简分流，充分发挥快审速裁中心的职能作用，组建9个审判团队，负责全院民商事小额诉讼案件，通过庭审流程化，法律文书格式化、要素化，辅助事务集约化，大力提升审判效率。该中心共受理案件11795件，结案11020件，人均收案1310件、结案1224件，结案率93.4%，平均审理周期18天，实现了用少数审判力量解决多数简易民商事案件的既定工作目标，保证了其他法官集中精力办理重大、疑难、复杂和新类型案件，有效实现“繁案精审、简案快结”。三是优化资源配置，执行工作提速增效。6月成立执行繁简分流中心，按照有无财产及时分类处理，对可快速执结的案件分流至快执组，及时扣划执行款并发放申请执行人，对有财产线索的则分流至执行业务庭进行财产处置。同时，设置送达查控组、快执组、财产处置组、强执组，统一配置力量，确保案件得到最优处理。至年底，该中心完成财产查询9600件，同步冻结银行存款1560件，有力提升了执行效率。

【司法体制改革与机制创新】 一是法官员额制改革顺利完成。全面启动员额法官选任，该院首批入额法官60名。先后完成入额法官单独职务序列等级确定、晋升，法官助理和书记员人员分类和职务套改工作。组建以员额法官为核心的新型审判团队，员额法官人均结案950件。二是司法责任制改革全面推开。认真落实院庭长办案制度，院庭长结案19232件，切实起到引领示范作用。改变以往院庭长层层审批的传统模式，由员额法官直接签署法律文书，真正“让审理者裁判、由裁判者负责"，进一步增强法官责任心。同时，为加强审判监督、审判管理，制定院庭长、员额法官审判监督管理责任"权力清单"，明确职责权限。完善案件评查机制，定期评查发回改判、信访举报案件，严把案件质量关。全年诉讼案件结案率91.88%，达到历史新高，改革成效凸显。三是信息化建设根基逐步夯实。开发诉前调解流程管理系统，送达、保全、调解过程全程留痕，全面实现调解与诉讼无缝对接。建立执行案件信息节点公开系统，自动向当事人推送财产查控、评估拍卖等29个重要节点信息，切实增强工作透明度。启用"一案一账户"执行案款管理系统，实时监控案款动态，确保及时、准确发放。启用刑事案件三方远程视频庭审系统，公诉人在检察院、被告人在看守所即可直接参加庭审，节约提押时间，保障提押安全。试行智能语音识别系统，快速、准确全程记录庭审，自动生成庭审笔录，有效提升庭审效率。四是专业化、类型化审判探索推行。根据历年案件受理数量及类型特点，对专业性较强、疑难复杂案件，如破产、医疗损害赔偿、建设工程合同、执行异议等六类案件，组建审判团队，实现类型化案件快速审理，统一裁判尺度，提升司法公信力。

【完善司法便民措施】 一是深化便民利民措施。健全窗口、网络、"12368"热线"三位一体"的诉讼服务中心，落实集诉讼引导、咨询解答等功能于一体的"一站式"服务，年均接待群众12万余人次。7月底，设立律师之家，提供律师自助立案服务，共自助立案6685件，有效提高了立案效率。立案大厅配备轮椅、老花镜、手机充电站等便民设施，让人民群众充分感受人性化司法服务。畅通信访渠道，院领导轮流值班接访、处访，引导信访群众理性表达诉求。扎实推进"法官进社区"工作，在群众家门口开展巡回审判58次，提供法律咨询1500余人次，切实打通服务群众"最后一公里"。二是保障特殊群体维权。开展"法院院领导担任法治校长"活动，院领导分别担任郑州龙门实验学校等

金水区法院举行首批入额法官宣誓仪式

河南省高级人民法院党组书记、院长张立勇到金水区人民法院调研指导工作

10所中小学的法治校长，进一步加强青少年法治教育。依法优先高效办理涉军维权案件，维护军人军属切身利益。为聋哑人、未成年人指定辩护人198人次，举办未成年罪犯集中回访帮教学习会，保障未成年人合法权益。为符合条件的当事人缓、减、免诉讼费52万元，让经济确有困难的当事人打得起官司。加强外来务工人员权益司法保护，快立快审快执涉农维权案件，发放涉农执行款 685万余元，被评为全省法院“拖欠农民工工资案件集中办理”等系列涉农维权活动先进单位。三是构建阳光司法机制。倾力打造阳光司法工程，不断完善审判流程公开、裁判文书公开、执行信息公开三大平台建设。裁判文书上网43477份，网络司法拍卖上传拍品857件，价值13.85亿元，成交519件，成交金额9.84亿元。多次召开新闻发布会，主动发布执行、农民工维权、产权司法保护等工作情况，在官方微信、微博等媒体上及时发布法院工作动态，让老百姓更多地了解、理解法院工作，积极构建开放、透明、便民的司法机制。

【接受监督】 增强依法接受监督意识，自觉接受人大、政协及社会各界的监督，加强和改进各项工作。依法接受人大监督，积极配合人大开展专题调研和集中视察活动，严格执行向人大及其常委会报告工作制度，专题报告司法改革工作情况，认真落实审议意见，不断提升司法改革工作水平。加强与人大代表、政协委员的沟通联络，健全日常联络机制，主动邀请代表、委员旁听庭审、见证执行活动200余人次；办理代表、委员关注案件34件，办结人大代表建议4件、政协委员提案3件，代表、委员回复率、满意率100%。充分发挥人民陪审员参与监督司法作用，共参与审理案件16395件，有力促进司法民主。举行“公众开放日”活动，邀请中小学校、大专院校学生及社区群众走进法院，广泛接受社会各界监督，更好地推进整体工作。

（撰稿：徐平　审阅：魏甲斌）

公　安

金水路分局

【概况】 金水路分局是由警务机制体制改革前的原金水公安分局经八路派出所、花园路派出所、人民路派出所、金水河派出所、杜岭派出所、体育场派出所、紫荆山公园派出所7个派出所合而成的。辖区面积12.56平方公里，常住人口220093人，暂住人口70286人。

分局内设“六队一室”，即：案件侦办大队、治安管理服务大队、交管巡防大队、警务综合大队、经侦大队、特勤大队和执法执纪监督室。各大队领导职数均为两正两副，执法执纪监督室领导职数为两正一副。除经侦大队、特勤大队、警务综合大队、执法执纪监督室不设中队外，案件侦办大队下设5个中队（其中，办案队4个、情报技术中队1个）；治安管理服务大队下设治安案件查处中队3个、国保中队1个；交管巡防大队下设巡逻中队4个（实行“四班三运转”模式）。各业务大队下设中队的领导职数均为两正。此外，按照上级要求，分局增设有外管服务大厅、视频调度中心2家单位，主要负责金水区外管服务大厅和平安金水视频监控中心工作。

【维护社会稳定】 分局牢牢把握维稳工作主动权，确保辖区政治政权安全和社会稳定。按照市局党委的部署要求，分局始终把维护辖区社会稳定和政治安全置于首位，强化情报信息搜集和预警处置。

强化对敌斗争。2017年，分局重点强化维稳基础工作，全面排查整改存在的空白点和薄弱点。针对辖区特殊利益群体。全年累计管控重点人97人，收集各类信息699条，按照工作指令落地核查各类人员426人次，排查案件线索60人次，办理涉稳案件4起，刑事拘留1人、行政拘留2人。开展重点区域重点群体稳控30余次，出动警力近3000人次。立案侦办非法聚集、聚众扰乱社会秩序违法犯罪案件10起，刑事拘留1人，行政拘留27人，逮捕2人。

强化反恐斗争。分局扎实推进有关行动开展，认真落实反恐各项措施。全年共排查关注人员353人次。结合反恐怖主义法的宣传适用，从基础工作入手，强化宾馆旅栈业和网吧的“四实登记”工作，加大无证“五小”场所的持续整治取缔工作，坚持对辖区16家反恐重点单位开展定期安全检查，督导指导整改安全隐患62处。分局持续提升日常反恐处突巡逻防控工作，坚持“有警接警、无警巡逻”和“动中震慑、静中备勤”的巡逻勤务模式，严格落实“核心区域1分钟出警，重点区域2至3分钟有效处置，其他地区不晚于5分钟”的工作要求。定期研判，科学调配，切实做到“警力跟着警情走”，做到警灯亮起来，轮子转起来，事情管起来，提高巡逻防控的威慑力。

强化维稳处突。2017年，分局坚持“未雨绸缪、常备不懈”的工作方针，认真做好辖区尤其是党政要害部门的维稳处突准备工作。全年共处置集体访951起、21954人，个体访625起、1074人，及时有效处置闯岗事件2起2人。受上级机关调遣，累计出动警力5000人次，参与区外维稳及突发事件处理50余次。为强化处突力量建设，分局在坚持24小时无缝对接值班制，完善处置装备配备的基础上，在区委、区政府的大力支持下，新增招聘特巡队员100名，进一步充实了维稳处突力量。

强化重点控制。2017年，围绕中共十九大安保，分局切实加强重点人、重点区域管控工作。全年对辖区重点人开展走访谈话8308余次。尤其对上级交办下发的6名重点人，在特殊节点加强疏导谈话。全年没有发生赴京上访造成影响的案事件。此外，针对重要会议期间和敏感节点，分局按照上级部署要求，对辖区人民广场、紫荆山广场、省人民会堂等特殊区域，安排警力警戒，有效防止了各类涉稳案事件发生，确保了社会大局稳定。分局全年参加警卫任务90次，出动警力3746人次，其中，一级警卫1次、二级警卫8次、三级警卫2次、非等级警卫79次，参与大型活动现场安保20起，未发生任何安全事故，确保了警卫对象和安保目标的绝对安全。

【打击违法犯罪】 分局始终坚持“以打开路、以打促防”的指导方针不动摇，严厉打击各类违法犯罪。2017年，分局以“打黑恶反盗诈破系列”攻坚战、打击黄赌毒违法犯罪“春雷”行动、打击涉车违法犯罪专项行动、“迎接十九大、忠诚保平安”主题活动等专项行动战役为依托，严厉打击各类违法犯罪，切实提高综合打击效能。全年，共刑事拘留犯罪嫌疑人528人、逮捕267人、移送起诉讼324人；行政拘留违法人员477人，强制隔离戒毒吸毒人员29人。此外，分局还对76家违法单位予以了行政处罚。

全力推进命案攻坚。全年现行命案发2破2，再次实现破案率100%的目标。

重点打击“盗抢骗”等多发性侵财犯罪。2017年，分局以“打黑恶反盗诈破系列”攻坚战为依托，多策并举。全年共刑拘“盗抢骗”犯罪嫌疑人356人、逮捕195人、公诉142人；打掉盗窃团伙17个、诈骗团伙11个，侦破系列案件3串。成功侦破了盗窃汽车后视镜系列案件、李某某特大攀爬入室盗窃系列案件等大案要案，追回涉案赃款赃物价值30余万元。此外，分局抽丝剥茧，缜密侦查，举全局之力开展合成作战，成功破获了涉案金额达1.75亿元的“2·16”特大网上保健品诈骗案件，抓获涉案人员120人；快速侦破中央军委领导关注的冯某某冒充中央军委干部特大招摇撞骗案，侦破案件12起，涉案金额2000万元；侦破“6·23”特大网络销售有害保健品案。

深入开展“打黑除恶”专项斗争。全年共摸排侦办涉恶线索2条，判决恶势力团伙成员70人。

刑事技术工作进一步提升。2017年，分局技术勘验录入刑事案件简易现场4712案，提取有价值痕迹物证1790案。通过各类物证比中案件17起，通过技术比对破获命案积案1起。

立足防控风险，服务发展，打击经济犯罪成效显著。2017年，分局共受理各类经济犯罪案件207起，其中涉众型案件28起。依法立案侦查98起，刑事拘留72人，逮捕65人，移送起诉50人，协助外埠侦办案件187起。按照部厅要求，接收“云端”系统线索194条，落地查证反馈190条，立案侦查4起，破案1起，抓获犯罪嫌疑人1人。在侦非法集资专案8起，抓获并刑事拘留犯罪嫌疑人6人，逮捕

5人，移送起诉2人，扣押涉案车辆10辆，查封房产2处，土地4块。并相继对12起涉众型案件线索进行了核查初查，对46起外地涉众型案件进行了协查。先后成功侦破了涉案金额921万元的胡某某特大合同诈骗案、涉案金额1028.7万元的董某某挪用资金案、涉案金额4700万元的王某某职务侵占案。

积极组织开展扫黄打赌“春雷”行动。分局治安部门主动强化辖区场所特业的日常管理服务，坚决查处打击违法违规经营行为。2017年，辖区涉黄涉赌警情数始终在全市处于低位，呈显著下降趋势。全年共查涉黄涉赌案件42起，其中，涉黄案件35起，涉赌案件7起，捣毁赌博窝点4个，查处涉黄场所7家，刑事拘留犯罪嫌疑人13人，行政拘留违法人员125人。

【社会面治安防控】 分局积极夯实社区警务根基，进一步提升辖区治安防控和安全管理水平。2017年，分局围绕扎实做好中共十九大安全保卫工作这一核心，以中共十九大安保为契机，以固本强基为切入点，努力提升辖区治安防控和安全管理水平。

以“一格一警”社区警务为载体，强力推进“一标三实”工作，打好“护航”攻坚战。2017年，分局治安部门围绕上级“一标三实”工作部署，主动作为，强力推进。分局社区民警和辅警累计下社区开展工作8073人次，物建信息员2018人，维护标准地址2657个，删除无效地址619处，维护率达到100%；辖区24.54万名实有人口、22.04万名常住人口全部录入系统，录入率达到100%；维护辖区实有房屋信息64013处，删除无效信息53779处，任务完成率达到100%；采录辖区实有单位22969家，采录率达到100%。

强化场所特业日常管理。分局加强对辖区场所特业单位的日常安全管控，下发《治安管理通知书》限期整改隐患120余处，责令停业整顿6家;检查旅馆业320家，处罚55家，取缔3家，行政拘留经营业主3人。

强化易制爆和物流寄递业管控工作。通过开展“厉兵”行动和“践行十九大忠诚保平安”主题活动，重点排查整治易制爆和物流寄递企业单位的不依法、不规范经营行为，处罚物流寄递企业4家，罚款4.2万元，移交邮管部门处罚24家；刑事拘留非法经营易制爆化学品犯罪嫌疑人1人，行政拘留非法携带管制器具违法人员2人、非法运输危险物质违法人员5人，收缴管制器具32把、枪支1把、各类子弹123发。

严格消防监督管理。全年开展消防安全检查7716家次，发现火灾隐患3807处，下发《责令改正通知书》3710份，立案处罚3768起，下发行政处罚决定书3701份，罚款22.77万元。

全方位开展治安环境整治。分局通过开展走访、打击、防范、整治等一系列工作，积极为辖区营造良好治安环境。累计出动警力396人次，走访机关企事业单位282家，张贴宣传通告422份，发放宣传单8518份，走访讲解1436人次，推送安全信息17606条。同时，大力开展“护校安园”工程，排查整改校园安全隐患55处，开展校园安全教育266场次，受教育人数达3.8万人。并实现辖区学校、幼儿园“一键式”报警装置全覆盖，全部接入“110”报警平台。

多策并举，强防范、控发案。分局坚持警情日分析周研判制度，精准指导防范工作。针对高发案部位和时间段，动态制定巡逻计划，实行“有警接警、无警巡逻”动态接警模式，最大限度提高见警率、震慑力，有效控压警情发案。全年共接各类侵财类警情6768起，同比2016年下降26.8%。

【平安视频建设】 2017年，分局围绕市局“深化视频建设应用年”的部署，坚持以应用为先导，主动作为，深入挖掘视频资源在“事前震慑预防、事中发现控制、事后取证打击”的效能，不断总结经验，提炼技战法，着力打造以警情研判为引领、视频应用为支撑的信息化合成作战工作模式。

提升人像卡口服务实战应用效能。在市局科通处的帮助指导下，分局带领“平安金水”视频监控中心充分利用内部各类人像数据，结合辖区实际，着眼服务实战，深挖人像卡口的应用效能，不断提高准确性和时效性，完善了“预警—追踪—派警—推送—核查”的工作机制，在案后侦查、分析研判、轨迹刻画、线索发现等环节发挥出了重要作用。2017年，分局通过人像卡口系统，共预警疑似嫌疑人员53720人次，比中疑似网上逃犯4514人次，抓获各类犯罪嫌疑人101人，其中网上逃犯76人。

与警情研判机制有效结合，提升工作针对性。分局以每周警情研判例会为依托，分析警情发案，指导重点监看。对视频图侦后期追踪的案件线索，在例会上进行会商推送、指定侦办、定期反馈。全年通过警情研判周例会机制，串并案件45起，为一线实战单位推送案件线索148条，破案112起。辖区全年侵财类警情6768起，同比2016年9244起下降26.8%。

进一步夯实视频监控建设基础。2017年，在完成3580路一类监控点、68路人像卡口建设的基础上，分局积极开展二类社会资源联网建设，完善相关建设方案，全力配合区相关部门完成项目立项、建设等工作。同时，按照市局"分区建设、分区管理、总体使用"的规划思路，大力推进疑情库建设，解决了疑情库录入、串并及应用等问题，实现了资源互通，数据共享，视频数据资源统一存储管理。

加强与区内各分局的协同共享。"平安金水"视频监控中心着眼服务全区，切实强化视频线索和情报信息区内共享，完善了"警情研判+视频推送"的合成作战模式，提高了视频应用战果转化的实效性，基本实现全区视频资源的高度共享。2017年，"平安金水"视频监控中心累计发现案件线索690条，抓获违法犯罪嫌疑人410人，其中刑事拘留167人，行政拘留100人。为人民群众提供视频查询服务1351次，找回遗失物品528起，收到群众表扬信36封、锦旗21面。有关工作事迹被中央及省市媒体报道134篇。

【执法规范化建设】 2017年，分局通过抓常抓长，持续深入推进执法规范化建设。

严把案件审核关。2017年，涉及分局的复议案件共10起，已办结的6起，均予以维持。6起行政诉讼案件中，撤诉2起、驳回1起、待判3起；2起国家赔偿案件，均属法定不受理事项；受理的6起刑事不立案复议案件也均予以维持。

强化执法主体建设，提升综合素质。2017年，分局继续组织民警参加等级执法资格考试。全年共有156人参加了中级以下资格考试，33人参加了高级资格考试，其中基本级参考率达到100%。1人在市局法制系统练兵比武中取得个人第三名的好成绩。围绕中共十九大安保，分局有针对性地加强民警对维护社会稳定相关法律法规的学习，重点组织学习了省公检法司四部门联合下发的《关于依法处理信访活动中违法犯罪行为的意见》。

加强监督问责，确保执法规范。分局执法执纪监督室充分发挥执法监督调度平台作用，建立长效化工作机制，每日安排值班法核民警全程监控各单位执法行为，将执法监督融入办案全过程，实现了立体化、全程化的执法监督。同时，针对案件办理过程中发现的突出问题，及时编发执法通报。全年网上评查案件39起，无一起被认定执法过错案件。在省市执法质量考评中成绩领先。

加强执法信息化，实现监督管理服务一体化。全年通过执法办案中心办理10人以上团伙案件5起，讯（询）问案件嫌疑人（当事人）1081人次，采集信息1481人次，保持执法安全零事故。坚持利用省市一体化警综平台对网上流转案件质量进行日评查、月考核，评查率达到100%。并对每月评选出的"优秀卷宗"和"最差卷宗"进行网上公示通报，指导规范办案，促进执法质量提升。

坚持受立案监督日常化，确保执法源头规范化。分局认真落实公安部改革完善受案立案制度的意见要求，坚持对受立案环节进行现场督导检查、警综平台抽查，并实行日通报和月讲评。2017年，共核查各类警情41259起，发现各类问题14536起，整改12536起。

规范执法记录仪使用，实现执法流程全覆盖。2017年，分局按照上级有关规定要求，重点强化执法记录仪的使用管理。在实现全局民警人手一部执法记录仪的基础上，与科技部门合作开发平台，实现执法记录仪自动存储、自动上传、自动充电。此外，分局主动对接，先行先试，配合开展市局电子音视频系统的应用测试，实现警情、执法记录仪和讯（询）问音视频的自动整合链接，达到了执法流程可视化、透明化的效果。

严格落实二级管理制度，进一步加强涉案财物管理。2017年，分局录入涉案财物案件141起，涉案物品242件，涉案财物入库率达到99.6%。案件处理132起，处理涉案财物230个，处理率93%。涉案物品在库429件，在库率100%。

【中共十九大安全保障】 强化组织，层层动员。分局制定出台《党的十九大安全保卫工作总体方案》《大干一百天冲刺会战工作意见》《十九大安保战时工作纪律》等系列方案文件，明确安全保障工作的方法、步骤和要求。召开安全保障动员誓师大会，层层发动，做好战时动员。并成立工作专班加强组织领导。安保期间，分局启动了战区分工责任制，班子成员划片分包，对口协调辖区办事处，牵头战区各警种的安全保障维稳工作。

针对涉法涉诉信访问题，分局重点梳理，全面排查，从源头上预防赴京到省上访问题的发生。对排查出的20名涉法涉诉重点信访人、128名特殊利益群体重点人、5名协外稳控重点人全部登记造册，纳入视线。并通过实行领导包案制、每日接访制，畅通信访渠道，发现信访苗头。安全保障工作期间，分局共开门接访信访群众300余人，无一人越级到上级任何部门反映诉求。同时，分局坚决贯彻落实上级部署要求，紧密配合地方党委政府，依法劝导扰乱社会秩序、非法上访的信访人。

【队伍建设】 2017年，金水路分局认真落实“严管厚爱并重”的具体措施，进一步激发队伍内生活力，提升整体战斗力。

深入学习贯彻中共十九大精神，全面强化思想政治建设。分局以“两学一做”学习教育为载体，认真学习贯彻习近平总书记“四句话十六字”总要求，通过开展“迎接十九大、忠诚保平安”主题教育实践活动，多种举措、多种方式，切实做好中共十九大精神、习近平总书记系列重要讲话精神和党章党规的学习教育。分局党委及时制定中心组学习计划、主题教育活动方案，对各党支部学习教育活动进行全程指导，确保“两学一做”学习教育制度化、常态化扎实推进。坚持自学与集中学习相结合，组织党员民警逐篇逐本学习规定的必学内容和必读篇目，做到通读熟读、学深学透。全年收集民警学习心得体会300余篇。针对党员民警多样化的学习需求，分局充分利用公安网宣传栏和微信公众平台等，及时推送学习内容，引导党员自主学习，互动交流，扩大学习教育的覆盖面，营造良好的学习氛围。并组织全体党员民警分四批参加了市局举办的“万名党员进党校，锤炼党性铸忠诚”专题培训班，赴南阳接受了为期三天的南水北调精神红色教育。

深化警务实战训练，向素质强警要警力。2017年，分局坚持实战训练与业务工作同部署、同推进，先后组织了“正警风、肃警纪、提素质、增效能”专项教育练兵、全警实弹射击考核等日常训练。以市局“五会一能”考核为契机，分批组织参考民警进行封闭训练，“五会一能”考核成绩居于郑州市前列。

（撰稿：黄　涛　审阅：冯献彬）

东风路分局

【概况】 郑州市公安局东风路分局辖区面积21平方公里，实有人口53.3万人，其中常住人口18.1万人、暂住人口35.2万人，管辖居民楼院201个、租赁房屋227315间，内部单位224家（大中专院校6家、中小学16家、幼儿园79家、珠宝店12家、金融机构44家、党政机关5家、能源动力实施14家、企事业单位19家、文博类1家、医疗卫生类5家、大型商市场23家），旅馆业83家，网吧40家，物流寄递业50家，娱乐场所13家，电影院3家。辖区内各类业态集聚，人员结构复杂，社会因素异常活跃，治安形势极为严峻。

【中共十九大安全保障维稳】 分局党委团结带领全局上下，以习近平总书记系列重要讲话精神和治国理政新理念新思想新战略，以及公安部、省委省政府、省公安厅、市委市政府、市公安局部署要求为指导，以中共十九大安保维稳工作为全年的首要政治任

10月18日，东风路分局党委书记、局长丁配杰（左一）在中共十九大安保工作一线为坚守岗位的民警庆生

11月2日，东风路分局民警深入东岸尚景建筑工地宣讲中共十九大精神

务，充分认识到大会前后维稳形势的复杂性、敏感性、艰巨性，牢牢把握住“对党忠诚、服务人民、执法公正、纪律严明”的总要求，扎实开展“迎接十九大忠诚保平安”主题活动，坚持问题导向、消除隐患，坚持以查促防、打防结合，坚持打牢基础、完善机制，深入实施大排查、大整治、大管控，在保稳定、反暴恐、查安全、打犯罪、密巡控、强教育、严责究等多条战线、多个战场、多个领域，戮力同心，全面发力，统筹推进，务求实效，全力打好了政治安全、反恐防恐、社会稳定、治安防控、公共安全“五大保卫仗”，真正实现了“三个不发生”“两个确保”的工作目标。

【辖区政治社会稳定】 为确保辖区政治、社会大局稳定，分局全体民警以高度的政治责任感和使命感，始终坚持“稳定压倒一切”的工作方针，将政治、社会稳定工作置于全局各项工作的首要位置。

持续强化突发事件、群体性事件应急体系建设。妥善处置各类群体性事件200余次，圆满完成全国两会、中共十九大等各项重大政治活动的安全保卫工作。

深入推进信访稳控化解工作长效机制建设。以“全省公安机关信访老户集中治理工作”为抓手，及时办理新访案件，强力攻坚信访积案，有效化解各类社会矛盾，避免矛盾扩大升级。共接待来访32起，化解率达到86%。其中，赴京访3起，化解率达到100%；到省访9起，化解率达到80%；信件访6起、到市访14起，化解率达到86%。受理上级转办的群众投诉108件，办结率及回复率均达100%。

【打击各类违法犯罪】 分局坚持“什么犯罪突出，就重点打击什么犯罪”的原则，以“打黑恶”“反盗诈”“破系列”三大攻坚为引领，集中开展“2011.6.26”抢劫杀人案专案攻坚和打击攀爬入室盗窃犯罪、盗销电动自行车犯罪、扒窃犯罪、网络诈骗电信诈骗犯罪等专项行动，始终保持对“黑拐枪”“盗抢骗”“黄赌毒”等违法犯罪的高压态势，深度挤压违法犯罪分子在辖区的活动空间。

实现现行命案0发案；共刑事拘留犯罪嫌疑人500.5人、逮捕148人、移送审查起诉225人、行政拘留违法人员1235人、强制隔离戒毒违法人员33人，收容教育违法人员3人，打掉各类犯罪团伙22个、侦破系列犯罪案件15串。

相继侦破了“2017.2.6”特大入户盗窃案，“瑞邦公司”特大电信网络诈骗案，谢某某等人团伙诈骗案，魏某某等人贩卖毒品案，李某某、任某非法买卖枪支案，河南中郡公司、河南环亚公司非法吸收公众存款案等一批大要案。

勘查各类现场410起，勘查率为100%；现场发现和提取痕迹物证193枚，提取率47%；利用刑事技术侦破案件24起，抓获犯罪嫌疑人13名。

【社会治安防控体系】 为切实织密社会治安防控体系，分局将作为社会治安防控责任主体的社区民警和交管巡防民警具体分工、夯实责任：社区民警紧扣“小事不出网格、大事不出社区”的工作要求，依托“一格一警”工作模式，负责社区内的治安防控工作，并将场所特业管理、消防监督处罚、矛盾纠纷调处、治安防范提示等工作细化在社区、网格当中；交管巡防民警贯彻“社会治安社会治，社会防控社会防”理念，依托“警地联防”工作机制，负责街头路面的各类警情的快速接警、先期处置和街面治安巡逻防控工作。通过细化职能分工，明确职责任务，我们逐步探索创立了社区与路面无缝衔接、有效协同的立体化社会治安防控体系。

【执法规范化建设】 健全执法制度，纠正和克服执法随意性。分局针对民警在执法办案中违反程序的问题，逐步建立各个执法领域、执法环节的程序性、实体性的操作规范。

强化执法监督管理，实现执法标准化。分局认真落实省、市执法质量考评工作机制，完善案件法制部门审核把关制度和“八个一”工作机制。加强案件和个案监督工作，法制部门创新审核和监督工作机制，对每一起案件严格落实审核责任，结合省厅行政案件和刑事案件规范卷宗具体要求，做到执法行为标准化、证据规格标准化、执法卷宗标准化。

加强执法信息建设，实现执法手段信息化。分局推进执法办案系统深度应用，加强网上执法巡查考核。强力推动执法记录仪采集站和执法记录仪信息管理系统建设，要求一线执法执勤民警必须100%配备使用执法记录仪。建立完善公、检、法电子卷宗，实现公、检、法部门之间对案件证据信息的交流共享。

规范强化执法场所建设和使用，保证执法安全。规范执法办案场所的建设，投入资金300余万元，完成了陈砦警务区、庙李警务区、杭州路警务区3个执法办案场所的建设工作，新增办案场所18间，更新办公设备20套、视频监控20余套，实现了“办公用房设置规范化、接待区域设置便民化、执法场所设置精细化、内部场所建设人性化”，通过执法效能和安全系数的全面提升，有效推动了执法规范化建设的深入开展。

【公安行政管理】 全面加强辖区流动人口管理工作，共登记流动人口信息88185条、注销19600条，登记实有房屋信息9282家、注销15324家，受理居住证10881人，列管流动人口重点人员2672人。

强化物品管理。全面加强民爆物品、烟花爆竹、枪支弹药、管制器具、剧毒、易致爆危险化学品、散装汽油管理工作。

强化场所监管。对辖区内部单位、旅馆业、足疗沐浴业和歌舞娱乐场所等高标准、全方位监管，严格落实标段式管理要求。检查辖区旅馆业2592余家次，停业整改23家、取缔20家、罚款10家。同时加强消防监管，共检查单位7036家次，发现6608处消防安全隐患，下发5326份责令整改通知书，隐患全部整改完毕；下发3987份行政处罚决定书，罚款个人3208人次，单位12家次，警告768人次，罚款290950元，行政拘留212人，责令停产停业1家，全年未发生亡人火灾。

强化物流寄递业管理。物流寄递是物品流通的重要渠道，分局全面澄清辖区物流寄递企业和从业人员底数，并对53家企业及

163名从业人员全部建立工作台账，逐一签订责任书，实施动态管控。

全面提升服务水平。结合推进“两学一做”学习教育常态化、制度化和“不作为、慢作为、乱作为”专项治理活动，“转作风、强警纪、促养成”专题教育活动，不间断对窗口单位及其工作人员进行思想教育，进一步筑牢其全心全意为人民服务的宗旨意识，全面优化服务水平，不断提升群众满意度。户籍室在全省首创开发了“户口办理网上预约”的“微户政”平台，实现了“让数据多跑路、让群众少跑腿”，并全面落实节假日预约办公、自助办理户籍业务等“七大措施”和主动登门为不方便的群众办理业务，共计办理户口业务12938件。流动人口管理站拓宽工作思路、拓展业务渠道，把居住证办理工作延伸进社区、推近到群众的家门口，在16个社区警务室增设居住证办理窗口。

【公安基层基础建设】 分局党委高度重视和不断夯实公安基层基础建设。一是为缓解办公营房长期不足的问题，分局在市局党委及警务保障部的关心指导下，主动争取金水区委、区政府的支持，积极协调相关职能部门，利用辖区城中村拆迁改造的有利契机，筹措专项资金，先后完成庙李警务区、陈砦警务区、杭州路警务区3处新办公营房的建设搬迁工作和案件侦办大队、姜砦警务区2处旧办公营房的整修改造工程，并在稳步推进分局指挥中心大楼、刑事技术室2处新办公营房的筹建工作。二是将科技强警与公安基层基础建设有机结合，完成了分局情报指挥和视频监控中心的升级改造，并与阿里巴巴深度合作，在普罗旺世社区成立了全国首家社区“钱盾”反诈骗中心，在家门口为群众筑起安全防线。

（撰稿：张冬伟　审阅：丁配杰）

丰产路分局

【概况】 丰产路分局辖区面积约14.5平方公里，常住人口16.9万余人，暂住人口14.1万余人。区内有居民楼院236个，内部单位163个，学校（含幼儿园）45所，大型商场4家。分局下设四队一室，即：警务综合大队、执法执纪监督室、案件侦办大队、治安管理服务大队和交管巡防大队。

【维护社会稳定】 紧紧围绕中共十九大安全保障主线，全力维护辖区政治和治安大局平稳，圆满完成了拜祖大典、全国两会、“一带一路”高峰论坛、十四届人大五次会议、党代会等安全保障维稳任务。不断强化大局意识、政治意识和忧患意识，做实反恐维稳基础性工作，紧盯重点人员、重点物品、重点阵地、重点目标、重点业态，夯实责任，穷尽措施，大力推进“隐患动态清零行动”，对辖区5家反恐重点单位开展全面检查，下发责令整改通知书10份，消除反恐隐患30余处，与辖区具有留宿条件场所签订反恐责任书270余份，有力确保了“三个不发生”目标的最终实现。配合辖区党委、政府部门依法妥善处置以担保公司案件客户群体为主的群体性事件50起，排除各类不安定因素130余起。

【打击违法犯罪】 以“打黑恶反盗诈破系列”为中心，突出各阶段专项行动要点，实现了打击效能的稳步增长，其中，刑拘497人，超出全年既定目标30.8%；逮捕193人，同比上升24.3%；起诉275人，同比上升10.5%，有效遏制多发性侵财违法犯罪的高发态势，群众安全感和幸福指数大幅度提升。实现全年现行命案零发案。坚持把命案必破作为打造平安建设的重要指标，继续保持警改以来新发命案全破。“打黑除恶”实现新突破。经摸排线索、突击行动，打掉一个有组织进行网络赌博的23人涉恶团伙和1个聚众扰乱社会秩序的8人团伙，并在年底前完成判决。打击侵财犯罪效果突出。坚持以群众呼声为导向，紧盯群众怨气大、受害深、社会关注度高的案件，通过采取快速反应抓现行、治安防控挤空间、信息研判打流窜、审查深挖打系列等方法，挂牌侦破“王某某团伙系列跨省盗窃案”、“张某某诈骗集团犯罪案”、“2017部督组织高考作弊案”、“2017.8.17”特大系列抢劫案、“2017特大网络诈骗案”、“2017系列攀爬入户盗窃案”等一批领导批示、社会关注、影响民生、影响较大的大要案件。视频作战取得新进展。2017年4月以来，为落实市局视频建设在管理、应用和提升工作，大力发挥视频监控系统在预防、控制和打击犯罪中的作用，分局成立视频合成作战队。通过开展视频巡逻、案后视频追踪，共发现线索97起，指挥街面警力抓获23起26人，其中，刑事拘留6起7人，行政拘留17起19人，追回被盗电动车8辆。

【社会治安防控】 聚焦基层基础工作的信息化、智能化、现代化发展方向，创新社会综合治理，推进“一格一警”数字化。开展以“一标三实”为主要内容的基础信息采录大会战，组织社区民警和辅警全面清理已采集录入的“一标三实”基础信息，完成新旧警综平台数据转换工作。利用新版社区警务信息系统，按照“突出重点、分类推进”的原则，集中警力，集中时间，对辖区内遗漏、新增、变更的“一标三实”基础信息开展全面采集，全年共处理采集信息合计1183819条，日均处理量7047条，人均处理量14093条，实现了“应采尽采、全面覆盖”和“人房关联、查房知人、查人知住”的工作目标。大力净化社会环境。坚持严打涉黄涉赌方针不动摇，组织警力对举报地点开展二次核查，大力遏制了黄赌警情高发，全年共刑拘涉黄涉赌嫌疑人10人，逮捕4人，公诉7人，行政拘留涉黄涉赌人员190人，有力打击了涉黄涉赌丑恶现象，纯洁了社会风气。扎实开展打击毒品犯罪专项行动和社会面吸毒人员核查管控专项行动，以“零容忍”之势严打涉毒违法犯罪。全年破获贩卖毒品案件6起，刑拘9人，逮捕5人，缴获各类毒品320余克，其中破获百克贩毒案件2起；办理涉毒行政案件29起，治安拘留38人，强制隔离戒毒9人，核查吸毒人员113人，核查管控率达到100%。规范场所行业经营。强化旅馆业监管，全年共检查3240家次，发现问题警告并责令整改47家次，处罚42家次，行政拘留相关责任人30余人，罚款24万余元。落实消防日常监督管理。明确消防主体责任，调整列管消防重点单位65家，与辖区六类单位签订消防安全责任书2200份。加强消防检查，全年检查各类场所、单位6147家，整改隐患6470处，高层建筑315栋、家属楼院250个，发现各类消防隐患2738处，督促整改2719处，火灾警情较2016年有明显的下降。积极探索智慧社区建设。选择治安情况复杂、大量外来人口涌入的金城时代广场小区为试点，建立“智能小区”防范模式，推行“以卡管人，以卡管房”，基本实现了监控封闭，并加装人像识别系统，有力遏制了案件高发态势。继续深化户籍特色品牌建设。深度植入“互联网+”理念，在自主研发自助终端的基础上，实现24小时办证区的全面开放，年初被省法制办评为“河南省服务型行政执法建设示范点”。

【执法执纪监督】 将执法规范化作为重点工作推进，始终注重执法能力的培训提升，坚持法制对公安主业工作的支撑，发挥法制在维护执法权益的和防控风险的作用。执法培训实行“每月一考”。坚持每周开展一个主题培训，每月组织一次考试来检验学法效果，全年共组织36期主题培训、12次月考，有力地提升了全体民警的学法主动性和积极性。在公安部2017年度执法资格考试中，人重新取得中级执法资格，人取得高级执法资格，1人通过了全国司法考试，彰显了分局执法培训的效果。把好法治审核进出口。分局法制部门充分利用检查、巡查、评查及法律审核等多种方式，督导执法活动的全过程记载，下发案件提醒26次，确保了所有执法工作都有据可查、所有执法活动都可回溯管理，定期对办结的行政案件公示，督促办案单位及时上交卷宗进行归档，全年参与行政诉讼137起，全部胜诉。分局执法执纪监督室对法制民警分工进行细化，做到各有侧重，从原有的法制指导、审核延伸到诉讼、审判环节，着力与检法部门衔接，完成5人以上团伙犯罪公诉8案73人，胜利完成了“郭某某等开设赌场案”“姚寨专案”的审判，对办结市局督办的“黑恶”战果认定工作起到了关键作用。

【公安队伍建设】 以中共十九大精神为指引，深入学习贯彻习近平总书记系列重要讲话精神，认真履行党风廉政建设责任制，严格纪律规定，严格队伍管理，坚持把全面从严治党贯穿于各项公安工作和队伍建设当中，确保主体责任的有效落实。规范基层组织生活。扎实推进学习型党组织建设，将每月16日确定为党员活动日，每周四固定为学习日，抓好全体党员民警集中学习，全年组织中心组学习9次，开展专题研讨6次，各支部组织学习35次，有效推进中共十九大精神的学习贯彻与“两学一做”常态化制度化学习教育的落实。切实加强作风锻炼。认真开展中央八项规定精神制度建设“回头看”，全面回顾、梳理中共十八大以来贯彻落实中央八项规定精神、纠正“四风”工作制度制定和执行情况，通过总结经验、固化措施、梳理问题、完善机制，有效确保了执行力度不减、节奏不变、标准不降、尺度不松。做实廉洁从警教育。按照市局政治部的统一安排，抓好队伍经常性“政治体检”，分4批组织各队（室）领导干部和民警赴基地参观学习，2次组织全体民警观看“警钟”系列警示片，人人撰写心得体会。实现精神文明建设新跨越。认真总结2016年度创文工作经验，将目标定位于三年争创省级文明（标兵）单位。实践中，将“书香丰产”、“国学讲堂”（道德讲堂）、颁发从警纪念徽章等活动发展成为传统项目，并根据民警爱好组建多个社团，紧密结合“党员活动日”创新开展充满正能量的警营文化活动，顺利通过年度文明单位复检。创新开展公安宣传工作。分局外部宣传融合传统媒体与新型媒体，内部宣传以微信企业号平台为主阵地，推出新闻报道、网络媒体、微信微博439篇。其中，新闻媒体报道113篇，在《人民公安报》等媒体推出喻洗、韩彦玲等典型人物；网络媒体报道162篇，中国警察网、人民网等各大网站对分局开设“战时托儿所”进行了广泛报道；市局等微信公众号推送微信34篇，充分提升了警营内部的正能量。

（撰稿：陈　飞　审阅：叶志斌）

柳林分局

【概况】　柳林分局位于郑州市金水区花园北路139号，内设警务综合大队、执法执纪监督室、执法管理服务大队、案件侦办大队和交管巡防大队。分局辖区面积66.53平方公里，辖区内常住人口8万人，流动人口20余万人。

警务综合大队主要负责综合协调，信息研判，绩效管理，队伍建设、后勤保障、勤务保障、通信保障、档案管理等工作；执法执纪监督室承担县级公安机关纪检、监察、督察、控申、法制部门工作；治安管理服务大队负责社区，加强治安防范，流动人口管理，身份证、户籍办理；交管巡防大队负责辖区内的110接处警、治安巡逻防范、打击各类现行违法犯罪、处置群众求助和突发性案件；案件侦办大队负责刑事案件侦办工作。

【工作实绩】　在党委政府坚强领导和市局各处室、局直各单位具体指导下，分局紧紧围绕维护辖区安全和社会稳定总任务，牢牢把握稳中求进的工作总基调和巩固提升增效总方向，紧盯“整体争先进，单项有特色”工作目标，以中共十九大安保为主线，以队伍建设为根本，打防管控并举，同心同德，锐意进取，防控风险，服务发展，较好地完成了年度各项工作。分局绩效考核成绩在市局序列第四名，较2016年前进一个位次；警务综合大队以满分获得全市第一名，治安管理服务大队、交管巡防大队全市第三名；分局中共十九大安保工作、宣传工作、训练工作和“打黑除恶”、打击电信诈骗工作在市局名列前茅。重大安全保障任务完成出色。紧紧围绕中共十九大安保这一重大政治任务，众志成城，担当奉献，鏖战50余天，重点人员打击管控到位，安全隐患动态清零深入细致，重点要害部位防范严密有力，高速卡点成效明显。先后有3名卡口执勤民警荣立个人三等功，1名民警获得战时嘉奖，多名民警、辅警被市局、区委政法委等单位通报表彰。社会政治、治安大局持续稳定。成功稳控了130余名“善心汇”成员进京上访闹事；妥善处置了顺天物流公司携货款出逃事件；依法处置了杨金路办事处双冠食品厂液化气罐爆炸事故；刑事拘留1名、行政拘留5名阻挠

6月1日，柳林分局组织辖区小学学生到分局参观警体训练馆

2月7日，省长陈润儿（右二）到全省警务创新博览会柳林分局展台参观

郑万高铁施工的人员，确保了郑万高铁郑州东动车所ZWDDCS-1标工程恢复正常施工，切实维护了社会政治治安大局平稳，优化了经济发展环境。执法水平稳步提升。现行命案破案率100%；刑事拘留441人，同比上升47.99%；移送起诉248人，同比上升15.35%；行政拘留431人，与2016年同比持平。全年5起行政复议、13起行政诉讼全部胜诉。先后侦破了“3·28特大电信诈骗案”“10·18特大电信诈骗案”“王某某等人系列敲诈勒索案”等一系列重特大案件。公安行管工作有条不紊。全年共查处无证经营旅馆7家，治安拘留宾馆负责人7人。与物流寄递企业签订责任书100份，检查废旧品收购和二手车交易等特种行业12家次、加油站70余次、学校600余次。消防处罚2004家，消防执法298家，消防罚款11万余元，消防拘留97人。处罚内部单位9家，处罚内部单位负责人9人。全年共计罚款271500元，确保了全年没有发生重大火灾责任事故。

【特色亮点】　打造了向科技信息化要警力的特色亮点。深入推进依托物联网打造智慧平安社区项目，在21世纪社区试点的基础上，全年先后有6个成熟小区逐步铺开，分别安装了智能门禁系统、车辆识别系统、人像识别系统和电子栅栏，辖区发案率较2016年下降30%。坚持强化民警信息化服务实战意识，全年利用信息化手段先后破获6起入室盗窃案件和30余起盗窃电动车案件，抓获各类盗窃嫌疑人53名，抓获各类逃犯40名。依托物联网打造智慧平安社区项目、“双实”管理平台和“活土地”社区警务系统分别获得全省警务创新博览二等奖、三等奖和四等奖。打造了向实战化训练要战斗力的特色亮点。分局党委班子结合小分局大派出所的实际，转变思想、主动作为，将训练的“准星”瞄准实战的“靶心”，抓住领导干部这一“关键少数”，以领导干部观念的转变带动全警转变观念，以上率下带头参训，各级干部全年参训300余人次，切实感染和激发了民警训练热情。通过持续抓、抓持续，提升了民警实战技能，警务实战化训练综合成绩全市第一名，被市局表彰为训练工作先进单位，并在2018年郑州市公安机关政治工作会议上进行了典型经验交流。打造了向执法规范化要公信力的特色亮点。围绕执法队伍专业化、执法行为规范化、执法管理系统化、执法流程信息化的目标，分局党委班子狠抓执法专项整治，对有案不受、受案不立、立案不侦、违规立案、隐案瞒案等问题下猛药，全年排查化解4起因执法不规范引起的信访投诉，推动了简单执法、粗暴执法向平和、理性、公正执法的逐步转变。狠抓执法办案规范化、精细化建设，把民警执法办案必须佩带执法记录仪、必须在办案中心办案、必须使用执法办案系统、必须开启办案中心音视频同步监控系统等“四个必须”作为硬性规定，实施执法行为全流程记录、回溯式管理，实现了全年执法零事故。严把案件审批关，坚持证据不足不审批、材料不全不审批、系统信息录入不全不审批的“三不”原则，有力保障了执法质量和执法公信力不断提升。打造了向警营文化建设要凝聚力的特色亮点。充分发挥警营文化的教育引导、精神鼓舞、价值观塑造等积极作用，用先进文化占领警营文化阵地，营造拴心留人的警营文化环境。分局依托文化长廊打造的文化阵地，孕育了民警的思想，影响了民警的行动，形成了分局文化特色。打造了向打团伙扫黑恶要效能的特色亮点。2017年，分局党委班子坚持大案小案并重，积极鼓励民警打团伙扫“黑恶”，大兵团作战提升打击效能，年度“打黑除恶”成绩全市第二名。先后打掉各类犯罪团伙13个，抓获嫌疑人214人，其中，涉黑涉恶嫌疑人97人。其中，“2017.03.28特大电信诈骗案”“2017.10.18特大电信诈骗案”“2018.01.19史某等人污染环境案”“10·25金水区尹某等16人诈骗团伙案”和“王某某等人系列敲诈勒索案”为分局打团伙“扫黑恶”大兵团作战积累了经验，固化了作战模式，形成了分局特色亮点。

【党建工作】 2017年，分局党委认真贯彻落实习近平总书记系列讲话精神，坚持政治建警，党建工作成效明显。强化组织领导。成立了加强全面从严治党领导小组，明确了各支部书记全面从严治党主体责任，保证了从严治党主体责任明确，自上而下坚强有力的领导。坚持在每周例会上对全面从严治党工作进安排部署，每月进行一次工作小结，每季度召开一次专题党委会进行总结讲评和研究部署，保证了抓全面从严治党工作方向不偏，重点突出。突出教育引导。组织开展了以“把对党忠诚转化为担当奉献的实际行动”为题的专题党课。制定了《柳林分局基层党支部工作规范》，较好地解决了基层党支部对党建工作重视不够、党建工作与中心工作结合不紧、“三会一课”制度落实不好、党支部战斗堡垒作用不强等问题。对照《关于新形势下党内政治生活的若干准则》和《中国共产党党内监督条例》，分析查找分局党委在贯彻落实民主集中制和严肃党内政治生活等方面在存的问题不足，审议通过了《柳林分局党委议事规则》。依托“柳林公安大家庭”“柳林正能量”“平安柳林”等微信、微博新媒体平台，开展了“自觉贯彻全面从严治党要求，树立良好作风形象，扎实做好公安工作”大讨论。中共十九大安保期间，充分发挥支部战斗堡垒作用和党员先锋模范作用，在安保一线成立了临时党支部，为完成安全保障工作提供了强大动力。

【党风廉政建设】 狠抓作风和廉政建设，夯实主体责任，党风政风得到明显转变。夯实主体责任。与各支部书记签订了党风廉政建设责任书，制定了《党委（支部）从严治党目标清单》、《从严治党任务清单》和《从严治党责任清单》，逐项明晰责任单位、责任领导、工作标准和工作时限，确保从严治党贯穿分局公安工作的各个方面，保证每项具体工作的落地落实。结合“懒政怠政”专项督察，对各支部开展廉政建设情况进行分析评估，层层传导压力责任，确保全面从严治党自上而下不空、不虚、不走过场。狠抓专项活动。在中央八项规定精神制度建设“回头看”工作中，审阅制定了《柳林分局贯彻落实中央八项规定精神“回头看”实施方案》，明确了3个阶段10项具体工作。在懒政怠政为官不为问题专项整治工作中，对查找出的12条突出问题，专门组织召开党委会，研究制定

《懒政怠政为官不为问题整改清单》，逐条问题明确整改措施、具体责任人和整改时限，并坚持每月听取一次整改情况汇报，实施拉条挂账，对号销号。着眼问题整改。在全体党员民警中开展了“观念大更新、思想大扫除、问题大清查、作风大整改”活动，对照分局明确的8个方面问题，带头主动认领、拉单挂账、作出承诺、公示督促，做到了整改不彻底不放过、群众不满意不放过、验收不合不放过。2017年，分局党委班子及党委班子成员查找整改问题42条，各支部查找整改85条，民警查找整改356条。对自查出的3起不作为慢作为问题进行了通报批评，收到了很好的惩戒教育效果。组织全体民警到市局警示教育基地，观看《警钟》系列警示教育片，并组织讨论交流和撰写心得体会，强化了廉洁自律观念，巩固了风清气正氛围。对“强化以案促改严格队伍管理工作”进行研究部署和动员教育，编发了《柳林分局强化以案促改严格队伍管理工作警示教育材料》，确定分局以案促改重点单位进行集中约谈，并成立了由党委班子成员带队的联合督导组，进驻以案促改重点单位狠抓问题整改，党风政风和作风得到明显转变。

（撰稿：张向三　审阅：姬勇斌）

未来路分局

【概况】　2017年，未来路分局在金水区委、区政府和市公安局党委的正确领导下，认真贯彻中共十八大、十九大精神，深入学习贯彻习近平总书记系列重要讲话精神，深入学习贯彻各级政法公安工作会议精神，紧紧围绕维护国家安全和社会稳定总任务，围绕市局党委提出的“全省第一、全国一流”的总目标，从严从实从细抓落实。以中共十九大安保这一首要政治任务为主线，扎实推进各项业务工作，圆满完成年初预定的工作目标。确保辖区社会政治和治安大局持续平稳。

【社会政治稳定】　将中共十九大安保工作贯穿于2017年工作的始终，融于各项公安业务工作之中，成立了中共十九大安保工作领导小组，印发了工作方案，从分局党委班子成员到各大队领导再到普通民警，层层落实责任，事事具体到人，确保了各项安保措施落实到位。中共十九大召开期间，分局全体民警齐心协力、无私奉献、加班加点，全员停休持续工作40余天，为中共十九大的胜利召开提供了有力保障。加强信息搜集，坚持以维护社会面稳定为目标，全面加强重点人员管控和各类预警性信息的收集和上报，共搜集上报信息132条，被国保支队采纳信息120条，为党委政府和上级公安机关决策提供了及时、准确的依据。以“滤网行动”为抓手，建立“五张过滤网”，全面强化关注人员管控工作，逐人做到“六见”并进行“点对点”核查，全部按照要求登记并采集，未出现失控漏管，确保了中共十九大期间辖区实现了“三个不发生”的目标。进一步落实从业单位主体责任，采取物联网技术进行源头控制、流向管控、实名登记，严防危爆物品非法流散社会。持续开展缉枪治爆、管制刀具治理等整治行动，积极会同行业主管部门开展清理清查、集中整治、打击处罚。加强寄递物流企业的安全监管。与辖区寄递物流企业逐一签订责任书，详细掌握经营范围，对从业人员逐人见面，全面采集信息，登记率和责任书签订率达到100%。积极配合邮政、交通等部门全面落实寄递物流100%实名制，寄运物品100%先验视、后封箱，邮件、快件100%通过X光机安检的“三个100%”要求，对落实不到位的，严格处罚。督促寄递物流企业强化内部管理，完善硬件设施，落实可疑情况报告制度和发往重点敏感地区物流货物备案登记制度，压实企业安全管理责任。积极开展反恐大排查、大检查工作，辖区关注人员没有出现失控漏管的情况。加强信访工作。分局通过进一步完善了局长接待日制度，每月定期组织治安、刑侦等部门负责人共同接访，畅通了上访渠道，促使信访群众的诉求得到及时有效的回应和处理。2017年，共接收处理河南省信访系统转交信访件138起，市局信访系统转交案件45起。截至年底，省厅交办的重点信访积案分局均已办结，圆满的完成了中共十九大安保任务。

【严厉打击和严密防范】 2017年，分局共立刑事案件3062起、破获756起，立盗抢骗案件2933起、破获720起；共刑事拘留371人，行政拘留332人，强戒6人，收容7人，逮捕81人，起诉213人。以关注民生为切入点，全方位推进打击“涉黑涉恶”、治爆缉枪、“盗抢骗”、电信及网络诈骗专项行动。2017年，分局9类涉恶判决生效52人；公诉盗抢骗系列案件12串（起诉案件264起），盗抢骗重型判决9人；抓获电信网络诈骗15人，起诉11人，破案310起，冻结资金900多万元；网络贩枪共下发线索37条，查结37条，刑拘非法买卖枪支1人。有效地遏制了犯罪活动，收到了明显的效果。同时，加大了现行命案攻坚力度，成功侦破了“2017.09.21张某故意伤害致人死亡案”。进一步深化扫黄禁赌工作，分局成立工作专班，通过开展社区警务、社会面巡逻等工作，对辖区内的涉黄涉赌情况进行认真分析研判，并结合以往的案件线索、人员、场所等情况，按照“破大案、打幕后”的工作思路，及时有效开展打击查处，稳步推进“扫黄禁赌”专项行动的开展。先后打掉黄赌窝点48余处，行政拘留135人，刑事拘留39人，逮捕22人，起诉28人，收容教育8人。紧紧围绕与广大人民群众日常生活和生命健康息息相关的食品、药品、环境污染等案件，精心组织，主动出击，担当尽责。强化打击非法集资专案工作。2017年，打击非法集资专案组克服案件多，警力少的困难，新立案3起，连同前期立案侦查案件共计11起，正在案前调查案件32起。抓获并刑拘犯罪嫌疑人13人，劝投网上逃犯4人，起诉6案16人。查封土地7块，房产48套、冻结现金1400万元，追缴现金246万元，冻结股权970万元。新结案4起，圆满完成省厅市局下达的立案案件结案率80%的目标。进一步强化社区警务防控网建设。第一，强化社区民警专职化，加强社区警务室和网格工作站建设，配齐配强各类装备，为社区警务防控工作奠定基础。第二，通过社区民警兼任社区党支部副书记（副村长、副主任）等形式，进一步整合社区资源，发挥整体合力，做到矛盾纠纷联调、社会治安联防、重点工作联动、突出问题联治、服务管理联抓、基础平安联创，全面掌握基层情况，巩固基层政权。第三，充分发挥社区警务一线工作、接触群众广泛的优势，最大限度的依靠、组织、动员、发动群众，开展群防群治，实行专群结合，推行“十户联防”“区域巡防”，不断提高社区人防、物防、技防能力，打造平安和谐社区。第四，组织专职巡逻力量和治安志愿者队伍32支，共同开展巡逻守护工作。积极开展内部单位安全防范等级化管理工作。社区民警重新对辖区企事业单位摸底调查、登记造册，按照11种单位类别，确定省级内保单位11家、市级内保单位15家、县级内保单位31家，确定治安要害重点部位81处。并逐级落实管控责任和单位安防主体责任，治安保卫重点单位管控率达到100%。建立健全联席会议制度。社区民警以社区为单位建立联席会议制度，每季度召开一次联席会，加强行业主管部门的沟通，通报分析防范工作存在的问题，提出整改完善措施。在市局治安系统“厉兵行动”中处罚内部单位、场所20家，共罚款223000元。坚持有警接警，无警巡逻原则，认真做好接处警工作。在保证做好接处警工作的前提下，交管巡防民警每天在辖区案件高发地区加强巡逻、防控，最大限度的屯警街面，快速反应，严厉打击各种违法犯罪活动和暴恐活动，提高街面见警率和群众满意度。2017年，分局共接处警47370起，其中，接110警情派警42925起，自接警4445起。现场调处率达65%左右。

【基础工作与创新服务】 开展“一标三实”基础信息采集年活动。组织社区民警和辅警全面清理已采集录入的“一标三实”基础信息，对虚假信息予以删除注销，对历史信息进行核对更新，确保信息采集的各类基础信息完整、准确、鲜活，做好新旧警综平台数据转换的准备工作。新警综系统新采集859条标准地址，实有人口47728人，实有房屋42655间，实有单位20438家，从业人员12791人。推进标准地址二维码管理、三维码门牌换发工作。树立“把房屋当户口管，把地址当姓名管，把地址编码当身份证号码管”的理念，按照省厅统一部署，组织发动社区民警、辅警、社区干部及其他群防群治力量，逐路逐院、逐房逐户开展核查核对，对全面清理解决标准地址“重错漏”问题，做到地址命名和门牌号码编制完全准确。进一步强化信息采集，为大数据提供原始积累。分局充分利用警务通采集信息，2017年，分局共采集各类信息137954条，其中，人员信息45925条，车辆信息92029条。加强户籍窗口服务。2017年，分局户籍工作围绕公安部、省厅、市局开展的户口清理整顿、解决无户口人员户口登记问题及郑州市人民政府关于进一步深化户籍制度改革的相关政策，制定切实可行的工作方案，认真核对人口变动情况，对常住人口做到底数清，情况明、对寄住人口管理有序、规范。在为民服务上结合实际求时效，立足岗位做奉献，主动创新“便民服务”模式，用心擦亮“为民服务”窗口，得到了辖区群众的一致好评，增加了人民群众对公安工作的满意度。2017年，共办理户口迁移、出生、注销手续26599人，户口清理整顿和人像比对核查586人，办理身份证手续18366人，边境证92人，登记常住境外人员207人，涉外单位18家。

【社会治安管理】 加强消防安全管理。2017年，全局共组织民警消防业务培训7次，召开消防监督执法例会4次。检查单位4402个（次），下发《责令改正通知书》3479份，拘留68人，罚款122170元，发现火灾隐患5743处，督促整改火灾隐患5743处。加强流动人口的管理。坚持“五个层面”处罚，压实社会力量登记报送暂住人口信息的治安责任。2017年，分局共登记实有房屋3608个，注销房屋286个，登记用工单位1459家，注销用工单位106家，登记流动人口21349人，注销流动人口3926人。办理居住证4029个，注销居住证1503个，签注居住证4771个。共“五类处罚”928起，罚款金额204500元。严格场所、重点行业管理，强化阵地控制。严格场所办证和登记备案，每月至少对辖区内公共场所检查两次；动员公共场所安装技防监控设施，配备安检门、金属探测器等安检设备；敦促公共娱乐场所配备专业保安，对场所中发生的违规行为，做到发现一起，查处一起。通过强化管理，责任更加明确，服务更加到位，管理更加规范。2017年，共计检查场所733家次，对目前辖区内现有的场所特业进行了全面的整顿和检查，共处理涉黄赌毒嫌疑人155人，刑事拘留17人，收容教育3人，强戒5人。全面落实旅馆业“四实”制度，强化旅馆业的管控能力，规范行业管理，为“打防控”守好旅馆业阵地。目前，辖区旅馆业治安管理信息系统覆盖率100%，信息录入传输率100%。

【执法规范化建设】 统一法律审核。依托执法办案平台实现了办理案件100%网上实时流转、审批、监督，实现刑事案件统一法律审核、统一入口出口。加强法律业务培训工作。2017年7月、9月组织分局民警参加全省公安民警第九批基本级、第七批中级执法资格考试，分局基本级执法资格通过率为98%，中队长以上中级执法资格通过率为85%。同时严格按照市局《民警法律知识学习与考核方案》要求，结合分局实际，制定局2017年度法律知识学习和考核方案，采取利用分局网页“每日学法”栏目对全体民警进行线上培训与集中培训相结合、工作时间学习与业余时间学习相结合、法律学习培训与各警种的业务教育培训相结合的方式，以考促学，整体推进，务求实效。严格执法质量考评。每周进行受立案材料上传和行政、刑事案件卷宗材料上传情况抽查并通报整改，每月对本月行政、刑事案件进行执法质量考评。严格管理使用执法办案中心（区）。严格按照“四个一律”的标准，完善执法办案中心管理制度，严格遵守《公安机关执法办案场所办案区使用管理规定》，形成案件及人员进入办案场所、人身检查、暂存物品、视频资料刻盘、资料留存等使用管理机制，每周对办案中心（区）的使用情况进行检查并周通报讲评，最大限度防止执法安全事故和执法不规范行为发生。做好受立案中心工作。通过对今年的受立案工作进行全面检查，共检查案件1600余起，发现问题46起，督促案件及时受立案以及及时完善相关程序，分局受立案工作明显有所好转。

【队伍正规化建设】 进一步加强队伍日常管理。积极研究加强队伍教育管理的方法举措，多次利用召开中层干部会、周讲评会等时间对抓好民警和辅警队伍进行教育引导，有序推进展开了公务员平时考核，使队伍管理更加严格规范，队伍管理水平进一步提升。进一步加强素质强警工作。组织民警开展“五会一能”训练并参加市局组织的考核，有力提升了民警体技素质。进一步落实从优待警措施。规范了民警请休假制度，对未休公休假人员及时补贴到位；对因公负伤、生病住院的民警和家属实行探望制度，有力提升了民警的积极性和凝聚力。进一步强化舆论宣传。围绕分局中心工作，撰写推送宣传报道30余篇，被纸媒和网络媒体转载80余篇，利用分局微博、微信公众号推送信息80余篇，被市局转载30余篇，实现了微信、微博宣传全覆盖。进一步强化纪检、督察工作。纪检、督察工作围绕分局整体工作、中心任务进行，在“严管”和“刚性问责”的同时，注重预警在先。2017年，在“集中整治不作为、乱作为问题”开展专项行动中，抽查发现问题150余起，逐一督促及时整改。12389群众举报投诉及市局督察支队投诉电话转来200余起，案件核查督办率达到100%。强化维护民警正当执法权益工作。2017年，分局层面维权6次，处理侵害民警正当利益的违法犯罪人员5人，极大的鼓舞了斗志，维护了民警的合法权益。

（撰稿：袁　健　审阅：刘卫民）

南阳路分局

【概况】 2010年11月郑州市公安局南阳路分局（派出所）成立，设局长、政委各1人，副局长4人，民警118人。内设案件侦办大队、交管巡防大队、治安管理服务大队、警务综合大队、执法执纪监督室5个机构。

分局辖区北至农业路，东到健康路，南至金水河，西至陇海铁路线，面积8.7平方公里，所辖行政区域为金水区南阳路街道办事处和大石桥街道办事处。

【社会稳定】 在辖区建立并巩固“公安分局同办事处联动、警务室同社区联勤、网格与重点单位场所小区等联防”的“三联防

7月，南阳路分局组织民警赴南阳市南水北调干部学院参观学习

7月1日，南阳路分局民警在分局院内开展庆“七一”重温入党誓词集中宣誓活动

线”，持续提升捍卫国家政治政权安全能力和维稳处突能力。2017年，在市局党委的坚强领导下，南阳路分局紧紧围绕中共十九大安保维稳工作主线，以最高的安保标准、最严的安保纪律、最强硬的安保措施，圆满完成辖区中共十九大安保工作，实现“三个不发生”总目标。

【严厉打击违法犯罪】 始终保持严打态势不放松，深入开展“三打击一整治”“打击盗抢骗”“打黑恶反盗诈破系列”“打击涉车犯罪”“扫黄打赌百日春雷行动”等专项工作，严格落实“一长四必”工作机制，发挥视频导侦功能，突出合成作战实效，加强路面巡逻防控能力，有效震慑、打击各类违法犯罪，持续提升辖区群众安全指数。破获了一批影响恶劣的刑事案件。实现命案发一破一。对入室盗窃、电信诈骗等多发性侵财案件，强力攻坚。侦破了“SOHU广场系列入室盗窃案”“汉飞金沙小区系列攀爬入室盗窃、抢劫案件”等影响恶劣的案件。严打涉黄涉赌违法犯罪，在辖区扎实开展百日“春雷”专项行动和不间断“过筛子”行动，对各类场所尤其是容易滋生黄赌的场所进行检查、抽查、暗访，责任到人，发现一起顶格处罚一起，坚决遏制涉黄涉赌现象的滋生蔓延。路面四个巡组，按照“有警接警、无警巡逻盘查”的原则，在辖区开展巡逻防控，盘查过往可疑车辆及人员，快速反应，打击现行违法犯罪。充分发挥视频监控室在打击犯罪、服务交通、服务群众等方面的重要作用。

【社会治安管理】 继续强力推进“社区警务社区化”，不断夯实社区基础工作，提升社会治安管控能力。进一步明确了办事处对社区警务工作的主体责任，社区民警在社区兼职的同时分管社区综治或平安建设工作，实现双履职、双考核。以网格为单位，会同社区工作人员一道，深入开展了“织网攻坚战”“清源攻坚战”“护航行动”。“一标三实”信息采集工作走在全市前列，受到了市局领导肯定，为全市打造数字化社会管理平台“活土地”做出应有贡献。重点物品、重点阵地、重点业态治安管控能力增强。依法对违反“四实登记”的8家无证旅馆的负责人行政拘留3日，对7家无证旅馆予以取缔；依法对违反“3个100%”制度规定的4家菜鸟驿站予以取缔；依法对违反治安管理规定的场所开出万元大额罚单；依法对74家未按规定登记备案销售危险化学品的药店诊所进行处罚，收缴易制爆危险化学品3.3公斤。消防安全防范工作深入开展。发放消防安全知识宣传页5万余张，清理收缴居民楼院私拉乱扯充电线500余条，清理违规充电电动车300余辆，处罚电动车违规上楼充电6人次。共计检查各类单位、场所、楼院及沿街门店2000余家，发现消防隐患1600余处，下发整改通知书1400余份，警告800余家。

【公安行政管理】 强化户籍窗口、“互联网+”服务意识，深入开展“践行十九大民警听民声”活动，不断提升服务辖区群众能力。提升“互联网+”服务水准。通过分局微信公众号、官方微博等平台及时答复群众在线户籍类问题咨询600余条，对市局“互联网+”办公室转办的群众网上咨询事件等逐一认真进行回复。同时利用微博微信平台大力宣传党的方针政策，宣传法律法规和安全防范知识。优化户籍窗口服务能力和水平。为方便群众办理业务并提升办证效率，在户籍室配备了叫号机、高拍仪等设备，设立了身份证件、户口迁移证领取和大中专院校毕业生户口办理的绿色通道，同时在辖区沙口路西彩警务室设立办理居住证服务站点。认真贯彻落实市局党委“践行十九大民警听民声”主题活动部署，积极开展系列听民声活动，开门纳谏邀请辖区群众和各界代表到警营进行座谈，倾听意见建议。同时组织民警进社区、进校园开展安全防范宣传并征集意见建议。认真对待群众提出的意见建议，做到件件有回音，件件有落实。

【执法规范化建设】 坚持依法办案，维护法律尊严。硬件设施建设不断完善。年内对大石桥执法办案场所进行了改造，目前，分局2个办案区硬件设施全部按照规范化标准改造完毕。制度健全，使用规范。案件审核更加严格规范。重点纠正并杜绝案件适用法律法规不当、定性不准、违反法律程序的问题。法制学习持续推进。共举办法制培训6期，培训民警206人次。鼓励民警积极参加基本级、中高级执法资格考试并开展考前培训。执法办案全程监督问责。全面落实办理刑事案件讯（询）问同步录音录像工作制度。下发《限期整改执法问题通知书》3份。纠正并通报未规范使用执法记录仪情况2起3人。应诉机制不断完善。建立以法律顾问为主导，执法执纪监督室配合的应诉机制，共参加2起行政诉讼案件，均胜诉。

【公安队伍建设】 以基层党建工作为引领，狠抓队伍思想建设和纪律作风建设，全力打造忠诚干净担当的过硬公安队伍。理论学习紧抓不松。“两学一做”学习教育常态化制度化贯穿全年，“学系列讲话、做合格警察、创一流业绩”“学习十九大精神”等系列主题学习教育活动扎实开展，始终坚定政治立场，不断提升党性修养，筑牢全警思想防线。从严治警常抓不懈。认真落实“两个责任”，强化党内监督和党员管理。按照市局纪委和党风政风监督室工作部署，在分局集中开展了“正风肃纪”专项教育整顿活动，开展“小金库”专项治理活动、“政治体检”和“党性体检”活动、“懒政怠政为官不为自查自纠”活动、以案促改严格队伍管理活动等。从优待警持续开展。紧贴实战应用为民警购置了一批盾牌、反光背心、催泪瓦斯等警用装备；素质强警稳步推进。组建业务小教官团队，对民警分批开展“五会一能”集中训练，共参加3次市局组织的集中考核，均取得优异成绩。组织43名民警参加市局举办的专项业务培训班和警衔晋升培训班。模范榜样不断涌现。分局涌现出眼神锐利、屡建战功的视频监控一线民警韩琰，勤奋好学严谨细致的法治一线民警刘鹏举，加班加点任劳任怨的社区“活字典”李军领，敢打敢拼有勇有谋的打击一线民警李大勇等模范榜样。警营活动丰富多彩。举办了“三八”妇女节插花活动、“学党史知党恩跟党走七一建党节活动”和“八一”建军节军转干民警座谈会活动；组织了“清明祭奠公安英烈”、“全警学唱《人民公安向前进》”“郑州慈善日”捐款等活动。7月，组织民警分2个批次前往南阳市南水北调干部学院开展以“学习南水北调精神　锤炼忠诚党性”为主题的集中培训学习实践活动。文明建设同步开展。顺利通过上级单位复查，保持了省级文明单位的荣誉称号。在抓好单位内部精神文明建设的同时，积极参与社会精神文明建设。分局与登封市大金店镇箭沟村结成文明帮扶对子，在人力物力上指导帮助箭沟村开展文明建设。

（撰稿：张建松　审阅：赵书文）

文化路分局

【概况】 郑州市公安局文化路分局由原金水分局文化路派出所、南阳新村派出所、沙口路派出所（农业路以北）、动物园派出所合并组成。管辖金水区的中西部，东起花园路、经三路、经七路、南阳路、嵩山路，南起红旗路、红专路、农业路，北至三北小区北围墙、江海啤酒厂北围墙、东风路。分局设有警务综合大队、执法执纪监督室、治安管理服务大队、案件侦办大队、交管巡防大队；辖区面积约18.7平方公里，常住人口183531人，寄住人口32684人，暂住人口72530人。社区27个，家属楼院374个，辖区内部单位共计162家（所），其中，幼儿园39所，小学13所，中学6所，大中专院校9所。

【社会稳定】 2017年以来，全局上下牢固树立“万无一失，一失万无”理念，强化反暴恐意识，努力提升安全管理水平，辖区政治和社会治安大局平稳，未发生暴恐案件，没有出现有影响的群体性事件和大规模的集访、闹访事件，没有发生重大亡人火灾事故和其他安全事故。

【社会治安管理】 打击处理方面，通过全局民警不懈努力，分局全年综合打击效能较往年有了大幅提升。共刑事拘留400人，较2016年283人上升41%；行政拘留571人，较2016年360人上升59%；公诉224人，较2016年191人上升17.3%，追捕逃犯55人，较2016年33人上升67%。在全年执法工作中，未发生被上级公安机关认定为执法过错的案件，无民警有责投诉发生。特别是9月下旬，分局辖区接连发生“9·28”杀人抢劫案、“10·6”绑架轮奸案、“10·8”特大网络贩毒案，3起案件均发生在中共十九大安保期间，影响恶劣，引起各级领导高度重视。全局上下顶住压力，发挥连续作战作风，在市局各业务部门的大力支持下，3起案件均迅速破获，消除了影响，清除了隐患。

治安防控方面，在分局统一部署下，由治安管理服务大队牵头，多警种参与，对我辖区19处27栋大型写字楼开展地毯式排查，澄清底数，登记造册，摸清公司经营内容和盈利模式，发现、震慑、打击写字楼电信诈骗活动，净化商务办公楼治安环境。通过排查，陆续发现多家公司涉嫌实施诈骗，在详细掌握公司运作内幕后，我局集中警力，陆续打掉多个诈骗团伙。全力做好社会面治安防控工作。针对辖区侵财类警情高发的农业路经五路至经三路段、蓝堡湾周边、南阳路与农业路沿线等重点发案区域，分局采取巡逻防控、警情通报、挂牌督办等措施，多措并举开展治理。2017年以来，辖区侵财类警情较2016年下降16.3%。

治安基础管理方面，强化出租房屋、流动人口管理工作。对辖区出租房屋开展不间断的滚动排查、清查，做到底数清、情况明、不漏查、不失控。全年共登记辖区出租房屋2576户，登记流动人口2.9万人，发现处理各类安全隐患121处。加强重点人员的管理。按照分类评估、三级管控工作机制，确保重点人员不失控、不漏管。目前列管五类重点人口188人，肇事肇祸重型精神病人31人，已全部录入系统。各类重点人员7类信息共采集1646人，较2016年同期952个上升72.9%。全面加强重点单位、要害部位安全防护。对关系政治稳定、国计民生的重点设施、重点部位逐一进行检查，进一步完善、细化各类应急处置预案等，逐级落实工作责任制。通过检查，发现各类隐患37处，当场整改13处，下达责令整改24处，处罚单位15家。全面加强特种行业治安管理。严格规范旅馆业、留宿洗浴业、网吧治安管理，确保辖区旅馆业、留宿洗浴业、网吧“四实上传”率达到100%。通过检查，发现各类安全隐患67处，关停无证小旅馆家34家，取缔行业场所13家。加强寄递物流业安全管理。分局逐一与辖区34家寄递、2家物流签订安全责任书。通过明察暗访发现隐患17处，全部下发责令整改通知书，并处罚7家。通过检查物流寄递发现违法寄运易燃易爆物品线索2条，刑拘贩毒人员1人，行政拘留1人，强戒2人，缴获毒品700余克。加强外国人管理。2017年，到辖区务工、暂住居民家中的外国人达220人次,较2016年增长143人；辖区涉外旅栈业7家，较2016年增加1家；涉外单位22家，较2016年增长9家。工作中，共查处涉外案事件15起、罚款3.7万元。

【消防安全管理】 2017年，消防工作坚持全面管理、重点排查、适时开展专项治理行动的工作思路，进一步提高消防隐患整治力度，进一步加大消防知识宣传力度，形成全民参与、齐抓共管、共同监督、共同维护的工作局面。2017年，先后开展居民楼院火灾专项治理、高层建筑火灾防控等专项行动。共查处建筑工地6家，消防重点单位79家，单位、商业经营点5010家，学校、幼儿园70家。发现火灾隐患4439处，处罚个人1713人，单位94家，工地6家。拘留82人，罚款总金额73.4万元。组织消防安全培训20次、动员辖区各重点单位开展消防安全应急演练60余次。

【社区警务】 全力推进“一标三实”工作。自市局“一标三实”工作开展以来，我局严格按照市局工作要求，紧密结合辖区实际和民警、辅警队伍现状，因地制宜、稳扎稳打、以点带面、奖惩结合，强力推进“一标三实”基础信息采集工作。先后组织不同范围的推进会、培训会10余次，并重点培训了小教官队伍，以点带面，全面提高民警、辅警的录入水平。

加强警务室建设。一是逐一对每个社区警务室进行排查，与市局科通处、联通公司联系对接，已解决了一半以上的警务室网络通畅问题。方便了辖区群众办事，使社区民警、辅警能够深入社区，真正把警务室当作了公安工作的前沿阵地。

强化出租房屋、流动人口管

理。为进一步加强辖区出租房屋和流动人口管理工作，规范租赁市场安全秩序，结合辖区实际，按照《文化路分局关于加强出租房屋、流动人口管理工作实施方案》的要求，社区民警对辖区所有的出租房屋开展不间断的滚动排查、清查，做到底数清、情况明、不漏查、不失控，逐户与房主签订治安责任书、逐户排查出租屋内的暂住人员，同时积极推进流动人口的社会化管理，落实出租房屋、用工单位、物业公司、房屋中介等流动人口治安管理责任，对发现问题不及时整改的，按照规定进行处罚。

2017年，共登记辖区出租房屋2576户，登记流动人口29402人，暂住人员注销人数5993人，“五类处罚”1190起、罚款273550元，用工单位登记数1238家、注销单位数392户，受理居住证数4849个、注销居住证数2052个，清理整治群租房61户，发现处理各类安全隐患121处。

【执法规范化建设】 加强执法主体建设。积极安排民警参加执法资格考试。为做好民警的执法资格等级考试工作，根据河南省公安厅、郑州市公安局的统筹安排，积极组织执法资格等级考试相关内容的培训，主要领导率先垂范，带头参加各类培训，在全局营造了学法用法的浓厚氛围。为促进民警行政执法办案水平和质量的提高，提升民警法律素养和执法能力，按照上级要求层层遴选业务精兵，举办了兼职法制员培训会，对案件侦办大队、交管巡防大队、治安管理服务大队的兼职法治员进行培训，使兼职法治员能够尽快熟悉工作，进入角色，切实承担起相关职责，带动单位执法民警熟练掌握调查取证、网上办案、制作法律文书等执法办案技能，全面提升了分局执法质量水平。

提高民警行政执法办案能力。针对执法各个环节中出现的普遍性问题和倾向性问题，分局执法执纪监督室积极开展“送法下基层”活动，深入基层，从小处入题，在执法办案部门当面为执法办案民警解疑释惑，为疑难复杂案件进行有效指导，迅速解决了民警在执法中遇到的各类难题，提高民警的执法办案能力。

【队伍建设】 2017年，分局党委将党建和队建工作作为全年重点工作，将两者有机结合，制定详细举措、丰富管理载体，不断提升队伍凝聚力、向心力、战斗力。借助警营文化、素质强警、工会活动等载体，组织开展形式多样的文化活动，增进沟通，促进团结。工作中，分局按照“一月一主题、每月一活动”既定思路，组织开展了春季运动会、踏青健步走、健康知识讲座等活动，凝聚了警心、提振了士气、推动了工作。认真抓好强化以案促改严格队伍管理工作。为推动分局以案促改严格队伍管理工作进一步深入开展，分局制定下发《文化路分局强化以案促改严格队伍管理工作方案》，将以案促改工作作为严格队伍管理的有利契机，坚持标本兼治，从严治警，不定期召开阶段推进会，重在抓平时、抓日常，以“自身硬”锻造过硬队伍。狠抓从严治警，硬起监督手腕，强化责任追究，年内对有轻微违纪苗头的民警进行函询谈话12人次（其中带长干部4人），报请上级纪委给予民警党政纪处分1人次（带长干部1人），做到了对民警违法违纪“告诫谈话”实施率达到100%，完成了年初的既定工作目标。一年来，分局未出现重大负面涉警舆情，民警队伍思想稳定、状态良好，推动了公安工作开展。在2016年获得“省级文明单位”荣誉称号的基础上，2017年，分局又顺利通过文明单位复检，并被市委、市政府授予“平安建设基层示范单位”荣誉称号。

【亮点工作】 严厉打击写字楼涉众型诈骗案件。辖区“楼宇经济”发达，商业写字楼密集，一些打法律“擦边球”进行诈骗等违法犯罪活动的不法公司易于藏身其中。针对此，2017年，分局坚持打防并举思路，在加大反诈骗宣传力度的同时，重拳出击，铁腕治理，有效遏制了辖区公司诈骗类案件多发态势。同时，借助全国公安机关打击“盗抢骗”专项行动有利契机，在全局深入开展动员，掀起严打高潮。为此，分局党委专门研究制定了“捆绑工作法”。即各社区和一线中队捆绑，社区民警和治安、刑侦民警捆绑，分片包干，对辖区写字楼开展滚动式、地毯式梳理排查。并实行严格责任倒查追究制，确保工作扎实推进。全年共打掉藏身写字楼的诈骗团伙7个，刑事拘留85人，总涉案金额达6000余万元。特别是“7·18”案件的侦破，分局摸排出线索后，在省公安厅的大力协调下，在市局业务部门和兄弟单位的支持配合下，历经4个月缜密侦查，成功侦破这一特大利用FXWPD外汇交易平台诈骗案件，刑事拘留35人，涉案金额高达5000万元人民币。案件侦破后，分局适时组织召开新闻发布会，中央和省、市20多家新闻媒体参与报道，在社会上引起强烈反响。

建立安保信访稳定联勤联动“四项机制”。在中共十九大安保维稳工作中，针对信访稳定对象人员多、活动频繁、分局和政府部门信息不对称这一现状，分局及时和辖区文化路办事处、南阳新村办事处召开维稳工作联席会，建立联勤联动“四项机制”：一是信息研判机制，二是稳控化解机制，三是联动处置机制，四是联勤保障机制。建立“联勤联动”微信群。使各项指令能够快速下达、快速核查、快速稳控、快速反馈，形成了办事处和分局信息共享，责任共担的良好局面，节省了警力、提高了效率。在安保工作中，自联勤联动机制建立以后,分局共收到各类应急指令72条,涉及稳控人员102人,全部按要求进行了快速核查,快速反馈,对其中16名有赴京苗头的重点人员全部进行劝阻谈话,由民警和办事处工作人员组成工作专班，确保未出现集访和非访问题。

（撰稿：张晓玲　审阅：孙伟功）

军 事

武装工作

【概况】 金水区人民武装部，设军事科、政治工作科、保障科，代管金水区国防教育办公室。2017年在省军区、警备区领导机关和各级首长帮带下，金水区人武部紧紧围绕新体制下国防动员单位发展需要，按照上级的指示要求和年度工作任务，结合单位实际情况，筹划单位建设，完成了上级赋予的各项任务，单位全面建设水平稳步提升。2017年，人武部被省军区表彰为“先进团级党委”，被警备区表彰为“军事工作先进单位”“安全工作先进单位”。

【人武部机构改革】 根据省军区系统力量编成和规模结构调整改革方案，区人武部编有现役干部、文职人员和职工三类人员，设军事科、政治工作科、保障科。主要担负国防动员、兵役征集、国防教育、国防设施保护、双拥工作、军民融合协调等职能任务。2017年5月，区人武部按照调整改革后新体制新编制运行，为正团级单位，接受郑州警备区和金水区委、区政府的双重领导，是区委的军事部门、区政府的兵役机关。

【学习教育】 针对政治之年、改革之年、大考之年的特殊要求，坚持把政治建设摆在各项建设的首位，把维护核心、看齐追随作为最高政治要求，不断夯实广大官兵的思想基础和政治根基。一是在强化理论武装中统一思想认识。把学习习近平总书记系列讲话作为第一要务，采取领导领学、个人自学、讨论交流、学用结合等形式，组织干部职工认真学习中共十八届六中全会精神，以坚定“三个维护”（维护党中央权威、维护核心、维护和贯彻军委主席负责制）的自觉性；学习习近平总书记在中纪委七次全会、中央军民融合发展委员会第一次全体会议、深度贫困地区脱贫攻坚座谈会、视察驻香港部队、“7·26”讲话、中央政治局第42次集体学习、朱日和训练场阅兵、庆祝建军90周年大会等系列讲话，以了解掌握新思想新指示新要求；学习《矛盾论》《实践论》等哲学著作，以提升思维层次；学习以习近平总书记为核心的党中央领导和推进强军兴军纪实九篇报道，特别是国防动员篇，通过理论学习武装头脑、指导实践、推动工作。二是在抓好主题教育中深化思想认识。深入开展“维护核心、听从指挥”主题教育，围绕强化官兵职工“四个意识”、自觉践行“三个维护”，按照坚定维护核心、铸牢强军之魂、拥护支持改革、投身强军实践4个专题，部长、政委和副部长分别进行辅导授课，围绕“为什么、是什么、怎么办”深入讨论交流，观看《将改革进行到底》《强军》《不忘初心、继续前进》等电视政论片，结合部队调整改革，任务转换等实际，抓好经常性教育引导，及时纠偏正向，进一步打牢全体人员坚决听党话、跟党走的政治立场。三是在学习贯彻中共十九大精神中升华思想认识。针对中共十九大召开的实际，为强化干部职工政治纪律观念，政委李继禾围绕《严守政治纪律和政治规矩，争做新时期合格党员》为广大官兵上了一次专题政治纪律教育课。10月18日上午，组织官兵同步收看开幕会，全程聆听习主席所作的报告，并安排专题时间组织讨论交流；中共十九大召开期间，同步跟踪电视直播、专题报道、报告解读和评论文章，尤其是中共十九大对国防和军队建设提出的新任务、新要求，全方位、多角度、有重点地了解大会盛况；运用橱窗展板加强宣传，梳理出中共十九大报告学习要点200题印发全体人员，深化干部职工对中共十九大精神的认识和理解，切实掌握中共十九大提出的新思想新理念新战略，激发大家维护核心、听党指挥、忠诚使命的自觉性积极性。

【春节走访慰问活动】 春节前夕，人武部专题召开春节走访慰问军烈属工作部署会，精心组织多项活动，按照分级组织、共同实施的原则，采取进门入户、举办座谈会和茶话会等方式，深入开展“大走访、大慰问”活动，代表省军区、警备区和人武部本级先后走访了辖区内282户干部家庭以及1600户义务兵家庭，帮扶村96户生活困难群众。为每户军烈属家庭送去慰问品及慰问金的同时，在全区开展了“七个一”活动，即为每户现役军人亲属制作拥军优属政策汇编一本、慰问信一封、宣传彩页一份、军人军属法律援助联系卡一张、人民军队忠于党挂历一幅、“光荣之家”匾牌一块、春联一副。同时，把解决官兵家庭现实困难、解除官兵后顾之忧作为开展活动的重要内容，做到生产生活服务到位、贫困家庭救济到位、涉法问题援助到位，真正把党和政府的温暖送到困难军烈属心中，切实使走访慰问活动成为解兵困、暖兵心、促和谐的具体行动。通过走访慰问，营造了辖区内拥军优属、拥政爱民的良好氛围。

【兵员征集】 紧盯征兵“五率”（报名率、上站率、合格率、择优率、退兵率）指标和廉洁征兵高压线，围绕“三个确保、一个提高”（确保完成任务、确保兵员质量、确保廉洁征兵、提高大学生比例）和“一优两归零”（五率优，零违纪、零退兵）目标，创新工作方法，转变动员模式，强化服务意识、改进服务方式、提高服务效能，圆满完成2017年兵员征集任务。坚持政府主导、兵役机关主抓、职能部门共同落实，利用报刊、网络、微信、QQ群、短信、贴吧和公园庙会、公共电子显示屏等加大宣传力度，突出大学生宣传发动，组织征兵人员进行业务技能培训，严把体检、政考关口，组织810名预定新兵进行役前教育训练，为应征大学生和进疆士兵发放现金奖励。通过发放《廉洁征兵公开信》、聘请廉洁征兵监督员、公布廉洁征兵举报方式、落实公开公示制度、进行廉洁征兵回访等形式加大廉洁征兵力度，圆满完成816名新兵征集任务。其中，男兵761人，女兵55人，大学生701人，占85.9%。连续两年实现了人武部党委提出的“四个零”（零退兵、零差错、零事故、零举报）目标。

【国防教育】 抓住领导干部这个关键少数，邀请军事科学院世界军事研究部副部长罗援教授围绕“当前国内外安全形势”作客金水区“名家讲坛”。9月开展“国防教育宣传周”活动，期间区、街道办近200名干部走上街头、进入社区、站上讲台、接受专访，宣传国防教育，普及国防知识，起到了强力示范带动作用。抓住青少年学生这个重点，深入开展“国防教育进课堂”活动，邀请国防大学教授孙旭作客河南中医药大学，在大学生活动中心礼堂作了题为“中国梦、强军梦、我的梦”的主题报告，组织数万名新生进行军事训练，组织驻地大学生积极参加“爱我国防”网络演讲比赛，从青少年时期就打下崇军尚武根基。抓住预征对象这个重要群体，坚持把国防意识作为预定新兵的素质基础，校正入伍动机，增强军人荣誉，激发建功动力，使他们未入军营先受革命教育，未授军衔先学军人操守。抓住人民群众这个基础，《金水时讯》、金水区内网和移动、联通、电信等媒体集中发力，在12个广场显要位置制作36面国防教育展板，持续2个月集中宣传，制作布袋、雨伞、衬衫等实用物品连带国防宣传资料街头发放，推动国防教育向全域全民普及。

【军民融合】 认真学习理解习近平总书记关于“把军民融合搞

得更好一些、更快一些”和“加快建立军民融合创新体系”的时代要求，从实际出发，认真落实议军会、武委会、现场办公、党管武装述职等党管武装制度，区委书记陈宏伟亲自组织四大班子领导，研究解决军改后辖区驻军土地置换、营区改建、兵员征集、军转安置、家属就业、子女入学和全面停止有偿服务等问题。深入开展双拥共建活动，春节、“八一”期间党政领导广泛开展慰问驻军部队和金水籍现役官兵家庭活动，对在部队立功受奖的将喜报送上门、给予再奖励。着眼促进军队高精尖技术和民用高新技术的融合转化，认真贯彻落实军民融合重大战略思想，通过设在金水科教新城的“中部军民融合协同创新产业研究院”，协调北大民营经济研究院、金水飞地经济总部等数十家大型金融集团落户科教园区，为国防和地区经济发展增添新的能量。

9月10日，金水区首批新兵起运

12月28日，人武部政委李继东（左）为贫困村村民发放中共十九大精神宣传手册

【精准扶贫】　区人武部认真贯彻落实习近平总书记关于精准扶贫的指示要求，积极参加脱贫攻坚任务，在警备区统一调剂下，联系承包荥阳市崔庙镇白赵村，先后投入50余万元扶持油牡丹种植，援建饮用水塔，为该村主干道安装风力和太阳能路灯项目，积极开展医疗巡诊、捐资助学等活动。2017年，共落实帮扶贫困户76户，困难党员12人，帮扶贫困学生家庭35户，帮扶老弱病残等83人，做到一户一策，精准施策。同时，利用春节走访慰问时机，投入5万余元购买米面油和棉被等实物，对206户困难家庭进行了走访慰问。协调安排村民参加技术培训5次，40余人，努力实现“培训一人、合格一人、富裕一户”的目标。坚持每月到贫困村调研了解情况，及时解决问题，以实际行动助力脱贫攻坚。

【新闻报道】　2017年，人武部党委坚持把新闻报道工作纳入党委工作的议事日程，自觉做到党委会常议，专武干部会常讲，部领导常抓，全体干部职工常写。明确提出了“结合工作搞报道，用工作促进报道，用报道促进工作”的要求，使新闻报道工作年初有计划，定期有检查，年终有奖惩。组织各科室人员结合日常工作完成、大项任务受领等时机，结合工作搞报道，积极撰写新闻稿件，并在军地新闻媒体上进行投稿，确保人人有上稿。2017年，人武部共在军地新闻媒体上稿85篇，《国防报》、人民网、新浪网、搜狐网、北陆政工网、省军区政工网、《郑州日报》、郑州电视台、河南省国防教育网均有新闻上稿，上稿数量保持持续增长。人武部被省军区评为新闻报道先进单位。

（撰稿：黑姗姗　审阅：张　林）

人民防空

【概况】　2017年，区人防办在区委、区政府的正确领导下，以金水区"两个率先"和中部城区发展领跑的决定性态势为目标定位，争做全市人防工作"排头兵"，深化军事斗争准备，贯彻融合发展理念，团结拼搏，锐意进取，脚踏实地，真抓实干，金水区人防全面工作发展势头良好。在2017年6月15日召开的河南省第三次人防工作会上，金水区被评为全省人民防空先进区。

【党风廉政建设】　把学习宣传贯彻中共十九大精神作为单位中心任务，增强政治意识、大局意识、核心意识和看齐意识，坚定道路自信、理论自信、制度自信和文化自信，自觉在思想上政治上行动上同以习近平总书记为核心的党中央保持高度一致。充分利用领导班子中心组理论学习、"三会一课"、周一党建集中学习、专题讲座、形势政策报告等活动开展学习。通过视频、动漫、音频、图片等形式使学习宣传更加生动、鲜活、形象，增强感染力、吸引力。认真书写学习笔记、撰写学习心得，确保学习入脑入心。同时注重学习与日常工作相结合，与"两学一做"学习教育常态化制度化相结合，加强统筹，搞好协调，合力推动单位各项工作稳步开展。

以党建为抓手，凝心聚力强化责任担当。完善"三重一大"、党内民主议事决策、党内监督等相关制度规范，做好党费收缴、党员活动日、党员志愿服务等党内活动，以求真务实的作风，狠抓工作落实，推动党的基层组织建设在改进中加强。开展中共金水区人民防空办公室党支部2016年度优秀共产党员表彰活动，进一步促进党建工作发展，为单位各项业务工作的扎实开展奠定了良好思想基础。

开展"两学一做"常态化、制度化学习，利用周一例会时间持续抓好党建知识学习，2017年，共组织集体学习34次，集中开展《中国共产党纪律处分条例》《关于新形势下党内政治生活的若干准则》《中国共产党党内监督条例》等党内法规和习近平总书记中共十八大以来一系列重要讲话精神、第七次全国人防会议、第三次河南省人防会议、金水区十三届人大一次会议等专题学习。

制定《全面从严治党主体责任清单清单》，明确和规范领导班子和班子成员抓党建的具体任务和责任。坚持在春节、国庆等重要节庆前开展廉政谈话、案例剖析，做好节庆期间的反腐倡廉工作。利用班子民主生活会、支部组织生活会、平时谈心谈话等时机开展好经常性的批评和自我批评，让"咬耳扯袖""红脸出汗"成为从严治党和监督执纪的常态。

【应急资源体系建设】　2017年全区新增人防警报设备2台，位于人民路街道办事处顺三社区和郑州市七十一中学；更换人防警报设备4台，分别位于经八路街道办事处、南阳新村街道办事处、省电力设计院、郑州市军供站。2017年，金水区共有固定警报设备56台，多媒体多功能警报设备1台，人防警报设备总量位居全市第一。

严格按照《人防试训大纲》要求，4月12日至17日、9月18日至27日，分别在中牟和思念果岭举办人防大纲试训培训班和人民防空工程维护管理培训班，来自全区相关委局、各街道办事处、人防各支应急专业队、以及辖区相关学校、企业分管人防工作的领导和同志们共计140人次接受培训。通过集中队列训练和防空兵学院知名专家、学者的授课，磨炼了金水区人防骨干力量的意志品质，进一步提升金水区人防骨干力量理论水平和业务素养。

防空警报宣传片是为了扩大人防警报试鸣影响力，普及人防警报常识，进行的一项积极尝试。8月21日—8月23日，区人防办连续三天开展“9·18”防空警报试鸣宣传片拍摄工作，来自区政法委、区卫计委、杜岭街道办事处以及辖区100余名居民群众参加拍摄。9月15日，2017年“9·18”防空警报试鸣日演练宣传片印制完毕，并向辖区居民群众免费发放。

【人防工程安全生产】 金水区位处郑州市中心区域，现有早期人防工程近3万平方米，早期人防工程年代久、数量多、分布散。在汛期到来前开展的早期防空洞大排查中，发现建筑面积为2396平方米的北二七路支线早期防空洞存在洞体开裂、渗漏水等情况，洞内积水淤泥深度平均达1米，存在严重安全隐患。经报区委、区政府批准，区人防办立即组织专业力量进行抢险回填，经过连夜紧张施工，对该防空洞进行了整体回填，确保了北二七路的安全无虞。

坚持汛期战备24小时值班，领导亲自带班。积极做好人防抢险物资储备及抢险队伍组建训练工作。8月10日下午，接市人防办紧急通知，金水区人防防汛抢险队开展紧急拉动演练。15名防汛抢险队员携带发电机、抽水泵、电缆、铁锹等抢险物资在20分钟内到达指定抢险现场，圆满完成紧急拉动任务，有效检验了我区防汛抢险队伍应急反应能力。

5月12日，在河南省少年儿童图书馆门前广场举行人民防空宣传活动

市人防办副主任项忠阳（中）对北二七路早期防空洞抢险进行调研检查

【人防服务民生】 2017年度金水区开放纳凉点和可避暑处共3处，接待纳凉群众10余万人次，共开放纳凉场地3600平方米，免费向纳凉群众发放纳凉扇子2000把，扑克牌3000副，同时聘请专人负责维护纳凉点秩序，确保百姓健康、舒适、有序纳凉，受到群众的广泛好评。

人防防灾减灾宣传是增强人防影响力、扩大人防教育覆盖面的重要渠道。区人防办利用“5·12”防灾减灾日、“9·18”警报试鸣日、开放人防工程避暑纳凉等时间节点和工作契机，举办各种类型的人防集中宣传活动。5月12日，区人防办联合区直相关部门在河南省少儿图书馆门前广场举行大型防灾减灾宣传活动。9月18日，区人防办联合金水区红十字会风马旗应急救援志愿者服务队在金水河杜岭街桥头游园开展以“加强防空建设，提高防空意识”为主题的人民防空宣传活动。郑州幼儿师范高等专科学校、郑州市第七中学、第二十三中学、金水区省检社区、鑫苑社区等多处也开展了各种类型的人民防空主题宣传教育活动，向市民传播有关防空防灾方面的知识，增强市民群众的防空防灾技能，不断扩大人防教育覆盖范围。

2017年，金水区7家省级人防教育示范单位均配备了专门的人民防空宣教室。郑州市第七中学、第二十三中学、省委社区、军区社区等4家单位也正在积极建设人民防空宣教室。人民防空宣教室的设立，向在校师生及社区居民讲授相关人防知识提供了极大便利，促进居民群众自觉关心、支持人防建设，牢固树立了居安思危的观念，提高了全民防空防灾组织能力和突发事件发生时的应急自救能力。

【机关文化建设】 通过积极努力，成功创建区级文明单位，精神文明建设工作又上新台阶，单位办公环境、职工精神面貌迎来新改观。

举办庆“三八”趣味运动比赛和“纪念建党九十六周年 营造浓厚文明氛围”主题朗诵比赛等活动。积极发动全办人员及社区群众、学校师生参与由河南省人防主办的“铸盾护民”融媒体知识大赛。8月23日，在郑州市人防国防会议中心举行的“人民防空 铸盾护民”融媒体知识竞赛中，金水人防代表队荣获团体二等奖。通过积极参加各类文化活动，在促进单位干部职工自身综合素养提升的同时，也进一步激发职工内在活力，提升组织凝聚力，保证了单位各项工作的顺利推进。

（撰稿：王一鸣　　审阅：高海歌）

消防工作

【概况】 2017年，消防大队共接出警685起，出动车辆 2016辆，出动警力10182人，抢救被困人员91人，疏散被困人员289人，抢救财产价值8812万元，先后成功处置“5·29”邵庄村民仓库火灾、“10·14”正商世纪港湾高层建筑火灾等，圆满完成了双节、两会、“一带一路”国际合作高峰论坛、中共十九大等重大消防安保任务。

【消防安全责任制】 政府主导职能充分发挥，形成由上至下“一条链”责任机制。年初区政府召开2017年全区消防工作会议，与各街道办事处、区直部门签订《消防工作目标责任书》，年内召开消防专题会议8次，下发各类消防文件15份。尤其是中共十九大安保期间，区政府集中约谈重点单位、不放心区域，书记陈宏伟、区长魏东、副区长赵德武等主要领导多次召开会议、听取汇报、作出批示、带队检查，解决重点、难点问题；实体运作区防火安全委员会，落实“党政同责，一岗双责”。尤其是《消防安全责任制实施办法》出台以来，区长魏东亲自主持召开宣贯会，传达上级宣贯精神和要求，研究制定办法宣贯意见，常务副区长杨洁、副县级干部王珂先后组织分包行业部门召开宣贯培训会，主管消防工作的副区长赵德武先后组织并参加金水、文化等7个公安分局，人民、花园、丰产、北林、南阳新村等办事处召开的宣贯会进行强调部署，科教园区、未来路、丰庆路等街道办数20余名党政领导干部纷纷带头掀起学习贯彻的热潮，并借助强大的声势，带队深入一线开展消防安全大排查、大整治，公安、文化旅游局、市场管理处、卫计委、民政局等30多个委局按照行业管理的原则，针对“六加一”火灾高风险场所及重

区长魏东（左三）考察消防工作

点领域开展现场宣贯会53次，确保消防安全责任稳步推进。

【排查整治】 坚持问题导向，推行“拉网式”排查、“清单式”整改，形成由点及面“一张网”覆盖机制。分行业、分系统不间断开展电气火灾、高层建筑等综合治理20余项专项行动。尤其是在高层建筑消防安全专项治理中，区政府专门抽调公安、消防、住建房管、规划、城管、安监、电力等部门30余名精干力量，成立联合检查队伍，逐街道开展兵团化检查，真正做到治理一个行业、提升一个行业、放心一个行业，建立合纵连横的消防工作网格。全面推行落实高层建筑消防安全“楼长制”、消防安全经理人，广泛张贴悬挂工作制度牌、消防工作通告。今年以来，全区共检查单位4.8万余家，督促整改火灾隐患6万余处，临时查封510处，开展消防执法宣传服务857场次，与2016年同期对比，各项指标稳中有升。

【宣传培训】 深入开展社会化消防宣传培训活动，金水区消防科普教育基地分批次接待党政机关、社会群众等5000余人零距离参观体验；区教体局、安监局联合区消防大队开展“3·29”中小学生消防安全教育日、安全生产月、消防进军训等活动；消防大队围绕“关注消防 平安你我”主题，深入开展“119”消防宣传月系列活动，并邀请中共十九大代表、奥运冠军孙甜甜、著名豫剧大师李金枝、贾文龙等22位各界社会人士担任消防代言人；建成消防宣传示范社区100余个，全面实施“进家入户”精准宣传行动，帮助居民查改家庭火灾隐患10000余条；借助户外视频、建筑工地围挡等户外载体，常态化播放消防短片、视频50000余次，打造32路公交等10条消防安全公交线路，“金水消防”微信公众号发送安全提示短信30000余条，拍摄电动车火灾防控、中共十九大安保等5期专题宣传片，引起了社会的广泛关注。

【网格排查】 以消防网格化为平台，综治、安监、公安、消防等部门开展有针对性的消防安全督导和检查，社区居委会每月对居住小区、辖区单位、沿街门店、家庭式作坊等开展一次全面排查，在“五一”、“十一”、元旦等火灾多发季节、重大节假日期间加强防火检查，充分发动群众自防自救力量，动员广大群众积极加入消防志愿者队伍，联合社区保安共同承担消防巡护工作。做强做实微型消防站，定期组织开展联勤联训，全区重点单位、社区微型站实现全覆盖，全面打通了火灾防控“最后一公里”。在陈寨村、燕庄、马渡村、西岳砦村、新龙社区建成5个自然村移动消防站，定期开展隐患互查、消防宣传、联合演练等联防工作，实现群防群治。

【消防监督规范管理】 严格按照消防安全三级管理制度，全区共有326家二级重点单位、389家三级重点单位，消防大队和公安派出所分别监管。落实片区分包原则，指导重点单位开展“户籍化”管理，落实“6+1”措施，推动单位落实消防安全主体责任，实现“网格化”“户籍化”双项排查整治常态化，彻底消除了盲区和死角。坚持“分类指导、重点打造”的总体思路，逐行业打造消防安全试点单位，邀请市消防支队技术服务专家组，对全区“五供”单位、大型城市综合体等人员密集场所开展“兵团化”“会诊式”帮扶指导，督促落实主体责任，及时整改火灾隐患，帮助企业节约整改资金100余万元。

（撰稿：姜晓华 审阅：杜玉若）

农业与农村经济

【概况】 金水区农业农村工作委员会是区人民政府主管全区农业和农村经济、林业、水利、牧业、渔业及农业机械化的工作部门。内设党政办公室、农业科、林业科、水利科、畜牧科、农机科、水产科、法制科8个职能科室，设农经站、农开办、农产品质量安全检测中心、种子管理站、动物卫生监督所等22个二级机构。2017年，农村居民人均可支配收入达23975元，同比增长8%。

农　业

【概况】 2017年是实施“十三五”规划的重要一年，是供给侧结构性改革的深化之年，金水区深入贯彻落实中央和省市涉农政策，加快转变经济发展方式和调整产业结构，用于推进农业供给侧结构性改革，全区农业和农村经济稳步发展，“三农”工作取得良好成绩。

【农产品质量安全工作】 以完善农产品质量安全监管体系为目标，以创建农产品质量安全县为抓手，不断加大监管力度，确保我区群众“舌尖上的安全”。一是不断完善体系建设。金水区新检测中心建设项目自省发改委批复后，按照工作程序先后完成建设改造、仪器设备购置、实验人员招聘、设备安装调试等工作，并顺利通过省级实验室“双认证”验收。先后投资100余万元建立了农产品质量安全监控指挥中心，完成了监控体系网点建设工作，辖区17个街道办事处农产品质量安全监管站和区管13个条件较好的市场检测室、无公害生产基地等追溯网点建设也基本完成，实现了对街道办事处监管站、市场检测室、基地自检室的检测监管工作进行时事监控和远程技术指导。二是加强农产品质量安全监管。严把产地准出关和市场准入关，金水区的2个批发市场，28个零售市场，以及经营农产品的社区便利店、小超市、门店、固定疏导点的933家商户已全部纳入检测范围，全年金水区抽检农产品样品共计830877个，不合格样品426个，销毁不合格农产品2084.7公斤，整体合格率99.95%；其中，蔬菜748120个，不合格样品369个，销毁不合格蔬菜1672.9公斤，合格率99.95%；水果66004个，不合格样品57个，销毁不合格水果411.8公斤，合格率99.91%；水产品14268个，合格率100%。三是开展省级农产品质量安全县创建工作。2017年，在第一轮全省13个县区省级农产品质量安全县创建考核工作中，金水区以96分的现场考核成绩高居榜首，顺利通过省级验收，成为郑州市首个省级农产品质量安全县。

【都市农业建设工作】 积极培育农业产业化龙头企业，2017年，全区共监测考核省级农业产业化集群2个；监测考核市级重点农业产业化龙头企业15家，新申报市级重点农业产业化龙头企业3家。以提升农业生态保障能力为重点，以适度规模经营为主要模式，采取项目化推进、台账式管理，强力推进农业种植结构调整，扎实推进生态农业建设工作，全年金水区共完成种植结构调整4534亩。顺利完成总面积约

203亩、总投资约5440万元的慧城公园景观绿化工程，该项目位于连霍高速北侧，慧城环路东侧，由河南鸿宝园林绿化工程有限公司实施。

【强农惠农政策落实】 2017年，全区农业支持保护补贴面积为9024.45亩，补贴标准为126.02元/亩，补贴总金额113.73万元。

【秸秆禁烧和综合利用工作】 秸秆禁烧工作是大气污染防治工作的重要内容之一，为切实做好秸秆禁烧和综合利用工作，区农委及时制定工作方案，细化工作措施，加强部门联动，明确工作职责，层层签订目标责任书，确保工作有序落实。通过印制宣传册、悬挂条幅、乡村广播、出动宣传车等多种宣传形式对秸秆禁烧和综合利用相关政策、法规及秸秆焚烧的危害进行广泛宣传，提高广大农户秸秆禁烧和综合利用的自觉性和积极性。成立专门督察组，采用24小时督察方式对全区秸秆禁烧和综合利用工作进行督察。尤其是在重要时段、重点路段、机场周边等加强督察频次和力度，及时排除焚烧隐患。全年共出动督察人员900余人次、督察车辆400余车次、一线工作人员2000余人次，发放各类宣传材料7000余份，确保实现“不着一把火、不冒一股烟、不出现焚烧污染”的秸秆禁烧和综合利用工作目标。

【农资市场监管】 切实加大种子市场监管力度，依法规范种子经营行为，坚持先证后照的原则，严格审查种子经营主体资格，严肃查处违法经营案件，着力把好种子质量关，有效净化了全区种子市场，维护了广大农民的利益，同时推动种子生产经营备案制度，落实抽样送检工作。全年共组织种子市场检查180余次，出动执法车辆180余台次，出动执法人员394人次，印发宣传品2000余份；检查企业、商户56家，检查生产加工储藏仓库43个（其中外地仓库15个）；检查登记玉米品种56个，抽检56个；检查登记小麦品种23个，抽检23个；受理投诉5起，调解种子纠纷5起;张贴、发放农作物种子登记备案通知书90份，登记备案种子经营企业12家，备案玉米品种13个、小麦品种7个。加强兽药饲料监管，对辖区内1家兽药生产企业、90家兽药经营企业、10家饲料生产企业累计巡查140次，签订或发放《兽药生产企业安全生产告知书》《兽药经营企业告知书》《饲料安全生产承诺书》《饲料安全生产告知书》共计112份；配合省、市畜牧部门监督抽检60批次。2017年央视“3·15”晚会曝光“漯河市宇信生物科技有限公司”兽药产品“日长三斤”非法添加喹乙醇和二氢吡啶事件，金水区多部门迅速成立联合督导组，积极配合公安机关对该事件展开调查。4月21日犯罪嫌疑人张某某因涉嫌非法经营罪被东风路公安分局刑事拘留，5月26日犯罪嫌疑人张某某因涉嫌犯生产、销售伪劣产品罪被逮捕，9月14日金水区人民法院依照《中华人民共和国刑法》规定判决被告人张某某犯生产、销售伪劣产品罪，判处有期徒刑9个月，并处罚金8万元。

林　业

【概况】 金水区林业工作以生态廊道建设、黄河湿地综合整治工作、森林病虫害防治、林政资源管理等工作为重点，大力开展生态林业建设。

【生态廊道建设】 实施连霍高速林业生态景观带续建工程，共完成各类乔灌木补植1.98万株，安装边网4900米，铺设生产消防通道4900米。占地1.34万平方米的杨槐游园建设完成，共栽植各类乔灌木1150株，铺设管道1200米，铺设地被10000平方米。四港联动大道养护工程有序推进，50万平方米绿化及配套基础设施的日常养护管理工作进展顺利。按照2017年郑州市林业生态建设工作实施方案要求，1050亩森林抚育和1800亩林产工程圆满完成。

【黄河湿地综合整治】 完成黄河湿地综合整治任务，投入专项整治资金800万元，拆迁违章建筑1.89万平方米，清运垃圾4000立方米，拆除规范农家乐、渔家乐25家，征收处置餐饮船29艘，吊离快艇、摩托艇17艘。开展黄河湿地人类活动遥感监测问题清单实地核查处理工作，保护区内40处点位问题现已完成核查处理36处，完成任务的90%，剩余工作正在加紧进行。

【森林病虫害防治及检疫】 根据前期各类病虫害检测预报情况开展林业有害生物防治，累计投入资金40余万元，完成草履蚧防治1300亩次，美国白蛾防治7800亩次，槐尺蠖和白云斑天牛防治750亩；完成苗木复检1.4万余株，开展产地检疫1924亩。

【林政资源管理工作】 依法保护林业资源与促进经济社会发展统筹兼顾，全年共发放林木采伐许可证23份，采伐蓄积量1580.01立方米。依法办理河南固川市政园林公司、郑州市林业科技示范中心林木种子生产经营许可证2份。

水　利

【概况】 以防汛抗旱、生态水系建设和水资源管理等工作为重点，深刻理解和把握水利工作的新时代特点和未来发展规划，深入开展各项工作的有效落实，较好完成了各项任务指标。

【防汛抗旱工作】 全面落实以行政首长负责制为核心的各项防汛责任制，合理制定各项防汛预案，积极开展各类隐患排查整改工作，扎实做好防汛物料储备，认真组建防汛队伍，加强预警预报，强化调度指挥，确保安全度汛。防汛期间对黄河滩区农家乐、渔船、私搭乱建等进行了清理整治，拆除农家乐、渔家乐24家，清理餐饮船29艘，清淤疏挖污水中井631座、雨水中井453座、收水边井928座、户管检查井23211座、户管收水井10259座；修复车行道脱皮、破损、麻面等病害面积4012平方米和人行道缺砖、少砖、沉陷等病害面积865平方米；储备柳料120万公斤、石料2.36万立方米、草捆4700个、铁锹1.2万把、运输车辆300辆、编织袋10万条及木桩、应急灯、铅丝等物料；落实群众性防汛队伍1.8万人。整个汛期在全区范围内实现了降雨主干路不断路、村庄无积水，为辖区居民群众的生产生活提供了极大的安全保障。

【生态水系建设】 2017年生态水系建设主要围绕河长制工作和贾鲁河综合治理工程两个方面开展。

一是河长制工作。坚持把河长制工作作为全区中心工作，全面建立三级河长制工作体系，成立各级组织机构，建立健全各项工作制度，明确工作目标任务和职责分工，加强部门联动，按照“一河一档”“一河一策”要求，全面开展河流清洁行动和河道执法整治工作，确保河长制工作顺利推进。2017年，全区共设立区级河长5名、街道河长36名、村级河长79名、巡河员70名；累计召开各级河长制工作会议35次；组织区级河长巡河23次，街道河长巡河165次，村级河长巡河325次；拆除违章建筑3.19万平方米，清除垃圾9600立方米，治理排污口22处。

二是贾鲁河综合治理工程。按照市委、市政府工作部署，金水区研究制定了专项工作方案，明确责任，细化节点，并与市委托的设计单位及早对接，配合做好两岸生态景观建设规划设计工作，确保按照时间节点有序推进。全年共拆除各类建筑物27000余平方米，砍伐树木2000余棵，拆迁清障工作已基本完成，蓝绿线间3731亩土地已全部移交给郑州市贾鲁河绿线建管局。

【水资源管理】 认真开展水资源管理执法监察、计划用水管理、水资源费征收、取水许可等水政水资源管理工作。一是建立健全以总量控制、定额管理为核心的水资源管理体系，对辖区近400家计划用水单位建立一户一档，依据金水区年度用水控制总量，下达各用水单位的年度用水指标，督促用水单位制定本单位每月用水指标，报送每月实际用水量。二是大力推进水资源费、污水处理费和超计划用水加价征收工作，三是加强水政监察工作，严厉打击擅自取水、擅自建造取水工程等违法行为，发现一处，查处一处，共处理群众举报、巡查发现的水事违法行为10起，拆除并封堵自备井11眼。

畜　牧

【概况】　以维护公共卫生安全，保障畜产品质量，促进畜牧业健康发展为目标，科学防控重大动物疫病，全力做好禁养区内畜禽养殖关闭搬迁工作，努力提高行业内综合执法监管能力等。

【重大动物疫病防控】　强化各项工作部署和安排，制定科学有效的动物疫病防控措施，做好流行病学调查和消毒灭源工作，严格动物疫情监测报告制度，完善重大动物疫情应急反应机制，保障快速控制疫情和迅速扑灭疫情。把免疫作为防控重大动物疫病的重要措施和全年防控工作的核心，制定免疫计划，精心组织实施。全年共发放高致病性禽流感疫苗、牛羊口蹄疫疫苗、猪口蹄疫疫苗6.05万毫升，小反刍疫苗0.15万头份。免疫禽类9.6万羽、免疫羊0.17万只、免疫生猪0.26万头。

【禁养区内畜禽养殖关闭搬迁工作】　2017年，金水区对辖区禁养区域划定进行重新调整，按照《郑州市金水区人民政府办公室关于金水区畜禽养殖禁养区域划定的通知》要求，金水区全部划定为禁养区域，并明确2017年年底前全面完成我区养殖户关闭搬迁工作任务，截至2017年年底，金水区44家畜禽养殖户已全部关闭搬迁。

【畜产品质量安全监管工作】　以开展阶段性专项整治行动和日常巡回检查相结合的方式为抓手，建立健全相关巡查记录，丰富宣传教育方法，并聘请第三方机构协助检测工作，切实做好畜产品质量安全监管工作。全年对辖区内家养殖户开展巡查次，填制巡查记录份，发放《不出售病死动物承诺书》《禁止销售、使用“瘦肉精”等违禁药物告知书》《金水区动物检疫申报告知书》共计135份，对全区生猪养殖户“瘦肉精”尿样检测77批次，检测结果全部合格。

【动物诊疗机构监管】　采取常规性巡查和突击性监督相结合的方法，对辖区45家动物诊疗机构进行监督巡查全覆盖，有效规范了辖区动物诊疗机构的经营行为。全年共出动执法巡查人员780人次，填写巡查记录103份，发放《动物诊疗活动安全告知书》和《动物诊疗机构承诺书》90余份，对其中8家违规动物诊疗机构下达责令整改通知书，现已按要求整改到位。

农村集体经济

【农村财务管理工作】　继续实行统一记账、财务公开等制度。全区各相关街道办事处坚持每月3日前上报统一记账报表，并对账目进行张贴公布，接受群众监督。严格执行“三资”中心收支把关制度，杜绝不合格票据入账，同时对一些村组存在非生产性开支较大现象，组织专项检查，并及时提出纠正意见。坚持村组购置固定资产报批制度，规范村组购置固定资产手续。

减轻农民负担工作。要求金水区各街道及时认真填报农民负担季报、年报，同时采取明察暗访，搜集群众意见等多种形式进行核实，确保报表与实际情况的一致性。2017年，全区未发生因农民负担问题引发的违法违纪案件和信访案件，进一步促进了全区农村稳定大局。

【农村集体经济股份合作制改革工作】　截至2017年年底，全区共有166个村组完成股改工作（25个行政村，141个村民组），占全区总村组数（214个，40村174组）的77.6%。2017年，金水区股改工作重心已向股改完成村组建章立制、明确权责、规范运作等方面转移。

【农村土地承包经营权确权颁证工作】　农村土地承包经营权确权登记颁证工作（以下简称农村土地确权）是农业部、财政部、国土资源部近几年开展的深化农村改革的一项重要工作。金水区通过开展前期摸底调查，广泛征求意见后，出台了符合金水区实际情况的实施方案，确定金水区黄庄、黄岗庙、来童寨等行政村符合土地确权条件，可以开展该项工作。截至2017年年底，全区共实测农村耕地面积8596.63亩，其中，农民承包地6278亩，黄庄、黄岗庙、来童寨3个村地籍公示已完成，989户农户承包合同已完善，目前证书已打印完毕，下一步将与农业部进行数据汇交，确保农村土地承包经营权确权颁证工作全面完成。

【村组干部离任审计工作】 为进一步维护广大农民群众的利益，促进农村村组集体资产的保值增值，保障各村民委员会换届选举顺利进行，根据区委办公室、区政府办公室《关于印发金水区关于加强村组干部任中和离任经济责任审计工作的实施方案的通知》的要求，积极开展审计区间为2014年8月—到2017年7月底的村组干部离任审计工作，涉及全区14个涉农街道办事处所辖40个行政村和相关村民组的主要干部，期间共审计资金45.4亿元。此次村组干部离任审计工作不仅有效规范了金水区村组集体资产和财务管理工作，也为村民委员会换届选举的顺利进行奠定了坚实基础。

4月，开展农用物资宣传

12月，区长魏东（中）巡查黄河

水　产

【概况】 以实现渔业增长方式转变、促进农村稳定、农民增收为中心，以强化管理、检测、服务为手段，推动全区渔业健康发展，提升行业整体实力。2017年，金水区池塘养殖面积287公顷，主要养殖品种为鮰鱼、鲤鱼、黄颡和淇河鲫鱼等；观赏鱼养殖业产值达到883.81万元，旅游导向型休闲渔业营业额7064万元。

（撰稿：魏　敏　谢　炜　审阅：张福敏）

工业和信息化

工业和信息化

【概况】 金水区工业和信息化委员会（以下简称区工信委）的前身是金水区工业和信息化局，2015年3月金水区工业和信息化局更名为金水区工业和信息化委员会，是金水区人民政府的组成部门。内设党政办公室、非公有制经济科、工业经济运行科、安全稳定科和区信息化工作办公室5个职能科室。

【工业经济运行情况】 加强运行监测。加强对各办事处及重点企业经济运行情况的监测、督察、协调和服务，深入各办事处、重点企业了解每月经济指标完成情况。建立月经济运行分析制度，编制每月经济运行分析简报，分析、预测规模企业经济运行情况，对全区工业经济宏观发展决策提出意见和建议，及时采取切实可行的措施，确保企业平稳发展。理顺企业数据统计口径。积极协调统计部门，及时对规模工业库进行调整，将注册地变更及下规模的企业调出金水区规模工业库。2017年，金水工业增速由多年的负增长态势扭转为增长1.8%的正增长局面。深入开展四项对接活动，促使工业经济健康发展。开展银企、产销、用工、“产、学、研”四项对接活动，组织企业参加郑州市2017年秋季“双百”工业企业用工对接会、金水区企业用工对接会等活动解决用工难；开展“产、学、研”对接，组织金鹏信息等企业与辖区知名院校开展“产、学、研”对接活动20余次；组织九洲计算机等企业产品成功申报入选省市名优地产品推广目录。

【企业结构转型升级】 结合大围合区域工业企业外迁和产业发展实际，整合优势资源，推动工业化和信息化深度融合，制造业与服务业深度融合，推进产业向中高端迈进，促进产业优化调整。利用外迁机遇，优化产业结构。利用各类扶持政策，积极引导大围合区域不符合条件工业企业实施外迁，鼓励企业在金水建立总部，实施转型升级，改变传统工业发展模式。2017年提前完成郑州奥德利数控设备有限公司、河南新月新印刷有限公司、郑州彩虹光印刷等企业外迁任务。突出创新驱动。建设完善企业创新体系，推进制造业创新中心和企业技术中心建设，全面提升金水区企业创新能力。2017年，帮助创元网络技术股份有限公司成功申报市级企业技术中心，帮助河南省科学院应用物理研究所有限公司、河南省机械设计研究院有限公司、河南众诚信息科技股份有限公司、河南金鹏信息技术股份有限公司申报省市级制造业创新中心建设。加强“产、学、研”对接。围绕金水区重点产业，推进企业与高等院校、研发机构在更高层次上的合作。如推进省科学院应用物理研究所有限公司与西安交大合作发展增材制造（3D打印）技术，河南众诚信息科技股份有限公司与中国电子科技集团二十七所发展虚拟现实产业等院企合作。四是加快“两化”融合推进，传统企业发展水平有新提升。以引导辖区印刷行业龙头向高端发展，如防伪保密研发的《唐诗三百首》

新品邮票，利用信息技术将诗、书、画、印有机结合，实现了“可视、可听、可闻、可触”，推动了信息技术在产品上的渗透融合，提高了产品信息技术含量和附加值，推动工业产品向价值链高端跨越，荣获了国家金奖。

【企业服务】 注重服务实效。经常性深入企业调研，及时发现问题，分类指导帮助，认真研究完善相关政策，开展入企业送政策帮扶活动，积极帮助企业向上申请资金和项目。2017年，累计帮助创元网络技术股份有限公司、河南金明源信息技术有限公司、河南众诚企业孵化器有限公司等30余家的37个项目申报成为“市级企业技术中心”“制造业与互联网融合发展试点示范”“省级中小企业公共示范平台”等各类示范点、项目。为河南拓普计算机网络工程有限公司、河南金光农业科技有限公司、河南金鹏信息技术股份有限公司等40余家企业申请成功“省先进制造业发展专项资金”“郑州市信息化发展专项资金”等各类扶持资金共计2055.51万元，其中，金水区企业所获拨付的市信息化发展专项资金占全市资金总量的2/3以上，得到区委、区政府的通报表扬。制定政策促进电子信息产业发展。制定、修改并完善了《金水区关于支持信息服务业发展优惠政策（草案）》等6份文件，同时积极参与“金典六策”的制定，召开多次意见征求会，反复听取专家、企业代表意见，为主导产业发展提供关于企业入驻、人才扶持、产品研发等一系列扶持政策，并及时跟进宣传落实。确保严格资金使用。在帮助企业申请资金的同时，严格验收资金使用程序。与区财政局沟通协调专项资金事宜，通知企业提交转账资料，严格审核每一份收款凭证，收回专项资金50万元。集聚资源优势，申创省、市信息安全产业基地。成功引进省内信息安全龙头企业，着力打造具有特色的信息安全、虚拟现实产业集群。2017年，金水区分别被省工信委、市工信委分别授予河南省信息安全产业示范基地、郑州市信息安全产业示范基地称号。

【防治大气污染】 制定《区工信委2017年大气污染防治攻坚行动方案》。从制定方案、明确标准、组织推进、责任追究等方面切实负起责任。认真制定工作任务落实方案，细化工作措施，认真组织实施，确保工作目标完成。按照上级要求，进一步排查全区所有涉气工业企业大气污染源，修订完善了金水区重污染天气应急减排清单。修订污染天气管控应急减排清单。进一步摸底排查辖区内所有涉气企业，根据排查结果，将其全部纳入管控范围，并按照不同的管控和预警级别，指导企业制定执行方案。加大环境保护宣传力度。在全区范围内开展宣传标语进企业活动，通过电子屏、条幅、宣传海报等形式进行宣传活动。

非公有制经济

【概况】 金水区非公有制经济发展领导小组办公室，设立在金水区工信委。主要职责：贯彻落实《中华人民共和国中小企业促进法》，负责对全区中小企业和民营经济的宏观指导、综合协调；组织推进中国小企业信用担保体系建设，推动银企、银担合作，组织多种形式的企业融资；组织辖区中小企业参加各类经贸洽谈和贸易博览会；积极为中小企业争取发展专项资金并知道资金使用方向；推动建立完善中小企业服务体系，引导各类中介组织为中小企业提供服务。

2017年，金水区非公有制经济增加值完成800亿元以上，同比增长8%，占全区GDP78%;

【中小企业服务】 以推进中小企业公共服务体系建设为重点，继续实施中小企业服务平台网络建设，鼓励和引导服务机构为中小企业提供优质服务。推荐8家中小企业服务机构、2家企业申报“河南中小企业服务机构库”和“河南省优质中小企业库”，对5家市级服务（示范）平台进行了调研检查。

安全生产和信访稳定

【概况】 区工信委作为区安委

会成员单位，主要职责：指导并做好区属集体企业安全生产、信访稳定工作。

【安全生产和信访稳定工作】 签订目标责任书。按照“关口前移”原则，认真做好2017年度系统企业消防、安全生产目标责任书的签订工作，使各项目标管理“横到边，纵到底”。化解信访难题。深入了解区属企业中职工反应的热点、难点问题，及时上报排查中发现的不稳定因素的信息，落实个人包厂、科室包点、领导包案制度。

（撰稿：曹　阳　审阅：刘　博）

商 贸

商务工作

【概况】 金水区商务局成立于2005年8月，行政单位，规格正科级，隶属金水区政府。商务局内设党政办公室，财务室、招商科、对外经济科、商贸科、综合经济科和法规信访科7个职能科室。

【经济指标完成情况】 截至2017年年底，全区完成实际吸收外资31003万美元，占目标100.6%；全区完成外贸进出口174724万美元，占目标100.2%；全区完成域外境内资金138.7亿元人民币，占目标103.4%；引进省外资金93.4亿元人民币，占目标110.5%；全区完成外经营业额17360万美元，占目标115.7%。全区完成社会消费品零售总额770.8亿元人民币，同比增长7%。

【招商引资工作】 大力推进开放招商。不断完善小分队招商、政策招商等传统招商模式，创新产业链招商、生态资源招商、融资投入招商等模式。一是积极参加了第11届投洽会、第10届中博会、第25届广博会、郑洛新国家自主创新示范区开放合作推进会等国家级大型经贸洽谈会，积极邀商，对接洽谈，宣传推介；二是自主举办金水区区情说明会、“金典六策”产业扶持政策发布会、首届“产业生态共享”高峰论坛等具有影响力的重大活动，加大对金水的宣传推介力度，不断提升金水的对外知名度和影响力。三是主要领导以上率下、身先士卒抓招商，积极“对话”国内外500强、行业龙头企业，从区委书记、区长到区委常委、副区长先后有10多位区级领导带队赴广州、深圳、杭州、北京、上海、福建等地考察。2017年共拜访、接待东华软件、IBM中国、EON Reality公司、北京赛伯乐智源投资集团等客商120余次。年内，已完成了信大捷安国家移动智能终端公共安全技术基础服务平台、河南华中生物产业园等新签约项目24个，总投资282.6亿元，占目标的113%，其中中关村在线生态产业科技城、赛伯乐科创基金2个重点产业项目新增为市级“四力”型项目。中科院过程工程所郑州分所、北大国际创业孵化中心等14个市级“四力”型项目均进展顺利。以中关村在线为龙头的共享经济和以信大捷安为引领的信息安全两大千亿级产业集群已初具雏形。河南省地理信息导航产业园、红河新天地等19个项目实现开工建设，总投资141.9亿元，占目标的101.4%，均超额完成全年目标任务。

全方位开展国际合作。通过世界虚拟现实及增强现实协会、美国西亚斯集团创始人陈肖纯等国际招商大使和金水区驻硅谷商务代表处等境外优质资源，在全球范围内建立国际招商网络，吸引国际化的项目、技术、人才等落地金水。已成功引进了西亚斯亚美迪国际软件园、以色列科技城等一批国际合作项目。与美国弈恩现实（EON Reality）、丹麦PLATFORM 3D公司、德国柏林及勃兰登堡虚拟现实协会、印度印孚瑟斯（Infosys）技术有限公司等一批国际知名企业达成合作意向。2017年8月，金水驻硅谷商务代表处与硅谷本地创业公司联合举办专题座谈活动，与百位硅谷创业人以及真格、红杉和硅谷高创会等知名公司企业商洽、沟通，宣传推介金水。

加强对外经贸交流。2017年，金水区共有外贸进出口企业869家，占全市的1/3以上，2017全年可完成外贸进出口17.4亿美元，占市内六区总量的一半以上；大力支持河南国基、河南建总、河南第一火电等重点外经企业在“一带一路”沿线国家进行开发投资，重点推进河南国基非洲国家公务员住宅开发项目、河南建总马里高级法院和行政学院建设工程以及河南第一火电科威特财政部政府大楼建设工程等项目；依托传统外贸基础优势和自贸试验区建设的有利契机，金水区不断加强对跨境电商等新兴业态的培育力度，2017年年底全区经认定的电商企业达192家，占全市1/4，其中跨境电子商务数量33家，全年电子商务年交易额可达136亿元。

建立健全工作机制。专门成立了开放创新工作领导小组，建立了联席会议制度，统筹领导、组织和协调全区开放创新工作，形成了区级领导亲自抓，各相关职能部门共同参与、协调配合、有机衔接、良性互动的开放招商联动机制；出台了《金水区2017年度开放创新工作实施方案》《金水区2017年度开放创新考核办法》《关于加强对外开放招商引资工作进展情况报送的通知》《金水区开放创新工作领导小组工作推进机制》等一系列文件，明确各项工作任务，建立考核体系，为全区对外开放和科技创新工作顺利开展提供了保障；贯彻落实“五职”招商工作制，金运天境广场、名门熙悦广场、河南外包产业园（二期）、上悦城、恒祥百悦城5个项目已全部实现“当年签约、当年开工”，总投资107.6亿元。

【电子商务工作】 截至2017年年底，金水区拥有国家级电子商务企业1家;省级电子商务示范企业7家，省级电子商务示范基地1家;省级跨境电子商务孵化基地2家。通过河南省电子商务企业认定的企业已达192家，其中，跨境电子商务数量33家，企业总数占全市已认定电商企业数量的1/4，是全市乃至全省已认定数量最多的县区。2017年，金水区郑州蓝普实业有限公司被商务部评为“电子商务示范企业”，成为郑州市4家被命名的国家级电子商务示范企业之一。2017年，郑州市开展电子商务示范创建工作，金水区共申报优秀电商企业申报市级电子商务示范企业35家，申报省级电子商务示范企业19家，申报河南省跨境电子商务综合试验区年度专项资金的跨境电商企业8家，申报省级跨境电商示范园区和人才培养暨企业孵化平台企业1家，是全市申报电子商务各项奖励扶持最多的县区。2017年，金水区电子商务年交易额达136亿元。

【服务贸易】 2017年，金水区高度重视服务贸易产业发展，鼓励郑州国基机械设备、中国河南国际合作集团等服务贸易龙头企业对“一带一路”沿线国家加大贸易合作，并努力引导企业利用互联网、大数据、云计算等新技术开展业务、对接项目，配合金水区自贸区发展目标，努力为金水区打造服务贸易特色基地奠定坚实基础。根据《郑州市商务局关于试行开展服务贸易统计工作的通知》文件要求，2017年金水区积极行动，研究制定统计标准，并组织召开部门会议，联合各街道办事处对企业按照运输、旅行、建筑、保险服务、金融服务等十二项服务类型进行摸底排查，重点调查发生服务贸易业务企业的基础数据。据统计，截至2017年年底，服务贸易企业摸底数量为32家，主要集中在跨境旅游服务和高技术服务业。

【服务外包】 2017年以来，金水区以金水科教园区和国家知识产权创意产业试点园区为主阵地，重点发展以知识流程外包和信息技术外包为主的服务外包产业，承接国际（离岸）服务外包业务，逐步将服务外包业务扩展到软件开发、应用服务、系统工程承包等拥有自主知识产权的产品和服务出口。培育了郑州飞鱼工业设计、河南华中生物技术研究院、郑州博奥医学检验所有限公司等一批具有自主知识产权和自主品牌的本地服务外包骨干企业，对接了一批承接跨国公司服务外包高端市场的龙头企业，并在金水科教园区进行服务外包承接平台的建设工作，全力提升承接能力，提高服务水平。2017年，国家知识产权创意产业试点园荣获“河南省服务外包示范园区称号”，与金水科教园区同为省级示范园区，成为郑州市唯一一个拥有两个省级服务外包示范园区的行政区。截至2017年年底，金水区经过郑州市审核并成功在商务部服务外包平台注册的企业达到105家，数量位居全市第一。

【特色商业街区建设工作】 截至2017年年底，全区共有特色商业街区18条，特色商业街区营业面积增至69万平方米，商户5102家，从业人员4.7万人，全区特色街区营业收入约32.5亿元，区级税收约2.78亿元。按照市级特色商业街区评比标准，金水区于9月份积极推荐紫荆山一洲舞蹈服饰特色街与万达金水金街参与郑州市市级特色商业街评比，最终，文华时尚商业街被郑州市命名为市级特色商业街。2017年，金水区重点提升了唐人街文化广场、农科路酒吧休闲一条街、健康路体育用品特色街、凤凰茶文化广场、曼哈顿商业广场5条成熟特色商业街，实现金水区特色街整体形象的快速提升，为国家级、市级特色商业街区评比打下坚实基础。截至2017年年底，农科路酒吧街投资550万元，对全街区道板砖及行道树进行维修更换，重新粉刷街区建筑外立面。凤凰茶文化广场对街区中心步行街进行了重新规划，打造街中街，提升街区品质。健康路、曼哈顿及唐人街文化广场对街区环境进行了改善，粉刷外立面，维修破损道路等，对街区进行了整体环境提升。唐人街文化广场特色明显，人气逐渐提升。新打造万达金水金街目前运营状况良好，2017年获评市级特色商业街区；郑州大观音寺中原文化聚集区项目已完成大观音寺建设，配套商业审批手续已通过，顺利开工。

【中心城区批发市场外迁工作】 截至2017年年底，共完成大河文化博览园、群办路建材超市、京沙新生活广场二部、丰庆路电动车市场、丰庆路建材市场、沙口路建材市场6家市场外迁，圆满完成市下达金水区任务。

【大气污染防治工作】 打击“黑加油站”工作。年初，金水区成立了金水区成品油流通市场管理联合工作组，制定出台了《关于加强联合执法建立成品油流通市场监管长效机制的通知》，完善工作机制，明确任务责任。多次召开专门会议研究部署成品油市场整治行动，组织工商质监、安监、公安等联合工作组成员对辖区成品油市场开展了深入细致的排查整治工作，开展了监管联合执法行动，重点检查查处“黑加油站（点）”是否存在死灰复燃现象、有无新的“黑加油站（点）”出现。2017年，累计下发交办单12份，累计开展成品油专项整治行动8次，联合相关部门出动执法人员120人次，对2家手续不全的加油站采取树立围挡等强制措施予以查封停业，有效维护了金水区成品油市场的正常经营秩序。积极开展全区加油站摸底调查工作并配合做好国六汽油升级工作。按照上级有关要求及时督促我区加油站开展国六油品升级工作，截至2017年年底，全区加油站油品国六升级置换已全部完成。配合做好强化非道路移动机械污染防治工作。在全市秋冬季大气污染综合治理攻坚行动中，积极配合相关部门做好非道路移动机械油品来源排查工作，共配合区环保局排查工地非道路移动机械油品来源2次，人员8人，较好的完成了配合任务。配合做好“散乱污”企业中违规再生资源站点的治理、取缔工作。2017年，共取缔违规废品回收站点127家，开展违规站点取缔专项活动63次，出动相关人员近500人次，交办转办单52份，办理区大气办转办单5份。

【安全生产工作】 2017年，金水区商务局始终坚持“安全第一、预防为主、综合治理”的方针，建立起“局长为组长、其他分管领导为副组长、各有关职能科室为成员”的安全生产组织网络，对全区17个街道办事处进行了分组分包，形成了一级抓一级，层层抓落实的工作氛围。坚持安全生产工作与业务工作同安排同布置，每月月初和重大节假日之前都安排班子成员带领工作人员按照分包到重点商贸企业进行安全生产检查，并做到每次检查有记录有成效。2017年，共出动500余人次进行安全生产检查

300余次，检查中发现占用消防通道、人员培训不到位等问题100余处，采取发现一处整改一处措施，现已全部整改到位，确保了全区商贸系统无重大责任事故发生、应急管理水平明显提升、全区商贸物流行业安全生产形势持续稳定。

（撰稿：韩飞飞　审阅：李　迪）

粮食管理

【概况】　金水区粮食管理中心（原金水区粮食局，2010年5月6日更名为金水区粮食管理中心）是金水区人民政府综合管理全区粮食工作的直属部门，办公地点位于郑州市经三路北20号。粮食管理中心内设办公室、业务科、综合科、监督检查科4个职能科室，另有5家国有粮食收储备企业：郑州0101河南省粮食储备库、郑州0128河南省粮食储备库、郑州0140河南省粮食储备库、金水区粮食收储总公司、金水区粮食局第一粮食仓库。

区长魏东（右二）会见招商大使

意大利商协会入驻创意园区

【工作职责】　区粮食管理中心的工作职责是：贯彻落实国家和省市有关粮食工作的方针、政策、法规，在金水区人民政府的统一领导下，按照分级负责原则，组织和实施粮食总量平衡，具体负责本级政策性业务的管理；做好区级地方粮食储备的采购、储存、轮换，履行平抑粮价、稳定市场的职责；培育和发展粮油市场，履行粮食行业的统计和监督管理职责；建立并完善粮油市场信息网络，研究市场动态，搞好市场预测；做好金水区所属国有粮食企业安全生产管理工作；受政府委托，负责监管直属企业单位的国有资产；协助财政部门搞好粮食风险基金的管理使用工作。2017年，区粮食管理中心认真做好储粮安全管理、地方储备粮轮换、粮食行业管理、粮食市场监督检查、安全生产等工作。

【地方粮食储备管理】　2017年，中心所属五家国有粮食收储企业按照《郑州市金水区地方储备管理暂行办法》的要求，加强对金水区地方粮食储备的规范化管理，严格按照上级要求开展地方储备粮管理工作，按照“以防为主，综合防治”的储粮工作方针，认真落实仓储管理的有关规定，为使责任逐级分解，责任落实到人，区粮食管理中心与区级地方粮食储备承储企业签订《安全储粮责任书》；在日常管理工

作中，区级地方储备粮承储企业认真落实储备粮专仓、专账、专人的管理制度；通过“一、三、七”粮情检查和月“四无”鉴定，做到及时发现和消除储粮安全隐患，确保了储粮安全。现在，金水区国有粮食购销企业仓库储粮品质稳定，全部处于安全宜存状态。

【地方粮食储备轮换】 为保证区级地方粮食储备品质安全，区粮食管理中心根据上级要求和我区实际情况，确定了储备粮的轮换原则、轮换质量控制、轮换计划制定及下达、轮换时间及方式、轮换费用、职责权限等内容。按照先入后出，均衡轮换的原则，结合库存粮食质量、市场粮食价格因素等情况，区粮食管理中心拟定了轮换任务，报请区政府批准后下达到各粮食承储企业，并组织企业积极实施。针对2017年粮价上升速度快、幅度大的实际情况，下达轮换计划时，区粮食管理中心对轮换期限进行了严格要求，强调快销快购，以减少轮换价差损失，有效避免粮价大幅上扬造成入库困难。在轮换工作中，承储企业按照储备粮轮换的工作要求，积极寻找粮源，保证粮食轮出后能及时轮入。由于区粮食管理中心思路清晰,组织周密，措施得力，监管到位，截至6月底，金水区2017年地方储备粮年度轮换任务圆满完成。

【粮食价格监测】 金水区粮食管理中心作为郑州市粮食局指定的粮食价格监测点，负责郑州市粮食市场主要粮食品种价格的采集及上报工作。中心在人员少、任务重、资金缺的情况下，通过内部调整，安排了兼职粮食信息采集员，按时上级要求完成有关粮食品种的价格采集工作，并在规定的时间内分别上报国家及省、市粮食局，为国家及省、市粮食局提供真实准确、及时可靠的价格信息，受到上级业务部门好评。

【行业管理和统计】 为切实履行国务院赋予粮食行政管理部门的粮食收购资格审核和全社会粮食行业统计职能，适应粮食购销市场全面放开的新形势和国家宏观调控的需要，区粮食管理中心严格按照《国家粮食局、国家工商行政管理总局关于印发〈粮食收购资格审核管理暂行办法〉的通知》《河南省粮食收购资格具体条件的通知》《河南省粮食局关于开展粮食收购资格审核工作有关事项的通知》的要求，坚持公开、公正、公平、便民、高效的原则，做到逐项审核、严格手续、责任到人，按程序依法办理粮食收购资格审核。为做好社会化统计工作，区粮食管理中心切实加强对辖区粮食经营者的政策宣传和调查力度，使越来越多的商户纳入粮食管理中心的统计管理，社会化统计面逐年提高，得到省、市粮食主管部门的充分肯定。

【粮食收购许可证核准工作】为促进全区粮食市场健康有序发展，维护正常的粮食流通秩序，保护种粮农民和消费者的合法利益，金水区粮食管理中心依法对粮食收购许可工作加强管理，并于3月底完成。

【粮食市场监督检查】 粮食监督检查工作是国家《粮食流通管理条例》赋予粮食行政管理部门的一项重要职能，随着粮食流通体制改革的不断深化，金水区各类粮食经营主体迅速增加，区粮食管理中心为切实履行好此项职能，一方面加强粮食流通政策宣传，提高粮食经营者的守法经营意识；另方面对前来办理粮食收购许可证的经营者，一手发证，一手发放有关政策法规，起到了较好的宣传效果。中心监督检查人员认真学习先进经验，边实践，边探索，在检查中坚持行政执法与政策宣传相结合的原则，突出服务在先,教育在先，文明执法，礼貌纠违，得到多数商户的积极配合，树立了粮食行政执法队伍的良好形象。

【安全隐患大排查快整治严执法活动】 为贯彻落实郑州市粮食局《关于印发〈郑州市“粮食安全隐患大排查快整治严执法”集中行动重点工作任务〉的通知》文件精神，中心采取四项措施开展安全隐患大排查快整治严执法活动。一是深化认识。要求各企业要突出全储粮和安全生产“两个重点”，守住粮食收购、粮食供应、粮食质量、廉洁从政从业“四条底线”，强调“大快严”是认真落实党中央、国务院领导关于健全粮食监管重要批示精神的有力举措，是进一步加强粮食库存管理、消除安全隐患的现实需要，是有效防范粮食流通领域违法违规行为、确保国家库存粮食数量和质量安全的迫切要求，是深入推进农业供给侧结构性改革和粮食收储制度改革，加快粮食行业深化改革、转型发展的重要抓手。二是成立组织。中心成立了“大快严”工作领导小组，由中心主任任组长，拟制了《金水区粮食管理中心关于全面开展“粮食安全隐患大排查快整治严执法”集中行动实施方案》，要求各企业高度重视，强化责任，集中人力，不留死角，不走过场，立足自查，重在整改。三是对照检查。按照“全覆盖、零容忍、快整治、严执法、重实效”的要求，摸清政策性粮食安全“家底”，排查隐患、整治问题、严格管理、确保安全。将国家明确排查的六大类问题，认真对照“一规定二守则”进行逐个问题细化，包括政策性粮食数量、质量、储存安全、政策执行情况，确保不留死角，不留盲区，做到不漏一项；制定自查表下发各企业，要求逐项逐条对照自查，使自查具体化、明了化，操作性强，便于查找发现问题，真正使自查工作落到实处。四是自查互查。建立企业风险隐患排查整治的责任制度，“谁排查、谁签字、谁负责”。对发现的问题，不分大小，一律建立整改台账，能整改的问题立即整改。

【消防安全宣传活动】 为进一步推动秋冬消防安全宣传工作,不断扩大消防宣传在粮食储备工作中的影响力，增强全民的防火意识，中心邀请郑州消防支队宣讲团到各下属企业分别开展了消防宣传活动，进一步提升了大家的消防安全意识。

活动现场，宣讲团的工作人员纷纷就粮食储备仓库日常如何防火、居民家庭如何防火、如何扑救初起火灾，如何逃生自救等知识向在场的仓库保管员进行了详细的讲解；同时，手把手教大家如何正确使用消防器材，有效提升了大家的防火意识和防火技能，切实将消防安全意识植入每一位工作人员脑海中，不断提醒大家在日常做好仓库消防安全工作和消除火灾隐患的重要性和必要性，进一步筑牢大家思想上的“防火墙”，从而形成了“人人了解消防，人人关注消防，人人参与消防”的良好局面。

（撰稿：李峰山　审阅：常胜男）

楼宇经济

【概况】 金水区楼宇经济建设工作领导小组办公室（以下简称金水区楼宇经济办公室）是金水区委、区政府为了进一步加快推动辖区楼宇经济发展，于2007年8月成立的正科级全供事业单位，设有综合科、发展规划科、管理服务科3个科室。截至2017年12月底，全区现有建成商务楼宇260幢，建筑面积637.3万平方米，其中，新增甲级写字楼面积20.8万平方米；整体闲置面积29.5万平方米，楼宇入驻率为95.4%；楼宇入驻企业2.31万家，全区楼宇企业属地纳税率为94.3%；完成缴纳区级（不含省直属、涉外、市直属）税收百万元以上楼宇130幢；全年实现区级税收17亿元。

【楼宇经济要点】 一是对照区政府年度工作报告，研究制定《2017年全区楼宇经济工作要点》并对2017年全区楼宇经济建设工作目标任务进行了量化分解。二是按照《金水区产业发展评价考核办法（试行）》有关要求，结合楼宇经济建设工作目标及发展要点，制定《金水区2017年度楼宇经济工作考评办法（试行）》，加强和规范全年目标考核工作。

【理顺工作机制】 调研街道，澄清底数以及当前存在问题，将全年目标任务量化分解，台账式推进。集中将存量、增量问题细化成项目台账，并将重点工作分解，责任到人。依据金水区楼宇经济建设工作开展需要，初步完善楼宇经济建设工作领导小组文件，理清全年工作思路。完善工作机制，推动工作落实。建立完善月例会、季度小结考核、年终总结考核工作制度，并通过联席会议、实地查看，领导走访等形式及时研究解决工作中出现的各类问题。

【楼宇产业】 鼓励引导楼宇产权单位向专业化和高新化方向发

展，通过走访调研和行业梳理，引导相同或相关行业在一栋或几栋楼宇内聚集，错位经营，培育一批特色鲜明的金融楼、总部企业楼、信息科技楼和教育培训楼等专业楼宇，形成强大的产业优势，进一步扩大聚集效应。截至年底，正跟进打造：金国商厦教育培训楼、河南芯互联电子商务产业园、河南信息广场总部企业楼、硅谷广场信息科技楼等。

【楼宇政策体系】 年初，结合自贸区政策诉求调研，对中国联合网络通信有限公司河南省分公司、东亚银行郑州分公司等有影响力的总部企业进行问卷调查，了解企业发展需求。对辖区办事处进行走访和重点座谈，对老旧楼宇提升改造、特色楼宇培育和总部企业奖励标准深入探讨；与郑东新区、成都市武侯区楼宇经济有关部门联系，学习借鉴发展楼宇经济和总部经济的最新政策，先后出台楼宇经济总部经济扶持政策（征求意见稿）共计约36稿；先后5次分别将扶持办法和细则向各街道办事处、科技园区、科教园区和楼宇经济建设工作领导小组各成员单位征求修改意见，并采纳了区财政局、区发改统计局等单位的有关建议；对兰德中心、高力国际等重点写字楼、楼宇企业、物管企业、相关协会代表等进行走访座谈，广泛听取意见，为政策的修改完善提供实际参考依据。出台《金水区鼓励楼宇经济发展专项扶持办法（试行）》和《金水区鼓励楼宇经济发展专项扶持办法（试行）实施细则》。

【楼宇招商】 以贯彻区委区政府《关于进一步加强对外开发招商引资工作的意见》精神为执行核心，梳理楼宇经济优势产业，科学招商，量质并进。截至年底已引进平安保险、大童保险销售服务有限公司河南分公司、北京嘀嘀无限科技发展有限公司等20家总部企业。

【楼宇网络系统与创新宣传】 全面升级全区楼宇经济管理系统和楼宇经济网，利用“互联网+”有效夯实楼宇经济工作基础。扩大宣传渠道，强化宣传效果。筹备推出了河南首家楼宇经济微信APP和公众号服务系统，设置闲置商务楼宇推广等便民为民栏目，为楼宇企业等提供金水区楼宇经济系统服务。注重与省内外主流媒体的联系合作，加强对金水区楼宇经济扶持政策、发展成果、新建项目、招商楼宇的宣传推介，网易、新浪、豆丁网等知名媒体对金水区楼宇经济闲置资源资讯进行了转载。

（撰稿：程　琳　审阅：于若雨）

财政　税务

财　政

【概况】　金水区财政局内设8个职能科室，分别是办公室、预算科、国库科、行财科、城建科、农业科、行政服务科（会计科）、财政监督科。二级机构和局属事业单位共有11个，分别是区国库集中支付中心、区税源办公室、区收费服务中心、区会计管理局、区财政监督检查办公室、区政府采购管理办公室、区国有资产监督管理办公室、区财务投资管理办公室、区非税收入征收管理局、区农业税管理所、区农业开发管理办公室。局辖基层财政所17个，分别是经八路、丰庆路、国基路、杨金路、兴达路、花园路、南阳路、南阳新村、文化路、东风路、大石桥、人民路、杜岭、凤凰台、北林路、丰产路、未来路街道办事处财政所。

【财政管理改革】　深化预算管理改革。积极推进财政中期规划管理，自编制2018年预算起启动三年滚动财政规划编制工作，初步建立跨年度预算平衡机制；加大预决算公开力度，按照《中华人民共和国预算法》要求和预决算公开操作规程，全面公开财政预决算、部门预决算以及“三公”经费预决算信息。深化国库集中支付改革。按照省市财政部门的统一部署，开展全区预算单位银行账户专项清理工作，撤销归并账户50个，初步实现银行账户统筹规范管理。强化政府采购监管。规范政府采购工作流程，加强对招标代理机构的监督检查，确保政府采购阳光透明。全年完成采购金额5.26亿元，节约预算资金0.3亿元，平均节约率5.4%。规范政府性债务管理。对政府性债务实行限额管理、风险预警，积极开展债务置换；及时召开全区政府性债务风险防控化解工作会议，进一步规范政府举债融资行为。加强非税收入管理。严格落实收支两条线，积极开展非税收入专项稽查；严格财政票据管理，坚持以票管收、源头控收；进一步清理规范行政事业性收费，取消和停征9项行政事业性收费。推进行政事业单位内部控制体系建设。开展全区行政事业单位内部控制基础性评价工作，全区115家单位上报了内部控制报告，行政事业单位内部控制体系初步建立。

【财政收支预算执行情况】　全区各级财政部门采取积极措施，加强收入征管，完善各项机制，财政收入实现稳定增长。2017年，全区一般公共预算收入完成55.5亿元，为年度预算的106.3%，同比增长10.6%。在财政收入实现稳定增长的同时，调整优化财政支出结构，合理安排各项支出，保工资、保重点、保稳定，为全区经济和各项社会事业的发展提供了坚实的财力保障。2017年，全区一般公共预算支出完成59.7亿元，较上年增长19.2%。

【街道办事处财政收入完成情况】　2017年，17个街道办事处一般公共预算收入完成52.35亿元，较上年增长13.36%。

【税源管理工作】　突出重点，

2017年度金水区街道办事处一般公共预算收入完成情况表

表1

单　位	一般公共预算收入（万元）	较上年增长（%）
花园路	22600	9.88%
经八路	36340	11.09%
南阳路	18103	37.06%
南阳新村	14526	74.38%
文化路	72964	24.30%
人民路	33393	18.21%
杜　岭	8745	11.99%
大石桥	11937	25.27%
丰产路	60494	13.47%
未来路	46052	-3.10%
北林路	28674	33.55%
东风路	38051	-3.16%
凤凰台	21486	10.33%
国基路	40104	12.81%
杨金路	12320	89.33%
兴达路	12031	-34.50%
丰庆路	45717	10.90%

狠抓落实，积极探索税源管理新模式。实施重点税源管理精细化、一般税源管理规范化、零散税源管理社会化的“三化管理”。选定全年缴纳区级税收250万元以上的100名纳税人作为重点税源进行监控，掌握企业经营和纳税情况。将一般税源管理工作和网格化管理相融合，依托一个平台，确立四级网格，在全区建立了税源网格化管理模式，以点带面，初步实现从税源发现、信息采集、税源管理、到涉税检查、涉税打击、涉税服务等一系列规范化管理。针对社会零散税源构建“政府牵头、部门参与、街道共管”的零散税源社会化管理格局。2017年，联合税务、工商、公安等部门针对房屋租赁、教育培训、驾校、美容医疗等行业开展多次清查，社会化协税护税水平得到切实提高。多方协调，共同参与，全力做好综合治税工作。按照“政府领导、财税牵头、信息共享、齐抓共管”的综合治税理念，经区政府同意，成立金水区综合治税领导小组，统筹协调全区综合治税工作，领导小组包含工商、税务、财政、审计等37个部门，涉及市政、交通、水务、土地、规划等多个领域，基本形成了“全覆盖、无缝隙”的综合治税管理网络。优化方式，多措并举，开拓涉税服务新思路。优化税源信息化建设服务方式，开发“金水税源”手机APP，创建微信公众号“金水税服”，建立“金水税源”纳税服务QQ群，初步实现税企之间、纳税人之间实时在线交流及有关涉税法规的在线发布查询。通过公开招聘、劳务外包的形式，选录一批学历高、能力强的年轻同志充实到办税服务厅，按照大厅各个岗位职能的设置，做到人尽其才，才尽其用，实现人力资源的优化配置。全力配合，形成合力，加大涉税犯罪打击力度。深化与公检法司、工商、税务的协作配合，继续保持对涉税犯罪活动的高压态势，继续加强对建筑安装、餐饮、住宿等重点行业的监控，运用多种手段维护国家和地方税收的征管秩序，创造良好的税收环境。

【保障和改善民生】 坚持共享发展理念，坚守民生底线，统筹财力着力补齐民生短板，使人民群众在共建、共享发展中有更多获得感和幸福感。2017年，全区财政民生支出44.5亿元，增长14%，占全区一般公共预算支出的75%。支持教育优先发展。足额安排并及时拨付教育资金，积极促进义务教育均衡发展。拨付资金10678万元，继续免除城乡中小学生学杂费和书作费；投入建设资金31445万元，支持中小学幼儿园建设。继续加强社会保障工作。拨付再就业补贴资金1053万元，促进就业再就业；拨付低保资金1381万元、重度残疾及困难残疾补贴资金726万元，维护好困难群众切身利益；拨付80岁以上老人高龄津贴3195万元，提高辖区老年人生活保障水平和幸福指数；拨付资金3335万元，做好退伍军人退役安置；加大保障性住房投入力度，拨付资金2.3722亿元支持保障性安居工程建设，投入资金1.5304亿元用于购置公共租赁住房，有效缓解低收入群体住房需求，改善居住环境。加强文化建设。投入市民公共文化服务活动中心建设资金3.6359亿元、郑州商都历史文化区宫殿区工程建设资金1.5亿元，提升城市文化品质，丰厚文化内涵。加大医疗卫生投入力度。拨付城乡居民基本医疗保险财政补助资金1959万元，进一步健全基本医疗保障体系；拨付基本公共卫生服务和社区卫生服务经费9841万元，促进公共卫生事业发展；持续投入金水总医院建设资金2500万元，改善辖区居民就医环境。落实好各项财政惠农惠民政策。及时兑付“农业支持保护补贴”资金113.73万元，让人民群众得到实惠。

【重点项目保障】 2017年合理安排建设资金，确保全区重点项目建设，全年共投入建设资金14.6497亿元，其中：中小学幼儿园建设资金3.1445亿元，市政工程项目资金1.5507亿元，区管市政道路建设资金3300万元，金水总医院建设资金2500万元，环境保护综合整治资金3360万元，保障性安居工程建设资金2.3722亿元，购置公共租赁住房1.5304亿元，市民文化活动中心建设3.6359亿元，商都文化宫殿区工程建设1.5亿元，有力保障了区政府重点项目的顺利推进，为全区经济社会发展提供了坚实的财力保障。

【规范土地出让金管理】 2017年金水区涉及棚户改造的项目主要有马林村、二十里铺村等多个项目，共收到市局拨入土地出让金76.6433亿元，实际支出66.1088亿元，分别用于马林村、杲村、二十里铺村的拆迁安置补偿及城市基础设施建设，确保城中村改造项目的开展实施。

【投融资工作】 创新财政投入方式，累计投入1.6亿元，分别设立郑州金科发展股权投资基金、重点产业知识产权运营基金，构建多元化的财政投入体系，引导社会资本投向，推动产业转型升级。加快推进PPP项目建设。完成科教园区基础设施和绿化两个PPP项目的物有所值评价及财政承受能力论证工作，及时组织项目申报，实现项目入库。

【会计业务管理】 认真贯彻落实《中华人民共和国会计法》《中华人民共和国行政许可法》和《代理记账管理办法》，按要求办理各项会计证相关业务，加强代理记账许可证的办理和年审，做好会计业务管理服务。2017年共现场审核会计专业技术考试资格（中级）7020件，发放准考证4660件；加强代理记账许可证的办理及年审，共办理代理记账许可证13件，年审93件；办理会计从业资格证书1161件；省内省外转入转出1588件、信息采集196件。

【国有资产管理】 严格按照《河南省行政事业单位国有资产管理办法》精神对固定资产新增、划转、调拨、捐赠、报损报废等相关业务进行审批；积极开展全区2016年行政事业单位资产统计工作，做好资产系统与决算系统对接；按照省、市财政部门的统一要求，在2016年资产清查的基础上，集中开展行政事业单位资产核实工作，对各单位在2016年资产清查中清查出的资产盘盈、资产损失、资金挂账等情况进行审核认定和批复；深入研究政策，加快剥离国有企业办社会职能工作，完成职工家属区“三供一业”物业分离移交；加强经管资产管理，对涉及全区20家单位经管资产进行汇总统计，完成年度政府资产报告试点工作；摸清地方政府性债务投资项目家底，防范地方债务风险，对全区涉及的8家单位共21个政府性投资项目清查登记，完成我区政府性债务投资项目资产清查工作。理顺和巩固行政事业单位国有资产管理体制，深入推进资产管理与国库管理相结合，建立既相互衔接又有效制衡的工作机制和业务流程，着力构建更加符合行政事业单位的国有资产管理体系。

【财政监督检查】 配合区纪委在全区范围开展“小金库”专项清理整治工作；扎实开展会计信息质量检查，对全区5家预算单位进行了会计信息质量监督检查；有序开展内部监督检查工作；对涉及民生的“残疾人康复站专项资金”“残疾人保障类救助专项资金”进行专项监督检查。

【干部教育培训】 根据“两学一做”学习教育及学习中共十九大会议精神有关要求，结合财政工作及财政干部队伍的实际情况，于5月和10月分层次、分类别举办了2期财政系统干部业务提升培训班，培训人次100余人。严格执行每周二下午班子成员领学制度，月初制定学习计划，不定期抽查财政干部学习笔记；按照区直机关党工委要求，组织近90名党员干部积极参加“万名党员进党校充电计划”；每月21日认真开展党员活动日，通过集中观看警示教育片、收缴党费、交流座谈的形式，共同学习共同进步，不断提升党员干部的整体素质。

【人大和社会监督】 认真贯彻《中华人民共和国预算法》和《河南省预算监督条例》等法律法规。年初向区人代会报告上年度财政预算执行情况和本年度财政预算（草案），年中向区人大常委会报告上年度财政决算和本年度上半年财政预算执行情况，自觉接受人大及常委会的审议和监督，认真听取人大常委会委员和代表的建议，预算报告一经审议通过，严格按照预算执行；按要求公开预算，接受社会和人民群众监督。

（撰稿：王晶晶　李家伟
审阅：袁志刚）

国家税务

【组织收入】 2017年，金水区国税局面对组织收入压力异常严峻，区局早着手，早谋划，统一思想，集思广益，明确重点，迎难而上，打响组织收入攻坚战。区局多次召开组织收入分析会。积极开展新增税源情况的调查和重点税源企业的调研，全面掌握新增税源和重点税源的变动情况。同时大力开展欠税清缴、防虚打虚、所得税后续管理工作，积极推动餐饮业、医疗行业、教育培训行业、房地产和建筑安装行业、酒店住宿行业的专项整治活动。

2017年，金水区国家税务局共完成组织收入157.5088亿元，完成地方级收入70.9002亿元，完成区级收入23.0394亿元，圆满完成全年工作任务。

【纳税服务】 2017年，金水区国家税务局纳税服务工作立足纳服实际，利用信息化努力打造立体化、多元化办税体系，力求以点带线，以线促面，构筑“一张网”引领金水国税纳税服务改革发展格局，扎实推动金水国税纳税服务事业发展。

2017年，金水区使用网上办税平台的纳税人达到10万户，受理金三业务总量298万笔，占金水区国税金三系统业务总量的76.22%。金水国税局在继续保持24小时网上申领发票和线下EMS速递的无缝对接的同时，网上申领发票达到174万份，比2016年同期的90万份增长93.33%。发票邮政配送已实现当天申请当天到达。

【专项整治】 为促进征收管理工作健康发展，查找当前征收漏洞，促进组织收入平稳运行，2017年，金水国税局分别在四个季度对餐饮业、医疗业、教育业、房地产和建筑安装行业进行专项整治。税源清查提供依据。区局组织人员对辖区内的相关企业分头走访调查，摸清税源底子，了解企业实际，针对性的对企业进行辅导，为专项整治提供准确依据。培训学习增强能力。为推动专项整治顺利开展，牢牢把握专项整治工作中的主动权，区局根据行业特色，多次组织相关人员进行培训。区局工作人员经过培训，理清了工作思路，强化了工作技能，提升了专项整治的工作热情。定期督促确保进度。区局在各季度专项整治工作中，定期召开会议听取各个项目组的工作进展情况，并进行认真记录。对工作进展缓慢的项目组，区局领导现场进行了解，促进了专项整治的顺利开展。

【会议培训】 2017年，金水区国税局所得税采取集中会议培训，各税务分局分别培训的方法，通过分类培训、“一对一”培训、定人包行业培训等方式，对参加汇算的纳税人，特别是重点税源企业、小微企业、进行详细的政策讲解、宣传和辅导，区局累计召开各种形式的培训会18场次，参加培训的企业1800多户次，发放各类培训教材、学习资料1500多册。组织部分企业参加市局的房地产政策培训会，随后区局又召开了房地产企业、建筑业、重点税源企业政策宣讲会，先后现场培训500多人。在半年工作总结中，各项考核指标全部满分。

【队伍建设】 金水区国税局根据市局关于提升素质能力重点工作的要求，结合区局实际，制定了《金水区国税局教育培训工作计划》，明确分层次培训工作职责，突出高精尖人才培养重点。2017年以来，工作计划明确了在红旗渠精神教育基地进行班子成员及全体中层的教育培训班. 在扬州税务干部学院和辽宁税务高等专科学校进行骨干人员培训班。同时组织中层干部赴杭州西湖区、江干区、下城区进行纳税服务工作参观学习，组织党员干部赴新乡开展“万名党员进党校”学习活动。

（撰稿：康家宝　审阅：李伟锋）

地方税务

【组织收入】 2017年，金水区地税局坚持以组织收入为中心，积极履行税收职能，全力服务经济社会发展。1—10月，全局累计组织税收收入35.1亿元，占全市税收收入的13%，规模排名第1位，同比增收7.3亿元，增长26.2%。地方级收入22.8亿元，占全市地方级收入的11.72%，规模排名第3位，同比增收5.2亿元，增长29.8%；区级收入18.4亿元，同比增收4.4亿元，增长31.4%。

【税收征管】 2017年，区地税局突出改革主线，不断对改革后建立的纳税服务、税源管理、风险管理、数据管理、税务稽查五大序列组织体系和制度流程进行重组、优化、调整和完善，使服务更便利、管理更科学、风控更有效、数据更真实、稽查更有力。10月24日，全省征管体制改革观摩会首站到区地税局示范厅，省局党组书记、局长智勐对改革成果予以充分肯定。针对管辖税户多、税收体量大、管理对象情况复杂、人力资源不足的实际，按照“调整、理顺、提档、优化”征管体制优化调整要求，不断对组织架构进行补充完善，将33个部门精简为27个部门，将机关科室压缩为5个，成立了风险管理分局、纳税服务分局、稽查局、票管所、耕地占用税所、5个重点税源管理分局和12个属地税源管理分局，进一步明确征管责任，确保税收征管规范有力。按照省、市局出台的《分类分级管理实施办法》要求，依托信息化手段和大数据，2017年，累计调整23015户次，税源的分类分级管理标准更加规范、明晰。着力打造“团队+个人”管理模式，重新绘制了辖区税源管理联络图，将辖区17个街道办事处细化为164个联络区域，使税源划分与行政网格高度契合，每个联络区域指定2到3名联络员，通过微信群，进行团队化、常态化风险应对、调查核实、事务办理，有效避免税源监管不力。组建风险业务团队、积极参与全市风险建模竞赛，开展税收风险大分析，加强行为类事项风险特征库建设，不断搭建起多角度、全覆盖的专业化风险管理运行机制。出台了涵盖各税种、各行业、各领域的风险指标体系和风险应对指引，实现风险管理规范操作。以数据管理和风险分析识别为基础，对不同风险纳税人采取差别化风险应对方法，通过风险提示、纳税辅导、约谈评估、税务稽查等方法，着力化解税法遵从风险、税收执法风险，促进依法征税、应收尽收。高标准建立约谈室10个、调解室1个，在约谈室内配备了先进的音频视频监控系统和电脑办公系统，实现了全程同步电子可视监控和录音录像。1—10月，共接收总局任务43户，省市局任务6747户，自建特殊风险43户。已完成反馈5236户，有问题率95.82%，一户式分析率98%，风险应对成效贡献率1.03%，评估入库税款3165.38万元，入库滞纳金475.33万元，共计入库3640.71万元。建立了联席会议制度和交流协商机制，定期召开联席会议，强化国税、地税之间的沟通与合作。共建“1112”（一人一窗一机双系统）窗口，全区8个国税办税大厅和3个地税大厅实现了“1112”模式全覆盖。共享内部涉税信息，针对非正常户和欠税企业，双方共交换非正常认定信息869条，行政处罚信息4238条，有效堵塞了日常征管的漏洞。联办涉税业务，联合办理税务登记、注销及开展定额核定，截至10月31日共联合办理设立登记2.5万户，变更登记11.7万户，注销登记0.7万户，从第三季度起联合实施个体定税2733户，联合签订三方扣款协议13875份。共同风险应对，2017年联合应对中等风险23户，已完成反馈7户，地税共计查补税款及滞纳金174万元。在驾驶员培训学校专项治理过程中，国地税双方通过风险分析、风险识别、等级排序确定并交换中高风险纳税人名单26户，查补税款及滞纳金8600万元。共建纳税人学堂，联合培训纳税人100多人次，共同进行业务培训3场320余人次。联合开展纳税信用等级评价，2017年度联合评价并发布纳税人信用等级40952户，有效提高了纳税人对信用等级的重视。发挥稽查的“奇兵”和“尖刀”作用，在选取案件突出“细”，在检查程序突出“准”，在案件定性突出“严”，在税款执行突出“稳”，确保各类稽查案件“查深、查透、查细、查实”。2017年，金水稽查局加强对重点行业、重点税种的工作力度，立案13户，结案10户，查补涉案税款及罚款7800余万元；受理举报案件34件，已查结件18件，入库税款256万元；成立了全市首家区级税警联络办公室，多次召开国、地税、公安联席会议，在驾校整治等专项工作中发挥了联合震慑、联合惩戒的作用；持续开展打击发票违法犯罪铁拳行动，制定了行动方案，检查3户入库税款40万余元。加大向区委区政府的沟通汇报力度，联合财政、国税、税源办、公安、街道办事处等相关部门共同提升税源共治成效。区委、区政府相继出台文件，加快推进金水区税源经济信息共享平台建设，将提供“第三方数据”的单位明确到区19个部门17个办事处，做到了辖区内全覆盖，建立起税务主责、部门合作、社会协同和公众参与的税收共治格局。截至10月底，我局共获取“第三方数据”12余万条，通过比对信息查补税款1000余万元。大力推进纳税信用等级评定。对辖区内符合条件的41840户企业进行了纳税信用评价，共评出A级纳税人2031户、B级纳税人1858户。在公共场所、媒体对A级纳税人的名单进行公布，帮助纳税人积累信用资源，提升社会形象，纳税人的诚信自律意识和纳税遵从度明显提高。

【依法治税】 建立了主要领导负总责、分管领导具体抓、法规部门组织协调、相关部门齐抓共管的工作机制，层层落实，牢固树立法治观念。区局党组高度重视服务型行政执法理念的灌输与培养，专题部署，逢会必讲，务求该理念“入脑入心”。主管副局长定期召开服务型行政执法工作例会，分析问题，查找不足，持续推动该项工作抓细抓实。局领导以身作则，带头学法用法，不仅认真落实中心组学习制度，围绕各类法律法规进行专题学习，而且在各类学习竞赛活动中带头学、带头参与，发挥了班子的示范带动作用，推动了干部职工学法用法的积极性和主动性。在10月19日举行的全市地税系统领导干部“四大攻坚”1000题知识竞赛活动中，由班子成员组成的代表队获得了总体第二名，县（市）区局第一名的好成绩。不断完善行政执法程序，归纳总结常见执法风险，提出规避和化解风险的措施，保证税收法律法规及各项税收制度的正确执行。创新实行《纳税评估建议书》，提醒纳税人加强内部风险防范，抓紧堵塞漏洞，强化了税企之间的互动配合和风险管控，有效提升了依法治税的水平。不断健全行政调解机制。积极探索利用法律的调解、和解机制解决征纳纠纷，将其作为行政复议、诉讼机制的有益补充，努力把税收争议化解在初发阶段、化解在税务机关内部；对征纳双方争议较大的案件、职业举报人介入的案件及媒体舆情关注度较高的案件做到提前介入、认真防范、重点关注，提前做好化解、缓解矛盾及舆情应对处理等工作。不断加强执法监督考核。定期对各基层分局的税收收入、减免税政策落实、税种管理、纳税评估、法制工作等进行全方位实地检查，并制发《税收执法建议书》督促及时整改。10月，创建省级服务型执法示范点创建工作通过了考核验收，受到了考核组的一致肯定。通过开展"税收政策大讲堂、纳税人之家、税企座谈会"等活动，运用纳税服务宣传栏、广播、电视、地税网站、办税服务大厅公告、"互联网+"服务示范厅展示体验区、微信公众平台、"12366"服务热线、税收宣传月等，多平台、多视角宣传报道，加大税法宣传工作力度。深入开展企业大走访活动，班子成员带头分片分组到重点企业进行走访，宣传税收政策，收集并解决企业反馈的问题，不断提升税企的信任度和和谐度。走访纳税人1000余户，发放宣传资料3400份，让遵纪守法、依法纳税的观念深入人心。

【纳税服务】 坚持在服务方式"多元"和服务体系"多维"上下功夫，以建设河南省国地税"互联网+税务"示范厅为抓手，不断深化国地合作，强化科技应用，创新税收服务，拓展网上办税功能，着力打造"高效、便捷、智慧"的全省政务服务窗口标杆单位。截至10月底，纳服分局共办理涉税业务49.69万笔，办理社会保险费征收业务5.6万笔，业务量稳居全省办税服务厅之首，占河南省的12%，占郑州市的41%。着眼于服务优，将3个办税服务厅合理布点在辖区内交通便利、商户集中的重要地段，搭建起轻松快捷的"十五分钟"纳税服务圈。积极推行网上银行、微信缴税、手机APP缴税等方式，推进网上办税为主、自助和其他办税为辅、实体办税服务厅兜底的办税模式，让纳税人多走"网路"、少走"马路"。全国首家"全税种、无差别、实时入库"微信缴税功能、全省首家网上预填单功能，全省首个电子填单台，全省首家国地一体自助终端等等，均在这里实现，真正实现"便民百事通"。着眼于服务快，将纳税人依申请的107项"前台业务"、将注销税务登记等7项"前台、后台业务"以及税（费）种认定、双定户定税等14项"后台业务"全面前移到办税大厅办理，还责还权于纳税人。落实"二维码"一次性告知制度，7大类、69项、137个涉税事项实现省域通办，国地税24小时自助办税服务厅投入运行，国地双方互派人员，互放设备，互通业务，满足了纳税人方便、快捷、高效的办税需求。开展岗位大练兵活动，不断提升窗口工作质效，平均单笔业务办理时长由2016年的2.23分缩短到1.08分。着眼于服务精，纵向上加强机关科室与管理分局间的协作配合，各单位牢固树立服务"一盘棋"思想，前台受理、内部流转，环环相扣、步步紧跟，通过内部看不见的服务，让纳税人门易进、事快办。横向上积极与国税部门协商，简化税务登记、变更、签订三方协议等业务流程，缩短纳税人等候时长，提高窗口办税效率。高标准建立了全省首家国地税"互联网+税务"示范厅，在人员、流程、系统、机制深度融合等方面不断进行有益探索，实行"1112"合作办税模式，实现了"进一家门、办两家事、三方满意"的合作效应。

2017年，示范厅共接待了来自省内外50余个参观团队，树立了河南地税的改革发展新形象，受到了社会各界以及上级领导的高度赞扬。1月18日，国家税务总局党组成员、副局长孙瑞标到示范厅慰问一线工作人员，对示范厅信息化建设成果给予高度评价。9月8日，河南省委副书记、省长陈润儿在调研财源建设工作时，到示范厅并对该厅的建设和服务工作给予充分肯定。10月，示范厅作为河南省地税系统唯一参评典型案例，入围全国"百优十佳"行政服务大厅典型案例并喜获"信息化优秀奖"。

【队伍建设】 坚持人才强税，突出全面从严治党，切实加强党风廉政及行风作风建设，不断规范队伍管理，有效促进了干部综合素质的全面提高。理顺党建机制体制，健全和完善党建工作机构，成立党建工作领导小组及其办公室，党建办与机关党委合署办公、实体运作，建立基层联系点制度，编制党建工作责任清单，强化"两个责任"落实。加强监督管理常态化建设，围绕"两权"运行和反"四风"，延伸

省人大常委会副主任刘满仓（左二）在河南省国地税“互联网+税务”示范厅调研指导工作

国家税务总局“12366”宣讲交流团在河南省国地税“互联网+税务”示范厅

监督触角；深化风险防范联动机制，强化廉政风险动态排查和实时应对；加强信访查办工作，强化执纪问责力度；持续开展以案释法、以案促改等活动，不断以身边人、身边事为典型案例开展教育警示，努力打造“忠诚、干净、担当”的地税铁军。加强日常性特别是节假日等敏感时期的廉洁教育，强调廉政纪律要求；深化廉政文化建设，依托“数字廉政教育基地”，营造学廉尚廉氛围；聘请6名民主党派和无党派人士任特约人员，不断加强民主监督，搭建区局与人民群众之间的沟通桥梁。优化中心组学习，严格落实民主生活会、议事规则等规章制度，制定党组中心组理论学习年度学习计划，深入开展中共十八大、中共十九大和习近平总书记系列重要讲话精神学习，持续围绕“忠诚、干净、担当”先后8次开展专题学习。在社保费征收、土地增值税清算、驾校专项治理、征管体制改革观摩、年终组织收入冲刺等重大活动中，党组一班人以身作则，身先士卒，带头做，带头干，充分发挥班子的凝聚力、战斗力和向心力。以“两学一做”常态化教育为抓手，先后组织开展了“三八”健步走、祭奠革命英烈、重温入党誓词、与中国银行郑州文化支行党委结成党建共建对子、党章知识测试、参观好人馆、中秋爱心行等活动，营造了团结向上、和谐发展的党建工作氛围，促进全体党员干部保持昂扬向上的精神风貌。先后在江西干部学院、浙江税务干部学习举办3期综合素质能力提升培训班，进一步激发了干部职工干事创业动力，提高工作整体水平。以“岗位大练兵，业务大比武”活动为契机，不断提升教育培训的针对性和实效性，在方式上灵活运用集中学习、脱产培训、在岗自学、国地税互派干部等多种方式，全面提升干部综合能力。加强学习团队建设，成立纳服学习团队和稽查学习团队，定期开展专题学习讨论，充分发挥业务骨干作用，重点培养中青年干部，提高创新意识和学习能力。抓好省级卫生单位创建工作。面对规格高、时间紧、任务重的工作局面，大家发扬“5加2”“白加黑”的拼搏精神，加班加点补充完善迎检资料，加紧对后厨、安保、保洁等重点环节进行整改，顺利通过了省创卫检查组的初审。注重干部职工的文化体育生活。认真筹备并参加市局举办的“喜迎十九大、共筑铁军梦”文艺汇演并取得前三名的好成绩。组织10名退休干部职工前往鸡公山进行疗养，全面落实离退休干部“两个待遇”。加强扶贫助困力度。与中牟县狼城岗镇后史庄村签订精神文明建设结对帮扶协议；多次走进南阳路办事处同乐社区对孤寡老人和退休干部开展了“弘扬雷锋精神，传承人间大爱”为主题的党员志愿活动。（撰稿：张　可　审阅：王国胜）

金水投资公司

【概况】　郑州市金水投资公司（以下简称投资公司）成立于2009年底，是区委区政府大力推进投融资体制改革、增强政府经济调控能力、加快金水跨越式发展的重大举措。投资公司隶属于金水区人民政府，为财政全供事业单位。公司分为四部一室，分别为投融资管理部、财务部、资产经营部、风险控制部、办公室。公司主要职能：经区政府授权，对全区国有资产、资源进行整合，坚持政府主导、市场化运作、建立健全责权利统一的投融资管理体制。巩固与国家政策性银行和商业银行的金融合作关系，做大做强投融资平台。采取股权融资、信贷融资、债券融资、项目融资、中外合资以及其他合法融资途径等多种方式进行融资，并以国有资本作为引导，吸引和带动大量社会资本投入全区经济建设。积极筛选和参与具有较好发展前景和潜力的社会其他投资项目。随着公司的发展，逐步按照有关规定参与债券、基金等资本市场的经营和运作，创新投融资方式。作为政府或财政投资形成资产的管理者和经营者，拥有授权运营国有资产的经营权、收益权、再投资权。管理政府或财政直接投资或其他形式而形成的国有资产，优化资产质量，盘活存量，用好增量，担负起国有资产保值增值的责任。完成上级交办的其他工作。

【平台公司的业务协调和政策指导】　以中共十九大文件精神为指导，以改革创新为动力，积极做好金水区投融资体制框架内各平台公司的业务协调和政策指导，进一步理顺投融资体制，加强投资项目管理。

进一步改革投融资体制，完善公司治理结构，真正建立起“政府引导、社会参与、市场运作”的投融资体制，运用多种融资手段，实现投资主体多元化，资金来源多渠道、投资方式多样化，项目建设市场化。着力提升平台公司的造血功能，积累市场竞争经验，培养适应市场竞争的人才，努力实现平台公司持续健康发展。完善科学决策程序，加强投资引导监督，建立项目跟踪协调机制。

【健全资金监管机制】　加强学习，进一步健全资金监管机制，完善平台公司重大事项决策和风险防范控制机制，确保资金安全。一是深入开展《中华人民共和国公司法》《中华人民共和国会计法》等重点法律法规学习宣传，结合深化投融资体制改革的要求，把学法用法工作与普法依法治理工作结合起来，全面推进依法行政、依法理财工作。同时自觉接受并主动争取纪检监察等部门的监督指导，促进日常工作的提高；进一步健全国有资产管理运营机制，着力做好国有房产出租收入的监督和管理，认真做好国有资产的管理和运营，确保国有资产的保值增值。二是与有关方面专家就资金监管、平台公司重大事项决策和风险防范控制等方面制度进行了深入学习讨论及研究，完善了《河南省金水投资管理有限公司重大事项决策制度》《河南省金水投资管理有限公司投融资管理办法》《河南省金水投资管理有限公司银行账户审批管理办法》等文件，保证了公司制度建设，从源头上预防和治理腐败。

【全面服务重点项目】　进一步深化投融资体制改革，持续强化政府投融资公司的法人治理结构和市场主体地位，充分发挥政府资金对市场资源配置的引导作用。在投融资决策管理委员会正确领导下，全区各平台公司平稳运行，积极参与全区各重点项目建设，有力推动金水区重点工作进展。2015年至2017年，为支持金水区棚户区改造工作设立金水区棚户区改造基金。各支基金运转正常，逐步规范了基金的使用、管理、收益及还款流程，建立了良好的风险防控机制，为棚户区改造的顺利推进提供了资金保障。一是在基金的申请、使用上要认真测算企业前期实际投入，确保数据真实可靠，要深入了解、严把关口，确保棚改基金安全、合规使用。二是确保基金收益及项目已返还土地出让金的回收，同时做好基金向金融机构的还本付息工作。对于在棚改基金使用过程中存在不按时还款、付息的项目单位，严禁准入。

【积极探索PPP运作模式】 积极配合推进科教园区107以东道路基础设施项目和科教园区绿化项目的社会资本方的采购工作，加强政策研究，对PPP项目采购活动提供支持服务，依托政府采购平台和PPP综合信息平台，及时充分向社会公开PPP项目采购信息，包括资格预审文件及结果、采购文件、响应文件提交情况及评审结果等，确保采购过程和结果公开、透明。现在项目已通过财政部审核，由项目储备清单调入管理库。采购工作结束后，继续重点关注PPP正式合同签订，对合同条款认真审核，政府与社会资本方的权利和义务以契约形式固化，真正体现PPP模式合作共赢的目的。

（撰稿：马腾飞　审阅：余志钦）

经济管理与监督

发展改革

【概况】 金水区计划统计局于2004年更名为金水区发展改革和统计局，现有正式在编职工83人。辖二级机构3个：金水区普查调查中心、金水区统计信息中心和金水区人民政府重点项目建设管理办公室。内设办公室、综合科、普查科、法规科、投资科、项目科、一产住户调查科、工业能源科、三产科、贸易科、社会科、服务业管理办公室与信体科12个职能科室。主要职能：研究和编制全区国民经济和社会发展战略、中长期规划和年度计划；制定全区经济结构调整规划，产业发展规划，并引导和组织实施。负责规划全区重大项目布局，以及全区基本建设项目的审批、申报和行政监督。统一组织各办事处和各部门的社会经济调查，收集整理全区的基本统计资料，进行国民经济核算。组织全区重大国情国力普查，负责全区统计报表的管理工作。综合平衡各类重要市场的发展规划和总体布局，负责各项社会事业与全区国民经济发展的衔接平衡，协调各项社会事业发展中的重大问题。

（撰稿：马莉媛　审阅：李遂山）

【主要指标完成情况】 2017年，全区按照“四重点一稳定一保证”工作总格局，围绕“实现两个率先，领跑中部城区发展”的奋斗目标，突出开放创新，突出区域协调，突出转型升级，突出民生改善，全区上下科学运作、强力推进，发展总量和发展质量上实现突破和提升，经济社会保持了平稳较快发展的良好态势。经济运行态势呈现近年来最好水平，发展态势更加积极，地区生产总值实现9.5%的高速增长，总量达到1203.4亿元；财政总收入增长21.1%，达到224亿元；地方一般公共预算收入增长10.6%，达到55.5亿元；社会消费品零售总额增长7%，达到770.8亿元；全社会固定资产投资增长10.1%，达到528.3亿元；城镇居民人均可支配收入增长8.5%，达到42525元；农村居民人均可支配增长8%，达到23975元；城镇登记失业率控制在4%以内。

（撰稿：丛东雷　审阅：李遂山）

【服务业工作】 产业发展平稳有序，服务业增加值成功突破1000亿元，其中，现代服务业实现增加值790亿元，对地区生产总值增长的贡献率超过70%；金融、商贸、高技术服务等主导产业分别实现增加值340亿元、155亿元和145亿元，总量占地区生产总值的比重增至54%。全年新增服务业超百亿元企业1家，达到3家，同比增长50%；超50亿元企业新增1家，达到5家，同比增长20%；超10亿元企业达到9家。商务服务业加速向价值链高端攀升，增加值突破100亿元。打造特色街整体形象，重点提升唐人街文化广场等5条成熟特色商业街，新建万达金水金街市级特色街，特色街营业面积增至67万平方米，吸纳从业人员4.1万人，贡献区级税收1.38亿元。突出存量推进老旧楼宇改造，突出增量推进高端楼宇建设，突出特色增强产业集聚培育，楼宇完成区级税收17亿元，占地方财政收入的31%，缴纳区级税收百万以上楼宇130幢，引进平安保险等20家总部企业入驻。加强同金融机构沟通，金融港合作金融机构达40家，为1695家企业实现融资25.8亿元；推动后备企业进入“新三板”及中原股权交易中心，全区挂牌企业达到51家。建设服务外包承接平台，承接跨国公司高端市场，全力提升承接能力，服务外包平台注册企业达105家。电子商务发展迅猛，通过省电子商务认定企业达192家，拥有国家级、省级以上电子商务企业8家，建成省级电子商务示范基地、跨境电子商务孵化基地3家，电子商务年交易额136亿元。鼓励辖区服务贸易龙头企业参与“一带一路”建设，重点在跨境旅游服务和高技术服务业与沿线国家开展贸易合作，全年服务贸易进出口总额超5亿美元。

（撰稿：李　峰　审阅：李遂山）

【重点项目建设情况】　2017年，金水区省、市、区重点项目共175个，年度计划投资530.5亿元，全年完成投资531亿元，占年度目标的100%，圆满完成年度目标计划。其中，金水区辖区内省重点项目18个，总投资462.5亿元，年度计划投资122.4亿元，全年完成投资114亿元，占年度目标任务的93%；市重点项目35个，总投资194.7亿元，年度计划投资44.8亿元，全年完成投资47亿元，占年度目标任务的105%；区重点项目122个，总投资2217.5亿元，年度计划投资363.3亿元，全年完成投资370亿元，占年度目标任务的102%。68个计划新开工项目中张庄城中村改造、西亚斯亚美迪等46个项目开工建设，金科·智汇谷、正弘国际广场等80个续建项目进展顺利，北大国际创业孵化中心项目等27个办理前期手续的项目正在加紧完善手续。

（撰稿：康　婷　审阅：范新芳）

【统计法制建设】　2017年，金水区发展改革和统计局认真制定了《金水区发展改革和统计局2017年法治宣传教育和依法治区工作方案》，完善了《法律顾问制度》《行政执法责任制考核办法》等文件，为依法行政奠定了基础。开展法制宣传，充分利用年报和定报业务培训的有利时机，通过讲解统计法律法规知识和统计执法案例，提高统计调查对象对统计法律法规的认知度，培训人员2000余人次，发放《中华人民共和国统计法》摘录和案件通报宣传彩页4000余份，收到了良好的效果。开展法制培训，2017年11名执法人员参加了全区组织的法律知识培训、考试，全部通过考试，为统计执法工作打下了坚实基础。开展统计执法，本着“用数据说话，为决策服务”的原则，及时召开会议贯彻国家、省、市统计执法会议精神，认真布置统计执法工作，2017年发放催报通知书14份，立案2起，结案2起，执法检查19起，行政指导9起，维护了统计法律法规的权威。同时认真做好“政务服务云平台”更新录入工作和服务型执法工作。

（撰稿：海孝义　审阅：马映军）

【统计调查工作】　2017年，金水区发展改革和统计局认真开展各项专项统计调查和检测，严格按照规定程序，狠抓源头数据质量，保证统计资料准确，圆满完成了全年制度内外的各项统计调查任务、国家制度内规定的2016年年报和2017年定期报表任务及“四上”单位上报审批管理任务，高质量完成了金水区名录库更新维护工作，全面掌握了金水区第二产业、第三产业的发展规模、结构和效益等情况，建立健全基本单位名录库及数据库系统，为研究制定发展规划，提高决策和管理水平奠定基础。2017年，金水区共维护法人和产业活动单位新增、变更、注销118850条，新增法人单位7587家。共新增“四上”单位308家，退出企业143家。作为四大工程之首，基本单位名录库工程建设的承担者，精心组织、攻坚克难，通过普查，全面更新覆盖金水区国民经济各行业的基本单位名录库、基础信息数据库和统计电子地理信息系统，建立健全特色商业区基本单位名录库。进一步夯实统计基础，健全统计工作的部门协调机制和信息共享机制，为加强和改善宏观调控，加快经济结构战略性调整、科学制定中长期发展规划提供科学准确的统计信息支持。

（撰稿：李　渊　审阅：贺淑霞）

物价管理

【概况】 金水区物价局于1984年11月成立，下设有局办公室、物价检查所、价格认证中心和价格成本监测所。

【价格监督检查】 开展2017年元旦、春节期间市场价格监管工作，结合价格举报分别对辖区的大型商场、超市、蔬菜批发市场、旅游景点等单位进行检查，引导经营者加强自律，诚信经营。春节前夕，省发改委副主任王红到金水区调研物价工作，实地查看了经八路农贸市场价格规范情况，对金水区切实做好节日稳定物价、保障供应等工作给予了肯定。4月26日，在北环家乐福广场组织开展了以“诚信经营，拒绝价格欺诈”为主题的价格服务宣传日活动，共接受价格咨询及投诉10余起，发放价格知识宣传彩页5000多份，进一步普及了价格法律法规知识，增强了消费者价格法制观念和维权意识。

结合上级部门工作安排和工作实际，开展教育收费专项检查，对辖区内19家民办非学历教育机构及幼儿园的收费情况进行了检查。

按照郑州市物价局“开展创建明码标价示范店活动”的安排部署，根据全区实际情况，认真做好督察工作，有效推动了价格诚信建设，取得了令群众满意的实效。12月中旬，市物价检查所在我区开展了2017年明码标价示范店考察评选，在我局的精心指导下，经过参选单位积极整改和不断完善，最终由市明码标价选树工作办公室选定我辖区河南世纪联华超市有限公司天旺店和郑州悦家商业有限公司北环店为郑州市2017年度明码标价示范店，金水区也是全市唯一一个受表彰两个示范店的县区。

【价格举报】 严格执行24小时值班制度，大力推进以“12358全国价格举报呼叫平台”、“12358价格监管平台举报业务处理系统”为首的价格举报平台的行政执法体系建设，由专人负责接听我区68612358价格举报投诉电话，做好“金水区网格化社会公共服务管理平台”的舆情监测，严格做到发现舆情4小时内回复，5个工作日内将舆情落实情况给予答复并及时和发帖人进行互动。2017年，共受理各类价格举报案件906起，价格来电咨询230起，“12358”举报平台立案467起，一般举报立案71起，投诉案件9起，职业举报立案70起，心通桥、ZZIC、市长热线等网络舆情案件59起。并对“河南久和物业服务有限公司收取水费价格高于政府定价”一案作出行政处罚。

【收费管理】 开展收费情况年度统计工作。3月，河南省发改委组织开展2016年度全国收费动态监管系统的录入工作，金水区物价局工作人员按上级规定的时间准确上报了各单位的数据。

【价格鉴证】 金水区价格认证中心以创建省级规范化价格认证中心为工作目标，不断强化价格认证中心的规范化建设和管理。2017年，共受理刑事案件576起，标的额729万余元，有力地配合公安、检察机关打击了犯罪，为维护我区社会稳定做出了积极贡献。今年2月份，金水路分局委托我局价格认证中心对汽车后视镜盗窃案件进行价格鉴定，中心工作人员通过走访有形市场、查询网络、咨询相关部门等多种途径，尽可能多的采集标的价格，严把市场调查关，切实做到鉴定结果有据可依，最终鉴定标的额75193元，为司法部门定罪量刑提供了价格依据。

（撰稿：于　点　审阅：柴丽萍）

工商管理和质量技术监督

【概况】 根据《中共金水区委金水区人民政府关于印发〈金水区人民政府职能转变和机构改革实施意见〉的通知》和《郑州市金水区工商管理和质量技术监督局主要职责内设机构和人员编制规定》文件精神，设立郑州市金水区工商管理和质量技术监督局（以下简称金水区工商质监局），为区政府工作部门，是主管金水区市场监督管理、行政执法和质量技术监督行政执法的政府职能部门,位于郑州市金水区红专路40号。

2017年，金水区工商质监局共受理投诉、举报9532次，为消费者挽回经济损失74.8余万元。金水区全区实有各类市场总量144702家（户），其中，企业户108007家，个体商户36695户。新办理各类企业设立登记手续17929户，新办理企业股权出质设立登记67户，帮助企业融资20.81亿元。辖区内注册商标51461件，占郑州市注册商标总数的31%，其中，河南省著名商标71件，中国驰名商标7件。

【注册登记工作】 通过认真开展“优化经济发展环境专项整治”活动，进一步放宽市场准入，商事制度改革取得了显著成效。大力推进注册便利化，建立服务帮办机制。自2017年3月1日起,在区全面实行企业简易注销登记改革，推行简易注销程序。“多证合一”改革稳步推进，2017年8月1日起实行“三十五证合一”。河南自贸试验区郑州片区自2017年4月1日正式挂牌，金水片区同时成立，全局全力以赴服务自贸区建设，抽调专门人员加强自贸实验区金水片区商事登记窗口建设。加快推进了“互联网+政务服务”，自2017年10月30日起，金水区企业登记可以通过互联网服务平台全程电子化登记注册，足不出户完成注册登记。

【企业信用信息公示】 夯实信用监管基础。克服我区市场主体总量大、年报公示任务重等困难，加强政策宣传和帮扶指导，建立工作通报机制，积极动员市场主体做好首次年报公示工作。我区2016年度企业、个体年报公示率全部达到92%以上。积极推进“双随机、一公开”监管改革。围绕简政放权、放管结合、优化服务的改革要求，持续深化商事制度改革，全面加强事中事后监管，推行“双随机、一公开”（随机抽取检查对象，随机选派执法检查人员，向社会公开检查结果）监管，实现工商部门执法检查事项随机抽查全覆盖。牵头全区33个成员单位加强涉企信息归集，积极推进失信联合惩戒。持续加强诚信“红黑榜”建设，“一处失信、处处受限”的惩戒效应进一步显现。

【市场监管执法】 按照区委、区政府“双迎攻坚”集贸市场专项整治工作部署和治理标准，区工商质监局目标明确，多措并举，持续发力，全力推进集贸市场整治工作。专项治理工作开展以来，共新办理营业执照890户。同时，对全区集贸市场开展“惠民生”免费计量器具检定工作，共免费检测计量器具2240台，对检定合格的加贴合格证。对不合格的计量器具当场做出没收处理，并对市场开办方下达责令整改通知书；积极开展虚假违法广告专项整治行动。以规范辖区媒体广告审查为结合点，强化行业自律，引导广告活动主体自觉建立广告审查制度，落实责任，从源头减少虚假违法广告的发生和传播；及时查办上级交办、有关部门移送、群众投诉举报以及检查发现的各类广告违法案件，净化了辖区的广告环境。查办了某医学科技发展有限公司郑州分公司发布违法广告案，罚没款50万元；严厉打击、取缔传销和变相传销，努力维护经济秩序和社会稳定。加大宣传力度，分别利用春节、“3·15”消费者权益日、“金水区2017年度综治及平安建设宣传月”及日常巡查工作期间持续开展打击传销宣传，开展打击“华莱健”安化黑茶和“维迈”日用品商行涉嫌传销等专项行动，出动执法人员160余人次，车辆50余车次，排查商户400余户，制作并在社区设置打击传销宣传展板13个，悬挂打击传销横幅30余个，印发打击传销宣传材料4000余份，发放拒绝传销手提袋600余个；扎实开展烟草市场综合整治。牵头全区8个部门联合成立金水区烟草市场综合治理工作领导小组，建立了联席会议、案件督办、信息互通、政策研究、案件奖励等工作制度，出台了烟草市场综合整治工作方案，多次组织开展集中治理，认真查办涉烟案件。共开展烟草市场集中行动83次，出动人员347人，出动车辆123车次，取缔无证商户17家，立案查处2起，查扣软中华、玉溪、七匹狼、云烟等烟草制品112余条，案值0.94万元；加强合同市场监管。组织开展2016年度省级“守合同重信用”企业公示活动；强化网络市场监管。开展网络市场监管专项行动，实现了全区执法监管全覆盖；充分发挥商标监管和服务职能作用。以深入开展“打击侵犯知识产权和制售假冒伪劣商品专项执法行动”为抓手，加大商标侵权行为的打击力度，以驰著名商标、涉农商标、涉外商标、老字号商标、地理标志为重点，严厉打击食品、药品农资家用电器等领域的商标侵权行为，先后组织开展严厉打击农村市场假冒名牌食品饮料违法行为专项行动及春节期间侵权假冒商品工作，打击商标侵权行为，维护商标权利人的合法权益，共办理商标侵权案件30件，罚没款16.55万元；在创新工作机制，促进商标增量体质，实施商标品牌工程，行政保护商标品牌等方面开展了大量工作。目前，金水区商标注册量为：51461占全市注册量的31%；其中河南省著名商标71件，中国驰名商标7件，商标拥有量居全市第一；严查不正当竞争行为和商业贿赂行为。指导办理疑难案件，积极参加市扫黄打非工作，开展了公用企业限制竞争和垄断行为突出问题专项整治、打击制售有人民币图样“冥币”违法行为专项行动、查处不正当有奖销售活动专项行动。有效维护了公平有序的市场环境。

【消费维权】 积极应对12315网络平台上线运行，维权渠道呈现向线上线下双向拓展的良好态势。舆情应对能力持续提升。积极应对央视“3·15”晚会曝光的事件，对发现的广告违法问题及时严肃查处，罚款100万元。截至年底，共接待消费者咨询18000余次；接转投诉6402件，处理6402件；受理接转举报3130件，处理3130件；投诉举报共计9532件，处理率达到100%。

【强化商品质量监管】 持续开展农资打假专项行动。持续以化肥、种子、薄膜产品为重点开展专项整治行动。扎实开展各类专项整治行动。先后开展地条钢、电线、电缆、认证认可检验检测等专项整治行动。加强假冒伪劣商品查处力度。4月，配合市局在辖区开展对男装和童装进行了14个批次的抽检；6月20日，委托第三方检测机构对卫生巾、纸尿裤等卫生用品进行了抽检，共抽检了10个批次，都在合格产品之列。7月—9月，根据郑工商文〔2017〕139号和郑工商文〔2017〕143号文件精神，开展了2017年红盾质量维权行动。先后组织开展了流通领域电线电缆质量监督检查、清查不合格餐厨小家电、清查不合格灯具、清查不合格老花镜、清查不合格餐厨小家电、清查电气火灾综合整治等一系列专项整治活动。查办侵害消费者权益案件20件，罚款39200元。

【特种设备安全】 抓好事故应急救援措施的落实。强化社会宣传，寓服务于监督检查全过程，力争实现法律效果与社会效果的双统一。先后在南阳路二小、沈庄新城社区、绿荫广场等单位开展多种形式的特种设备安全知识宣传活动，发放宣传资料6000余份。在全区领域内组织开展了锅炉、压力容器、电梯等专项检查活动。

【标准计量监督】 坚持做好企业执行标准的动态管理工作，认真履行标准化管理职能，依法查处无标生产行为，强化企业严格按照标准组织生产的意识；认真开展强制性国家标准监督检查，对辖区各大商场及超市的化妆品标签、月饼、饮料、保健食品等产品进行监督检查，督促各商场严格按照国家标准把好进货关；加强农资计量、眼镜制配计量秩序专项整治。

【大气污染防治】 牵头推进散煤治理工作。按照区委、区政府的工作要求，全力开展散煤治理工作，全域实现无煤化。组织召开金水区散煤治理工作推进会，督促各工商质监所、责任单位认真落实工作责任，各责任单位已建立健全洁净型煤生产经营企业供应能力、产品质量、价格管理工作机制，散煤治理工作制度机制逐渐完善。强化“小散乱污”企业整治。充分发挥“小散乱污”企业专项工作组作用，强化整治措施，层层落实责任。通过集中整治，加强了原煤销售点的规范管理，严格规范了经营户的经营行为，有效地遏制了散煤经营户污染源的不断扩散。

【政府信息公开】 按照“依法公开、真实公正、突出重点、注重实效、有利监督”的原则，严格执行政府信息公开条例。认真做好依申请公开工作，建立健全政府信息公开申请接收、登记、办理、审核、答复、归档等各个环节的制度规范，依法妥善做好相关工作，共处理依申请公开信件126件。

【人民来信来访】 始终把稳定安全信访工作作为头等大事，强化安全生产大排查，加大敏感领域、重点环节的监管力度。截至年底，共受理来信来访案件2155件，其中，来信1352件，区政府和市局转办780件，网上信访系统23件，结案率为100%。

【队伍建设】 突出办事窗口等重点岗位，认真开展查党建、查作风、查纪律、查进度活动；“两学一做”学习教育常态化、制度化工作扎实开展；党建工作稳步推进，党员党悟持续提升。党风廉政建设有力推进；建立健全“明责、述责、评责、问责”的工作机制；精神文明建设扎实开展。持续开展道德讲堂、志愿服务、文明经营等创建活动；切实推进巡察整改。积极配合巡察，立行立改。制定《巡察整改实施方案》，及时整改巡察组反馈意见，确保件件有落实，事事有回音。

（撰稿：鹿　璐　审阅：卢建国）

金水区工商质监局举行国家工作人员宪法宣誓仪式

市工商局党组书记、局长吴凤军（左二）到金水区集贸市场开展“双迎攻坚”督导检查工作

安全生产监督管理

【概况】 金水区安全生产监督管理局于2004年成立，单位性质为事业单位，2010年，根据区政府改革文件要求，改为行政单位，办公地点位于郑州市东风路科技一条街政府4号办公楼。局内设办公室、综合科、安全监督管理科、法制宣传教育科，下设安全生产监察大队、金水区职业卫生监管与安全生产应急救援指挥中心2家事业单位。

【责任体系】 严格落实领导责任。不断健全安全生产党政同责和一岗双责制，每个季度定期对办事处和安委会成员单位进行考核，严格安全生产考核工作，全年按照季度如实填报科级干部实绩档案233人次，真正把各项措施和责任落到实处。严格落实监管责任。按照“三管三必须”和“属地管理”原则，细化任务分解，层层签订安全生产目标责任书50份，督促各街道与村（社区）签订安全生产目标责任书193份，签订率达100%，把安全责任落实到每个单位、每个岗位、每个环节，使人人都能把安全生产放在心上、抓在手上。严格落实企业主体责任。采取以点带面，点面结合的方式，以企业落实安全生产主体责任“十个有”(即：有机构、有培训、有承诺、有预案、有报告、有保单、有自查、有标准化、有台账、有园地）活动、召开诚信企业观摩会，以诚信企业创建活动为抓手，稳步推进企业主体责任落实，通过对正道花园商厦等14个申报市级安全生产诚信企业培养、辅导并逐个进行区级验收后推荐鑫山实业等3个优秀企业进行市级创建。在全区开展“深化企业主体责任深化年安全生产知识竞赛”活动，参赛队伍共39个，参赛人员117人，受教育群众6200人次，通过抓企业主体责任相关知识的宣传、教育，深入推进企业安全生产主体责任落实。

【管理保障体系】 严格创建标准，狠抓安全创建工作水平。印制发放《安全生产标准化文件汇编》，多次召开安全和谐型社区以及标准化推进会。全区204个社区中，达到区级安全和谐社区要求163个，创建率达到80%，获得市级安全和谐型社区10个；全区23家企业获得2、3级安全生产标准化企业称号。完善应急预案，扎实开展应急预案演练工作。在天荣汽配城、天荣建材港组织开展了全区安全生产应急救援综合演练活动，督促辖区156家生产经营单位进行了应急预案演练，组织大型综合性演练18次，其中，危险化学品应急演练5次，医院、学校、商场高层住宅消防应急演练13次，并加强对应急管理知识宣传，提高了群众应急救援逃生技能。强化基础建设，认真做好职业危害申报工作。积极做好尘毒危害治理“示范创建”工作，郑州郑荣集团有限公司已通过验收，圆满完成市卫计委等五部门对金水区尘肺病防治工作的督办。严格按照《作业场所职业危害申报管理办法》的规定如实填报申报信息并严格审核，全区已有25家用人单位通过了网上作业场所职业病危害项目申报，16家完成变更申报。保持高压态势，深入推进危化品领域打非治违工作。全年共排查易制爆危险化学品企业57家，下达行政处罚决定书15份，行政处罚31000元；完成了加油站地下双层罐改造13家；依靠安全专家力量，在全区22家三级以上标准化工贸试点企业中开展较大危险因素辨识管控工作，共排查出较大危险因素104处；严格危险化学品行政审批，全年办理《危险化学经营许可证（无仓储）》22份；排查危险化学品经营、储存、使用企业98家，排查隐患192处。

【安全生产】 抓社会宣传，提高群众安全意识。以安全生产月活动为载体，广泛开展安全生产知识“进社区、进家庭、进企业”等“七进”活动，建立金水区“安全金水”微信公众号，及时把安全生产知识和动态信息在微信公众号上发布，联合区总工会开展2017年“安康杯”活动，组织参加第九届“碧源·安全河南杯”知识竞赛活动。全年共展出宣传展板238块、条幅265条，设置咨询台48个，出动宣传咨询车17余辆，向社区居民、过往群众发放5.5万余份宣传资料，受教育群众近5万人。抓业务培训，提高从业人员安全技能。全年，复工复产共培训企业544家，培训人员19000余人，其他从业人员30000余人次，特种作业人员78人取得资格证。4月，组织全局安监干部认真参加国家安监总局监管监察视频业务培训，5月，组织全区安全监管人员120人赴河南理工大学进行封闭式业务培训。10月，组织人员参加安全监管监察干部网络培训和行政执法人员培训暨综合法律考试，并全部一次通过。抓监管执法，构建依法治安体系。涉及区安监局的权力和责任清单共计368项，按照要求认真完成各项任务清单。申请资金购买执法记录仪、现场快速执法终端等设备，进一步提高监管执法水平。全年共计行政处罚30起，罚款金额83.5万元，其中，重大处罚3起，罚款金额75万元整，无行政复议、行政诉讼的败诉案件。

【大检查和专项整治】 硬起执法手腕，重点行业领域排查到位。印发《关于在全区重点行业领域开展安全生产专项整治工作的通知》，采取联合执法、加大处罚力度和关停等执法手段，突出对建筑、消防、特种设备、危险化学品等重点行业共排查各类隐患2487项，整改隐患2487项；依法打击严重违法违规行为23起，行政罚款67.47万元。发挥专家优势，事故隐患排查“会诊到位”。根据工作特点，针对特殊时段、重点部位，安排技术专家，与9个安全生产综合督导组一同深入一线听汇报、看现场，发现安全隐患、提出解决方案，及时整治督查中各类安全隐患和突出问题。突出事故隐患，安全生产大检查活动整治到位。采取“条块结合、上下联动、各负其责”的工作机制，聘用社会第三方力量，对辖区所有行业领域开展了为期3个月的安全生产大检查，重点检查建筑施工、危险化学品、特种设备、人员密集场所等行业领域。大检查期间，共对9612家企业进行检查，发现隐患2977项，整改2659项，整改率89.31%，成立联合执法检查组56个，检查企业357家，停产停业整顿52家，关闭取缔25家。

（撰稿：陈　聪　审阅：邢宝丽）

金水区企业安全生产责任深化年知识竞赛

金水区企业安全生产责任深化年知识竞赛

食品药品监督管理

【概况】 郑州市金水区食品药品监督管理局成立于2010年10月，2011年5月机构改革与金水区卫生局进行人员职能划转交接。原为垂直部门，2015年10月机构改革为区政府工作部门。成立了新的区食品药品监督管理局（挂区食安办牌子）、食品药品稽查大队及17个街道办事处食品药品监督管理所，同月完成了与区食安办的整合及与本级质监部门食品生产环节监管职责交接，与本级工商部门食品流通环节监管职责交接，并于2015年11月1日正式履行新的监管职责。负责食品、保健食品、药品、化妆品和医疗器械监管工作。局内设办公室、行政服务科（法规科）、食品安全协调督查科、食品监管科、药品化妆品监管科、医疗器械监管科6个科室，另设食品药品稽查大队，食品药品稽查大队内设17个食品药品监督管理所。

【食品安全监管】 加强食品生产经营主体日常监管。落实“食品安全生产主体责任”，摸底排查生产、餐饮、流通单位；大力开展学校食堂、面粉生产、桶装饮用水、学习食品生产加工小作坊、网上订餐、厨余垃圾去向等工作，突出食用油、地沟油、月饼及馅料食品、食品添加剂等重点食品，旅游景区、城乡结合部、学校周边、餐饮示范街区等重点区域，传统节日、中高考期间、大型活动和重要会议等重点时段，组织开展排查治理和专项整治行动；建立食用农产品准出和市场准入衔接机制，集中整治食用农产品批发市场、集贸市场等；加大对从事大宗食品、跨区域流通的经营企业和大型餐饮配送企业、大型聚餐场所的监督检查力度；强化对学校、建筑工地、集体聚餐食堂等的日常巡查和执法检查，防范食物中毒事故发生；持续推进“透明厨房”活动；开展餐饮服务食品安全示范街创建工作。全年检查食品生产经营企业21000多家次，进行食品餐饮环节抽检518个批次，流通环节972个批次，开展各类食品安全专项整治36项，监管覆盖率达99%以上；实施“明厨亮灶”工程4955家，上报22家明厨亮灶示范店；创建餐饮服务食品安全示范街34条，确定“万达金街”“曼哈顿中街”为市级食品安全示范街，上报12家“百家食品安全示范店”；参加包括省市两会等重大会议保障18次，保障参会人员7186人，合计73天、276餐次。未发生较大的食品安全事故。

【药品、化妆品监管】 突出基本药物监管重点，建立健全基本药物配送企业档案和监管档案，对基本药物配送企业进行常态化、全过程监督检查；加强特殊药品经营企业日常全覆盖监督检查，强化特殊药品化妆品监管，有针对性地组织开展经营环节监督检查和飞行检查；开展“双节”期间药品流通领域、非法渠道购进药品、“千家”宾馆酒店化妆品、医疗机构药品质量安全等药品化妆品专项整治11项；加强药品化妆品不良反应监测工作。截至年底，共监督检查药品经营企业620家次，医疗机构578家次，化妆品企业763家次，覆盖率100%；完成抽检任务74批次，上报不良反应报告1422份，药物滥用60份，撤销GSP证2家。

【医疗器械监管】 加强对医疗器械生产企业和高风险医疗器械经营企业的日常监督检查；全面推进实施医疗器械质量管理规范，以三类医疗器械产品、定制式义齿、贴敷类为重点监管品种，以采购过程控制、生产过程控制、成品检验控制为重点监管环节，开展医疗器械“三加强三服务”“四排查规范”“六有六到位”等专项整治；配合开展医疗器械国家、省、市监督抽验。共检查医疗器械生产企业11家，经营企业1877家次，开展专项整治13项，监管覆盖率达99%以上；配合省市完成抽验8批次；上报不良反应报告229份。

【创建工作】 积极推进国家食品安全示范城市建设。全面贯彻落实省、市创建国家食品安全示范城市工作精神，制定印发《金水区创建国家食品安全示范实施方案》，成立区创建工作领导小组，召开动员会；按照国家创建标准，全面推动五大食品安全治理体系十大食品安全保障工程、五类食品安全突出问题专项整治的创建目标任务落实，结合“双迎攻坚”工作重点，全力推进各项工作，按照创建工作任务的要求，按时按要求稳步推进，效果显著。食品经营企业持证率达到99%以上，市场秩序进一步规范，参与率、知晓率、满意率进一步规范，累计投入创建经费40余万元。完善推进省级示范所创建工作。2017年，严格按照省级示范所创建要求，加强对基层监管所的办公场所设施、执法装备、规章制度、统一标志标识建设，进一步规范基层监督所执法行为，实现规范化、制度化运行，基层监管能力得到进一步提升，成功申报南阳路食品药品监督管理所为省级示范所，11月22日，全市省级乡镇（街道）食品药品监管示范创建工作观摩团对其进行观摩学习。

【完善监管体制机制】 规范行政执法行为，提高服务水平。制发5000份行政服务指南，规范受理程序，全面推行“五单一网”工作，在此基础上不断深化行政审批，规范行政执法行为。全年共受理行政许可16142件，核发食品经营许可证15162件；行政诉讼案件32起，行政复议180起，行政信息公开22起，审核行政处罚案件126件，审核给职业举报人回复材料4572件，进一步提高了服务效率和水平；加强科学监管，不断完善工作运行机制。以“痕迹化”管理机制为主要内容，修订完善有关规章制度和管理办法，初步建立了科学严谨完善的岗位责任体系、目标管理体系、考核评估体系、奖惩激励体系等内部运行机制；推进基层所规范化建设。加强对基层监管所的办公场所设施、执法装备、规章制度、统一标志标识建设，进一步规范基层监督所执法行为，实现规范化、制度化运行，基层监管能力得到进一步提升；加大案件查办工作力度，严厉打击违法行为，全年共受理投诉举报4572起，办结3348起，立案130起，结案88起，执行罚没款76.04万元。持续提升以网格化管理为主要内容的食品药品监管长效机制建设，发现问题、处置问题效率进一步提高；强化事中、事后监管，建立健全日常巡查、问题核查、突击抽查、动态监督、随机抽验、明察暗访等立体风险防控体系，主动查找隐患，推进重视终端产品监管向生产经营全过程监管转变；建立完善实施质量安全追溯制度和企业诚信管理制度。共接收网格化社会管理平台交办问题1221件，全部办结，按时办结率100%。

【监管能力建设】 以贯彻民主集中制为重点，坚持重大事项集体研究决定、月领导班子会议和周办公例会制度，着力加强领导班子建设，班子的凝聚力、号召力、战斗力进一步增强，示范带头作用进一步发挥；通过召开领导班子专题民主生活会和机关党员组织生活会，开展批评与自我批评，查找不足，交流思想，沟通意见，凝聚人心，形成合力；积极开展稽查餐饮监管、流通监管等大比武活动，认真落实学习制度，坚持周一业务培训、周二政治学习制度，组织干部职工学政策、学业务、学管理，并积极开展调研活动，把学习的成果逐步转化为解决实际问题的能力；依法行政工作进一步提高。加强干部职工依法行政教育，依法行政能力和意识进一步提高。未发生越级上访案件、行政复议败诉案件和安全事故。

【党风廉政建设】 把党风廉政建设目标任务分解落实到各科室（所）和每个人，落实“一岗双责”责任制；加强党风廉政建设宣传教育，开展反腐倡廉教育活动，筑牢党员干部拒腐防变的思想道德防线，开展集中廉政教育6次；加强对执法检查、发证、行政审批、稽查办案等重点环节的监督，坚决消除和杜绝消极应

金水区食药局工作人员在大河锦江饭店现场抽验

省食药局副巡视员王建防（中）在河南饭店考察党代会会前保障工作

对、推诿扯皮、办事拖拉等现象；积极开展侵害群众利益的不正之风和腐败问题专项整治工作和懒政怠政为官不为问题专项治理活动。全年共抽查监督所73次，行政执法回访被监管商户335家，满意率99%，基本满意率1%，发送廉政短信24批次，共1366条。

（撰稿：毋秀秀　审阅：于　镭）

市场管理

【概况】　郑州市市场发展局金水市场管理处（以下简称金水市场管理处），位于国基路和普庆路交叉口向北100米路东，是郑州市市场发展局管理区域市场的派出机构，正科级单位。主任贾大志，党支部书记郑玲，副主任赵凯、杨杰。内设办公室、党建办、人事科、宣传教育科、效能科、市场管理科、发展规划科等7个科（室），下设4个区域市场管理所。主要履行商品批发交易市场建设、审核和管理职责，负责标准化农贸市场建设和提升改造、中心城区市场外迁等工作。

【市场治理】　根据市、区迎接全国文明城市验收国家卫生城市复审“双迎攻坚”和城市精细化管理工作整体部署，金水市场管理处作为金水区集贸市场整治的牵头单位，组织对全区78个（23个农贸市场、55个专业市场）集贸市场开展整治提升工作。从硬件改造和管理提升两方面，以农贸市场为重点，开展整治提升工作，取得明显成效。全区集贸市场共发现问题3568处，整改问题3015处，整改率84.5%。治理效果较好、达标率较高的农贸市场18个，占年终正常经营的21个农贸市场总数的85.7%；多数专业市场治理效果较好。区集贸市场治理指挥部4月被市“双迎攻坚”办评为红旗单位。

制定工作方案，建立组织、机制和制度。根据市、区“双迎攻坚”重点治理及城市精细化管理相关工作方案，结合我区市场实际，制定《金水区“双迎攻坚”集贸市场治理工作方案》《金水区“双迎攻坚”集贸市场治理工作督导方案》《2017年金水区城市精细化管理集贸市场整治工作方案》，成立区集贸市场整治工作指挥部；建立“条块结合，属地为主”的工作机制；制定考评办法、通报制度、奖惩制度、打分排名制度等。

开展对集贸市场的问题排查整改和管理提升。认真开展问题排查、整改督导。在市场自查的基础上，指挥部各成员单位实行网格化管理机制、“四位一体”工作机制，不间断排查、督促指导整改问题，建立各市场问题整改责任台账，实行销号管理。帮助市场加强日常管理，提高管理水平。在各市场召开整治动员大会，提高商户知晓率和参与度；建立文明商户评选办法、红黑榜制度、奖惩制度等评优评差机制；在各市场建立志愿者队伍，开展文明志愿服务活动，吸收商户积极参与市场治理；帮助市场完善各类管理制度等。重点整治市场环境卫生和秩序。在市场推行网格化管理、商户门前责任制；督促市场形成每天营业结束进行卫生清扫，每周开展一次大扫除的常态化制度，参与开展全城卫生清洁行动等。

强力推进市场硬件设施改造。针对全区硬件不达标农贸市场较多，特别是农贸批发市场建设标准低、设施老旧的情况，在现有基础上对市场重点区域不达标的设施进行集中整改，统一对全区所有农贸市场中的22座公厕进行二类标准公厕改造，购置生态环保公厕2座；统一为所有农贸市场配置菜筐、地台；统一制作宣传版面、证照公示栏。对市场垃圾房进行封闭；对水产区设置隔离台，宰杀台统一标准改造；完善防蝇防尘设施，统一配置保鲜柜；改造上下水设施；对破损老化路面进行硬化更新等。对基础差、问题较多的陈寨蔬菜批发市场、万邦新绿地农产品配送中心市场，区指挥部、辖区办事处派驻工作组进行专项集中治理，在较短时间内使两个市场有较大提升，治理成效得到各方面肯定。

对不具备市场营业条件的农贸市场和便民点进行关停、改造。便民点5家关停；农贸市场3家关停，1家转型，1家拆迁，3家整体改造。

农贸市场硬件设施改造，区政府累计投入近1000万元，

【市场建设改造】　2017年，认

真落实郑州市农贸市场规划建设和提升改造工作部署，圆满完成郑州市下达的标准化农贸市场建设和提升改造目标任务6个，其中完成市下达的十件重点民生实事新建（改建）标准化农贸市场目标任务3个。出台相关政策文件。根据市相关文件精神，金水区政府出台了《郑州市金水区人民政府关于加快推进农贸市场规划建设和提升改造工作的实施意见》《金水区农贸市场规划建设和提升改造专项资金奖补暂行办法》，结合实际，制定具体工作程序和年度工作实施方案，下达年度目标任务，并召开动员会、推进会安排推进工作，开展政策宣传，发放宣传手册200余册；认真开展农贸市场建设审核、评审、指导等相关工作。严格按照《郑州市农贸市场设置与管理规范》审核农贸市场建设改造项目，对通过市评审的开工建设项目积极指导服务，全年审核项目7家，提供咨询指导的拟建设项目9家；加强农贸市场建设管理。对全区新建、改造农贸市场情况进行监督检查，对私自建设、不按标准建设的农贸市场分别向辖区办事处和项目方下发《市场规范建设通知书》，责令整改。

【市场外迁】 2017年，圆满完成郑州市下达金水区市场外迁目标任务6个，与区商务局密切配合，加强组织协调督察指导，开展了一系列工作。一是结合实际，制订了《金水区2017年大围合区域市场外迁工作实施方案》及《金水区2017年大围合区域市场外迁“一场一案”工作方案》，下达了2017年市场外迁工作目标任务，并召开全区各相关单位动员会。二是采取日常督导、专项督察、召开推进会等多种形式推进市场外迁工作。全年联合区纪委、区政府督查室开展专项督察6次，召开推进会6次；同时积极开展对相关办事处和外迁市场的服务，共同研究解决疑难问题。三是加强对大围合区域内新建、扩建商品批发交易市场情况的监督检查。2017年全区未发现新建、扩建商品批发交易市场情况，全区已外迁市场无商户回流现象。

【安全生产】 把市场安全生产特别是消防安全作为各项工作的重中之重，持续强化监管。一是积极履行行业部门监管职责，全面落实日常和专项治理工作。按照统一安排，认真组织开展夏季消防安全、冬春季消防安全、“安全生产百日攻坚行动”等各类专项整治活动，开展国庆节、春节、中共十九大期间等重要时间节点集中整治；同时做好常态化监管，依照市、区要求和部署，与“双迎攻坚”集贸市场治理工作相结合，加强安全生产日常检查和隐患排查整改，重点加强对消防设施、器材、用电、“三合一”、“二合一”现象、占用消防通道、堵塞疏散通道、违规动用明火、消控室值班、微型消防站建设情况等的检查。全年共排查出隐患910处，下达《整改通知书》214份，整改隐患845处，整改率92.9%。建立隐患排查台帐，实行销号管理，对隐患短期无法整改到位的市场，监督其落实措施确保安全；对拒不整改而又未采取保障措施的先约谈，并分别上报区安委会、防委会。2017年全区市场行业无较大以上安全生产事故发生。二是进一步规范安全生产监管工作。建立各市场演练、宣传、教育培训、隐患排查整改台账等监管台账，督促市场认真开展相关工作；定期召开安全生产、消防安全专题会议安排部署工作；召开安全生产形势分析会，根据分析结果针对性开展工作；实行对重大隐患市场和安全生产问题较多市场的约谈制度。认真落实安全生产、消防安全责任制，管理处与全区各市场签订安全生产、消防安全目标管理责任书，并督促市场与员工及商户层层签订目标管理责任书。积极推动辖区市场专职或义务消防队、微型消防站建设，设置火灾应急广播、独立式火灾探测报警器和简易喷淋设施，配备必要的疏散逃生器材等。三是加强消防培训和演练。对全区市场负责人进行了2次集中培训，组织全区市场开展集中消防宣传3次；开展国务院《消防安全责任制实施办法》宣讲活动，进一步明确市场主体责任和行业监管责任，发放市场消防安全管理手册300余册。积极督导辖区市场开展灭火演练和人员疏散演练，对从业人员进行全员消防培训，普遍组织一次灭火和应急疏散演练。

【市场统计】 持续开展辖区市

农贸市场

花卉市场

场统计工作，进一步健全商品交易市场动态档案，截至2017年年底，全区共有各类商品交易市场74家，其中，专业市场51家，规范建设的农贸市场23家。

（撰稿：张运领　审阅：贾大志）

审计工作

【概况】　郑州市金水区审计局成立于1984年8月，对金水区政府和郑州市审计局负责并报告工作，是区政府综合管理全区审计工作的职能部门。在区委、区政府和市审计局的领导下，在区人大的监督下，依照《中华人民共和国审计法》规定的职责、权限和审计程序，履行审计监督，维护国家财政经济秩序，促进廉政建设，保障全区经济健康发展。

金水区审计局内设办公室、法制科、信息科、财政审计科、基建审计科和经济责任审计科六个科室,下设二级机构金水区经济责任审计办公室。

2017年，共开展审计（调查）项目141个，其中，财政审计2个，专项审计（调查）项目2个，经济责任审计项目29个和政府投资审计项目108个，审计期间查处违规金额3118万元，管理不规范金额18835万元，审计核减政府投资项目资金6799万元，平均核减率9.09%。提出审计建议312余条，均被相关单位采纳，有效服务了领导干部管理和区域经济发展。

【财政审计】　2017年，审计局有效整合审计资源，建立财政大数据库平台，采取项目联动、数据共享、审计组互动的组织方式着力开展预算执行审计。对区人力资源和社会保障局、科技局、南阳路街道办事处等12个预算单位预算执行情况进行延伸审计，对部分区重点资金、重点项目进行了抽查，涉及2016年预算资金10.144287亿元，发现各类问题23项，针对财政管理6个方面的薄弱和不足提出了审计建议。同时，对区地税局2016年度税收计划执行情况开展了审计，审计主要以税收政策执行为重点，旨在反映地税部门在税收管理中存在的问题，从而促进了地税部门依法治税，保证金水区地方税收收入持续、稳定增长。

【政府投资项目审计】　2017年，审计局对金水区艺术小学综合楼工程、康苑居二期八号楼和九号楼工程、纬四路道路工程、金城大道第四标段、金水区康苑居保障性住房外网给排水工程等108个项目进行了竣工结算审计，报审结算总金额7.4818亿元，审定金额6.8019亿元，审减工程款6799万元，平均核减率9.09%，为政府严格把好财政资金支出关口，政府投资效益得到全面提升。

【民生资金项目审计】 高度关注民生项目审计，切实维护人民群众权益。一是按照上级审计机关工作部署，以“摸清现状，揭示问题，强化管理，提升效益”为目标，积极开展农业支持保护补贴政策落实情况审计，通过对农业支持保护补贴资金管理使用及相关政策法规贯彻执行情况进行审计，揭示农业支持保护补贴资金管理、使用、分配过程中的突出问题，提出完善制度、规范管理的审计建议，切实提高农业补贴政策的指向性、精准性和实效性。二是根据郑州市审计局统一安排，对郑州市惠济区2016年保障性安居工程的计划、投资、建设、分配、运营等情况，及配套基础设施建设情况进行审计。在保障性安居工程跟踪审计中，发现问题7项，涉及财政性资金4.441978万元，移送纪委等部门处理事项2个。审计查出问题后，有关部门正在积极整改中。

【经济责任审计】 深化领导干部经济责任审计工作，不断加强干部权力运行监督。审计局按照上级审计机关关于深化经济责任审计的有关要求，不断加大审计力度，拓展审计内容，创新方式方法，规范修订《金水区审计局主要经济责任审计文书参考格式》，完善《党政主要领导干部和国有企业领导人员经济责任审计工作方案》，并对全区党政主要领导干部经济责任审计的实施、审计评价标准、离任审计交接及成员单位联络等进行了全面规范。2017年，共开展经济责任审计项目29个，查出管理不规范资金13120万元，违规资金2710万元，提出合理化建议96条。

【落实“一审双报告”制度】 根据《郑州市审计局关于落实审计工作“一审双报告”制度的通知》要求，结合实际，采取措施积极落实审计工作“一审双报告”制度。一是召开专题会议。按照《国家审计准则》要求和全省审计工作暨审计机关党风廉政建设工作会议精神，为抓好审计项目实施工作，提升审计质量，落实审计项目“一审双报告”制度，及时组织召开专题会议，要求所有审计项目实施完成后，由科室长组织召开审计项目总结分析会，审计组成员参加，重要项目分管局领导出席，对审计组织实施情况和工作开展情况进行全面认真分析，分别形成审计报告和审计工作情况报告。二是明确责任。局分管领导切实负起领导责任，切实抓好分管科室落实“一审双报告”工作督导；法制科室抓好对该项工作的督促、把关、考核。三是严格考核。修订完善年度工作考核办法，将落实“一审双报告”制度情况纳入年度责任目标考核，作为一个单项指标引导全局落实好“一审双报告”制度。

【区政府临时交办工作】 审计局在按年初计划开展审计项目的同时，选派业务素质高、责任心强的人员协助审计署特派办到青海审计组工作；配合省审计厅开展对省商务厅第十届贸易投资洽谈会经费支出审计；配合区委巡察办开展全区第二轮、第三轮、第四轮巡察工作；选调优秀工作人员参加区政府信息工作轮训；参与非法集资涉案资产处置工作；抽调12名业务骨干参与小金库专项清理整治工作；抽调年轻干部参加区政府创建全国文明单位知识竞赛组，并取得优异成绩；参与金水区与经济技术开发区弘润幸福里联合工作组等。按照《中华人民共和国政府采购法》《中华人民共和国招投标法》和《金水区政府采购暂行办法》，与区发改委共同参与对29个区政府投资计划重点项目的政府采购的开标、评标过程进行了监督。先后共派出审计骨干70余人次，全力完成临时交办任务16项，为金水经济社会稳定发展做出积极贡献。

【审计队伍建设】 认真组织全体人员学习党风廉政建设有关规定和审计“八不准”纪律，进一步完善了《金水区审计局党风廉政建设制度》《金水区审计局纪律检查制度》和《金水区审计局审计廉政纪律》等规章制度，邀请专家为全局审计人员上党风廉政建设案例教育课，局领导不定期对廉政建设情况进行分析研究，采取责任到人，认真开展了谈心活动。深入贯彻落实全区以案促改工作和“双节”廉政谈话会议精神，率先开展了“优化经济发展环境专项整治活动”、“一准则一条例一规则”和“讲忠诚、守纪律、做标杆”集中学习教育活动。通过学习教育和相关活动的开展，审计人员的依法行政、依法从审、廉政意识进一步增强，保持了审计机关兼洁从审，洁身自好的形象，为惩防体系建设工作奠定了坚实的基础。

（撰稿：胡子臻　审阅：常世东）

投资评审

【概况】　金水区政府投资评审中心成立于2005年8月，内设中心办公室，项目评审一、二、三科、项目复核科。中心工作职能是承担区政府财政投资工程项目、工程量签证单及临时性政府投资工程项目的评审工作，编制项目投资最高限价报告，提供政府采购招标价格依据，为政府财政投资资金把关，努力实现政府投资效益最大化。

【科学评审】　中心以我区重点工程的评审为核心，坚持“项目化推进、台账式管理”，责任到人，统筹兼顾，严把节点，定期研判，力求评审项目高质量、效益最大化。2017年，共接收政府投资评审项目510个，共计报审金额441973.72万元。目前已完成评审项目466个，共计报审金额299579.98万元，审定金额267797.57万元，审减额31782.41万元，审减率10.61%。目前正在评审的项目30个，报审金额106026.53万元,待评审项目14个，报审金额36367.21万元。

【工作重点】　严格履行《金水区政府投资项目管理办法》和《金水区政府投资评审实施细则》中的规定要求，加强对工程项目的评审，有效地保证了项目中政府利益不受损失。

加强与相关部门间的沟通和配合。一方面加强与建设单位联系，主动进入工程项目现场进行实地勘查，掌握第一手资料；另一方面积极与工程相关监管部门沟通，建立协调联动工作机制，采取步调一致的行动，齐心协力服务好工程建设。

做实做细五项具体工作，打造评审服务品牌。一是做好实地勘查，了解施工基础；二是核对设计图纸，提出合理意见；三是科学细致评审，控制工程造价；四是细化项目内容，服务清单招标；五是了解市场行情，调研材料价格。

【队伍建设】　中心注重部门人员的业务培训，努力打造学习型单位，建立周二学习日制度、中心组学习制度、领导干部述学制度，搭建现代化的工作平台，积极开展部门间的横向交流，精心组织业务骨干和技术人员参加省财政厅、市建委举办的评审业务培训班，进一步加强对新政策的把握和新定额的运用，通过学习培训，旨在增强评审人员的理论水平和业务能力，确保评审质量，为预算造价工作的政策解读和软硬件更新换代，为不断服务好金水区政府投资工程项目打下了坚实基础。

（撰稿:刘　行　审阅：任宗军）

交通管理

交通运输

【概况】 郑州市金水区交通运输局位于丰庆路街道办事处水科路2号。内设机构有办公室、党建办公室、纪检监察室、安全信息科。行政编制5人。二级机构有金水区道路运输管理局（金水区公路运输管理所由2016年8月9日更名为金水区道路运输管理局）、金水区农村公路管理所。主要工作职责有：贯彻执行国家、省、市、区有关交通运输工作的法律、法规和方针、政策。编制全区交通运输行业的中长期发展规划和年度计划并监督实施；编制全区交通基础设施和区域综合运输等专项规划并组织实施； 承担全区道路、水路运输市场监管责任；负责全区交通基础设施管理、工程建设施工许可等工作；负责管理养护工作，制定本辖区内农村公路管理养护实施细则；负责辖区内农村公路的路政管理和路产、路权保护工作；负责辖区交通运输安全生产和应急管理工作；负责全区交通运输的综合协调工作；负责组织协调国家、省、市、区重点物资和紧急客货运输；负责辖区内交通运输应急指挥，承办区政府和上级有关部门交办的其他事项等工作。

2017年，金水区拥有经营性运输车辆8975台（不含客车）。总吨位51247余吨；全区现有农村公路27.69公里，县（区）道13.85公里、乡道3.442公里、村道10.4公里；其中，县（区）道2条，分别是鸿宝路（G107国道至黄河大堤，全长8.222公里），鸿苑路（黄河大堤至连霍高速，全长5.619公里），由区交通运输局农管所具体负责日常养护管理工作；剩余的乡（村）道路具体由兴达路街道办事处负责养护管理。

【地方公路建设与养护】 2017年，在日常养护工作中，努力做到经常养护、全面养护、科学养护、文明养护。共巡路保洁1128公里，挖补坑槽1812.3平方米，整修路肩边坡82469平方米，量验184.3公里，清理垃圾1278.7立方米，疏通边沟67100米，处理水毁19立方米，有效的提高农村公路的服务能力，确保群众的日常出行。

【行业服务管理】 在交通运输管理工作中，坚持以构建和谐交通为出发点，寓执法于服务之中，寓管理于服务之中，努力在管理质量、管理细节上下功夫，全面提高行业管理水平。一是提高机关办事效率，提升行政审批水平。认真落实服务承诺制、公开办事制，不断提升了窗口办事效率和服务水平。截至年低，共受理行政审批件10325件（其中，受理货运运输车辆行政审批办件1021件，办理道路运输经营许可208件，办理年审业务6834件，办理注销业务1742件，办理转出业务264件，办理变更业务256件），受理审批办件从未出现任何差错。二是开展驾培市场整治工作。为进一步加强机动车驾驶员培训行业管理，规范市场经营秩序，开展驾培市场整治工作。在此次活动中，对辖区内驾校进行36次安全生产检查，查处违规驾校37家，拆除非法报名处、门头37处，并在9月对辖区内驾校开展驾培机构质量信誉考核工作。三是开展物流行业整治工作。2017年对物流行业存在的无证经营、非法从事货运站经营、货运代理和不诚信经营等予以坚决查处，共检查物流市场200余次，查处无证停业的物流公司100多家，并与物流企业签订《物流企业安全生产目标责任书》40份。四加强水上安全监管力度，积极开展水上交通运输整治。严格按照市、区相关要求，统一部署，局分管领导亲自带队，抽调2辆运政执法车辆，10名运政执法人员，每周多次对辖区水域进行检查，特别是放弃节假日休息时间，深入辖区水域对有可能涉及水上运输的11家经营户进行挨家挨户核实检查，并现场拍照取证，期间发现辖区沿黄水域快艇2艘，检查人员及时向营业户签发隐患整改通知书，通过多次督促整改，辖区内违法违规运营的2艘快艇其中1艘取缔，另外1艘已停止运营，切实做到查有纪录、有隐患，切实把安全责任落实到人。8月23日，金水区交通运输局联合郑州市地方海事局、区农委、区执法局、兴达路街道办事处等部门到马渡下延等沿黄湿地开展黄河湿地联合执法活动，此次行动交通运输系统出动机动车6辆，执法人10余人，暂扣违法船只15艘。

【大气污染防治】　加强日常巡查管理，做好道路管养和路面保洁力度，坚持每天对路面进行洒水降尘，并加大对重点污染路段清扫、洒水次数，共巡路保洁13000多公里；组织做好辖区四环沿线综合整治工作，协调组织相关办事处、局委硬化与四环的平交路口11个，清理四环两侧绿化带垃圾60余立方米、补种草籽250余公斤，清理沿线“小散乱污”10多处，有效的保持了良好的路容路貌。

【网格化管理工作】　2017年，有3名同志脱离原单位，全职投入到办事处和社区一线，“以群众满意为使命，为群众解忧为己任”，重点解决群众反映的农村公路、运政等交通问题，对不在自己职责范围内的问题通过网格向市交委汇报，争取上级的支持。

【安全生产】　加强日常安全监管。进一步加强对辖区农村公路桥梁的巡查，尤其是加大重点路段、事故多发路段的巡查力度，确保辖区农村公路畅通。做好节假日期间交通运输安全生产工作。在节假日期间，督促运输企业加强对驾乘人员安全行车教育并杜绝无证驾驶、超速超载和疲劳驾驶，落实恶劣天气和春运期间的应急预案。扎实开展安全生产大检查暨隐患排查治理活动。截至年底，共排查企业84家，排查隐患54处，整改到位54处，整改率100%。加强安全宣传，做好安全生产宣传月活动。充分利用展板、条幅、发放交通运输安全资料和彩页等宣传方式，加大宣传力度，共计发放宣传页2000余份、宣传品300余份，营造了良好的安全氛围。举办交通运输行业安全知识培训。组织辖区内130多家货运公司、80多家物流公司，企业法人和安全生产负责人参加此次会议。高度重视桥梁安全。投资近30万元对辖区贾鲁河大桥安装了24小时连续监测设备，为我区建筑垃圾清运工作顺利实施提供了安全保障。积极开展易制爆寄递物流专项整治活动。8月28日至目前，共排查167家，其中，下发整改通知书15家，停业整顿企业4家，关闭企业148家。

（撰稿：刘　畅　审阅：王　峥）

城区综合交通管理

【概况】　区城区综合交通管理办公室成立于2012年9月，属区政府直属事业单位，位于郑州市群办路6号，下设办公室、综合整治科、宣传教育科3个科室。

【停车场建设】　紧密围绕市、区两级党委、政府关于2017年城市精细化管理工作部署，对照市停车场建设管理领导小组下达的建成9000个公共停车泊位的任务，自我加压，制定全区建成10000个公共停车泊位的任务目标。

2017年，全区建成公共停车场85个，公共停车泊位12307个，其中，商业配建21个，停车泊位3022个；独立运营48个，停车泊位7767个；平面临时16个，停车泊位1518个。高质量、高标准超额完成全年目标任务。

根据会议精神，紧密围绕全年建设10000个公共停车泊位的目标任务，金水区制定出台了《金水区2017年停车场建设工作实施方案》和《金水区2017年停车场建设工作绩效考核办法》，按照各街道办事处区域空间发展情况、各自客观条件及停车需求比例，科学分配各街道办事处停车泊位建设的具体任务。

统筹金水辖区区域特点，兼顾不同的客观条件，明确针对性的建设重点：坚持政府主导停车场建设。按照国家发改委等七部委的发改委基础〔2015〕1788号、郑州市人民政府的郑政〔2015〕39号、金水区人民政府的金政〔2015〕74号文件要求，坚持政府主导，加大资金奖补，注重协调服务，鼓励和引进外资、民资共同参与开发、建设和经营停车场；重点推进高效率、高智能的立体停车场和地下停车场建设。建成了省地税局直属税务分局、九锦台、丰业广场等地上立体车库；数码公园、省实验小学、金水万达等地下立体或平面停车场；努力开辟地面临时公共停车场。在推动立体、地下停车场建设的同时，利用闲置空地、城中村拆迁、老旧城区改造的契机，努力开辟地面临时公共停车泊位；根据各街道办事处辖区实际情况，全区至少开辟建设30处地面临时公共停车场，全年新开辟建设地面临时公共停车泊位不少于3000个；坚持政府投资建设停车场。宣传动员辖区省市区各级政府机关、事业单位升级扩容现有地上、地下停车场，投资建设立体停车场，解决自身停车需求，方便办事群众。以地铁2号线建设为契机，加大沿线周边可利用土地资源，建设大型平面、立体公共停车场，缓解道路停车压力。

【文明交通宣传教育】 2017年，组织辖区文明单位、居民、商户及志愿者服务队，开展形式多样交通秩序宣传及志愿者服务活动。协调沿街商场、商户8000余家，在其对外的LED上循环播放文明交通知识和宣传文明、安全交通公益广告。共组织文明交通“五进”活动56次，交通志愿者服务活动320余次，文明交通大型广场宣传活动60余次，出动志愿者累计84000余人次，制作文明交通宣传资料、版面、大型活动等。

【道路交通综合整治】 加强指挥部督查督导工作。加强辖区的机动车、非机动车辆乱停乱放情况的督察，每周分两组对辖区最少督察2次，全年共督察共查出问题1380余处，并下发督察通知单，督促整改；全年共编辑美篇903期，发送简报941期，每周将整治工作推进情况定时汇报市交通秩序指挥部。

非机动车辆整治、管理工作。加大在重点区域、商场、学校周边的管理，安排专人整治，开展非机动车乱停乱放、占道经营整治活动200余次，协助纠正非机动车辆违规停放共计89000辆、次，拖移非机动车辆27000余辆。

协调交警部门、执法局等多部门联合执法。协调交警一、四、五大队加大警力，与金水区执法局、城管局、巡防队及各街道办事处一起联合执法，集中整治违章占道、乱停乱放的机动车和非机动车辆，加大贴条力度，协助纠正、处罚非机动车辆违规停放共计74000辆（次），教育非机动车和行人96000余起，查处机动车违停160000余辆。

（撰稿：柴　华　审阅：张锡杰）

城乡建设与管理

国土资源管理

【工作职责】 贯彻执行国家和省、市有关土地管理的方针、政策和法律法规；负责制定全区土地、矿产资源管理的具体实施意见和办法，并组织实施和监督检查。

组织实施国土资源信息建设；负责编制、指导和实施区、办事处土地利用总体规划和其他国土资源专项规划。

监督检查全区国土资源行政执法和土地规划的执行情况；依法保护土地、矿产资源所有者和使用者的合法权益；组织查处土地违法案件，调查处理权属纠纷，负责全区国土资源信访案件的查处工作。

贯彻落实国家耕地保护和鼓励耕地开发政策；组织耕地保护，特别是基本农田保护；组织实施全区土地后备资源开发规划、计划；指导检查全区土地开发规划、计划；指导检查全区土地开发、整理、复垦工作。

组织全区土地资源调查、土地统计和动态监测；协同郑州市国土资源局做好全区城乡地籍调查、土地确权、土地定级和登记工作；负责辖区土地收益金的征收工作。

配合郑州市国土资源局主管全区国有土地的划拨、出让、租赁、抵押、交易、授权经营和政府收购、储备工作；组织实施全区农村集体非农用地使用权的流转。

配合上级业务部门组织实施全区土地的征用工作；负责各街道办事处企事业用地的审查报批和农村宅基地的审批工作。

负责全区国土资源档案的收集、整理、编制、利用工作；主管全区土地管理的宣传、教育、培训和科学技术工作；负责局机关和下属事业单位的人事工作。

承办省、市、区上级部门交办的其他事项。

2017年金水区按各街道办事处权属边界调查的土地面积总表

表2　　　　单位：公顷

经八路街道	336.95	东风路街道	617.39
花园路街道	253.25	北林路街道	579.46
人民路街道	98.59	未来路街道	466.67
杜岭街街道	69.00	凤凰台街道	315.01
大石桥街道	148.77	兴达路街道	4878.86
南阳路街道	343.12	杨金路街道	2218.63
南阳新村街道	682.98	国基路街道	414.4
文化路街道	551.40	丰庆路街道	1245.38
丰产路街道	446.32		

【土地资源】 根据金水区2016年度变更调查成果，金水区总面积为136.66平方公里，其中，耕地1368.7公顷，园地255.11公顷，林地426.44公顷，草地62.92公顷，城镇村及工矿用地8682.32公顷，交通运输用地992.56公顷，水域及水利设施用地1857.02公顷，其他土地21.11公顷。

【土地规划】 主动建立契合经济发展战略的规划体系，靠前规划大棚户区用地调整完善工作，确定以用地需求为工作导向，调整编制了新一轮土地利用总体规划，经市、区两级多次组织审查与评审，方案已获市政府批复。

【耕地与基本农田保护】 以耕地保护共同责任机制为抓手，由区政府与办事处、村委会、村民组、农户签订四级目标责任书，落实金水区（含郑东新区）耕地保有量3017.5公顷（45262.5亩），基本农田保护目标952公顷（14280亩）。推进耕地占补“数、质”平衡，通过省国土资源开发管理中心网上交易系统，竞得宅基地复垦券986.2845亩，配套规划体系逐步健全。

【建设用地管理】 建设用地报批。实行“项目定计划”报地模式，提高计划用地精准保障度，围绕保障性安居工程与公益事业用地需求，先后组卷报批土地面积1177.929亩。其中，市民公共文化服务活动中心项目132.39亩、张家村城中村改造项目442.63亩、堆山造景项目228.489亩、北录庄合村并城项目374.421亩（含安置区235.6545亩）。

集体土地征收。确定以大棚户区改造项目用地为重心，累计征收土地面积1133.529亩。其中，2012年度第一批保障房用地50.0175亩、2012年度第二批城市338.9775亩、2013年度第十四批乡镇大贺庄41.9235亩、2013年度第十六批乡镇新庄村271.098亩、2013年度第十六批乡镇北录庄村144.7725亩、2013年第十六批乡镇杨槐村97.3485亩、2013年度第十七批乡镇大贺庄44.9085亩、2016年度第三批乡镇任庄24.216亩、2016年度第三批乡镇杓袁村120.267亩。

【土地收购与处置】 2017年以来，收购国有土地4宗，土地面积270亩，其中元泰置业6.9亩、陈砦村委会11.08亩、平原控股26.21亩、思念食品226.09亩；处置国有土地8宗，土地面积466.73亩。其中，规划调整3宗159.64亩、地下空间2宗166.95亩、自办出让1宗27.05亩、法院裁判1宗16.99亩、划拨供应1宗96.1亩。

【地籍管理工作】 重点加快推进西韩砦、庙李、大铺、姜砦、司家庄、凤凰台和王府坟7个行政村的土地确权，其中西韩砦、庙李已完成不动产登记发证，大铺、姜砦已报市不动产中心待登记发证，司家庄、沙口、凤凰台已报市局审查，王府坟村正在逐步开展地籍调查工作。

【不动产登记】 在区委、区政府的大力支持下，率先在全市建成“等办分离”的不动产登记大厅，成为全市主城区内通办对公与个人业务的指定单位。按照“依法、便民、高效、优质”原则，主动转变观念、聚力改革创新，优化窗口布局，创新服务手段，大胆尝试“微信预约+后台同步预审”“五审变两审”“50分钟办结抵押登记”与“互联网+精细化预约”，办结不动产登记38348件，出具证书证明24852件，得到了上级领导的充分肯定。根据程市长提出“设施一流、服务一流、效率一流、流程一流”的建设标准，在争创“全国百佳不动产登记便民利民示范窗口”的机遇下，不动产中心又先后投入无线Wi-Fi、自助查询机等系列便民设备，推进便民服务系统全覆盖，力争全流程网上审批，最终实现让群众“即来即办、立等可取”的目标。

【土地利用与监管】 依据2017年土地市场动态监测与监管系统统计数据，全区涉嫌闲置土地17宗846亩、疑似未按期开工35宗2585.1亩、疑似未按期竣工49宗2611.5亩。按照动态监管核销要求，逐宗对项目用地施工许可证、竣工报告等资料进行了实地查验与取证，累计核减涉嫌闲置土地7宗513.6亩、疑似未按期开工项目17宗1482.6亩、疑似未按期竣工项目26宗1259.55亩。

【土地执法监察】 依托2016年度变更调查数据，2017年主要开展了2016年度卫片执法检查、全天候检查、动态执法巡查等监督检查工作。卫片执法检查。金水区2016年度土地卫片执法共涉及违法用地178宗，面积2322亩，其中，耕地1172亩，现已整改销号176宗，面积2313.4亩，耕地1172亩，违法占用耕地已全部“清零”，整改率100%。全天候检查。2017年全天候遥感监测图斑63个共2266.3亩，耕地面积767.31亩。其中，合法图斑16个共596.3亩，耕地面积245.87亩；违法图斑37个共1055.5亩，耕地面积420.23亩；其他伪变化图斑10个共604.5亩，耕地面积101.21亩。动态执法巡查。巡查发现土地违法线索94件，立案查处违法用地93宗1259.32亩，申请没收新建建筑物和其他设施39.14万平方米，拆除9.53万平方米，收缴罚没款754.9万元。

【信访案件办结率100%】 2017年度，共办理群众信访事项19件，化解赴京重点督办信访案件4件、平台交办14件、自办网上信访1件，按时办结率100%。

（撰稿：董苗苗　审阅：王文超）

6月23日，区国土局召集党员进行宪法宣誓

9月15日，召开土地利用突出问题整治工作推进会

城乡规划管理

【概况】 郑州市城市乡规划局金水分局成立于2004年8月，为郑州市城乡规划局的派出机构，规格为正科级，属财政全额事业单位，现有在编工作人员26人，行政领导职数2人，办公地址在东风路科技市场一条街2号楼。2017年，金水规划分局进一步深入基层，认真宣传和贯彻《城乡规划法》和《郑州市城乡规划管理条例》，在城中村改造规划、旧城改造、图纸技术审查等多个方面的工作中取得了一定的成绩；在提高工作效率、加快项目审批、做好规划咨询、服务基层等方面做出了积极的努力。

【城中村、合村并城改造的规划管理】 金水区共65个（含城中村、合村并城和旧城改造）安置房改造项目，涉及164个地块。目前安置房地块修规方案已全部完成审查。有16个村的28个地块已完成建设工程规划许可证的办理。13个安置区尚未编制控规的城中村项目，截至2017年年底，已有6个村控规通过市联审联批会，5个村控规通过局业务会。剩余2个村庄因改造范围未能确定。按照市里关于加快安置房网签工作要求，金水区共有8个村庄网签任务，除沈庄因未取得土地证，其余7个村庄的规划核实工作均已完成。

【旧城改造、重点项目规划】 为提升老城区的核心竞争力和吸引力，打造“繁荣、宜居、生态、和谐”郑州，分局正积极配合区政府做好张砦街区和城北路打通等旧城改造项目规划的对接。

【规划图纸技术审查】 转变职能，缩短图纸审查时限，提高办事效率。在建工项目方案技术审查的过程中，分局严格把关，实行“阳光规划”，追踪服务，对所审查的项目实行网上、现场公示或媒体公示等方式，增加透明度，并设立监督电话。

（撰稿：李帅波　审阅：张　鹏）

住房和城乡建设

【概况】 金水区城乡建设局前身是1960年成立的金水区人民公社建设委员会，2002年更名为金水区建设和环境保护局，2003年更名为金水区建设局，加挂环境保护局牌子。属行政事业单位，为区政府职能部门，正科级规格。2007年11月，原局二级机构金水区环保监理所正式从我局分离出来，分别成立了金水区建设局和金水区环境保护局两个独立的局委。2010年，区建设局更名为区城乡建设局。2015年3月，组建区住房和城乡建设局，不再保留区住房保障和房地产管理局、区城乡建设局（金发〔2015〕5号）。2015年11月18日，区住房和城乡建设局主要职责内设机构和人员编制进行了明确。金水区保障性住房管理办公室是区住房保障和城乡建设局下设机构，内设18个部门，承担的政府职能主要包括住房保障、物业行业管理、私房租赁、公房管理及非住宅管理、城市房屋安全和防汛工作。

【道路拆迁与建设】 按照市政府“畅通郑州——打通断头路工程”及2017年金水区市政道路拆迁、建设计划安排，区住建局上下群策群力，奋力攻坚，不断推进城市道路拆迁与建设工作。一是道路拆迁工作有序进行。协调沈庄路等7条道路原老旧水电气暖各类管线及绿化树木的迁改迁移工作，目前，黑庄路等5条道路已建成通车，沈庄路、高皇北路快车道已建成；完成了龙门路、少林路、红专路、渠东路等29条道路附属物普查工作。二是区管道路建设稳步推进。做好56条道路的建设工作。目前，丰收路、冠军路、金牌路3条道路已建成通车；沈庄路、高皇北路2条道路快车道已建成；博远路等10条已开工建设；农科路、杓袁中一街、杓袁中二街3条道路正在办理规划许可证；金牛路等15条路正在进行勘察设计；岳砦路等12条道路正在进行规划方案编制；丽水路等8条代建道路已完成施工监理招标工作，并开工建设；

锦艺金水湾配建的公租房项目第一地块建设中

《河南省房屋租赁管理办法》社区政策宣传

杏花路、龙源北街、龙源街因涉及惠济区，目前建设计划取消。

【建筑工地扬尘污染治理】 建筑工地扬尘污染治理作为我区大气污染防治攻坚的重要环节，区住建局严格按照工地扬尘治理“6个100%”整治标准，24小时不间断对辖区工地进行巡查，发现问题及时整治，确保能现场整改的问题“不过夜”，整改不了的限期整改。目前，辖区工地共有监督员205人，网格员208人，管理员222人，切实落实了“三员”现场管理制度。全年下发整改通知书700余份，督促整改问题近1800个，累计冲洗建筑工地道路、地面共计33万平方米，冲洗墙面30万平方米，制作工地围挡公益广告近1000块，立案处罚63起，处罚金额261万元。

【建筑工地安全生产】 结合金水区实际，区住建局在全面推进日常安全生产管理的基础上，开展了多次建筑工地安全生产检查，重点对在建安置房高处坠落、物体打击、机械伤害、触电等环节进行专项治理，及时排除安全生产隐患，防止较大以上事故发生。全年共排查出安全隐患80多条，累计下发《事故隐患整改通知》42份，并严格督促各施工单位进行整改，确保了建筑工程施工安全进行。

【建筑业市场管理】 加大对辖区混凝土搅拌站的整治力度。联合区环保局、区国土资源局、相关街道办事处工作人员对河南天基混凝土有限公司、伟盛搅拌站、浩天混凝土搅拌站进行了复工预验收。目前，全区20家搅拌站中，5家已顺利通过验收，5家已拆除。圆满完成了今年我区民用建筑能耗和节能信息统计工作。全年共纳入统计范围的民用建筑共计324栋，消耗电力13.57亿千瓦时，天然气0.32亿立方米，液化石油气0.52万吨。积极推进装配式建筑发展。按照市、区推进装配式建筑发展的有关要求，成立推进装配式建筑发展工作领导小组，为金水区装配式建筑发展提供强有力的组织保障。同时，组织专人参加郑州市装配式建筑技术培训会，全面系统的对装配式建筑进行了解学习，为下一阶段全面推进装配式建筑工作打下了助攻助力。

【住房保障】 保障房建设工作。按照2017年目标责任书，今年我区公共租赁住房基本建成目标任务：基本建成公共租赁住房175套。截至年底，基本建成公共租赁住房175套，完成目标总量的100%。棚户区改造目标完成情况。新开工棚户区改造安置住房14049套；基本建成8278套。截至目前，新开工棚户区改造住房16444套，完成目标总量的117%;基本建成棚户区改造住房9072套，完成目标总量的110%。保障房管理工作。做好辖区内经济适用住房转商品房业务工作，经济适用住房累计变更资格证信息2801户，其中，2017年1月1日截至目前共受理经济适用房购房资格信息变更312件，发放购房资格证117户。公租房资格审批与管理工作。截至目前我区共计受理审批公租房资格共计9386户，其中本市户籍5359户，外地户籍2191户，新就业职工1175户，单位申请661户，申请户数居全市之首。管理康苑居公租房770套户，共收缴租金2044917.1元，已上交区财政。公共租赁住房房源回购情况。对鸿宝园林玉兰苑和金水锦艺湾两个小区进行回购，回购房源共计866套，回购面积共计50854.05平方米，共计投入资金约1.43亿元。目前，房子主体已全部结顶，正在进行外墙施工、基础设施建设、室内装修等工程，预计2018年年底交付验收使用。

【物业管理】 老旧住宅小区物业管理成效显著。全区共有老旧小区无主管楼院488个，其中121个实施了专业化的物业管理，有136个小区成立了业主委员会（自管会）实施了自治管理，有231个小区由社区托底管理，实施了准物业管理。明确物业管理奖励资金的使用范围，对办事处的资金使用情况进行指导检查，已向相关办事处拨付奖补资金共754.4万元。全力做好“双迎攻坚”健康社区治理工作。经排查，全区共有住宅小区1813个，发现存在不同程度问题的小区（楼院）共1304个。截至年底，已全部整改完毕。规范业主大会业主委员会建设。加大指导和监督力度，规范业主委员会日常运行。截至年底，2017年新申请发函24个，新成立业主委员会备案10个，完成业主委员会换届11个，还有其他8个小区业主委员会正在筹备中。截至年底，金水区共有业主委员会212个。联席会议、矛盾调解等机制运行良好。定期召开联席会议，通过联席会议制度解决各类物业问题20余起，共受理物业纠纷投诉37件，调解成功33件，成功率90%，取得明显成效。共处理市、区转来投诉387件、电话投诉134件。物业行业管理工作有序开展。做好物业服务项目监督检查，完成了市优示范小区的项目的现场查看和上报，对29个新建项目进行了区域划分认定，物业服务合同备案55个。

【房屋租赁】 房屋租赁登记备案工作。1—11月共办理登记备案20968户，其中，住宅备案20349户，非住宅备案320户。1—11月累计管理户数达到59692户（任务21356户），管理面积达到420.37万平方米（任务135万平方米）。房地产租赁市场监管工作。1—11月共受理改变房屋使用性质投诉42起，受理涉及群租的投诉126起，处理租赁纠纷23起，均到达现场进行实地了解并做出相应处理。

【房屋安全管理】 全区房屋安全普查。全区建成区内2016年年初到2016年年底建成交付使用的房屋安全普查已完成，共普查房屋38幢，建筑面积735603.73平方米。全区房屋安全管理投诉处理。共受理房屋安全投诉64件，下达整改通知书23份，整改10件，9处拒不整改转市局进一步查处。全区安全隐患房屋治理工作。汛期组织人员对我区去年排查出的67幢危房开展了安全检查，将每处危房情况记入日常巡查表。将经七路7号院附1号楼危房列入周边危旧房改造项目，现全楼35户住户已全部与开发企业签订协议并搬离房屋。开展督促公共建筑鉴定及房屋安全检查、指导工作。组织人员向辖区达到设计使用年限一半以上的公共建筑产权单位下达《房屋安全鉴定告知书》督促产权单位进行房屋安全鉴定，发现隐患及时治理。现已向170余个产权单位下达《房屋安全鉴定告知书》，涉及280余幢房屋。

（撰稿：蒋小龙　李　雪
审阅：朱定强　杨　华）

环境保护

【概况】 金水区环境保护局前身为金水区环保监理所，成立于1985年，属金水区建设和环境保护局二级机构。2003年，根据《关于区建设和环境保护局更名的通知》文件要求，金水区建设和环境保护局更名为金水区建设局，加挂环境保护局牌子。2007年，根据《关于“郑州市金水区环境保护局”独立设置的通知》要求，独立设置，全供事业单位，隶属区政府。2008年，根据《关于成立“郑州市金水区环境监察大队”的通知》，成立二级机构“郑州市金水区环境监察大队”，全供事业单位。2010年，根据《郑州市金水区人民政府办公室关于印发金水区环境保护局主要职责内设机构和人员编制规定的通知》规定，内设4个职能科（室）：办公室、污染防治科、自然生态与固废辐射科、环境影响评价科。2015年，根据《郑州市金水区人民政府办公室关于印发金水区环境保护局主要职责内设机构和人员编制规定的通知》规定，内设4个职能科（室）：办公室、污染防治科、行政服务科、生态辐射科。全局工作人员共61名，主要履行对全区环境保护工作实施统一监督管理职责，组织拟定和监督实施全区环境保护规划、重点区域和饮用水水源地污染防治规划；负责环境保护目标责任制工作；负责全区重大环境问题的统筹协调和监督管理；负责从源头上预防、控制全区环境污染和生态破坏；负责全区环境污染防治的监督管理；负责全区辐射、固体废物的监督管理；指导、协调、监督全区生态保护工作；组织开展全区环境保护执法检查活动；贯彻执行国家颁布的各类环境保护标准和技术规范；组织指导和协调全区环境保护宣传教育工作。

【大气污染防治攻坚】 2017年，加快生物质锅炉拆除改造，辖区10家单位、14台生物质锅炉已全部按时完成拆改任务；推进“散乱污”企业整治，金水区列入台账的649家“散乱污”企业全部按时完成整治任务；加快高污染燃料禁燃区建设，实现了禁燃区全域覆盖；联合查处机动车超标排放行为，从10月开始，区环保局联合交警部门、区执法局设置检查卡口，开展全天候专项检查，并严查非道路移动机械超标排放，联合第三方检测公司抽测非道路移动机械油品。截至12月31日，金水区优良天数为192天，比2016年同期增加51天，位列全市第4名，从具体指标看，区2017年来空气质量综合指数为7.29，位列全市第3名。

【水污染防治攻坚】　研究制定了北郊饮用水水源地环境治理活动方案，协调成立了金水区北郊水源地环境专项整治工作领导小组，并采取联合执法的形式推进违法违规建设项目搬迁关闭，全年共组织水源地联合执法行动40余次，出动执法人员300余人次，共关停取缔水源地违法违规企业和建设项目95家；同时，加强生态水系周边工业企业监管，定期排查辖区内5条河流排污口，有效杜绝了向生态水系排放工业污水的问题。

【土壤污染防治攻坚】　组织专家编制了金水区土壤污染防治工作方案，积极研究制定金水区土壤污染防治计划；积极做好土壤监测站点设置工作，顺利完成新华印刷厂等土壤敏感点坐标定位，现场核查环保部下发我区的66家重点单位、49家疑似污染企业并上报了金水区杜邦蛋白遗留厂区等3个疑似土壤污染地块资料；大力加强危险废物管理，充分依托社区网格，定期检查辖区汽车4S店、医院等危险废物产生单位，督促规范危险废物警示标识，完善危险废物档案资料，不断提升危险废物规范化管理水平；以集中培训促进规范管理，提高企业危废管理意识和能力，促进危险废物规范化管理提升，全年共组织辖区危险废物规范化管理培训6次，培训企业50余家、300余人次。

【工业污染排放防控】　严把建设项目审批关，全年共审批新建项目44家，网上备案826家，审批竣工验收20家，所审批的建设项目均执行“环评”和“三同时”制度，投产项目全部达标排放。同时，严格实施总量控制，坚持每月汇总总量使用情况，科学实施调度，有效控制了污染物排放总量。

【环境执法监管】　持续加大环境监察执法力度，严厉打击环境违法行为。全年共出动环境执法人员1230余人次，检查各类企业和建设项目1200余家次，下达限期改正环境违法行为通知书和限期关停通知书600余份，共处罚环境违法企业5家，罚款9.636万元。

【环境保护宣传】　深入开展“世界环境日”“世界水日”等重大环保纪念日宣传活动，宣传环境保护法律法规、普及绿色环保常识，动员全社会关心环保、参与环保。积极配合省环保厅开展环保大宣传、大排查、大督察、大整治活动，实地检查工地294处、企业34家、医院57家，核查“双替代”居民400余户、已关停“散乱污”企业649家，开展入户宣传38万余户，发放宣传资料47万余份。

【环境信访】　高度重视群众环境信访投诉，2017年，共处理环保部、省市区等各级各类转办件253件，接听“12369”环境信访投诉热线6876个，受理投诉件295件，通过环保微信平台受理、办结162件，所有投诉问题均得到妥善解决，群众总体比较满意。

（撰稿：郭雪雷　审阅：彭金亮）

城市管理

【概况】　金水区城市管理局成立于2012年6月，其前身金水区市政管理局（成立于1996年2月），是金水区人民政府一个职能部门，下设金水区市容环境卫生管理队、金水区市政设施管理养护所、金水区绿化管理所等局属单位。

区城管局承担着辖区市政道路的管理养护工作；承担着公园游园、生态廊道、行道树等绿化管理养护工作；承担着257条道路（其中，主次干道35条、支路背222条）的清扫保洁工作、辖区日产1800余吨生活垃圾的清运任务、辖区158座公共厕所和26座垃圾中转站日常管理以及垃圾

金水区环保局组织地球日宣传活动

金水区环保局参加全城清洁活动

分类工作；负责养犬管理工作；负责城市防汛工作；负责冰雪清除工作；负责对金水河、熊耳河、东风渠、贾鲁河、魏河的河道排污口进行持续排查和动态管理工作等。

【基础工作】 市政设施维护方面。积极配合郑州市重点市政工程建设，对涉及我区的顺河路和丰庆路大修改造工程两侧红线内地上附属物及土地开展征迁工作，确保了工程顺利实施；完成了纬二路、丰产路、农科路等33条区管道路大中修工程，累计完成道路改造14.94万平方米；努力提升重点路段精细化管理水平，整治提升151条支路背街，完成市精细办的初步验收，共计整治人行道问题6485平方米，快车道问题13231平方米，窨井整治479座。

园林绿化工作方面。超额完成新建绿地、新植乔木等绿化任务，累计新建绿地80.7万平方米，新植乔木5.2万株；建成开放1处区级综合性公园即慧城公园，位于连霍高速与京广铁路交汇西北角，面积约13.6万平方米；建成开放一处区级游园建设即柳西园，绿化面积2500平方米；完成107辅道（花园立交—绕城高速）生态廊道图纸设计、评审等前期准备工作，待场地移交后即可进场施工；完成文劳路和政三街两条区管道路绿化整治提升工作；完成区管道路行道树补植补栽1100余株；完成长安北路、嵩阳北路、姚寨路（纬二路—纬四路）3条新建支线路网的行道树栽植工作，累计新植行道树185株；完成2个省级园林小区、5个市级园林单位（小区）验收工作。

市容环卫方面。实现清扫保洁质量全面提升，在清扫范围上，由主次干道向背街小巷延伸，确保全覆盖、零死角；在管理时段上，由白天向夜间延伸，努力实现辖区24小时全时段保洁；在管理模式上，由粗放型向精细化延伸，不断加强清扫保洁检查监督，对发现的问题及时整改到位，建立奖惩机制，确保城区干净、整洁。提高项目建设推进速度，加快采购项目实施进程，完成各类环卫作业车辆、环卫工具箱、果皮箱及其内胆等环卫作业工具和设施采购项目。为缓解环卫基础设施建设选址难问题，率先在全市启动并完成环卫设施专项规划编制工作。加强果皮箱管理，新增、更换新果皮箱1370余个，维修果皮箱7500余次，修复果皮箱540余个，补装内胆9020余只。对辖区165座公厕和25座环卫中转站进行精细化管理，实施升级改造。辖区厕所全部达到国家二类标准，打造“飘香公厕”“绿色公厕”。全年维保车辆6630台次，车辆维修保障能力显著提高。环卫执法工作扎实推进，全年累计查处不按规定倾倒生活垃圾、沿途遗撒、垃圾运输未覆盖等各类案件185起，进一步改善了城区环境。

【细化城市管理】 以“双迎攻坚”为契机，全面提升城市管理工作水平。根据全区迎接国家卫生城市、文明城市复审工作安排，牵头负责金水区市容环境卫生治理指挥部和铁路河渠沿线整治指挥部工作，以精细化管理为抓手，积极协调相关单位，不折不扣落实“双迎攻坚”任务，推动创建工作持续深入开展，累计督察督办问题1000余件，整改率100%。

持续深入推进大气污染防治工作。按照各级大气污染防治工作要求，区城市管理局机扫车队以抑尘洒水、湿扫清污为主要措施，积极开展机械化清扫水冲作业，确保银行学校和血液中心监测点周边作业24小时不间断。同时，根据季节变化，道路交通情况科学作业，保证路面湿润不积水，风吹不起尘，车过不带泥。累计出动各类车辆5.6万余台次，对辖区257条道路进行水冲、洗尘、洒水抑尘作业18万余次，累计作业面积1870余万平方米，有效地抑制了道路扬尘。

确保城区安全度汛。在今年的城市防汛工作中进一步建立健全防汛目标责任制、强化带班值班制度、严格雨情汛情上报制度、建立督察机制、健全抢险机制，切实做到领导到位、物资到位、措施到位、检查部署到位、安全排查到位、监督到位，整个汛期未发生重大责任事故及安全事故，圆满完成了城市防汛工作，确保城区安全度汛。

全面规范养犬管理工作。广泛宣传发动，强化服务意识，累计开展30余场宣传活动，办理注册犬只2887条，办理年审8226只，联合执法检查犬只2730条，进一步规范养犬行为，保障公民健康和人身安全。

圆满完成清除冰雪工作。按照《2017年金水区清除冰雪应急预案》和《2017年金水区城市管理局清除冰雪工作方案》，划分责任区域，积极发动社会力量，全局动员、人机协同，机械为主，形成合力，累计出动人员4500余人，机械设备200余台，保障了辖区交通通畅和市容环境卫生整洁，中央电视台在紫荆山对金水区清除冰雪工作后良好的道路通行情况进行了现场直播，省、市、区领导和人民群众给予了充分肯定。

【亮点工作】 环卫工人早餐工程。为了解决环卫工人早餐问题，进一步落实便民、为民、惠民工作措施，推行环卫工人早餐工程，为环卫工人制订了符合作业时间和规律的营养健康早餐，该工程已于6月初投入运行，目前正常配餐运作。

生活垃圾分类试点工作。为了加快推进省、市民生实事的落实，按照《郑州市生活垃圾分类管理工作实施方案》的要求，结合金水区实际，以经八路办事处省委社区、花园路街道办事处农业院社区等10个社区为试点，试行生活垃圾分类，生活垃圾袋装化、桶装化，现已圆满完成试点垃圾分类工作，下一步将在全区逐步推开。

建设机扫车辆粉尘泥浆干湿分离站。为解决辖区机扫车辆泥浆处理难题，建设了全市第一座机扫车辆粉尘泥浆干湿分离站，已于年初完成建设并投入使用，日处理泥浆100吨。

创新改变生活垃圾收集清运模式。一方面积极开展垃圾上门收集工作，通过前期调研及宣传发动，于9月开始对政七街、俭学街进行垃圾上门收集，经过三个多月的运行，商户随意倾倒垃圾的现象明显减少，一定程度上缓解了中转站工作压力。另一方面，稳步推进社区生活垃圾直运工作。采取办事处社区设置生活垃圾收纳桶和收纳点，机械化专业生活垃圾清运队伍定时定点进行收运，对花园路街道办事处、经八路街道办事处、南阳路街道办事处、石桥街道办事处、兴达路街道办事处71个楼院进行垃圾直运工作，累计清运垃圾1240吨，服务群众15600户。

【队伍建设与管理】 底线工作切实平稳。以信访信息系统为载体，规范来访处访程序和责任，提质提速办结3件信访案件，信访量同比往年下降六成以上。安全生产形势稳定向好。围绕“安全生产大检查”活动，切实加强行业安全监管，深入推进“安全生产月”宣传活动和国务院、省政府安全生产巡视检查活动，累计开展安全隐患排查20余次，发现并整改隐患近百处，全年未发生安全生产事故。

队伍建设不断加强。推进“两学一做”学习教育常态化制度化，结合工作特点举办道德讲堂；在党风廉政建设方面，扎实开展廉政警示教育，注重抓早抓小，抓苗头性、倾向性问题，针对工作纪律、工作状态、午间饮酒、制度建设等方面开展了多次专项督察，强化问责追究，累计抽查1000余名一线人员，依规清退20余名，受理区纪委转办案件2件，经初核将相关处理意见上报区纪委，对相关人员依规依纪进行处理；在巡察工作方面，积极利用巡察工作加强队伍建设，通过认真整改问题、切实推进党内民主、配合巡察组积极开展工作。通过以上多种形式、多种途径，打造风清气正的城市管理队伍。

管理效益有所提升。在“双迎攻坚”工作中全员上岗，按照区域全天候督察，班子成员和机关全体工作人员累计上报督办各类城市管理问题1000余个，整改率100%，构建了“全员共参与、随处查问题、及时解疑难”的工作机制，形成了主动发现与解决问题的新常态。强化管理提效率，针对一线管理中存在的“见面率低”、“问题处置率低”的问题，通过“查人”“查车”“查记录”，达到“提高见面率”“提高问题处置率”，通过不定期抽查人员在岗状态，核实车辆运行轨迹，定期查阅问题处置记录等方式，提高管理效率和服务意识。让智能监督成常态，有效发挥智能化管理系统的作用，每周发布案件数据、分析案件处置情况，截至年底受理数字化案件1万余起，做到了件件有落实，事事有回音。

（撰稿：孙琳洁　审阅：马喜才）

城市管理行政执法

【概况】 金水区城市管理行政执法局于2001年成立，2010年与区市政局合并为城市管理执法局。2012年6月，金水区城市管理行政执法局重组成立。局机关设办公室、执法监督科、法制科、宣传教育科、人事劳动保障科、指挥中心、长效办、四室一庭协调办等科室。金水区占道经营、突店经营整治指挥部，金水区户外广告整治指挥部，金水区中心城区道路两侧违法建筑整治工作指挥部亦设在该局，并由该局牵头开展工作，对17个街道办事处进行督导和考评。执法局下设行政执法大队，大队为正科级，大队下设17个街道执法中队及直属机动队，夜班、环卫、综合执法等中队。其中，17个街道中队、直属中队、夜班中队和局机关均已成立党支部。已建成“四室一庭”（公安交警警务室、城管执法公正服务室、城管执法法律援助服务室、城管执法行政调解室和城管巡回法庭）工作联动机制。金水区城市管理行政执法局依法对城市市容和环境卫生、市政管理、环境保护、犬只管理等方面行使行政处罚权，梳理执法依据148项。具体职责为：行使市容环境卫生管理方面法律、法规、规章制定的行政处罚权，强制拆除不符合城市容貌标准、环境卫生标准的建筑物或设施；行使市政管理方面法律、法规、规章制定的行政处罚权；行使城市绿化法律、法规、规章制定的行政处罚权；行使环境保护方面法律、法规、规章规定的对社会生活噪声污染的行政处罚权，对餐饮服务业油烟污染的行政处罚权，对在公共场所散烧原煤、焚烧杂物的行政处罚权；行使工商行政管理方面法律、法规、规章制定的对市场以外无照商贩的行政处罚权。

【精细化管理】 占道经营常抓不懈。每周三明确一名局班子领导带队，联合辖区办事处、相关职能部门开展联合执法活动，针对日常工作中的占道钉子户进行集中治理。开展专项整治，针对辖区内的沿街汽修门店突店经营行为、丰庆路疏导点乱点、沿街坡道等现象，下大力气、下真功夫进行了连续性的集中整治。公安警务室为城管执法提供强有力保障。2017年，公安警务室共参与执法14次，治安拘留3人次，警告26人次，批评教育35人次，协助中队提取相对人身份信息482人次。如4月13日，未来路执法中队在对辖区内“高记烧烤店”进行高污染原料复查时，遭遇店主暴力抗法，最终被郑州市公安局行政执法警察支队处以行政拘留五日的行政处罚。2017年，共有3名商户因“阻碍执行职务”被行政拘留。在整治占道经营过程中，能够严格按照法律规定，按程序进行处理，做到了依法行政、文明执法。2017年，累计出动执法人员84238人次，执法车辆24889台次，清理占道经营28184处，突出店外经营28859处，登记保存人力三轮车57辆，电动三轮车331辆，占道经营机动车97辆，登记保存其他物品5282件。共立案5779起，作出处罚决定5448个，作出处罚决定金额4047285元。

扎实推进大气污染防治暨露天烧烤油烟治理工作。按照区攻坚办工作要求，结合工作职能，适时开展“回头看”、“打响蓝天保卫战”等活动，尤其是针对两个环境改善区周边实行500米之内精细管理、1000米之内重点管理、3000米之内协同管理。通过加大排查整治，及时更新台账，召开大气整治专项工作推进会，联合执法与延时执法相结合等方式，重点巩固全区餐饮场所油烟污染整治工作的成效。针对夏季夜市啤酒广场油烟污染扰民等问题，组织辖区商户召开现场会。针对油烟检测专业性强等特点，创新工作模式，提高执法工作的科技水平，在全市率先购置先进油烟污染检测仪器，与此同时，公开招标第三方监测机构参与到实际工作中，将行政提示与行政处罚相结合。2017年，共检查餐饮服务场所38333家，发现问题509家，督促整改509家；发现露天烧烤5处，查扣烧烤炉具5个；共查扣销毁燃煤炉灶90余个。

高标准、严要求整治户外广告。针对非法张贴小广告行为反复性强、极易反弹的情况，采取“防、警、呼、罚、打、清、督、疏”等八项措施，全面、有效开展小广告治理工作，根治“城市牛皮癣”。引进新型防黏贴涂料刷在线杆、灯箱表面，种涂料具有很强的防粘贴性能，已在东风路（园田路—文化路段）推广使用。拜祖大典活动中，在重点道路沿线设置关于拜祖大典公益广告261处，面积3699平方米。2017年，共清理整治、清洗门头1556处、清理小广告78728处，软体条幅5851处，立招广告549处，橱窗广告23752处,广告牌3348处，广告架110处，墙体广告120处，灯箱广告3123处，LED显示屏4137处，道旗广告2345处，劝离和制止街头散发小广告人员3773人次。小广告追呼系统对732个新增号码进行追呼343109553次，有113人接受处理，小广告类案件结案681起，罚款金额为42775元。

重拳出击，严厉惩治渣土车违规清运。为辖区内注册的清运公司建立台账，与市局监管平台有效结合，对执法对象做到知根知底。安装了渣土车监管系统，能及时调取当事人的各种信息，大大方便了执法人员对清运公司的监督管理。落实24小时值班制度，坚持全区全覆盖管理。执法过程中全程录像，现场制作法律文书，加大对建筑施工工地噪音污染查处力度。为了加大治理力度、起到震慑作用，6月始，每晚10点到凌晨6点，在区攻坚办的组织下，联合交通局、环保局、交警一、四、五大队等部门，在全区范围内开展联合夜查活动，在花园路三全路交叉口、杨金路中州大道交叉口等重点路段设卡，对辖区内渣土车进行检查，规范渣土运输行为。进一步规范建筑垃圾清运管理工作。在6、7、8三个月，配合各街道办事处对影响安置区建设、产业项目建设、市政重点工程建设的建筑垃圾进行集中清运，并加强资源化利用，已全部完成清运。2017年，共处理渣土车案件289起，处以罚款152.39万元。擅自处置建筑垃圾案件144起，共罚款107.5万元；运输垃圾未密封、包扎、覆盖案件100起，共罚款17.25万元；使用不符合规定标准的车辆清运工程渣土案件30起，共罚款15万元；清运垃圾沿途撒漏案件6起，共罚款10.8万元；运输散装流体物料的车辆未采取密闭或其他措施案件6起，共罚款1.3万元；清运垃圾未按规定地点倾倒案件2起，共罚款0.52万元；建筑垃圾、有毒害垃圾混入生活垃圾案件1起，共罚款0.02万元。

规范养犬工作形成常态化。加大日常巡查力度，杜绝大型犬、烈性犬以及流浪犬只的回流和新增。采取错时执法的工作模式，每天早上6:00至9：00，傍晚17:00至21:00，安排执法队员不间断地在游园、广场、社区和其他重点部位进行执法巡查，依法对违规的养犬人进行教育和行政处罚。每周二、四，联合办事处、社区开展两次规范养犬行为联合执法行动，对养犬人违规遛犬、携犬进入公共场所等行为进行规劝、教育。设立了宠物便溺回收点。4月，在金水河游园内，设立了宠物便溺回收点，方便遛狗市民收集犬只便便。2017年，共出动联合执法人员9496人次、车辆2980台次，共计检查犬只2391条。劝阻不文明溜犬行为100起，批评教育107人。捕获、收容流浪犬359只，下达责令整改通知书381起，完成处罚案件408起，罚款84900元。违法建设拆除工作有序进行。以“逐步减少违建存量，严格控制新增违法建设”为工作目标，区违建指挥部坚持每周一总结、每月一评比制度，通报、督促新形势下的拆违工作，及时协调解决存在的问题。加强同市规划局等上级业务主管部门的协调沟通，积极发挥下沉网格人员作用。密切配合相关专业部门，上下联动，形成合力，有力、有序推进整治工作开展。2017年，新增违法建设77起，61037.76平方米；共拆除2017年新增违法建设15起，1338.45平方米。2017年度，各街道办事处共上报拆除各类违法建设145起，46767.9平方米。其中拆除2014年以来新增违法建设29起，3636.46平方米。

【规范化建设】 加强服务型执法建设，优化经济发展环境。在执法过程中坚持“四个做到”；倡导“721”工作方法，让70%的问题用服务手段解决，20%的问题用管理手段解决，10%的问题用执法手段解决。突出服务为先，变被动管理为主动服务，变末端执法为源头治理；落实七个严禁。在2017年2月，红专路上一家羊肉汤店乱倒泔水，路面湿滑，造成一孕妇摔倒。辖区执法队员闻讯后，立即赶到事发现场，拉起警戒线，责令商户尽快清理油污，帮助孕妇送往医院就医，事后，孕妇家属送来了感谢的锦旗。3月底，纬五路一家饭店门前，几个大人带着小孩在外面的桌子上吃饭。虽然这属于突店经营行为，但执法队员并没有着急上前让收桌子，而是站在一旁，等大人和孩子们吃完饭才帮

3月4日，金水区执法局召开全员会议

7月19日，执法局丰庆路中队查处辖区某工地渣土清运情况

助店主收摊。这一场景被网友抓拍，配以“郑州城管温情执法”的标题在网上热传，引起澎湃新闻网、中国青年网、北京青年报、《福建日报》《河南日报》《郑州日报》等国内主流媒体的报道。2017年，共立案5779起，作出处罚决定5448个，罚没金额4047285元。

以小见大，宣传城管正能量。设立“金水城管执法”微信公众号，为郑州市首个具有投诉功能的城管执法微信公众号，与局官方微博“双微”合璧，持续更新信息，不断丰富公开内容，为网友提供政策文件解读、法律法规查阅、执法案件公示、信息资料查询、接受处理投诉等。主动联系电台、电视台、报纸、杂志及网络等主要媒体，积极推荐、宣传工作成绩和执法经验，各级媒体纷纷进行正面新闻报道542篇。其中，报纸媒体有《河南日报》4篇，《郑州日报》34篇，《郑州晚报》48篇，《河南商报》25篇，《大河报》26篇，《东方今报》6篇，《法制报》19篇，其他报刊15篇，《金水时讯》57篇；电台、电视台60篇，网络报道247篇。

重视舆情，认真受理投诉。做好舆情处置，同时监控好网络舆情，加强对突发事件、网络新闻相关信息的收集、处理，在采取有效措施处置问题的同时做好舆论引导和疏通工作。2017年，共办理信访转办件22件，接群众来电来访反映问题6881件，接区数字化转办案件4596件，办结率均为100%；完成市城市管理局及区政府转办的人大代表建议、政协委员提案件3件；接收区两办督察室交办案件67件，均已办结；接收处理和回复市长电话2431件，市长信箱78件，心通桥42件，办结率100%；网格化管理平台共签收区、街道办交办、转办案件77件，办结76件，处置率98.7%。

（撰稿：张莉莉　审阅：冯江波）

城市改造

【概况】　金水区城市改造办公室成立于2010年11月，前身是2004年成立的金水区城中村改造指挥部，办公地址在东风路科技一条街3号楼，属事业全供单位，副处级规格，隶属区政府，内设办公室、综合业务科、计划规划科、土地拆迁科、建设房管科和财务科6个部门。负责城中村改造、旧城改造、合村并城等全区城市改造工作的政策宣传、业务指导、综合协调和日常管理等。

【安置房建设】　高度重视群众安置房回迁工作。完成姚砦、白庙公共单位、黑朱庄、杲村、新庄一期5个项目群众回迁，全年超额完成市政府下达的安置房回迁任务。全力加快安置房施工进度。我区共需建设安置房项目65个，目前已建成回迁18个项目，正在建设的项目47个，其中已实现安置房主体封顶项目21个。

【棚户区搬迁改造】　已搬迁房屋拆除方面。2017年，在全市大气污染管控力度不断加大的情况下，我区克难攻坚，积极采取多种途径快速推进加快已搬迁房屋拆除工作。相关街道办事处、项目指挥部，传统人工拆除，严格落实湿法作业，全力控制扬尘污染；利用雨天有利条件，集中机械设备，快速高效拆除；采取爆破方式进行拆除，2017年对陈砦、庙李两个项目，成功实施了3次爆破作业，共对51栋建筑物、约14万平方米实施爆破。通过上述3种途径，顺利完成刘庄等7个项目以及张砦杜岭新村等6个项目搬迁遗留户房屋拆除工作，共拆除房屋约1429万平方米。

拆迁清零方面。一年来各项目指挥部、办事处运用依法保障下的充分协商良性征迁机制，一手抓法治推进，一手抓思想动员，加快完成未搬迁户的协议签订工作。

垃圾清运方面。2017年，我区建筑垃圾清运任务艰巨，区委区政府高度重视，多策并举，多部门齐动，一方面利用大型粉碎设备，进行无害化处理然后重新利用，另一方面多方寻求临时消纳场所，千方百计，加快清运处置进度，特别是兴达路街道办事处孙岗消纳场，区直有关单位、办事处、黄庄村干部克服天气潮湿炎热等不利因素，坚持每天驻守一线、无缝对接，对现场人员和机械进行科学调度，为完成全区建筑垃圾清运打下了坚实基础。截至2017年9月底，已全部完成垃圾清运任务，为全区安置房项目顺利开工建设创造了条件。

【控修规土地手续办理】 控规方面，完成东关虎屯等6个项目控规批复，张砦杜岭新村等7个项目控规已通过市联审联批会待市政府批复，东韩砦等3个项目控规公示已结束，枣庄等3个项目控规待上报市联审联批会，大贺庄等2个项目控规已通过规划局局长业务会，大铺一期等2个项目控规待召开专家评审会。修规方面，完成刘庄杓袁一期等6个项目修规，张家村一期修规已出具初步审查意见。土地方面，小孟砦等8个项目部分地块435亩土地已完成挂牌出让，小铺等4个项目已完成国有土地证、用地规划许可证办理，西韩砦等2个项目完成土地确权，大孟砦等7个项目正在加快进行土地出让组卷。

【安置房网签】 按照市里关于加快安置房网签工作要求，6月1日，我区克难攻坚，率先在全市启动安置房网签工作。截至2017年年底，琉璃寺、白庙、姚砦、十二里屯4个项目安置房网签工作基本完成，凤凰台项目正在加速推进。通过安置房网签工作，切实为老百姓办了实事，把老百姓安置房手续办理完毕，为金水区经济社会发展做出突出贡献。

（撰稿：李　迪　审阅：郭俊伟）

房屋征收与补偿

【概况】 金水区人民政府城市建设拆迁办公室成立于1993年，隶属于金水区人民政府，位于郑州市东风路科技一条街3号楼，单位下设综合科、法制科、人劳财务科、群联科、档案科及五个征收科室。

【2017年征收改造重点工程】 2017年，共开展10项市政快速路网、轨道交通、片区改造等重点工程房屋征收工作。共计征收房屋2300余户，征收面积约20万平方米。其中，2017年启动的有市政控制性节点地下交通工程、西韩砦片区改造项目、四环线及大河路快速化工程、二七商业区综合管廊项目，以上新启动的项目都已按照市区两级部署全力推进；延续工程中农业路快速通道工程、商都历史文化区宫殿区工程正在积极协调各相关单位，解决攻坚中存在的难点，轨道交通工程2号线延长线、3号线一期、4号线、5号线工程率先在全市范围内完成任务。

区委书记陈宏伟（左二）陪同市委书记马懿（左一）到庙李工地考察

市政快速路网工程

农业路快速通道工程铁路代建项目征迁工作已基本完成，仅剩余郑州市铁路局部分房产需先建后拆，各责任单位正在紧盯任务，强力推进。

郑州市四环线及大河路快速化工程完成前期摸底调查工作，共涉及我区国有土地上建筑物20处，约8.8万平方米，占地约323.89亩；集体土地上建筑物89处，约6.3万平方米，占地834.56亩。目前大河路鸿苑路交叉口节点迁移工作已完成，场地已交付。正在积极协调东四环兴达路交叉口节点征迁工作。

二七商业区综合管廊项目已启动，北二七路及西太康路北范围内需征迁范围进行定界和附属物摸底工作已完成，涉及金水区征收范围内一类项目房屋及附属物、地坪，共计18处。此项工作由于涉及征迁任务繁杂，施工周期长，市管线指挥部分四类安排不同时间节点，一类项目正在推进中。

轨道交通工程

轨道交通2号线延长线、3号线一期、4号线、5号线工程房屋征迁工作已在全市范围内率先完成全部任务。

市政控制性节点地下交通工程（燕庄站、姚砦站、白庙站、大石桥站、郑州人民医院站），征迁总面积19.2万平方米，总户数1296户（处），住宅1264户，非住宅32处。涉及辖区4个街道办事处，由于节点工程都位于市中心，征迁量大，房屋涉及年代类别较多，问题复杂，区委书记陈宏伟、区长魏东多次听取情况汇报，召开协调会，为征收工作顺利开展打下了坚实的基础，区委副书记李伟革、副县级干部许忠深入一线街道督战，现场解决疑难问题。目前，已签订住宅1200户，总签订率93%。

商都历史文化区

郑州商都历史文化区宫殿区工程金水区项目已拆除12栋住宅房屋，剩余私有住宅1户，2017年11月金水区人民法院已下达裁决，并裁定由金水区人民政府组织实施拆除；公产部分与黄委会、中建七局签订协议，北关大队及文物工作站征迁事宜正在积极对接。

【征收工作举措】 按照市区两级政府加快推进中心城区市政重点工程建设的总体要求，结合区实际，采取“项目化推进、台账式管理”工作方法。对照各项工作确定的时限、责任人，积极推进问题解决，积极推进征迁交地。

强化协调对接。在掌握工程进度的基础上，切实发挥牵头带动作用，严格履行牵头责任，建立完善了每日巡查检查机制，积极做好对上、对下的对接协调工作，及时沟通信息、通报情况。对未启动的项目要做到主动介入，提前配合搞好前期工作，跟踪吃透有关情况，并及时反馈；对正在进行的项目做好业务指导，加强与项目方、办事处的沟通联系，保障项目顺利的实施。

强化督导检查。结合区级督察单位联合实行周督察、月排名、季点评，以周保月、以月保季、以季保年，根据《工作推进方案》制定专项督察工作计划，成立督察组，对全区市政重点工程征拆工作进行全面督察督办。积极推行“一线工作法”，每周深入项目现场，查实、查细工程征拆过程中存在的问题，梳理汇总报送区委、区政府主要领导，并及时将领导批示指示反馈相关单位。以查促改，以问题为导向，高质量、高效率推进工程进展。

在完成中心工作的基础上，完善组织结构，科学分工，明确责任，更加深入的学习征收政策依据，定期组织各科室业务学习，聘请专业律师进行授课，提高业务素质，真正做到依法行政。按照上级征收部门的安排部署，区房屋征收补偿工作将依靠大数据、“互联网+”，使用征收数字化系统在征收过程中做到公开、公平、公正，并解决群众反映的集中、突出的问题，最大限度消除矛盾，赢得群众的信任。

【征收工作思路】 2018年，根据区委、区政府工作部署，深入贯彻学习中共十九大和中共十九届二中全会会议精神，紧紧围绕两会，在实际工作中应认真落实两会精神，进一步增强了自身的使命意识和责任意识，把思想和行动统一到两会精神上来。同时，牢牢盯住“实现两个率先、领跑中部城区发展”奋斗目标，突出改革开放、突出创新驱动，突出补齐短板，突出民生提标，突出党建保证，全面形成领跑中部城区发展决定性态势，在郑州建设国家中心城市中“挑大梁、走前头、做贡献”。

（撰稿：刘孟科　审阅：贯光辉）

数字化城市管理

【概况】 金水区数字化城市管理指挥中心成立于2007年10月。2008年4月至2010年12月，与区爱卫办（区创建办）合属办公，履行城市管理大督察职能。2010年12月，区数字化城市管理指挥中心职能单列，分编后根据工作需要，现设有五科一室，分别是办公室、网络派遣科、城管科、督查一科、督查二科、督查三科。

【案件处置】 金水区数字化城市管理的数据采集区域覆盖市区面积60平方公里，17个街道办事处、174个社区，共有3638个万米单元网格。各街道办事处和区有关部门设立了数字化城市管理办公室，对区数字化城市管理指挥中心负责，在区指挥中心的统一指挥和监督下，实行网格化城市管理模式，做好辖区内的城市管理工作。2017年，区数字化城市管理指挥中心共接收、派遣案件176714件，处置175257件，结案率99.18%。

【创新措施】 抓事前督促检查工作，强化各责任单位内部自查和区数字化城市管理指挥中心督查人员巡查，积极做好高发类型、高发区域巡查，有效降低事、部件问题案发率。严把案件派遣关、督察关、落实关三大重点，实行首问负责制、岗位责任制、责任追究制等，抓人员业务技能培训和提升、抓疑难问题沟通协调，切实提高案件办结率。抓好常规案件处置。针对高发类型进行集中整治，对易反弹区域增派人员实现看守式治理，切实遏制二次返工案件。对超时案件较多的办事处实行约谈式提醒，使其提高案件办结意识，同时适当使用考核杠杆，大幅提高案件处置率。超时案件和返工案件下降比率分别达到70%和60%，降幅明显。开展定性、定量治理，每半月考核周期对各责任单位管理状况进行定性、定量分析，帮助责任单位找出疑难案件、高发案件存在原因及解决措施。畅通问题反映解决渠道。对于责任单位反映的工作问题及时评判、分析，拿出解决意见或积极做好向上协调，打通机制性梗阻，使一些不属于我区的事件得到正常回退，一些区域边界争议的案件重新划定归属权，消除多年来的扯皮事宜。

数字化城市管理指挥中心爱心捐赠

数字化定制150余套应急护栏反光锥配发各办事处

【精细化管理】 把精细体现在每个工作环节，在案件处置过程中做到精细谋划，精细管理，精细督查。坚持管理措施和保障措施相结合，对指挥中心平台办公环境进行全面升级改造，并配备全新的硬件设备，进一步提升了指挥平台的行政效能。同时，为17个街道办事处数字化机构同步配备终端电脑，着力打造运转有序、高效统一的数字化区级联动系统。突出服务群众，务实为民的目标导向，开展了覆盖全区的“携手12319、共建幸福金水”数字城管进社区系列活动。进一步加大了“12319”城管服务热线宣传及群众投诉案件处理力度，使广大群众真正感受到城市精细化管理的成果。

【考评及培训】 及时、公正的评价，是工作的加油站和助推剂。为做好各单位工作成效评价工作，金水区数字化城市管理指挥中心结合工作实际，进一步完善了考评体系，印发了《金水区数字化城市管理工作绩效考评方案》和《金水区数字化城市管理工作督查办法》，对考核对象、评分标准、考评方式、督察方式等做出明确规定。同时，以公平、公正为原则，以推动问题及时解决为目标，定期通报各责任单位数字化城市管理工作情况，每月进行打分排名，保障数字城管工作有序开展。为保证数字化城市管理工作水平进一步提高，对各街道办事处及相关局委的信息员进行了10次培训，定期组织内部工作人员进行业务学习，进一步强化了数字化城市管理人员的工作能力。

（撰稿：李光普　审阅：郭　丹）

郑州金达房地产开发有限公司

【概况】　郑州金达房地产开发有限公司（以下简称“金达公司”）初建于1994年，2014年经金水区政府研究决定，进行企业改制，即由国有企业，改制成为国有投资的公司制法人企业。目前公司注册资金1亿元，具有房地产开发三级资质，主要负责承担金水区政府投资的保障性住房、医院、道路、学校及市民服务活动中心等公益性项目。2017年公司获得金水区“强投资”工作现代产业体系构建工作先进单位和交通道路建设及建筑工地扬尘治理工作先进单位。公司位于郑州市金水区东风路3号附3号24层2415号。公司下设四部一室，即工程部、规划设计部、成本合约部、财务部及办公室。工程部负责在建项目的施工监督管理；规划设计部负责项目前期各种取证手续的办理；成本合约部负责项目招投标、合同、审计及工程量的审核、预结算工作；财务部负责公司财务核算管理；办公室负责公司党政日常性综合业务的管理。公司以提高区政府投资项目的建设效率和投资效益,严格控制投资概算,保证工程质量和工期为经营方针，以过硬的工程质量、良好的服务声誉，不断为金水区经济社会发展做出新的贡献。

【重点项目】　金水区市民公共文化服务活动中心项目。2017年，在取得项目建议书批复、项目选址意见书、环境评价意见的基础上，先后完成了可行性研究报告批复、节能评估批复、控规及修规批复、用地规划许可证、文物勘探意见审批、初步设计批复、重点项目办手续审核、人防备案等工作突破；2017年，主要完成基坑支护设计、主体工程初步设计、施工图设计，二次深化设计方面完成幕墙设计、智能化设计，人防、交评、园林等图纸同步对接手续办理；目前已完成基坑支护、降水及土方开挖、幕墙设计、智能化设计、主体施工及监理招标工作，如期完成了项目关键性目标。泛光照明、精装修设计将于近期开标，为实现项目建设全年目标提供良好保障；市民中心项目自2017年3月正式开工建设以来，紧紧围绕土方挖运、基坑支护、抗浮锚杆、CFG桩及地下结构施工、临建布置、降水作业等重点工作全面推进。土方清运工作。在扬尘管控日益严格的情况下，项目克服多重不利因素，调集资源，迎难而上，基本完成了基坑内及地上渣土近60万土方的清运工作；基坑支护工作。基本完成支护桩、冠梁及三层锚索和腰梁施工工作；抗浮锚杆施工工作。基本完成抗浮锚杆试拉拔及约3650根抗浮锚杆施工工作；CFG桩施工工作。完成CFG试桩及约2000根桩基施工工作；完成临建布置（17栋临建办公、住宅及附属设施全部完成）及基建水电敷设工作。

道路建设项目。2017年年初在建道路桥梁，目前已完工的项目8项。其中包括黑庄路、燕凤北路跨金水河桥、金牌路、冠军路、燕西路、燕凤北路、研发路、丰收路。本年度完成投资4200万元；新开工项目16项，目前正在做雨污水施工，其中包括浩天路、杨君路等8条区管道路；宏安路、金冠路等8条市管道路。2017年度完成投资额约9312万元；正在办理规划等前期手续的项目共有31项，其中包括金牛路、岳砦路等12条道路正在进行施工图设计的区管道路；孟砦南街、孟砦环路等19条道路已完成项目建议书批复，正在进行规划图设计的区管道路。本年度完成投资额1390万元。

龙门路小学（现称宏康小学）

市民中心鸟瞰图

学校建设项目。公司代建的学校项目进入建设实施的共有12个，建设总面积约32.75万平方米，其中，已竣工项目7个，在建项目3个，拟开工项目2个，政府年度投资计划金额约34380万元。2017年学校项目计划完成投资额26897万元。截至年底，累计完成投资25000万元，年度投资完成比率92.95%；冠军路中学计划总投资4575万元，年度完成投资额约692万元，4月完成竣工验收；周庄小学计划总投资2367万元，5月完成全部竣工验收工作,完成年度总投资额为117万元；金桂中学计划总投资3794万元，计划投资2600万元，已全部完成竣工验收，年度投资额完成1589万元；龙门路小学今年计划投资6000万元，年度投资额完成4850万元；杨槐小学今年计划投资3100万元，完成年度投资额3050万元；金桂小学计划投资3800万元，完成年度投资额2850万元；科教园区第一小学计划总投资6242万元，计划投资3700万元，完成年度投资额3500万元；鸿兴路中学计划投资9880万元，完成年度投资额10000万元；河村小学计划投资300万元，完成年度投资额约300万元；姚店堤小学计划投资300万元，完成年度投资额约300万元；马林小学计划总投资11000万元，计划投资2000万元。

金水总医院项目。金水总医院迁建项目于2016年6月竣工，目前正在配合区审计局进行审计工作。新建地下停车库项目建筑面积19724.59平方米，设有停车位630个，投资约5500万元，2016年4月开工建设，4月完成了主体结构验收工作，11月份完成了项目竣工验收。本项目抗浮锚杆细部防水构造做法获得了省QC一等奖的荣誉。园林绿化工程占地面积11730平方米，计划投资约600万元，7月10日开工建设，迅速行动，克难攻坚，于10月8日圆满完成项目建设任务。

金水区市民文化公园。2017年5月区领导正式授权由公司代建本项目,目前已取得授权书，完成了航测图购买、项目电力管线测量及设计招标等设计前期准备工作，目前已正式开始设计工作，预计年底完成方案设计。

（撰稿：李腾龙　审阅：邹会芳）

金水建设综合开发有限公司

【概况】 郑州市金水建设综合开发有限公司（以下简称开发公司）成立于1988年，隶属金水区人民政府。公司位于金水区国基路106号5楼，在职职工41人，是一支实力雄厚、信誉高的开发队伍。公司下设办公室、财务部、开发经营部、成本部、工程部、总工室、物业公司7个部门。其中办公室负责公司党政日常综合业务的管理；财务部负责公司财务核算管理；开发经营部负责公司新项目的开发、在建项目的水、电、气、暖等手续的办理；成本部负责公司承建各项目的基本预算管理；工程部负责公司工程施工监督管理；总工室负责工程技术方面的审核、预决算；物业公司负责小区物业售后、维修管理。

【重点工程项目】 公司现承担了白庙、路砦、大铺、姜砦、王府坟、司家庄、沙口、城北路、黄家庵、财专片区共10个政府主导的安置房建设项目，因公司承担的安置房项目数量多、地块分散，为加快建设进度且便于管理，公司将上述安置房项目按地域分布就近组合，分为4个项目部,由公司指派4名项目经理对项目的手续办理、工程质量进度、项目协调等进行总负责。具体情况如下:

白庙项目

该项目位于东风路南、文博东路西，白庙路北、文博西路东。项目总建筑面积为395713.6平方米，其中，村民安置房面积352913.6平方米，富士康集团赛博数码广场商业用房面积42800平方米。项目包括7栋住宅楼及一座3层商业裙房。2015年年底开始启动了村民2424套的安置房分配工作，2016年6月中旬将剩余的公共单位部分进行了分配。项目网签工作于2017年年底已基本完成。

路砦项目

该项目位于渠东路东魏河南路南，安置区分为4个地块，总建筑面积约45万平方米，总安置户数2254户，7212人。该项目安置区住房部分现已全面开工建设，商业地块还未开工。

大铺项目

该项目位于文化路与双铺路交叉口向西100米，安置区在A-1地块，隶属于东风路办事处，总安置面积约20万平方米。

姜砦项目

该项目位于东风路与文峰街交汇处西100米、安置区在A-2地块，隶属于东风路办事处，总安置面积约15万平方米。

王府坟项目

该项目位于沙口路与二环支路交叉口向东100米，安置区在A-3地块，隶属于南阳路办事处，总安置面积约16万平方米。

司家庄项目

该项目位于东明路以西、顺河路以南、凌云路以东、城北路以北。项目安置区占地面积94.97亩，需安置面积约17万平方米。

沙口项目

该项目位于金水路和京沙快速路交汇处，隶属于大石桥街道办事处。沙口村由东沙口A地块、二环道水果批发市场B地块和西沙口、东沙口临陇海铁路地块、金水路西鲤鱼门地块等组成；享受村民待遇340人，宅基地住户129户，成套住宅28户；总安置面积约12万平方米。

城北路项目

该项目位于西至工一街，北至北关大街及城北路，东至紫荆山路，南至金水管城两区交界处。涉及楼房5栋、棚户居民30余户，共计住宅223户，公共单位6家。安置房建设占地面积5.87亩，需安置总面积约2.3万平方米。

黄家庵项目

该项目位于鑫苑路北、经三路西，安置区在02地块与03地块，隶属于北林路办事处，总安置面积约14万平方米。

财专片区项目

该项目位于信息学院路与农业路交叉口东北角，全部为安置区，隶属于文化路办事处,建筑总面积123764平方米，总安置面积约9.5万平方米。

2017年，公司认真落实区委、区政府的决策部署，对所承建项目抢先抓早，周密安排，明确责任，稳步推进。截至目前，路砦项目住宅部分的主体结构已全部完成，沙口一期主体已施工至四层，大铺、姜砦项目工程桩施工已完成；王府坟、沙口二期、黄家庵三项目已完成基坑支护，司家庄、城北路正在进行支护桩施工。

（撰稿：张晓晶　审阅：王　项）

科教文卫

科学技术

【概况】 金水区科学技术局内设办公室、发展计划科、高新技术发展及产业化科、综合管理科，局下设二级机构金水区生产力促进中心。

【高新技术企业】 高新技术企业作为创新主要因子，今年增数惊人，全年认定数达53家，新增数量、增长幅度为历年最高，超额完成“全年新增29家高新技术企业”的目标任务，全区高新技术企业累计达到133家，高新技术产业增加值达到110亿元；新增科技型企业137家，累计达到667家，超出目标任务37%。

【科技创新】 孵化载体进一步健全，市级孵化器、众创空间新增16家，累计达到35家；省级孵化器、众创空间新增15家，累计达到27家；国家级孵化器、众创空间正在公示4家，累计将达到7家。各级孵化器新增数量分别位居全市第一，远超“全年累计新增9家孵化器、众创空间”目标的29%，孵化载体累计数量增幅达到78%，形成了差异发展、错位竞争、布局合理、特色各异的孵化体系。核心技术突破成效明显，专利年申请量达到7500件，授权量3500件，比上年增长42%；引导企业加大工程技术中心建设，提高行业和企业创新能力，新增16家省级工程技术中心；2项科技成果获得省级科技进步奖，30项科技成果获得市级科技进步奖。科技成果转化更具活力，实现技术转移推广项目662项，技术交易额达17亿元。

【资金保障】 争取上级资金达到24209.39万元，比上年增长近300%，其中仅自创区就获得省、市专项资金1.4381亿元，仅次于郑州市自创区“一区四园”核心片区高新区；248个科技项目争取到上级专项资金6102.06万元，立项层次、数量、资助金额全市排名第二，41家科技创新龙头企业、科技瞪羚企业、科技小巨人企业及科技雏鹰企业获得郑州市科技研发费用后补助专项资金3276万元；获得上级专利资助450.33万元，为企业创新提供了雄厚的资金保障。

【主导产业】 按照“引领中西部、优于江浙沪”原则，围绕双创政策体系、主导产业引领、知识产权保护，我局牵头制定了《金水区加快推进大众创业万众创新专项扶持办法（试行）》《金水区鼓励共享生态科技产业发展专项扶持办法（试行）》和《金水区促进知识产权发展专项扶持办法（试行）》及其相关实施细则，构筑了全方位的科技创新政策保障体系，成为金水区产业扶持政策“金典六策”的重要组成部分。

【优质项目】 以“双创大赛、产业论坛、科技活动周”等节会为媒，加大创新政策宣传推介，拓展开放融合路径，开放创新成果丰硕。在4月6日举办的北京郑洛新国家自主创新示范区开放合作推进会上，金水区成功签约总额近100亿元7个项目；5月26日成功承办河南省2017年科技活动周暨郑洛新国家自主创新示范区军民科技融合成果推介会，投资额9.6亿元的5个军民科技合作项目落户我区；9月16日和11月17日，先后举办了金水区产业生态共享闭门会议和首届产业生态共享高峰论坛，与中关村在线、顺丰集团达成战略联盟，签约项目12个。同时，积极挖掘引入美国EON（奕恩）公司AVR互动数据中心、北大新世纪教育集团、UFO优享空间、水帘洞孵化器等多个优质科技项目，产业政策与发展战略的充分对接，构建了协同创新、互利合作的新格局，为金水区产业转型升级注入了的“新能量”。

（撰稿：赵泽普　审阅：杨　琳）

教育体育

【概况】　金水区教育体育局是郑州市金水区人民政府管理教育体育工作的职能部门，现设科室12个：办公室、党建办、人事科、财务室、监察科、教育科、体卫艺科、发展计划法规科、督导室办公室、宣传外事科、民办教育管理科、中小学幼儿园建设工程指挥部办公室。

首届产业生态共享高峰论坛

郑洛新国家自主创新示范区军民科技融合成果推介会上省市区领导参观金水区展馆

【教育资源优化配置】　学校建设升级取得新进展。续建杨槐小学和金桂中学已竣工，金桂小学等4所学校正在建设；新开的海滩北街小学、徐砦小学、孟砦小学已开工建设，枣庄小学、马林小学即将开标。启动实施的河村小学和姚店堤小学已完成招投标，55中等5所学校前期手续正在办理。利智学校加固改造项目即将招投标。四月天小学、农业路小学等7所学校外墙面升级改造项目和金水一幼等5所试点学校新风系统项目已经完成。投资5042万元，顺利完成教育教学设施设备更新和校舍维修。

【教育便民惠民】　教育便民惠民呈现新面貌。全面落实义务教育经费保障机制，拨付学校公用经费和免书作费10277万元，惠及学生118591人。发放262名建档立卡贫困学生营养餐补助金20.46万元，发放50名家庭贫困幼儿资助金6.54万元，发放133名学生生源地助学贷款98.63万元，发放18名家庭经济困难教师资助金18万元。

【德育工作】　德育教育工作开辟新途径。全面开展“星级社团”评选活动，引领学校社团规范化、课程化、品牌化发展；广泛开展“诵读经典美文、规范汉字书写”活动，有效提升师生的人文素养和语言文字水平，文化绿城小学荣获河南省汉字大赛小学组一等奖；成功举办庆“六一”暨中小学首届创客博览会，推动创客教育活动深入开展。

【师资队伍】 师资队伍建设呈现新特色。组织开展了“心系中国梦，做好引路人”师德主题教育活动。在原来校长、书记分设的基础上，探索推行校长、书记“一肩挑”，任命9个学校的书记兼任校长。安排了8名局机关中层副职干部到学校挂职副校长锻炼一年，遴选11名学校中层和教师上挂局机关锻炼，初步实现优秀人才多岗锻炼，双向流动；探索实施了学校中层干部选聘工作，各学校校级领导班子提名，经公示、审核、备案等环节后，重新选聘了225名中层干部，进一步落实和规范了学校办学自主权。完善金水区教师梯队管理系统，加强各梯次名优骨干教师日常考核。招聘380名新教师充实到教学一线，启动6个少先队名师工作室建设。以“向新投入使用学校倾斜”为原则，成功交流教师85人。组织新入职教师参加岗前培训，组织350名青年教师参加体音美综合素质培训，组织60名“双核心”教育管理干部赴四川广安市邓小平城乡发展学院参加为期10天的项目培训，选拔30名骨干教师赴福建师大参加教学名师培养人选研修。

【招生工作】 招生入学工作顺利完成。2017年，区属小学共招收一年级新生16035人，其中进城务工人员随迁子女4772人；小升初就近分配15553人，其中进城务工人员随迁子女5406人。圆满完成成人高招报名3052人，自考新生报名2770人，普通高招报名10273人，专升本报名11386人。

【体卫艺工作】 体育艺术品牌建设增添新亮点。深入推行大课间课程“五步走”策略和体育课时“442”分配模式，加强“一校一品”“一校多品”特色建设。圆满完成2017年金水区阳光体育节各项赛事。国家体育总局分别授予金水区和金水区教体局“2013—2016年度全国群众体育先进单位”荣誉称号。成功承办第13届全国学校体育联盟（教学改革）全国校园足球发展实践成果展示暨研讨会，第三届全国学校体育与卫生器材装备展示会暨第二届中小学创新体育器材现场教学观摩研讨会。在第四届全国啦啦操校（局）长论坛上，金水区作为示范区代表作经验交流。在第13届学生运动会科报会上，金水区荣获一等奖3篇、二等奖1篇，省教育厅、省体育局和团省委联合授予区教体局突出贡献奖，并对我区10人通令嘉奖。我区代表河南省参加第二十届全国“贝贝杯”青少年足球锦标赛，并再次荣获全国冠军。在全国学校体育工作座谈会上，金桥学校作为全国所有小学的唯一代表作了典型经验交流。金沙小学、黄河路三小等4所学校在2017年全国啦啦操总决赛和全国啦啦操冠军赛上荣获各组别冠军20项。成功举办教师合唱比赛、庆“六一”文艺会演暨教育艺术节颁奖典礼、书法进课堂等活动，积极推进戏曲进校园。成功承办郑州市美育建设成果展示会，文化路一小等4所学校荣获市级美育示范校，文化绿城小学、纬五路二小被授予省级书法示范校称号。艺术小学荣获第九届“小荷风采”全国少儿舞蹈展演总决赛一等奖。圆满完成“双迎攻坚”的各项任务。顺利举办“金水杯”老年人柔力球比赛等全民健身活动，承办郑州市老年人运动会健身秧歌、柔力球活动。

【教学管理工作】 教育教学质量再上新台阶。围绕“为每一个学生的课堂学习状态、过程和效果助力”主题，举办了第十三届“希望杯”暨第四届“金硕杯”课堂教学展评活动，关注学生发展，促进课堂品质提升。组织开展了第二届“新教学方式”优质课展评活动，强化现代教育技术应用，推进课堂教学方式转变。在“一师一优课、一课一名师”活动中，金水区教师共晒课6883节，荣获部级优课称号50节、省市级优课称号174节，晒课数量和优课数量均居全市首位。成功举办“第六届中小学教育国际会议”，来自不同国家、不同领域的专家、学者共话教育未来，分享学术成果。全区教育科研课题成果荣获省级一等奖14项、二等奖11项，荣获市级奖励83项，教体局被评为河南省教育科研基地先进单位。沙口路小学、纬五路一小被授予全国新世纪小学数学研究与应用基地百所示范学校称号。在各级各类课堂教学竞赛中，金水区教师共荣获国家级特等奖1人、一等奖6人，省级奖励175人，市级奖励316人。

【义务教育均衡发展】 义务教育均衡发展凸显新成果。以创建义务教育发展基本均衡县为总抓手，紧盯薄弱环节，强化问题整改，投资1535万元，集中购置55.3万多册图书、集中配置器材，新增语音教室、实验室等各类功能室237间；各学校逐项逐条核对指标，积极主动查漏补缺，完善档案资料，加强仪器配置。据统计，在创建工作中，全区学校共收回2.4万多平方米门面房，作为教学用房，有效改善了学校的办学条件。同时，通过组织创建工作推进会、现场观摩会等形式，健全创建工作机制，不断优化管理秩序，提升办学水平，顺利通过了国家督导检查组对我区义务教育发展基本均衡县的评估认定。

【学前教育】 学前教育普惠发展获得新成效。加强对辖区幼儿园达标升级工作的督促和指导，完成17所上等级幼儿园区级初评和10所省级示范园、4所市级示范园的复评迎检工作，组织开展24所满三年等级园复评。举办辖区幼儿园达标升级专项培训、保健人员练功比武、环境创设等活动。成立学前教育区域联盟组，发挥省级示范园辐射引领作用，促进幼儿园保育质量持续提升。新建海滩北街幼儿园已竣工，回族幼儿园正在进行外墙施工。发放90所幼儿园各级学前教育奖补资金839万元。

【民办教育】 民办教育实现新突破。严格审批流程，全年新审批民办小学1所、民办幼儿园13所、培训机构5所，新认定普惠性民办幼儿园12所。开展民办学校年度检查，进一步规范民办学校的办学行为。完善民办教育微家园建设，启动民办教育资源公共服务平台建设。指导金水区民办教育协会开展了课堂教学优质课展评活动。

【教育信息化】 教育信息化建设激发新动力。金水区委托华中师范大学编制完成了《金水区教育信息化发展规划（2017—2020年）》。全面开展教师信息技术

区长魏东一行在文化绿城小学

省委副秘书长、省委省直机关工委书记李恩东与孩子们庆六一

应用能力提升工程，全区5000多名符合条件的教师通过网络研修、校本研修和自主研修相结合的模式，提升在信息技术环境下学科教学实践能力；全体校长赴华中师大参加为期一周的教育信息化领导力提升高级研修班，进一步更新观念，强化应用。在硬件建设方面，文化路一小翰林校区未来教室建成已投入使用，文源小学等7所学校的未来教室项目完成招投标前期准备工作；启动实施的11所智慧校园项目和17所学校网络升级项目正在进行方案设计。

【教育督导】 教育督导护航工作取得新成绩。完成区属中小学校第一轮三年发展规划终结性自评工作，并启动第二轮规划的制定。深入推进责任督学挂牌督导，围绕月工作主题，常态化开展随访督导工作；完成第二届责任督学换届工作，聘请4名督学顾问、15名责任督学、75名学校督学。优化“互联网+挂牌督导”信息平台，督导信息化工作取得新进展。金水区荣获郑州市中小学校责任督学挂牌督导工作先进集体称号。

【安全稳定工作】 教育和谐平安建设得到新加强。组织开展校园安全工作大检查活动和校舍排查工作，积极消除各类安全隐患，妥善处理矛盾纠纷，有效维护了教育系统的和谐稳定。认真组织开展“预防未成年人溺亡专项治理”和“预防、遏制校园欺凌与暴力”工作，落实“六员进校园”，配合相关职能部门加强校园周边综合治理，初步形成了校园、家庭和社会“三位一体”的安全防护体系。完成“小金库”专项清理整治工作。与天基律师事务所顺利签约，开展法律援助11件次。

（撰稿：殷翰墨　审阅：张登高）

文化旅游

【概况】 局下设办公室、纪检监察室、计财人事科、旅游产业科、社会文化科、行政审批科、法制安监科、文物科8个科室。局下属4个二级机构，区文化馆、区图书馆、区广电中心、区文化市场综合执法大队，其中图书馆设全国文化信息资源共享工程金水支中心，文化馆设非物质文化遗产保护中心和区级文化活动中心。

主要职责:宣传贯彻执行党和国家文化、新闻出版、旅游、广播电影电视有关法律、法规、政策。运用各种文化艺术手段，宣传党的路线、方针、政策。负责推进全区公共文化服务、基层文化设施建设，采取群众喜闻乐见的形式多方面、多层次、多渠道地组织各种群众性文化娱乐活动。开办各种类型培训班，辅导并培训群众文化艺术骨干，提高群众文化艺术水平。搜集、整理民族、民间文化艺术遗产，建立文化艺术网络，加强对非物质文化遗产保护。研究拟定全区文物、博物馆事业的发展方针、政策法规和规划，制定有关制度、办法并监督实施;管理全区文物调查、保护、宣传等业务工作。管理辖区内的出版物市场、美术品市场、印刷市场、娱乐市场、旅游市场、互联网上网服务营业场所、电影放映和社区有线电视经营活动及其它文化经营活动；管理辖区内文物单位。对辖区文化、旅游、新闻出版经营单位的经营活动进行监督、稽查、登记，依法制止和查处违法、违规经营行为。组织协调“扫黄打非”成员单位开展工作，加强著作权保护工作。负责本区旅游资源的调查和旅游统计工作。研究、拟订全区旅游市场开发战略和规划；负责全区旅游业整体形象的策划和对外宣传工作。了解和掌握文化市场、出版物市场、旅游市场动态并及时向上级反映和汇报。负责全区文化产业及文化创意产业的规划、发展工作，指导全区文化产业经营活动。负责各类文献外借、内阅、检索、视听服务，实行业务和管理工作现代化、网络化、数字化，开展文献信息内外交流，实行文献资源共享。按时完成农村公益数字电影放映工作。县级文物保护单位修缮方案审批职责。国有县级文物保护单位使用用途变更审批职责。改建、拆除电影院和放映设施审批职责。法律、法规规定的其他职责。承办区政府交办的其他事项。

【特色文化活动】 2017年，先后组织参加2017年郑州市“华夏优秀传统民间文化集中展演”、金水区2017年春节期间群众文化活动暨第十七届民间艺术大赛等赛事并取得了良好成绩；圆满完成了“舞台艺术进乡村、进社区”、“送文化进基层”活动任务；成功举办第五届中国（郑州）国际街舞大赛，大赛历经16个分赛区，吸引了来自美、法、日、俄、乌克兰、哈萨克斯坦等国家的2万余人次参赛，观众超过30万，盛况空前，业界称叹。此外还精心打造了“大爱中原·益路同行”金水区文化志愿者专场精品演出和“群星耀中原”2017年金水区群众基层文艺展演活动，受到社会各界的广泛关注，得到社会各界的高度评价，有效提升了我区文化旅游品牌的知名度和影响力。

【文化市场管理工作】 负责管理的文化市场经营商户分别有：文化市场经营商户包括出版物410家、歌舞娱乐场所34家、电子游戏2家、互联网上网营业场所146家、印刷厂22家、演出场所6家、演出团体28家、电影放映单位18家。2017年全年，全年共受理共受理各类审批经营项目124件，不予许可2件，办结率达100%。在全市范围内，金水区区文化市场经营商户最多，经营单位店多面广，所占比例最大，管理任务也最重。2017年以来，我局以打击侵权盗版、查处无证文化经营单位为重点，以“安全生产，预防为主”为主线，以规范执法程序、强化行政执法服务意识为指引，坚持深入开展各类文化市场专项行动，累计出动执法人员3060人次，执法车辆1700台次，收缴非法图书40万余册，查处违规案件21起，均已结案，有效促进了辖区文化市场健康有序发展。

【公共文化服务体系建设】 多措并举，狠抓公共文化服务体系建设，2017年，共建设105个街道、社区两级基层综合性文化服务中心，并选取2个街道文化站、2个社区文化活动中心、1个农村文化大院作为试点单位重点扶持。继续开展“舞台艺术进乡村、进社区”演出活动。我区38场目标任务已全部演出完毕。圆满完成全年480场农村公益数字电影放映工作，并逐一落实每场电影放映补贴。2017年农家书屋补助发放工作已经结束。每家书屋2000元的书籍报刊补助已配送到位。为贯彻落实《郑州市“戏曲进校园”活动工作方案》文件精神，认真研究工作方案，明确工作职责，制定《金水区文化旅游局“戏曲进校园”活动实施方案》，成立领导小组，切实加强组织保障。已经向区政府申请专项资金，正在准备招投标工作。圆满完成“2016年——2017年”全区9个社区文化活动中心设备配置工作。

【送文化进基层】 “送文化进基层演出”惠及全民。选派的优秀队伍在2017年郑州市“华夏优秀传统民间文化集中展演”、金水区2017年春节期间群众文化活动暨第十七届民间艺术大赛活动中成绩优异。免费开放公益课程丰富多彩。2017年文化馆免费开放培训共开展五期，每期二个月，第五期正在进行中。截至年底已开展多达30个不同门类的课程，培训2786个班次。区级文化活动中心作为新的活动阵地，全年开展免费培训共计1282个课程，共有11支团队在该中心活动。2017年区直机关干部兴趣组培训的书法课程截至9月共计开展55个班次。全面开展金水区文化志愿者“送文化进基层”演出活动，截至年底，已开展150场文艺演出和15场“非遗进社区”活动。非遗项目培训成惯例。区非遗艺术展演团在区级文化活动中心共开展非遗培训272个班次。精心打造文化志愿者“精品演出”。2017年，组织辖区文化志愿者精心打造了“大爱中原·益路同行”金水区文化志愿者专场精品演出和“群星耀中原”2017年金水区群众基层文艺展演活动，并将这些精品节目送到广场、社区、留守儿童学校、敬老院和工地，宣传展示了金水文化志愿者的风采，丰富了基层公共文化产品和服务供给，推动了金水区公共文化服务体系建设。

【文物及非遗保护】 金水区现有文物保护单位5处，其中省级文物保护单位4处，市级文物保护单位1处，纳入第三次全国文物普查不可移动文物名录未定级有28处。金水区已有省级非遗项目6项，省级传承人6人；市级非遗项目10项，市级传承人9人；区级非遗项目11项。金水区市级非物质文化遗产剪纸项目传承人袁升科现场剪窗花受到李克强总理极大的赞誉，其剪纸专题片也在湖南卫视《中华文明之美》节目独家播出；金水区省级非遗项目传承人李仁清受邀参加“第三期全国传拓技术培训班暨第一期福建省传拓培训班”和北京大学图书馆举办《李仁清传拓艺术展》，30多年的时间与研究，探索出一套独特可行的高浮雕传拓技艺，堪称业界“高浮雕传拓艺术第一人”；整理上报第四批郑州市非物质文化遗产项目7项，第四批郑州市非物质文化遗产项目代表性传承人8人。

【图书馆工作】　坚持贯彻执行国家免费开放政策，全年365天对外开放，每周开放63个小时。截至目前，全馆借阅22万余册，有效读者证16500余张，到馆人次达27.5万人次。汇总、整理2016年报纸5000余份、期刊1000余册，挑选利用率高的刊种，共装订200余册。金水区图书馆学雷锋“文明使者”志愿服务站、“文明使者”职工志愿者服务队和青少年志愿者服务队相继成立并开展了形式多样的志愿服务活动。为充分利用馆内视听多媒体资源，策划举办“迎新春优秀电影展播”“庆元宵·猜灯谜”“《公共文化服务保障法》宣传”“4.23世界读书日”“趣味动画片”等系列主题活动，吸引了大批市民走进图书馆，营造了阅读气氛，获得群众一致好评。以金水区图书馆为总馆、中心馆，馆外服务共建成分馆20个，总面积达3000平方米，藏书量3.1万册，全国文化信息资源共享工程电子阅览室已实现17个街道全覆盖。积极备战“全国图书馆第六次评估定级工作”，现已顺利通过第一次郑州市评估专家组验收。

【旅游产业】　围绕区委、区政府的中心工作，按照省、市旅游局的工作部署，金水区旅游工作开展高效有序。金水区共开展旅游市场检查行动、安全大检查4次，累计检查旅游企业33家，有力地净化了旅游市场，确保节假日期间旅游市场的平稳有序、和谐安全。审核上报新办旅行社11家，增加出境资质旅行社2家，办理旅行社业务变更20家,退旅行社质保金7家。申请注销旅行社1家、分社2家。审批旅行社分支机构38家。配合市旅游局做好《换发电子导游证》工作，共涉及旅行社64家、导游员1951人，梳理问题人员30人，均已上报。根据“双迎攻坚”工作要求，对金水辖区内42家星级以上酒店进行全面排查并建立台账，联合办事处进行多次督导检查，均已达到创建标准。成功举办“旅游让生活更幸福”为主题的2017年中国旅游日宣传活动、“美丽金水·惠民旅游”重阳节宣传活动，旨在提升市民旅游意识，激发旅游热情，营造良好氛围，共享旅游发展成果。认真贯彻国家旅游局关于“厕所革命”工作部署，根据国家、省、市有关工作要求，结合我区实际情况，统计申报A级旅游厕所11座，等待市局验收。组织全区旅行社管理人员代表、导游人员代表600余人成功举办2017年旅游企业负责人培训班、导游员培训班。

【网格化管理】　2017年以来，区文化旅游局坚持“条块融合、职责明确、联动负责、网格覆盖”的工作原则，充分利用网格化管理体系，形成了对辖区文化经营单位纵横交织，无缝隙的监管格局，及时解决各种隐患，推进网格化管理工作扎实开展。按照区长效办“三非”整治工作要求，结合文化市场实际，按照“规范提升一批、纳入管理一批、查处取缔一批”的原则持续开展无证经营单位整治。一是强化服务。对符合办证条件的或通过整改具备办证条件的，在调查摸底的基础上，建立台账，实行销号处理。对这些单位由下沉人员和责任人现场予以服务指导，协助他们办理相关证照。二是加强监管。针对一些场所因硬件缺失一时不符合办证条件，但基本符合备案监管条件或经过整改能达到备案条件的，本着协助整改，服务一线的原则，按照规范管理标准，由下沉人员、网格责任人共同深入门店，下达限期整改通知书，宣讲标准，提出整改要求，整改期限一到，下沉人员及网格责任人一同赴现场对整改情况进行检查，对合格的门店现场填写《备案监管申请表》一式两份，由牵头部门、街道签字盖章并分别存档，正式纳入监管。三是强力打击。对条件极差、影响较坏、对居民生命健康及安全

9月28日，大爱金水“大爱中原·益路同行”金水区专场演出

造成威胁的，组织联合执法予以取缔。四是大力培训。为提升网格人员的素质和管理水平，真正使下沉人员知道做什么、怎么做，根据年初制定的下沉人员培训计划，采取以会代训、现场观摩等方式分期分批对全区二、三级网格长进行业务指导，从而保证文化市场问题发现在基层、解决在基层。

（撰稿：白　硕　审阅：胡长卿）

医疗卫生

【概况】 金水区卫生和计划生育委员会（以下简称区卫计委），办公地点在郑州市金水区普庆路与国基路北200米路东金水总医院公共卫生服务大楼，是负责金水区卫生和计划生育工作的政府职能机构。区卫计委内设8个职能科室：办公室、中西医综合管理科（医疗服务办公室）、公共服务科、法制监督科、行政服务科、卫生应急科（艾滋病防治工作办公室）、计划生育综合管理科（流动人口服务管理办公室）、计划生育家庭发展服务科；委属二级机构6个：保健办、疾病预防控制中心、卫生计生监督所、妇幼保健所、计划生育服务站、金水区总医院。

【签约服务试点建设】 以推进省级家庭医生签约服务试点建设为契机，率先全省建立金水区分级诊疗联席会议制度，打造具有我区特色的“1+1+N”（1家基层医疗卫生机构+金水区分级诊疗联席会议制度+分级诊疗服务体系内的二、三级医院）组合签约服务模式，居民可在分级诊疗服务体系中自愿选择，由家庭医生联系转诊，享受医院向基层医疗卫生机构提供的优先服务；联合河南省科技大学第一附属医院初步构建了以金水区总医院为中心，以家庭医生签约服务综合管理平台为依托，以各社区卫生服务中心为辐射的区域远程医疗会诊网络，建立起了区内16家三级医院双向转诊绿色通道，实现了手机签约、居民信息管理、服务满意度评价、网络会诊、预约上门等服务，完成了以慢性病、老年人、儿童和孕产妇等为重点人群的初、中、高三个档次特色服务包设定，使签约居民通过互联网就能享受到科技发展带来的便捷健康服务，居民获得感不断增强。全年共组建签约服务团队229个，签约居民47.4643万人，签约率36.89%，农村人口签约5.598万人，签约率90.91%，重点人群签约19.931万人，签约率64.2%。

【医养结合服务】 按照《郑州市卫计委关于加快推进医养结合试点单位工作方案的通知》要求，率先全市开展医养结合服务试点建设，联合区民政成立医养结合工作领导小组，制定出台推进工作方案，明确时间节点，纳入考核指标。并采取统一部署、全面推进的方式加强人才储备，选拔34名优秀卫生技术人员，参加全市医养结合人才培训，扎实有效推进医养结合工作有序开展。2018年，将金水区总医院医养结合项目建设列入重点工作，进一步探索医疗养老互融互通渠道，使老年人真正享受就医便利服务。2017年金水区永宜老年公寓与河南省煤炭医院签订合作协议，将老年病科设置在永宜老年公寓，配备医护办、治疗室、抢救设备、病房等，为老年人提供24小时服务；金水区颐乐老年公寓与郑州市第九人民医院签订协议、金水区中心敬老院与姚桥乡卫生院合作，开通绿色通道，定期开展体检、巡诊等服务。

【生育服务管理】 以“郑州市优质服务乡镇办创建”为契机，坚持“多元化”的生育登记服务理念，率先在辖区北林路街道办事处探索推进以“微信公众号”为平台的“生育登记服务向社区延伸”试点建设，引入“互联网+”生育登记服务模式，成功研发了一二孩生育登记服务证办理系统，开拓了全省首个在手机上进行生育登记的快捷渠道，实现了手机等移动终端的生育登记服务，使一些在省外、甚至国外的群众，通过手机微信就能进行登记，切实使群众感受到了生育登记改革取得的变化与便利。2017年金水区试点社区共进行一二孩生育登记974余例。

【流动人口服务】 率先全省启动“新市民健康城市行—金水在行动”均等化服务年活动，全面提升流动人口的健康素养和健康水平；带动各街道办事处以不同的形式开展“进企业、进学校、进社区、进家庭”服务，2017年开展服务活动160场，惠及辖区新市民2.6万余人；继续加大创新工作力度，把创建“健康促进示范企业、示范学校及健康家庭”纳入“培育十类典型，促进流动人口社会融合”示范化创建工作，2017年成功创建示范化企业和学校6个、健康家庭17户；2017年，金水区被省市推荐为国家卫计委流动人口基本公共卫生计生服务均等化示范县区；全省流动人口基本公共卫生计生均等化服务工作推进会在金水区召开。

【服务改革】 完成公立医院综合改革。按照省市推进城市公立医院工作部署，开展辖区城市公立医院调查、价格测算等，完成收费系统、医保系统、信息系统调试，8月31日零时，金水区各公立医院按时启动改革，新价格已正常运行；推动社会办医政策落实。严把医疗机构人员、设备、技术的准入管理，持续开展医疗机构布局、人员资格、执业范围、消毒隔离、医疗文书书写等检查指导，着力规范医疗机构执行行为，努力为患者提供安全便捷的多元化就医渠道。全年共办理医疗机构校验602家，注销22家，新设置医疗机构101家，办理医师护士注册咨询1961人次。

【金水区总医院】 以金水区总医院建成投入使用为契机，着力优化科室、病区设置，进一步加强以妇产科、康复科、骨科、心血管科、神经内科为重点的专科建设。2017年金水区总医院门诊楼设置医疗科室25个；病房楼开设床位1000张，设置病区11个；净化手术室按国际先进的无菌隔离技术装备与建造，16个手术间可同时进行工作，配有西门子1.5T核磁共振成像系统、德国多功能康复器材等先进大中型医疗设备300余台；成功创建成为河南科技大学教学医院，河南中医药大学第一附属医院协作医院和河南省中西医结合儿童医院儿童康复基地。

【民生服务】 落实民生实事。2017年，金水区免费产前超声筛查率为43%、免费血清学产前筛查率为41%，免费新生儿“两病”筛查为90%，免费新生儿听力筛查率为88.4%，河南省“免费产前筛查”指标任务全部完成；免费结直肠癌筛查评估干预服务，2017年目标任务筛查1000例，已全部完成；免费宫颈癌筛查8000人，乳腺癌筛查8000人，妇女HPV筛查4000人，已全部完成；新生儿耳聋基因免费筛查共筛查23325人，两病筛查24857人，听力障碍初筛25043人，无具体指标；建立辖区49家二次供水单位台账，配合郑州市生活饮用水安全检测工作，筛选7家生活饮用水质卫生在线监督监测点，已全部完成。落实利益导向政策。严格落实“五定两包”责任制，着力推进以未来路升龙社区和大石桥天下城社区为试点的“新家庭计划—家庭发展能力建设工作”项目，围绕家庭保健、科学育儿、养老照护、家庭文化、心理健康5个专题开展系列服务活动，全面落实各级奖励扶助政策和奖励扶助项目拓展。2017年开展服务活动16次，享受各项奖扶对象85322人次，发放奖扶金7121.257万元。提升基本公共卫生服务均等化水平。以家庭签约服务为契机，组织各基层医疗卫生机构开展以“基本公共卫生　我服务你健康”为主题的宣传活动，积极向辖区群众提供基本公共卫生服务、基本医疗服务和健康管理服务，特别针对行动不变的老年人、高血压患者、糖尿病患者、孕产妇、儿童等人群开展上门服务、预约就诊、专项健康管理等服务，有力地促进了金水区基本公共卫生服务活动的便捷化、内涵化和丰富性，均等化服务水平进一步提升。

【党建工作】 加强机关党建文化阵地建设，启动了机关文化大讲堂活动。组织开展重温入党誓词、书记讲党课活动。深入开展关于推进“两学一做”学习教育常态化制度化的实施方案，制作发放了“两学一做”学习手册，通过书记上党课、委各党组织制作微党课、征文比赛等形式增强学习的吸引力；按月组织自学和集中学习。严格按照区委要求，迅速传达学习中共十九大和十九届一中全会精神，开展好我委的“不忘初心、牢记使命”主题教育活动。全年中心组集中学习15次，书记上党课4次，自学12次，集体讨论交流50余次。

认真落实“一岗双责”，坚持把党建工作与业务工作同部署、同落实、同考核，建立完善了党务工作制度、党建工作责任制、民主议事决策等13项相关制度，扎实开展“三会一课”、组织生活和组织召开民主生活会；大力推进“基层党建规范年”活动，打造了“党员活动室”、“党建文化走廊”等活动阵地，研究制定了“十九大”精神专题学习计划，利用每周二、周五委由党员代表轮流进行授课，大大增强了党组织的创造力、凝聚力和战斗力；组织开展“党在我心中”经典名篇诵读、喜迎中共十九大弘扬中华传统艺术剪纸、插花等活动。

【党风廉政建设】 成立以委党组书记为组长的党风廉政建设工作领导小组建设，完善《落实党风廉政建设党组主体责任和纪委监督责任的任务清单》，严格落实廉政风险防控、民主生活会、“三重一大”等各项制度，进一步明确党风廉政建设和反腐败工作的指导思想、工作要点及具体要求；开展优化经济发展环境工作，面向业务办理对象发放监督举报卡，畅通投诉举报电话，按月统计业务科室行政审批、行政处罚等事项，由班子成员轮流以固话、手机、入户、调研、走访等形式进行廉政回访。目前，共张贴《公告》15份，发放《监督举报卡》280余份，廉政监督回访数为290余家；配备4台执法记录仪和2台酒精检测仪，聘请辖区54名行风监督员，每月2次对委机关、二级机构的作风纪律情况进行不定时督查，进一步加强作风纪律整顿；打造了以“廉洁奉公、勤政为民”为主题的廉政文化长廊，内容包括党纪法规、廉诗廉句、廉史廉吏等内容，制作廉政宣传版面50多块、发放廉政“倡议书”380余份，开展党组织书记讲廉倡廉专题课程6次，纪检监察工作培训1次，全力营造廉政勤政、崇廉尚廉的机关文化氛围。

（撰稿：王中灵　审阅：陈晓清）

社会事业

人力资源和社会保障

【概况】 金水区人力资源和社会保障局是金水区政府重要的职能部门，主管全区人力资源和社会保障工作。设置有6个职能科室：办公室、法制科、人力资源科、工资福利科、就业促进科、社会保障科；10个二级机构：人才人力资源市场、自主择业转业干部管理服务中心、劳动保障服务管理中心、社会保险中心、劳动人事争议仲裁院、劳动监察大队、工伤认定办公室、郑州市劳动就业训练中心金水分中心、外国专家局、公务员登记管理办公室。2013年12月底，金水区社会保险中心部分业务上划市社会保险局后，保留有机关事业单位养老保险、金水区离退休人员社会化管理、金水区失地农民生活保障3项业务，其中机关事业单位养老保险于2017年1月起上划市局。

【城镇就业再就业】 “促进创业，带动就业”成效得到进一步深化。区人社局从鼓励劳动者创业出发，落实创业帮扶措施，在税费减免、小额贷款、社会保险补贴等方面给创业者提供更多的优惠政策，降低创业成本和风险。全面落实各项资金扶持政策，起到了“扶持一个企业，带动多人就业，促进区域经济增长”的作用，形成了经济发展与扩大就业的良性互动；就业援助专项活动扎实有效。为做好就业困难群体就业援助工作，促进就业援助制度化、经常化、社会化，全面落实再就业扶持政策，开展“就业帮扶，真情相助”春季就业援助活动；创新就业培训模式。技能培训上，落实“有效培训”理念，由被动培训扭转为主动培训，按需求进行培训，为失业人员再就业创造更好的条件。同时，将创业培训班开到居民的家门口，把老师请进社区，使广大群众和失业人员更加积极地参加创业培训，得到广大群众的一致好评；新市民和农村剩余劳动力转移就业工作明显提高。随着金水区全域城市化进程的加快，区人社局不断加强被征地、城中村改造、合村并城以后新市民和剩余劳动力的就业服务。深化新市民思想观念、就业技能等方面的教育引导，扶持有创业愿望、有创业条件的新市民积极创业，鼓励企业吸收新市民就业，实现新市民就近就地就业。

2017年，全区新增就业31770人，占年目标任务的106%；下岗失业人员实现就业6775人，占年目标任务的105%；认定就业困难人员791人，城镇登记失业率控制在4%以内，城镇“零就业家庭”动态为零。共上报小额担保贷款9520万元，审批发放贷款4875万元。另外，失业人员技能培训完成6020人，占全年目标任务的100%；创业培训完成1011人，占全年目标任务的111%；农转培训完成865人，占全年目标任务的108%；高技能人才培养完成710人，占全年目标任务完成比例的101%。

【大学生创业园建设】 促进创业带动就业，大学生创业各项工作进展顺利。园区管理逐步规范，扶持力度逐步加大，各项优惠政策逐步落实。

2017年，大学生创业园的各项工作稳步推进。不断优化创业服务，完善园区规章制度、管理办法，加强入住项目考核，探索园区管理新机制，提高入园项目质量。完善园区培育孵化功能，开展多层次的创业指导，举办多形式的创业培训，引进最新创业理念，提高大学生的创业意识和能力，促进项目更快成长，帮助更多的创业者创业成功，实现梦想。2017年6月，金水区大学生创业园郑大园区挂牌成立，至此，金水区已建立6个主要园区，入园总项目达到301个。全年所有园区新入孵项目178个，孵化出园项目133个，创业人数830，就业人数1794；累计营业收入近1亿元，营业额超过100万的企业18家，累计纳税额近200万元，纳税额超10万元的有6家，所有入园项目都得到了较好的扶持和发展。

2017年11月，金水区举办了“2017‘创赢未来’大学生创业资助项目选拔赛”，共有350个创新创业项目团队报名参赛，参赛项目涉及互联网、电子商务、计算机服务、文化创意、科技、环保、教育等不同行业和领域。大赛设成长组、初创组2个参赛组别，项目评选分初赛、复赛和决赛3个阶段，组委会邀请投资机构、企业家及创业孵化机构负责人组成评审组，按照大赛评审程序及评分标准，现场评分并公布比赛结果。整个大赛，共有160个项目进入复赛，80个项目晋级决赛。在决赛赛场，成长组40个项目、初创组40个项目先后开赛，经过激烈角逐，最终评出成长组一等奖2个、二等奖3个、三等奖5个和优胜奖10个；初创组一等奖2个、二等奖3个、三等奖5个和优胜奖10个；单项奖4个。共设置各类奖项总奖金高达300万元。

【人事管理】 认真履行人事管理职能，强化机关工作人员管理、人事制度改革逐步深化。不断强化防治“吃空饷”问题长效机制建设，通过加大政策宣传力度，加强督导检查，健全监督机制，形成监管合力，全面杜绝“吃空饷”问题的发生。2017年11月初，省、市督察组在对金水区防治“吃空饷”问题长效机制建设落实情况进行了专项督察，给予了高度评价，认为金水区开展“吃空饷”防治工作思路清晰，方法务实。做好金水区人才招聘工作。进一步严肃涉考工作人员的工作纪律，强化监督检查，严格按照规定程序推动工作开展，全力做好各项保障服务，切实营造公平、公正、公开的考试氛围。组织金水区事业单位公开招聘考试，金水区公开招聘教师考试，区纪委监察局、区委巡察机构公开选调工作人员考试。继续深入贯彻《事业单位人事管理条例》，抓好配套规定落实。加强督促检查，促进事业单位依法管理，不断优化事业单位岗位结构。

【人才资源开发】 以打造金水区人才聚集平台为目标，借助“金水人才网”等网络媒体加强人才政策的宣传力度，积极与辖区企业对接，提升服务企业水平。2017年新增的31家企业全部进行联系对接，为每家企业建立了《企业需求调查台账》，了解企业对人才及其他方面的需求情况。推荐3家辖区内优秀企业参加参加郑州市人社局组织的“逐鹿中原”赴兰州招聘高校毕业生活动，其中，郑州信大捷安信息技术股份有限公司共与59名高校毕业生达成求职意向，河南国基建设集团有限公司共与26名高校毕业生达成求职意向，河南天瑞检测咨询有限公司共与19名高校毕业生达成求职意向。

积极开展金水区专业技术人员继续教育工作，实现继续教育信息管理网络化、规范化、制度化，做好重点行业高端人才的培育培养，全面推进金水区专业技术人员队伍建设。2017年，新增专业技术人员3479名，涵盖卫生、教育、农业、工程等专业的专业技术人员。

【劳动关系与劳动者权益维护】 区人社局坚持“预防为主、基层为主、调解为主”的原则，积极开展各类劳动保障专项检查行动，防止各类劳动违法行为的发生。建立健全防范农民工工资拖欠长效机制，加大建筑领域监管力度，开展定期巡查，全面掌握农民工工资发放情况。加强基层人民调解组织和企业调解组织建设，促进劳动人事争议处理工作健康发展，从源头上化解劳动人事争议。

2017年，劳动监察大队接待群众来电、来访3720人次，受理劳动者日常投诉举报案件301件，结案263件，法定期限内结案率100%，涉及劳动者300人，追讨工资49.6377万元。共排查88处建筑工地，涉及农民工3751人，支付农民工工资1232.9541万元；检查人力资源服务机构89户，其中，职业中介机构13户，用人单位76户。劳动人事争议仲裁院共受理劳动争议案件500起，已解决处理328起，法定结案率达100%，其中，裁决案件140起，调解案件132起，撤诉案件56起，调撤率57.32%。

（撰稿:于　楚　审阅：袁文蕊）

金水区大学生创业园郑大园区揭牌仪式

“五一”劳动节依法维权宣传

民政工作

【概况】 民政局是政府进行社会管理的重要职能部门之一，主要担负着解决社会问题、化解社会矛盾、促进社会公平、依法维护和保障人民群众基本权益的职责，是发展社会主义市场经济、构建和谐社会的重要保障机构。金水区民政局下设办公室、社会科、优抚科、基层政权科、社区建设科、民间组织管理办公室、区划地名科、婚姻登记处、社工科、社区服务中心、老龄办和行政服务科（法制科），共12个科室。民政局具体职责：社会救助、救灾救济、社会福利机构管理、社会福利企业政策服务、城乡低保、殡葬管理、婚姻登记、慈善工作、老龄工作、拥军优属、优待抚恤、退伍安置、军休军工服务、基层政权、社区建设、民政社会工作、居家养老、行政区划、地名、勘界管理、民办非企业单位登记等工作。

【社区建设】 目前全区共有17个街道办事处、162个城市社区；在2015年第五届社区居委会换届选举结束后，共产生新一届社区居委会工作人员1156人，平均年龄34岁。其中，社区主任160人，副主任133人，委员863人；男性384人，女性772人；大专及以上学历862人，占74.6%；书记、主任“一肩挑”109人，占社区主任总数的68.1%，全区社区楼栋长共6958人。

一是积极探索创新以居民自治为基础、多元共治为导向的社区治理工作机制。二是积极尝试将社区建设与发展社会工作和社区社会组织相结合，通过推进社工服务进社区和培育社区社会组织等方式，实现了社区建设、社会组织和社会工作的良性互动和有效衔接，逐步探索出一条符合金水区实际的“三社联动”新路径。

【社会救助】 扎实推进城市低保工作。城市低保标准由550元提高至600元，城市孤儿、艾滋病患者以及符合相关条件的重度残疾人都已纳入城市最低保障范围。全年累计救助城市低保家庭2.486万人次，累计发放低保资金1364.9137万元。积极开展低收入家庭救助。凡是被批准的低收入家庭均可享受住房、医疗、教育和法律援助4项救助政策。医疗救助全年累计救助259人，发放医疗救助金127.9251万元。教育救助全年救助学生65人，发放教育救助金14.25万元。截至年底，全区共有低收入家庭户141户、349人。进一步提高特困人员供养水平。对生活不能自理或需要政府统一供养的，实行集中供养，统一入住区中心敬老院，由政府承担供养和特殊服务补贴费用。金水区有特困人员52户共55人，其中，集中供养15人，居家供养40人，集中供养率27%，累计发放五保救助金62.18万元，拨付集中供养费28.46万元。完善社会救助体系。建立困难群众的临时救助制度，全年救助71人，发放临时救助金33.31万元，着力缓解城乡困难群众突发性、临时性生活困难。开展社会救助收入认定工作。承担全区救助申请家庭的经济状况核对工作，全年累计核对救助申请家庭9295户，共15990人。

【慈善事业】 大力宣传扶贫济困、诚信友爱、互帮互助、奉献社会的良好风尚。一是做好慈善宣传与救助工作。2017年，区慈善总会累计募集善款377万余元，用于慈善救助的资金共计226.68万元，累计救助困难户、孤寡老人、孤儿、贫困教师、贫困学生等困难群众1343人次。二是更好地推进慈善事业快速健康发展，继续开展“善行金水”慈善创投大赛，面向金水区招募优秀慈善公益项目，重点涵盖老年人服务、留守儿童、城市流动人口领域等。

【双拥优抚】 双拥工作。利用元旦、春节、“八一”、“9·30”等重大节日对辖区部队和优抚对象进行了广泛的走访慰问。通过走访活动的开展基本达到了全覆盖，使辖区广大优抚对象和驻军官兵充分感受到党和政府的关心和关怀，起到了良好的社会效果。全面落实好各项优抚政策。建立了优抚对象自然增长机制，全面落实各类优抚对象的抚恤、补助、优抚标准，按时足额发放。2017年，共为优抚对象2557人，累计发放抚恤和生活补助金共计3963.3万元;发放义务兵家属优待金676人次共计2238.1万元；发放退役士兵自主就业金331人次共计359.6万元。落实军工各项生活待遇，按照省、市相关要求及时足额将军休干部和军工的工资、津补贴及时足额发放到位，切实保障以上人员的政治待遇和生活待遇。同时金水区探索实践双拥工作与社会工作相结合开创性的开展工作，等到省、市主要领导肯定并以专题参阅文件的形式印发全省推广学习。

【社会组织管理】 2017年全年共审批成立社会组织22家，变更42家，注销7家，撤销23家。全区现有社会组织382家，民办非企业单位359家（其中，教育类306家、民政类31家、科技类5家、人劳类7家、其他类8家、卫生类2家），社会团体23家；备案社区社会组织141家。

【社会工作】 完成首批20名本土社工督导人才选拔与培养工作，继续推行政府购买专业社工服务政策，按照每个岗位6.7万/年、每个项目30万元的标准，共投入财政资金1535万元购买了50个社工服务岗位、20个社工服务项目；新建扶持1个民办社工服务机构、1个街道级社工服务站，使全区民办社工服务机构增至25个，街道级社工服务站增至10个；举办第四届金水区社工宣传周系列活动，在社区、机关、高校、企业举行各类“社工四进”主题宣讲活动100余场;进一步推进全区社工行业标准化、规范化、专业化发展，制定出台金水区《政府购买社工服务实施意见》《社工行业薪酬指导标准》等一系列政策文件。

【老龄事业建设】 探索“家庭、社区、社会和医养结合”的养老模式，实现社会化养老服务的多样化。针对老年群众“养老不离家”的传统观念和主要活动区域在社区的特点，探索出以“居家养老为主、社区养老为辅、机构养老为补充、医养融合”的发展模式。截至年底，全区正在提供服务的居家养老服务对象149户、199人，在岗服务员109人，社区托老站81个，农村敬老院1所，民办养老服务机构2家（均为医养结合），安置老人250人。举办金水区首批养老管理人员和养老机构护理员轮训班，培训人员117人。搭建“信息、服务、就业”平台，通过“12349”信息平台实现社会化养老服务的规范化。认真落实金水区高龄津贴的发放工作。通过一年来的申请登记、逐级审核，申请并符合享受高龄津贴的老人18000多人，累计发放1~3季度资金1860.18万元。精心组织敬老爱老系列活动。分别开展了老年人春季趣味运动会、“孝亲敬老和健康寿星”评选和“敬老月”活动，全区有2000多个老人参加，弘扬了中华民族敬老爱老助老传统美德，增强全民敬老爱老助老意识，在全社会树立良好的道德风尚，营造敬老、爱老、助老良好社会氛围。

【婚姻登记】 2017年3月，在区委、区政府的大力支持下，投资近60余万元，金水区婚姻登记处由东风路搬迁至国基路与普庆路交叉口公共卫生服务大楼一楼办公。新的婚姻登记处严格按照民政部5A级婚姻登记机关建设标准设计装修，内设结婚登记大厅、离婚登记室、候登大厅、颁证大厅、档案室、婚姻家庭服务室等，共设有8个结婚登记窗口，2个离婚登记窗口，重新设计安装了婚姻文化墙，婚姻政策宣传滚动显示屏，免费Wi-Fi，还推出了婚姻登记手机微信预约服务，进一步让群众了解办事流程，减少群众办事时间，提高登记效率。当年共办理婚姻登记25044对，其中，结婚11521对，离婚9852对，补领结婚证3103对，补领离婚证568对。

办公时间实行朝九晚五，配备全省首家婚姻登记叫号系统，安装先进的音视频监控系统，形成河南省面积最大、服务项目最全的“一站式”婚姻登记机关。

【区划地名界管】 按照省市要求，完成《国家地名大辞典》金水区部分的编纂、上报工作，共计10000余字。完成金水区新修63条道路命名工作。按照市区划地名处要求，按时完成界线纠纷隐患排查月报、地名普查进度月报、界桩管护季报等数据的上报工作。按照省市要求，完成了与周边四区一县行政区域边界线上界桩的更换工作。完成了金水（郑州）—原阳（新乡）线、金水—郑东线行政区域边界线联检工作。根据《第二次全国地名普查工作规程》《第二次全国地名普查质量评价体系》和《郑州市人民政府关于认真做好第二次全国地名普查工作的通知》要求，金水区因地制宜，科学谋划，周密部署，采取以街道办为调查单元，成立普查组的自我普查与技术服务外包相结合的方法，积极稳妥地开展第二次全国地名普查工作，对辖区内地名及相关属性信息进行了全面的调查、整理和完善。截至年底，全面完成了区级验收、市级核查、省级验收及国家初验、复验（等结果）。完成了全区“一库、五表、一图”的建库、刻盘、装订成册（卷）及上报工作。即，“一库”是金水区国家区划地名数据库；“五表”是金水区第二次全国地名普查地名目录、金水区第二次全国地名普查地名成果表、金水区第二次全国地名普查地名标志登记表、金水区第二次全国地名普查标准化处理统计表、金水区地名用字读音审定申报表；“一图”是金水区第二次全国地名普查成果图。

（撰稿：章雪娇　审阅：袁菊娜）

爱国卫生运动

【概况】 金水区爱卫办、金水区创建办、金水区城市管理考评办公室位于群办路6号。单位内设办公室、城区科、病媒科、宣教科、法制科、秘书科、考评科、督导科及综合科。

【爱国卫生】 3月17日，召开迎接全国文明城市考评和国家卫生城市复审“双迎攻坚”动员会，对全区“双迎攻坚”工作进行了动员部署，统筹安排，细化目标，分解任务，在全区迅速掀起了“双迎攻坚”工作新高潮。之后金水区又相继召开了“双迎攻坚”工作推进会和每月重点工作点评会，并形成日督察检查、周观摩点评、月评比考核的常态化工作推进模式；是明确领导，落实责任。成立了由区委副书记、区长魏东亲自挂帅任组长的“双迎攻坚”工作领导小组，下设办公室和8个指挥部。各指挥部按照责任分工进行工作落实，同时成立了8个相应的督导组，不断加大督导检查力度；围绕重点，强化整治。重点围绕市容环境卫生、交通秩序、集贸市场、“六小”门店、社区楼院、建筑工地、道路河渠及铁路沿线等各项工作，开展拉网式检查，做到纵到底、横到边，不留死角，发现问题，即刻解决。截至年底，共发现问题9万余处，下发各类督察通知书6000余份。

爱国卫生组织管理工作。适时调整爱国卫生组织机构。根据各委员部门人员变动情况，重新调整了爱国卫生运动委员会机构，同时，督促各街道办事处、相关局委建立健全了爱国卫生组织，真正做到了区、办事处、社区以及辖区公共单位组织健全，做到了专兼职工作人员、爱国卫生工作经费、办公用房全部到位。实施目标分解责任制。3月初，将各项爱国卫生工作任务分解到各街道办事处、相关局委。健全了2017年的工作资料及网络组织。每月召开一次卫生专干会议，安排部署当月工作任务，并抓好有关工作的督促落实。于3月29日—30日上午在凤凰城南城五楼会议室召开了全区爱国卫生工作千人培训大会。

病媒生物防制工作。按照市爱卫办统一部署组织开展越冬蚊蝇、春季灭鼠、夏秋季防制蚊蝇蟑螂和专兼职消杀人员集中消杀活动。全区共清除“四害”孳生地3000余处，共增加、修补毒饵洞1000余处；组织开展集中防制日活动，将每月8日、16日、23日、31日设立为集中防制日，其中6月19日—23日为集中消杀周，开展集中消杀活动；以会代训对各办相关人员进行病媒生物防制各项知识培训；投入发放5%高效氯氟氰菊酯水乳剂816千克、10%高效氯氰菊酯可湿性粉剂816千克、手提式喷雾器170个、杀虫气雾剂104箱、溴鼠灵灭鼠药1750千克、粘鼠板7000张、灭蟑胶饵800支、粘蟑板1800张、电动喷雾器35台、灭蟑烟雾弹1700个；围绕“双迎攻坚”工作重点，开展各项督导检查工作；持续开展病媒生物防制市场化服务工作，对金水区2017年度市场化服务的范围、内容、标准、监督以及考评都明确了具体的目标任务和工作要求。全年共检查200个样本点，发现并落实整改问题400处；拨付病媒生物防制费用，保障“双迎攻坚”工作顺利进行。全年累计补助各街道办事处病媒生物防制专项经费198万元。

健康教育和控烟工作。制定宣传教育相关工作方案；完善健康教育暨控烟工作组织网络；每季健康教育专栏更换技术支持及日常检查；于4月7日在全区范围内开展了世界卫生日系列活动，召开了以“为了人民的健康——65年的历史与展望”为主题的纪念爱国卫生65周年座谈会，近1800人参加了此次活动；于5月31日上午在区龙门实验学校开展了“5·31”控烟活动及“双迎攻坚”宣传活动。活动中，区教体局、区爱卫办和区卫计委设置宣传台发放了各类控烟及“双迎攻坚”宣传品。

【市容环境卫生督察】 市容环境督导检查。及时建立各办事处问题台账，截至年底，台账存在问题已经基本整改到位，剩下经常反复存在问题，正在积极督促整改中；3月初，省爱卫办对郑州市进行暗访测评，金水区涉及64条存在问题，目前，64条问题已整改完毕。今年市督导组对金水区市容环境卫生共督导问题840处，下发督办通知书80份，经督促检查，已整改完毕；根据市爱卫办提供的市数字化关于垃圾暴露台账问题，督促落实各办事处进行整改，并做好整改回复的收集和统计工作。2017年年底，台账上的1856处问题，已通过督导检查检查，已全部整改完毕。

“全城清洁”活动。2017年，金水区共开展“全城清洁”活动84次。累计治理楼院4500余次，清除垃圾积存点218处，出动人员12.3万余人次，清理垃圾14万余立方米，卫生死角6万余处，乱堆杂物1.2万余处，清洗路面近20万平方米，明显的改善了市民居住环境的卫生状况。

文明城市测评工作。按照区文明办工作安排，根据任务分工，做好市容卫生的督导工作，积极配合文明城市考评工作。

【健康城市、村镇建设】 在市爱卫办、市健促办的指导下，制定了金水区健康城市健康村镇建设工作和健康细胞工程试点工作方案，成立了金水区健康城市健康村镇建设促进委员会和健康环境、健康社会、健康服务、健康人群、健康文化、健康村镇建设六个专业委员会，健康城市健康村镇建设和健康细胞工程试点各项工作全面有序推进，选定南阳路农贸市场、曼哈顿小区AB区、经三路小学、金水总医院作为金水区健康细胞工程试点单位，已于11月30日通过市健促办的考核验收。

【城市管理考评及城市精细化管理】 加强考评，提升城市精细化管理水平。充分发挥第三方考评作用，将每日采集的问题及时通过数字化平台传送相关单位，加快问题整改速度，确保问题整改效果。充分发挥区城考办条块结合的精准督导作用，对日常检查和上级交办、媒体曝光及群众投诉的问题进行跟踪追效，确保热点、难点问题解决落到实处。充分利用市考评结果，将市月考评成绩纳入区考核体系，增强区考评的全面性和公平性。依据区考核结果、市爱卫办的红黑旗和扣款制度，从经费和荣誉两方面激励职能局委和街道办事处，充分调动其工作积极性。

齐抓共管，加快支路背街整治。对151条区管支路背街进行全面整治，重点对架空线缆、立面脏污、坑洼主路、破损人行道等进行拉网式排查整治。共投入资金6329万元，已完成103条道路的整治，正在大修尚未完工道路24条，城中村拆迁范围内、无法整治道路16条，市管道路设施8条。

加大投入，不断改善人居环境。加大老旧居民区的改造，对小区内路面破损严重的进行修复，聘请60名在校大学生每月对列入考核范围的老旧小区进行实地检查验收；121个楼院聘请了物业服务企业，实施了专业化的物业管理；136个楼院成立了业主委员会或自治委员会，实施了业主自治管理；2个社区成立了物业服务机构，47个楼院实施了社区物业服务管理。拨付老旧小区整治奖励资金750万元，依据对老旧小区管理检查情况对各个办事处进行了奖励。切实做好停车场建设工作。全年建成停车场85个，停车泊位12307个。高质量、高标准超额完成全年目标任务。

（撰稿：程　龙　审阅：徐海伟）

4月，区长魏东（左三）、纪委书记赵慧玲（右二）检查双迎攻坚工作进展情况

金水区爱卫办持续开展全城清洁活动

民族与宗教

【概况】 金水区民族宗教事务委员会于政府职能转变和机构改革后，在区委统战部挂牌，保持原工作职能和工作隶属关系。下设办公室、民族科、宗教科、法制科4个科室和区属事业单位金水区清真食品管理办公室。主要职责是：贯彻落实党的民族宗教政策和国家的法律法规，切实做好少数民族及信教群众的教育、宣传、引导工作；依法维护少数民族群众、信教公民的合法权益；妥善解决民族、宗教方面的矛盾纠纷，确保民族宗教领域稳定；帮助少数民族发展经济、文化和社会事业，落实宗教的“三自”方针；行使公民民族成份更改、恢复的初审；对清真食品生产经营行业实施服务和管理；对宗教场所的设立、撤销依法登记，对宗教活动场所行政事务实施依法管理。

【推进民族工作】 按照关于推动民族团结进步创建活动总体部署，全年重点开展了以下工作：年初，组织走访慰问七中新疆班，为学生们进行健康讲座和体检，并送去了慰问品。先后组织街道民族工作干部、社区负责人、清真食品监督员等200余人参加的清真食品安全工作会议、基层民族工作政策法规培训会。组织开展“民族政策法规宣传月”和“平安建设宣传”活动，制作条幅11条、宣传版面10块、印制《民族知识宣传册》500份、发放宣传资料2000多份。依托未来路办事处聂庄安置区便民服务中心筹备建立少数民族便民服务中心，充实以民族基本知识、文化生活、法律法规等为主要内容的书籍近500册。指导杜岭、凤凰台、经八路、文化路等街道开展少数民族志愿者义务服务、“浓情端午民俗文化”等活动。指导办事处在辖区公交、地铁、车站等公共场所开展以“中华民族一家亲　同心共筑中国梦”为主题的民族团结宣传教育活动。全年共出动执法人员100多人（次），对全区清真餐饮店进行拉网式检查，收缴非法牌证14个、依法取缔10家，妥善调处城市改造中涉及兰州拉面经济纠纷9起、因清真食品引发不稳定因素5起，接待少数民族群众来访、举报20起，确保全区民族领域的安全稳定。

【宗教事务】 坚持以“规范”

市政协副主席崔凡（左二）带领部分民族宗教界政协委员到大观音寺调研

5月，市委统战部调研金水区宗教工作

为主题，以财务管理为重点，在全区宗教活动场所开展“和谐寺观教堂”创建活动。先后对宗教活动场所财务管理、消防安全、电气安全等逐项检查，排查安全隐患并责令整改10处。区委、区政府领导分别带队对宗教活动场所（点）进行走访慰问，为他们送去慰问品和慰问金。以场所为单位按企业职工基本养老保险比例，以生活补助形式为宗教教职人员发放补助7万多元。认真开展宗教政策法规宣传月活动，印发《宗教工作相关资料汇编》400余册。组织对宗教场所消防安全、电气设备安全、应急救护知识等进行教育培训，开展2期冬季消防应急演练活动，为11个宗教场所配置价值6万多元的消防衣、灭火器、灭火毯等消防安全器材。组织由宗教场所负责人、宗教教职人员、街道分管宗教工作干部参加的政策法规培训班2期，还分别举办“一带一路与宗教文化”主题讲座和以宪法为主题的法律法规培训。组织召开全区宗教工作专门协调机制联席会议，指导办事处开展宗教领域不稳定因素排查整治活动。处理基督教活动场所拆迁安置引发问题1起，协调办理基督教堂安置地土地手续、天主教因教产引发上访等问题，取缔非法宗教活动点3处，确保全区宗教领域的和顺和谐。

（撰稿：赵洪松　审阅：陶建莉）

园区建设

科教园区

【概况】 金水科教园区，位于郑州市东北部，南接郑东新区龙湖和龙子湖区域，北至黄河南岸，西起中州大道，东至京港澳高速辅道，规划面积56平方公里。园区遵循低碳生态、智慧高端、宜居宜业、产城融合的规划理念，主导产业定位为新兴电子信息、生物产业等战略新兴产业及其相应的高端服务外包业，在物联网、高端软件、基因工程等领域形成后发优势。

园区目前已经签约入驻科技企业86家，汇聚张锁江院士“新一代动力电池研发”工作站及邓子新院士“生物工程技术研发”工作站，伍永安博士“基于互联网+技术的智能教育开发与推广”项目、牛艳辉博士“全效高性能沥青混合料研发生产”项目、何伟博士“肺癌循环肿瘤细胞检测”项目、彭秀东博士“智能制造和智慧工厂中的软件及自动化”项目4个专家团队。由西亚斯学院和亚美迪集团共同打造的以吸引美国硅谷与印度班加罗尔海外高端人才为主的高端软件园建设项目，由以色列英飞尼迪集团和河南生产力投资促进中心等共同打造的以国际科技成果转移平台与国际创新孵化中心为主的以色列科技城建设项目，由北大科技园有限公司投资建设的以创新孵化、产业技术研究、海外留学人才创业为主的国际创业孵化中心项目，由清华启迪控股投资，整合清华紫光股份、清华科技园和启迪之星等行业龙头企业优质资源，共同打造的以健康环保、新能源产业为主导的科技创新城建设项目，由中国科学院过程工程研究所、郑州市政府、金水区政府合作共建的中科院过程工程研究所郑州分所项目等29个占地类产业项目已陆续开工建设。

金水科教园区将主动适应经济发展新常态，以郑州航空港经济综合试验区建设和郑州国际商都建设为契机，积极融入河南自贸区和河南自主创新示范区建设，努力将金水科教园区打造成未来集研发创新成果策源地、科技成果转化和产业化平台、高科技创业企业发展高地及全球创新资源配置中心为一体的国际科技城。

【招商引资】 紧扣主导产业作为招商引资方向，扩充项目储备，以信息安全、共享经济产业为突破口，开展集群式招商。目前共新签约引进优质项目68个，重点在谈谋划项目19个，引进域外资金18.55亿元。

紧盯行业龙头开展定点招商，促使知名企业落户园区。对接洽谈了IBM中国、华为技术有限公司、国家纳米技术与工程研究院、中科院软件所等一批国内外龙头企业和知名科研院所；重点谋划了IBM认知计算及区块链研发中心、华为国内服务中心及云产业平台、国家纳米产品检测（郑州）中心及纳米产业孵化器等重大项目；成功签约引进了郑州信大捷安信息技术股份有限公司、共享生态科技城O2O孵化器等行业带动能力强的项目落户园区。

结合园区战略定位，打造信息安全、共享经济两大产业集群。7月，园区与河南省信息安全产业协会、郑州市信息安全产业联盟成功签订战略合作协议，引进了金惠科技、山谷网安等8家信息安全企业，与中科安永、联大通信等业内知名企业达成入园意向，成功获批建设河南省、郑州市两级信息安全产业示范基地；由中关村在线为运营主体的共享生态科技产业城O2O孵化器项目已完成装修并交付，联想、富士康、顺丰等知名企业已初步对接合作意向，组织行业经济学家、企业高管700余人共同参与“首届产业生态共享高峰论坛”。

以郑州市“1125聚才计划”为抓手，做好园区招才引智工作。全年共对接洽谈了李德仁院士、曲兆松等6名国家“千人计划”专家及26个高端人才领衔的创新创业项目，园区“人才+项目”引才成效初显。

【产业体系构建】 围绕“四基地、一中心”建设目标，加大了重大项目建设进度。成功获批河南省科技服务业示范基地和河南省区域双创基地，在全市组团新区和产业集聚区考核中，获得“两快组团新区”和“五快专业园区”的荣誉称号。

产业项目有序推进。已落地的30个产业项目中，北大、清华启迪、中以科技城已完成清表工作，进入土地征收程序。新科技市场1期等7个续建项目已投入运营，投用面积达到60万平方米，金科智汇谷项目主体已封顶；西亚斯亚美迪国际软件园等6个新开工项目中，河南外包产业园2期等3个项目正在进行桩基施工、河南地理信息导航产业园等3个项目已进场施工；中都电子信息产业园等16个项目正在办理土地、规划等相关手续。

科技创新优势初步显现。突出以创新引领型企业、平台、人才、机构为内涵的四个引领，推动创新能力实现了跨越式提升，年内共新增省市级创新型试点企业3家、高新技术企业15家；新增移动信息安全关键技术国家地方联合工程实验室等4个国家级实验室、河南省移动信息安全工程技术研究中心等14个省级工程中心、河南省大数据安全防护产业技术研究院等3家省级创新平台。

双创生态环境持续优化。围绕形成具有区域影响力的双创品牌，加大产业载体建设，全年新增省级众创空间3家（西亚斯、北大、尚合）、省级孵化器4家（高科、聚方、尚合、慧谷），杨金高科、聚方2家众创空间进入国家级众创空间行列。依托孵化器和众创空间，先后举办了“2017河南新三板高峰论坛暨新三板30强颁奖典礼”“创启未来2017全球创新创业汇郑州站启动仪式”“河南省中以创新合作论坛暨国际技术转移对接会”“PNP跨境中国行”等具有影响力的重大活动，园区的产业创新活力得到了全面激发。

【基础设施建设】 一是市政道路建设。在建道路33条共25.7公里，其中，河村街、金宝路等10条约6.6公里道路部分路段主路面通车，杨槐、河村、徐庄等安置区片区道路局部成网。新增绿化面积24.04万平方米，树木种植24748棵。龙源路下穿连霍立交工程、迎宾路连霍高速立交工程施工单位已进场；明理路、鸿苑路与连霍高速立交工程可研编制完成。二是公共配套建设。周庄小学一期、杨槐小学验收完成；新庄小学、鸿兴路中学正在建设；姚店堤小学、五十五中、任庄完中完成附属物清理。晴翠变电站施工单位已进场。

【大棚户区改造】 一是拆迁清零工作，各项目指挥部、街道办事处运用依法保障下的充分协商良性征迁机制，一手抓法治推进，一手抓思想动员，完成了任庄等2个项目拆迁遗留清零工作，签订协议4户，目前拆迁遗留户剩余117户。二是安置房建设形成突破性态势，任庄小金庄项目、新庄项目1期等3个安置区具备回迁条件。马林等9个安置区全部开工，其中姚店堤等8个安置区主体已完成。三是安置房建设由大拆大建向各项手续办理转变，杨槐等4个安置用地已基本具备供应条件；马头岗等安置区用地313.08亩进行组卷报批；小金庄等安置用地完成征收。四是安置回迁方面：新庄1期安置房项目已启动回迁，完成回迁约961户、3400人。

（撰稿：王文婧　审阅：唐成山）

河南科技园区管理委员会

【概况】 河南科技园区(原河南科技市场)建成于1993年，是由金水区政府兴办的中部地区最大的电子信息技术与产品集聚区。园区占地0.98平方公里，入驻企业、商户3300余家，从业人员3.2万人。园区内企业主要从事各类品牌计算机及零配件、外设、数码、通信、元器件、监控等相关配套产品及技术的研发、调试、销售，其产品已辐射到全省及周边近20个省市，部分软件产品辐射到全国乃至国外，辐射人口达1.2亿人。

近年来，河南科技园区加快产业升级，拓展产业集聚发展空间，形成了完整的产业链条。园区企业重点发展电子产品展示交易、电子商务、软件和信息技术；在金水科教园区开发建设的新科技市场作为园区仓储、物流、高新技术企业和规模企业的承接地，主要建设集智能化集成、电子商务、IT物流仓储、创业孵化、产品发布展销中心于一体的研发中心及配套设施。最终形成中西部地区规模最大、综合实力最强、可持续性发展活力最强的电子信息产业集聚区和物流商务密集区。

【重点产业发展】 全力建设VR产业园。依托众诚虚拟现实科技公司，积极布局园区VR产业发展。牵头成立了河南省VR产业联盟，办公地点设在了园区硅谷广场，构建了VR产业园的集聚地，吸引5家VR企业入驻硅谷；依托郑州市“1125聚才计划”，与清华，北大，北航5位VR领域专家签订了合作协议，与北航虚拟现实国家重点实验室签订了全面战略合作协议，引进以中国工程院院士、北京航空航天大学虚拟现实技术与系统国家重点实验室主任赵沁平为首的一流专家团队组建虚拟现实研究院。虚拟现实技术与系统工程研究中心被认定为市级研发中心。灵境公司与美国超威半导体（中国）有限公司（以下简称AMD）签订了在虚拟现实行业的合作备忘录，在河南省成立“AMD-灵境AR/VR技术合作示范基地”。众诚信息科技公司与金水区政府承办的“第十七届中国虚拟现实大会”圆满举行。

建设信息安全产业高地。2月，创元网络公司携自主研发的创新密钥管理技术受邀参加了美国RSA大会。河南智云数据信息技术股份有限公司已在“新三板”挂牌。截至2017年年底，园区已有4家信息安全行业骨干企业，年主营业务收入达3亿多元。

建设电子商务生态圈。“中关村在线”“村村乐”2个全国知名的电商平台已全面运营；原有的“河南科技市场专业市场”现已入驻企业680家，年销售额预计达4000万元左右；IT-par新产品新技术交易平台上、下游商家共计3500家。

推进共享生态科技产业发展。F2C电商金融孵化器已入驻创新型科技企业10家，与区政府共同成立的产业基金共6000万元投资，对其中3家在孵项目进行了投资。百脑汇对面一层建设1000平方米的顺丰点仓和维修工厂正在装修中。与区政府签署框架协议，并于11月17日召开首届产业生态共享高峰论坛。

【科技创新服务机制】 在硅谷广场建立服务大厅，开通全市第一家国税自助取票机，协调开发商投资美化了广场办公环境；为企业无偿提供办公场所2000余平方米，引进“新三板”挂牌企业及国内知名科技企业13家入驻。

新引进孵化器1家（共享生态科技产业孵化器），F2C电商金融孵化器现已入驻创新型科技企业25家，与区政府共同成立的产业基金共6000万元投资已到位。对8家在孵项目进行投资，投资金额达2950万元；众诚企业孵化器共举办路演会28场，现入孵企业132家；金水湾企业孵化器现入孵企业123家。

大力培育科技企业及高新技术企业，提升园区核心竞争力。通过走访企业、QQ科技企业群、微信等交流工具，及时发布有关政策、通知，了解企业经营情况，为企业提供各类信息和帮助，全力为企业做好服务。2017年，共培育科技企业10家，完成全年任务的100%；培育高新技术企业1家（河南金明源信息技术有限公司），完成全年任务的100%；完成技术交易额8亿元，占全年任务的121.21%；全年新增“新三板”挂牌企业2家，至此园区“新三牌”挂牌企业数已达7家。

【经营秩序稳定】 一是深入推进信用体系建设。规范企业经营行为，净化园区发展环境，联合技术监督、工商等部门开展专项检查，全年共集中开展了4次专项整治清缴行动，收缴非法电子出版物120余张。二是积极维护信访稳定。定期的下市场走访，及时了解掌握商户存在的困难，帮助他们排忧解难，解决劳资纠纷4起，未发生一起越级上报事件。三是组织做好“双创”工作。组织各大厦物业对所有企业进行“双创”工作宣传，共摆放宣传版面六块，营造良好的氛围，动员企业职工从自身做，人人参与“双创”工作。被金水区双迎攻坚集贸市场指挥部授予红旗单位称号。四是加强安全检查杜绝隐患。全年共进行安全大检查4次，发现安全隐患50余个，下达整改通知书10份，整改率100%；举办消防演习1次，组织消防知识培训2次，共培训人员100余人次。做好依法治理正职工作落实到位，组织全体人员开展普法考试。全年无大的安全、消防事故发生。

【非公党建提升】 组织园区各非公支部和全体党员继续深入开展“两学一做”学习教育活动，同时通过基层党组织规范化建设活动、党组织书记讲党课活动、“亮身份，争先锋”活动、先进典型选树表彰等系列活动，迎接建党96周年。9月，组织园区全体党员举办为期3天的“万名党员进党校充电计划”培训班，邀请党校讲师为党员开展专题讲座，并组织190名党员开展知识竞赛。

坚持开展学雷锋志愿服务活动。组织号召园区广大党员以“弘扬雷锋精神，服务社会、传播文明”为宗旨，3月在园区内组织开展丰富多样的志愿者服务系列活动。园区党工委组织各支部党员和企业爱心人士30多人一行到敬老院，开展奉献爱心关爱老人志愿服务活动，为老人们送去了米、面、油、水果、麦片、字画、洗脚盆、健身器材等价值近3000元的物资；在高峰期组织党员志愿者服务小分队在园区内各拥堵点维护交通秩序；组织党团员志愿者在园区各大厦广场前开展电脑、打印机、照相机、摄像机等义务维修活动等。4月份，带领园区16家企业支部代表50余人到信阳光山县猪山圈村，看望慰问留守儿童和孤寡老人，并现场为他们捐赠了价值近5000元的学习及生活物资。通过系列志愿者活动的开展，推动了文明志愿服务活动常态化开展奠定了良好的基础，同时也受到了广大群众的一致好评和赞扬，激发了党员发挥先锋模范作用，传播文明的奉献精神。

开展园区大讲堂活动。为园区企业提供各项政策咨询、服务等专题培训，共举办10期大讲堂活动，服务园区企业职工近500余人。

开发园区智慧党建APP。组织园区各支部开展座谈研讨，结合园区实际，委托伟讯科技公司开发园区党建APP软件，现已进入第一阶段基础数据录入修改、内测调试阶段。

（撰稿：刘志成　审阅：刘　昭）

国家知识产权创意产业试点园区

【概况】 国家知识产权创意产业试点园区是2011年10月经国家知识产权局批准建设的全国唯一一家创意产业试点园区，由郑州市金水区人民政府具体承建。

园区建设以发展知识产权经济为引领，以创意设计为主体，以提升专利与设计成果产业化能力和园区的核心竞争力为着力点，以建成国内一流、国际知名、以工业设计为特色的知识产权创意产业园区为目标，以中原经济区、中西部地区产业发展为依托，围绕知识产权的创造、运用、保护和管理，积极搭建激励创新机制，坚持引进与培育相结合，服务于电子科技、汽车制造、医疗器械、军民结合等产业，形成涵盖前端的研发设计、中端的生产加工、末端的代理销售的设计创意产业链。

2017年，园区先后举办了“2017中国工业设计协会年度会议”“2017中原培训嘉年华”“知识产权宣传周培训”等培训、交流、分享活动10余场，累计2000余人参加。接待国内外团体参观考察100余次，累计接待4000余人。

【招商推介】 一是吸引行业龙头企业入驻园区，丰富产业发展。2017年，按照《国家知识产权创意产业试点园区2016—2020

五年规划》的产业定位，引进了中国建筑设计研究院中原分院、全国首家百度云省级服务中心、深圳精英知识产权集团等龙头企业入驻园区。2017年，实现入驻企业203家，入驻企业全年营业总额突破亿元，知识产权创意设计服务业务已覆盖全国12个省份、多个地市。其中，驻园企业郑州一诺工业产品设计公司作为园区的本土企业，获得了被誉为“中国设计界的奥斯卡”的中国设计红星奖两项，实现了本土企业获奖零的突破。二是坚持开放创新，加快国际化建设进程，与意大利新时代商协会达成战略合作意向。10月29日，园区与意大利新时代商协会就入驻意向达成共识，意方与园区正式签订入驻意向书。意大利新时代商协会的入驻，将有效推进中意双方的共建互访，搭建起两国企业间合作交流的渠道，有利于引入符合园区产业定位的工业设计、文化创意、知识产权服务、科技研发等意大利知名企业、优质项目，有利于形成优势互补、产业对接、技术合作、信息互通的园区发展格局。

【平台建设】 园区设有六大平台，分别是中试研发转化平台、知识产权的运营孵化平台、知识产权协同创新平台、中国郑州（创意产业）知识产权快速维权中心、创意成果展示平台、一体化行政服务平台。中试研发转化平台。2017年追加投资近200万元采购了多型工业加工设备，有光敏树脂三维成型机、平板UV打印机等设备，近一步完善了综合服务平台的功能。2017年年底已经全部安装到位，平台已全部实现市场化外包运营。知识产权运营孵化平台。2017年共开展检索业务305件，其中，优先审查检索225件，变更检索项目1件，查新检索2件，无效1件，服务企业与机构500多家，接受现场咨询90余件、电话咨询150余次。知识产权协同创新平台。2017年，知识产权协同创新中心组织开展了“河南省知识产权宣传周”、质押融资政策、版权普及等活动培训；为园区企业代为办理版权登记20余件。同时，国家工商总局在园区设立了中国郑州商标质押登记受理中心，协同创新中心服务功能不断提升。中国郑州（创意产业）知识产权快速维权中心（以下简称快维中心）。为全省首家、全国第13家快维中心，于3月22日于国家知识产权局授牌正式运营。国家知识产权局复审委第九巡回庭和全省首家郑州市中院知识产权巡回庭也落户到了园区，形成了集受理、授权、确权、维权于一体的知识产权快速维权绿色通道。截至2017年年底，快维中心备案企业121家，累计授权外观设计专利163件，累计处理专利纠纷案件107起。在园区官网累计发布知识产权相关信息84条，微信公众号累计发布信息95条，营造良好的知识产权保护软环境。

【线上园区建设】 园区和入园企业依托“互联网+”共同开发了线上园区软件，实现网络注册，无界办。2017年，线上园区注册企业56家，服务企业400多家，孵化四板上市企业1家，高新技术企业2家，入驻企业投资达到2000万元，引进了美国明尼苏达大学、英国剑桥大学、牛津大学的科研项目等，为项目融资7000万元。

【HPC好莱坞泛娱乐国际文化创意产业园建设】 积极推进HPC好莱坞泛娱乐国际文化创意产业园建设的建成和相关招商工作，主动对接企业，协调引导其按照园区规划进行建设、招商、宣传，并协助其办理土地、规划、审批等手续的办理。截至2017年年底，该项目土地收储相关资料现已报收储中心，控规已获审批，并同步进行招商选商，与HPC好莱坞中国制作中心、娱乐工场、一响天开等300余家企业签订战略合作协议。

【成立首支规模3亿元的知识产权运营基金】 充分发挥金融的杠杆作用，成立了全省首支重点产业专利运营基金。该基金由国家局下拨4000万元，金水区出资6000万元，共1个亿元。省知识产权局委托河南豫资公司代持，通过社会募集2亿元，总共3亿元。委托深圳华信柏年基金运作，重点投入到知识产权引领经济结构调整的领域。基金于2017年年底注册到园区，实现了注册地的突破。

【国家级众创空间】 园区“Yes！创客空间”于2016年被省科技厅认定为省级众创空间，于2017年12月被科技部认定为国家级众创空间。园区坚持不断提高“创客学苑”、“Yes！创客空间”、“Workface”创业者交流平台等培训品牌和交流社区平台的运营水平。2017年“创客学苑”举办培训活动8期，累计培训1200余人；“Workface”累计举办120场活动，共3600余人次参加；“Yes！创客空间”开展项目路演、一对一沙龙、培训讲座16次，服务创客1000余人，服务教授、科学家团队20余人。

（撰稿：苏智睿　审阅：苏智睿）

滨水产业带

【概况】 金水区滨水产业带位于郑州市城区东北部，金水区中间地带，其规划范围为：金水区境内东风渠和魏河两侧各约600米，以及文化路（北三环至魏河段）西侧约600米，即东风渠与魏河十字交叉形成的稀缺滨水地带。规划总长度17.2公里，其中，东风渠为贾鲁河至中州大道段，长11.6公里；魏河为惠济金水交界处至中州大道，长5.6公里。金水区滨水产业带管委会成立于2013年元月，隶属区政府，统筹区域范围内规划编制报批、产业发展和用地空间布局以及基础设施建设。

【郑州数码公园地下停车场项目】 持续加大对郑州市数码公园地下停车场及商业项目的关注力度，对项目进展中存在的问题，认真梳理，建立台账，明确责任部门和责任人，推动项目顺利进行。截至2017年年底，该项目已完成投资2.2亿元，完成投资计划的110%，内部管网安装（水电、消防等）已完成；上盖植被绿化已完成升级改造，地面广场已对外开放；停车场配套设备、标识等已安装调试完毕，近400个停车位即将面向社会投入使用。

【地下空间开发探索与研究的编制】 完成滨水产业带东风渠南段（中州大道至北三环）沿线测绘工作，测绘结果显示，辖区东风渠两岸绿化带占地面积约66万平方米，并且绿地地下管线分布少，适合地下空间开发。经过现场踏勘，走访领域专家，认真分析地下空间开发背景、总体定位、开发思路，提前完成了“滨水产业带地下空间开发探索与研究”编制工作，比年初制定的目标任务提前3个月完成。

【完善滨水产业带规划】 通过实地查勘、走访和召开座谈会等形式，认真讨论研究，使辖区范围内相关规划得到提升和优化，为滨水产业带的长远发展提供了支撑。沟通联系规划部门、土地部门和辖区街道及城中村，编制完成《金水区滨水产业带涉及城中村改造项目——土地规划资料汇编》。实地到徐寨、枣庄等辖区城中村改造项目和汽车北站改迁等项目进行走访，做好土地、规划方面的技术支持和服务，加快项目进度。

【滨水产业带项目库】 对辖区闲置地块和有关单位进行实地走访调查，掌握辖区闲置地块具体情况并登记造册，对水利学校、河南信息工程学校等意向外迁单位进行走访调查，及时掌握信息。加强与相关街道的沟通联系，对滨水产业带项目库进行了更新和完善，实行台账管理。新储备了河南山顶房地产开发枣庄城中村改造项目、河南豫发置业有限公司开发奥克啤酒厂项目等。

【招商推介和协调服务】 结合辖区招商资源情况，与区商务、楼宇办及相关街道办事处进行沟通协调，确定了更加符合滨水实际的招商策略。主动与正弘商业国际广场（1层~8层商业）、科新苑沿路底商和B座写字楼、华润数码公园地下商业、大观音寺、瀚宇国际商业广场等在建、现存商务楼宇业主对接，摸清招商资源基数，建立翔实楼宇资源台账。参加2017中国天津投资贸易洽谈会暨PECC国际贸易投资博览会，开阔了视野，增长了知识，宣传了优势，为自主招商、“走出去”招商奠定了基础。

做好辖区项目协调服务工作，保障项目顺利推进。加强与项目单位的沟通交流，收集项目建设过程中存在的问题，建立健全不同层次的问题台账，督促分包部门早对接，早介入，有效化解矛盾，帮助企业把问题解决在萌芽状态。管委会联合其他部门督办大气污染治理件10起、建筑噪声扰民投诉2起、主导协调影响华润数码公园地下停车场项目进度的建筑垃圾外运事件1起。

（撰稿：史忠华　审阅：郑长林）

街道办事处

丰庆路街道办事处

【概况】 丰庆路街道办事处位于金水区西北部，南临北环快速路，北靠大学城，西接省体育中心，东邻国基路街道办事处，总面积13.8平方公里，常住人口25万人，现辖陈砦村、庙李村、西史赵村、张家村、二十里铺村、琉璃寺村、杲村7个行政村和中方园、瑞丰、北晨、四月天、安泰、丰庆佳苑、普罗旺世、水晶城、泰和、瀚宇、呈祥11个社区。辖区内有贾鲁河、贾鲁支河、东风渠、民治渠、北干沟5条主要河流沟渠。北环快速路、国基路、三全路、310国道横穿东西，东风渠路、文化北路、丰庆路、索凌路纵贯南北，形成“四纵四横”的道路网络，交通便利，地理位置优越。

2017年，丰庆路街道办事处地区生产总值完成46.79亿元，同比增长10%；全社会固定资产投资66.69亿元，占目标任务的102.1%；社会消费品零售总额完成36.62亿元，占目标任务的93.2%；财政收入完成4.57亿元，同比增长10.9%；共承担省、市、区重点建设项目17项，完成投资69.33亿元，占目标任务的107.6%；第三产业增加值完成39.92亿元，同比增长8.0%；农村居民人均可支配收入达到28494元，同比增长8.3%。

【重点项目建设】 2017年，丰庆路街道办事处分包重大产业项目8个。截至目前，轻科大厦已完成地基支护打桩；汇泽时代主体已封顶，正在进行内部装修；丹尼斯商业综合体建至地面一层；锦家财富广场正在进行地基主体施工；海洋馆二期完成施工招投标；四季广场有关土地手续正在办理中；大观音产业聚集区项目清场完毕，基坑部分开挖，正在办理有关手续；思念泛娱乐国际文化创意园正在清场及办理前期手续。

【城中村改造项目】 2017年，辖区彻底告别了城中村，开启全域城镇化的新征程。杲村村民安置房即将完成交房分配工作；庙李村城中村改造项目正在进行垃圾清运工作，1期安置区房屋最快已建至地上25层；陈砦村城中村改造项目正在进行拆迁遗留户清零、房屋拆除及垃圾清运等工作，1期安置房项目正在进行庭院绿化及水电管网附属工程施工；张家村城中村改造项目正在进行拆迁遗留户清零、房屋拆除及垃圾清运等工作；二十里铺村城中村改造项目安置房建设，其中8栋楼已封顶。

【民生事业】 充分发挥便民服务中心和便民服务站的作用，将关口前移，为办事群众提供了一站式服务，共受理各类事项2700余件，办结率达100%；积极利用报纸、网站、微信公众号、手机APP等媒介深入开展民生各项政策宣传服务，提升民生建设影响力；积极推进就业促创业，定期举办就业岗位免费技能培训400余人次，实现就业再就业约800人；对基层老弱病残、无劳动能力等特殊人群进行社会救助，深入特扶对象家中开展家庭医生签约服务。

【大气污染防治】 始终坚持“既要金山银山，更要绿水青山”的发展理念，对照《金水区建筑工地扬尘整治标准》，从辖区48个工地入手，在扬尘治理、“小散乱污”、建筑垃圾、道路绿化等现实问题上出力出招，严格要求辖区48个工地按照“7个100%”做好扬尘治理工作、定期养护道路及小游园绿植、全面建立街道、村（社区）两级河长组织体系，实现了辖区建筑工地固定管道喷洒全覆盖、防尘全覆盖、餐馆油烟净化设备全覆盖，整改取缔“小散乱污”企业73家，美化亮化道路及小游园10400平方米，“河长制”工作常态化运行。

【司法业务建设】 全面加强司法所基础设施建设、组织建设、业务建设、制度建设和队伍建设，较好地发挥了基层司法所在人民调解、安置帮教、法律服务、法治宣传及社区矫正等行政工作中的职能作用，为全区经济建设、社会稳定等做出了贡献。2017年，共调解纠纷495件，调成率99%；办理法援案件25件，接待群众法律服务咨询500余次；接收社区服刑人员168名，已成功解矫119名。

【平安建设】 将平安创建同网格化、数字化进行对接。自6月1日起，办事处联合东风路公安分局组织开展警巡联勤工作，构建了公安民警、治安巡逻队等专群结合的治安防控网络，安装监控探头340个。

【信访稳定】 紧紧围绕深化推进“依法逐级走访”的工作要求，狠抓落实，夯实辖区社会稳定大局，求真务实重排查，大胆创新谋化解，以全心全意服务群众宗旨，提高信访案件满意度评价，用实际行动谋求信访稳定工作大突破的信心与决心，实现了重大会议及中央巡视组驻豫巡视期、辖区城中村改造工作期间社会稳定，接待来访群众440余人，办理信访案件94起，已办结84起，另有10起正在调查处理。

【安全生产】 积极开展安全生产教育培训会，安全生产知识竞赛，消防安全演练等活动，辖区居民、各类企业负责人及安全管理人员1000余人参与。严格落实安全生产“一岗双责、党政同责”，强化安全监管，共排查各类单位241家，排查出安全隐患258处，已整改247处，限期整改11处，有效防范和遏制了重特大安全生产事故发生。

【网格化管理】 结合城市精细化管理，将“三非”问题的排查及整治纳入网格化工作的日常督查与考核，共排查出“三非”问题353起，办结293起，办结率83%。配合环保部门对辖区内建筑工地、混凝土搅拌站、污染企业等进行排查和督促整改，共排查并上报大气污染类问题68件，办结67件，办结率98.5%。着力提升区级便民服务中心建设，琉璃寺市民服务中心内部装修已基本完成，二十里铺市民服务中心基础建设已封顶。

【环境治理】 以“双迎攻坚”为契机，积极推进城市管理向精细化、法治化、规范化方向发展。突出精治，投入资金100余万元对辖区环境进行综合整治，通过清理占道经营、清理突店经营、清理小广告条幅、拆除户外广告等工作，实现了辖区道路路面问题全部整改完毕，13条道路全部达标；突出法治，积极运用法治思维和法治方式解决辖区违法建设，共拆除违法建设34处共计11068平方米，有力地打击了非法占地和违法违规建设行为；突出共治，将城市管理与群众性活动相结合，动员辖区居民和公共单位，积极做好全城清洁活动，积极做好文明交通行动，规范非机动车乱停乱放20000余辆。积极做好道路建设，完成地铁四号线丰收路站、丰庆路站、文化路站和西沙站工程放线及附属物拆迁工作，主动配合做好银河路、金冠路、研发路等16条道路的建设工作。

【基层党建】 制定并下发了《关于推进“两学一做”学习教育常态化制度化的实施方案》，组织各支部从严从实抓好“两学一做”学习教育。规范组织关系转接流程，已接收党员155人，转出党员6人；完成23名党员发展对象的推荐及档案整理工作，并完成43名预备党员的转正工作。各支部共计开展“党员活动日”主题实践活动90余次；积极开展“万名党员进党校”培训活动，已培训党员535人；于“七一”前夕组织开展了丰庆路街道庆祝中国共产党成立96周年暨“七一”表彰大会，共推荐出街道优秀共产党员147名、街道先进基层党组织21个。

（撰稿：武晓晓　审阅：薛劲云）

国基路街道办事处

【概况】　国基路街道办事处地处金水区北部，辖区总面积12.48平方公里，常住人口6.7万人，流动人口约8.6万人，辖沙门、柳林、路砦、高皇寨、刘庄、杓袁、杨君刘7个行政村，21世纪、风雅颂、新田、琥珀名城、金印阳光、魏河、康苑居、国基、新龙银河9个社区及和昌康桥社区筹备组，党（总）支部31个。

2017年，国基路街道办事处公共财政收入实现4.01亿元；全社会固定资产投资完成32.6亿元，社会消费品零售总额完成152.8亿元，地区生产总值完成42亿元。

中共十九大精神宣讲团走进国基路街道办事处

金水区区委书记陈宏伟（左三）、区长魏东（左四）督导建筑工地

【城市品质提升】　一是加快推进安置房建设。坚持把安置房建设作为重中之重，通过“建机制、明时限、严管理、优环境、保质量”等举措，全力推进工作开展。截至2017年年底，各村建筑垃圾清运已完成，土石方二次清运完成85.2万立方米。路砦村安置房主体已全部封顶，杓袁村、杨君刘村安置区部分主体分别建至13层、6层；刘庄村、柳林村、沙门村安置区位置、村民户型申报已完成，安置区建设将相继启动。二是大力完善基础设施建设。龙门路（中州大道—花园路）、少林路（渠东路—花园路）等9条道路建设均有序推进；轨道交通4号线、2号线延长线已进场施工；新建公共服务商业配建泊位538个、平面临时泊位236个、住宅配建泊位1500个。三是持续改善人居环境。以文明、卫生城市“双迎攻坚”为契机，以“四乱”为抓手，通过“严格对照标准、加强宣传引导、补齐工作短板、实施精细管理”等举措，深入开展“清洁家园”行动，对社区楼院、集贸市场、“六小”门店、主次干道等重要点位开展专项整治，辖区人居环境全面提升。全年共清理垃圾1万余立方米、小广告5万余处；整治占道经营、突店经营6000余起；清洗、粉刷建筑物外立面9000余平方米；整治下落下垂电线电缆8000余米，施画非机动车停车线1400余处。四是整治

违法建设。拆除各类违法建设33处，面积3.6万余平方米。

【生态建设】 一是坚决打好大气污染治理攻坚战。明确责任到人，建立“一长三员”、24小时值班盯守工作机制，强化日常督促巡查，严格按照“7个100%”标准，积极督促各类建筑工地整治整改达标。同时，深入开展道路扬尘、黄标车淘汰、燃煤炉灶油烟治理、“小散乱污”治理等专项整治活动，全力确保环境污染防治工作取得成效。全年共提前淘汰黄标车56辆、灭失15辆；505家饭店安装油烟净化装置；完成“小散乱污”、“八小”企业整治272家；在杓袁村、高皇寨村建成建筑垃圾消纳场3个，拆迁村建筑垃圾均严格按照“7个100%”和“五个统一”要求清运。二是不断加强生态水系建设。严格落实“河长”管理机制，持续开展“水清河美”专项治理行动及城市重点河流水质提标整治。共排查治理魏河及东风渠排污点5处；全面推进贾鲁河生态水系综合治理工程，土方工程基本结束，后期绿化正在积极推进。

【社会事业】 积极开展各项就业服务与社会保障工作，高度重视精神文明建设与社会各项事业的协调发展。一是实现各类就业再就业491人，调解农民工工资纠纷事件82起、协调工资720余万元。二是新办理城镇居民医疗保险3003人、城乡居民养老保险224人；发放低保、优抚、重度残疾人补贴等各类资金146万余元，救助流浪乞讨人员7名。三是牢固树立文明创建“一盘棋”理念，深入开展全国文明城市重创复审工作，利用市民学校、家长学校、志愿服务站、街道文化站等载体，采取道德讲堂、文艺演出等形式，营造了浓厚的创文氛围。全年共开展各类志愿服务活动80余次、文艺演出30余场，印发文明宣传资料3万余份。四是积极探索计生管理新机制，提升基础医疗卫生服务水平。积极推进以需求为导向的家庭医生服务，累计签约辖区群众1.7万余户、5.2万余人；发放各类计生奖扶金98万余元，开展免费生殖健康检查4400余人次，发放计生宣传品7000余份。

【辖区和谐稳定】 一是认真落实领导包案、联合调处工作机制，高频次、全方位开展矛盾纠纷排查、司法调解、“三官一师”进社区、平安街道创建等活动，有效化解矛盾纠纷。2017年，共接待群众来访105起、540余人次，化解或稳控各类矛盾纠纷9起，办理网上转办信访案件75起、办结70起；受理并调处各类社会矛盾纠纷247起。二是积极构建“安全生产隐患清单、责任落实、长效管理”三大体系，深入排查整治各类安全隐患。累计检查单位1463家，发现一般隐患972处，现场整改515处、限期整改457处，有效预防和遏制了重大安全事故发生，安全生产形势总体平稳。

【基层党建】 一是深化落实党建责任，基层组织建设不断加强。进一步规范党员管理与组织建设，深化“两学一做”学习教育，举办党员“充电计划”专题讲座4期，全面推行“党员活动日”制度，共开展各类活动70余次。以纪念建党96周年、学习贯彻中共十九大精神为契机，大力弘扬红色精神，通过党工委书记上党课、表彰优秀党员、志愿服务等主题活动，进一步激发辖区各级党组织和广大党员干事创业的责任感和使命感，切实增强了基层党组织的创造力、凝聚力和战斗力。二是深化落实主体责任，党风廉政建设不断加强。街道党工委认真履行主体责任，通过签订党风廉政建设责任书、公开廉政承诺等形式，筑牢党员干部拒腐防变的思想道德防线。街道纪工委认真履行监督责任，突出抓好八项规定精神的落实，深入开展“小金库”专项治理、优化经济发展环境专项整治、以案促改大讨论等活动，并开通“国基清风”微信公众号，进一步织密反腐倡廉教育网、制度网，改进工作作风，为街道发展提供有力保障。三是深化落实工作责任，作风建设不断加强。针对办事处工作纪律、值班纪律等进一步进行梳理完善，完善程序，明确责任，考勤管理做到工作人员动向明、时限明、事由明、责任明；加大对工作人员在岗情况、工作开展情况及为民服务情况的专项督察力度和明察暗访频次，发现问题，督促其立即整改；通过“请进来”“走出去”等方式，邀请省委党校专家、学者举办党章、党规党纪及中共十八届六中全会、中共十九大精神等各类专题讲座8期，辖区党员干部干事创业的能力得到大幅提升。

（撰稿：马莹莹　审阅：田　波）

经八路街道办事处

【概况】　经八路街道办事处位于金水区中南部，始建于1954年，辖区总面积约3.44平方公里，是省委、省军区及众多省直机关所在地。管辖范围东起花园路，西至健康路、东三街，北起红专路，南至金水河畔。地理位置优越、交通便利，有金水路、花园路、文化路、黄河路等25条市主次干道交错构成辖区道路交通网，38条公交线路穿梭其中。辖11个社区，有家属楼院218个，常住人口78000人，流动人口近3万人；两新党组织47家，11个社区党组织，直管党员2323名、流动党员105名。

辖区共有公共单位81个。其中，河南省会计学校、郑州八中、纬五路一小、省实验幼儿园等14所全市名校名园，带动文化教育事业全面发展；以省科学院为代表的22家科研机构，领跑全省科技领域，拉动高新技术产业发展；郑州大学第二附属医院、河南省直第二门诊医院、郑州市人民医院（原五院）等省市区大中型医疗机构，辅以社区医疗站，构建成辖区医疗卫生服务网络，为居民群众提供优质便捷服务；以省豫剧二团、三团、曲剧团、京剧团、省艺术研究院、省文联为代表的文化团体通过多样的形式带动群众文化活动蓬勃发展；以省国防教育基地为龙头的省少儿图书馆、省科技馆、省群众艺术馆等教育基地，带动发展辖区文化娱乐场所，既丰富了辖区居民精神生活，又成为街道一道独特亮丽的文化景观。

家庭医生签约

2017年，经八路街道办事处地方财政收入累计完成3.63亿元，同比增长11.09%；社会消费品零售总额32.17亿元，同比增长9.5%；第三产业增加值累计完成123.36亿元，同比增长9.8%；固定资产投资1.23亿元，占目标306.8%。省、市、区重点项目累计完成0.24亿元，占目标任务117.5%。

【城市精细化管理】　以“双迎攻坚”工作为契机，依托网格化管理长效机制，全年对乱停乱放、突店占道、乱贴乱画、乱倒垃圾、“六小”门店等进行了着力整治并取得了良好成效。一是大气污染方面。重点开展了工地规范整治、餐饮油烟净化器安装和使用、“双替代”和露天烧烤取缔4项工作。辖区12处工地全部按照“7个100%”的标准进行整治；370家餐饮门店已全部安装油烟净化器，并全部能够正常使用；在册221户全部完成“双替代”；露天烧烤全部取缔。二是网格化管理方面。2017年，街道各级网格共发现问题1629个，解决1610个，解决率98.8%，召开联席会议28次，组织联合执法98次，解决疑难问题147个。街道督查发现问题5492个，解决5483个，解决率99.8%。编发《督查周报》49期，问责5388人次。三是节点工程房屋征收方面。在“全力保障被征收群众合法权益最大化”的前提下，抽调精干力量、进行精心部署、实施精准举措。于9月27日搬迁奖励截止前，完成了498户协议签订工作，签协议率达到了96%，实现了“奖励截止前大头落地”的既定工作目标。攻克“钉子户”14户，共签订住宅协议510户、非住宅2家，完成总数的98%。

【党建工作机制】 自启动“凝聚力工程”以来，街道一楼大厅进行了升级改造，打造融街道党建展览馆、党员远程教育活动中心、便民服务窗口为一体的党群服务中心。同时，11个社区全部建立打造了社区级党群服务中心，并打造了3个楼院党群活动室，为辖区党员群众开展各类活动提供了场地保障；开展了“万名党员进党校充电计划”“省委组织部与省委社区结对共建”“践行十九大精神、大别山现场教学”等系列党建活动，着力推进街道“凝聚力工程”向纵深发展。

【社会治理】 全年排查发现安全隐患121处，已整改114处，整改率94%；组织开展安全知识讲座11场次，播放安全警示片101场，张贴海报和发放宣传册12300张，制作宣传版面22个，开展应急救援综合演练11次，受2涉诉、农民工、涉军人员、邪教人员、“两案”人员等不稳定因素排查60余起，做好了提前掌握，提前预防的工作。在党的中共十九大期间，根据辖区重点人员情况，采取“一人一策”，尤其对个别重点人员确保24小时不脱离视线，确保中共十九大期间零非访。

【社会保障事业】 登记一孩、二孩数为869对，其中，一孩登记数426对、二孩登记数443对。全年发放免费叶酸500余盒；申请、审核低收入15户，40人；申请、审核低保153户，187人；全年为16名低保人员申请大病救助资金4万余元；救助流浪乞讨人员50余人次；完成380名伤残军人的审核，发放生活补助500万余元；为25名伤残军人办理医疗补助5万多元。发放春节、“八一”建军节等价值15万余元的节日慰问物资。2017年，“一年十三万就业计划”任务完成3071人，占目标的116%。其中：下岗失业人员再就业任务完成700人，占目标的141%；完成再就业培训990人；就业困难人员再就业任务200人，占目标115%。完成再就业任务231人，为辖区居民办理“就业失业登记证”582本；完成企业职工岗位技能提升培训430人，农村劳动力技能培训39人。完成创业贷款2100万元。

（撰稿：周　龙　审阅：房建设）

文化路街道办事处

【概况】 文化路街道办事处位于金水区中北部，辖区面积约5.57平方公里，下辖14个社区居民委员会，1个行政村（关虎屯村），常住人口9.7万人，流动人口2.2万人。辖区内有54家公共单位，河南农业大学、河南财经政法大学老校区、郑州大学工学院等9所大中专院校，河南省农科院、河南省社科院等5家科研单位坐落其间，是金水区科研文教中心，居民文化程度相对较高，具有典型的文化特色。

2017年，实现地区生产总值97.39亿元，同比增长9.3%；完成地方公共财政预算收入7.30亿元，同比增长24.3%；社会固定资产投资23.96亿元；社会消费品零售总额56.14亿元，同比增长6.1%。城镇居民人均可支配收入达到43992元，同比增长8.4%。

【经济建设】 产业结构不断优化，新兴产业蓄势待发。大力实施“支柱产业带动新兴产业”战略，构建形成以楼宇、商圈、特色街区为支撑的现代产业体系，实现从传统第三产业向现代金融商贸、高新技术服务、产业园区培育等新兴产业转变，呈现出以产业结构优化升级带动新兴产业蓬勃发展的态势。全年实现支柱产业收入94亿元，为社会提供就业岗位5000余个。

投资环境持续改善，招商引资成效显著。积极推进产业链招商、行业招商、协会招商、联盟招商，实现了郑州大学专业设计楼宇的专业招商，正弘世博公馆的现代新型产业的定向招商，现代产业“硬支撑”作用逐步发挥，开放创新“加速器”作用逐步凸显，多重战略机遇叠加效应进一步释放。2017年，街道商务楼宇面积达到133万平方米，培育金水万达中心、豫博大厦、招银大厦等税收达千万元以上楼宇5幢；培育金成国际广场AB座、世博中心、兴业大厦等税收达百万元以上楼宇33幢，累计引进河南天伦电力工程有限公司、河南万家阳光新能源科级有限公司总部企业等28家，引进省外资金1亿元人民币，实际利用外资2250万美元，同比增长2.4%。

【城市建设与管理】 重点项目统筹发展，城区建设快速推进。街道坚持以项目建设统领经济社会发展，坚持“项目化推进、台账式管理”工作方法，承接全区重大项目6个，完成投资39.97亿元，带动全社会固定资产投资同比增长0.6%；先后组织6次协调会，实现了东关虎屯城中村改造项目、361街坊片区改造项目如期开工，金水万达中心、正弘国际广场项目开业创收，胜岗城中村改造项目、科新苑项目快速推进。

城市管理深入精细，以国家卫生城市复审和创建全国文明城市为契机，充分发动辖区公共单位、热心群众、公益组织等社会力量共同开展城市管理共治工作。全年共组建城市管理企业（单位）督促小组15个，发动群众2万余人次共同参与城市管理工作，改善了交通文明行为，基本解决了丰产路、农科路等区域的占道经营现象；大力开展“四乱”问题专项整治工作，组织公安交警、城管执法等多部门开展联合执法行动，对国际企业中心、国贸360购物广场等人车密集地段进行重点整治，清理乱停乱放非机动车辆1300余辆，拖移违法占道机动车辆86辆，规范各类“四乱”行为6000余次，城区环境得到了极大的提升和改善。

牢固树立“绿水青山就是金山银山”的发展理念，突出大气污染防治攻坚，持续深化生态治理。全年共完成工地路面硬化6000余平方米、灰网覆盖累计50余万平方米、播撒草籽0.1公顷，城区空气质量明显好转。全年新增绿地35000平方米，新植乔木3000株。

【社会管理】 社会管理机制创新，服务水平显著提高。网格化管理平台全年共排查各类问题4395起，解决问题4395起，处置率达100%。以“社会管理功能不断完善、为民服务水平不断提高”为核心要义，不断深化平台联合深度，大力推进各科室、社区及下沉部门和辖区公共单位网格融合，推行网格长AB岗制度和协管力量整合，定期组织公安、食药、工商等职能部门多方联动，集中开展了“三非”问题的大排查、大整治活动。街道网格网络舆情、技防监控均实现动态化管理，各类问题统一受理、集中研判、及时交办、限时办结，社会管理水平显著提高。坚持科级干部接访、矛盾排查化解和信访联席会议等制度，妥善处置群众反映的热点难点问题。全年共接待群众来访100余次，排查调处各类矛盾纠纷260件，调处成功率达到100%。加大安全生产监督检查力度，全年共组织开展安全隐患专项整治行动30余次，检查楼宇企业、购物商场、娱乐场所等3093家，消除事故隐患28起，安全生产形势持续平稳。强化立体化治安防控体系，依法防范和严厉打击各类违法犯罪活动，严厉打击邪教组织，营造安全稳定的社会环境。

【基层党建】 以“党建引领、群众参与、网格自治、各方协作”为核心，深化“党建引领、党建贯穿、党建促进”发展模式，不断提升“街道、社区、网格、楼组”四级党建管理水平，实现党建“龙头”效应的持续发热。成功打造晨钟教育集团党委示范基地，助推晨钟教育品牌走向全省、走向全国。升级改造14个党群服务中心，计生服务、劳动保障、兵役登记、住房保障等窗口服务功能更加完善。建立首个党员志愿服务工作站。

【民生事业】 发展成果惠及民生，社会保障深入人心。街道坚持满足人民日益增长的美好生活需要，全力实施“民生保障战略”，强力推进就业再就业工作，实现1.6万余人的就业再就业，信息学院和关虎屯2个街道层面功能最齐全、设施最先进、服务最完善的综合性便民服务中心项目开工建设；关注社会养老事业，全年累计向农科院等6个社区托老站，农科路等6个社区残疾人康复站，文丰等9个社区卫生服务机构，信息社区卫生服务站等7个社区卫生服务站投入资金300余万元。规范整合各类便民生活服务网点726个，为辖区居民提供免费义诊、爱心帮扶等各类便民服务5万余次，其中分级诊疗制度深入实施，家庭医生签约服务率接近40%。

（撰稿：李依萌　审阅：赵　静）

人民路街道办事处

【概况】　人民路街道办事处成立于1961年9月，地处金水和管城两区交界处，由辖区主干道人民路而得名。辖人民路社区、紫荆山路社区、工人新村社区、顺河路第一社区、顺河路第二社区、顺河路第三社区、水文局社区、东里路社区和金紫伊苑社区9个社区居民委员会。辖区面积1.519平方公里，有常住人口3.7万余人，流动人口4000余人，除汉族外，有回、满、维吾尔、壮族等少数民族居住。辖区内驻国家直属单位有水利部黄河水利委员会、中国建筑第七工程局；驻省属单位有河南省环河南省话剧团、河南歌舞演艺集团有限公司、河南省文化厅幼儿园、河南黄河河务局、河南省郑州文物工作站。位于人民路的丹尼斯总店是在郑州较早出现的、成功的量贩式大型百货超市。辖区交通便利、基础设施完善，北依紫荆山公园和金水滨河公园，是比较理想的人居地带。

2017年，全办共完成一般预算收入2.96亿元，增速23.0%；地区生产总值88.73亿元，增速11.0%；第三产业增加值52.82亿元，增速8.4%；建筑业总产值423.56亿元，固定资产投资1.57亿元，占年度目标的104.9%；社会消费品零售总额121亿元，增速8.8%；省、市、区重点项目1.52亿元，占年度目标的101.3%；外贸出口979万美元，占年度目标的136%；实际利用外资2350万美元，占年度目标的94%；域境内资金20000万元，占年度目标的33%。

对辖区1.5平方公里进行深耕细作，明晰经济结构优化工作思路。时时跟踪完善税源信息管理系统，对592家企事业单位和1278家个体工商户纳税情况进行动态监管；大力发展总部经济，优化对丹尼斯、中建七局、黄河勘测设计有限公司等支柱税源的服务，进一步聚合资源，吸商引商，带动服务业的发展，投资300万元对紫荆山商务楼进行升级改造，充分发挥地域优势招商引商，新引进企业30家，其中总部企业2家，实现结构升级、产业转换和功能的提升。

【重点项目建设】　2017年，郑州商都历史文化区宫殿区工程金水区项目拆迁区域垃圾已清运，正待文物全面进行发掘。同时，与建设部门加强沟通，紧盯商都历史文化区建设进度，提早着手谋划，增强发展内涵，推动周边经济和文化的繁荣。城北路打通及棚户区改造项目东至紫荆山路，西至工一街，南至金水与管城两区交界处，北至北关大街。该项目区域内有成套住宅177户，棚户35户，建筑面积14636.86平方米，文物发掘已结束，安置房建设全面开工，加快推进安置房建设，争取道路打通同步开工，早日完成群众回迁工作。顺河路大修改造项目已交工通车。

【城市管理提升】　一是坚决打好大气污染防治攻坚战。对辖区建筑工地实行“三级”分包整治，按照“7个100%”整改到位；督促80余家餐饮单位对油烟净化设施进行清洗和更换；全面推进“双替代”工作；联合执法行动75次，暂扣各类烧烤物品360余件，下发罚单42家。二是积极开展各类专项治理工作。对照“双迎攻坚”工作整治标准，积极查漏补缺，建立问题台账，逐项整改销号。对单位型、物业型管理楼院，充分发动辖区单位、居民群众力量开展“全城清洁”活动；对无主管楼院，街道投入大量人力、财力集中粉刷破旧墙体、修补破损路面、更换、清洗垃圾桶（池）等；辖区83个楼院全部达标；404家“六小”门店整治到位；数字化案件处置率达到98%。

【网格化为民服务】　依托网格落实各项惠民政策，新增城镇就业再就业2331人，提供小额担保贷款960万元，居民医保861人，城镇居民养老103人，培训下岗失业人员541人，年审就业失业登记证264本；完成对85户低保家庭、12户低收入家庭的年度审核，33333.25万元；核发一孩生育指标162个，独生子女父母光荣证236个，二孩生育证164个。加强对重点人员的稳控和不稳定因素排查，切实做好重点信访案件化解工作，共排查各类矛盾纠纷27起，核实预警信息

96人次，受理来信来访15件次，办理区转办、交办案件11件。全面落实安全生产目标责任，签订消防安全目标责任书1176份，完成对50家公共聚集场所、4家危化品经营单位、50家电梯使用单位、9家锅炉使用单位的安全大排查，共排查隐患315处，下达整改通知书6份，有效防止了安全事故的发生，辖区人民群众的安全指数不断上升。

【基层党组织建设】 持续推进“两学一做”学习教育常态化制度化，多途径做好中共十九大的学习宣传和贯彻落实，严格党的组织生活，认真落实“三会一课”、民主评议党员等制度，组织党员培训3期，培训党员600余名；对789名党员信息进行核查，依托“主题党员活动日”及纪念建党96周年系列活动，开展书记讲党课、重温入党誓词等活动，激发党员干部干事创业的正能量；选聘13名党务工作者，充实党建力量，并通过购买社会工作服务，在紫荆山路社区引入以党群服务为主体的社工服务项目，不断提升专业化服务水平。

【党风廉洁建设】 对照党风廉洁建设相关要求，严格落实街道党工委主体责任和纪工委监督责任，制定落实“两个责任”清单，将“两个责任”细化、量化、具体化。深入开展“讲忠诚、守纪律、做标杆”活动，精心组织学习“两准则三条例”，强化干部职工的党章党规党纪意识。以优化经济发展环境专项整治、“小金库”专项清理等活动为契机，强化监督执纪问责，切实抓早抓小，防患于未然，营造风清气正的政治生态。

（撰稿：王永胜　审阅：张晓戈）

花园路街道办事处

【概况】 花园路街道办事处位于金水区东部，辖区东起东明路，西至花园路，南起金水路，北至黄河路，面积3平方公里，是河南省人大、省政协等省级机关和部分省直机关所在地。辖区常住人口50525人，流动人口16139人，由10个社区组成，分别是省供销社社区、通信花园社区、省卫生厅社区、甲院社区、农业院社区、工业院社区、省民航社区、戊院社区、省水利厅社

举行楼组红歌会活动

“三八”妇女节文艺演出

区、省银行社区。

花园路街道办事处位于省直单位行政区，地理位置特殊，土地稀缺，可利用资源少，辖区经济以第三产业为主。辖区各项基础设施和城市功能比较完善，金融、商务、商业等现代服务业和生活性服务业有机交融。辖区内有省建设银行、省人保等金融、保险机构总部，各类商业银行分支、网点密集分布，西北角的金融广场可以提供方便快捷高效集中的金融服务。广汇国贸、经纬大厦、新闻大厦等一批商务楼宇业务发达，对辖区经济发展起到了十分重要的支撑作用。

2017年，完成地区生产总值82.28亿元，同比增长9.90%；城镇居民人均可支配收入44683元，同比增长8.5%；完成城镇固定资产投资3亿元，占目标118.27%；社会消费品零售总额43.77亿元，同比增长14.8%；完成一般财政预算收入2.22亿元，同比增长9.94%；省市区重点项目完成3亿元，占目标任务113.7%。

【区域经济发展】 一是开展企业大走访活动。组织开展“企业大走访”“税源清查”等活动，共清查税源5103户，走访辖区重点企业、重点项目、楼宇物业60家，收集意见、建议8类23条。二是开展税收专项整治行动。对辖区出租房产信息进行核查，协助征收房产税，对区外户企业进行税款核查，有针对性的回归纳税额较大的企业，对营改增后税收减少较多的非正常企业进行核查，确保辖区内现有税源应收尽收。三是全力推动重点项目建设。辖区共有省市区重点项目3个。其中，嘉里中心项目于10月底开工，正在做基坑开挖；河南影视大厦项目正在协调办理规划许可证；省接待办汽车队综合楼项目正在做基础建设工作。四是加快市政工程建设步伐。以地铁2号线安置房建设为重点，加快市政工程建设步伐。目前，轨道2号线安置房正在进行招投标；轨道5号线花园路站车站主体基本完工。

【基层党建】 通过自学、集中学习、专题演讲、送学上门等形式宣讲中共十九大精神。同时，利用社区宣传栏、微信公众号、政务微博、楼道文化等载体，抓好群众宣传，确保中共十九大精神学深悟透，活学活用。

开展基层党建“逐社区观摩、整街道推进”活动。如省供销社社区以守望互助为特色的“邻里关怀”服务，戍院社区区域共建共治品牌，甲院社区以慈孝文化为主题的党建特色文化等，基本实现社区个个有亮点，街道整体有提升。

深化星级楼组创建活动。申报楼组228个，评定星级楼组201个，新创楼组61个。在楼组创建活动中，涌现出一批以老党员为代表的带头人，引领了社区风尚。

加强区域共建共治。街道区域党工委、社区区域党委成员单位发展壮大至96家，在职党员到社区报到1300余人，认领服务项目180余个，累计服务群众上万人次。

【城市精细化管理】 一是全力冲刺“双迎攻坚”。通过区人大代表现场走访、“互查互评”、全城清洁行动等方式，严格对照创文创卫标准，全力做好“双迎攻坚”各项整治工作。二是严格开展联合执法。联合城管、执法、交警等部门集中做好占道经营、非机动车停放、环境卫生、非法营运等突出问题的清理整治，不放过任何一个问题，努力实现城市环境、城市形象品位的有效提升。三是打好环境污染防治攻坚战。严格按照“7个100%”的标准对辖区7处建筑工地整治；379家餐饮店已全部安装油烟净化器并正常使用；取缔“小散乱”企业2家。

【社会公共服务】 一是社区公益创投项目启动实施。13个公益创投项目开展各类服务活动200余场，服务辖区居民2500余人次。二是社会组织服务中心有序运行。成立社区社会组织服务中心党委，引入专业党群服务社工，加强对社会组织党建工作进行指导，增强联系服务群众的合力。截至年底，共孵化公益慈善类、生活服务类、文体活动类等社区社会组织40家，拥有社区社会组织成员1500余名，社区志愿骨干成员180人。三是公共服务体系日趋完善。积极推行签约“家庭医生”，完善医疗卫生服务体系，做好社区居家养老和青少年教育等公共服务，切实增进人民群众的幸福感、安全感。

【民生保障】 一是加大劳动和社会保障力度。2017年，完成城镇新增就业再就业人数3073人，困难对象再就业人数222人，再就业培训503人，企业技能提升培训500人。二是做好卫生与计划生育服务工作。全年共办理生育登记服务证517个，独生子女父母光荣证274个。三是切实维护辖区安全稳定。与辖区2320家生产经营单位签订《目标管理责任书》，组织安全培训、消防演练上百场，参加人数6000余人。发挥街道、社区、基础网格三级矛盾化解网络作用，全面做好重点人员的稳控和矛盾排查化解工作，全力做好中共十九大期间信访稳定工作。

（撰稿：吴冬冬　审阅：崔笛菲）

杜岭街道办事处

【概况】 杜岭街道办事处成立于1961年8月，地处郑州市繁华的商业中心地带，是金水区的南大门，辖人民路以西、西太康路以北、铭功路以东、金水河以南，成不规则的多边形，辖区内有大小街道9条，其中，西里路、北二七路和西太康路为主干道，辖区内交通便利，公交路线四通八达，总面积0.9平方公里，下辖7个社区，居住的人口有17310人。

2017年，全办完成区级财政收入0.87亿元元，同比增长12%；完成地区生产总值23.28亿元，同比增长9.2%；完成第三产业增加值22.95亿元，同比增长8.7%；完成固定资产投资7.37亿元，占目标任务的64.6%；完成社会消费品零售总额22.97亿元，同比增长4.1%；重点项目完成16.09亿元，占目标任务114.9%；城镇居民人均可支配收入41832元，同比增长7.9%。

【项目建设】 一是太康路旧城改造项目。各项施工手续办理完成，该项目已建至地上第26层。二是张砦街片区改造项目。按照区委、区政府关于依法征迁工作的要求和部署，积极采取多种措施，积极解决征收遗留问题。三是二七路地下空间开发项目。正在拆除占压红线的建筑物、构筑物。积极配合项目指挥部工作，确保项目顺利进行。

【城市精细化管理】 一是环境污染防治攻坚工作。在大力抓好污染防治“五进”宣传工作同时，加强落实工地管理“7个100%”措施，加大应急管控期间督察管控力度，落实“三员”责任制，并积极推进辖区油烟净化装置安装使用检查、黄标车登记报废、散煤治理、“小散乱污”企业排查等工作，确保360广场和张砦街片区改造2个工地依规作业，坚决杜绝露天烧烤、黄土裸露现象发生。为落实大气污染防治，街道按要求每周对辖区2个工地进行不间断夜查，防止违规动土作业。同时继续落实“双替代”工作，已完成对燃煤户767户的登记治理，回收散煤型煤近6万块，燃煤炉124个，督促社区加强取暖季燃煤排查力度。二是市容环境整治、全城清洁工作持续进行。清理占道经营120余次、突出店外经营200余次，清理橱窗广告50处，施划非机动车停车线16处，治理乱停乱放非机动车2300多辆。每周扎实开展“全城清洁”活动，对辖区42个楼院环境卫生进行了全面的清理整治，努力为辖区居民打造卫生整洁的居住环境。数字化平台共接各类案件3270余起，群众举报投诉6起，做到了事事有调查，有记录，有回复，处理率达100%，处理第三方检查办理案件280余起。以二七商业区综合管廊开发为契机，疏堵结合，大力开展市容环境整治工作，对北二七路及人民公园东门长期占道的钉子户进行了彻底清理，使辖区市容环境得到了良好的改善，形成了道路干净、整洁有序的良好氛围。

【民生保障事业】 惠民服务力度持续加大。全年累计发放低保金84万元。医疗救助累计办理11人13次，发放救助金3.7万元。在册优抚对象累计59人，共发放生活补贴约71万元，其中伤残军人38名，参战参试人员19名，病故遗属家庭1名，60岁以上老烈士子女1名。享受困难残疾人生活补贴32人、重度残疾人护理补贴65人，共计发放补贴3.1元。重度残疾人和精神、智力残疾人特殊生活补贴13人，共计发放补贴金4.3元。辖区申报公租房115户、188人。经济适用房变更5户、9人。2017年，廉租房年审153户，公租房配租111户。再就业完成1386人，失业人员技能培训393人，创业培训完成19人，企业职工岗位技能提升培训完成86人，高技能人才培训完成18人。小额贷款全年任务600万，完成400万，占全年任务的67%，办理“就业创业证”33本，年审“就失业登记证”97本，困难人员认定16人。办理医保274人，居民养老10人。为深入开展“生育关怀行动”，充分提高党和政府对计划生育家庭的关心、关怀和爱护，慰问10户计划生育特困家庭、2户计划生育家庭特困党员、17户失独伤残困难家庭、14户流动人口困难家庭、1户留守儿童。

社区建设创新有序加强。一是通过“一征三议两公开”的工作方法重点对7个社区的老旧无主管楼院进行了升级改造，通过对老旧楼院的杂物清理、楼道粉刷、安装便民座椅、装饰墙壁等手段使这些老旧楼院焕然一新。二是整合资源，在西里路社区建成了面积约300平方米的社区睦邻中心，该中心有四点半课堂、亲子中心、烘焙室、舞蹈室等文化活动功能。

【社会管理服务】 安全生产常抓不懈。全面落实各级安全管理责任制，分别与7个社区签订《2017年度安全管理目标责任书》；各社区与辖内的企业、门店等单位共签订《安全管理目标责任书》573份，禁放目标责任书392份，做到了分级负责、齐抓共管。投入2万余元用于购买灭火器、制作宣传条幅、展板、订购安全生产报刊等。制作宣传版面4块，发放宣传册2000份、宣传挂图1000份、宣传页2000份、宣传贴画800份。同时，联合辖区单位组织开展以“安全责任、重在落实”为主题的消防演练2次。

社会大局和谐稳定。建立健全四级网络体系，全面深入、认真细致地开展拉网式排查，对辖区存在的各类矛盾纠纷及不稳定因素重新梳理，逐一登记造册，明确包案领导、责任部门和责任人。全年共排查230余人次，排查出一般性矛盾纠纷11件，化解成功11件，化解率达100%，成功率100%，对辖区重点人员遗留问题积极协调、对重点人员进行稳控，未发生因矛盾纠纷激化转化案件或群体上访等恶性不稳定事件。

【基层党建】 严格落实党建责任制，坚持每月召开1次党工委会议、“党工委书记、社区书记面对面”会议，开展社区党支部书记述职评议会1次，组织全体干部职工赴河南大学学习培训1次。

根据提升基层规范年要求，完善底数台账，实行动态管理。三是以街道“大工委”为核心，以社区“大党委”为主体，通过街道党群综合服务中心这一服务平台，通过红烛志愿者服务队志愿者活动的开展，组织开展各类主题活动18次，开展其他各种公益活动12次，长期结对帮扶辖区孤寡空巢老人5位。

以“党员活动日”为载体抓创新，持续提升基层党建服务水平。街道各党组织确定每月15日为党员活动日，与“三会一课”紧密结合，组织开展各类党组织活动。通过手段创新，党员管理模式创新，组织各社区支部对辖区直管党员256人逐户进行走访调研，征集意见建议200余条，意见建议五大类。根据对党员征集到的意见建议，街道党工委组织社区党支部分别开展了职业介绍、送学上门、开展文体活动、开展义诊等活动300余人次；面对年龄较大及年轻党员不能及时参加组织生活的现状，街道通过网络开通“映客”直播，实现“党建+互联网”模式创新党员管理方法。

（撰稿：王凯旋
审阅：金　凤　李晓华）

南阳路街道办事处

【概况】 南阳路街道办事处位于金水区西部，东三街北段16号，因临近辖区主干道南阳路而得名。辖区东至黄河北街，西至二环道及朱屯以东，南至岗杜街北至寺坡村、孟砦南街，面积3.42平方公里，地势西北高东南低。辖有10个社区，55个网格，159个居民楼院，33846户，常住人口84862人，流动人口11117人。有回、满、壮、土家、蒙古、瑶、朝鲜、布依、侗族9个少数民族。拥有河南省红十字血液中心、郑州市政管理处、恒天重工股份有限公司等公共单位。有南阳路、沙口路、黄河路、卫生路等大小街道21条，交通便利。

2017年，南阳路街道办事处完成税收1.81亿元，全社会固定资产投资完成33.93亿元，占目标任务的147.5%；社会消费品零售总额完成20.84亿元，同比增长0.3%；第三产业增加值完成47.94亿元，同比增长9.1%；重点项目建设完成18.6亿元，占目标任务的101.6%。

大气污染防治宣教活动

社区组织查看楼院环境面貌

【重点项目建设】 涉及寺坡六里屯城中村及连片、大孟砦城中村和王府坟城中村改造三个棚户区改造项目，涉及地铁5号线、农业路高架、金水路西延3个市政重点工程项目。其中，寺坡、六里屯城中村及连片改造项目A01地块4栋安置房均已封顶，二次结构施工已完成，内外粉完成80%，正在进行配套工程地下施工。大孟砦城中村改造项目F-01地块3栋安置住房内外粉已完成；G-01地块八栋住房二次结构砌体、内外粉已完成。指挥部已启动安置房户型的分配工作，正在组织大孟砦村民进行安置房户型选择确认。王府坟城中村改造项目建筑物已拆除完毕，垃圾二次清运已完成，村民安置区位置、户型已确定，施工单位已进场，控规正在公示，文探、地勘、人防、抗震已完成，正在进行基坑支护。郑州市轨道交通五号线工程涉及南阳路站、沙口路站2个站点建设，截至7月，地铁5号线征收令范围内房屋已全部拆除完毕，征收任务已全部顺利完成。农业路高架项目剩余的3家涉铁公共单位正在由铁路局进行统筹安排还建；另外因红线调整新增3户，正在做征收工作。金水路西延项目涉及飞马集团1户和面粉厂2户，均已退出红线重建完毕，旧房拆除完毕，土地已交付金水路西延项目指挥部。

【城市精细化管理】 一是强化支路背街整治。针对辖区23条支路背街，分阶段按照整治标准进行综合整治，共画非机动车停车线200余处，粉刷墙体立面10000余平方米，制作宣传喷绘2000平方米，捆扎线缆2万余米，取得了阶段性整治成效。二是全面提升市容环境。通过开展无主管楼院垃圾直运、全城清洁及联合执法活动，对辖区交通秩序、占道经营、露天烧烤等进行专项整治，共清理辖区132个家属楼院各类杂物、垃圾100余车，清理占道200余处，治理“凸店”经营500余处，清理橱窗广告300余处，市容环境得到有效改善。三是规范文明养犬管理。加大宣传力度，做到家喻户晓，提高广大市民依法文明养犬的意识，做到示范社区普查率、宣传率达到98%以上。

【生态环境治理】 一是治理“小散乱污”企业。联合区环保局对辖区汽修厂、非法加工等企业进行全面排查，及时掌握情况进行登记备案，对不符合规定的企业进行取缔，对手续不完善的加强督促办理。截至6月底，辖区登记在册的“小散乱污”企业已经全部治理到位。二是开展工地综合治理。进行24小时值守，确保出现问题能第一时间有人发现、治理和上报；加大对建筑工地巡查力度，发现问题及时反馈、及时整改到位，保障辖区11个在建工地全部达到“7个100%”标准要求。三是完善油烟净化整治。对辖区各单位（门店）的油烟净化器安装使用情况进行不间断的排查、登记造册，并要求对油烟净化器定期进行清洗。辖区内有289家单位（门店），安装使用率达到100%。四是加大黄标车淘汰力度。全年淘汰黄标车49辆，该项工作位居全区前列。五是做好“双替代”和散煤治理工作。按照市区政策进行入户宣传，对登记在册的1292户进行再核定，目前正在为符合条件的437户居民发放补助。以网格为单位，加大散煤排查和巡查力度，力争做到辖区无散煤。

【民生事业】 一是持续推进三级三类便民服务中心GF建设。南阳路街道居民区级便民服务中心总面积3387.38平方米，主要用于建设政务、文化、教育、医疗、助残养老等于一体的服务中心。该项目规划、立项、评审及招投标等前期准备工作已于6月底全部完成，并于7月开工建设。二是逐步完善社会保障体系。全年实现新增城镇就业再就业2905人，帮助失业人员实现再就业1063人，协助创业者申担保贷款1090万元，城镇医疗保险新增参保1054户，均超额完成全年目标任务；办理“就业创业证”540余人，圆满完成“就失创业证”的年检工作。三是按照目标要求做好卫生计生工作，扎实开展流动人口卫生计生基本公共服务均等化、清理清查等工作。截至目前，常住人口91858人，其中，已婚育龄妇女19731人，出生703人，出生统计准确率100%。四是稳步推进民生事业。认真做好低保、低收入社会救助工作，共核查统计低保家庭158户、204人，低收入家庭19户、45人；准确无误落实优抚对象政策，积极开展高龄老人补助津贴申请工作和退伍兵登记工作。辖区共有优抚对象147人，信息认证率100%，辖区共申请高龄老人津贴2170人，登记退伍兵154人，目前已全部完成审核及系统录入工作。五是着力开展住房保障工作。2017年，受理公共租赁住房申请申报317户，对29户经济适用住房申请户进行变更，并对529户已申请保障性住房户进行年审。

【平安建设】 安全生产。签订《安全生产目标责任书》，全年共签订责任书1802份。及时查漏补缺，对新增单位、门店进行分类登记造册，变更台账，实现动态管理；按照“一岗双责”、“党政同责”等要求，定期对辖区人员密集场所、危化企业、建筑工地、家属楼院等进行安全生产大检查，确保问题早发现、早治理，全年共发现安全隐患1132处，整改896处，下发整改通知书1630多份。

信访稳定。着力矛盾问题的化解，统筹兼顾，压实责任，形成有效稳控预案，确保了中共十九大期间的零非访，完成“三个不发生”的工作目标；针对辖区拆迁任务重、老旧楼院多、下岗职工多，各类矛盾和历史遗留问题交织等情况，街道始终坚持从源头上化解矛盾，截至年底共受理办结各类案件29起；扎实推进立体化社会治安防控体系建设，完善打、防、控、管一体化工作，深入开展平安建设活动，切实加大投入，加强人防、技防、物防建设，全力做好稳控防范的有力屏障。

【文明宣传】 一是扎实推进宣传思想工作。紧扣街道工作重心和全区重大工作部署，及时报道最新的工作动态和先进的经验做法。全年共刊登新闻报道28篇，《金水时讯》37篇，社区便民活动电视台报道31条，网络新闻报道172篇。二是精神文明建设不断深入。紧紧围绕“社会主义核心价值观”“文明河南”等主题，认真组织开展学习教育活动，并积极做好创建文明城市工作。

【党组织建设】 认真履行全面从严治党主体责任，切实加强对党建工作的领导和组织推进，为领导各项工作发展提供组织保证。2017年，南阳路街道26个党组织集中学习18次，参加学习3000余人次，提高了社区党员干部和居民综合素质。

开展党员活动，狠抓基层组织建设工作。通过开展在职党员进社区活动，251名在职党员分别认领服务性岗位，先后开展活动达300余次，直接服务群众近3000人次，充分发挥了党员先锋模范作用。

（撰稿：轩冰冰　审阅：杨　雪）

大石桥街道办事处

【概况】 大石桥街道办事处成立于1984年，位于金水区西南部，东与经八路街道办事处接壤，南隔金水河与二七区相接，西与中原区相望，北与南阳路街道办事处为邻，办公地址设在优胜南路3号院11号楼。面积约1.9平方公里，呈不规则的东西长方状，下设9个社区。

2017年，大石桥街道办事处完成公共财政预算收入1.19亿元，占全年任务115.99%，同比增长25.27%；地区生产总值40.33亿元，同比增长10.5%；第三产业增加值累计完成39.73亿元，同比增长11.5%；城镇居民可支配收入40878元，同比增长8.1%；省、市、区重点项目完成5.10亿元，占目标102%；社会消费品零售总额累计完成19.74亿元，同比增长9.4%。

【民生工程】 2017年，大石桥街道办事处全年实现城镇新增就业人数2720人，下岗失业人员再就业699人，失业人员技能培训425人，企业职工岗位技能提升培训115人，创业培训30人，发放小额担保贷款980万元。解决辖区8家企业工资纠纷，为农民工讨回工资5910元。累计办理居民医保新参保1099人。发放生育证服务421人，开展生育证办理下沉社区试点工作。为辖区964名老人共发高龄补贴139.38万元；社会保障力不断提升，全年共计发放低保金87.51万元，走访慰问困难群众256户，发放慈善救助金13.4万元；新申请公租房209户。打造“石桥微信服务平台”，每日向群众推送街道动态、党建服务、便民利民等服务信息，为群众日常生活提供便利并组织开展科普大讲堂、戏曲文艺进社区、趣味运动会等各类文化活动百余场，深受群众欢迎。

【城市管理】 一是对辖区机动车乱停乱放、非机动车乱停乱放、占道经营及小广告“四乱”现象进行常态化治理。二是对沙口村鸟市开展除根性综合整治，整治行动共拆除违法建筑18处，面积约990平方米；清理并引导流动商贩500余起；墙体整治4处，墙体粉饰约1000平方米；清理清运建筑垃圾470余车、生活垃圾120余车。

【大气污染防治】 一是高质量完成燃煤“双替代”工作，对205户燃煤“双替代”设备补贴户资金发放全部到位，并多次接受并通过环保部、省、市、区级主管部门的检查验收。二是着力构建源头严防、过程严管、后果严惩制度体系，上下联动，坚持严格按照“7个100%”的标准，坚持24小时盯守、巡查，做好工地监管工作，督促施工单位及时进行洒水降尘、黄土裸露防尘网覆盖等，做好防尘降尘工作，全年落实整改问题121处，整改率达到100%。三是强化道路扬尘治理，对辖区35条道路，实行每天不间断洒水、吸尘、冲洗降尘，机械化清扫，及时清理路边建筑垃圾，有效抑制道路积尘、扬尘。

【平安稳定建设】 扎实推进平安石桥建设，完善信息化、立体化社会治安防控体系，突出重点领域、重点人群管控，持续抓好非法集资风险化解，妥善化解信访突出问题，高效解决群众合法诉求，严守安全生产、食品药品安全、社会治安监管底线。全年共组织矛盾纠纷排查12次，调解各类纠纷497起，化解率达100%。开展安全生产大检查16

金水区召开现场观摩会（沙口村城中村改造项目）

金水区大石桥街道办事处社区科普大学成立十周年文艺会演

次；开展烟花爆竹专项行动、今冬明春火灾防控、重点行业领域等专项整治行动6次；共排查单位200余家，发现并督促整改事故隐患30余处，监管重点单位20余家，对重点领域和事故高发区域安全监管全面到位，成功创建1个市级安全和谐型社区即金沙社区。

【双迎攻坚】 双迎攻坚工作开展以来，成立了8个专项指挥部，组织开展联合执法、全城清洁、搬家式大扫除等活动数百次，对社区楼院、“六小”门店、窗口单位、铁路沿线、工地等进行综合整治。同时，进一步优化辖区社会主义核心价值观宣传氛围，设置精神文明建设宣传栏300余块，增设公益广告6处，面积达1000余平方米，制作各类创文宣传资料5万余份。使“双创”氛围覆盖大街小巷，延伸到各个角落，做到人人肩上有担子、有压力、有责任。街道上下通过不懈努力，高质量完成国家卫生城市复审及“创文”工作。

【组织建设】 基层组织建设扎实推进。一是不断强化党员教育管理，通过微信群学、上门送学等方式丰富“三会一课”学习形式；组织开展“双迎攻坚”“爱心驿站”“庆七一文艺汇演”等各类活动300余次。二是打造党建众筹平台，为区域化党建增添活力。以项目化运作机制，统筹整个街道党建资源，开启“和合大讲堂”“义诊进社区”等9个众筹项目，进一步深化街道党工委在基层党建中的引领作用，使党组织和党员在服务群众、贴近群众、团结群众、引导群众中更好地发挥战斗堡垒和先锋模范作用。三是全面推进全国党员信息管理系统，持续开展失联党员处置工作，查找失联党员56名，停止党籍党员32名，从严整肃党员队伍。年度推荐入党积极分子27人，发展预备党员11人，转正18人。四是组织开展竞争上岗、双向选择活动，通过自荐报名、资格审查、面试、评委打分、民主测评、公示等多个程序，产生中层正职20名，中层副职27名，进一步激发了机关干部的工作热情，增强了工作人员的岗位意识、责任意识和危机意识，提高了街道干部队伍的整体素质。

民主政治建设履职尽责。严格程序，顺利完成人大换届、政协推荐工作，共选举产生区人大代表13名，推荐政协委员7名。全年组织代表接待日活动8次，代表集中考察4次，接待选民62人次，收集各类意见及建议86条，跟踪督办解决各类问题38项，打造人大代表工作站1个。

群团工作持续发热。一是新组建辖区企业工会24家，签订工资集体协商172家，新增工会会员580余人；二是积极推进“青春家园”建设，依托“1+100”青年之友服务平台，开展各类青年志愿者活动；三是积极开展绿色家庭、最美家庭等评选和巾帼志愿活动，打造“绿城妈妈”环保公益项目示范点2个。

（撰稿：白丰铭　审阅：宋　锋）

南阳新村街道办事处

【概况】　南阳新村街道办事处位于金水区西北部，成立于1961年10月，东至丰庆路，南至南阳路38号太极公馆小区，西至嵩山路北段，北至兴隆铺热电厂刘寨工业园区，呈不规则的南北长方块状，总面积约7.8平方公里。现辖12个社区居民委员会，共有居民4.27万余户、13.8万余人，是金水区面积较大、人口较多的街道之一。辖区属于以铁路运输、机械和食品加工为主的老工业区，是郑州铁路局所辖的“三北”（北站、机北、辆北）所在地。随着市场经济体制的完善和社会的变革，辖区90%的企业处于倒闭、半倒闭和停产状态，因此，街道呈现改制企业多、下岗职工多、弱势群体多“三多”局面，民生问题较为突出。按照市、区网格化管理的总体部署，街道全面实行网格化管理，实现社会服务“零距离”、社会管理“全覆盖”、居民诉求“全响应”的新局面。

2017年，南阳新村街道办事处完成区级财政收入1.45亿元，占全年总任务的159.98%，同比增长74.38%；社会消费品零售总额完成12.38亿元，同比增长16.9%；固定资产投资完成11.93亿元，占全年总任务的108.4%；省、市、区重点项目完成6.2亿元，占全年总任务的103.3%；居民人均可支配收入39964元，同比增长8.6%。

【城市建设】　积极做好轨道交通3号线、农业路快速通道的拆迁清零工作，轨道3号线1期工程涉及拆迁已全部完成协议签订并拆除完毕；农业路快速通道工程拆迁涉及住宅620户已完成协议签订611户，公共单位30家已完成协议签订29家。加强市政配套设施建设，新增公共停车泊位664个，超额完成了全年任务。

加快推进安置房项目建设。小孟砦城中村改造项目，正在进行小区道路建设与简装修；岳砦城中村改造项目安置房1期工程已召开安置房分配会议，正在进行简装修。

【大气污染防治攻坚战】　一是成立大气污染防治工作领导小组，签订《大气污染防治工作目标责任书》，建立昼夜巡查制度，对责任人的履职情况不定期检查。二是按照“7个100%”的标准，对辖区现有的10个工地进行实时监控，特殊情况下快速启动不利气象条件临时管控措施。2017年，共向施工单位下达《南阳新村街道办事处建筑工地防尘治理整改通知单》150余份，制作宣传条幅200余条，大气污染防治知识卡片500张，发放宣传环保购物袋300个，投入资金达80万元。三是加强渣土运输过程中的扬尘污染控制，确保场内渣土不对环境造成二次污染。四是对餐饮单位油烟排放情况进行定期排查，对没有安装净化装置的饭店要求其限期整改，对已安装油烟净化装置的饭店要求定期保养清洗。共清理销毁燃煤炉灶76个，224家餐饮饭店全部安装油烟净化装置。五是积极做好黄标车淘汰工作。全年共淘汰黄标车14辆，发放补贴资金17万元。六是对“小散乱污”企业进行地毯式调查摸底并建立台账，通过有效手段，使污染问题及时解决。截至年底，共排查整治“小散乱污”企业8家。七是落实网格化管理机制，要求“三员”齐心协力，确保扬尘污染防治措施落到实处。八是对燃煤污染进行治理。采取“电代煤”“气代煤”双替代措施，大幅度减少燃煤散烧污染。督促辖区内散煤取暖和厨炊住户全部改造完毕，并对积存的散煤统一进行回收。

【精细化管理】　一是全员上阵开展“全城清洁”，针对存在问题较多的三北小区，多次组织专项行动，彻底清除积存垃圾、杂物堆放、占道经营和夜市摊位。同时，配发新垃圾桶300余个。二是大力宣传，营造氛围，通过LED显示屏、宣传彩页、《给辖区群众的一封信》等方式，提倡建设畅通、整洁、有序的市容环境，为城市精细化管理提供良好氛围。三是开展联合执法。针对机动车与非机动车辆乱停乱放问题，多次对辖区主要路段的乱停乱放机动车辆进行联合执法，处罚违章车辆2000余辆。四是加强督察，每天安排人员检查辖区占道经营、小广告、杂物乱堆、非机动车乱停等问题，发现问题及时通报，要求迅速整改，并对问题整改情况进行督察。2017年，共清理占道经营2200余处，清理小广告40000余处，清理杂物乱堆13000余处，整改非机动车乱停8000余处。五是做好病媒生物防制工作，积极推行使用科学方法开展“除四害”活动。据统计，病媒生物防制专项治理工作共完善设施4000余处，投入药品2000公斤，使用器械1000余个，有效地控制了无主管楼院病媒生物的密度。六是持续推进西干道环境综合治理工作，设置宣传标语20处，文明宣传板50个，开展整治行动140余次，参加整治行动达1200人次，清理垃圾、杂物80车次，确保铁路沿线环境整洁。七是进一步规范养犬执法工作，完善养犬管理台账，严格控制禁养犬回流，继续做好违规遛犬劝阻工作。

【“三级三类”市民服务中心】南阳新村街道党群服务中心以改建的方式建立，建筑面积6034平方米。该中心主要用于建设政务服务大厅、各类文体活动室、卫生服务中心及托老站（中心）等。2017年年底投入运营，建成后将辐射周边2公里内约5万名居民群众，满足广大居民的服务需求。

【社会保障】 完成就业再就业2712人，占全年总任务的106%，帮助企业申请贷款500万元，扶持创业带动就业。以“三级三类”便民服务中心为依托，构建满足不同群体需求的多样化养老服务体系。持续做好公共租赁保障性住房申请工作，共受理公租房申请825份，进行了400余户公租房配租审核和廉租房年审工作。

【民生实事】 为175户246人落实最低生活保障待遇，发放低保金166万余元；为37人次患有重大疾病的低保人员申请医疗救助金92177元；为33户申请低收入家庭，申请特困家庭3户；为77人发放伤残金956539.3元，为71名参战涉核人员发放生活补助429780元，为9名“三属”发放定期抚恤金176110元；为10名六十岁农村籍义务兵，发放生活补助金17985元；为1768人发放高龄津贴2324533元。

【信访稳定】 大力运用法治思维和法治方式化解信访问题。2017年，直接受理群众来信来访76件273次，其中，来访66件、来信7件，集体访3起、3批、100余人（次），区信访局交办案件13起，区政法委交办3起，区军转干交办2起，信访案件自立案2起，进京接访14人、18次，督办10人，堵门、堵路14起、100余人（次）。大力有效的开展领导接访活动。

【党内政治生活】 严格落实“三会一课”制度，并建立党建工作周例会制度，真正把党建工作的“软任务”变成“硬约束”。组织专门力量，集中2个月时间对党员档案进行全面整理，明确管理权限，严格党员档案移交手续，完善了党员档案收集、登记、归档、保密调档查阅等制度。街道党工委开展“弘扬新村精神”大讨论，主题是加强作风建设，提升担当意识，狠抓贯彻落实。开展“党员活动日”11次，组织党员缴纳党费、集中学习教育、为民志愿服务等，不断提高广大党员的党性意识、责任意识和宗旨意识。街道党工委组织全体党员到新乡市先进群体教育基地，分2批开展为期5天的实践教学，多样的教学形式，鲜活的先进事迹，使学员树立了党员标杆，增强了党性修养。

【反腐倡廉建设】 一是召开专题会议，组织学习《中国共产党廉洁自律准则》和《中国共产党纪律处分条例》，严明政治纪律和政治规矩。二是深入开展优化经济发展环境集中整治。三是加强对大气污染治理、“双迎攻坚”等重点工作部署落实情况的常态监督和违规行为的查究。四是开展“小金库”治理“回头看”专项自查自纠，严肃财政纪律。五是认真开展“讲忠诚、守纪律、做标杆”专题活动，践行忠诚干净担当的政治要求。

（撰稿：孙方方　审阅：梁　艳）

丰产路街道办事处

【概况】 丰产路街道办事处成立于2000年5月18日，地处郑州市城区东北部，辖花园路、政七街以东，东风渠、农业路以南，中州大道以西，黄河路、纬五路以北，东与郑东新区相连，南临花园路街道办事处，西接文化路街道办事处，北连北林路街道办事处。现辖16个社区、1个村民委员会和14个村民组，总人口约10余万人。办事处地理位置优越，区位优势十分明显。辖区拥有河南省财政厅、粮食厅、质量技术监督局、国税局、烟草专卖局、河南报业集团等51家省直单位。综合服务设施完善，拥有中国工商银行河南省分行、国家开发银行、农业发展银行河南省分行等众多金融机构和省人民医院、省胸科医院、黄河路第三小学、34中、61中等科教文卫设施。

2017年，丰产路街道办事处完成地区生产总值144.88亿元，同比增长10.7%；完成第三产业增加值131.53亿元，同比增长11.6%。完成固定资产投资42.45亿元，占全年目标186.2%；完成省、市、区重点项目36.03亿元，占全年目标的112.2%；完成社会消费品零售总额29.49亿元，同比增长8.9%；城镇居民人均可支配收入44029元，同比增长7.7%。完成域外境内资金10.2亿元，占目标106.3%；实际吸收外资完成0.27亿美元，占目标94.6%；完成外贸进出口总额2.8亿美元，占目标103.9%。

【重点项目工程】 2017年，丰产路办事处共有1个市级重点项目，7个区级重点项目，重点项目投资任务32.1亿元。其中，续建项目3个，新开任务3个，前期项目2个。2017年新开工3个任务已完成。截至2017年年底，完成重点项目投资36.03亿元，占目标112.2%。

郑州金运置业有限公司天境广场建设项目（市重点）：该项目总投资28.52亿元，2017年计划投资5亿元。截至2017年年底，完成年度投资14.4亿元，占目标288%。姚砦城中村改造（区重点）：计划总投资45亿元，2017年计划投资1亿元。截至2017年年底，完成重点项目投资3.15亿元，完成年度计划的314.5%。

常砦城中村改造项目（区重点）:计划总投资41.87亿元，2017年计划投资10亿元。截至年底，完成年度投资43392万元，完成年度计划的43.4%。枣庄城中村改造安置区建设（区重点）:计划总投资为18亿元。截至年底，完成年度投资4.87亿元，完成年度计划的71.6%。押砦城中村改造安置区建设（区重点）：计划总投资10.8亿元，该项目项目单位已入库。截至年底，完成年度投资4.23亿元，完成年度计划的79.8%。西韩砦城中村改造安置区建设（区重点）：该项目占地面积109.2亩，建筑面积32.6万平方米，正在进行外围拆迁工作。东韩砦城中村改造安置区建设（区重点）：计划总投资8.37亿元。截至年底，完成重点项目投资43991万元，完成年度计划的110%。张砦村、杜岭新村城中村改造安置区建设（区重点）：该项目计划总投资15亿元元。

【城中村改造】 2016年，丰产路街道涉及城中村改造项目7个，目前各项目稳步推进。常砦城中村改造项目已完成控规，修规已通过审查，正在办理建规证；押砦城中村改造项目修规已通过审查，控规已通过局长办公会，待市连审联批确认。施工方面正在进行场内土方倒运及基坑支护工作，支护桩完成95%；东韩砦城中村改造项目修规审查意见已出具，控规方案公示已完成，正在编制完善项目改造方案。场内土方施工准备工作已就绪，基坑支护图纸已设计完成；枣庄城中村改造项目修规方案初审意见已出具，对接市规划院二所进行控规初步方案的完善；张砦、杜岭城中村改造项目已出具修规初步审查意见，项目“交通影响评价”已完成。控规已通过局长业务会，正在走审批流程。遗留问题房屋已拆除，正在处理后续问题；西韩砦城中村改造项目修规方案已出具审查意见，户型设计方案已确定，村内集体土地确权已批复，土地证正在办理中。国有土地上征收补偿安置工作启动以来，指挥部严格依法依规做好每一环节的工作，通过强势宣传、思想动员、以搬促签、外围打击等多种方式促进协议签订；姚砦村项目安置房网签工作经过积极协调和精心细致的筹备，现已办理网签3000余户，完成总量的90%。

【城市精细化管理】 高度重视迎接全国文明城市考评验收、迎接国家卫生城市复审工作，成立工作领导小组和7个专项指挥部，精细化管理做好各项工作。强化宣传报道，营造人人参与的社会氛围。制定全国文明城市、国家卫生城市“双迎攻坚”宣传方案，统筹协调，统一策划，有计划、有步骤地开展宣传。强化综合治理，营造美好生活环境。开展市容环境、社区楼院、市场工地门店交通等综合整治，对照台账逐一销号。开展“全城清洁”活动，清理建筑垃圾3200余立方米，生活垃圾3500余立方米，混合垃圾1900余立方米，小广告3800余处，乱涂乱画1500余处。开展城市管理联合执法行动，治理占道经营1000余起，突店经营800余起，非机动车2600余辆。探索城市精细化管理模式，开展“共荣共管，和谐共创示范街”活动。强化大气污染治理，严格按照“7个100%”要求，做好工地扬尘治理，累计下达102份整改通知书落实整治。加强辖区燃煤炉灶、露天烧烤和餐饮油烟的日常巡查，累计销毁燃煤炉具和烧烤炉180余个，清理整治废品收购站点15处。认真做好散煤治理及散乱污企业治理工作，全面进行排查上报，按照要求落实整改。

【民生工作】 一是努力做好就业再就业工作。完成就业再就业任务2797人，占年年任务的108%；完成城乡居民养老保险参保100人，城镇居民医疗保险新增参保2113人。二是社会救助工作进一步加强。办理低保户138户（211人），发放低保金121.7万元。办理低收入23户（54人）。办理大病救助12人，发放大病救助金68421元。办理特困户4户，发放特困救助金16200元，发放优抚款287.6万元。健康检查3555人次，完成家庭医生签约服务3200户。

【辖区安全稳定】 一是与辖区公共单位签订安全目标责任书2369份，签订率达到100%；举办11场消防应急演练，开展11场消防安全知识讲座，悬挂条幅35条，发放宣传页宣传册15000余份，对辖区人员密集场所开展集中排查整改。二是认真梳理辖区不稳定因素，严格落实重点人员“四包一”责任制，做好重点人员的稳控工作。全年辖区社会大局安全稳定，没有发生重大安全事故，没有发生非法上访等重大群体性事件。

【党建工作】 认真落实党务工作例会制度、工作情况上报督察制度、党建工作积分制度、党建工作激励制度，深入开展了社区党组织书记抓党建工作述职评议、民主评议党员、“两学一做”、党员志愿者服务、学习宣传中共十九大精神等主题活动，夯实基层党建基础。2017年，新成立“两新”党组织7家，培养入党积极分子34名，发展党员21人，开展志愿者服务活动420余次。508名在职党员认领敬老助残、绿化养护、政策咨询等服务项目136个。

（撰稿：赵鹏飞　审阅：姚文波）

东风路街道办事处

【概况】 东风路街道办事处位于郑州市金水区城区西北部。东临花园路，南到群办路，西至丰乐路，北接北环路。辖区总面积约6.5平方公里，下辖17个社区，3个行政村，常住人口12.3万人，流动人口3.4万人。

2017年，公共财政预算收入完成3.81亿元，完成目标的82.07%；固定资产投资完成33.74亿元，完成目标的115.5%；社会消费品零售总额完成58亿元，同比下降28%；省市区重点项目完成投资36.05亿元，完成目标的100%。

【新型城镇化攻坚战】 安置房建设稳步推进中，小铺安置区8栋安置房均已封顶；姜砦、大铺安置房工地也在按计划建设当中；同时，加强与规划、国土部门联系，协调尽快办理小铺、姜砦、大铺安置房建设手续；白庙暨河南科技市场改造项目公共单位分房工作取得实质性成果。截至年底，515户拆迁群众，已分房439户。白庙村405户村民已全部完成网签，共网签安置房2458套；公共单位已网签365户，455套。

【城市精细化管理】 扎实做好大气污染防治、双迎攻坚、市政工程、爱国卫生等工作，实行工地日排查、夜巡查网格化管理，落实“7个100%”，全年不间断开展工地夜查活动，下发明白卡80份，签订目标责任书30份，开展大气污染防治宣传活动370余次；“双替代”工作目标已顺利完成，任务总数181户，其中，130户销号，51户煤改气；绿地覆盖率进一步提高，完成新建绿地5万平方米，占全年任务的100%；全年共开展市容乱点、非机动车乱停放、无主管楼院环境卫生、背街小巷等专项整治53次，清理辖区内无主建筑垃圾200余车，规范非机动车停放1000余辆，新施划非机动车停车点位351个；协助对地铁7、8号线科技市场及其周边建筑进行丈量登记、摸排调查，个人户拆迁工作158户已签订协议149户；完成丰庆路涉及办事处辖区路段红线内的地上附属物拆迁工作；全年共处理数字化各类案件7320个，案件处置率达到100%。

【干部队伍建设】 抓好顶层设计。年初召开领导班子、中层干部会议，细化2017年度经济发展、新型城镇化建设、生态环境等工作目标，签订责任书，建立社区（村）党组织书记抓基层党建工作述职评议制度，让履职有目标，工作量化可视；通过书记讲党课、社区党校、草根宣讲团等平台，认真宣传落实党代会精神，将党的声音传达到千家万户；强化中心组学习，增强领导班子干部队伍素质，严格落实“第一书记”分包社区（村）制度，要求每月不少于两次社区现场办公，遇重点工作、临时性任务，亲临分包社区（村）督导；定期组织干部职工业务培训、岗位练兵，促进岗位有序增补、有序竞争。

把牢思想开关。从党政班子到机关科室、基层支部，层层签订了《东风路街道2017年度党风廉政建设工作责任书》，进一步巩固完善了一级抓一级、层层抓落实的良好局面，确保各项工作能够落到实处，确保廉洁自律，一岗双责深度落实；充分发挥纪工委监督作用，在工作纪律、转变作风、重要事项督办等工作中加强监督检查，切实提升各部门的工作执行力；严格落实风险评估机制，在教育、环保、卫生、城建、拆迁等容易引起社会稳定问题重点领域建立“重大项目、重大决策、重大工作”三重大风险评估机制，及时研判分析，迅速处置，最大限度降低社会治理成本。

突出重点谋划。全年狠抓落实安置房建设、重点经济项目、基层党建、计生服务、安全生产等各项重点工作。针对项目建设、经济指标等重点工作的谋划与部署，确定党工委主要领导主抓，倒排工期，拟定进度时间表，细化各月任务，每季度召开目标完成情况研判会，推进工作落实。

【社会事业建设】 多维度打造“满意东风”。在辖区道路、背街小巷及无主管楼院安装球形探头72个，枪式探头137个，实现辖区“天眼”全覆盖；巡防队采取“四定”管理模式，即定巡逻人员、定巡逻时间、定巡逻任务、定巡逻区域，昼夜不间断巡逻，治安控制面细化到每个区域，责任落实到片到人。横向：加强综合治理、司法、安全生产、信访、工商、税务等多部门的协同联动，召开网格化管理下沉人员联席会议22次，开展联合执法120余人次；安全生产共排查出安全隐患2771处，已整改2553处，整改率92%，全年共签订《安全生产目标责任书》1530余份。纵向：坚持实行领导包案督办制、“四包一”工作制度。重点解决好拆迁回迁、问题楼盘等信访突出问题；通过网上信访系统共办理案件111起，网络办结率100%。多方：进一步动员和激发社会力量参与治理，形成巡防队员、社区协管员、党员、民情监督员、网格员、楼院长“五员一长”队伍的管理模式，截至目前，17个社区配备楼栋长683人，共建立义务巡逻、安全教育、百姓调解等各类居民自治队伍25支；11月，同乐花园社区、轻院社区调委会由区司法局推荐，分别参加“河南省十星调委会”“全国民主法治示范社区”的创建评选；全年共化解如御龙城小区临时用电、幸福时光小区物业进驻等群众反映强烈问题30余起。

全年实现新增城镇就业再就业2913人，完成目标109%；贫困救助138人，累计救助资金240余万元；为669名80周岁及以上老人发放高龄津贴；全年共办理一、二孩儿生育证1449个，努力创建计划生育优质服务先进镇办；围绕社会主义核心价值观、讲文明树新风等制作各类宣传版面300余块；进一步扩大文化惠民政策实施力度，开展百姓宣讲直通车5期，成立中共十九大草根宣讲团，中共十九大精神进企业、进农村、进机关、进校园、进社区、进网络，共宣讲54次，书记讲党课活动36场；与登封市大冶镇粉坊门村签订精神文明创建结对帮扶协议，并为其配备8台电脑用于开展各类文体活动；充分发挥群众自治队伍作用，开设家政系列服务，积极开展为社区老年人、残疾人、低保户等特殊群体提供代购、代缴、居家养老等特色服务；全面升级社区便民服务站，新增居民办事点3个，升级改造居民文化活动场所3000余平方米。辖区文明和谐氛围日益浓厚，群众获得感幸福感进一步增强。

【党风廉政建设】 深入贯彻落实中共十九大精神，牢固树立“打铁必须自身硬”的思想意识，营造崇廉尚实的为政之风，为城区发展提供良好的政治环境。一是严格遵守政治纪律、政治规矩，落实全面从严治党主体责任。认真履行党风廉政建设第一责任人职责，积极推进党风廉政建设和反腐败工作，扎实推进“讲忠诚、守纪律、做标杆”活动、“以案促改”活动。召开“以案促改”专题民主生活会。开展以家风党风为主题的亲情寄语活动，组织观看《法制中国》《巡视利剑》等宣教片，签订廉洁承诺书65份，推送反腐倡廉短信567条，撰写自查报告271份。二是严格执行廉洁纪律，充分发挥纪工委监督作用。实施“指纹识别考勤机”全覆盖，每天4次考勤；开展优化经济发展环境、“小金库”、作风纪律。三是制定《东风路街道党工委2017年党风廉政建设责任制分工》，安排全年党风廉政建设工作，将廉政建设责任制具体任务细化分解到每一个班子成员，严格做到谁主管、谁负责；与各社区村、各单位基层党组织签订《党风廉政建设责任书》，修订完善《东风路街道规章制度实施细则》等，结合大气污染治理和双迎攻坚重点工作，出台《东风路街道办事处双迎攻坚问责办法》，细化分解重点工作各项任务，层层压实、级级落实。

【党组群团建设】 一是树立责任意识。严格落实“两学一做”常态化制度化，认真履行党组织履行主体责任、党组织书记履行第一责任人职责，落实社区村第一书记基层分包制度、完善中心组学习制度、制定各级党组织学习计划，以党小组为单位定期组织学习、讨论；固定每月20日为街道“党员活动日”，截至年底，已经开展活动146次，累计参与党员2896人，服务群众达上万人，为党员过政治生日70次；坚持干部联系群众制度，开展“民情日记”大走访活动23次；共培训入党积极分子38人，开展“万名党员进党校”培训班五期，共计授课40余课时，参加培训党员1050人；走进井冈山、大别山等红色教育基地，沐浴红色文化，不断锤炼党性。二是服务群众“六个一”。紧抓干部队伍建设，规定党工委书记每个季度讲一次党课、第一书记每周到社区村至少一次现场办公、每年至少解决一个涉及一定群体范围重大问题、每月组织一次班子主题学习会、每月一次以普通党员身份到居住地社区报到服务、每月一次到联系党员家中走访。三是培养干部素质。以政治过硬、本领高强为标准培养干部队伍。坚持社区书记每周五例会，每周二、四点名时间集中点评党组织书记带头攻坚、服务群众等工作情况；抽调、选派党组织书记到棚户区改造、地铁拆迁、信访稳定、大气污染防治一线岗位历练。四是探索组织创新路径。开展党建规范年活动，实施“五个一”创新工程。即，“一网”：将ISO9001质量管理体系国际标准导入党建工作，并同步建设“互联网+”质量管理体系在线平台。“一中心”：精心选址，规划建设“党建壹号工厂”，打造集党员服务、人文宣教、创意开发等功能为一体500平方米街道级党群服务中心。“一室”：在社区楼院打造标准化党小组工作室，进一步严肃党内政治生活，促进服务前倾，目前已经建成使用5个。“一家园”：围绕联系青年、引导青年、服务青年，建设“同乐·青苑”青春家园综合服务平台，在青年团员中培养后备力量，在青年党员中传承红色基因。“一品牌”：将街道范围内20项为民服务项目纳入统一体系，规范运行机制，召开项目推介发布会，扩大品牌效应。

（撰稿：李英洁　审阅：郝书文）

未来路街道办事处

【概况】 未来路街道办事处辖区内有郑州市红色景观“毛主席视察燕庄纪念亭”；有国家审计署驻郑州特派员办事处、河南出入境检验检疫局、河南省高级人民法院、武警河南省消防总队、《人民日报》驻河南记者站等党政群机关；有全省最大的中医高等学府——河南中医药大学，全省专业肿瘤医院——河南省肿瘤医院和河南省老干部康复中心。

2017年，街道地方公共财政预算收入完成46.05亿元；社会消费品零售总额完成58.68亿元，同比增长6.2%；地区生产总值完成94.64亿元，同比增长10.8%；第三产业增加值完成89.44亿元，同比增长12.5%；全社会固定资产投资额完成27.82亿元，占目标111.3%。

【重点项目建设】 项目建设进度不断加快。2017年，辖区涉及区级重点项目4个，共计完成投资319753万元，占目标106.6%。

黑朱庄城中村改造。项目预投资90025万元，占任务的100.1%。A地块金河湾项目由仁信置业和鑫苑置业共同开发，目前正在报批规划手续；B地块处于基坑开挖阶段，包括部分安置房、商品房及幼儿园的建设；C地块是安置区建设，1号~8号楼已完工，9号楼正在做地表土清理；D地块目前已建至2层，包括部分安置房及商品房的建设；E地块协和城邦项目，已接近尾声。

沈庄城中村改造。项目投资110411万元，占任务的110.4%。目前金林三期天宸苑项目修规已完成，3号楼建至地上2层，5号楼正在进行桩基工作。

聂庄城中村改造。安置区建设项目投资87029万元，占任务的108.8%。目前AB地块已基本完工，清真寺已完工，回族幼儿园即将完工，纬四路小学即将启动建设。

司家庄城中村改造。安置区建设项目预计投资32288万元，占任务的107.6%。目前2号地块正在进行桩基工作。

【现代产业体系】 现代产业体系发展态势良好。街道以商圈经济、特色街区发展服务于经济、服务于民生，对曼哈顿商圈、唐人街文化广场进行环境优化，着力在硬件、信息化上进行改造提升。2017年，共培育年缴纳区级税收100万元以上楼宇25幢，培育年缴纳全口径税收亿元以上楼宇5个，打造特色楼宇1幢，新引进总部企业5个，拟建、新建商务楼宇3幢。

【道路建设】 积极推动城市道路建设。涉及街道道路共13处，现黑庄路（未来路—中州大道）已验收，正常通车；燕西路（顺河路—燕北路）、燕凤北路（未来路—金水路）、燕凤北路金水河桥已经通车，正在等待验收；燕西路（福元路—顺河路）、沈庄路（燕东路—未来路）道路主体已经完工，正在等待验收；顺河路（玉凤路—凌云路）正常通车。

【精细化服务管理】 街道每周五“全城清洁日”，组织辖区公共单位、党员志愿者、网格长等人对辖区卫生进行清理。建立城管运行长效机制，以数字化管理、第三方考核和日常管理相结合的形式，推动软件平台与硬件载体运行体制的无缝匹配，探索“互联网+网格”的管理新模式。

【双迎攻坚】 一是成立组织机构，下设“一室九部三组”。二是建立完善七项工作机制。坚持重点区域与全面整治相结合，通过蹲点指导、下发整改通知书、约谈负责人等，对“双迎攻坚”工作进行再巩固再提升。三是在楼院、市场、工地、“六小”门店、河渠等区域开展“整治四乱”行动，切实改善环境卫生状况。

【生态环境治理】 生态环境治理扎实推进。坚持把大气污染防治作为头等大事来抓，逐步形成“六位一体”的长效管理模式。通过开展建筑工地扬尘整治互查活动、示范工地创建活动、夜查巡查等，充分发挥“三员”作用，综合提高各建筑工地扬尘治理水平。完成“双替代”工作，确保无居民户再用煤，“小散乱污”企业达标。

【民生保障体系】 一是加强城镇新增就业再就业、下岗失业再就业、低保低收入等社会保障体系建设，做到应保尽保，2017年实现城镇新增就业人数2399人，占任务的111%；下岗失业人员再就业468人，占任务的104%。积极做好居民养老保险、医疗保险的办理及宣传等工作，新增参加居民医疗保险1840人，新增居民养老保险97人；二是做好企业退休人员社会化管理服务工作，共接管辖区企业退休人员3617人，完成市级企业退休人员接转108人，完成省级企业退休人员结转277人，并积极推进企业退休人员社会化管理服务，接管率达到100%。认真做好残疾人优抚对象、贫困群体、老龄人群等保障工作；三是继续开展老旧楼院整治活动，对辖区38个老旧无主管小区开展物业管理工作，采用引进物业公司及成立小区自治委员会两种形式对小区楼院进行管理，着力改善群众居住环境；四是积极开展第十个“郑州慈善日”捐款活动，街道共筹得捐款315413.9元。

【“四大中心”建设】 一是建设梦想号党群服务中心。根据党员群众的需求，街道梦想号党群服务中心建设将着力设计成融日常服务、民生服务、党建服务于一体的高标准、高品质的党群服务中心，努力为党员群众提供便捷化、精准化的服务。二是建设社区群众文化服务中心。开展文明单位、文明社区等创建活动。以社区文明使者志愿服务站为依托，在辖区开展关爱空巢老人、残疾人、失独老人、贫困户、特困优抚对象、困难党员及军属等活动；精心组织开展清明节、端午节等主题活动；深化文明礼仪素养、思想道德素养、科学文化素养、身心健康素养、民主法治素养宣传教育活动；通过社区“四点钟课堂”依托社工管理运营，招募志愿者和学员，有针对性地对孩子们进行课堂辅导、开展趣味活动，让孩子们在趣味学习的基础上，身心都能健康成长。三是紧抓“未来和谐号”——未来路街道党群服务中心运行。该中心已12月25号投入试运行。四是积极推进社区卫生服务中心建设。结合辖区群众需求，金水区总医院在聂庄安置区建设社区医疗卫生服务中心，极大改善群众看病难、就医难问题，同时积极推进医养结合，着力打造全国示范性卫生服务中心。

【卫计工作服务】 积极推进卫计融合工作。街道全年受理生育服务登记1471人；辖区18周岁以下独生子女父母奖励费申报享受1000人，发放独生子女父母奖励费24万元。落实计划生育60周岁以上独生子女父母奖励扶助对象2359人，发放奖励扶助金264万余元，对象资格认证率达到100%。全面开展国家基本公共卫生服务项目，联合未来路社区卫生服务中心开展家庭医生签约服务累计21000人次，建立居民健康服务档案7.9254万人次，建立高血压、糖尿病、精神病等特殊人群服务档案5158人次，与升龙卫生健康体检中心共同开展妇女病普查普治服务3000余例。

【基层党建】 一是坚持把“从严治党”贯彻到组织建设工作的各个环节，加强对辖区各党组织书记及党务工作者的培训教育，真正落实好“三会一课”，党费收缴，发展党员两级预审、备案等工作。二是着力打造“未来梦想号”和“未来和谐号”2个党群服务中心，进一步深化曼哈顿商圈党委、唐人街文化广场等党建服务明星阵地建设，以品牌效应带动辖区各党组织党建工作水平全面提升。三是为庆祝中共十九大胜利召开，积极组织开展“喜迎十九大”系列活动，以请老战士讲革命故事、中共十九大及党的相关知识测试、“我是党员我奉献 我为党旗添光彩”志愿服务、“学习十九大 提高落实力”大讨论、“喜迎十九大 说说心里话”、“双十佳共产党员”风采展等活动为载体，引导全体党员感党恩、强党性、跟党走，以文明、和谐的氛围迎接中共十九大胜利召开；积极开展宣传学习贯彻中共十九大精神活动。四是相继开展“讲守做”、“作风建设与规范提升年”及“争优除弊”活动等学习教育活动及优化经济发展环境和清理“小金库”专项治理行动；加强机关作风纪律建设，完善考勤、请销假等各项制度，进一步严肃工作纪律。

（撰稿：屈梦媛　审稿：刘　蓉）

北林路街道办事处

【概况】　北林路街道办事处于2002年8月9日成立，位于金水区城区东北部。所辖区域为北环路、八一路以南，东风渠以北、以东，中州大道以西，东西长、南北窄，呈不规则扇形。花园路、经三路、环城快速路交错期间，交通便利，素有郑州北大门之誉。辖区面积6.7平方公里，辖11个社区居民委员会，1个行政村（马李庄村），4个自然村（马李庄、桑园、徐砦、黄家庵）；人口10万余人，其中流动人口3万人。

2017年，完成财政收入2.87亿元，完成目标任务121%，同比增长约33.55%；全社会固定资产投资30.07亿元，完成目标任务108.2%；社会消费品零售总额60.74亿元，同比增长14.7%。省、市、区重点项目完成投资29.91亿元，完成目标任务109.56%。

【城中村改造】　桑园村土地确权、土地注销、土地预登记证明均已完成；土方外运约26万立方米；安置区桩基工程已完工，正在分批进行筏板钢筋绑扎、筏板混凝土浇筑等工作。马李庄村首批地块环评、抗震、人防手续、用地规划许可证、不动产产权证书、建筑工程规划许可证已办理；完消防审查已通过；安置区部分主体施工至地上十五层楼。徐砦村安置区完成土方清运约20万立方米，桩基施工已完成；黄家庵村土方挖运结束，筏板垫层施工已完成。

【城市管理】　一是以“双迎攻坚”工作为契机，坚持治本抓源，不断完善长效工作机制。以每周五开展的“全城清洁”行动为载体，各指挥部履职的同时加强配合，突出重点与整体提升。累计投入124万余元，对辖区的道路、墙面、老旧楼院、六小门店及夜市进行全面整治，重点解决垃圾积存、杂物乱堆乱放、乱贴小广告、非机动车乱停乱放等问题，辖区面貌实现较大改观。二是以城管和物业力量为依托，对占道经营、突出门店经营、户外广告门头治理、违章建筑等违规违章行为进行综合整治，进一步做好停车场建设、数字化城市管理、非机动车管理、文明养犬、游园绿地等工作，不断扩大城市精细化管理成效，大力营造畅通整洁有序的生活环境。

2017年，共开展全城清洁活动40余次，清理垃圾杂物200余车，清理楼顶垃圾杂物1130平方米；清理“四乱”问题37046处；清除小广告5134处，治理机动车乱停乱放1741处，非机动车乱停乱放10950处，整治门头牌匾、条幅、户外广告1520处，取缔露天烧烤16处。

【大气污染防治】　建立健全领导分包、网格长驻工地、分管领导日巡查、夜督察、24小时值班、周例会、疑难问题会诊、不定期巡查等制度，实行生态环境污染防治、重污染天气应急处置长效机制等措施。通过“大气污染防治微信群”，对银行学校环境改善区开展24小时全天候、无缝隙动态监控，常态化监管。累计投资180余万元用于环保相关知识的宣传培训及辖区相关环保设施运转维护，进一步延伸环保宣传的深度和广度，形成了全民参与环保的良好氛围。

坚持每天由一名班子成员带队开展辖区工地“零点夜查”，充分利用视频监测监控设备和“三员”现场管理进行严格监管，不折不扣地按照“六个到位”“7个100%”“两个禁止”标准，对辖区施工工地进行每日至少2次拉网式巡查，必要时开展联合执法行动；开展居民使用燃煤情况的集中排查活动，共排查辖区楼院及无主管楼院30000多户、商户1400余户，发现散煤800多块，废旧燃煤炉9个。

辖区455家餐饮单位全部按标准安装油烟净化桑园工地引进焊烟净化器，成为金水区首家试点生物质锅炉单位（6台锅炉），3家单位更换为燃气锅炉，1家单位正在进行集中供热改造。大气污染防治工作6次排名位于全区前三名；银行学校监测点优良天数达183天，较2016年同期增加52天，综合指数全市排名第二。

【民生事业】 民生投入持续加大，辖区群众幸福指数普遍提升。以提升社区基础建设、突出民生服务为主题，加大对民生工作的投入力度，在完善硬件设施的基础上，加强各服务窗口人员的业务培训，努力在提升服务质量、提高工作效率上下功夫。

融元社区500平方米新办公用房即将交付使用；为辖区72名优抚对象累计发放744274.33元优抚金；累计投资200余万元在广电社区建设养老服务中心已基本完工，投入使用后将为老年人提供“紧急救助、生活照料、家政服务、保健康复、文化娱乐、精神慰藉”等综合性服务；

以“慈善日”为依托，组织单位干部职工、辖区企事业单位、社会团体、大专院校、居民群众共计捐款人民币196176.9元；对5535位居民参加社会保险情况进行入户登记、录入电脑，实现了对常住人口参保情况的全员管理，为下一步实现符合参保条件人员“应保尽保”打好了基层；举全办之力，联合社区卫生服务中心，开展家庭医生入户签约活动，累计签约39059人，超额完成了年度目标任务；通过购买服务的方式，将8个社工岗位充实到社区工作中，在满足群众多层次、多元化的公共服务需求上取得了良好的效果。

先后投入10万余元在街道微信公众号上研制开发了一、二孩生育登记服务办理系统，使群众通过微信快速办理生育登记。同时，专门开通了微信平台客服功能，群众通过微信传递材料，多次解决了省内省外流出人员办证、涉外婚姻及入户入学急需婚育情况证明的问题，极大地方便了群众。目前，已实现11个社区、1个行政村服务全覆盖，先后为236户居民办理了一、二孩生育登记服务。10月27日，北林路街道作为全区流动人口基本公共卫生计生服务均等化工作优秀代表，迎接了河南省卫计委、18个省辖市和10个省直管县（市）的卫计工作负责人80余人进行了观摩和调研。

【社会治理】 持续推进创新社会治理，确保辖区大局稳定。在网格化管理上，规范提升二、三级网格长日常管理长效机制，分级建立网格长痕迹化履职档案，依托社会公共管理信息平台，持续开展好8大类20项问题的排查上报工作，并及时协调相关职能部门下沉人员对矛盾焦点和平台疑难案件进行分析研判，整治解决。截至年底，共发现上报各类案件600件，已经协调处理办结案件549件，办结率达到92%。

在平安建设工作上，始终把宣传教育作为平安建设工作的突破口，创新宣传教育形式和载体，以平安建设宣传月为契机，采取每周两个社区开展一次小型宣传、每季度街道开展一次大型平安建设主题宣传活动的模式，累计投资20余万元，通过展示宣传版面，发放平安调查问卷及相关宣传资料，制作高规格的墙体喷绘等形式，倡议广大群众广泛参与到平安建设宣传，切实增强宣传教育活动的针对性和实效性；健全矛盾纠纷排查调处联动和平安建设成员联席会制度，以创新社会治理方式为抓手，以基层基础建设为着力点，基本形成了“社区警务室”“社区综治中心”“社区治安巡防室”及“网格联防”相结合的“横到边，纵到底”的管理体系；根据不同时段及敏感时期，有针对性的开展不稳定因素及安全隐患大排查。全年共排查矛盾纠纷26起，稳控解决26起，调解成功率达100%；上级交办案件2起，自立案4起，已全部办结。目前，100平方米的社会治安综合信息中心已实现运营；视频监控系统硬件建设已完成并投入使用，街道与社区联网率达到100%，完好率达到100%。

在安全生产工作上，严格落实“一岗双责、党政同责”工作制度，积极开展各类安全生产专项整治12次，与各社区、村（组）、辖区单位、辖区商户等共签订安全目标责任书、消防目标责任书1532份，签订率达100%；检查辖区单位、沿街门店1780余家，查出安全隐患930余处，下发限期整改通知书930余份；清剪飞线充电4600余根。通过建设安全生产显示屏、悬挂横幅、张贴宣传标语、宣传画报，以会代训等形式，有针对性的开展安全消防等相关知识的宣传培训11次；开展消防演练19

次，切实做到了月月有培训，周周有演练。

【深化党的建设】 从严治党不断深化，党建活力在对标高位中不断释放。以学习型、服务型、创新型党组织为目标，充分发挥基层党组织在推动发展、服务群众、凝聚人心、促进和谐中的重要作用。

一是以社区支部为单位，开展“逐社区观摩、整街道推进”活动，由社区支部相互观摩、相互评比交流，互相学习兄弟社区的管理模式和党建经验；同时组织社区党支部书记赴上海、杭州参观学习社区党群服务中心建设先进经验，为下一步拓展党建工作思路、打造党建品牌亮点奠定了基础。

二是持续推进基层党组织规范化建设，进一步完善以街道“大工委”为核心、以社区党总支（党委）为依托、以网格党支部为基础、以楼组党小组为支撑的四级党建网格，实现基层党组织的全面覆盖、无缝对接；结合各社区特色，组织社区党支部、片警、业主委员会、物业公司和居民代表，在鑫苑社区试点打造“五位一体”管理模式；投资3万元在广电社区打造“爱心储蓄银行”，设立“爱心银行储物室”，建立志愿服务活动“付出、积累、回报”机制，通过向辖区党员群众发放“爱心储蓄存折”，方便有爱心的人士或单位捐助物品，确保群众各取所需和积分兑换物资；投资3万元在御金城社区打造党群服务中心，开展学习交流；利用分片组建“两新”组织党总支的模式，将没有组建党组织的小微企业和社会组织及时纳入到联合党组织中进行孵化培育，从而实现辖区“两新”组织的全面覆盖。

三是完善学习教育机制，开展“两学一做”学习教育和“万名党员进党校”活动，邀请省、市专家开展专题讲座7期，参加党员1000余人，基本实现街道党员全覆盖；利用“红色网络教育家园”网络覆盖面广、方便快捷的优势，结合远程教育站点等现代技术手段，为群众建言献策、沟通交流搭建了“六位一体”的活动平台，目前，已举办教学辅导专题培训15次，居民群众参加3000余人。2017年，鑫苑社区作为中共十九大精神河南宣讲首站迎接了国家卫计委主任、党组书记李斌带领的中共十九大宣讲团的宣讲，在居民中赢得了良好的反响。

四是通过召开“七一”表彰大会、举办红歌赛、诗词展等活动，开展形式多样的党员活动，不断提高广大党员的党性意识、责任意识和宗旨意识，引领党组织生活新常态。

五是加大宣传氛围的投资力度，在广电路设置手绘文明宣传长廊，各楼院均已实现社会主义核心价值观、文明创建、善行义举榜等宣传内容的全覆盖，公益宣传在整个辖区逐步形成了铺天盖地之势。

（撰稿：张　骅　审阅：李　科）

凤凰台街道办事处

【概况】 凤凰台街道办事处位于金水区东南部，东靠中州大道，北到熊尔河，西南至管城区界，与未来路相接，郑汴路穿境而过，总面积4.5平方公里，常住人口3.2万人，流动人口4.7万人。办事处下设5个社区（建业城市花园社区、英协社区、省检察院社区、南航新村社区、凤凰城社区）和3个行政村（凤凰台村、张庄村、王庄村）。辖区内有河南省高级人民检察院、武警河南公安边防总队、郑州市公安局特巡警支队等多家公共单位；有郑州市建材大世界、凤凰城建材市场、郑州灯具城等多家专业批发市场。

2017年，完成公共财政预算收入2.16亿元，占全年任务比例102%；固定资产投资完成18.58亿元，占目标125.6%；社会消费品零售总额完成17.89亿元，同比增长14.9%；地区生产总值完成25.53亿元，同比增长9.6%；第三产业增加值完成24.64亿元，同比增长8.5%。

【新型城镇化建设】 一是大棚户区改造工作。王庄城中村改造项目：全年累计完成投资1.38亿元。目前A–5–1、A–5–2、A–4–1、B–8–1、B–8–2地块均已封顶，正在进行内粉和外墙保温；B–5–1、B–6–1地块已交房，正在进行招商工作。东泽万象城项目已全面开工，1号楼已建至22层，2号楼已建至8层；张庄城中村改造项目：全年累计完成投资8亿元。目前一期拆迁已完成，物探文探工作已结束，基坑正在进行二次开挖。清华城1号院（华贸中心）项目：全年累计完成投资4.48亿元，目前该项目已全面开工，1号楼30层梁板钢筋绑扎完成，2号楼30层封顶，3号楼屋顶机房钢筋绑扎完成，5号楼主体16层、6号楼主体18层，已建成建筑面积约27万平方米。燕凤路、青年路地下空间开发一期工程项目：全年累计完成投资3.39亿元。B地块已摘牌，目前正在进行高压入地基础工作；凤凰台村二期改造项目：该项目协议已签订，高压入地前拆迁基本完成。二是城市精细化管理工作。重点抓好主干道、生态廊道等重点区域的管理工作，全力整治占道经营、突店经营，乱搭乱建和户外广告等违章现象。累计清理占道经营和突店经营1300余处；清理凤凰城、凤凰茶城、清华城和永恒理想公元等大型广告42处，累计清理条幅、广告旗及各种小广告4500余处，整治门头牌匾287处；处罚各类严重违章298起；拆除违建拆除违建37处，约580平方米；处置各类案件案卷8192个；新增绿地5万平方米，新植乔木3500株，垂直绿化2000株，屋顶绿化200平方米；完成凤凰城智能家居升级改造项目，改造停车位2000个。

【市政重点工程建设】 一是轨道交通3号线，凤台路站、中州大道站已完成征迁工作并交付场地，施工队已进场正常施工。二是轨道交通4号线，世纪欢乐园站涉及王庄村拆迁任务已完成，施工现场已设置围挡，商鼎路站、货栈街站已交付场地，施工队正常施工，商都路站盾构机正在开挖。三是轨道交通5号线，施工队已进场施工，目前正在做打桩和主体建设工作。

【建筑工地管理】 工地严格按照工地扬尘“7个100%”标准整治已全部达标，网格责任落实到人，每天进行不间断巡查，区住建局下派监督员每天按时巡查，电话24小时保持畅通，发现问题及时整改，所有具备条件的建筑工地已安装远程监控视频和PM_{10}监测设备，并接入郑州市建筑工地远程监控中心，目前正在往金水区监控平台接入。辖区工地清华城1号院目前正在使用新型环保材料蒸压加气混凝土砌块，有检验报告、已签订供货合同，新型墙材认定书编号为CK10008-1701，有效期为2017年1月至2019年1月。

【产业发展】 新增“四上”企业15家。项目管理：纳入重大产业项目计划2个，重大产业项目续建2个，重大产业项目开工率100%；纳入重大产业项目2个，均属于续建类项目，并且2个产业项目都已开工；产业重点建设项目总量4亿元，累计完成投资50600万元，占目标126.5%。

发展特色。特色街区及商圈建设。重点提升凤凰茶文化广场，改善街区内部及周边环境，做好街区文化宣传工作，打造省级特色街区。特色街区新增商户共100余家，新增从业人员700余人；凤凰茶文化广场共投入资金近2000万元，进行步行街的绿化改造和茶文化博物馆建设。

楼宇建设及培育。辖区楼宇经济共完成区级税收1970万元，圆满完成年初制定的千万楼宇一幢，百万楼宇4幢的任务目标。新增注册资本千万元以上企业2家，分别为河南神农天香网络科技有限公司，注册资金1000万元，河南泰如实业有限公司，注册资金6001万元；注册资本500万元以上企业2家，分别为河南云中天环保科技有限公司，注册资金500万元，河南瑞彻思装饰设计工程有限公司，注册资金800万元，以上企业均入驻升龙国际广场。2017年，拟建在建楼宇3座，分别为永恒理想公元拟建商务楼1座，清华城华贸中心拟建商务楼宇2座。

【开放创新】 招商引资工作：实际利用外资10000万美元，占全年任务的357%；外贸出口完成1547万美元，占全年任务的70%；引进境内域外资金128000万元，占全年任务的139%；新谋划项目3个，分别为凤凰国际广场综合商业体项目、凤凰台二期改造项目、张庄城中村改造一期项目。新签约项目两个：凤凰台二期改造项目、张庄城中村改造一期项目。新开工项目2个：凤凰台二期改造项目、张庄城中村改造一期项目。

积极做好企业培育：新增科技型企业6家，加大科技宣传力度，营造浓厚氛围。新增科技型企业4家，开展了“5·12”防震减灾宣传活动，“世界环保日”宣传活动，“节能宣传周”活动，“消防安全”宣传活动，“应急救护培训”等活动达到了加大科技宣传力度，营造浓厚创新新环境。

【生态建设】 生态建设工作事关人居环境水平，事关百姓健康安全，是增进人民福祉的重大民生工程，前三季度，我办采取党政同责、专家引路、全民参与的方式，进一步加大对建筑工地、“小散乱污”企业、燃煤、餐饮油烟等的治理力度，对不符合有关标准、规定的企业，责令其立即整改或停业整顿，对手续不全的“小散乱污”企业进行取缔，生态建设工作取得了一定成绩，目前，辖区11个在建工地共全部按照“7个100%”扬尘整治标准进行整治，共覆盖黄土裸露42万平方米，安装冲洗设备10台，道路硬化面积6.5万平方米，围挡粘贴公益广告面积16万平方米；“小散乱污”企业整改达标29家，取缔4家，辖区47家汽车维修、洗车场等企业完成建设项目环境影响网上自助备案；查处经营性使用燃煤60处，收缴并销毁燃煤炉具78个，整改油烟排放设备使用不正常餐饮店40家，并彻底取缔了露天烧烤现象。

【社会管理和信访稳定】 有效预防和化解社会矛盾。我办针对疑难问题和重点不稳定人员逐个制定工作预案，明确包案领导、处理责任人、稳控责任人和信息员，进一步完善日排查、周报告等工作制度，及时掌握每个案件的处理进展情况，对每起案件均做到心中有数，妥善处理了非法集资、经济纠纷等问题引发的不稳定事件，圆满完成了各级两会、“一带一路”高峰论坛、“八一”等敏感时期信访保障任务。截至年底，共接待来访群众200余人次，召开推进协调会20余次，化解客户非访苗头5起，现场处置7批次；排查处理各类不稳定问题35起，按期化解率、稳控率均达100%，已处理信访事项办理群众满意度达100%。

社会综合治理成效显著。认真开展矛盾纠纷排查调处工作，制定专项整治工作方案，明确工作措施，先后10次开展集中整治行动，辖区重点地区发案率有效降低；加强学校、幼儿园周边环境综合整治，加强学校周边的巡查频率，发现问题及时整改，并在校园门口设立爱心岗。截至年底，共调处各类矛盾纠纷327件，调解率100%，调解成功率100%。

【社会事业】 网格化管理工作。加强对重点领域问题的发现和整治力度，尤其是对涉及幼儿教育、消防安全、娱乐场所等敏感部位，要求三级网格长加大巡查力度，及时发现问题苗头，并积极协调卫生、工商、消防大队等职能部门大力整治，保持对敏感部位问题发现、处置的高压态势。共上报重点领域类问题1038个，办结962个，办结率92.7%；制作“一长三员”公示牌120余块。

卫生和计划生育工作。为辖区3000余名常住育龄妇女免费康检；办理生育服务证708个，出生人口信息准确率100%，出生政策生育符合率99.86%；完成城镇奖扶年审379人，新增申报108人；年审城乡居民基本养老补贴183人，新增36人；年审独生子女父母奖励费550人，新增20人，退出105人；国家特扶年审3人，新增2人；国家奖扶年审2人。

城镇新增就业工作。全年共实现就业再就业920人，占全年目标850人的108%；下岗失业人员53人，占全年目标30人的176%；困难人员33人，占全年目标15人的202%。

便民服务工作。按照市、区四级联动有关要求，认真做好对接、协调和配合等工作，并对街道及社区四级联动工作进行系统化梳理，进一步规范了政务服务网办公流程。

“五单一网”工作。持续深化改革，已梳理行政权力事项43项；依据法律法规变化情况和上级简政放权要求，及时动态调整“五个清单”，加强清单事中事后运行监管，推动实现审批、监管、执法、服务的无缝衔接。

公共机构节能工作。切实采取措施，认真做好节能督察和数据统计工作，实现水、电、天然气能耗消耗逐步降低，公务预留车辆耗油严格按照标准执行，低值易耗品消耗降低5%的目标任务，并严格执行车辆按尾号每周停开一天制度。

农产品质量安全。对辖区农产品抽样检测29860个，发现农药残留超标样本19个，销毁蔬菜约66公斤。

【工作创新和亮点】 先后到苏州工业园区湖东邻里中心、方洲邻里中心及上海市康城邻里中心、古美街道平南居等地进行考察学习，进一步理清建设思路，高标准建设党群服务中心。其中，一期工程共投入680余万元，用于党群服务中心用房的整修和硬装。二期工程共投入300余万元，用于软装和各功能分区的设置和装饰。至2017年年底，一期基础装修和二期软装已基本完成，正在安装主题文化墙，预计2018年1月底所有工程完工，2月份正式对外开放。

一是成立党风廉政建设领导小组，严格落实“一岗双责”，明确领导班子成员分工和职责落实。二是通过对辖区企业和重大项目的督促跟进，督促各部门严格落实相关制度，严格遵守相关规定，杜绝“四乱”行为。三是加强廉政教育，定期发布反腐倡廉工作动态、廉洁箴言等，累计发布博文4705条，撰写舆情网评24篇，《河南日报》发表7篇；将“讲忠诚、守纪律、做标杆”活动与“一准则一条例一规则”学习教育、“两学一做”学习教育结合起来，制定学习计划，要求全体人员认真学习并撰写心得体会；四是大力加强作风建设。严格监督和查处出入隐蔽场所、借婚丧嫁娶敛财、违规收送红包礼金等不正之风。开展“小金库”治理“回头看”专项自查自纠，严肃财经纪律。严肃查处和纠正侵害群众利益的不正之风和腐败问题。

（撰稿：樊一迪　审阅：李朝欣）

杨金路街道办事处

【概况】 杨金路街道办事处位于金水区中州大道以东，连霍高速以北，北临贾鲁河。辖区面积20.88平方公里，下辖杨槐、河村、新庄、徐庄、马林、周庄、马头岗、大贺庄、小贺庄9个行政村，常住人口2.5万人，17个党支部。区域内有良好的生态条件和文化资源优势。地理环境优越，交通发达便利，中州大道贯通南北、杨金路连接东西，贾鲁河自西向东横穿境内。杨金路是金水科教园区发展的起步区，是金水创新发展的主战场。

2017年，地方公共财政预算收入完成1.23亿元，同比增长89.3%；地区生产总值完成14.94亿元，同比增长8.7%；第三产业增加值完成13.27亿元，同比增长8.2%；社会消费品零售总额完成8.55亿元，同比增长5.2%；固定资产投资完成11.45亿元；省市区重点项目完成99.98亿元，占目标任务100%；农村居民人均可支配收入达到1.93亿元，同比增长8%；招商引资完成9.3亿元。

【基层党建】 2017年围绕中心工作到各村调研32次，解决群众问题36件，落实工作台账48项；开展1185名党员关系集中排查工作；下拨每村3万元党建活动经费。为6个拆迁村党组织积极协调临时活动场所，推进3个行政村党组织活动场所提升。积极开展以结对帮扶为内容的主题活动，为街道25名困难党员建立帮扶档案。并不定期到贫困党员、老党员家中进行慰问，为他们脱困致富出谋划策，体现党组织的“引路人”作用。

【安全生产与信访稳定】 街道把安全生产工作列入重要议事日程，每周一定期召开安全专题例会，同时将64名网格长吸纳到安全队伍当中，每月定期对本辖区重点行业、重点领域进行集中检查，及时发现安全隐患并责令整改到位，确保辖区安全生产责任体系覆盖率100%。2017年，街道信访部门共接待受理群众来访64起、73批、705人，办理省市区转送案件33件，已办结30件，正在办理3件；妥善化解，帮助农民工追讨欠薪1700余万元。

【合村并城】 辖区9个行政村安置房项目全部开工建设并快速推进。周庄、杨槐等6个村安置区一期已主体封顶；新庄安置区第一阶段抓阄分房已结束，共分房361户。

【重点项目建设】 辖区共有重点项目50个，包含省重点项目8

个，市重点项目13个，区重点项目29个。其中，产业项目建设：郑州嘉阳电子科技有限公司软件研发中心一期已投入运营；中科院过程研究所已完成附属物清理，围墙已放线、准备圈建；华中生物技术研究院已完成附属物清理；地理信息园已举行项目开工奠基仪式，开始土方清运工作。道路建设：辖区共有23条道路施工建设，其中15条道路已部分移交，其余道路正在有序推进。

【民生工作】 一是享受城镇居民最低生活保障对象累计69户、79人，累计发放低保生活保障金54900元；五保户保障对象累计33人，发放五保生活保障金49730元。二是对辖区患大病困难群众进行医疗救助、临时救助，共救助29人次，救助金额237482元；为五保户解决医疗救助金75361.26元。三是为辖区优抚对象110人，累计发放各类抚恤金527626.67元；为辖区105名残疾人申请发放2017年上半年特殊生活补贴333850元。四是累计完成小额担保贷款220万元。五是落实2017年“文化惠民”工程目标责任工作，积极开展各类文艺活动，共举办元旦、春节、农历正月十五、端午等各类群众文化活动8场。

【网格管理】 2017年，街道组织开展网格人员培训工作，每月两次，累计开展培训22次；通过社会化信息管理平台接收上级交办督办案件59起，全部完成；累计采集八大领域各类案件238起，并及时转办街道相关科室进行专项办理办结1622起；先后联合区安监局等职能部门，针对辖区“小散乱污”企业、“六小”门店和“三非”领域等问题进行了严厉的打击和查处，累计开展联合执法行动130余次。

【生态环境】 一是贾鲁河综合生态治理工作涉及杨金路段7.5公里，6个行政村，目前，蓝线范围附属物拆迁已完成，河道开挖及绿化工作正在开展，绿线范围内附属物拆迁工作已完成95%。二是依据大气污染防治“7个100%”标准，根据辖区特点对55个建筑工地、混凝土搅拌站、餐饮油烟、污染作坊等进行常态化巡查督导，采取污染作坊依法查处、工地落实施工降尘、油烟净化设备责令装置等一系列整改举措。2017年，与辖区55个建筑工地签订扬尘治理目标责任书，明确扬尘治理目标任务；对辖区内“小散乱污”企业进行了地毯式排查，建立台账，共排查出问题136处，涉及6类行业。其中，废旧塑料加工35处、废品回收45处、小家具11处、小印染6处、小汽修15处及其他类24处，已整改完成136处，完成率100%；对辖区居民、餐饮门店等进行散煤检查，辖区涉及居民用煤32户，共120余吨，32户居民散煤补贴已全部发放到位，共发放资金8.2万元。

（撰稿：李国丽　审阅：李伟霞）

兴达路街道办事处

【概况】 兴达路街道办事处位于金水区东北部，北依黄河、东临中牟、南接郑东新区、西连杨金路街道办事处、惠济区花园口镇，下辖7个行政村、19个自然村、52个村民组，常住人口1.9万人，区域面积40平方公里，其中集体土地面积33719.5亩。

2017年，地方财政收入实际完成1.2亿元，占全年任务的62%；引进域外境内资金6.25亿元，占全年目标111.6%；全社会固定资产投资完成64.59亿元，占全年目标的91.1%；社会消费品零售总额完成6.06亿元，占全年目标的99.9%；省、市、区重点项目完成70.36亿元，占全年目标的95.2%；地区生产总值完成11.91亿元，第三产业增加值完成9.05亿元。

【重点项目建设】 西亚斯·亚美迪国际软件园1期项目建设单位已入驻，目前处于基坑开挖阶段；中以科技城项目控规方案已批复；金科·智汇谷主体封顶，二次结构已完成，正在进行内外装修；榕基软件园建设单位已入驻；鸿宝总部项目主体封顶，内部装修已完成，正在进行外部绿化。

【大棚户区改造】 姚店堤安置区17栋楼主体结构已完成，车库主体已完成，幼儿园主体结构施工完成。北录庄、花李庄、大郭村安置区共26栋楼，房屋内墙、外墙粉刷已结束，地坪完成一半，正处于水电气暖配套安装阶段；任庄、小金庄安置区共21栋楼，已全部验收完毕。

【市政基础设施建设】 涉及辖区18条市政道路，其中，6条道路已移交（金宝路、经四街、经五街、慧科环路、经一街、姚店堤西路），5条道路正在协调（经三街、经二街、永兴路、鸿发路、兴达路），5条道路已进场动工（金宝支路、鸿业路、任庄路、渔场路南段、杨金路），2条道路已基本完工（金槐路、农场东路）。按任务完成建设630个停车位。

【大气污染防治攻坚】 一是推进贾鲁河生态水系建设，现主体工程已完工，正在平整绿化用地。二是完成黄河湿地综合整治工作，共拆除农（渔）家乐建筑18550平方米，清理拆解黄河餐饮船只29艘，拆迁垃圾已清理完毕。三是完成索须河综合整治工作，清除河内垃圾150余立方米。四是做好水源地保护区综合整治，开展辖区22眼井专项巡查，取缔涉污企业。五是做好畜禽养殖监督与整治取缔工作，在对养殖场（户）全面普查、统计的基础上已全部搬迁到位。六是全力推进河长制工作，完成办、村两级河长体系建设，按照方案，定期召开河长制会议，对辖区内黄河、贾鲁河、索须河故道、石沟4条河流进行定期巡查，撰写巡河记录，发现问题，及时上报。截至年底，共清理索须河故道垃圾3次、石沟垃圾1次。

【和谐社会建设】 一是扎实推进社会矛盾排查调处，共接访110起150批次涉及人员1170人，矛盾排查20起，化解20起，化解率100%；立案12起，结案12起，结案率100%。二是开展平安建设宣传5次；提供法律咨询53次，调处矛盾纠纷83起，开展“法律六进”活动2次，共发放法律知识宣传资料3000余份，抽纸、法制围裙共计3000余个。三是卫生和计划生育工作：辖区总人口16086人，育龄妇女2972人，全年共出生311人，流动人口管理率97%，出生性别比趋于平衡。四是征兵及兵役工作：兵役登记适龄青年41

1月4日，区委书记陈宏伟（右一）到办事处调研

7月8日，办事处开展全城清洁活动

人，已全部进行兵役登记，参军报名人数13人，体检7人，政审合格6人，入伍4人。五是民政救助工作：认真做好辖区低保户认定、审核、管理工作及信息平台录入工作。目前，共有低保户7户15人，累计发放低保金79210余元。特困人员8户8人，共发放特困人员供养资金80400余元。社会救济共5人，共发放社会救济金6804元。慈善救助29人，救助金52900元；慈善日募集捐款7600元；完成困境儿童统计工作及平台信息录入工作。

【基层党建】 围绕提升党员干部队伍总体素质，以“三会一课”“党员活动日”为载体，重点抓好党性教育、时事政策和中共十九大精神的学习，创新学习方式方法，突出学习的时效性。一是抓机制。积极构建“街道党工委—村党支部—网格党小组—两新党组织”党建互助平台，与中建七局郑州发展公司结成党建对子，充分激发街道基层党建活力和潜力。二是抓督促。围绕基层党建提质增效，开展基层党建“逐村观摩、整街道推进、整区提升”活动，促进各支部横向对比交流，找准差距，强化软弱涣散党支部整顿，强化督促。三是抓管理。完成全办885名党员信息采集录入；开办“万名党员进党校”培训班2期，培训党员780余名；扎实开展“党建活动月”、集中贯彻学习中共十九大精神等各项工作；积极探索建立困难党员信息库，建立党员分包户制度，建立党员乡间课堂，建立入党积极分子动态管理制度，多形式组织开展迎接建党96周年系列活动。

（撰稿：燕　珂　审阅：路　莹）

附录

荣誉

2017年度综合工作考核优秀单位（33个）

街道组：文化路街道、北林路街道、丰产路街道、国基路街道、丰庆路街道

区直一组：区委办公室（机要局、保密局）、区人大常委会机关、区政府办公室（法制办、外侨办）、区政协机关、区委宣传部（区文明办）、区纪委（监察局、区巡察办）、区委组织部（区机关工委、绩效办）、区人武部（国教办）、区委政法委（综治办）、区委统战部（区民宗委、台办）、区人民检察院、区人民法院、区科学技术协会、区总工会

区直二组：区教育体育局、区科学技术局、区商务局、区财政局、区农业农村工作委员会、区卫生和计划生育委员会、区委群工部（信访局）、区司法局、金水科教园区管理委员会、区人力资源和社会保障局、区发展改革和统计局、区房屋征收与补偿办公室、区城市管理综合执法局、区直属机关事务管理局

2017年度综合工作考核先进单位（32个）

街道组：凤凰台街道、花园路街道、经八路街道、未来路街道、东风路街道、杨金路街道、大石桥街道

区直一组：共青团金水区委员会、区工商业联合会、区妇女联合会、区委党校、区委老干部局

区直二组：区工业和信息化委员会、区城市改造办公室、区环境保护局、国家知识产权创意产业试点园区管理委员会、区国土资源局、区民政局、区安全生产监督管理局、区楼宇经济建设工作领导小组办公室、区爱国卫生运动委员会办公室（城考办）、区社会公共管理办公室、河南科技园区管理委员会、区城市管理局、区政务服务中心、区数字化城市管理指挥中心、区审计局、区工商管理和质量技术监督局、区投资评审中心、区文化旅游局、区国税局、区地税局

优质服务奖单位（17个）

河南省地方税务局直属税务分局

郑州市地方税务局大企业税务分局

郑州市地方税务局稽查局

郑州市国家税务局稽查局

金水规划分局

金水区公安消防大队

金水路公安分局

东风路公安分局

丰产路公安分局

柳林公安分局

未来路公安分局

南阳路公安分局

文化路公安分局

市场管理处

郑州交巡警一大队

郑州交巡警四大队

郑州交巡警五大队

金水区经济发展重要贡献奖单位（30个）

一等奖（5个）：

郑州丹尼斯百货有限公司
郑州金水万达投资有限公司
信和（郑州）置业有限公司
金基不动产（郑州）有限公司
河南联创投资股份有限公司
二等奖（10个）：
河南国基建设集团有限公司
泰宏建设发展有限公司
中国建筑第七工程局有限公司
郑州之星汽车销售服务有限公司
河南省迪康医药有限责任公司
郑州思念食品有限公司
中原豫资投资控股集团有限公司
中国联合网络通信有限公司河南省分公司
黄河勘测规划设计有限公司
河南省人民医院
三等奖（15个）：
河南普乐生科技有限公司
河南郑州建国饭店有限公司
郑州德克士食品开发有限公司
河南省防伪保密印刷公司（河南省邮电印刷厂）
河南新华印刷集团有限公司
郑州市公共交通总公司
河南鹏劳人力资源管理有限公司
中国移动通信集团终端有限公司河南分公司
河南省建筑设计研究院有限公司
河南省水利勘测设计研究有限公司
河南省信息咨询设计研究有限公司
郑州大学综合设计研究院有限公司
河南日报报业集团有限公司
河南电视台
河南建业足球俱乐部股份有限公司

突出贡献奖单位（6个）

环境污染防治攻坚领导小组
大棚户区改造工作推进领导小组
“双迎攻坚”集贸市场专项整治工作领导小组
区防范打击和处置非法集资工作指挥部
贾鲁河综合治理工程建设指挥部
金水科教园区管理委员会

2017年度全区各单位获奖情况

全区各单位获得市委、市政府及以上奖励共计162项

一、北林路街道办事处

鑫苑社区全国文明单位（中央精神文明建设指导委员会）

省级文明单位（中共河南省委、河南省人民政府）

大气污染防治工作先进单位（中共郑州市委、郑州市人民政府）

二、南阳路街道办事处

2016年河南省大气污染防治攻坚战先进单位（中共河南省委办公厅　河南省人民政府办公厅）

河南省五四红旗团支部（共青团河南省委　河南省人力资源和社会保障厅）

第九届“碧源　安全河南杯”优秀组织奖（河南省人民政府安全生产委员会办公室）

三、东风路街道办事处

2017年度基层理论宣讲工作先进集体（中共河南省委宣传部）

2017年度河南省农村科普宣传工作先进集体（河南省科学技术协会）

先进基层党组织（中共郑州市委）

2017年度郑州市文明单位（中共郑州市委、郑州市人民政府）

双拥模范单位（中共郑州市委、郑州市人民政府、郑州警备区）

四、经八路街道办事处

全国创建无邪教示范典型社区（商务社区）

全省先进基层党校（省委社区）（中共河南省委宣传部）

河南省创建无邪教示范乡镇

河南省创建无邪教示范典型社区（体育社区）

河南省计生协青春健康工作先进集体（河南省计划生育协会）

河南省农村科普宣传工作先进单位（河南省科学技术协会）

2016年度郑州市文明社区（体育社区）（中共郑州市委、郑州市人民政府）

党的十九大期间稳定安全信访工作先进基层单位（中共郑州市委、郑州市人民政府）

五、文化路街道办事处

全省人民调解工作先进单位

（河南省人力资源和社会保障厅、河南省司法厅）

河南省综合减灾示范社区（博物院社区）（河南省减灾委员会、河南省民政厅）

河南省规范化建设示范点（河南省总工会）

稳定安全信访工作先进基层单位（中共郑州市委、郑州市人民政府）

郑州市公共文化服务示范社区（农西社区）（郑州市人民政府）

六、南阳新村街道办事处

“舞动中原”河南省第三届中老年舞蹈展演二等奖（河南省舞蹈家协会）

七、花园路街道办事处

全国创建无邪教示范社区（通信花园社区）

河南省创建无邪教示范典型社区（省供销社社区、省水利厅社区）

全省人民调解工作先进单位（河南省人力资源和社会保障厅、河南省司法厅）

八、大石桥街道办事处

全国创建无邪教示范社区（天下城社区）

2016年度河南省城区科普宣传工作先进单位（河南省科学技术协会）

河南省基层工会规范化建设示范点（金沙社区工会联合会）（河南省总工会）

河南省示范“妇女之家”荣誉称号（城中央社区）（河南省妇联）

九、人民路街道办事处

河南省环境保护法律法规专项行动先进单位（河南省环境污染防治攻坚战领导小组办公室）

2016年度城市精细化管理工作先进单位（中共郑州市委、郑州市人民政府）

十、杜岭街道办事处

河南省创建无邪教示范社区（彭公祠社区）

河南省2017年“安全生产月先进单位”（河南省人民政府安全生产委员会办公室）

河南省农村科普宣传工作先进单位（河南省科学技术协会）

十一、丰产路街道办事处

河南省综合减灾示范社区（德亿社区）（河南省减灾委员会、河南省民政厅）

十二、未来路街道办事处

全国综合减灾示范社区（银基社区）（民政部）

河南省计划生育工作先进单位（河南省人民政府）

省级园林小区（天佑小区）（河南省人民政府）

创建无邪教示范社区（升龙社区）

河南省综合减灾示范社区（银基社区）（河南省减灾委员会、河南省民政厅）

河南省农村科普宣传工作先进集体（河南省科协）

2016年度先进基层武装部（中共郑州市委、郑州市人民政府、郑州警备区）

党的十九大期间稳定安全信访工作先进基层单位（中共郑州市委、郑州市人民政府）

市级园林小区（广汇小区）（郑州市人民政府）

十三、凤凰台街道办事处

全国创建无邪教示范街道（省检察院社区）

2017年度河南省农村科普宣传工作先进集体（河南省科学技术协会）

十四、国基路街道办事处

2016年度新型城镇化工作先进集体（中共郑州市委、郑州市人民政府）

党的十九大期间稳定安全信访工作先进基层单位（中共郑州市委、郑州市人民政府）

十五、丰庆路街道办事处

全国创建无邪教示范社区（丰庆佳苑社区）

2016年度河南省文明单位（中共河南省委、河南省人民政府）

2016年度新型城镇化工作先进集体（中共郑州市委、郑州市人民政府）

十六、杨金路街道办事处

2016年度新型城镇化工作先进集体（中共郑州市委、郑州市人民政府）

党的十九大期间稳定安全信访工作先进基层单位（中共郑州市委、郑州市人民政府）

十七、兴达路街道办事处

2016年度郑州市文明单位（中共郑州市委、郑州市人民政府）

十八、区政府办公室

《中国名村志丛书·陈砦村志》入选中国名村志文化工程（中国地方志指导领导小组办公室　中国名村志丛书编纂委员会）

2016年度郑州市依法行政

工作先进集体（郑州市人民政府）

郑州市2016年十件实事办理工作先进单位（郑州市人民政府）

十九、区人大常委会机关

河南省人大宣传工作先进集体（河南省人大常委会办公厅）

二十、区政协机关

2017年度“协商论坛”宣传工作先进单位（政协河南省委员会办公厅）

二十一、区纪委区监委

服务保障党的十九大先进集体（中共河南省纪委办公厅）

2016年度全省纪检监察信息工作优秀单位（中共河南省纪委办公厅）

二十二、区委宣传部

省级文明城区（河南省委、河南省人民政府）

“文明河南-欢乐中原”群众文化活动先进单位（河南省委宣传部）

二十三、区人武部

先进团级党委（中共河南省军区委员会）

二十四、区委政法委

2016年度平安建设先进集体（中共郑州市委、郑州市人民政府）

二十五、区总工会

2016年度职工互助保障工作优秀单位（中国职工保险互助会）

郑州市构建和谐劳动关系工作先进集体（郑州市人民政府）

二十六、共青团金水区委

2016年全省示范性青年之家（共青团河南省委组织部）

二十七、区信访局

驻京信访工作先进单位（河南省信访局驻京工作组）

党的十九大期间稳定安全信访工作先进单位（中共郑州市委、郑州市人民政府）

2016年度全市信访工作先进单位（中共郑州市委、郑州市人民政府）

二十八、区法院

河南省法院系统第十二届学术讨论会组织工作先进单位（河南省高级人民法院）

打击拒执罪金牌法院（河南省高级人民法院）

2016年度全省行政审判工作先进集体（河南省高级人民法院）

河南省涉军维权工作先进集体（河南省高级人民法院）

信访维稳工作先进集体（河南省高级人民法院）

河南省优秀行政裁判文书优秀奖（河南省高级人民法院）

河南省优秀行政裁判文书优秀奖（河南省高级人民法院）

年度全市防范打击和处置非法集资工作先进集体（郑州市委、郑州市人民政府）

二十九、区检察院

2017年度全国检察宣传先进单位（最高人民检察院）

第九届全国检察机关文明接待示范窗口（最高人民检察院）

全国文明单位（中央精神文明建设指导委员会）

全省检察机关信息化侦查优秀技战法（河南省人民检察院）

2017年全省检察宣传工作先进基层（河南省人民检察院）

全省文化建设先进单位（河南省人民检察院）

省级“精品执警案例”（河南省人民检察院）

全省优秀反贪局（河南省人民检察院）

河南省五四红旗团支部（共青团省委、省人力资源和社会保障厅）

年度防范、打击和处置非法集资工作先进集体（郑州市委、郑州市人民政府）

三十、区妇联

2016-2017年度妇联宣传工作读书活动优秀组织奖（河南省妇女联合会）

三十一、区科协

2017年全国科普日优秀活动-郑州市社区科普大学办学三十年主题晚会（中国科协办公厅）

2017年全国科普日优秀活动-“老花镜”科普微信知识竞赛活动（中国科协办公厅）

2017全国科普日优秀活动“低碳行、科普游、探寻身边新科技”活动（中国科协办公厅）

2016年河南省青少年科学素质知识竞赛优秀组织奖（中共河南省委宣传部、河南省教育厅、河南省科学技术协会）

第31届河南省青少年科技创新大赛优秀组织单位（河南省科学技术协会、河南省教育厅、河南省科学技术厅）

2017年河南省全国科普日活动优秀组织单位（河南省科学技术协会）

2017年度河南省农村科普宣传工作先进集体（河南省科

学技术协会）

三十二、区工商联

2017年全国“五好”县级工商联（中华全国工商业联合会）

三十三、区民政局

党的十九大期间全省民政专项信访工作先进集体（河南省民政厅）

三十四、区人防办

全省人民防空先进区（河南省国防动员委员会）

三十五、金水科教园区管委会

河南省备案众创空间（国家科技部）

河南省大数据领域创新平台（河南省发展改革委员会）

河南省备案众创空间（河南省科技厅）

河南省工程技术研究中心（河南省科技厅）

河南省新型研发机构（河南省科技厅）

河南省第二批院士工作站（河南省科技厅）

2017年河南省科技服务业示范机构（河南省科技厅）

首批省大新型研发机构（河南省科技厅）

2017年河南省科技企业孵化器（河南省科学院）

全市产业集聚区服务业“两区”专业园区建设先进单位（郑州市人民政府）

三十六、创意产业园区管委会

全国专利系统先进集体（国家知识产权局、人社部）

全国专利文献服务网点（国家知识产权局）

全国知识产权系统人才工作先进集体（国家知识产权局）

第二批省级服务外包示范园区（河南省人民政府）

河南省科技服务业示范基地（河南省科技厅）

河南省版权示范园区（河南省版权局）

产业集聚区工会规范化建设示范点（河南省总工会）

三十七、科技园区管委会

2016年度产业集聚区和服务业“两区”先进单位（河南省发展改革委员会）

2016年度河南省星级服务业“两区”（金水区特色商业区）（河南省商务中心区和特色商业区发展联席会议办公室）

2016年度郑州市构建和谐劳动关系工作先进集体（郑州市人民政府）

三十八、区工商质监局

全省工商系统2016年度企业年报工作先进集体（河南省工商行政管理局）

全省工商系统网络市场监管专项行动先进单位（河南省工商行政管理局）

三十九、区事管局

全国文明单位（中央精神文明建设指导委员会）

四十、区卫计委

流动人口基本公共卫生计生服务均等化示范区（国家卫生计生委流动人口司）

全省卫生计生宣传先进集体（河南省卫生和计划生育委员会）

河南省计生协青春健康项目工作先进集体（河南省计划生育协会）

2017年度宣传工作先进集体（河南省计划生育协会）

2017年度青春健康工作先进集体（河南省计划生育协会）

四十一、区农委

国家农产品质量安全县创建试点单位（农业部）

四十二、区财政局

2016年行政事业资产管理工作先进单位（河南省财政厅）

四十三、区人社局

2017年度河南省人力资源和社会保障系统人才资源开发宣传工作先进单位（河南省人力资源和社会保障厅）

2016年度河南省企业军转干部工作先进集体（河南省人力资源和社会保障厅）

2016年度郑州市构建和谐劳动关系工作先进集体（郑州市人民政府）

四十四、区教体局

全国群众体育先进单位（金水区）（国家体育总局）

全国群众体育先进单位（教体局）（国家体育总局）

第二十届全国青少年五好小公民“阳光校园·我们是好伙伴”主题教育读书活动优秀组织奖（教育部关心下一代工作委员会、教育部关工委全国青少年“五好小公民”主题教育活动组委会）

第二十届“贝贝杯”青少年足球比赛冠军（中国足球协会）

河南省参加第十三届全国学生运动会突出贡献奖（河南省教育厅、河南省体育局、共青

团河南省委）

第四批河南省教育科研基地先进单位（河南省教育厅）

2017年度河南省海军航空实验班招生工作先进单位（海军招收飞行学员工作办公室、河南省教育厅）

2017年度空军青少年航空学校招生工作先进单位（空军招飞局济南选拔中心、河南省教育厅）

河南省2016年度县（市、区）生源地信用助学贷款工作考核优秀单位(河南省教育厅、国家开发银行河南省分行）

四十五、区城市管理局

省级文明单位（中共河南省委、河南省人民政府）

河南省城市市容环境卫生行业先进集体（河南省住房和城乡建设厅）

月季花杯银奖（郑州市人民政府）

四十六、区城市管理行政执法局

河南省依法行政示范单位（河南省住房和城乡建设厅、河南省人民政府法治办公室）

河南省首届服务型行政执法微视频二等奖（河南省全面推进依法行政工作领导小组办公室、中共河南省委宣传部、河南省新闻出版广电局）

服务型行政执法建设典型案例单位（河南省法治政府建设领导小组办公室）

2017年度河南省依法行政工作先进单位（河南省住房和城乡建设厅办公室）

星级文明执法窗口（河南省住房和城乡建设厅办公室）

五星级执法监察队伍（河南省住房和城乡建设厅办公室）

四十七、区安监局

2016年郑州市安全生产工作先进集体（郑州市人民政府）

四十八、区商务局

2016年度郑州市对外开放工作先进县（市、区）（郑州市人民政府）

2016年度“五职”招商责任领导前十名（郑州市人民政府）

四十九、区环保局

2016年度全市环境保护先进集体（郑州市人民政府）

五十、区司法局

关于表彰全省人民协调工作先进单位和先进个人的决定（河南省司法厅　河南省人力资源和社会保障厅）

五十一、区爱卫办（城考办）

2016年度爱国卫生杯竞赛活动金杯（郑州市人民政府）

五十二、区红十字会

全国红十字应急救护知识竞赛最佳组织一等奖（中国红十字总会）

“博爱中原——文明河南”红十字会好故事一等奖(河南省红十字会、河南省文明办）

2017年区人大常委会文件

金水区人民代表大会常务委员会关于调整金水区选举委员会组成人员的决定

金人常〔2017〕1号

2017年1月18日

金水区人民代表大会常务委员会关于调整各街道换届选举工作指导组

组成人员的决定

金人常〔2017〕2号

2017年1月18日

金水区人民代表大会常务委员会任免名单

金人常〔2017〕3号

2017年1月18日

金水区人民代表大会常务委员会关于接受李建超同志辞去金水区人民政府副区长职务的决定

金人常〔2017〕4号

2017年2月24日

金水区十二届人大常委会第四十五次会议对区人民政府《关于郑州市金水区2016年国民经济和社会发展计划执行情况与2017年国民经济和社会发展计划（草案）的报告》的审议意见

金人常〔2017〕5号

2017年2月24日

金水区十二届人大常委会第四十五次会议对区人民政府《关于郑州市金水区2016年财政预算执行情况与2017年财政预算（草案）的报告》的审议意见

金人常〔2017〕6号

2017年2月24日

金水区人民代表大会常务委员会关于金水区第十三届人民代表大会第一次会议召开时间的决定

金人常〔2017〕7号

2017年3月9日

金水区人民代表大会常务委

员会任免名单

金人常〔2017〕8号

2017年3月9日

金水区人民代表大会常务委员会关于接受杨发群同志辞去金水区人民法院院长职务的决定

金人常〔2017〕9号

2017年3月9日

金水区人民代表大会常务委员会关于接受梁平同志辞去金水区人民检察院检察长职务的决定

金人常〔2017〕10号

2017年3月9日

金水区人民代表大会常务委员会关于蔡理亮同志代理金水区人民法院院长职务的决定

金人常〔2017〕11号

2017年3月9日

金水区人民代表大会常务委员会关于王青同志代理金水区人民检察院检察长职务的决定

金人常〔2017〕12号

2017年3月9日

金水区人民代表大会常务委员会关于选举张宏强为郑州市第十四届人民代表大会代表的报告

金人常〔2017〕13号

2017年3月14日

金水区人民代表大会常务委员会关于印发《金水区人大常委会2017年工作要点》的通知

金人常〔2017〕14号

2017年3月29日

金水区人民代表大会常务委员会关于设立金水区十三届人大常委会代表资格审查委员会的决定

金人常〔2017〕15号

2017年3月29日

金水区人民代表大会常务委员会关于确定2017年度向区人大常委会述职并接受评议的我区选举产生的郑州市十四届人大代表的决定

金人常〔2017〕16号

2017年3月29日

金水区人民代表大会常务委员会关于在全区开展第七个五年法治宣传教育和依法治区工作的决议

金人常〔2017〕17号

2017年3月29日

金水区人民代表大会常务委员会关于接受吴卫平同志辞去郑州市第十四届人民代表大会代表职务的决定

金人常〔2017〕18号

2017年3月29日

金水区人民代表大会常务委员会关于接受樊少楠同志辞去郑州市第十四届人民代表大会代表职务的决定

金人常〔2017〕19号

2017年3月29日

金水区人民代表大会常务委员会关于接受郑福有同志辞去郑州市第十四届人民代表大会代表职务的决定

金人常〔2017〕20号

2017年3月29日

金水区人民代表大会常务委员会关于补选李元中、李幸福为郑州市第十四届人民代表大会代表的报告

金人常〔2017〕21号

2017年3月29日

金水区人大常委会关于开展优秀人大代表评选活动的意见

金人常〔2017〕22号

2017年5月9日

金水区人大常委会关于批准金水区人民政府2017年政府投资项目年度计划的决议

金人常〔2017〕23号

2017年5月9日

金水区人民代表大会常务委员会任免名单

金人常〔2017〕24号

2017年5月9日

金水区人民代表大会常务委员会任免名单

金人常〔2017〕25号

2017年5月9日

郑州市金水区人民代表大会常务委员会关于批准金水区2016年度财政决算的决议

金人常〔2017〕26号

2017年7月28日

金水区十三届人大常委会第三次会议对区人民政府《关于金水区2017年上半年国民经济和社会发展计划执行情况的报告》的审议意见

金人常〔2017〕27号

2017年7月31日

金水区十三届人大常委会第三次会议对区人民政府《关于金水区2016年度财政决算和2017年上半年财政收支预算执行情况的报告》的审议意见

金人常〔2017〕28号

2017年7月28日

金水区十三届人大常委会第三次会议对区人民政府《关于金水区2016年度本级预算执行和其他财政收支的审计工作报告》的审议意见

金人常〔2017〕29号

2017年7月28日

郑州市金水区十三届人大常委会第四次会议关于对区政府实施《中华人民共和国老年人权益保障法》的执法检查审议意见

金人常〔2017〕30号

2017年9月28日

郑州市金水区十三届人大常委会第四次会议关于对区政府实施《中华人民共和国食品安全法》的执法检查审议意见

金人常〔2017〕31号

2017年9月28日

金水区人民代表大会常务委员会任免名单

金人常〔2017〕32号

2017年9月28日

金水区人民代表大会常务委员会关于接受赵顺舟同志辞去郑州市第十四届人民代表大会代表职务的决定

金人常〔2017〕33号

2017年10月23日

金水区人民代表大会常务委员会关于赵顺舟同志辞去郑州市第十四届人民代表大会代表职务的报告

金人常〔2017〕34号

2017年10月23日

金水区人民代表大会常务委员会关于批准金水区人民政府调整2017年度区财政收支预算的决议

金人常〔2017〕35号

2017年11月24日

金水区人民代表大会常务委员会关于批准《郑州市金水区人民政府关于提请批准郑州金水科教园区107辅道以东基础设施PPP项目和科教园区绿化PPP项目纳入财政预算的议案》的决议

金人常〔2017〕36号

2017年11月24日

金水区十三届人大常委会第六次会议对《郑州市金水区人民政府关于提请批准郑州金水科教园区107辅道以东基础设施PPP项目和科教园区绿化PPP项目纳入财政预算的议案》的审议意见

金人常〔2017〕37号

2017年11月24日

金水区人民代表大会常务委员会任免名单

金人常〔2017〕38号

郑州市人民政府令

第223号

《郑州市地方志工作规定》业经2017年11月2日市人民政府第76次常务会议审议通过，现予公布，自2017年12月22日起施行。

市长　程志明

2017年11月21日

郑州市地方志工作规定

第一条　为了继承和发扬中华民族优秀文化传统，全面、客观、系统地编纂地方志，规范和加强地方志管理，科学、合理开发利用地方志资源，发挥地方志服务经济社会发展的作用，根据国务院《地方志工作条例》和《河南省地方志工作规定》，结合本市实际，制定本规定。

第二条　本市行政区域内地方志的组织编纂、管理、开发利用和宣传推广工作，适用本规定。

第三条　本规定所称地方志，是指市、县（市、区）、乡镇（街道）编纂的地方志书和地方综合年鉴。

地方志书，是指全面客观系统记述本行政区域自然、政治、经济、文化和社会的历史与现状的资料性文献。

地方综合年鉴，是指系统记述本行政区域自然、政治、经济、文化和社会等方面情况的年度资料性文献。

第四条　市、县（市、区）人民政府应当加强对本行政区域地方志工作的领导，将地方志工作纳入国民经济和社会发展规划、政府年度工作任务，所需经费列入本级财政预算。

第五条　市、县（市、区）地方史志编纂委员会由本级有关领导及相关部门负责人组成，负责本行政区域地方志工作的统筹规划、组织协调、督促指导。

市、县（市、区）地方史志工作机构在本级地方史志编纂委员会的领导下，主管本行政区域的地方志工作，负责对承担编纂任务的单位进行业务指导和督查。

第六条　市、县（市、区）地方史志工作机构应当根据省地方志编纂总体工作规划，拟定本行政区域地方志编纂工作规划，经本级人民政府批准后组织实施，并报上一级地方史志工作机构备案。

市、县（市、区）地方史志工作机构按照本行政区域地方志编纂工作规划制定编纂方案，确定编纂体例、编写分工、资料收集等内容。

第七条　以市、县（市、区）行政区域名称冠名的地方志书、地方综合年鉴，由本级地方史志工作机构组织编纂，其他组织和个人不得编纂。地方志书每二十年编纂一次，地方综合年鉴每年编纂一次，均应公开出版。

以乡镇（街道）行政区域名称冠名的地方志书、地方综合年鉴，由乡（镇）人民政府、街道办事处适时组织编纂。

第八条　按照编纂方案承担编纂任务的国家机关、人民团体、企事业单位和其他社会组织，应当将地方志工作列入年度工作计划，明确负责编纂工作的机构和人员，保障工作条件。

承担编纂任务的单位，应当在规定的时间内按照要求完成地方志初稿编纂任务，并对所编纂的地方志稿件的质量负责。

第九条　编纂地方志应当全面客观，存真求实。地方志书、地方综合年鉴应当观点正确、体例严谨、资料翔实、文风端正。

第十条　地方志编纂人员实行专兼职相结合。专职编纂人员应当具备相应的专业知识和文字能力，并可以依照国家规定参加专业技术职称评定。兼职编纂人员应当由有关方面专家、学者和其他适合从事地方志编纂的人员担任。专职兼职编纂人员应当经过地方志编纂业务培训。

科研单位、高等院校和其他组织应当支持科研人员、专家学者参与地方志编纂。

第十一条　地方志的编纂内容和过程应当公开。

地方史志工作机构应当广泛听取公民、法人和非法人组织对地方志编纂工作的意见、建议。

地方志的编纂内容涉及争议事项的，地方史志工作机构应当征求有关专家、学者或者单位的意见，提出修改方案，报本级人民政府审定。

第十二条　以市、县（市、区）行政区域名称冠名的地方志书，由本级地方史志工作机构组织评审，报上一级地方史志工作机构审查验收合格后，方可公开出版。乡镇（街道）志由乡（镇）人民政府、街道办事处组织评审，经县（市、区）地方史志工作机构审查验收合格后，方可公开出版。

以市、县（市、区）、乡镇（街道）行政区域名称冠名的地方综合年鉴，经本级人民政府批准后方可公开出版。

第十三条　已通过审查验收的地方志书和经批准的地方综合年鉴，未经审查验收机构或者批准机关同意，任何组织和个人不得擅自更改。

第十四条　地方志书、地方综合年鉴应当在出版后三个月内向上一级地方史志工作机构备案，并向市、县（市）方志馆无偿提供馆藏书。

第十五条　鼓励国家机关、人民团体、企事业单位和其他社会组织编纂部门志、行业志、专业志及相应年鉴。市、县（市、区）地方史志工作机构应当给予业务指导。

部门志、行业志、专业志及相应年鉴应当在出版后三个月内向本级地方史志工作机构备案。

鼓励有条　件的村（社区）编纂村（社区）志书、年鉴。村（社区）志书、年鉴由乡（镇）人民政府、街道办事处负责组织评审，报县（市、区）地方史志工作机构审查验收。

第十六条　市、县（市、区）人民政府应当建立地方志资料年报制度和大事月报制度。

市、县（市、区）地方史志工作机构负责确定地方志资料年报和大事月报承报单位，并根据工作需要进行调整。

第十七条　地方志资料年报和大事月报承报单位，应当按照有关规定，向市、县（市、区）地方史志工作机构报送相关资料。

地方志资料年报承报单位提供的地方志年报资料，应当包括主体资料、人物资料、专题资料、图片资料和附录资料等，资料内容应当客观真实、全面系统。

大事月报承报单位提供的月报资料，应当包括自然、经济、政治、文化、社会等方面发生的月度大事、要事。

第十八条　市、县（市、区）地方史志工作机构可以向国家机关、人民团体、企事业单位和其他社会组织以及个人征集文字、图表、照片、音像、电子文本、实物等各种地情资料，有关单位和个人应当对所提供资料的真实性负责。

征集的资料应当由市、县（市、区）地方史志工作机构集中统一管理，妥善保存。

第十九条　市、县（市、区）地方史志工作机构应当将已出版的地方志通过网络、电视、广播、报刊等媒体向社会推介。

市、县（市、区）地方史志工作机构应当建立本级地情网站和地方志数据库，开拓社会用志途径。

公民、法人和非法人组织可以免费利用地情网站、数据库查阅地方志资料。

第二十条　市、县（市）人民政府应当建立方志馆，用于地方志和其他地情文献的收藏保护、展览展示、信息服务、宣传教育、文化交流等，并将其纳入本级公共文化服务体系，向社会免费开放。

鼓励单位和个人向方志馆捐赠地情资料。

第二十一条　在地方志工作中作出突出成绩和贡献的单位和个人，根据国家、省政府有关规定给予表彰和奖励。

地方志成果可以依照有关规定参与优秀社会科学成果评奖。

第二十二条　市、县（市、区）地方史志工作机构应当建立健全目标考核责任制度和督查通报制度，对本行政区域地方志工作进行考核和督查，并通报考核和督查情况。

第二十三条　违反本规定，有下列行为之一的，由本级人民政府地方史志工作机构督促限期改正；逾期不改正的，由本级人民政府通报批评：

（一）承担编纂任务的单位不按照规定完成编纂任务的；

（二）承担资料年报、大事月报任务的单位不按照规定完成任务的；

（三）擅自编纂、出版地方志书和地方综合年鉴的；

（四）未按规定将已出版的志书、年鉴报送备案的。

第二十四条　地方史志工作机构及其工作人员违反本规定，有下列行为之一的，由所在单位或者其他有权机关责令改正，对直接负责的主管人员和其他直接责任人员依法给予行政处分：

（一）故意在地方志编纂中加入虚假资料的；

（二）故意将征集的地方志资料和编写的地方志文稿据为己有的；

（三）将地方志稿作为个人著作发表的；

（四）地方志书和地方综合年鉴经审查验收合格后，擅自更改其内容的。

第二十五条　郑州航空港经济综合实验区、郑东新区、郑州经济技术开发区、郑州高新技术产业开发区等区域内地方志的组织编纂、管理、开发利用和宣传推广工作，由其管理委员会参照本规定执行。

第二十六条　市、县（市、区）地方史志工作机构应当将地方史编写纳入工作范畴，统一规划、统一管理。地方史的编写工作，参照本规定执行。

第二十七条　本规定自2017年12月22日起施行。